Elisabeth K. Paefgen

Schreiben und Lesen

Kulturwissenschaftliche Studien zur deutschen Literatur

Herausgegeben von
Dirk Grathoff, Günter Oesterle und Gert Sautermeister

In der Reihe „Kulturwissenschaftliche Studien zur deutschen Literatur"
werden Forschungsarbeiten veröffentlicht, die eine Erweiterung der
tradierten germanistischen Arbeitsgebiete anstreben. Neben dem traditionellen Kanon ästhetischer Literatur sollen vernachlässigte Textgenres,
etwa journalistische Prosa, Briefe und Berichte sowie Darstellungs- und
Diskursformen technisierter Medien wie Radio, Film und Fernsehen
berücksichtigt werden.
In methodisch-theoretischer Hinsicht werden im Rahmen literaturwis-
senschaftlicher Analysen unterschiedliche Ansätze – z.B. der kultur-
wissenschaftlichen Anthropologie und der Psychoanalyse, des Strukturalismus und der Gesellschaftswissenschaften – integrativ verbunden und
auf ihre Ergiebigkeit für die traditionellen hermeneutischen, literarästhetischen und -historischen Verfahren erprobt.

Elisabeth K. Paefgen

Schreiben und Lesen

Ästhetisches Arbeiten
und literarisches Lernen

Westdeutscher Verlag

Die Deutsche Bibliothek – CIP-Einheitsaufnahme

Paefgen, Elisabeth Katharina:
Schreiben und Lesen: ästhetisches Arbeiten und literarisches
Lernen / Elisabeth K. Paefgen. – Opladen: Westdt. Verl., 1996
  (Kulturwissenschaftliche Studien zur deutschen Literatur)
  ISBN 3-531-12847-7

Alle Rechte vorbehalten
© 1996 Westdeutscher Verlag GmbH, Opladen

Der Westdeutsche Verlag ist ein Unternehmen der Bertelsmann Fachinformation.

Umschlaggestaltung: Christine Huth, Wiesbaden
Druck und buchbinderische Verarbeitung: Rosch-Buch, Hallstadt
Gedruckt auf säurefreiem Papier
Printed in Germany

ISBN 3-531-12847-7

keine Geschichte – trotzdem für F.

Viele haben sich in diese Arbeit 'eingeschrieben'; der Dank geht insbesondere an:

Fritz Seidenfaden
Theresia Birkenhauer

D.C. Kochan

Jürgen Förster
Hubert Ivo

Angelika Löwenau
Karin Borck
Ute Zolondek
Doris Kaufmann
Dagmar Plugge

Klaus Veihelmann
– die Schülerinnen und Schüler der Klassen und Kurse des Bertha-von-Suttner-
  Gymnasiums in Berlin-Reinickendorf;
– die Teilnehmerinnen und Teilnehmer der an der Technischen Universität Berlin
  durchgeführten Schreib-Seminare.

Hartmut Eggert

Karlheinz Fingerhut
Valentin Merkelbach
Kaspar H. Spinner

Die mühsame Arbeit des Setzens hat Peter Przybilla mit Einfühlungsvermögen
und Engagement übernommen.

Daß diese Habilitationsschrift als Buch erscheint, ist Gert Sautermeister
zu verdanken.

Inhaltsverzeichnis

B. Praktischer Teil:
Lesendes Schreiben und schreibendes Lesen: Franz Kafka,
Das Urteil

Einleitung

„Nur darauf kommt es an, daß man Geschriebenes vorweisen kann und die Leute Ägyptens wieder etwas zu schreiben haben und können's irgendwohin schicken, daß es geschrieben werde abermals und diene der Buchführung. Freilich, ohne Schriftliches kommst du nicht durch; kannst du aber eine Scherbe vorweisen oder eine Rolle und Urkunde, so hellen sie sich auf. Denn sie sagen wohl, Ammun sei ihnen der Höchste oder Usir, der Sitz des Auges; aber ich kenne sie besser, im Grunde ist's Tut der Schreiber" (MANN 1960, S.710).

Das Geschriebene ist nicht dazu da, *gelesen* zu werden, sondern dient einem erneuten Schreiben. Ausschließlich schriftliche Dokumente garantieren ein 'Durch- und Weiterkommen'. Darüber hinaus äußert der nicht-ägyptische Sprecher die Vermutung, daß der Schreiber unter den vielen in diesem Land verehrten Göttern der 'eigentliche' sei, weil das, was er herzustellen vermag, in so hohem Ansehen stehe. – Wenngleich von einer göttergleichen Hochachtung des Schreibers heute nicht mehr die Rede sein kann, so umreißt der erste Teil des Zitats aus Thomas Manns *Joseph*-Tetralogie, das die ägyptische als eine schreibbesessene Kultur kennzeichnet, ein Schreib-Programm, wie es auch für diese Arbeit grundlegend ist: Schreiben in der Nachfolge von bereits Geschriebenem und unter Berücksichtigung desselben. Schreiben aber auch, um – in einem übertragenen Sinn – 'durchzukommen' durch dieses schon Geschriebene und 'hineinzukommen', nicht in das durch die Feste Zel gut gesicherte Land Ägypten, sondern in einen literarischen Text, der sich gleichfalls nicht jedem, der Einlaß begehrt, bereitwillig öffnet. Die Priorität des Schreibens, die aus dieser Charakterisierung der ägyptischen Schriftkultur spricht, erfährt ihre letzte Legitimation durch die bedeutende Position, die „Tut der Schreiber" eingenommen haben soll; eben diese Priorität des Schreibens – vor der des Lesens – ist auch programmatisch für diese Arbeit, die insofern eigentlich den Titel tragen müßte: Schreiben*und*Lesen*und*Schreiben.

Allerdings dient das Schreiben in unserem Zusammenhang erklärtermaßen nicht der „Buchführung"; spätestens hier enden die Parallelen, die das Zitat ermöglicht. Auch wird nicht nur geschrieben, damit andere weiteres schreiben können: Das *Lesen* hat seine Funktion und kann nicht übergangen werden. Beide Tätigkeiten, die des Schreibens wie auch die des Lesens, werden in ihrer Beziehung zur ästhetischen – d.h. literarischen, poetischen – Sprache untersucht. Es geht nicht um den zweckdienlichen Alltagsgebrauch der schriftsprachlichen Kompetenz, sondern um die gestaltete, (über)strukturierte, verfremdete, indirekt sprechende, metaphorisch umschreibende und im Fiktionalen angesiedelte Sprache der Literatur, einer Sprache also, die – im Unterschied zur sachlich auflistenden der Buchführung – nicht auf unmittelbare 'Nutzanwendung' ausgerichtet ist: In Abwandlung einer bekannten Definition kann dieses Schreiben als 'Schreiben in Bildern' definiert werden (vgl.

SKLOVSKIJ 1969/1988, S.4; TYNJANOV 1969/1988, S.394) im Gegensatz zu einem 'Schreiben in Sachen'. Die Diskussion um die Berechtigung wie auch um die möglichen Chancen einer literarischen Laien-Schreibpraxis sind in den beiden zurückliegenden Jahrzehnten intensiv geführt worden, ohne daß die überspannten Erwartungen und die teilweise hybriden Hoffnungen stets einer kritischen Reflexion unterzogen worden wären. Im Kontext der hier entwickelten Argumentation wird die schreibende Anwendung der ästhetischen Sprache nicht anthropologisch, entwicklungspsychologisch oder pädagogisch begründet, sondern als Konsequenz eines 'literarischen Lesens' verstanden:

> „Niemand weiß es, daß wir beim Lesen unsere Versuchung, Dichter zu sein, neu erleben. Jeder etwas passionierte Leser nährt und verdrängt in der Lektüre den Wunschtraum, Schriftsteller zu sein" (BACHELARD 1987, S.16).

Die hier vorgelegte Arbeit ist eine didaktische, die sich – theoretisch und praktisch – mit dem Lehren und Lernen literarischer Schreibformen auseinandersetzt und die Frage verfolgt, wie das Lesen ästhetischer Texte in ein ästhetisches Schreiben überführt werden und ob diese schreibende Fortsetzung eine begründete Funktion innerhalb des Literaturunterrichts gewinnen kann. Ausgangspunkt dieser Überlegung ist der Minimalkonsens, daß das Lesen literarischer Texte auch dann noch eine sinnvolle Tätigkeit ist, wenn der ideelle Wert der Literatur umstritten, die Konkurrenz hart geworden und die Krise der literarischen Bildung in aller Munde ist. Die in Bedrängnis geratene Literatur erfordert anders ausgebildete Leser, welche, ist noch nicht entschieden, aber möglicherweise eben solche, die weniger, aber genauer lesen, die schreibend lesen und die, gewappnet durch eigene ästhetische Schreiberfahrung, mit einer anderen Sprachaufmerksamkeit lesen.

Daß die schreibende Herstellung ästhetischer Sprachprodukte als *Arbeit* verstanden wird, bedarf kaum weiterer Erläuterung. Allzu bekannt sind die Dokumente und Aussagen über Schreibmühen, -schwierigkeiten und -blockaden professionell Schreibender (vgl. EYKMAN 1985; FRÖCHLING 1987), die belegen, daß die schreibende Formung der Sprache in eine literarische einen „Problemlösungsprozeß" vorstellt, der Arbeit bedeutet (BEETZ/ANTOS 1984, S.104):

> „Die Mehrzahl der Autoren erfährt das Formulieren literarischer Texte als anstrengende Arbeit, nicht wenige leiden unter jahrelangen Schreibhemmungen. Seit Lessing, der die 'lebendige Quelle' in sich vermißte und alles 'durch Druckwerk und Röhren' aus sich 'heraufpressen' mußte, reißen die Klagen über das schwere Handwerk des Schreibens nicht ab; Mallarmé resigniert: 'Mon art est une impasse!' und gesteht: 'Il n'y a pas un mot, qui n'ait couté plusieurs heures de recherche'" (BEETZ/ANTOS 1984, S.105).

Die Vorstellung, daß literarische Texte mühelos, scheinbar 'wie von selbst' durch bloße Intuition und Inspiration des Schreibenden leichthin auf das Papier fließen, ist seit der Berücksichtigung produktionsästhetischer Dokumente überholt: Literarisches Schreiben unterliegt mindestens denselben, wenn nicht noch komplexeren Schreibproblemen als das 'buchführende', weil es nach einer anderen als der Alltagssprache sucht (vgl. WALDMANN 1988, S.229). Darüber hinaus ist Schreiben grundsätzlich als eine – in bewußter Tautologie formuliert – 'aktive Tätigkeit' zu verstehen, die – gleich aus welchem Anlaß sie geschieht – eine körperliche und geistige Beweglichkeit verlangt. Hingegen ist es weniger selbstverständlich, *Lesen* als eine *ästhetische Arbeitsform* zu bezeichnen: Wenn auch statarisches (Literatur-) Lesen eine langwierige und konzentrierte, Aufmerksamkeit erheischende Tätigkeit bedeutet, so existieren parallel dazu Sucht- und Flucht-Leseformen, die auf Befriedigung und Befreiung der Sinne gerichtet sind und die in passiver Hingabe an die so erzeugten Phantasien erfolgen. Unter den letztgenannten Voraussetzungen hat Lesen nichts mit Arbeit zu tun. Wenn aber im folgenden Lesen als eine ästhetische Arbeitsform verstanden wird, so heißt das nicht, daß das delektierende Lesen difamiert werden soll. Es geht aber im Zusammenhang der hier entwickelten Fragestellung um eine *mögliche* Nähe des Lesens zum Schreiben, d.h. um *eine* spezifische Leseform, die die Verwandtschaft der beiden schriftbezogenen Tätigkeiten betonen will: Lesen als ein aktives Aneignen des Textes, als ein In-Besitz-Nehmen, das in letzter Konsequenz – wie in der Charakterisierung der ägyptischen Schriftkultur – in ein Ab- und Weiterschreiben mündet. Aus diesem Grunde müßte Schreiben*und*Lesen als *ein Wort* geschrieben werden. Dieses Lesen, das in ein Schreiben übergeht, ist dem Schreiben *nachgeordnet*, weil es auf bereits Geschriebenem aufbaut und letzteres für sich nutzt; als eine solche *nachfolgende* Tätigkeit wird Lesen im folgenden behandelt.

Diese Priorität des Schreibens ist keineswegs unumstritten (vgl. z.B. FÖRSTER 1991b, S.20/21). Auch die hermeneutisch orientierte Literaturwissenschaft setzt das verstehende Lesen an die erste Stelle, dem ein Gespräch oder eine schriftliche Interpretation *folgt*. Dem Geschriebensein des zu lesenden Textes den ersten Rang einzuräumen, rückt den Prozeß der Entstehung in den Vordergrund, betont die 'Art und Weise', wie dieses ästhetische Produkt 'gemacht' wurde und wie es entstanden ist: „Jeder 'literarische' Text läßt sich als Produktivität begreifen" (KRISTEVA 1968a, S.35). Aus dieser vorrangig schreibenden Sicht auf den Text folgt auch die hier zugrundegelegte Definition des Lesens, das nur dann dem Text gerecht werden kann, wenn es sich auf dessen Ebene begibt und das Schreiben fortsetzt.

Ein weiterer Grund, warum das Schreiben vor dem Lesen genannt wird: Es gibt keine Alternative zum Schreiben, wenn man das Lesen und das, was der Leser bei dieser Tätigkeit erfahren hat, in einen öffentlichen Raum holen will, in dem es zu einem verhandelbaren Diskussionsgegenstand wird, zumindest dann nicht, wenn man das Sprechen nicht berücksichtigen will. Daß Mündlichkeit im Kontext dieser Arbeit ausgeklammert bleibt, liegt nicht in einer Abwertung oder Mißachtung der gesprochenen Sprache begründet. Vielmehr erfolgt eine Konzentration auf die beiden schriftsprachlichen Arbeiten, die heute – anders als das Sprechen – innerhalb eines bewußt organisierten Lernprozesses erst in der Schule gelehrt und gelernt werden. Es handelt sich beim Schreiben wie auch beim Lesen um die 'künstlichen', die 'unnatürlicheren' Formen der Sprachverwendung, weil sie schriftabhängig sind, während der primäre mündliche Sprachgebrauch unabhängig von Schrift gelehrt und angewendet und deswegen im Verlaufe des Heranwachsens wie nebenbei gelernt wird. Genau jene 'Künstlichkeit' ist aber als Basis dann richtig, wenn die Vermittlung einer *ästhetischen* Schreib- und Lesekompetenz diskutiert werden soll, die nicht konform geht mit dem alltäglichen Sprachgebrauch. Aus diesen Gründen wird im folgenden auf den mündlichen Sprachbereich weitgehend verzichtet[1].

Lesen ist nicht identisch mit Rezeption, wenngleich es sich in größter Nähe zu dieser befindet. Gleichwohl geht Lesen der Rezeption – minimal, kaum meß- und unterscheidbar – voraus, weil Rezeption ein (subjektives) Weiterdenken des Gelesenen, ein Erleben enthalten kann, während Lesen ein Entziffern, ein um Information bemühtes Studieren des geschriebenen Textes bezeichnen soll: Auch literarische Texte transportieren (sachliche) Informationen, nicht nur Gefühle, Träume, Phantasien. Die Entdeckung des Lesers als einer zu berücksichtigenden Komplementärfigur im literarischen Prozeß hat aber dazu geführt, daß die durch den gelesenen literarischen Text evozierten Assoziationen wie auch die durch das Gelesene provozierten, aber über dieses hinausgehenden Phantasien ernstgenommen und als integrierter Bestandteil des Literatur-Lesens akzeptiert wurden[2]. Einhergehend damit rückte der 'pure' Lesevorgang, die Entzifferungs-Arbeit in den Hintergrund des Interesses, weil die Aufmerksamkeit von Beginn an stärker auf die *Folgen* gerichtet ist als auf das – auch bei literarischen Texten – komplexe, manchmal mühsame und stockende Entziffern des Textes. Diese zugegebenermaßen – künstliche – Unterscheidung ist nach der rezeptionsästhetischen Wende der 1970er Jahre kaum praktisch durchzuhalten, wird aber definitorisch vorgenommen, um die Arbeit des Lesens abzugrenzen von Rezeptions*eindrücken*, *-wahrnehmungen* und *-spekulationen*. – Identisch gebraucht wird Lesen mit anderen diesem Wortfeld angehörenden Begriffen wie Lektüre, Leseweisen, Leseformen oder -prozessen u.ä., weil diesbezüglich mögliche Differenzierungen für die Fragestellung dieser Arbeit nicht von Bedeutung sind (vgl. BAURMANN 1980, S.45ff.; STOCKHAMMER 1991, S.19); das gleiche gilt für Schreiben, Schreibweisen, schriftliche oder schreibende Gestaltung, Schreibprozeß und -vorgang: Gemeint ist immer das mit einer hand-werklichen Bedeutung konnotierte Schreiben, wie auch Lesen zunächst einmal als eine Tätigkeit verstanden wird, die auf entziffernde Informationsentnahme (aus Geschriebenem) ausgerichtet ist.

Wenngleich es im zentralen Teil der Arbeit darum gehen wird, diese beiden schriftsprachlich orientierten Arbeitsformen in ihrer wechselseitigen Abhängigkeit und in

---

1 In diesem Zusammenhang sei auf die unlängst publizierte Arbeit Hubert Ivos hingewiesen, in der eine sprachanalytische Begründung für eine literarische Gesprächsdidaktik entwickelt wird (IVO 1994, S.222–271). In diesen Ausführungen wird die *Besonderheit eines Sprechens über literarische Texte* darzulegen versucht, und zwar theoretisch abgeleitet und praktisch erprobt. – Einen anderen Ansatz verfolgt das Frankfurter Forscherkollektiv um Valentin Merkelbach (CHRIST u.a. 1995). Diese Arbeiten über literarische Gespräche verfolgen das Ziel, freie und ungelenkte Unterrichtsgespräche über literarische Texte auszuwerten und sie als sinnvoll zu propagieren (vgl. dazu auch WIELER 1989).

2 Erst nach Fertigstellung der Arbeit bin ich auf die provozierenden Ausführungen Bernd Scheffers zu diesem Thema gestoßen. Seine 1992 veröffentlichte Schrift *Interpretation und Lebensroman* plädiert dafür, im Leseprozeß eine grenzenlose Offenheit zu akzeptieren: Der Text vermag dem Leser keinerlei Beschränkung mehr aufzuerlegen. In einem demnächst in *literatur für leser* erscheinenden Aufsatz diskutiere ich diese Thesen Scheffers und ordne sie in die Zeit nach der Rezeptionsästhetik ein. Der Aufsatz trägt den bezeichnenden Titel: *Verstehen Leser den Text oder (nur) sich selbst? Diskussion der "Lebensroman"-These im rezeptionstheoretischen Kontext.*

ihrem engen Aufeinanderbezogensein auch und gerade für die ästhetische Sprach-produktion und -kenntnisnahme theoretisch zu begründen und praktisch zu erpro-ben, ist vorab eine 'getrennte' Darstellung der jüngeren schreib- und lesedidakti-schen Geschichte notwendig: Die literarische Schreibdidaktik hat seit den 1970er Jahren eine Renaissance erfahren, deren Ursache und Folgen noch nicht aufgearbei-tet sind, während die Tatsache, daß die Lesedidaktik seit eben diesem Zeitpunkt in eine Rezeptionsdidaktik übergegangen ist, zwar intensiv und kritisch diskutiert wurde, aber mit Betonung der pädagogisch-motivationalen Komponente, die dazu führte, daß die eigentliche *Lese-Arbeit* nicht mehr hinreichend Berücksichtigung fand. Diese neuen schreib- und lesedidaktischen Tendenzen werden in den beiden ersten Kapiteln unter dem Gesichtspunkt referiert und diskutiert, wie bzw. *ob* Schreiben bzw. Lesen jeweils als ästhetische Arbeitsform im Literaturunterricht begründet wird. Dem ersten Teil, der mit der Ausweitung der bis dato vorrangig aufsatzorientierten Schreibdidaktik um den produktiven bzw. kreativen Aspekt be-faßt ist (*A.I.*), kommt insofern größeres Gewicht zu, als eine zusammenfassende Darstellung dieser neueren Entwicklungslinien noch nicht vorliegt. Darüber hinaus leitet sich aus dieser schreibdidaktischen Entwicklung der jüngsten Zeit eine der zentralen Fragestellungen dieser Arbeit ab: Ist eine literarische Schreibdidaktik als integrierter Bestandteil des Deutschunterrichts möglich? Wenn ja, *wie* ist sie sinn-voll? Im Unterschied zu den weitaus gebräuchlicheren Termini 'produktiv', 'kreativ' oder 'gestaltend' wird dem Begriff des *literarischen* – bzw. ästhetischen – der Vor-zug gegeben, weil es um den schreibenden Gebrauch literarisierter Sprachformen gehen soll, die, auch wenn dilettierende Laien sich an diese wagen, dem literarischen – eben nicht dem „buchführenden" – Sprachbereich zuzuordnen sind. In diesem Zusammenhang kommt dem vierten Teil dieses der Schreibdidaktik gewidmeten Kapitels einige Bedeutung zu, weil es die Ergebnisse der kognitiven und linguisti-schen Schreibforschung in Hinblick darauf diskutiert, wie dieselben für eine literar-schreibdidaktische Konzeptionierung genutzt werden können. Schreiben als dialek-tischen Problemlösungsprozeß zu begreifen, ergänzt und korrigiert möglicherweise den produktionsorientierten, insbesondere aber den kreativen schreibdidaktischen Ansatz.

Das zweite, dem Lesen gewidmete Kapitel (*A.II.*) geht von einem Vergleich der beiden Tätigkeiten des Schreibens und Lesens aus und versucht die spezifischen Probleme einer (gehobenen) Lesedidaktik aufzuzeigen. Ein historischer Rückblick in die Lesegeschichte konturiert eine nur dem Lesen eigene Problematik. Die Diskus-sion der rezeptions- und wirkungsästhetischen Theorien der Konstanzer Schule zeigt die einschneidende Veränderung der Leserrolle auf, die in der Theorie aller-dings noch nicht zu einer Annäherung von Lesen und (literarischem) Schreiben ge-führt hat: In der didaktischen Umsetzung hingegen – anhand ausgewählter Beispiele vorgestellt – wird der Rezipient tendenziell auch zu einem Schreibenden. Hier wird eine erste Begründung dafür geliefert, warum die beiden Tätigkeiten des Schreibens und Lesens als eng aufeinander bezogen zu verstehen sind.

Die theoretische Begründung dafür erfolgt im dritten Kapitel (*A.III.*), dessen inkor-rekt geschriebener Titel Signalcharakter haben soll: Schreiben*und*Lesen. Unter Be-rücksichtigung einiger neuer texttheoretischer Entwürfe sollen die beiden schriftsprachbezogenen Tätigkeiten in ihrem gegenseitigen Abhängigkeitsverhältnis begründet werden. Ein Exkurs befaßt sich mit der unterschiedlichen Bedeutung des *Originals* und den Folgen, die eine Wert- bzw. Geringschätzung desselben für die ästhetische (Schreib)Praxis wie auch für die (Text)Wissenschaft hat. Mit Hilfe der Reflexionen über das Original lassen sich charakteristische Momente von Kunst und der sich ihrer annehmenden Wissenschaften diskutieren, die es auf ihren Wert für literaturdidaktische Konzeptionen zu überprüfen gilt. Eigentliches Zentrum dieses Kapitels und grundlegend für die im Teil *B.II.* dokumentierte Versuchsreihe ist aber die Literatur- und Texttheorie Roland Barthes', der als 'Vorläufer der Postmoderne' bezeichnet werden kann, wenngleich sich seine Arbeiten einer eindeutigen Etikettierung entzieht. Das 'Zurück' zu den textanalytischen Arbeiten Roland Barthes' erfordert eine Begründung, weil andere 'modernere' Texttheorien wie z.B. die dekonstruktivistische sich als aktuellerer Bezugsrahmen angeboten hätten. Der Rückgriff auf Roland Barthes erfolgt, weil der literaturdidaktische Wert seiner Arbeiten, besonders was das Schreiben und Lesen angeht, noch nicht ausgeschöpft ist und – bevor die Postmoderne in die Didaktik Einzug hält[3] – eine Auseinandersetzung mit Barthes' für den Literaturunterricht nicht uninteressanten textanalytischen Theorien und Praktiken eine Basis schafft, um den in baldiger Zukunft zu erwartenden 'Modernisierungsschub' der (Text)Ästhetik auch aus didaktischer Sicht beurteilen zu können. Roland Barthes' Schriften können als Binde- bzw. Zwischenglied zwischen einer strukturalistischen (und damit heute bereits wieder 'klassischen') und einer post-strukturalistischen Ästhetik angesehen werden; aber gerade diese Stellung 'zwischen den Zeiten' läßt ein Studium dieser Arbeiten auch heute noch und besonders unter didaktischen Fragestellungen sinnvoll erscheinen, weil die 'Sicherheit des Alten' sich auf fruchtbare Weise mit der 'Annäherung an das Neue' mischt.

> „Die Schüler bevorzugen den intuitiven Zugang zu den Dingen, bei dem die Sinne die entscheidende Rolle spielen. Ihre direkte, von postmodernen Theoretikern als 'allegorisch' bezeichnete Sinnerschließung 'überspringt' die Entzifferungsarbeit. Bedeutung muß 'erlebbar' sein" (BOGDAL 1993, S.7).

Die im praktischen Teil dokumentierten Unterrichtseinheiten versuchen, gegen diesen Zwang zum Erleben zu steuern. Sie wagen den Kontrast zu dem, was die Schüler von ihrer Freizeit erwarten. Schreiben und Lesen werden vorrangig als *Sprach-Arbeit* aufgefaßt, die sinnliche Komponente wird zwar nicht geleugnet, aber sie wird nicht betont. Bogdals Bild der heutigen Schülergeneration mag durchaus zutreffend sein, aber noch ist nicht entschieden, welche Reaktion darauf von seiten des Literaturunterrichts als klug bezeichnet werden kann. Zwar ist Literatur nicht länger ein unumstrittenes Bildungsgut, weil man sich diese Kenntnisse auch auf andere Weise aneignen kann. Sie ist auch insofern überflüssig geworden, als die sinnliche Befrie-

---

3 Die Literaturdidaktik hat seit Beginn der 1990er Jahre, genauer seit dem Symposion Deutschdidaktik in Osnabrück im Juni 1989, begonnen, sich mit dieser Entwicklung der modernen Textästhetik auseinanderzusetzen und *sie* auf ihren 'didaktischen Gebrauchswert' hin zu diskutieren; vgl. dazu DISKUSSION DEUTSCH (1990) H.116; FÖRSTER 1991a; 1991b; FINGERHUT 1993a; 1993b; DER DEUTSCHUNTERRICHT (1993) H.IV; BOGDAL 1993.

digung, die sie zu schaffen in der Lage ist, inzwischen über zahlreiche andere Medien eingeholt werden kann. Aber die im zweiten Teil dokumentierten Versuche streben eine 'ästhetische Versachlichung' des Literaturunterrichts an, der das 'Exotische' der Disziplin offensiv nutzt und das eigentlich Spezifische, die überstrukturierte Sprache, zum Zentrum erklärt.

Diese Arbeit ist in der 'Vor-Postmoderne' angesiedelt: Allein der Titel, der die *Am Ende der Gutenberg-Galaxis* nahezu antiquiert wirkenden Termini des Schreibens und Lesens fast naiv reproduziert (BOLZ 1993), ist ein Signal für diese Standortwahl. Diese wurde allerdings nicht unbefangen vorgenommen: Die Entscheidung für eine Ansiedlung der Forschung im Vorfeld der endgültigen Computerisierung von Schrift[4], Schreiben und Lesen und der Auflösung bzw. Infragestellung von Schrift-Bedeutung ist in erster Linie bedingt durch die im *B-Teil* dokumentierten praktischen 'Feld-Erfahrungen' mit Schreib- und Leseprozessen in studentischen und schulischen Lerngruppen. Gleichwohl wird aus diesen um das 'alte' Schreiben und Lesen gruppierten Lehrerfahrungen nicht der Anspruch abgeleitet, ein Plädoyer für die notwendige Rettung der – möglicherweise endgültig – im Versinken begriffenen 'Schrift- und Buchkultur' halten zu wollen. Es geht vielleicht eher darum zu zeigen, daß das eine neben dem anderen Bestand hat und daß tradierte Schreib- und Leseformen nicht von einem Tag auf den anderen verschwinden, auch dann nicht, wenn Schrift und Schreiben möglicherweise keine gesicherte „Idealität von Bedeutungen (...), sondern nur Ansammlungen von Spuren, Signifikanten" (FÖRSTER 1991b, S.69) transportieren und auch dann nicht, wenn neue elektronische Schreibmedien, die die Entstehung einer „Instant-Literatur" ermöglichen (BOLZ 1993, S.216), inzwischen tendenziell zur Geräte-Ausstattung eines jeden Haushalts gehören. Schreiben und Lesen werden in dem hier entwickelten Kontext nicht idealisiert, aber sie werden auch nicht so weit technisiert, daß die Verbindlichkeit der aus dem Gelesenen resultierenden geschriebenen Ergebnisse bereits wieder in Zweifel gezogen werden würde; so wie die beiden Buchdeckel die Veröffentlichung über den *Unendliche(n) Text* (FREY 1990) doch zu einem Abschluß bringen und sie von der restlichen Textwelt abgrenzen, so wird das Schreiben auch in unserem Zusammenhang als – zumindest vorläufig – 'beendbar' betrachtet, als eine Arbeit, die ein fixiertes, wiederholt zu lesendes – und damit deutbares – Ergebnis herzustellen in der Lage ist. In dieser Beziehung schließen wir uns dem Kommentar Hans-Dieter Küblers an:

„Entgegen der postmodernistischen Negierung jeglichen Referenzpotentials: auch Hypertext bleibt gewissermaßen Text, gebunden an Materialität bzw. Medialität und bedeutungsstiftend" (KÜBLER 1991, S.316).

---

4 Ausgangspunkt ist das Hand-Schreiben, weil diese Form 'vor Ort' – d.h. im Seminar- und im Klassenraum – nach wie vor die gebräuchliche ist. Natürlich wird ein häuslicher Computergebrauch nicht ausgeschlossen. Auffällig ist aber trotz dieser inzwischen selbstverständlich gewordenen elektronischen Schreibmedien, daß die Schüler nach wie vor eine gewissen Hand-Schreib-Kultur pflegen, indem sie den dazu notwendigen Utensilien (Stifte, Papier, Korrekturmöglichkeiten etc.) immer noch große Aufmerksamkeit schenken. Es scheint, als existiere momentan – oder grundsätzlich? – eine friedliche Koexistenz von Hand- und Maschinenschreiben.

Der praktische Teil ist als Ergänzung bzw. Vervollständigung des theoretischen Teils zu verstehen: Einerseits waren einige Lehrerfahrungen Auslöser für bestimmte theoretische Studien, andererseits wurde die weitere Lehr-Konzeption durch die Theorie beeinflußt und erfuhr durch diese erhebliche Modifikationen. Außerdem dokumentiert der auf praktischen Erfahrungen basierende Abschnitt dieser Arbeit, warum Schreiben und Lesen als *ästhetische Arbeitsformen* bezeichnet werden: Die Erfahrungen in den studentischen, besonders aber die in den schulischen Lerngruppen, haben gezeigt, daß Laienschreiber und Laienleser die beiden schriftsprachlichen Tätigkeiten als Arbeit begreifen, besonders wenn die Aufgaben in einen textbezogenen (sprach)analytischen Kontext eingebunden sind. Die Entwicklung zu einer entsprechenden Unterrichtskonzeption wird in Teil *B.I.* aufgezeigt, während die Versuchsreihe zu Franz Kafkas Erzählung *Das Urteil* (*B.II.*) das eigentliche Zentrum dieses Kapitels vorstellt. Aus diesem Grunde werden die Versuche mit unterschiedlicher Gewichtung ausgewertet: Erstere haben nur die Funktion, die Entwicklung der eigentlichen Fragestellung zu dokumentieren, die weiteren hingegen – besonders die Unterrichtsversuche zu Kafkas Erzählung – werden ausführlich reflektiert, weil die dort gesammelten Ergebnisse auf die Frage nach der Funktion einer laienhaften ästhetischen Schreib- und Lesepraxis einige Antworten ermöglichen. Insgesamt steht dieser praktische Teil *nicht* unter dem Anspruch, eine psychologisch-pädagogische Studie durchführen zu wollen. Eine genaue Analyse der jeweiligen Lerngruppen und einzelner Schüler erfolgt – bis auf eine wohl begründete Ausnahme – nicht: Vielmehr werden die schulischen Lerngruppen in ihren Unauffälligkeiten bzw. ihren Besonderheiten charakterisiert. Auf eine detaillierte Beschreibung wird hingegen verzichtet, weil das Unterrichtsvorhaben ein sehr sachorientiertes war, das sich zudem nicht als Beitrag zur Rezeptionsforschung verstand: So ging es in den fünf Versuchen zu Kafkas *Urteil* um die Erprobung und die Legitimationsmöglichkeiten ästhetischen Schreibens in unterschiedlichen Lerngruppen verschiedener Jahrgangsstufen, aber nicht darum, wie die Schüler auf die Erzählung reagierten. Im Mittelpunkt stand die Frage, welche Schreib- und Leseleistungen die Schüler erreichen können, wenn ihnen ein Weg zu einem ästhetischen Gebrauch dieser Fertigkeiten gezeigt wird. Ziel war, die 'buchführenden' Schreib- und Lesekompetenzen um den ästhetischen Schriftsprachbereich zu ergänzen. Sinnstiftende, persönlichkeitsstabilisierende oder entwicklungsfördernde Erfolge waren nicht intendiert, wenngleich nicht ausgeschlossen wurde, daß sich für den einen Schreiber oder anderen Leser eine dieser Folgen möglicherweise einstellte. Angestrebt wurde eine über die 'Sache' hinausgehende (Um)Erziehung nicht.

Während das Eingangszitat ein (ironisches) Loblied auf eine Kultur sang, in der Schreiben in hohem Ansehen stand, verkündet das abschließende Zitat kein trotziges, aber ein reflektiertes 'Dennoch':

> „Wir müssen zurück in den Kindergarten. Wir müssen auf das Niveau jener zurück, die das Schreiben und Lesen noch nicht gelernt haben. In diesem Kindergarten müssen wir mit Computern, Plottern und ähnlichen 'gadgets' infantile Spiele lernen. (...)
> Es gibt Leute, die schreiben, weil sie der Meinung sind, daß das noch einen Sinn hat. Und Leute, die nicht mehr schreiben, sondern in den

Kindergarten zurückgehen. Und dann gibt es Leute, die schreiben, obwohl sie wissen, daß es keinen Sinn mehr hat. Dieser Essay ist zwar an den ersten und zweiten Typ von Leuten gerichtet, aber dem dritten gewidmet" (FLUSSER 1987/1992, S.138/142).

Zwischen diesen Polen suchen die nun folgenden Ausführungen über *Schreiben und Lesen* bzw. *SchreibenundLesen* nach einer theoretisch abgeleiteten und praktisch erprobten Orientierung.

A. Theoretischer Teil:
Schreiben und Lesen in didaktischer und ästhetischer Forschung

I. Schreiben

Die schreibdidaktischen 'Wende-Unruhen', die in den 1970er Jahren begannen, sind noch nicht zur Ruhe gekommen, noch immer 'bewegt sich die Schreibbewegung' (ERMERT/BÜTOW 1990), und auch in deutschdidaktischen Zusammenhängen ist das Thema Schreiben nach wie vor virulent. Schreibdidaktische Wende meint: der bewußte Rückgriff auf literarische Schreibproduktionen im Deutschunterricht, die den traditionellen Aufsatz- und Klausurunterricht ergänzen und die ein 'poetisches Alternativangebot' zu den sachlich-pragmatischen Schreibformen vorstellen sollen. Eine zusammenfassende kritische Darstellung dieser jüngsten Geschichte der literarischen Schreibdidaktik steht noch aus. Dem folgenden Versuch, diese Lücke zu schließen, liegt eine thematische Gliederung zugrunde, die sicherlich nicht unumstritten ist, trennt sie doch 'Bewegungen', die als zusammengehörend verstanden werden könnten und parallelisiert sie Ansätze, die bisher nicht in Beziehung zueinander gesehen wurden. Diese thematische Gliederung nach vier großen Schwerpunkten erfolgte, um wesentliche Strömungen der schreibdidaktischen Forschung begrifflich zu erfassen und deren Differenzen wie auch Überschneidungen deutlicher konturieren zu können. Es handelt sich schließlich um ein Thema, auf das noch nicht aus historischer Perspektive zurückgeblickt werden kann, sondern dessen weitere Fortschreibung in den nächsten Jahren zu erwarten steht; aus dem Grund können ordnende Gliederungen, wie die hier vorgenommene, nur vorläufigen Charakter beanspruchen.

Von den ausfindig gemachten vier großen Entwicklungslinien hat die letzte – mit *Schreiben als Problemlösen* gekennzeichnete – auf bisherige schreibdidaktische Arbeiten, die sich mit literarischem Schreiben befassen, keinen Einfluß genommen. Die Ergebnisse der kognitiven und der linguistischen Schreibforschung sind bislang nur von Aufsatzdidaktikern rezipiert worden (vgl. z.B. BAURMANN 1990). Gleichwohl wird dieser Forschungsrichtung im Rahmen dieser Darstellung ein gesondertes Kapitel gewidmet, weil es erforderlich scheint, daß zur weiteren Modellierung literar-schreibdidaktischer Theorien und Praktiken die Ergebnisse dieser Schreibforschung zumindest diskutiert, wenn nicht berücksichtigt werden, zumal einige der in diesem vierten Abschnitt genannten Autoren die Entstehung poetischer Texte bereits in ihre Forschung einbeziehen.

Die im zweiten Abschnitt thematisierte kommunikative Schreibdidaktik wird gemeinhin im Zusammenhang mit der Aufsatzdidaktik verhandelt; sie hat aber gleichfalls Auswirkungen auf die Entwicklung der literarischen Schreibdidaktik gehabt, so daß ein kurzer Abriß dieser für die siebziger Jahre bedeutend gewordenen Richtung den Überblick vervollständigt. Es soll im folgenden zwar nicht um das 'geprüfte Schreiben' gehen. Gleichwohl läßt es sich nicht in jedem Fall vermeiden, Forschungen zu berücksichtigen, die sich auf die Aufsatzdidaktik konzentrieren, vor allem dann nicht, wenn sich eine Übertragbarkeit auf das literarische Schreiben anbietet. Reflektiert wird aber im folgenden nicht, wie das geprüfte Schreiben verändert werden kann, sondern wie und mit welchen Begründungen literarisches Schreiben zu einem sinnvollen Bestandteil des Deutschunterrichts erklärt werden kann. Sowohl die produktionsorientierte als auch die kreative Schreibdidaktik haben eine solchermaßen projektierte Ausweitung des deutschunterrichtlichen Schreibens mit unterschiedlicher Akzentuierung und verschiedenen Argumentationsschwerpunkten entwickelt; aus diesem Grund wird der Diskussion dieser Forschungen breiter Raum eingeräumt: Es handelt sich um die beiden wesentlichen schreibdidaktischen Richtungen, die an einer Modellierung literarischer Schreibpraktiken in Lehr- und Lernzusammenhängen gearbeitet haben. Die getrennte Darstellung erfolgt, weil in unserem Zusammenhang die Unterschiede zwischen Produktionsorientierung und Kreativität betont werden sollen und die Klärung der voneinander abweichenden Begründungen für die weitere Konturierung literar-schreibdidaktischer Modelle wesentlich ist. – Die Abfolge der vier Schwerpunkte versucht eine historische Abfolge zu rekonstruieren, wenngleich sich auch diesbezüglich Brüche und Überschneidungen nicht ganz vermeiden lassen.

1. Gestaltungsversuche und Produktionsdidaktik –
Schreiben und Literatur

Gestaltung hat Tradition in der Deutschdidaktik, sowohl in der Literaturdidaktik, besonders aber in der Aufsatzdidaktik (vgl. LUDWIG 1988, S.417–488). Nach 1970 spielt der Gestaltungsbegriff nur noch eine marginale Rolle in der didaktischen Diskussion. Es soll kurz aufgezeigt werden, wie sich seine Substitution durch den Begriff der Produktionsdidaktik argumentativ vollzog.

„Bildung zum freien Gestalten" heißt ein Kapitel in Erika Essens 1956 erstmals erschienener *Methodik des Deutschunterrichts* (ESSEN 1956/1980, S.289–299). Einige der auf diesen zehn Seiten konzipierten und erprobten Aufgabenstellungen muten vertraut an, übersieht man den ein wenig fürsorglichen, von der pädagogischen Beschaulichkeit der fünfziger Jahre geprägten Stil und Ton; beispielsweise: „Eine Erscheinung aus der unmittelbar gegenwärtigen Umgebung ist so zu fassen, daß ein sprachliches Gebilde entsteht, in dem sich eine Besinnung über das Dargestellte ausdrückt" (ibid., S.293). Ersetzt man 'sprachliches Gebilde' durch 'Text' und 'Besinnung' durch 'Reflexion oder Nachdenken', könnte die Aufgabe aus einem schreibdidaktischen Werk der unmittelbaren Gegenwart stammen. Ähnliche Aufgabenstellungen finden sich immer wieder in dieser alle gymnasialen Schulstufen umfassenden Methodik und sind sowohl in den Literatur- als auch in den Grammatik- und Aufsatzunterricht integriert; sie knüpfen allerdings nicht an literarische

Textlektüre an und werden nicht *Schreib*aufgaben genannt, sondern als 'freies oder erzählendes Gestalten' bezeichnet.

Fritz Winterling hat schon 1971 den Gestaltungsversuch deutlicher Kritik unterzogen und ihn allerdings nicht der produktionsorientierten Literaturdidaktik, sondern der *kreativen* Übung kontrastiv gegenübergestellt. Winterlings Kritik verdeutlicht die Gründe für ein geringschätziges Verständnis von Gestaltung, das bis in die Gegenwart hinein bewahrt wird. Er gelangt zu dem Ergebnis, daß sprachgestaltende Übungen den Schüler zur Nachahmung des literarischen Vorbilds anhalten, welches von ihm affirmativ und unkritisch akzeptiert werden müsse. Die konforme Einstellung, zu der auf diese Weise erzogen werde, kritisiert Winterling ebenso wie die sich hinter der Gestaltungskonzeption verbergenden Vorstellung vom harmonisch geschlossenen, idealen Kunstwerk; diese sei insbesondere durch die moderne, experimentierfreudige Kunstentwicklung ad absurdum geführt worden und nicht mehr zeitgemäß. Kreative Übungen, das darf in diesem Zusammenhang vorweggreifend angemerkt werden, werden begrüßt: Die Fähigkeit, nach neuen Wegen zu suchen – so eine Definition des Kreativitätsbegriffs –, sei eine wichtige Eigenschaft, die es zu vermitteln gilt, und eine gute Voraussetzung, um bestehende Normsysteme in Frage zu stellen und sich über diese hinwegzusetzen, so daß „Freiheitserfahrungen" möglich werden (WINTERLING 1971, S.255), Erfahrungen, wie sie die gestaltenden Aufgaben auf jeden Fall nicht evozieren können. Letztere erscheinen in Winterlings Darstellung als einengendes 'Korsett', das den Schüler in vorgegebene Sprach- und Kunstnormen zwängt.

Diese euphorische Sicht auf kreative Übungen ist für die Frühphase der kreativorientierten Deutschdidaktik nachvollziehbar; in der Folge dieser Debatte geriet die Gestaltung allerdings zunehmend in Mißkredit, weil die polarisierende Gegenüberstellung von Enge und Zwang auf der einen und Freiheit auf der anderen Seite zu einer Abwertung der anleitenden Gestaltung führte. Daß Gestaltung und Kreativität einander *nicht* ausschließen müssen, zeigt eine kleine didaktische Schrift, die ein Jahr nach Winterlings Kritik erschien. Ingeborg Meckling geht offensichtlich von einem Gestaltungsbegriff aus, der nicht im Gegensatz zur Kreativität steht, sondern mit diesem verwandt ist (MECKLING 1972/1974). 'Schöpferische Kräfte' und 'produktives Denken' bezeichnen in Mecklings Konzeption die Schreibtätigkeit; diese – im bisher vorrangig intellektuell ausgerichteten Deutschunterricht – vernachlässigten Fähigkeiten und Phantasiebedürfnisse sollen durch „Übungen in Kreativität" (ibid., S.13) geweckt und in den Deutschunterricht zur Förderung der „schöpferische(n) Begabung" (ibid., S.7) integriert werden. Ingeborg Meckling verwendet zur Kennzeichnung der geschriebenen Schülertexte den Begriff „Gestaltungsversuche" (ibid., S.10) und entwirft in ihren *Kreativitätsübungen* Unterrichtsvorschläge, in denen sie die Schüler in Anlehnung an literarische Texte zu schriftlichen Nachgestaltungen motivieren will. Die Verfasserin begründet ihre an literarische Vorlagen angelehnte Schreib-Konzeption damit, daß zum einen „das Verständnis der Schüler für bestimmte Probleme der Dichtung" vertieft werde.

> „Zum anderen sollten die Schüler ermuntert werden, produktiv zu denken, und lernen, für sich die Wechselwirkung von Inspiration und Kenntnis fruchtbar zu machen: ihre Einfälle an sachlichen Gesichtspunk-

ten messen, durch genaue Kenntnisse zu eigenen neuen Gedanken zu gelangen und umgekehrt unter dem Eindruck eigener Ideen die vorhandenen Sachkenntnisse zu erweitern" (ibid., S.13).

Der produktive Prozeß steht im Zusammenhang mit den durch die Literatur erworbenen Kenntnissen und dient dem Verstehen der Literatur, die gleichzeitig die Funktion eines sachlichen Parameters übernimmt, anhand dessen die Schüler ihre eigenen Texte überprüfen können. Diese kreislaufförmige Struktur führt zu einem Erkenntniszuwachs der produktiv Tätigen. Die Verfasserin geht auf die spezifischen Eigenarten des Schreibprozesses nicht ein, sondern sie subsumiert das Schreiben ohne weitere Reflexionen unter produktiv-schöpferisches Denken und Handeln. Unbegründet bleibt in Mecklings Ausführungen, welche Funktion das Schreiben genau übernimmt und in welcher Beziehung es zu den vielzitierten, darum aber nicht deutlicher werdenden 'schöpferischen Kräften' steht.

Ingeborg Mecklings Schrift ist die letzte, in der ausführlicher von Gestaltung die Rede ist. Robert Ulshöfer diskutiert zwar das Bezeichnungsproblem – Gestaltung oder Kreativität? –, läßt aber eigentlich offen, wie er seine Schreibanregungen verstanden wissen will (ULSHÖFER 1974). Er distanziert sich von einigen Definitionen der kreativen Schreibforschung und begreift seine eigenen Schreibvorschläge – verschwommen und ungenau – „als Auseinandersetzung mit den sprachlichen und gesellschaftlichen Formen und Normen" (ibid., S.330/331). Ulshöfer verwendet den seiner Auffassung nach „idealistisch belastet(en)" Gestaltungsbegriff nicht (ibid., S.330), aber ein Teil seiner konkreten Unterrichtsvorschläge – „Verfertigen von Paralleltexten" – steht durchaus in dieser Tradition. Ulshöfers knappe Ausführungen zu diesem Thema demonstrieren, daß der Übergang von der überlieferten Gestaltung zu neuen Schreibformen und -aufgaben nicht ohne Widersprüche verlief: Vor allem die Entscheidung, welche Bezeichnung man für die eigenen Methoden wählen sollte, bereitet offensichtlich Probleme. Noch stand man in der Gestaltungstradition und konnte diese nicht leugnen; andererseits waren die Auswirkung der 'kreativen Welle' bereits deutlich zu spüren, als daß sie hätten gänzlich ignoriert werden können.

Die Ablösung von der Gestaltungstradition fand im Rahmen der Kreativitäts-Diskussion statt; erst in der Nachfolge der Rezeptionsästhetik (vgl. A.II.3) hielt der Begriff der Produktionsdidaktik Einzug in die literaturdidaktische Debatte. Die tendenzielle Verwandtschaft zwischen den gestaltenden und den produktiven Schreibaufgaben, die zumindest beide – vereinfacht gesagt – von einem gelesenen literarischen Text ausgingen und diesen schreibend fortsetzten, veränderten, ergänzten etc., geriet auf diese Weise aus dem Blick. Eine Gegenüberstellung von Gestaltung und Produktion sowie ein Vergleich der beiden Begriffe gibt aber Aufschluß über die Art des Wandels, der sich in der literarischen Schreibdidaktik vollzog: Der Begriff der Produktion signalisiert eine Nähe zur industriellen, seriellen, maschinellen Herstellungsweise und damit ein sachlicheres, eventuell auch reibungsloseres 'Tun und Machen', während die umständliche, dem handwerklich-manuellen Arbeitsbereich entstammende Gestaltung noch 'originale', fast künstlerische Ausführungsformen impliziert; Massenproduktion auf der einen, langwierig-komplizierte Herstellung auf der anderen Seite. Der sich an den Produktionsbegriff anlehnenden

Bezeichnung liegt ein grundsätzlich anderes ästhetisches Konzept zugrunde: Die Parallelen zwischen Kunst und Industrie werden hervorgehoben, der 'produzierende' Schüler korrespondiert mit dem 'produzierenden' Künstler, welcher ebenfalls nicht mehr 'gestaltend' tätig wird. Kunst-Werke werden zu Kunst-Objekten, und der ehemals bescheiden angesiedelte Versuch der nachgestaltenden Übung an einem literarischen Vor-Bild wird ersetzt durch eine als selbstverständlich definierte Schreibproduktivität des Schülers. Mit anderen Worten: Der Wechsel von der Gestaltung zur Produktion in der literarischen Schreibdidaktik ist Ausdruck einer veränderten Kunstauffassung wie auch eines modifizierten Verständnisses vom Schüler und dessen Arbeit.

So hat Karlheinz Fingerhut 1982 mit *Umerzählen* eine neue Variante in die schreibdidaktische Produktionsdiskussion eingebracht, an der sich das neue Kunst-Verständnis ablesen läßt (FINGERHUT 1982). Fingerhut geht – wie Ingeborg Meckling – von der literarischen Vorlage aus, sieht dieselbe aber in einem inter-literarischen Kommunikationsprozeß begriffen: Ein literarischer Text entsteht keineswegs aus dem Nichts, sondern ist immer auch Lese-Produkt seines Autors. Gelesene Werke fließen direkt oder indirekt in den neuen Text ein, wie die von Fingerhut zusammengestellte Auswahl beispielhaft demonstriert. In diesen intertextuellen (vgl. A.III.1) Prozeß sollen sich die Schüler einschalten, indem sie schon variierte, umgeschriebene und damit neu interpretierte Fabeln, Märchen, Sagen oder Brecht-Texte weiter-, neu, eben „umerzählen". Fingerhuts Aufgabenstellungen sind *Schreib*aufgaben, durch die die Schüler motiviert und angeleitet werden sollen, den literarischen 'Dialog' schreibend fortzusetzen. Ausgehend von den produktiven Verfahrensformen wird Schreiben als Ergänzung zu den üblichen Formen des interpretativen Textumgangs begriffen und wird es – wie in Mecklings Kreativität-Übungen – mit einem vorhergehenden Leseprozeß verknüpft. Dabei bedeuten diese produktiven Umgangsformen

> „(...) jedoch keinesfalls die große kreative 'Freiheit' im Deutschunterricht, sie erfordern – ganz im Gegenteil zu häufig geäußerten Meinungen – strenge und disziplinierte Auseinandersetzungen mit dem Ausgangstext" (ibid., S.6).

Fingerhut distanziert sich von der kreativen Welle und ordnet seine Schreibvorhaben nicht dem Spiel- und Freiheitskontext zu. Er geht davon aus, daß die gebundenen Schreibaufgaben eine reglementierte Arbeitsform darstellen, die schon mit dem analytischen Lesen der literarischen Vorlagen beginnt. Zehn Jahre nach Ingeborg Mecklings *Kreativen Übungen* ist mit Fingerhuts *Umerzählen* eine Modifikation des literaturverbundenen Schreibens entwikkelt, in der die Entstehung der literarischen Vorlagen selbst transparent gemacht wird: Die Texte der Schüler erfahren einen anderen Begründungszusammenhang; indem sie sich in den Prozeß einschreiben, partizipieren sie an der bereits stattgefundenen literarischen Geschichte und orientieren ihre schreibenden Erzähltätigkeiten an den literarischen Vorbildern, auch wenn sie dieselben parodieren, verfremden oder aktualisieren.

Während Fingerhut sein umerzählendes Schreibkonzept literaturimmanent begründet, argumentiert Haas eher pädagogisch und erhofft sich affektive und persönlichkeitswirksame Folgen eines produktions- und handlungsorientierten Deutschunterrichts. Es ist nicht zufällig, daß der Begriff der Produktionsdidaktik vielfach synonym gebraucht wird mit einer handlungsorientierten Zielrichtung. Nach Haas (HAAS 1984) impliziert der handlungsorientierte Ansatz auch soziale und gesellschaftliche Lernziele, während die produktiven Methoden den aktiven Erwerb literaturbezogener Kenntnisse meinen: Aber das eine – literaturabhängige – Handeln soll ein anderes – gesellschaftliches – nach sich ziehen bzw. dieses beeinflussen/verändern; weil die Schüler nun in größerem Rahmen Gelegenheit erhalten, aktiv ihr Wissen zu erwerben oder anzuwenden, wird eine über den Schulunterricht hinausgehende aktivierende Wirkung erhofft. Haas gebraucht die beiden Begriffe – Handlung und Produktion – fast synonym (ibid., S.15/16) und bezieht in sein produktives Konzept nicht nur schreibende Arbeiten ein, sondern auch graphische, musikalische, pantomimische und spielerische Umgestaltungen/Interpretationen/ Darstellungen des gelesenen Textes. Er begründet seine unterrichtspraktischen Vorschläge damit, daß der 'normale' Deutschunterricht vorrangig auf analytisch-kognitiven Fähigkeiten aufbaue und solche fördere, so daß affektiv-emotionale Wünsche der Schüler 'zu kurz' kämen. Das erklärte Ziel der von Haas konzipierten Literaturstunden liegt weniger in der Ausbildung einer ästhetischen Kompetenz der Schüler, sondern vielmehr darin, daß die Schüler ihre „Subjektivität, ihre Interessen und Bedürfnisse in den Literaturunterricht einbringen können" (ibid., S.9). Durch den Handlungsspielraum, den die produktiv-handlungsorientierten Methoden anböten, erhielten die Schüler Gelegenheit, diese ihre subjektiven Sichtweisen in das Unterrichtsgeschehen – auch schreibend – einzubringen. Die produktiven Arbeitsformen ermöglichten es, kognitive Lehrziele (des Lehrers) und subjektive Bedürfnisse (der Schüler) im Unterricht zu vereinbaren und insbesondere letzteren endlich zu ihrem Durchbruch zu verhelfen.

Die bisher zitierte Literatur ist vor allem als didaktische Handreichung für die Unterrichtspraxis zu verstehen, d.h. sie enthält neben einer kurzen Einführung eine Reihe von Text- und Aufgabenbeispielen (und Schülertexten), zum unmittelbaren Gebrauch durch den interessierten und aufgeschlossenen Lehrer bestimmt. Hingegen handelt es sich bei der theoretisch begründeten wie praktisch erprobten Studie Gerhard Rupps um eine Arbeit, die die Entwicklung der produktiven Didaktik in einem umfassenden literarästhetischen wie -theoretischen Zusammenhang reflektiert und begründet (RUPP 1987): *Kulturelles Handeln mit Texten* ist der Versuch, ästhetische Theorien und produktive Schreib-Praxis in Beziehung zueinander zu setzen, um auf diese Weise Wege zu einer möglichen Neukonzeption von Literaturunterricht aufzuzeigen.

Rupp geht in jeder seiner vier Fallstudien von literarischen Textvorlagen aus, die er allerdings verzögert, dekomponiert, 'unfertig' oder als „künstliche Texte" eingibt (RUPP 1987, S.201). Diese Herstellung von „Eingreiftexten" ist zentraler Bestandteil seiner Unterrichtskonzeption: Mit den vor- und zubereiteten literarischen Textvorlagen, die den Schülern nicht als geschlossenes Kunstwerk, sondern offen und 'bearbeitbar' präsentiert werden, bringt sich auch der Unterrichtende 'textuell' in das Unterrichtsgeschehen ein, bezieht er seine 'Textposition'. Die von den Schülern geschriebenen Texte, in einem Fall als „'Ko-Produzieren'" (ibid., S.223) bezeichnet, spielen in drei der vier Unterrichtsarrangements eine wichtige Rolle und werden als

„Gegen-, Parallel-, Anti- oder andere Texte" (ibid., S.247) zu der kanonischen Literatur definiert, ausgehend von dem Gedanken einer tendenziellen Gleichstellung von Autor-Schreiber und Schüler-Rezipient-Schreiber.

> „Die natürlichen Texte werden somit im Unterricht von zwei Seiten her erweitert: am Ausgangspunkt der Arbeit durch ihre spezifische Zurichtung zu Eingreiftexten, am Zielpunkt durch ihre Veränderung zu den alternativen Schülertexten. (...) Es ist ein pädagogisch und methodisch-didaktisch wichtiges Moment, daß sie (die Schüler; E.K.P.) eigene Texte den kanonischen Texten gegenüberstellen können und daß sie in be-stimmten Situationen einfach mehr, 'besser' und perspektivreicher zu einem Thema gearbeitet haben, als das ein einziger Text eines einzelnen Autors je könnte (...)" (ibid., S.90).

Der Gedanke, daß die durch veränderte Rezeptionsbedingungen provozierten Schülerarbeiten ein breiteres Spektrum an Ideen, eine andere Vielfalt an Inhalten und Formen aufweisen als die *eine* Textfassung des Ur-autors, liegt allen methodischen Unterrichtsarrangements Rupps und deren intensiver Auswertung zugrunde. Gleichwohl bleibt die literarische, vom Unterrichtenden vor- und zubereitete Textvorlage 'Dreh- und Angelpunkt' des Unterrichtsgeschehens, bildet sie die Basis für die Kommunikation. Neben der 'passiven' Rezeption der Schüler untersucht Rupp insbesondere die Rolle des (aktiven) Schreibens für diesen literarischen Kommunikationsprozeß: Die Schüler könnten sich Texte der Tradition, zu der alle geschriebenen (d.i. gedruckten) – da tendenziell fremden – gehören,

> „dann am besten aneignen, wenn sie sich selbst schreibend zu ihnen in Beziehung setzen (...) und wenn ihre eigenen Texte an der mit 'Tradition' gemeinten Utopie des Nichtvergessenwerdens gleichermaßen teilhaben" (ibid., S.81);

d.h. auch, daß die von Schülern geschriebenen Texte in irgendeiner Form veröffentlicht werden müssen, um ihnen die geforderte Dauer zu sichern.

Rupp beruft sich in seiner theoretischen Begründung für seine methodischen Arrangements und für die Aufwertung der von den Schülern geschriebenen Texte auf die frühe Jauß'sche Rezeptionsästhetik und die dort hervorgehobene Leser-Aktivität, auf den späten Strukturalismus Roland Barthes' und auf den durch Jacques Derrida vertretenen Dekonstruktivismus; in letzterem sieht Rupp, bezogen auf den Literaturunterricht, die Chance „kritischer Traditionsaneignung", welche „die Schüler indirekt und exemplarisch am literarischen Text, aber auf der Ebene 'seiner Signifikanten' vollziehen" (ibid., S.19). Gemeinsam sei diesen, zum Teil durchaus differierenden theoretischen Ansätzen eine neu gewichtete und geschätzte Leser-Rolle sowie der tendenzielle Verzicht auf eine wahrheitsfixierte, 'richtige' Interpretation; bei Barthes wie auch bei Derrida konstatiert Rupp eine Aufwertung des Schreibens und der Schrift: Es sind eben diese Momente, die der dramaturgischen Gestaltung der Ruppschen literaturdidaktischen Unterrichtsversuche zugrundeliegen. So präsentiert er Schülern einer fünften Klasse eine Erzählung extrem verzögert (de-komponiert) über mehrere Stunden hinweg und läßt sie den weiteren Verlauf schreibend antizipieren bzw. aus zerschnittenen Textteilen eigene Rekonstruktionsversuche unternehmen. Im letzten der vier dokumentierten Versuche schreiben die Schüler die begonnene Erzählung eines 'Berufsschriftstellers', die dieser ihnen als Fragment vorstellt, zu Ende; der Autor schreibt seine eigene Schlußfassung der Erzählung erst, nachdem er mögliche Schlußvarianten der Schüler kennengelernt hat und bezieht sich dabei besonders auf den Text, den eine Schülerin des Kurses verfaßt hat. In diesem Fall verwendet Rupp die Bezeichnung „Ko-Produktion", um das Schreiben der Schüler zu kennzeichnen und stellt es auf eine Ebene mit dem berufsmäßigen Schreiben.

Rupp wertet die solchermaßen initiierten literarischen Schreibversuche der Schüler so intensiv aus, daß nicht nur 'praktische' Tips für alternative Literaturstunden das Ergebnis sind, sondern daß der Erprobung wie ihrer Reflexion gleichzeitig eine theoriebildende Innovationskraft innewohnt. Seine didaktische Studie ist zwar auch von dem pädagogischen Impuls getragen, mit einem veränderten, deutlich demokratisierten Literaturunterricht eine „'Subjektwerdung' der Schüler" (ibid., S.248) zu garantieren, und der bereits im Titel annoncierte Handlungsbegriff intendiert zudem einen über die schulische Begrenzung hinausgehenden „'gesellschaftshaltigen'" (ibid., S.237) Kontext. Allerdings spielen neben diesen Erziehungszielen die literaturorientierten Arbeits-, Produktions- und Erkenntnisprozesse eine gleichberechtigte Rolle und werden nicht von ersterem dominiert. In der Ruppschen didaktischen Konzeption gelingt eine Koppelung von Literatur-Lesen und 'Literatur'-Schreiben[1]. Dabei werden die in befragender Auseinandersetzung mit den literarischen Vorlagen entstehenden Schülertexte neu gewertet: Sie stehen einerseits in der Folge eines vorausgehenden leseanalytischen Vorgehens (in der 1. und der 2. Fallstudie), sind andererseits aber auch kollektiv entstandene „Ko-Produkte" (in der 4. Fallstudie) und „Manifestation einer anderen 'Kultur', die die 'monologische' Kultur der literarischen Autorentexte kritisiert" (ibid., S.247). Die geschriebenen Texte in Rupps Unterrichtsversuchen stehen im unmittelbaren Zusammenhang mit der *Gruppenaktivität*; auch wenn letztlich jeder Schüler seinen eigenen Text verfaßt, bleibt als eigentlicher Auslöser für den einzelnen Schreibvorgang die vorangegangene Arbeit im Klassenverband stets gegenwärtig. Die Aufwertung der Schülertexte, die den gedruckten nicht nur gleichgestellt werden, sondern diese aufgrund des kollektiven Entstehungszusammenhangs sogar zu 'korrigieren' vermögen, muß als konsequentes Ergebnis der produktionsdidaktischen Entwicklung eingeschätzt werden: Wenn die literarische Schreib-Produktivität der Schüler im Mittelpunkt des Unterrichts steht, ist die Gefahr einer Über-Bewertung der so entstehenden Texte grundsätzlich groß. Sie entwickelt sich zwangsläufig, wenn man außer acht läßt, daß der Schreib-Impuls der Laienschreiber erst durch die Kenntnisnahme der literarischen Vorlage initiiert wird, so daß jedes weitere Schreiben unweigerlich in der – wie auch immer hierarchisierten – Nachfolge des literarischen Ausgangstextes verbleibt. Die mit der literarischen Produktionsdidaktik einhergehende Öffnung des Lese-Schreib-Prozesses provoziert Unsicherheiten in der Einschätzung und in der Bewertung des Schreibens wie des Geschriebenen bzw. des Gedruckten. Rupps euphorische Beur-

---

1   Allerdings hätte Gerhard Rupp die Anführungsstriche im zweiten Fall nicht gesetzt, weil er die Schülertexte den gedruckten gleichstellt.

teilung der Schülertexte als der tendenziell 'besseren' Schreib-Leistung ordnet sich in diese neu entstandene Problemlage ein.

Rupps Fallstudien sind ein Dokument der produktionsdidaktischen Entwicklung der Literaturdidaktik, das diese sowohl theoretisch zu fundieren als auch deren praktische Anwendbarkeit zu demonstrieren sucht. Rupp 'organisiert' das Schreiben der Schüler: Er geht nicht nur von (zubereiteten) literarischen Textvorlagen aus, sondern gibt auch Schreibaufträge, die aus dem analytischen Teil des Unterrichts abgeleitet und durch diesen legitimiert sind. Diese methodische Vorgehensweise ist ein Kennzeichen der (meisten) produktionsorientierten Ansätze. Während Gerhard Rupp sich auf Prosa- und Dramentexte konzentriert[2], hat Günter Waldmann versucht, das produktive Konzept auf lyrische Texte anzuwenden. In seinem *Produktivem Umgang mit Lyrik* (WALDMANN 1988) präzisiert Waldmann sein bereits einige Jahre zuvor entworfenes produktives Konzept eines produktionsorientierten Unterrichts (WALDMANN 1984): Er definiert in diesen Ausführungen Lesen als „aktives produktives Handeln" (ibid., S.105), das darüberhinaus ein *„kommunikatives Handeln"* darstelle, ein „dialogisches" (ibid., S.106).

> „Dies: Kommunikation, Dialog, ist Lesen aber nur, wenn der gelesene Text nicht als Gegebenes, sondern als *Gemachtes*, nicht als Produkt, sondern als *Produziertes*, nicht als Ding, sondern als *menschliche Handlung* erfahren wird" (ibid., S.106; Hervorh. E.K.P.).

Hinzu kommt für den literarischen Text, daß er die Phantasietätigkeit seines Lesers freisetzt; darin sieht Waldmann ein wesentliches Potential für die Möglichkeit zur „Sinnaktualisierung" des Textes (ibid., S.109). Es liegt dem Verfasser daran, den Vorwurf der bloßen Subjektorientierung zurückzuweisen: Produktionsorientierter Literaturunterricht verhelfe auch dazu, die Wechselbeziehung zwischen Individuum und Gesellschaft zu durchschauen und provoziere kritische Einsichten in gesellschaftlich-historische Bedingungen. Waldmann entwickelt und begründet in diesem Aufsatz die Notwendigkeit erlebter und gemachter ästhetischer Erfahrungen, vor allem aus seinem Verständnis der aktiven Lesetätigkeit heraus: Diese erfordere geradezu Eigenproduktionen des Lesers (vgl. A.II.1).

Geht er in diesem Aufsatz allgemein auf den Literaturunterricht ein und listet in einem zehn Seiten umfassenden „systematischen Katalog" (ibid., S.117–127) wohl alle zu diesem Zeitpunkt bekannten „Formen produktionsorientierten Umgangs mit literarischen Texten" auf (ibid., S.117), so konzentriert er sich in seiner späteren Veröffentlichung auf die Produktion lyrischer Texte. Waldmann will alle, die es interessiert und die hinreichend neugierig sind, das Dichten lehren (und knüpft damit an alte Traditionen an: vgl. BOSSE 1978). Er zeigt Wege zum eigenen Gedicht auf, anknüpfend an lyrische Texte aus allen poetischen Stilrichtungen und Traditionen (WALDMANN 1988). Der Aufbau seines Buches spricht für sich: Nach einer äußerst knappen Vorbemerkung, in der Waldmann die Argumente nennt, die man gegen das 'Selbermachen' von Gedichten einwenden könnte, beginnt er ohne weitere – theo-

---

2   Rupp hat seine produktive Methode auch auf lyrische Texte angewandt, diese Ergebnisse allerdings in *Kulturelles Handeln mit Texten* nicht berücksichtigt (vgl. RUPP 1986; RUPP 1993).

retisch-legitimierende – Einleitung mit dem produktionsorientierten Teil (und hier gleich mit drei Strophen Friedrich Hölderlins), der wie ein Lehrgang aufgebaut, von einfachen (Unterschied zwischen Prosa und Lyrik) zu höheren Lernzielen (Schreiben eines Sonetts) fortschreitet. Die ausführliche theoretische Situierung seines Ansatzes erfolgt erst in einem Schlußkapitel, nachdem wesentliche poetische Mittel, Stil- und Strophenformen analysiert und als Anregung für eigene lyrische Versuche vorgestellt wurden. Diese sehr umfangreichen und detailliert ausgearbeiteten Teile lesen sich wie eine 'handwerkliche Anleitung zur Herstellung eines Produkts', in diesem Fall eines Gedichts, so daß der dem arbeitsweltlichen Sprachbereich entstammende Produktionsbegriff in einem sehr ursprünglichen Wortsinn an-gewandt wird. Die Arbeitsanweisungen enthalten breit angelegte analytische Aufgabenteile, die den Benutzer des Buches auffordern, die vom Verfasser ausgewählten Gedichte auf bestimmte Eigenarten hin zu lesen oder zu vergleichen. Die Eigenproduktion ist in diesem Modell eng mit der analytischen Arbeit verzahnt. Der Gedanke der „literarischen Differenzerfahrung", den Waldmann als theoretisches Gerüst in einem Schlußwort darlegt (ibid., S.222), liegt seiner poetischen Dichtungslehre zugrunde. Lyrische Sprache unterscheide sich von der Alltagssprache, sie ist in ihrer „überstrukturierten" Form (ibid., S.224) – wertfrei gemeint – 'anders' als die normalerweise gesprochene Sprache:

> „Lyrik ist eine *strukturierte offene Kombinatorik* von Differenzen und kann im ganzen wie im einzelnen nur so angemessen verstanden werden, daß ihre Differenzverhältnisse vollzogen werden" (ibid., S.227).

Waldmann knüpft mit dieser Definition an die Saussure'sche Sprachforschung bzw. die sprachtheoretischen Reflexionen Jacques Derridas an, nach der es in der Sprache nur Verschiedenheiten (Differenzen) gibt, da Laut, Gedanke und Zeichen eigentlich beliebig miteinander kombiniert werden können und nur durch gesellschaftliche Konventionen ihre Festlegung erfahren. Zu bestimmen sind die einzelnen Glieder durch ihre Verschiedenheit untereinander, so daß sie sich gegenseitig bedingen, um durch Abgrenzung von dem anderen verstehbar zu werden. Übertragen auf die von Waldmann so benannte 'lyrische Differenzerfahrung' bedeutet das:

> „Lyrik ist verschieden von Alltagssprache. Aber als lyrischer Text gegeben ist stets nur Lyrik (...), und mit ihm nicht gleichzeitig auch die Alltagssprache, von der es verschieden ist; die Verschiedenheit der Lyrik von ihr muß der Leser vollziehen – als lyrische Differenzerfahrung. Lyrik ist (...) eine Kombinatorik von Binnendifferenzen. Aber im lyrischen Text gegeben ist stets nur eine bestimmte lyrische Form (...), die Verschiedenheit der bestimmten gegebenen lyrischen Form (...) muß vom Leser vollzogen werden – als lyrische Differenzerfahrung" (ibid., S.229).

So konstituiert sich die aktive Rezeption von Lyrik durchgängig als Erfahrung von Differenz. Waldmann leitet aus dieser seiner theoretischen Sprach- und Literaturdefinition die Notwendigkeit der produktiven Tätigkeit dessen ab, der verstehen, der nachvollziehen will. Die Leseraktivität kann sich in diesem Modell nicht auf die passive Rezeption beschränken, weil literarische Differenzerfahrung eine praktischproduktive Seite hat, die nur handelnd erfahr- und verstehbar wird.

Die von Waldmann skizzierte theoretische Begründung für eine 'produktive Notwendigkeit' bei der Verstehensleistung betont den Handlungsaspekt, der für den Umgang mit diesen 'Verschiedenheiten' wesentlich sei. Er konzentriert sich auf die *sprachliche Begründung* (nicht auf eine pädagogisch-psychologische) und sieht in der *sprachlich 'gemachten'* Erfahrung der eigenen Produktion die eigentliche Chance des Verstehens von literarischer Differenz. So hält er sich auch mit einer wertenden Kommentierung zurück. Anders als Rupp beurteilt er die nach seinen Anleitungen entstandenen lyrischen Texte nicht. Der sprachlich-'dichterische' Erfahrungsprozeß ist ihm wichtig, nicht die Positionierung der Ergebnisse in Beziehung zu den Ausgangsgedichten. Nur indirekt impliziert sein Modell die Einstellung: Dichten kann jeder, wenn er sich mit den poetischen Techniken entsprechend vertraut macht. Aber wir erfahren von Waldmann nicht, ob die auf diese 'angelernte Weise' entstehenden 'Gedichte' in Konkurrenz zur offiziellen, kanonisierten Dichtung treten, sondern wir werden nur ermuntert, es den Dichtern nachzutun und in deren Fußstapfen selbst dichtend tätig zu werden.

Waldmanns und Rupps Arbeiten tragen zu einer theoretischen Fundierung der Produktionsdidaktik bei. So unterschiedlich die beiden Forschungen von der Konzeption her sind, so weisen sie Parallelen auf, was die Rolle des – schreibend – tätig werdenden Lesers angeht, der das lesende Studium der literarischen Texte als Ausgangspunkt für eigene literarische Produktionen nimmt. Während Rupp und Waldmann mit praktischen Beispielen argumentieren, ergänzt Holger Rudloff die produktionsorientierte Forschung um eine historische Studie, in der die Geschichte der Produktionsästhetik und -didaktik in den ästhetisch-philosophischen Schriften – beginnend bei Platon und endend mit der literarischen Produktion der Gegenwart – verfolgt wird (RUDLOFF 1991). Seine Darstellung konzentriert sich darauf, das jeweilige Pro und Contra zur Genie-Ästhetik zu eruieren: Ist das 'Kunstmachen' erlernbar, oder bleibt es 'Auserwählten' und durch Geburt 'begnadeten' Talenten vorbehalten? Unter dieser zentralen Fragestellung liest Rudloff die ästhetischen Schriften von der Antike bis zur Gegenwart und konstatiert einen regelmäßig wiederkehrenden Gegensatz von unerklärbarem Genieschaffen auf der einen Seite und von Handwerk, Technik, Regeln (d.h. Erlernbarkeit) auf der anderen. Rudloff sympathisiert mit den Ästhetiken, die das 'Kunstschaffen' als lehr- und lernbar darstellen und engagiert sich dafür, die ästhetische Produktivkraft als eine 'allgemein menschliche' zu betrachten. Kunsttheoretische Positionen, die Kunstschaffen nicht als Privileg einer kleinen, auserwählten Minderheit begreifen, werden von Rudloff favorisiert: Er sieht diese Tendenz in den Schriften Aristoteles' und beim Frühaufklärer Gottsched. Im Gegensatz dazu steht die Genie-Ästhetik des Sturm und Drang, die Rudloff einer polemischen Kritik unterzieht, – in dieser Schärfe nicht recht nachzuvollziehen, da sie die historische Bedingtheit der Bewußtwerdungsprozesse jener Epoche nicht hinreichend berücksichtigt. Die Denker des späten 18. und des frühen 19. Jahrhunderts – Kant, Schiller, Hegel – zeigen sich dem Geniebegriff verpflichtet, wenngleich sie (unterschiedlich und widersprüchlich) das Moment der Arbeit in der Kunstentstehung nicht leugnen. Erst Nietzsche setzt in seinem Spätwerk einen Schlußpunkt unter diese Phase und erklärt Kunst „als ein durch Arbeit erworbenes Können (...). Literaturproduktion wird potentiell zu einer Tätigkeit, die erlernbar ist

('Handwerker-Ernst') und jedermann offensteht" (ibid., S.153). In den ästhetischen Theorien des 20. Jahrhunderts dominiert die Auffassung, daß 'Kunst-Machen als Fähigkeitspotential' allen Menschen zur Verfügung stehe, wenngleich Rudloff in den Schriften Adornos auch für diesen Zeitraum ein Festhalten an der Genieästhetik entdeckt.

Der in Rudloffs Arbeit ausführlich verfolgte Konflikt zwischen Genie-Kunst auf der einen und Demokratisierung der Kunst-Produktion auf der anderen Seite ist für die Entwicklung und Herausbildung der gegenwärtigen Produktionsdidaktik charakteristisch: Deutlich wird anhand dieses Überblicks, daß die Tendenz zum 'machenden' Schüler ein Ergebnis allgemeiner, d.h. eben auch ästhetischer Egalisierungsprozesse ist, ein Moment, das sich an der Einführung des Produktionsbegriffes bereits ablesen ließ. Grundsätzlich erfährt diese Entwicklung eine bedingungslose positive Wertung: Es wird begrüßt, daß Kunstschaffen nicht mehr nur einigen wenigen, sondern allen Interessenten zugestanden wird. Auch Rudloff vertritt diese Position und setzt sich kritisch bis ablehnend mit all den ästhetischen Schriften auseinander, in denen zwischen der Entstehung von Kunst und der anderer Produkte differenziert wird, in denen neben Regeln, Wissen, Arbeit und Handwerk ein wie auch immer benannter, auf jeden Fall nicht recht erklärbarer 'Rest' bleibt: sei es, daß man es 'göttliche Inspiration' oder Genie nennt, 'Sondervermögen' oder einfach nur angeborenes Talent, (welches nicht in ausgewogen verteilten Maßen allen zufalle); irrationale, mythosbildende und metaphysische Erklärungsversuche, wie Rudloff feststellt. Diese Einschätzung wird tendenziell – wenngleich nicht immer in dieser Schärfe – von den Vertretern einer produktionsorientierten Didaktik geteilt: Je transparenter und nachvollziehbarer die Entstehung eines Kunst-Objekts ist, umso einfacher läßt sich die nachfolgende Produktivität des Schülers legitimieren und vermitteln.

Publikationen der jüngsten Zeit zeigen, daß diese literaturpraktische Arbeit im Unterricht nach wie vor für sinnvoll gehalten wird. So hat Kaspar H. Spinner eine dreibändige Sammlung zeitgenössischer, vielfach noch unbekannter Kurzgeschichten zusammengestellt (für das 5. bis 10. Schuljahr) (SPINNER 1990) und diese um eine Lehrerhandreichung ergänzt, in der neben nur kurzen Interpretationen besonderer Wert darauf gelegt wird, daß für jeden Erzähltext mehrere Produktionsvorschläge unterbreitet werden: Der Schüler-Leser soll sich in die gelesene Erzählung 'einschreiben' können. Spinners Sammlung hat fast den Charakter eines 'kleinen Lesebuchs', so daß Produktionsaufgaben auf dem besten Wege scheinen, zu einem kanonisierten Bestandteil des Literaturunterrichts zu werden. Spinners produktives 'Lesebuch' hat einen längeren Vorlauf, in dem diese auf poetische Schreibproduktivität ausgerichtete Ergänzung des Literaturunterrichts wiederholt thematisiert wie auch reflektiert wird (vgl. z.B. SPINNER 1982; SPINNER 1986 a und b; SPINNER 1987). Er wendet sich gegen die Stilisierung zu einem „produktionsorientierten Literaturunterricht" (SPINNER 1987, S.601), plädiert aber für eine sinnvolle, aus Unterrichtszusammenhängen heraus begründete Integration „produktiver Verfahren" in die Arbeit mit literarischen Texten (ibid). Grundsätzlich erblickt Spinner in der produktiven Öffnung einen „wichtigen Beitrag (...), den unsere 80er Jahre für die Literaturdidaktik leisten" (ibid., S.603); andererseits sei es unnötig und unklug, diese methodische Ergänzung gleich zu einem „neuen 'Ansatz'" zu verabsolutieren:

„Es ist, wie die Geschichte der Deutschdidaktik immer wieder gezeigt hat, nicht leicht, angesichts der Faszination, die ein neuer Ansatz auszuüben vermag, zugleich die Gefahren zu sehen, die er mit sich bringt, wenn er vereinseitigt wird" (ibid., S.603).

So streben Werner Ingendahl und Harro Müller Michaels in ihren Arbeiten zur Produktionsdidaktik eine *Integration* der Schülerproduktivitäten in das hermeneutische Spiralmodell an (INGENDAHL 1991; MÜLLER-MICHAELS 1991). Sie versuchen, das Neue mit dem Alten zu verbinden und die Produktionsorientierung mit der tradierten analytische Auslegepraxis zusammenzuführen. Ingendahl integriert die schreibenden, spielenden und musizierenden Aktivitäten der Schüler in die vier stufenförmig aufeinander folgenden Phasen der Textauseinandersetzung: 1.Textbegegnung; 2. Objektivierung; 3. Aneignung; 4. Anwendung. Er sieht keinen Widerspruch zwischen dem hermeneutischen, analytisch-reflexiven Verstehen–Auslegen–Anwenden und den produktiven Umgangsformen.

> „In der Hermeneutik erfahren wir, daß vielerlei Umgangsformen erarbeitet worden sind, die helfen können, Inhalt und Form zu verstehen und Kunstwerke insgesamt zu entschlüsseln. (...) Unendlich viele Möglichkeiten gibt es, einen poetischen Text zu *interpretieren*, ohne ihn je ganz auszuschöpfen" (INGENDAHL 1991, S.8).

Die produktiven *Umgangsformen* – so der Titel seines Buches – sieht er nicht nur als literaturadäquate Weise der Verstehenserarbeitung, sondern begründet sie auch entwicklungspsychologisch: In den Entwicklungsphasen vom Kind zum Jugendlichen sind unterschiedliche, auf Handlung ausgerichtete Erarbeitungsformen den Schülern adäquater als theoretisch-abstrakte Leistungen. Ingendahls „Methodensammlung" (ibid., S.9) enthält ein umfangreiches Kompendium von Beispielen, die in Verbindung mit – zum Teil vor- und zubereiteten – literarischen Texten und deren analytischer Bearbeitung stehen: Zwar wird auch zum Spielen, Malen, Zeichnen und Musizieren angeregt, aber Schreibaufgaben nehmen einen großen Raum ein. Ingendahls didaktische Handreichung ist eine aktuelle Zusammenfassung der produktionsorientierten Methoden und ihrer Verknüpfung mit analytischen Tätigkeiten. Ihr kann auch entnommen werden, wie liberal inzwischen mit den unterschiedlichen Interpretationsmethoden umgegangen wird: Sie stehen gleichberechtigt nebeneinander, bereit zur Handhabung für den literarischen Text, auf den sie 'passen'. Auch Müller-Michaels sieht keinen Widerspruch zwischen der hermeneutischen Auslegung und dem produktiv werdenden Schüler:

> „Allzu einseitig ist in den vergangenen Jahren die gesamte hermeneutische Arbeit auf die Auslegung (in systematischer und/oder historischer Absicht) verkürzt worden, so daß sowohl die Formulierung eines Vorverständnisses wie auch die Anwendung auf den gegenwärtigen Erfahrungshorizont entschieden vernachlässigt worden sind" (MÜLLER-MICHAELS 1991, S.588).

Müller-Michaels kommt es darauf an, die „Bedeutung der Literatur für das Leben der Heranwachsenden" (ibid) zu vermitteln und u.a. mit Hilfe der produktiven, d.h. schreibenden Rezeption eine „Brücke zur Lebenswelt" (ibid., S.589) zu schlagen: Die Schüler können ihre eigenen Erfahrungen in Beziehung setzen zu den in der gelesenen Literatur vermittelten und erreichen auf diese Weise eine Erweiterung ihres

Horizonts; in den Phasen der Wahrnehmung und der Anwendung seien die produktionsorientierten Arbeitsformen angebracht, während die Analyse in der Phase der Auslegung stattfindet. Zwar warnt Müller-Michaels davor, das 'Produktivwerden' bei jedem literarischen Text zu veranlassen (besonders 'Betroffensein' könnte nicht immer schriftlich umgesetzt werden); dennoch sieht er in einer konsequent angewandten produktiven Lektüre die Garantie für „eine neue Qualität des Literaturunterrichts" (ibid., S.593).

Ganz so unumstritten, wie es nach diesem Forschungsbericht scheinen mag, ist die Produktionsdidaktik allerdings nicht. Karlheinz Fingerhut hat sich kritisch mit dem teilweise sehr unreflektiert positiv konnotierten Handlungsbegriff (unter den auch produktive Formen subsumiert werden) auseinandergesetzt (FINGERHUT 1987) und davor gewarnt, in diesem die Rettung aller literaturdidaktischen Probleme zu sehen. Verstehen z.B. sei „keine *Rezeptions*handlung, sondern teils *Ziel* teils *Strategie* der Tätigkeiten am Text, 'etwas verstanden haben' (das Verstandene) das Ereignis" (ibid., S.593). Auch für die strapazierten Begriffe wie 'umgehen mit' und 'Erfahrung-machen' stellt Fingerhut fest, daß damit Prozesse, aber keine Handlungen beschrieben sind. Ob durch all diese prozeßhaften Arbeitsformen hindurch wirklich eine sichere Annäherung an den literarischen Ausgangstext stattfindet, bezweifelt Fingerhut:

> „Ich konstatiere nur 'Kontingenz', das heißt: es kann, es ist eine Chance, aber ein Ergebnis ist nicht zwingend. Daher möchte ich auch davon abraten, in den Kategorien der Handlungstheorie Versprechungen in bezug auf einen erfolgreichen, die Beteiligten befriedigenden Literaturunterricht zu formulieren" (ibid., S.600).

Hans Kügler geht mit der Produktionsdidaktik härter 'ins Gericht' und bezweifelt entschieden, daß der Handlungsbegriff in der Rezeptionstheorie überhaupt sinnvoll ist (KÜGLER 1988a und b). Seine – teilweise sehr polemische – Besprechung der letzten produktionsdidaktischen Publikationen hat eine länger andauernde Debatte in *Praxis Deutsch* ausgelöst (Heft 93, 94 und 98 aus 1989). Besonders scharf kritisiert Kügler die Ruppsche Didaktik, die er im Ansatz wie in der Durchführung für „mißlungen" (KÜGLER 1988a, S.9) hält. Er wirft Rupp vor, den literarischen Text völlig aufzugeben und die agierenden Schüler in das Zentrum des Literaturunterrichts zu stellen. Die von Rupp hergestellten 'Eingreif- und künstlichen Texte' hätten nichts mehr mit dem eigentlichen literarischen Werk zu tun und könnten deswegen auch keine sinnbildenden Literaturerkenntnisse initiieren. Die These von der 'Ko-Autorenschaft' erfährt in Küglers Besprechung deutliche Zurückweisung:

> „Indem der Schüler über die Koproduzentenrolle hinaus '*tendenziell an die Stelle des Autors*' rückt, wird völlig verdeckt, daß er nur parasitär, d.h. mit vorgefertigten Materialien des Autors spielend an der Textproduktion beteiligt ist. (...) Dieses Herstellen hat nichts zu tun mit dem qualitativ verschiedenen Prozeß des schöpferischen Hervorbringens des Autors" (ibid., S.9).

Kügler tritt für eine Unterscheidung ein zwischen dem Schaffen des 'Künstlers' und dem des Laien (wenn der Laie überhaupt produzieren soll). Es ist in diesem Zusammenhang nicht uninteressant, daß Kügler den von Rupp angebrachten Vorwurf des

„theologisch-fundierten Literaturbegriffs" einerseits zurückweist, gleichzeitig aber anmerkt: „Obwohl gerade die gegenwärtige Literaturdidaktik aus einem solchen Literaturbegriff noch (oder wieder) einiges zu lernen hätte (...)" (KÜGLER 1989, S.4). Kügler beharrt auf einer eigentlichen, künstlerisch wertvolleren Urheberschaft ästhetischer Texte: Wahrnehmen und Verstehen literarischer Werke ist nur 'ganz' möglich, nur wenn der Leseprozeß ungestört, d.h. ohne Lücken und ohne künstliche Eingriffe stattfinden kann. Außerdem insistiert er auf einer Autonomie der Kunst, worunter er „Selbstbezüglichkeit, Abgeschlossenheit und Sinnhaftigkeit der Textwelt" versteht (ibid.); ein nach wie vor beachtenswerter, unverzichtbarer Gedanke: Weder zwinge er zur „kultischen Verehrung des Werkes" (ibid.) noch verbiete er Einsicht in die Struktur des Textes; vielmehr garantiere er überhaupt erst die Wirkungsbedingungen des literarischen Textes.

Ohne Anspruch auf Vollständigkeit ist die Argumentation für und wider den produktiven Literaturunterricht nachgezeichnet worden. Deutlich wurde, daß in dieser didaktischen Konzeption der 'literarisch lesende' Schüler zu einem 'literarisch schreibenden' werden soll, und zwar in ungleich größerem Ausmaß, als es in der gestaltenden Methodik je vorgesehen war (insofern ist doch eine unverhoffte Korrespondenz zwischen dieser didaktischen Entwicklung und der 'industriellen *Massen*produktion' festzustellen!). Wichtig ist, daß die Schreibtätigkeit der lernenden Schüler von einem (kanonisierten) literarischen Text ausgeht und um diesen herum angesiedelt bleibt; dieser wird allerdings weniger als 'fertig' und abgeschlossen denn als ein einmal 'Geschriebener' präsentiert, so daß die weitere Schreibtätigkeit der Schüler aus diesem Produktionsprozeß heraus legitimiert wird. Die Begründungen für diesen Rollenwechsel vom literarisch lesenden zum literarisch schreibenden Schüler sind vielfältig und unterschiedlich: literatur- und sprachanalytisch, ästhetisch, pädagogisch, entwicklungspsychologisch, gesellschaftlich-sozial, politisch, lebensweltlich. Konsens ist aber, daß der Übergang vom Literatur-Lesenden zum 'Literatur'-Produzierenden für eine *sinnvolle* bzw. notwendige Ergänzung des bisherigen Schreibaufgaben-Repertoires im Deutschunterricht gehalten wird. Publikationen der jüngsten Zeit deuten darauf hin, daß nach wie vor an einer Verfeinerung und Komplementierung der produktionsdidaktischen Methoden gearbeitet wird. Küglers Kritik macht abschließend auf einen Verlust aufmerksam, der mit der Verbreitung der produktiven Arbeit unweigerlich einhergeht: Indem das 'Kunst-Werk' seiner entrückten Position verlustig geht, wird es zu einem 'ästhetischen Gebrauchsgegenstand', der durch schreibende Schülerhände 'Beschädigungen' davontragen muß, die ihm vormals nicht zugefügt wurden. Küglers Bedauern über diesen ästhetischen und didaktischen Trend ist als Zeichen dafür lesbar, daß der 'produktive Umgang mit Texten' nicht so selbstverständlich ist, wie es manchmal den Anschein hat. Der Vergleich mit den drei anderen literarisch-schreibdidaktischen 'Bewegungen' wird zeigen, wie und ob sich der produktionsdidaktische Ansatz in dieser Konkurrenz zu behaupten versteht.

2. Kommunikation –
Schreiben an Adressaten

Otto Ludwig hat in seiner umfangreichen Geschichte des deutschen Aufsatzes, die allerdings 1970 endet, in einem Ausblick die kommunikative Aufsatzdidaktik als ein „neues Kapitel in der Geschichte des deutschen Schulaufsatzes" bezeichnet: „Alles ist hier anders: die Themen, die Formen, die Anlässe, die Motivation, der Zweck und – vor allem die Begründungen." (LUDWIG 1988, S.453) Der Schüler als *Textproduzent* (SPRACHE UND SPRECHEN 1972, S.11) schreibt an einen Adressaten, und zwar in „situativ angelegten Motivationszusammenhängen" (ibid.), welche den alltagsweltlichen Erfahrungen der Schüler – tatsächlich oder fiktiv nachgestellt – entsprechen. Er schreibt intentional: Soll der Leser informiert bzw. beeinflußt werden, oder will man ihn erzählend unterhalten? Der Begriff 'Aufsatz' wird abgelöst durch „Übungsformen des schriftlichen Sprachgebrauchs" (ibid., S.18), unter anderem auch aus dem Grunde, weil die bisher üblichen Stilformen des sprachgestaltenden Aufsatzes – wie Erzählung, Schilderung, Bericht etc. – dem aktuellen, in gesellschaftlich-sozialen und beruflichen Zusammenhängen benötigten Schreibverhalten nicht mehr gerecht zu werden vermögen. Die kommunikationsorientierte Schreibdidaktik legt also besonderen Wert darauf, daß die Schreibformen den veränderten Bedingungen entsprechen und in bezug zu lebensweltlichen Alltagserfahrungen stehen sowie darauf, daß die Schüler lernen, adressatengerecht schreibend zu kommunizieren: Schreiben erfülle in den seltensten Fällen einen Selbstzweck, sondern sei an ein Gegenüber gerichtet. Fabulierendes Erzählen – so in der Einführung von *Sprache und Sprechen*, einem kommunikativen Sprach-Lehrwerk der siebziger Jahre – falle eigentlich aus diesem pragmatischen Rahmen, „aber auch dieser mehr spielerische und kreative Sprachgebrauch ist auf einen Leser bezogen, für den die Geschichten geschrieben sind" (ibid., S.19). Schreiben ist im kommunikativen Ansatz, der aus der linguistischen Forschung entwickelt wurde, ein Akt, der auf den 'anderen' gerichtet bleibt und der dessen Verstehen anstrebt:

> „Auch die schriftliche Kommunikation wird als sprachliches Handeln im Rahmen des Kommunikationsmodells verstanden. Der Schüler soll sich dieser Kommunikationsweise derart bedienen und über sie verfügen, daß er in Situationen, in denen er eine schriftliche Äußerung für sinnvoll und effektiv hält oder wann immer sie von ihm gefordert und erwartet wird, eine schriftliche Fixierung so leisten kann, wie sie seiner eigenen Absicht entspricht oder wie sie nach seiner Einschätzung dem Adressaten angemessen ist" (BÜNTING/KOCHAN 1973/1976, S.184/85).

So bezieht sich D.C. Kochan, der in den siebziger Jahren sowohl zu den Herausgebern von *Sprache und Sprechen* als auch zu den Initiatoren der kommunikationsorientierten Deutschdidaktik überhaupt gehörte (vgl. auch KOCHAN/WALLRABENSTEIN 1974/1978), in seiner theoretischen Begründung für den kommunikativen Ansatz auf Autoren, die, von der Kritik an dem von Chomsky eingeführten Begriff der Sprachkompetenz und der von ihm angenommenen idealen Sprecher-Hörer-Konstruktion ausgehend, andere linguistisch begründete Sprach-Konzepte entwickelten: auf die durch Bernstein ausgelöste Defizit-Differenz-Debatte, Watzlawicks Kommunikationsanalysen, Habermas' Theorie der kommunikativen Kompetenz, Baduras

Integration soziolinguistischer und dialoganalytischer Ansätze sowie auf Wunderlichs Ausführungen zu den Sprechakten, um einige der theoretischen Bezugspunkte zu nennen. Diese linguistischen Modelle konzentrieren sich auf die *mündliche* Kommunikationssituation, ein Faktum, das für die deutschunterrichtlichen Konzeptionen nicht folgenlos geblieben ist:

> „Im Gegensatz zur traditionellen Sprachdidaktik und den durch sie begründeten Deutschunterricht wird sich nach unserem Konzept auf primärsprachdidaktischer und kommunikationsdidaktischer Grundlage der Deutschunterricht um Möglichkeiten zu intensiver *mündlicher Kommunikation* und Sprechtätigkeit bemühen" (ibid., S.166).

Dem entspreche die Dominanz der gesprochenen Sprache im tatsächlichen Lebensalltag, der in erster Linie redend und nicht schreibend gemeistert werden muß. In der Folge des kommunikationsorientierten Deutschunterrichts war es nur konsequent, den gesprochenen Unterrichtsanteil besonders zu gewichten. Dieses Moment ist für die nachfolgende Schreibeuphorie und Neu-Entdeckung des jetzt wieder schreibend, statt vorrangig redend tätig werdenden Schülers in Erinnerung zu bringen.

D. C. Kochan hat 1977 den streng kommmunikationsorientierten schreibdidaktischen Ansatz zur Diskussion gestellt und in Hinblick auf die an ihm geübte Kritik den Versuch unternommen, eine Neuorientierung zu entwickeln (KOCHAN 1977). Kochan verweist nochmals darauf, daß der in *Sprache und Sprechen* verfolgte schreibdidaktische Ansatz sowohl „neu, ungewohnt und vom Ansatz her konsequent durchgehalten" (ibid., S.4) als auch innovativ gewesen ist, gesteht dann aber die Kritikwürdigkeit dieser Position zu. Er relativiert im folgenden den streng kommunikativen Schreibansatz und räumt ein, daß das hermeneutische, „das monologische und das diskursive Schreiben (...) im schreibdidaktischen Modell kommunikativen Handelns aus der Sicht" geraten scheine (ibid., S.6), vor allem, wenn man Schreibzusammenhänge außerhalb des unterrichtlichen Rahmens betrachte. Die Gefahr des kommunikativen Modells sei eine zu starke Adressatenorientierung, die zur einseitigen Anpassung des Schreibenden an die vorgestellten Publikumsinteressen führen könne. Dem „Vorwurf der Einseitigkeit kommunikativer Orientierung" folgte in der Kritik bald der „Ruf nach einem individuellen, persönlichen, freien und lustbetonten Schreiben" (KOCHAN 1977, S.4), eben einem *Schreiben für sich und über sich* (so der Titel des Aufsatzes wie auch des *Praxis Deutsch*-Heftes, dem er als Basisartikel vorangestellt war). Kochan gibt aber zu bedenken, ob bei dieser Art des Schreibens wirklich nur das 'Ich' der Adressat sei oder ob nicht zwangsläufig andere Leser stets mitgedacht sind; zumal im pädagogischen Kontext Lehrer und Mitschüler als potentielle Adressaten kaum ignoriert werden können. Außerdem drängt sich die Frage nach der Lehrbarkeit einiger ich-orientierter Schreibformen auf. Kochan diskutiert drei unterschiedlich stark ich-adressierte Schreibmodelle – *Schreiben über sich selbst; Schreiben für sich selbst; Schreiben über sich selbst und für sich selbst* – und weist auf deren Nähe bzw. Ferne zum kommunikationsorientierten Ansatz hin. Insbesondere für den letztgenannten Schreibzusammenhang stellt er die Frage, inwiefern ein solcher Schreibwunsch überhaupt noch „anleitende Vorschriften" durch schulische Zusammenhänge rechtfertige (ibid., S.9), während er für die beiden ersten Schreibanlässe durchaus Verbindungen zur kommunikativen Didaktik sieht, insbesondere dann, wenn dieses Schreiben innerhalb des Deutschunterrichts als 'Auftragswerk' stattfindet.

Als Ergebnis dieser Ausführungen zur Problematik eines (angeblich 'reinen') subjektiven Schreibens kann festgehalten werden, daß eine einfache Trennung in einerseits kommunikativ und andererseits hermeneutisch-reflexiv nicht durchgehalten werden kann. Die durch die kommunikative Wende eingebrachten Erkenntnisse lassen sich durchaus auch in solche Entwürfe vom Schreiben integrieren, in denen es nicht um schulisches Aufsatzschreiben geht, sondern darum, unterschiedlichste gesellschaftliche Gruppen mit der (positiven) Erfahrung des 'Schreibenkönnens' bekannt zu machen. Dieser auf Multiplikation ausgerichtete Impuls ist eines der Merkmale der kreativen Schreibbewegung und unterscheidet sie von der Produktionsdidaktik, die weitgehend auf den schulischen Zusammenhang beschränkt bleibt.

Wir werden im folgenden Kapitel, das sich ausführlich mit der kreativen Schreibbewegung befaßt, sehen, wie die durch die kommunikationsorientierte Didaktik evozierten Erkenntnisse fortwirken bzw. verändert werden. So wird der mündliche Sprachbereich, dem zumindest in *Sprache und Sprechen* Vorrang vor dem schriftlichen eingeräumt wird, in der Schreibbewegung an die Peripherie gedrängt, während das Schreiben (wieder) den ersten Platz einnimmt. Andererseits hat die kommunikative Schreibdidaktik Aufgabenstellungen formuliert, die den Boden bereiten für die Schreibformen der sich kreativ Nennenden: z.B. Umformung eines Schlagertextes; Schreiben von Flugblättern zu Themen, die den unmittelbaren Erfahrungsbereich der Schüler tangieren; schriftliche Beurteilungen von Schüleraufsätzen durch ältere Schüler; Anfertigen eines Comics zu einem literarischen Text u.a.m.. Es könnte die These aufgestellt werden, daß die kreative Schreibbewegung sowohl eine logische Fortführung des kommunikativen Ansatzes ist als auch ein Gegenpart – wie wir später sehen werden – derselben. Der offene Literaturbegriff der kommunikativen Didaktik, die Werbung und Schlager in den Unterricht einbezieht, hat sein übriges getan, um dem liberalen Umgang mit Sprachmaterial Vorschub zu leisten, wie er auch in der kreativen Schreibbewegung gepflegt wird. Die Adressaten sind häufig, wenngleich unausgesprochen und nicht intentional, in das Schreiben einbezogen, sie sind bekannt: Es ist die Gruppe, die sich zum Schreiben trifft und die den Text anschließend zu hören bekommt, so daß es durchaus eine stillschweigende Adressatenfixierung gibt.

Während sich aber die meisten schreibkreativen Publikationen der achtziger Jahre nicht explizit auf den kommunikativen Ansatz beziehen, orientieren sich Heiner Boehncke und Jürgen Humburg in *Schreiben kann jeder* an den Erkenntnissen der kommunikativen Schreibdidaktik. Sie gehen zunächst mit der Institution Schule, dem großen „Schreibhindernis" (BOEHNCKE/HUMBURG 1980, S.9) ins Gericht und werfen ihr vor, ein ursprünglich vorhandenes 'Schreibausdrucksbedürfnis' zu früh und zu stark zu reglementieren und in vielerlei (Rechtschreib- und Grammatik-) Regeln einzuzwängen. In der „Methodenmühle (der Schule; E.K.P.) überstehen Schreibvermögen und Schreiblust das Schreibenlernen nur selten" (ibid., S.9). Der nach demokratischer Gleichstellung rufende Titel ist gleichzeitig ein Signal für eine andere Tendenz des Buches: die Schreibkultur nicht nur den privilegierten und gebildeten gesellschaftlichen Gruppen zukommen zu lassen, sondern dafür Sorge zu tragen, daß alle Schichten in den Genuß der „antizipatorischen Qualitäten" (ibid., S.10) des Schreibens kommen. Z.B. wird auf die Arbeit lokaler Schreibgruppen im Londoner East End hingewiesen, in der arbeitslose Jugendliche begannen, ein Buch zu schreiben. Boehncke und Humburg favorisieren die kommunikationsorientierte Methode sowie den *texte libre* Célestine Freinets, weil dieser ursprünglich vorhandene kindliche Ausdrucks- und – ganz wesentlich – Mitteilungsbedürfnisse erstnehme. Sie stellen sich in der Auswahl der weiteren unterrichtspraktischen Vorschläge deutlich in die Tradition der kommunikationsorientierten deutschdidaktischen Entwicklung: Es dominieren die Schreibaufgaben, in denen der Adressat vorgegeben ist und das Schreiben seinen Anlaß hat. Selbst ein Urlaubs-Tagebuch erhält den Untertitel: *Tagebuch von Sebastian über Korsika für Enzio (auch Klein Bubbi genannt)* (ibid., S.165; Hervorh.. E.K.P.); in einem anderen Kapitel sind originell gestaltete Leserbriefe aus Tageszeitungen gesammelt, in denen sich Bürger kritisch äußern oder gegen nicht gewollte Bauprojekte zur Wehr setzen (ibid., S.278–290). *Geschichten von Kindern für Kinder* (ibid., S.138; Hervorh. E.K.P.) lautet eine andere Überschrift. Die Kinder einer Klasse schreiben an den Autor eines Bilderbuchs und fragen ihn nach der Bedeutung eines Gegenstandes, den sie nicht einzuordnen verstehen; sie erhalten brieflich eine Antwort des Autors Jörg Müller. Klassenzeitung, Klassenkorrespondenz, ein selbstgemachtes Klassenbuch – das sind weitere Stichworte, die den kommunikativen Zusammenhang der geschriebenen Texte verdeutlichen. Kommunikation über die geschriebenen Texte mit anderen Laienschreibern findet ebenfalls statt: Die Texte werden weitergereicht bzw. -geschickt. Brieflich antworten Leser mit neuen, eigenen Texten, die aufgrund der Lektüre und Auseinandersetzung entstanden. Die Autoren beschränken ihre Schreibvorschläge allerdings nicht auf die Schule, sondern beziehen unter dem Titel *Schreiben, bis es Spaß macht* auch die Universität in ihre Vorschläge für einen offeneren Umgang mit der Tätigkeit Schreiben ein.

Letztlich ist *Schreiben kann jeder* von dem euphorischen Elan getragen, der durch die Wiederentdeckung des freien Schreibens und seiner geselligen Wirkung verursacht wurde. Boehncke und Humburg verbinden den kommunikativen mit dem kreativen Ansatz und sehen darin die Möglichkeit, vorhandene, aber unentdeckt im verborgenen ruhende Schreib-Kräfte und -Talente bei Schülern und Studenten freizusetzen. Dem entspricht die Konzeption des Buches: Es enthält eine Reihe von Berichten aus der Praxis, die allerdings eher deskriptiv sind, getragen von der Überzeugung, daß freies Schreiben – im Unterschied zum schulisch engen – per se gut und richtig ist. Die gedruckte Präsentation dieser Texte, wie sie bereits ein Jahr zuvor in Gundel Mattenklotts *Literarischer Geselligkeit* erfolgt war (vgl. A.I.3), wertet diese von Laien geschriebenen Ergebnisse indirekt auf und 'hebt' sie auf ein anderes Niveau. Eine intensive oder gar kritische Auswertung der geschriebenen Texte – wie sie beispielsweise Gerhard Rupp durchführt – erfolgt nicht. Vielmehr ist die Intention der Herausgeber deutlich die, alle Leser des Buches zum Schreiben zu ermutigen bzw. sie anzustiften, in pädagogischen Zusammenhängen ähnliche Versuche durchzuführen.

Schreiben kann jeder schlägt eine Brücke zwischen der eher pragmatischen kommunikativen Schreibdidaktik und der den 'subjektiven Faktor' betonenden kreativen Schreibbewegung: Es greift das adressatenorientierte Schreiben der einen wie auch das Zulassen der emotionalen Empfindungen der anderen auf und fügt sie ineinander. Das Buch spiegelt den Stand der Schreibforschung zu Beginn der achtziger Jahre wider, die – vielleicht auch durch die bis dahin erfolgte Bevorzugung der gesprochenen Sprache in der kommunikativen Didaktik – überrascht und begeistert über ungeahnte 'ästhetische' Fähigkeiten und Bedürfnisse vieler Schüler (aller Altersstufen) im aufsatzunabhängigen Schreiben die Rettung schulischer Motivations-(und menschlicher Existenz-)Probleme erblickte.

3. Kreativität –
subjektives, freies und spielerisches Schreiben

Spätestens in diesem Abschnitt wird sich zeigen, daß die Einteilung der schreibdidaktischen Entwicklung nach thematischen Schwerpunkten problematisch ist: So exakt lassen sich die einzelnen, oft nur tendenziellen Akzentuierungen nicht voneinander scheiden, als daß es sich vermeiden ließe, innerhalb eines Themenkomplexes Querverbindungen und -verweise anzubringen. Nicht allen über Schreiben Forschenden ist an einer eindeutigen Zuordnung und Parteinahme gelegen. Wir verfolgen diese thematische Orientierung trotzdem weiter, weil sie zu einer Verständigung über Gemeinsamkeiten wie auch über Gegensätze führt.

Nach dieser methodischen Vorbemerkung folgt eine weitere, die eine Definition enthält. Wir gehen nicht auf die Kreativitätsforschung ein und diskutieren auch keine unterschiedlichen Kreativitätsbegriffe[3]. Vielmehr verstehen wir unter kreativem Schreiben die schreibdidaktischen Richtungen, die sich – im Unterschied zur Produktionsdidaktik – als eine 'Bewegung' bezeichnen lassen, die auf 'freies', subjektives, 'auftragsloses' oder -unabhängiges sowie spielerisches Schreiben besonderen Wert legen und die sich von den klassischen Aufsatzformen abzugrenzen versuchen. Nicht in allen Ausformungen lassen sich das produktionsorientierte und das kreative Schreiben streng voneinander trennen, aber es zeichnet sich die Tendenz ab, daß ersteres literaturbezogen und das zweite 'subjektiv und frei' ist. Fritz Winterling hatte Kreativität als eine Fähigkeit bezeichnet, die dazu ermutigt, nach neuen

---

3 Aus diesem Grunde nehmen wir auch nicht auf Arbeiten bezug wie die Jutta Wermkes (WERMKE 1989, Bd.1 u. 2). Jutta Wermke geht von einem integrativen Kreativitätskonzept aus und will nicht nur die schreibende Aktivität der Schüler anregen, sondern auch andere Sinnes- und Wahrnehmungsbereiche aktivieren. Sie bezieht die Psychologie wie auch die empirische Sozialforschung in ihre theoretischen Explikationen ein und entwickelt davon ausgehend Unterrichtsreihen für die 5.–9. Klasse, in denen nicht nur die schriftsprachlichen Fähigkeiten gefördert, sondern darüberhinaus (Um)Welt- und Menschenwahrnehmung wie auch Verhalten und Handeln in einem fächerübergreifenden Unterricht thematisiert und – indirekt – verändert werden sollen: „Die vier Dimensionen der Kreativität: Person, Prozeß, Produkt und Umwelt sind immer zu berücksichtigen" (ibid., Bd.1, S.144). Ein kreativer Ansatz wie dieser wird im Zusammenhang der hier vorliegenden Arbeit nicht berücksichtigt, die sich in erster Linie auf die *sprachorientierten* Handlungen des Schreibens wie des Lesens konzentriert.

Wegen zu suchen, so daß „Freiheitserfahrungen" möglich werden. Holger Rudloff erblickte in ihr die Ablösung des Geniebegriffs. Diese beiden Hinweise mögen vorab signalisieren, welch neue 'große' Hoffnung mit dem Kreativitätsbegriff in die Deutschdidaktik Einzug hält.

Mit dem Erscheinungsjahr der *Literarischen Geselligkeit* beginnt die Ausbreitung einer als 'kreativ' bezeichneten Schreibbewegung, die auch außerhalb des schulischen Rahmens – an Volkshochschulen und Wochenendseminaren stattfand (und findet) –, die aber in die Schule hineinwirkt. Gundel Mattenklott, die Verfasserin der *Literarischen Geselligkeit* (MATTENKLOTT 1979), geht allerdings mit dem Kreativitätsbegriff eher kritisch um, zumindest mit dem eng an die amerikanische Forschung angelehnten: Erziehung zur Anpassung sieht sie in diesem pädagogischen Gedankengebäude (ibid., S.49). Sie kennzeichnet demzufolge ihre eigenen Entwürfe als spielerisches oder freies Schreiben, in dem sowohl kollektive Prozesse als auch subjektive Bedürfnisse Befriedigung finden können. Obwohl die Autorin ihrem Schreib-Ansatz begrifflich nicht den 'kreativen Stempel' aufdrückt, ist die *Literarische Geselligkeit* zum Standardwerk der sich im folgenden Jahrzehnt ausbreitenden kreativen Schreibbewegung avanciert. Die spielerischen Schreibversuche, die Gundel Mattenklott in der *Literarischen Geselligkeit* vorschlägt, kennzeichnen das, was in der Folgezeit unter kreativem Schreiben verstanden wird ebenso wie auch die von ihr vorgestellten subjektorientierten Formen, die u.a. vom *Workshop Schreiben* des Berliner Pädagogischen Zentrum, einer für Lehrerweiterbildung zuständigen Institution, initiiert wurden.

Gundel Mattenklott erinnert, bevor sie ihre Schreibversuche mit Jugendlichen vorstellt, an Schreibformen der Vergangenheit: an solche, die dem Austausch mit anderen dienten und eine spielerisch-leichte schriftliche Kommunikation veranlassen sollten (Schreibspiele der höfischen Gesellschaft, in der Frühromantik und im Biedermeier) und an solche, die Arbeitserfahrungen in Fabriken schreibend festhielten und weitergeben wollten (Tretjakov). Selbst das Führen eines Tagebuchs, das als klassische Form des ichbezogenen Schreibens gilt, betrachtet sie als ein Schreibereignis, das im geheimen die Veröffentlichung mitdenkt und -hofft. Kurz: Es kommt der Autorin darauf an, das Schreiben in einen kommunikativen Rahmen einzuordnen, als eine Tätigkeit, die sich an andere richtet, die das, was die anderen schreiben, aufnimmt und weiterverarbeitet. Obwohl Gundel Mattenklott sich nicht der kommunikativen Didaktik zuordnet, finden wir die dieser Richtung zugrundeliegenden Gedanken in ihren Schriften wieder. Allerdings geht es nicht um intentionales oder appellatives Schreiben. Das Gegenüber bietet vielmehr einen 'bloßen Anlaß', zur Feder zu greifen: entweder weil es tatsächlich gegenübersitzt und an dem (Schreib)Spiel teilnimmt, oder weil es abwesend ist und ihm Briefe geschrieben werden müssen. Für die Schreibatmosphäre in den Gruppen, in denen sich Gleichgesinnte zusammenfinden (Schwule, Lehrer, Frauen), stellt die Autorin fest:

> „In den Texten, die da entstehen, enthüllt sich das Ich des Schreibenden und sieht sich an im Spiegel der Schrift; in ihm vermögen sich die anderen, die Gleichgesinnten, ebenfalls zu erkennen. Jede/r kann die Selbstdarstellung der/s anderen genießen als Spiegel des eigenen Selbst. Weil alle einig sind in ihrem Wunsch nach Befreiung aus patriarchaler Herr-

schaft, können die Einzelnen gefahrlos ihre Lebensumstände enthüllen, sich selbst entblößen: Sie spiegeln sich in den Augen anderer auch Entblößter" (ibid., S.21).

Der andere dient nur dazu, sich selbst zu präsentieren; keine Kommunikation findet statt, sondern der mitschreibende und vorlesende andere ist Sprungbrett für die jeweilige Eigendarstellung, so daß auch das Zuhören und 'Über-den-Text-Reden' ichbezogen bleibt. – So weit geht Gundel Mattenklott in ihrer Kritik nicht. Sie setzt aber beispielsweise die sogenannte 'Arbeiterliteratur' und das Schreiben der in proletarischen Zirkeln sich zusammenfindenden Schreibinteressierten deutlich gegen diese Form luxuriöser Selbstbespiegelung ab: „In der proletarischen Literatur-Öffentlichkeit, die anstrebt, 'den Arbeiter zum Subjekt gesellschaftlicher Veränderung zu machen', wird das literarische Spiel blutiger Ernst" (ibid., S.22). Gundel Mattenklott schwankt in ihren Sympathien zwischen deutlich gesellschaftlich und politisch engagierten Konzepten (wie das proletarische Schreiben und die Freinet-Pädagogik) einerseits und dem spielerischen Umgang mit geschriebener Sprache andererseits, wie sie ihn in den surrealistischen Spielen André Bretons und im Dadaismus findet. Letzteren gibt sie in ihren eigenen unterrichtsbezogenen Vorschlägen deutlich den Vorzug. Sie schätzt auch das durch spielerischen Kontext evozierte Schreiben als eine mögliche Form der „Selbstverwirklichung" ein, das eine „kritische Exploration des Alltags" provoziert (ibid., S.5), in diesen produktiv zurückwirkt und dem deswegen im Deutschunterricht die Aufgabe zukomme,

> „im literarischen Spiel die sprachlichen Möglichkeiten der Schüler zu entwickeln. Im Wechsel von Gespräch, Spiel und Allein-Schreiben lernt der Einzelne sich seiner Identität bewußt zu werden und seiner Rolle in der Gruppe; alle lernen sachbezogene Kommunikationsformen kennen, die doch das Subjekt nicht unvermittelt draußen lassen" (ibid).

Getragen von den um Aufklärung bemühten Ideen der 'postachtundsechziger' Pädagogik geht es auch um eine Stärkung der subjektiven Schülerpersönlichkeit, die in der – schreibend vorbereiteten – redenden Auseinandersetzung mit anderen eine positive Entwicklung ihres Selbst erfährt. Schreiben dient dem sprechenden Kommunizieren, findet in Form des Spiels statt und ausdrücklich davon abgegrenzt als „Allein-Schreiben". Im Vordergrund steht die Freiheit des schreibenden Subjekts, das sich durch Geschriebenes einer Gruppe präsentiert und das über schriftlich Fixiertes in einen mündlichen Austausch mit anderen tritt. Schreiben nach Spielregeln, die durchbrochen und umgeändert werden können, erleichtert den Einstieg in diese Tätigkeitsform. Soweit wie eben möglich soll dabei jeder Schreiber sich selbst, seiner Sprache, seiner Wahrnehmung, seinen Interessen folgen. Gundel Mattenklott äußert sich kritisch zu den Texten der Jungautoren, die am *Workshop Schreiben* teilnahmen, wenn ihr diese allzu elegant vorkamen: „Je perfekter geschrieben, je unpersönlicher, je glatter, umso uninteressanter werden die Geschichten der Jugendlichen; sie haben dann eben den Charakter literarischer Dutzendware" (ibid., S.129). Gelobt werden im Unterschied dazu Geschichten jüngerer Schreiber, denen Unverwechselbarkeit attestiert wird und die sich anhand ihrer Stilbrüche und unlogischen Handlungsabläufe erkennen lassen. Eine ganze Reihe dieser, von jugendlichen Schreibern verfaßten Texte sind in die *Literarische Geselligkeit* aufgenommen, so daß sie gedruckt nicht nur einer größeren Öffentlichkeit bekannt werden, sondern ihnen gleichzeitig die Dauer der offiziell 'anerkannten' Literatur gesichert wird.

In mehrfacher Hinsicht leitet dieses Buch eine neue Phase ein bzw. faßt es eine Tendenz zusammen, die sich während der vorausgegangenen Jahre in der schreibdidaktischen Entwicklung herausgebildet hatte:[4] Es erinnert an vergessene Schreibtraditionen wie an die reformpädagogischen Bestrebungen des freien Aufsatzes. Es akzeptiert die unterschiedlichen Formen des schreibenden Dilettantismus, ohne sie (ab)wertend gegeneinander auszuspielen: Spiel und Engagement schließen sich nicht aus. Es räumt den Laientexten breiten Platz auf den Buchseiten ein. Schreiben dient sowohl der subjektiven Selbstvergewisserung als auch dem nunmehr kollektiv – statt kommunikativ – genannten Prozeß. Gundel Mattenklott intendiert – noch – ein politisch-gesellschaftliches Engagement, ausgelöst durch schreibende Selbsterfahrung:

> „Die Förderung literarischer Produktivität (...) sollte (...) Perspektiven öffnen auf Formen der Selbstverwirklichung in spielerischer Arbeit und ästhetischem Genuß, die den Einzelnen mit den andern vermitteln, statt ihn von ihm zu trennen. Solche Selbstverwirklichung kann jedoch in der vereinzelten, individuellen nur fragmentarisch vorweggenommen werden als Wunsch und Hoffnung, als Inzitament des Kampfes für die Bedingungen, unter denen sie für alle erst real wird" (ibid., S.5).

Diese Anmerkungen verdeutlichen die optimistischen Erwartungen, die in der Frühzeit der Schreibbewegung an die schreibenden Subjekte gerichtet wurden. Zum Ausklang der durch die Studentenbewegung initiierten politischen 'Epoche' erhielt das Schreiben (kurzfristig) eine Vermittlungsfunktion: zwischen dem Engagement für eine Veränderung und Verbesserung der gesellschaftlichen Verhältnisse einerseits und der Bewußtwerdung und Reflexion über die eigenen subjektiven Ängste, Wünsche, Bedürfnisse andererseits; in der Demokratisierung der 'Kunstproduktion' wird die Chance gesehen, eine Humanisierung der Lebensbedingungen zu erreichen.

Die Idee, daß freies Schreiben einem öffentlichen Interesse dienen und zur 'Gesellschaftsveränderung' beitragen könne, verblaßt in der Folgezeit. Vielmehr konzentriert sich die kreative Schreibbewegung auf die durch das Gruppenschreiben ausgelösten subjektiven Erfahrungen und zieht sich eher aus öffentlichen Zusammenhängen zurück. Die Clustering-Methode Gabriele Ricos ist ein Beispiel für diese Entwicklung (RICO 1984; amerikanische Originalausgabe 1983). Der genaue Titel der deutschen Ausgabe, deren schnelles Erscheinen symptomatisch für das Interesse an diesem Thema ist, signalisiert ein gewachsenes Selbstbewußtsein, was die 'Schreiblernfähigkeit' angeht: *Garantiert schreiben lernen. Sprachliche Kreativität methodisch entwickeln – ein Intensivkurs auf der Grundlage der modernen Gehirnforschung*[5]; gesicherter Erfolg und Lernprozeß sind in der programmatischen

---

4   Vorausgingen zwei Publikationen, die aber noch nicht die Breitenwirkung erreichten wie Gundel Mattenklotts *Literarische Geselligkeit*: PIELOW/SANNER 1973 und BROKERHOFF 1976.

5   Der amerikanische Titel lautet: *Writing the Natural Way. Using Right-Brain Technicques to Release Your Expressve Powers*. Durch den Originaltitel wird der naturwüchsige, selbstverständliche Prozeß noch deutlicher als in der Übersetzung. Die angebliche 'Natürlichkeit' der Methode steht im Vordergrund; es geht nicht um einen 'künstlichen' Lernprozeß, sondern so

Ankündigung vereint. Die Clustering-Methode, mit der Gabriele Rico die rechte, für bildliches Denken zuständige Gehirnhemisphäre mit der linken, in der begriffliches Denken organisiert wird, verbinden will, ist zu einem festen Bestandteil kreativer Schreibprogramme geworden. Ausgehend von der Überlegung, daß literarisches Schreiben sowohl eine intellektuelle als auch emotionale Herausforderung vorstellt, die die Arbeit *beider* Gehirnhälften erfordert, hat Rico das Clustering entwickelt: Clustering bezeichnet sie als „assoziative Verknüpfung von Ideen und Vorstellungen" (ibid., S.28). Diese Cluster bilden die 'emotionale Grundlage' für die nachfolgende intellektuelle Gestaltung des Textes, d.h. ausformuliert in Sätzen oder in Versen. Sie dienen gleichzeitig der – spontanen, subjektiven – Themenfindung, die auf diese Weise nicht gequält oder aufgesetzt erfolgt, sondern gefühlsmäßig, 'aus dem Bauch' heraus:

> „Bauen Sie Ihr Cluster weiter aus, indem Sie Einfälle, die zusammengehören, durch Striche oder Pfeile verbinden, und *überlegen Sie nicht lange*, welcher Strang wohin strebt. Lassen Sie jede Assoziation Ihren eigenen Platz finden. Wenn Ihnen vorübergehend nichts mehr einfällt, dann *'duseln'* Sie ein wenig – setzen Sie Pfeile ein oder ziehen Sie die Kreise dicker. Diese entspannte Empfänglichkeit ruft meistens eine Welle neuer Assoziationen hervor. Schließlich wird Ihnen an irgendeinem Punkt schlagartig klar, worüber Sie schreiben wollen. Hören Sie dann einfach mit dem Clustering auf, und fangen Sie an zu schreiben. So einfach ist das" (ibid., S.35; Hervorh. E.K.P.).

Das ausführliche Zitat mag die Methode verdeutlichen, aber auch den appellativen, stets beschwörend ermutigenden Stil demonstrieren, mit dem sich die Autorin an ihre Leser wendet. Rico hat viele 'Clusters' in ihrem Band abgedruckt, die von einfachen Strukturen zu umfangreicheren „Versuchsnetzen" (ibid., S.93) übergehen, sowie Texte, die nach diesen Assoziationsketten entstanden sind. Das Ergebnis: ICH-Texte, ichbezogene Texte, die narzißtisch um das eigene Fühlen und Erleben kreisen. Auch wenn das Kursprogramm angeblich im Niveau steigt, drehen sich die Themen und die Texte immer wieder neu um das schreibende Ich, das seine „emotionale Verletzlichkeit bloßzulegen" bereit ist (ibid., S.279), ein erklärtes Ziel der von Rico durchgeführten Schreibkurse. Das letzte Kapitel, an das erwartungsgemäß die höchsten Ansprüche gestellt werden und das die einzelnen Gestaltungsmittel des bildlichen Denkens zusammenfassen will, regt zum Schreiben eines (längeren) Familienportraits an: Erneut wird biographisches Material als Basis gewählt, von dem nahezu alle Aufgaben-Anregungen ihren Ausgang nehmen. Im Unterschied zu Günter Waldmanns 'Dichter-Kurs', in dem intensive poetische Analysen von (bekannten) Gedichten den eigenen Dichtungsversuchen vorausgehen, konzentriert sich Gabriele L. Rico darauf, das Fühlen, Wünschen, Fürchten und Erinnern des einzelnen Schreibers aus ihm selbst heraus 'aufs Papier' gebracht zu bekommen. Zwar gibt die Verfasserin auch Hinweise, wie die Texte z.B. komprimierter und metaphorischer werden können, aber nicht die Sprache steht dabei im Vordergrund, sondern die *Gefühle*, die durch die Sprachverwendung ausgelöst

---

selbstverständlich wie man einige lebenswichtige Techniken wie beispielsweise Essen, Trinken und Reden lernt, kann man eben auch Schreiben lernen.

werden. Es entsteht nicht der Eindruck, daß das Niveau steigt, sondern daß eine Basisaufgabenstellung variiert, aus- und umgebaut wird: Letztlich geht es in dem gesamten Kurs darum, den einzelnen Schreiber dazu zu bringen, sein Inneres schreibend zu offenbaren und sein jeweilig subjektives Erleben, Empfinden und Fürchten 'poetisch' einzukleiden. Die in den Band aufgenommen Textbeispiele werden durchweg positiv kommentiert. Nur in den Kapiteln, in denen Überarbeitungen und Verdichtungen angestrebt werden, benutzt Rico mißlungene Texte, die nach einigen Überarbeitungsstufen gleichfalls großes Lob erfahren: „Im Laufe dieses Prozesses nahm sein Text durch die bewußte Hinwendung zur Wortmalerei eine hochgradig evokatorische Qualität an. Lesen Sie das Gedicht laut, damit Ihnen keine Nuance entgeht" (ibid., S.267). Die Laientexte werden wie 'kostbare Kleinode' behandelt, den kanonisierten Werken gleich. Der optimistisch-aufmunternde Umgang mit der Tätigkeit 'Schreiben', der dem Leser suggeriert, *jeder* sei in der Lage, druckreife literarische Qualität zu produzieren, ignoriert die intellektuellen Anforderungen, Schwierigkeiten und Probleme, die schreibende Arbeit auch noch für den erwachsenen Menschen bedeutet. Richtig ist an Ricos Überlegung sicherlich, daß sie bildlich-emotionale Prozesse aktivieren will, die für literarische Schreibformen eine andere Rolle spielen als für sachliche Aufsätze und Berichte. Andererseits akzentuiert sie diesen affektiven Bereich so stark, daß sie die gedankliche Arbeit und Anstrengung der Schreib-Tätigkeit nahezu aus den Augen verliert. Nicht zufällig rekurriert sie wiederholt auf natürliche kindliche Erzählformen, in denen sich eine Phantasiefähigkeit ausdrücke, die der Erwachsene auch noch besitze, aber verdrängt und verloren habe. Es gälte nur, sich daran erneut zu erinnern und seinen früheren kindlichen Talenten zu vertrauen: dann 'gelänge Schreiben wie von selbst'. So lautet eine Arbeitsanweisung: „Kehren Sie nun zum naiven Sehen, Hören und Gestalten zurück, das Ihr Erleben in der Kindheit geprägt hat" (ibid., S.61). Holger Rudloff hatte darauf hingewiesen, daß in einigen produktionsästhetischen Theorien (er nennt u.a. Schiller und Nietzsche) die schöpferischen Kräfte der Kinder idealisiert zum Vorbild genommen werden: „Kindheit taucht als Chiffre zur Verklärung auf" (RUDLOFF 1991, S.135). Gabriele L. Rico schließt sich einem solchen Verständnis unkritisch an.

Im radikalen Subjektivismus, wie er im Ricoschen Schreiblehrprogramm zum Ausdruck kommt, finden wir einen Schreibansatz, der zwar modifiziert, aber doch mit großen Sympathien von der kreativen Schreibbewegung aufgegriffen wurde und noch immer wird. Untersucht man die beiden Festschriften, die Mitte der achtziger Jahre zwei wichtigen Initiatoren der 'kreativen schreibdidaktischen Öffnung' – Winfried Pielow und Rolf Sanner – gewidmet wurden (HEIN/KOCH/LIEBS 1984; BOUEKE/HOPSTER 1985), unter dem Gesichtspunkt des subjektbetonten Schreibens, so wird deutlich, daß diese Schreibform zunehmend Anerkennung gefunden hat. Diese beiden Sammelbände geben auf je eigene Weise Einblick in den 'schillernden' Stand der Schreibbewegung (und Aufsatzdidaktik), ganz abgesehen davon, daß sie deutliche Unterschiede aufweisen. *Das ICH als Schrift* – so der Titel des Wilfried Pielow gewidmeten Bandes – deutet bereits thematisch auf den subjektiven Ansatz hin – insbesondere wegen der Majuskeln! –, bietet aber ein buntes Spektrum an schreibinteressierten Beiträgen, in denen sich die große Bandbreite der kreativen

Schreibmöglichkeiten widerspiegelt. Allerdings wird der subjektive Ansatz immer wieder deutlich; so in dem Beitrag von Magdalene Heuser über die Tagebücher eines Mädchens (HEUSER 1984); in dem Aufsatz von Elke Liebs (LIEBS 1984), die Menschen verschiedener Altersgruppen über Krieg und erste Liebeserfahrungen befragt hat und die den Titel *Schreiben wie Reden* gewählt hat (obwohl sie ihre Ausführungen nur auf gesprochenes Material stützt); in dem Beitrag von Gundel Mattenklott, die über die Besonderheiten des weiblichen autobiographischen Schreibens reflektiert (MATTENKLOTT 1984a). Diese drei Beiträge demonstrieren nicht nur die neu gewonnene Achtung, die jene vom Ich ausgehenden Schreibformen inzwischen gewonnen haben, sondern auch die Ausweitung des als 'Text' zugelassenen Materials: Tagebücher pubertierender Mädchen werden ebenso akzeptiert wie auch mündliche (!) Erzählberichte; letzteres erscheint insofern problematisch, als mit der Gleichsetzung von Reden und Schreiben die charakteristischen, nur mit dem Schreiben verbundenen Probleme (vgl. A.I.4) gänzlich ignoriert werden. Spiegelt sich in diesen Untersuchungsansätzen eine Verteidigung jeder unmittelbaren Subjektivität, so knüpfen andere Beiträge nur indirekt an diese Subjektorientierung an. Aufsätze, in denen eine theoretische Fundierung der neuen Attraktivität des Schreibens angestrebt wird, sind in der Minderheit: Helga Gallas versucht eine Begründung des 'subjektiven Schreibbegehrens' durch die Theorie des französischen Psychoanalytikers Jacques Lacan (GALLAS 1984). Helmut Arntzen reflektiert nicht nur über Schreiben, sondern auch über *Literatur, Literaturwissenschaft und Universität* und macht somit deutlich, daß Schrift nicht nur mit Schreiben, sondern auch mit einer zu lesenden Literatur zu tun hat (ARNTZEN 1984). In anderen Aufsätzen wird Schreiben im Deutschunterricht unter historischen Gesichtspunkten reflektiert (KREFT 1984) oder aphoristisch über Schrift und Schreiben 'philosophiert' (KOCH 1984a). *Das ICH und die Schrift* verweigert sich einer schnellen Etikettierung: Diese Aufsatzsammlung ist ein liberales Spiegelbild für das breite Interesse, auf das Laienschreiben in jenen Jahren stößt. Nur indirekt ist der Band eine Apologie des (subjektiven) Schreibens, nur insoweit, als er selbstverständlich, ohne weitere Begründungen von einer positiven Konnotation des Schreibens ausgeht und deutlich subjektorientierte Formen akzeptiert.

Die zweite, Rolf Sanner gewidmete Festschrift wirft ein anderes Licht auf die Schreibforschung wie auch auf die subjektiv orientierten Ansätze. So enthält sie, auch wegen des zu ehrenden Jubilars, der als Aufsatzdidaktiker bekannt wurde, zwei Kapiteln über – historische und aktuelle – Besonderheiten im Erlernen des Aufsatzschreibens. Auch wenn in unserem Zusammenhang die Entwicklung des 'geprüften Schreibens' zweitrangig ist, so gilt es trotzdem auf einen diesen Kapiteln zugeordneten Aufsatz gesondert hinzuweisen: Dietrich Boueke und Frieder Schülein ermutigen dazu, die subjektiven Schreibformen *in den* Aufsatzunterricht zu integrieren[6]. Sie zeichnen eine Entwicklung auf, die vom sprachgestaltenden über

---

6 Auch Valentin Merkelbach versucht an anderer Stelle, den kreativen Schreibansatz mit dem Aufsatzunterricht zu verbinden: Sein bekannt gewordenes *Plädoyer für den schreibenden Schreiblehrer* argumentiert für eine schreibpraktische Ausbildung zukünftiger Deutsch- und

den kommunikativen Aufsatz zum „'personalen Schreiben'" geht, einer Form des Schreibens,

> „in der das schreibende 'Ich' selbst im Mittelpunkt steht und *seine* Wahrnehmungen von sich selber, seine Wahrnehmungen von der Welt und seine Wahrnehmungen von den anderen im Schreibprozeß formuliert" (BOUEKE/SCHÜLEIN 1985, S.283).

Die Autoren wollen den subjektiven Schreibgrund und -anlaß nicht an die spielerische Unterrichtsperipherie verdrängt wissen, sondern einbeziehen in das offizielle Schulschreiben, „in einem zum herkömmlichen Aufsatzunterricht komplementären Sinne" (ibid., S.298)[7]. Die kreative, subjektorientierte Schreibbewegung hat demnach nicht nur Einfluß auf die literatur-, sondern auch auf die aufsatzdidaktische Entwicklung genommen (vgl. dazu auch SPINNER 1993b). Lesbar ist dieser theoretische Entwurf als Zeichen dafür, daß sich subjektorientierte Schreibformen auf dem Wege der Kanonisierung und Institutionalisierung befinden.

Einzugehen bleibt auf ein anderes Kapitel der Sanner-Festschrift, das den Titel trägt *Schreiben und Leben* und das über 'personales Schreibens' außerhalb von schulischen Zusammenhängen berichtet: an der Universität (PIELOW), im Gefängnis (SCHEFFER), im *Workshop Schreiben* (BLUMENSATH) und im Tagebuch (HEUSER). Schule gehört offensichtlich nicht zum Leben. So könnte man zumindest die Tatsache deuten, daß diese Institution in diesem Zusammenhang unerwähnt bleibt. Auch wenn die Abgrenzung der Schule von alltäglicher Lebensrealität in Rechnung gestellt wird, bleibt unklar, warum das Gefängnis, die Universität oder ein Workshop 'mehr' Leben signalisieren als beispielsweise der Unterricht. Diese Gegenüberstellung von 'schreibendem Leben' und 'schulischem Schreiben' ist ein häufig zu hörendes Argument in der 'Schreib-Diskussion', das durch seine Wiederholung nicht klarer wird, das aber – die unausgesprochenen Konnotationen von 'Schule' und 'Leben' in Rechnung gestellt – eine Abwertung des schulischen Schreibens als lebensfern intendiert. – Die Tendenz der Aufsätze, die in diesem Kapitel zusammengefaßt sind, ist uneinheitlich: Nicht alle Verfasser erblicken in der Schreibtätigkeit die Rettung aus privater, psychischer oder motivationaler Misere. So distanziert sich Bernd Scheffer von hypertrophen Erwartungen an therapeutische Erfolge, wenn mit Straf-gefangenen geschrieben wird:

> „Eine Gleichbehandlung von Literatur mit anderen Hobbies würde beinahe schlagartig alle Probleme lösen, jedoch behandeln wir Literatur als vermarktbare Ware und erwarten von den Texten, daß sie sich als spektakuläre Sozial- und Psycho-Heilmittel erweisen. Keiner, der eben Flöte spielen lernt, sieht sich schon im nächsten Jahr als gefeierter Solist. (...) Bei Literatur hingegen tauchen bei allen Beteiligten, jeweils auf unterschiedliche Weise derartige Erwartungen auf" (SCHEFFER 1985, S.132).

---

damit auch Aufsatzlehrer (MERKELBACH 1989). In seiner historischen Darstellung des *Kreativen im Aufsatzunterricht* diskutiert er produktionsdidaktische und kreative Schreibprogramme in ihrer Nähe und in ihrem Bezug zum Aufsatzunterricht (MERKELBACH 1990).

7 Boueke und Schülein verweisen unter anderem auf die Aufsatzkonzepte von Fritzsche und Spinner als Beispiele dafür, wie entwicklungspsychologische und identitätstheoretische Kenntnisse in die Aufsatzdidaktik eingeflossen sind (vgl. FRITZSCHE 1980; SPINNER 1980).

Auf das Argument, gegen das sich Scheffer zur Wehr setzt, trifft man des öfteren, wenn in neuen, ungewohnten Zusammenhängen geschrieben wird. Dabei streitet der Autor überraschende Erfahrungen der durchaus als 'sinnvoll' eingeschätzten Schreibgruppenarbeit im Gefängnis nicht ab, warnt allerdings vor übertriebenen Hoffnungen. Letztlich unterscheide sich das Schreiben mit Strafgefangen gar nicht so sehr von Erfahrungen in anderen Laienschreibgruppen, beispielsweise an der Universität: „Man würde unsere Arbeit (...) falsch einschätzen, wenn man nur die Aspekte 'Knast' und 'Knast-Literatur' herausstellte" (ibid., S.128). Scheffers nüchterne, unemphatische Auswertung seiner (Schreib-)Erfahrung mit einer als extrem problematisch eingestuften Randgruppe der Gesellschaft, die zudem mit deren Ordnungssystemen in Konflikt geraten, in extremer Isolation abseits von tagtäglichen Veränderungen lebt, zeigt Chancen und realistische Grenzen der Arbeit mit Laienschreibgruppen auf. So weist der Verfasser beispielsweise darauf hin, daß die schreibende (und redende) Arbeit mit eigenen Texten Wirkung für die *jeweilige Gegenwart* der Inhaftierten zeigt, daß aber *langfristige* Auswirkungen auf die Lebensführung und -haltung nicht (unbedingt) beansprucht werden können; eine Einschränkung, die mit Schreiberfahrungen realistisch umzugehen versucht: Schreiben findet immer in der Gegenwart statt, Spätfolgen sind kontingent und nicht mehr zwangsläufig auf den Schreibakt zurückzuführen. Aber vergleichbar einschränkende und vorsichtige Kommentare zu schreibenden Laien verhallen relativ ungehört und bleiben wirkungslos.

Winfried Pielow, der als engagiert und lustvoll Schreibender über Schreiberfahrungen mit Studenten berichtet, schwankt zwischen Begeisterung und dem Bemühen um vorsichtige Kommentierung[8]; wenngleich er keine weltverbessernden und -verändernden Hoffnungen in nunmehr schreibende (statt lesende) Studenten setzt, so klingt zwischen den Zeilen seines aphoristisch komponierten Aufsatzes doch ein gewisser 'Schreiboptimismus' an. Pielow, ein geschickter Schreiber, läßt sich allerdings nicht auf eine einfach-klare Position 'festnageln'; vielmehr veranschaulicht seine *eigene Schreibweise*, was seiner Auffassung nach schreibend – möglicherweise – zu erreichen ist: ein fragendes, suchendes und tastendes Hin- und Herspringen zwischen Zitaten, beispielsweise der französischen psychonalytischen und (post)strukturalistischen Schule (Lacan, Derrida, Kristeva, Barthes) und blitzlichtartig eingestreuten Themen, Texten und Kommentaren der eigenen „Schreibstuben"-Erlebnisse kennzeichnen seinen essayistischen Festschrift-Beitrag. Gemeinsames kreatives

---

8 Winfried Pielow hat in einem zusammen mit Helmut H. Koch geschriebenen Buch über *Schreiben und Alltagskultur* seine Haltung und Einschätzung zum Schreiben ausführlich dargelegt (KOCH/PIELOW 1984). Der Band leistet eine Beschreibung der Schreibbewegung bzw. des Mangels, der in Institutionen wie Schule und Hochschule bezüglich einer breiten Schreibaktivität noch immer zu beklagen ist. Die Autoren versuchen eine Einordnung der Schreibentwicklung in gesellschaftlich-soziale Entwicklungen. Sie erklären im Vorwort, daß sie keine systematisierte Schreibdidaktik vorlegen wollten; verfaßt haben sie hingegen eine engagierte Streitschrift 'pro Schreiben', die von Schreiboptimismus wie -euphorie gleichermaßen getragen ist. Der eher essayistisch als didaktisch angelegte Band 'wirbt' mit verschiedenen Argumenten und unterschiedlichen 'Parolen' für ein Schreiben, das selbstverständlicher Teil einer Alltagskultur sein sollte und reiht sich ein in die Publikationen, die im Schreiben eine Rettung vor dem 'Kulturverfall' sehen.

Schreiben wird hier als Chance begriffen, „unter den destruktiven Voraussetzungen einer Massenuniversität zu mir selbst [zu] kommen" (PIELOW 1985, S.95). Zwar bleibt er skeptisch, was die authentische ‚Geständnisliteratur' betrifft und provoziert vergleichbares Schreiben nicht durch zusätzliche Stimuli, scheut aber andererseits keine von Ich-Erfahrungen ausgehenden Themen. Dem Risiko der Offenherzigkeit und Offenlegung dürfe nicht aus dem Weg gegangen werden: „Entweder intendiert man ein Freischreiben, einen Freitext, oder man verzichtet ganz auf die Schrift von Subjekten" (ibid., S.102/103). Pielow verhehlt aber nicht seine Sympathie für das „‚wilde Schreiben'" (ibid., S.103), das sich unter anderen in Graffitis auf Häuserwänden ein- und festschreibt und dessen freche Aufsässigkeit in Richtung ‚Gegenkultur' gehe (vgl. auch PIELOW 1988).

Die kreativen Schreibformen, wie sie in diesen Aufsätzen vorgestellt und ausgewertet werden, setzen zwar gleichfalls an den subjektiven Erfahrungen der Schreibenden an, aber weder ‚verherrlichen' sie das auf diese Weise Geschriebene noch verabsolutieren sie den subjektiven Ansatz als das nunmehr ‚eigentliche, weil wahre' Schreiben. Vielmehr weisen sie darauf hin, daß es als solches in öffentlichen Zusammenhängen überhaupt möglich ist. Die Autoren gehen von dem Potential aus, das dann in einen Text einfließt, wenn der einzelne nicht von Fremdem gemaßregelt wird. Abgesehen davon gibt es psychische Extremsituationen, in denen das eigene Ich einem noch näher ist als gemeinhin bereits üblich – so z.B. die Gefängnissituation – und in denen subjektive Schreibformen zwangsläufiger produziert werden. Auch das Jugendalter mit seinen entwicklungsbedingten Höhen und Tiefen wird als eine solche Lebensphase eingeschätzt, in der ichbezogenes Schreiben eine entlastende Funktion erhält:

> „die Suche nach der eigenen Identität, sei es in der Sexualität, sei es im Bereich der Arbeit, der Religion, der Weltanschauung und der Politik. Hier bietet der Sprach- und Literaturunterricht große Chancen durch die Selbstbegegnung im fremden oder die Selbstobjektivierung im eigenen Text" (BLUMENSATH 1985, S.81).

Sowohl Blumensaths Ausführungen zum *Workshop Schreiben* wie auch die Untersuchungen Magdalene Heusers zu jugendlichen Tagebuchschreiberinnen basieren u.a. auf Erkenntnissen über die Korrelation von Adoleszenz und Schreibbedürfnis; das hat sicherlich nicht nur mit Selbst- und Weltfindungsproblemen zu tun, sondern hängt auch mit einer teilweise extremen Neigung zum Narzißmus zusammen, der sich nicht zuletzt in einsamen (oder dann doch veröffentlichten) Textformen niederschlägt. Inwiefern es ratsam ist, diese narzißtische Haltung ungebremst zu unterstützen, sogar zu fördern und als ‚eigentliche' zu deklarieren, bleibt dahingestellt. Das ‚fremde andere', das die schulischen Aufgaben repräsentieren, bietet schließlich auch einen Widerstand, der eine manchmal wohltuende Distanz zum eignen Ich fordert. Wenn Magdalene Heuser die Äußerung einer jugendlichen Tagebuchschreiberin als Vorwurf gegen die Schule versteht, interpretiert sie die Situation einseitig. Das Mädchen schrieb:

> „‚Das TB (Tagebuch; E.K.P.) ist auch etwas, was ich für mich schreibe und es so schreibe, wie es mir gefällt und *ein Aufsatz ist immer ein biß-chen etwas fremdes.* Ich weiß oft nach einem Aufsatz nicht mehr, was

ich eigentlich geschrieben habe, wohingegen ich beim TBschreiben es oft noch wochenlang danach erinnere'" (HEUSER 1985, S.156; Hervorh. E.K.P.).

Das offizielle Auftrags- und (Aufsatz)Schreiben unterscheidet sich natürlich von dem privaten Bedürfnisschreiben, und das Erinnerungsvermögen wird in anderer Weise aktiviert, wenn die persönlichen Belange betroffen sind. Allerdings ist dies kein Grund, das sogenannte 'fremde' Schreiben in Gänze abzulehnen: Wenn der subjektive Schreibansatz die distanzierten Formen ganz verdrängte, nähme die schreibdidaktische Entwicklung einen einseitigen Verlauf. Nicht beachtet wird dann – und das ist ein häufig anzutreffendes Phänomen in den Publikationen zum kreativen Schreiben –, daß eine Schulung und Verbesserung der Schreibkompetenz, wie sie auch im Jugend- und Erwachsenenalter nach wie vor möglich ist, *unterschiedlicher* Aufgabenstellungen bedarf, also auch solcher, die als fremd eingeschätzt werden. Allerdings demonstriert gerade die Festschrift für Rolf Sanner, daß eine differenzierte Diskussion über den Sinn (und über die Geschichte) subjektiven Schreibens – gerade in dem kreativ genannten Rahmen – in Gang gekommen ist, in der die Vor- wie aber auch die Nachteile dieses Ansatzes reflektiert werden.

Eine kritische Auseinandersetzung mit dieser literaturdidaktischen Entwicklung weg vom gesellschaftspolitischem Engagement hin zum subjektiven Befindlichkeitsschreiben hat Karlheinz Fingerhut vorgenommen (FINGERHUT 1985). Seine Ausführungen über den „subjektiven Faktor im Literaturunterricht" bilden eine Art Zwischenbilanz, in der ein vorläufiges Resümé gezogen wird und in der vor einer euphorischen Überbewertung des subjektiven Ansatzes als Rettung aller literaturdidaktischen Probleme gewarnt wird:

> „Je stärker die neuen, Subjektivität ermöglichenden Unterrichtsformen – speziell das literarische Schreiben – in Schul-Rituale eingebettet wird, desto weniger ist es gerechtfertigt zu glauben, damit Probleme der Motivation gelöst zu haben. *Die Rolle des Schriftstellers ist den Schülern ebensowenig auf den Leib geschrieben, wie es zuvor die des (Literatur-)Wissenschaftlers gewesen war*" (ibid., S.352; Hervorh. E.K.P.; Fehler im Original).

Diese 'Abnutzungserscheinungen', die sich durch Wiederholungen im Schulalltag sehr schnell einstellen, werden von den Schreibapologeten oft nicht berücksichtigt. Auch die von Fingerhut aufgezeigten möglichen Folgen einer ichbezogenen Literaturwahrnehmung, die schlimmstenfalls in bloßer „So-auch-ich-Affirmation" und in einer „'Ich empfinde das genauso'"-Haltung endet (ibid., S.353), formieren den Gegenpol zu einer als befreiend und lustvoll deklarierten Bewußtwerdung des eigenen Ich. Eine Abwehrhaltung gegenüber fremden, unverständlichen, komplizierten literarischen Texten sei die eigentlich unerwünschte, aber zwangsläufige Konsequenz. Fingerhut streitet den innovativen Impuls nicht ab, der von der subjektorientierten Didaktik ausgeht, bezweifelt aber, ob die prognostizierten 'revolutionären' (sprich: welt-, individuums- und deutschunterrichtsverbessernden) Folgen tatsächlich stattgefunden haben bzw. stattfinden werden.

Das Thema der deutschdidaktischen Zeitschrift, in der Fingerhuts kritische Anmerkungen die Einleitung bilden, lautet *Kreativität* (DISKUSSION DEUTSCH 1985, H.84).

Da die periodisch erscheinenden Zeitschriften flexibler noch als Monographien und Sammelbände auf aktuelle Themen reagieren können, ist es legitim, in der Themengebung ein Signal für das Interesse zu erblicken, auf das Kreativität zu jener Zeit noch immer stößt. Die weitaus meisten der in dieser Ausgabe veröffentlichten Aufsätze befassen sich mit dem Thema Schreiben, allerdings weniger unter dem subjektorientierten Gesichtspunkt als unter 'literarisierten' Vorzeichen. Kreativität im Deutschunterricht ist nach diesem Heft eher identisch mit spielerischem, freiem, lyrischem, metaphorischem Schreiben oder dem Verfassen von Kollektivromanen. So definiert Winterling in seinem Aufsatz *Freies Schreiben in der Sekundarstufe II*:

> „Freies Schreiben wird im folgenden, ohne den Versuch exakter Abgrenzung, verstanden als das Abfassen freier, persönlich verantworteter Texte, seien es nun Versuche, literarisch zu schreiben, frei zu assoziieren, individuellen Bedürfnissen Ausdruck zu geben oder auch nur sich spielend-schreibend Freiräume zu schaffen" (WINTERLING 1985, S.360).

Während Fingerhut darauf insistiert, daß die produktiven Arbeitsformen ein möglicher „Weg" seien, „auf dem sich Leser, ästhetische Erfahrungen mit Texten machend, schreib-handelnd, *Literatur erarbeiten können*" (ibid., S.354; Hervorh. E.K.P.), geht es Winterling um „*Schreiberfahrungen*" (WINTERLING 1985, S.363), um Gespräche über die geschriebenen Texte und um „produktive Erkundung" als „Hauptziel der Arbeit" (ibid., S.365). Der „subjektive Faktor" erscheint gemildert durch ein 'persönlich verantwortet'. Es geht Winterling nicht in erster Linie um ein vorrangig subjektives Schreiben, obwohl er dieses nicht ausschließt; wichtiger ist ihm, die Lehrer zu ermuntern, freie Schreibformen im Unterricht zuzulassen. Er diagnostiziert eine Zurückhaltung im Schulalltag gegenüber diesen Schreibpraktiken und versteht seine konkreten Unterrichtsvorschläge als Anregung für den interessierten, aber noch zurückhaltend-skeptischen Lehrer. Ingeborg Meckling hingegen konzentriert sich auf eine bekannte rhetorische Figur, um neue Vorschläge für schulische Schreibversuche zu entwickeln. Sie wählt die Metapher als Ausgangspunkt für literarische Schreibübungen und läßt eine der „dichterischsten" (Wilpert) rhetorischen Figuren anhand von „Alltagsmetaphern" (MECKLING 1985, S.394 ff.) schreibend ausgestalten. Sie entfernt sich von ihren ersten Entwürfen (MECKLING 1972/1974), indem sie von der metaphorischen Alltags-Rede ausgehend zum Schreiben anregt und nicht von literarischen Vorlagen; diese werden erst später in den Unterricht einbezogen, wenn die Schüler bereits Eigenes geschrieben haben. – Gundel Mattenklott verfolgt den Zusammenhang von Spiel und Literatur bzw. Schreiben weiter, indem sie Literatur daraufhin untersucht, wie Spiel als Konstruktionsprinzip und Inhalt gleichzeitig im literarischen Text auftaucht: Sie verweist beispielsweise auf Lewis Carolls *Alice's Adventures in Wonderland*, auf einige Romane Italo Calvinos, aber auch auf *Tarot*-Karten und auf das *I Ging*, ein chinesisches Orakelspiel und Weisheitsbuch, als auslösende Momente für eigenes Schreiben (MATTENKLOTT 1985, S.419–435).

Die Anhänger des kreativen Schreibens, gleich ob eher der spielerische, der freie oder der subjektive Aspekt betont wird, gehen von der Devise aus, daß die lustvolle, die gesellige, kurz: die erfreuliche Seite des Schreibens in den Vordergrund gerückt werden müsse. (Auch das vielleicht unangenehme Lebenserfahrungen und -phasen tangierende Konfessionsschreiben ist durch eine gewisse 'Lust am Leiden' gekennzeichnet.) Sie berufen sich auf das allseits vorhandene, aber ihrer Auffassung nach vielfach 'brachliegende' Schreibpotential bei Jugendlichen und bei Erwachsenen, das nur darauf warte, *freien* Lauf zu erhalten, um sich hand- oder maschinenschriftlich zu betätigen. Ausgangspunkt ist die Überzeugung von schreibenden 'Naturtalenten', die in der Schule ein reduziertes Dasein fristen müssen, weil ihre eigentlichen Begabungen unterdrückt werden. Auf der einen Seite hat die kreativorientierte Schreibdidaktik durch diese – hier vielleicht etwas überzeichnete, in der Tendenz aber treffend charakterisierte – Position auf die einseitige, fast nur aufsatzdidaktische Ausrichtung des Schreibens in der Schule hingewiesen; auf der anderen Seite führt die Überschätzung der dilettierend Schreibenden dazu, die Herausforderung wie auch die Probleme, die die Schreib-Arbeit bietet, zu negieren (vgl. A.I.4). Daß Schreiben *nicht* einfach ist und daß es (leider) *nicht* jeder gleich gut zu jeder Zeit und zu jedem Thema kann, weiß jeder, der mit Geschriebenem und Schreiben zu tun hat. Er weiß auch, daß ständiges In-Übung-Bleiben nottut und daß Widerstände eher nutzen als schaden. Folgende Darstellung des Schreibprozesses läßt diesen allerdings in einem anderen Licht erscheinen:

> „Der Zeitraum des Schreibvorgangs ist demnach bestimmt durch
> – eine möglichst uneingeschränkte Bereitschaft zur Entladung, zum Sich-Öffnen; ein völliges Hingeben an den Vorgang der schriftlichen Äußerung;
> – einen mehrfachen Wechsel zwischen dieser Hingabe und der Distanz zu dem, was schon geschrieben wurde; eine Fluktuation in kleinen Schritten zwischen Zuständen der Regression und der Kontrolle;
> – eine Verschmelzung aufsteigender psychischer Materie mit sprachlich begrifflicher Formulierungsarbeit;
> – einen Zustand innerer Erregung, hoher affektiver Spannung, eruptiver Abgabe (...)" (FRÖCHLING 1987, S.30).

Schreiben als erotisch-besetzter (Natur)Vorgang, der aus dem Bauch und dem Gefühl heraus gesteuert wird. Jürgen Fröchling erläutert „expressives Schreiben", ein seiner Auffassung nach genauerer Begriff als 'kreatives Schreiben', an anderer Stelle so: „Expressives Schreiben kommt von innen her, wird durch abstrakte Ansprüche von außen und durch eigenes Wollen eher behindert als gefördert" (ibid., S.80). Erneut wird auf die emotionsgeleiteten Dimensionen der menschlichen Psyche zurückgegriffen, um dem literarischen Schreiben 'auf die Spur' zu kommen. Fröchlings Begründungszusammenhang ist allerdings neu: Seine wesentlichen Quellen bilden Darstellungen und Kommentare von Schriftstellern über das, was Schreiben für sie darstellt und was sich während des Schreibens ereignet. Diese Argumentation ist nicht unproblematisch, da sie die Frage provoziert, ob der Dilettant sich in eine vergleichbare Schreib-Stimmung, -Lage oder -Situation hineinversetzen soll, um dann vielleicht zu vergleichbar erfolgreichen Schreibergebnissen zu gelangen. So entsteht in dem Abschnitt, der sich dem Schreiben Franz Kafkas widmet, immer wieder der Eindruck, der Laie möge sich dessen Form der selbstvergessenen Bewußtlosigkeit, wie sie Kafka von Hartmut Binder attestiert wird (ibid., S.53), zum Vorbild nehmen. Zwar schränkt Fröchling abschließend ein, daß ein gewisser Grad des „Aus-sich-Herausschreibens" nur von Kafka und wenigen anderen Autoren erreicht wurde, „aber seine Art der inneren Versenkung beim Schreiben *mag eine Richtung aufzeigen*, in die sich Schreibende hin bewegen können" (ibid., S.65; Hervorh.. E.K.P.). Fröchlings Vorschlag, die komplizierte und komplexe psychische Konfliktsituation eines Autors als Vorbild und Anleitung für Laienschreiben zu wählen, muß allein deswegen skeptisch beurteilt werden, weil auf diese Weise 'seelische Extremzustände' als Zielvorgabe erscheinen. Es ist aber eine nicht unwichtige Frage, ob es zum Aufgabenfeld einer „Laienschreibdidaktik" gehören kann, zu bestimmten Gefühlen zu 'erziehen', oder ob sich diese nicht vorzugsweise auf das eigentliche 'Material' des Schreibens – auf die Schrift-Sprache – konzentrieren sollte.

Fröchling zitiert immer wieder bekannte wie (mir) unbekannte (Gegenwarts)Autoren und Autorinnen und integriert deren Schreib-Statements argumentativ in seine eigene schreibdidaktische Konzeption, welche zum Schreiben 'anstiften', überreden, ermuntern will. Die unterschiedlichen Kommentare dieser 'Fachmänner und -frauen' werden als Belege dafür gelesen, daß expressives Schreiben nicht „neurotischer Ersatz für etwas anderes", sondern *„ein Beitrag zur Humanisierung sei"*, weil diese Art der sprachlichen Produktion „erregend, lustvoll, entspannend und befriedigend ist" und zu einer „subtilen Kommunikation", initiiert durch die Texte, führt (ibid., S.153; Hervorh. E.K.P.). Nicht zufällig ist das Schreiben in der Fröchlingschen Konzeption zwar auch eine „anstrengende Betätigung", erscheint aber in erster Linie als „lustvolles Vergnügen", hat „befreienden Spielcharakter", „führt zur Enthemmung von Kontrollmechanismen" und „erzeugt das Gefühl von Befriedigung" (ibid., S.152).

Fröchling versucht das noch nicht geklärte Problem der Lehr- und Lernbarkeit literarischen Schreibens von unterschiedlichen Seiten anzugehen. So verweist er auf psychologische Begründungen (Sigmunds Freuds *Der Dichter und das Phantasieren*), auf die 'Schreibschulung' in der DDR am Beispiel des *Bitterfelder Wegs* sowie auf weibliches und therapeutisches Schreiben. All diese Formen faßt er unter dem Begriff des „expressiven Schreibens" zusammen:

> „'Expressiv' steht also im folgenden für autobiographisch bedingt, phantasievoll, ästhetisch und kommunikativ. 'Expressives Schreiben'(...) schließt ein, daß der Schreibvorgang mehr oder weniger mit Hilfe der Phantasie unter Anwendung ästhetischer Mittel vonstatten geht, und daß der dabei entstehende Text auf die Möglichkeit einer internen Veröffentlichung hin überprüft wird" (ibid., S.26).

Subjektives Schreiben wird in dieser Definition als autobiographisches bezeichnet, Phantasie steht – nach Fröchlings eigenen Aussagen – in engem Zusammenhang mit Kreativität (ibid., S.121); „geselliges" wird (wieder) zu kommunikativem Schreiben. Ausdrücklich wird auf den Gebrauch ästhetischer Mittel hingewiesen, um diese Schreibform von sachlich-informativen Berichten abzugrenzen: Expressives Schreiben steht nicht in Konkurrenz zum kreativen Schreiben[9]; vielmehr handelt es sich um eine Präzisierung des strapazierten und damit mißverständlich gewordenen Gebrauchs von 'kreativ'.

---

9 „Expressives Schreiben ist ein spezieller Vorgang, der im Gesamtzusammenhang der Kreativitätstätigkeit zu sehen ist" (ibid., S.121).

In erster Linie strebt Fröchling in seiner Laienschreibdidaktik die Emanzipation des schreibenden Subjekts an, das sich nicht nur schreibend, sondern auch 'lebend' entwickeln muß: die Persönlichkeitsmerkmale, die für literarisches Schreiben notwendig sind, bedürfen ebenso der Ausbildung wie die tatsächliche, kontinuierliche Schreibpraxis. Diese erzieherischen Implikationen gehen von einer Analogiesetzung aus, die charakteristisch ist für die kreative Schreibbewegung, die aber einer kritischer Hinterfragung bedarf: Ein sozialer, sensibler und kommunikativer Mensch schreibe auch sozial, sensibel und kommunikativ. Es gibt aber keine Belege dafür, daß diese Parallelisierung von zwei 'Dingen', die nichts miteinander zu tun haben *müssen*, stimmt; natürlich steht das Schreiben, wie alle anderen Aktionsformen, im Kontext mit der persönlichen, biographischen, psychischen Konstellation seines 'Autors': Aber im Schreiben können sich *andere* Seiten – besser gesagt: *nicht gelebte oder nicht lebbare Möglichkeiten* – realisieren als im tagtäglichen Leben: die 'schlechteren' oder – durchaus auch denkbar – die 'besseren', auf jeden Fall *andere*. Daß ein Mensch 'schreibt' wie er 'ist', ist ein (ästhetischer) Trugschluß, an dem man didaktisch nicht ansetzten kann, auch wenn er aus einer ästhetischen Sicht heraus, die Künstlerpersönlichkeit und Werk als Einheit sieht, eine logische Konsequenz vorstellt. Sinnvoll scheint aber, die beiden Seiten – 'Hersteller und Produkt' – zunächst (künstlich) getrennt voneinander zu behandeln und sie anschließend behutsam wieder in Beziehung zueinander zu setzen. Der Text ist nicht der Mensch und der Mensch nicht der Text – zumindest nicht in jedem Fall –, so daß ein vorsichtiger Umgang mit der biographischen Produktionsanalyse angebracht erscheint (vgl. die Ausführungen von BEETZ/ANTOS 1984; vgl. A.I.4). Es geht bei schreibdidaktischen Forschungen in diesem Bereich um das Problem der sprachlich-ästhetischen Mittel, die zum Schreiben unabdingbar notwendig sind und nicht um persönlichkeitsbildende Maßnahmen, die höchstens eine zufällige Folge, nicht aber Programm sein können.

Die kreative Schreibrichtung, wenngleich uneinheitlich in Akzentuierungen und Programmerklärungen, tendiert auch Ende der achtziger Jahre nach wie vor in jene persönlichkeitsbildende, Aufklärungsarbeit leistende Richtung. Der subjektorientierte Ansatz bewahrt – zumindest in der theoretischen schreibdidaktischen Diskussion – unvermindert seine Attraktivität. Ihm wird eine 'Rettungsfunktion' zugeschrieben: Je (angeblich) anonymer und entfremdeter die gesellschaftliche Umwelt wird, um so stärker sollte sich die Schule, insbesondere der Literaturunterricht, darum bemühen, den Bedürfnissen des einzelnen gerecht zu werden. Schlagwörter wie „Entsinnlichung (...) der Lebenswelt" (BRENNER 1990, S.34) provozieren die 'Schreibapologeten' unter den Didaktikern zu der Auffassung, 'persönliche' Aufgabenstellungen böten den Schülern innerhalb des literarischen Deutschunterrichts ein Gegengewicht zu dieser 'feindlichen' Umwelt. Die kreativ orientierten Schreibforscher, die daran interessiert sind, das Kunstschaffen aus dem Kontext einer idealisierten Genieproduktion zu lösen und es zu 'demokratisieren', ordnen der Kunst*herstellung* gleichwohl eine außergewöhnliche Wirksamkeit zu: Der Überzeugung, daß schreibende Tätigkeit einen heilsamen Ausgleich schaffe zu den Beschädigungen der Welt, liegt ebenfalls eine *Idealisierung der Kunst* zugrunde, jetzt auf den Schaffensprozeß selbst bezogen. Während man also die Idee des Genies ad acta legt, läßt man der

Kunst*produktion* selbst gleichwohl ihre besondere auratische Wirksamkeit. Entidealisiert wird die Kunst auf diese Weise *nicht*, vielmehr verlagert man die ihr zugeschriebenen magisch-besonderen Kräfte in den Herstellungssektor, statt wie bisher dem 'Künstler' außergewöhnliche Aufmerksamkeit zu schenken.

In einer der aktuellsten Veröffentlichung zum kreativen Schreiben wird deutlich, wie manifest diese Entwicklung inzwischen geworden ist. Gerd Brenner leitet die Notwendigkeit des subjektiven Schreibansatzes aus der gesellschaftlichen Misere ab, die durch eine depersonalisierte Lebenswelt motivationale Einbrüche produziert habe, so daß die Jugendlichen in den Bildungseinrichtungen kontinuierliche personale Bezüge wie auch „Formen einer persönlich gefärbten Kommunikation" suchten (ibid., S.35). Es sind die bekannten kulturpessimistischen Formeln, mit denen Brenner argumentiert: Isolation und Vereinsamung, Anonymität in der Massengesellschaft und Existenzunsicherheit, überflutende Bildkultur. Auch wenn diese klischeehafte und typisierte 'Wirklichkeitsbeschreibung' zutreffend sein *sollte*, gibt es keinen Beweis für die Richtigkeit der von Brenner gezogenen Schlußfolgerung, ein subjektorientierter Deutschunterricht böte einen sicheren Ausweg aus dieser mißlichen Lage. Es scheint unangemessen, mit einem subjektiven Ansatz die Schüler von einer angeblich erschreckenden Anonymität einer – zunächst nur abstrakten – Massengesellschaft 'retten' zu wollen. Brenners kreatives Schreibkonzept sieht die Lösung darin, das Lesen eines literarischen Textes auf den 'zweiten Platz' zu verweisen, um so viel Raum als möglich zur „Stützung des Ausdrucksbedürfnisses von Jugendlichen" (ibid., S.9) zu schaffen. Dem produktions- und handlungsorientierten Deutschunterricht erteilt er mit folgender Begründung eine Absage:

> „Aber auch er rückt, sieht man Schule von der Bedürfnislage Jugendlicher her, das Subjekt des Schülers nicht entschieden genug ins Zentrum der Schreibpraxis und *unterwirft den Literaturunterricht noch fast ausschließlich der erdrückenden Aura des dichterischen Textes*" (ibid., S.10; Hervorh. E.K.P.).

Wenn der literarische Text als ein autoritäres Dogma gesehen wird, das aus den Lesern 'Untertanen' machen will, hat jede Form der überlieferten und gedruckten Literatur tatsächlich 'ihre Schuldigkeit getan'. Brenner bezieht diese Kritik in erster Linie auf den literarischen *Schreib*unterricht, den er so weit als möglich unabhängig von schon Geschriebenem (= Gedrucktem) angesiedelt sehen möchte, damit die Schüler „persönliche Botschaften eigenständig, authentisch und unverwechselbar (...) formulieren und deren Ausstrahlung (...) erfahren" können (ibid)[10]. So als begännen die Schüler am Nullpunkt, als hätten sie nicht all ihr Gelesenes (*und* Gesehenes) im Kopf, wenn sie sich mit einer Schreibaufgabe abmühen: Die von Brenner

---

10 So lautet beispielsweise eine Arbeitsanweisung Gerd Brenners: „Gab es in letzter Zeit Momente für dich – auch scheinbare Nebensächlichkeiten sind hier wichtig –, in denen du etwas tun wolltest, in denen du dich aber als *ohnmächtig* erlebt hast? Beschreibe eine Situation und die Kräfte, die deiner Meinung nach die Ohnmacht verschuldet haben, und deine Gefühle in diesem Moment. Gab es in letzter Zeit Momente für dich, in denen du dich als mächtig erlebt hast, in denen du – deinem Willen und Gewissen folgend – etwas ausrichten, etwas 'bewegen' konntest? Beschreibe einen Vorgang und deine Gefühle dabei" (ibid., S.151). Es ist schon bemerkenswert, wie sich der Lehrer als 'Beichtvater' begreift und mit der größten Selbstverständlichkeit von seinen Schülern Selbstkritik erwartet.

apostrophierte Subjektivität ist eine scheinbare, die so 'rein und unschuldig' nicht (mehr) existiert. Seine Schreibkonzeption, die Phantasien und Wünsche des einzelnen Schülers in einem imaginären, weltentfernten Raum wachsen und gedeihen sieht, ignoriert unser aller Verwobenheit mit den medialen Botschaften dieser Zeit.

> „Es ist, als ob die Seelentiefe sich gegen die Verdauung der Diskursvorgaben zu gespenstischer, gänzlich unsichtbarer Subjektivität wehrte und sie wieder von sich geben müßte – mindestens in geschriebener Form. Das Selbstverständnis vieler Beteiligter verkennt diesen Recycling-Prozeß allerdings als spontan subjekt-schöpferisch, wobei das eigene Medium des Schreibens gegenüber den insgeheim schon die Feder führenden elektronischen Medien als 'subjektiveres' Medium imaginiert wird. (...) Aufzugeben wäre also vielleicht lediglich Ideologisches: die Ideologie vom Kreationswunder in der Subjekttiefe ebenso wie die von der angeblich größeren Tiefe des Schreibens. Creative Writing würde auffaßbar als entinnerlichte Applikation, als acting-out von coming-out mittels Medium-zu-Medium-Applikation" (LINK 1991, S.603).

Link weist die subjektive Schreibbegründung als Teil eben jener medialen Entwicklung aus, gegen die sie angeblich 'anschreibt' und den sie als indirekten Bezugsrahmen weder erwähnt noch reflektiert. Er kritisiert diese naive und unbedarfte subjektivistische Richtung „des Betroffenheit-Gestehens, Wahrheit-Sagens, Sich-Erkennens" (ibid., S.602) und bestreitet Authentizität wie auch Originalität solcher Schreibformen: es handle sich bei diesen Seelenkonfessionen um „hundsgewöhnliche Diskurs-Applikationen" (ibid., S.603), denen man die ideologische Ummäntelung nehmen müsse, um sie als „massenhaftes 'Nachstellen' von medial ausgestrahlten Applikationsreizen" (ibid) zu entlarven. Link vergleicht das kreative, autobiographische Expressionsschreiben mit jenen Fernsehshows, in denen private und intime Details im öffentlichen Raum inszeniert und in einem „Diskursgemisch aus psychonalytischen Kategorien, postromantischen literarischen Klischees und Alltagsjargon" (ibid., S.602) verbreitet werden. Nichts anderes produziere die kreative Schreibbewegung, die aus diesem Grund „in allen ihren Spielarten (...) so etwas wie ein Schatten der elektronischen Kulturrevolution" (ibid., S.606) ist. Link relativiert den Begriff des Subjektiven wie auch den des Kreativen und siedelt den einen wie den anderen in einem gesellschaftlich-kulturellen-technischen Diskurszusammenhang an, aus dem es kein Entkommen gibt. Seine polemisch-kritische Zeichnung des 'Creative Writing' endet mit einem verfremdenden Blick auf Hölderlins Hymne *Mnemosyne*, die ihm als Beispiel für „Schreiben, ohne zu gestehen" (ibid., S.610) dient. Daraus leitet er einen „Tip" für die nach wie vor 'Schreibbewegten' ab:

> „Abschied vom Ideologem des prädiskursiven, schöpferischen Tiefen-Subjekts; kreativ ist nicht dieses Phantasma, kreativ ist das generative Spiel der Diskurse, kreativ sind unsere wechselnden, widersprüchlichen, vielleicht auch gespaltenen Subjektivitäten (im Plural!) des historischen Augenblicks, wie sie auftauchen und zuweilen wieder verlöschen – in Abhängigkeit nicht zuletzt von den Diskursen, die wir leben und die wir, sie lebend, gerade dann am ehesten ändern können, wenn wir sie als unser 'historisches Apriori' (FOUCAULT) begriffen haben" (ibid., S.612).

Kritiker wie Jürgen Link vermögen aber den Elan der Schreibbewegung nicht aufzuhalten. Anhand der Tagungsprotokolle einer Loccumer Veranstaltung, die Ende

1989 zu dem Thema *Was bewegt die Schreibbewegung?* stattfand und auf der nahezu alle schreibdidaktisch engagierten Forscher der letzten Jahre versammelt waren (ERMERT/BÜTOW 1990), wird deutlich, daß Jürgen Link, der oben zitierte Thesen in diesem Diskussionsrahmen ebenfalls vortrug (LINK 1990), die Position eines radikalen Kritikers einnimmt. Auch wenn sich Gundel Mattenklott über die Leseunlust und das mangelnde Intertextualitätsbewußtsein der Schreibbewegung beklagt und auch wenn Fingerhut erneut vor der Abnutzung von Subjektivitätsritualen im deutschunterrichtlichen Alltag warnt, der größte Teil der Vorträge, die in diesem Protokollband dokumentiert sind, vermittelt, mehr oder weniger deutlich, Schreibbegeisterung. Jürgen Fröchling trägt seine Ansichten über das im „Austausch von Bewußtsein und Unbewußtsein" (FRÖCHLING 1990, S.21) stattfindende expressive Schreiben vor. Winfried Pielow berichtet über die jährlichen Treffen des *Segeberger Kreises*, der Gesellschaft für Kreatives Schreiben e.V., an „arkadischen Orten" (PIELOW 1990, S.33)[11]. Günter Waldmann sieht in der Schreibbewegung eine der wichtigsten kulturellen Erscheinungen unserer Zeit, die „in jeder Beziehung zu unterstützen und zu fördern ist" (WALDMANN 1990, S.88). Negative Stimmen werden allerdings, außer der sehr starken Jürgen Links, auch laut: Als Fernseh-Kultur-Redakteur berichtet Jürgen Lodemann über seine Leseerfahrungen mit eingeschickten Manuskripten und dämpft aufgrund dieser Lektüre jeden kreativen Schreib-Optimismus und -Übermut:

> „Was also bewegt die Schreibbewegung? Eindeutig scheint mir nur, was sie nicht bewegt. Zu großen Teilen jedenfalls bewegt sie nicht der Respekt vor dem, was es heißt, literarisch zu arbeiten. Daß literarisches Schreiben buchstäblich das Leben kosten kann. Thomas Mann (...) sagt: Ein Schriftsteller, das ist einer, der Schwierigkeiten hat beim Formulieren. Das ist es, was mich nervt, ekelt, empört – wenn dieser naive, offenbar ungehinderte, bewußtlose Schreibschwall auf meinen Tisch schwappt – wenn er dorthindrängt, auf einen Fernsehtisch, dann bedeutet das ja, daß da ein Anspruch erhoben wird. Natürlich literarisch zu sein, schriftstellerisch" (LODEMANN 1990, S.74).

Die Empörung zielt auf ein bisher nicht thematisiertes Folgeproblem der Schreibbewegung: auf den 'Veröffentlichungs-Wahn', auf das Bedürfnis, die geschriebenen

---

11 Die eigenen (subjektiven) Erfahrungen, die ich während der wiederholten Teilnahme an Treffen des *Segeberger Kreises* gemacht habe, sind in die hier erfolgte Auseinandersetzung mit der kreativen Schreibbewegungn eingeflossen. Mir ist die ansteckende, schreiboptimistische Atmosphäre jener Wochenendseminare, die die *Segeberger* einmal jährlich veranstalten, also durchaus bekannt. Ich habe unterschiedliche Schreiberfahrungen (auch subjektive) ausprobiert und an der (mündlichen und schriftlichen) Veröffentlichungspraxis des Kreises teilgenommen. Insofern weiß ich, worüber und wovon ich hier schreibe. Im Laufe der Zeit nahm bei aller Sympathie für diese Form der Schreiböffentlichkeit die Skepsis zu, weil eine störende Überbewertung der Schreibergebnisse ebenso festzustellen war wie auch mangelnde Distanz zu dem 'Produkt' der Schreibtätigkeit. Nicht geleugnet werden sollen die anregenden und positiven Erfahrungen, die mit den Segeberger Treffen verbunden sind und die dazu geführt haben, daß mein 'praktisches' Wissen über Schreiben während dieser Zeit gewachsen ist; nicht geleugnet werden kann aber andererseits das peinlich berührte Schweigen, wenn unverhofft Lebensgeständnisse geschrieben und vorgelesen wurden oder wenn mit leicht narzißtischer Attitüde überspannte Erwartungen an die eigenen Schreibprodukte und damit auch an die Reaktion der Zuhörerschaft gerichtet wurden.

Texte, wenn sie schon beim meist mündlichen Vortrag in den Schreibgruppen auf so große Resonanz gestoßen sind, gedruckt einer breiten Öffentlichkeit zugänglich zu machen[12]. Lodemann spricht als 'Berufsschriftsteller' wie als Kritiker und verurteilt aus dieser Position heraus die ihm zugeschickten Laienprodukte als 'nicht literarisch'. Er erteilt den dilettantisch Schreibenden einen Verweis und befindet ihre Produkte keineswegs so wichtig, wie es aus den Reihen der Schreibbewegung heraus verkündet wird.

Nicht allen Ausformungen der kreativen Schreibbewegung geht es um die Frage, ob den solchermaßen entstandenen Texten eine literarische Qualität zukomme oder nicht. Lutz von Werder, exponierter Vertreter des therapeutischen Schreibens, konzentriert sich darauf, wie durch kreative Schreibformen psychischen Störungen Ausdruck verliehen und Heilungswege aufgezeigt werden können[13]. „Im Kern ist die poetische Selbstanalyse die Transformation von störenden Gefühlen in gestaltetes Bild, symbolisch ein Akt der Versöhnung" (WERDER, VON 1990a, S.184). Poetische Selbstanalyse meint den Schreib- wie auch den Deutungsvorgang; ihr Ziel ist der Ausgleich von Gegensätzen, von sich widerstreitenden Bildern, letztlich: Vermittlung. Im Akt der poetischen Transformation

> „geschieht Versöhnung mit sich selbst. Man schließt Freundschaft mit sich, versöhnt sich mit seiner kindlichen Vergangenheit, mit den elterlichen und geschwisterlichen Über-Ich-Zwängen, mit seiner Sterblichkeit, mit der Welt, mit seinem strengen Ich-Ideal, mit seiner Zukunft" (ibid., S.185).

Diese pastoral anmutende Zieldefinition, die Schreiben fast zu einem Religionsersatz stilisiert, verabsolutiert eine Tendenz der kreativen Schreibbewegung, auf die wir des öfteren gestoßen waren; gemeint ist die 'Welt- und Persönlichkeitsverbesserung', die man sich durch schreibende Aktivität erhofft. Im therapeutischen Zusammenhang verselbständigt sich dieser 'pazifistisch-erzieherische' Effekt: Er wird zum eigentlichen Grund, Anlaß wie auch Endziel des Schreibens. Zwar gesteht Lutz von Werder zu, daß der Schreibweg dahin nicht einfach ist. Er zeigt Krisen, mögliche Hindernisse, Blockaden auf, die während der Gruppensitzungen auftreten können. Wegen des komplizierten Prozesses befindet er die Ausbildung der Schreibgruppenleiter für wichtig, die jene poetische Selbstanalyse am eigenen Leibe vollziehen, bevor sie in die „kreativ-therapeutische Erwachsenenbildung" einsteigen, welche „auf die wachsende psychische Verelendung der industriellen Risikogesellschaft eine

---

12 Gerd Antos geht in seiner Ideolgiekritik des Schreibens auch auf solche Werbeannoncen ein, die versprechen, daß nach absolvierter (und bezahlter) Schreibschulung geschrieben werden kann „'wie ein Schriftsteller'" (ANTOS 1987, S.21). Eine Analyse eines Anzeigentextes führt zu folgendem Ergebnis: „Das wahre Ziel schriftlicher Kommunikation ist nicht Information, Dokumentation oder gar partnerbezogene Verständigung – nicht einmal persuasiv vermittelte Machtentfaltung, sondern narzißtische Selbst-Darstellung" (ibid., S.22). Diese überstiegenen Erwartungen, die sich auf das *Ergebnis* des Schreibens richten, erfahren ihre notwendige Korrektur, wenn man die Aufmerksamkeit stärker auf den Schreibprozeß, auf die Textproduktion selbst richtet (vgl. A.I.4).

13 Ein Aufsatz, der erst nach Fertigstellung der Arbeit erschien, zeigt, daß die therapeutische Ausnutzung der kreativen Schreibformen in ein neues Stadium getreten ist (BORGMANN 1994, S.66/67).

produktive Antwort zu geben sucht" (ibid., S.191). Daß von Werders Schreibvorstellung nicht fern von utopisch-paradiesischen Zukunftsgemälden ist, dürfte deutlich geworden sein. Ohne intensiver auf Probleme und Grundsätze von Therapien einzugehen und ohne psychische Leidenszustände diffamieren zu wollen, bleibt ein großer Rest Unbehagen, wenn dem Schreiben eine sichere, seelenrettende Dimension zugeordnet wird.

Sehr viel ausführlicher als in diesen komprimiert vorgetragenen Thesen hat von Werder seine poesietherapeutische Schreibtheorie in einem fast 500 Seiten umfassenden Lehrwerk dargelegt, das den anspruchsvollen Titel trägt: *Lehrbuch des kreativen Schreibens* (WERDER, VON 1990b). Es bietet einen umfassenden Überblick über die Schreibspiele, -aufgaben und -anregungen, die im Verlauf der kreativen Bewegung zusammengetragen wurden sowie über die innerhalb des therapeutischen Schreibens entwickelten 'Spezialformen', die in besonderer Weise psychischen Problemen Schreib-Raum verschaffen sollen. Während der praktische Teil mit seinen konkreten Aufgabenformulierungen eine bewährte Tradition der schreibdidaktischen Publikationen fortsetzt, sind die theoretischen Ausführungen von einer verwirrenden Vielfalt: Irritierend ist der sehr eigenwillige 'interdisziplinäre' Ansatz, in dem die Kreativitätsforschung ebenso abgehandelt wird wie kurze Einblicke in die Poetikgeschichte, griechische Mythen ebenso thematisiert werden wie Thesen zu einem angeblich existiert habenden „archaischen Bewußtsein" (ibid., S.44); nicht zuletzt werden psychologische Aspekte des kreativen Schreibens genannt. Diese kursorischen Rückgriffe auf verschiedene 'Wissenschaften', durch die der Verfasser seinen therapeutischen Ansatz zu legitimieren sucht, wirken beliebig zusammengetragen: Verschiedene Momente, die sich schreibtherapeutisch 'ausbeuten' lassen, sind zitiert, ohne daß eine systematische, theoretische Fundierung deutlich wird. Grafiken, tabellarische Zusammenstellungen und modellartige Überblicke sollen die aus verschiedenen Richtungen zusammengetragenen Erkenntnisse bündeln, wiederholen aber eigentlich nur Teile der wenig tiefschichtigen Argumentation, so daß dieser Versuch einer theoretischen Fundierung des therapeutisch kreativen Schreibens in Anfängen steckenbleibt. Der halb-wissenschaftliche Umgang mit verschiedenen Disziplinen, der manches Mal zu einer oberflächlichen Rezeption führt[14], gelangt nicht dazu, die Ursachen, Bedingungen und Folgen wie auch den Wert oder Unwert von schreibender Tätigkeit tatsächlich in einem theoretischen Diskurs zu erläutern.

Von Werder übersieht nicht, daß die Qualität der unter poesietherapeutischem Anspruch geschriebenen Texte nicht in jedem Fall einer kritischen Prüfung standhält, aber es kommt ihm in erster Linie auf einen zu initiierenden Heilungsprozeß an, darauf, regressive Stimmungen schreibend zu überwinden und in kathartische Erfahrungen zu überführen. Viele der Schreibaufgaben, gleich ob sie von Bild- oder lite-

---

14 So findet sich im Projekt *Romantisches Schreiben in der 'Romantischen Galerie' Berlin* folgende, dem gängigen Klischee verhaftete Aufgabenformulierung: „Hinweis für Westdeutsche: Der Besuch der Berliner Galerie kann ersetzt werden durch die Projektion romantischer Bilder über einen Dia-Projektor (...). Das Zimmer ist dabei abzudunkeln. romantische Musik vom Band rundet die Stimmung ab" (ibid., S.149). Eine äußerst knappe, auf schlagwortartige Zitate zusammengestutzte Romantikeinführung endet in einer kitschig-sentimentalen Schreibanregung.

rarischem Textmaterial ausgehen, konzentrieren sich darauf, die emotionale Ebene der Schreibenden zu aktivieren; nicht zufällig sympathisiert Lutz von Werder mit Gabriele L. Ricos Clusteringmethode. Seine praktischen Tips sind ein gutes Beispiel dafür, wie auch Arbeit an poetischen Formen für subjektives Schreiben genutzt werden kann:

> „Aufgabe: Binnenreim zum Thema 'frühe weibliche Bezugsperson' (hier ist nicht die Mutter gemeint)" (ibid., S.262);
> „Aufgabe: Anagramm zum ersten Wort aus der Kindheit (2–4 Jahre)" (ibid., S.247).

Anders als Brenner scheut sich von Werder nicht, auf literarische Vorlagen zurückzugreifen. Allerdings verwendet er sie vor allem in einem therapeutischen, nicht in einem literaranalytischen Sinn. Zugrunde liegt dem gesamten Werderschen Konzept die radikale Ausformung des subjektorientierten Ansatzes und ein großer Schreiboptimismus, der u.a. auf den geschriebenen Texten, auf den Gesprächen und auf unmittelbaren Stellungnahmen der Gruppenteilnehmern zu den Schreiberfahrungen basiert, und davon ausgeht, daß sich aus den positiven Statements tatsächlich zwangsläufig lebenswirksame Folgen ergeben; eine Konsequenz, die in unserem Zusammenhang sehr stark bezweifelt wird. Der therapeutische Schreibansatz, wie er von Lutz von Werder entwickelt wurde, ordnet sich von der schreibpraktischen Seite her in die kreative Schreibbewegung ein. Er steuert einen im kreativen Rahmen vielleicht eher zufällig zustandekommenden 'Psycho-Effekt' zielstrebig an und erhofft sich heilende Wirkung von den unter dieser Devise geschriebenen Texten: „Merke: Texte heilen durch Gefühlsausdruck, Bewußtseinserweiterung, Bearbeitung ungelöster Probleme, Gewinnung von Kraft" (ibid., S.288).

Kreatives als subjektorientiertes Schreiben stellt therapeutische, kompensatorische, soziale, ich-stärkende und -befreiende Motive in den Vordergrund; sowohl die von der Literatur ausgehende Produktionsdidaktik als auch die auf Anfertigung pragmatischer Textsorten ausgerichtete kommunikative Didaktik vertraten die auf psychische Befindlichkeiten ausgerichteten Lernziele sowie die sozial engagierten nur *unter anderen*, leiteten aber ihre didaktischen Schreibprogramme in erster Linie aus sachlichen – sprachlich-literarischen – Begründungen ab. Kreatives Schreiben – nicht zufällig auch als expressives oder biographisches bezeichnet – konzentriert sich auf die psychische Stabilisierung des schreibenden Einzelmenschen, der auf diese Weise auch zu einem 'besseren' Gruppenmenschen werden soll. Damit erhält Schreiben eine andere Funktion im Literaturunterricht – besonders im gymnasialen – als bisher, weil es weniger um die Perfektionierung der schriftsprachlichen Kompetenz als um die der Persönlichkeit geht: Schreiben wird im kreativen Konzept weniger *gelehrt* und *gelernt* als vielmehr *gekonnt*[15], so daß die tradierten schulischen

---

15 Das seit 1986 unter Leitung von Joachim Fritzsche in Hamburg laufende Forschungsprojekt zur Identifizierung und Förderung literarisch begabter Schüler vertritt diesbezüglich eine differenziertere Position: Zwar wird auch davon ausgegangen, daß einige Schüler bereits 'anders'(besser?) schreiben können; andererseits geht es in dem Projekt gerade darum, diese kreativen (der Begriff wird synonym mit 'literarisch' gebraucht; FRITZSCHE 1988, S.360) Schreibfähigkeiten 'auszubauen', sie zu schulen und zu verbessern: Die ausgewählten Schüler

Anleitungsformen als überflüssig oder gar als störend eingeschätzt werden. Literatur gerät in der kreativen Schreibprogrammatik in den Hintergrund oder wird – ohne daß ihr analytische Aufmerksamkeit zuteil geworden wäre – für das kreative Schreiben funktionalisiert. Dieses Schreiben erscheint als eine 'leichtgängige' Tätigkeit – auch im Gegenentwurf Jürgen Links, der die generativen Schreibspiele favorisiert –, wird in die Nähe des Spiels gerückt und unterscheidet sich damit vom produktionsorientierten Ansatz. Parallelen zwischen den beiden schreibdidaktischen Tendenzen lassen sich bezüglich einer fehlenden kritisch-reflektierten Distanz zu den so zustandekommenden Schreibergebnissen feststellen. Die Kritik am kreativen Schreibprogramm richtet sich unter anderem auf die Illusion, daß tatsächlich Einmaliges, Noch-Nie-Dagewesenes, Originäres, Authentisches geschrieben wird, darauf, daß sich die 'Bekenntnis- und Geständnisliteratur' nicht in den medialen – textuellen wie aber auch auditiven und visuellen – Rahmen einordnet, dem sie unter anderem entstammt. Auch die mit dem freien, subjektiven Schreiben verknüpften 'großen' Erwartungen und Verbesserungen werden bezweifelt wie auch die Tatsache, daß eine kreative Ausrichtung des Deutschunterrichts langfristige Rettung verspricht. Die im folgenden Kapitel zusammengestellten Ausführungen zur amerikanischen wie auch zur linguistisch abgeleiteten Schreibforschung werden eine Korrektur überzogener wie auch vereinfachter Vorstellungen vom Schreiben erbringen; zu bedenken wäre eine Integration dieser Erkenntnisse in alle bisher genannten schreibdidaktischen Schwerpunkte.

4. Lernprozeß –
Schreiben als „Problemlösen"

Dieser Abschnitt unterscheidet sich von den drei vorhergehenden: Während sowohl die Produktions- als auch die Kommunikations- und die Kreativitätsdidaktik auf den Deutschunterricht der vergangenen Jahrzehnte zwar unterschiedlich intensive, aber doch praktische Auswirkungen gehabt haben, so geht es im folgenden um einen bisher eher theoretisch stattfindenden Diskurs, unter anderem initiiert durch die amerikanische kognitive Schreibforschung, die den Schreib*vorgang* v.a. empirisch untersucht. Auf diese Schreibforschung gehen literaturdidaktisch orientierte Autoren des deutschen Sprachraums nicht ein, während einige sprach- und aufsatzdidaktisch Forschende diese Ergebnisse bereits aufgegriffen haben. Auffällig ist aber, daß es zwischen der Schreibforschung, die hier unter dem Stichwort 'Lernprozeß' zusammengefaßt wird, und den anderen, im weitesten Sinne an literarisch-poetischen Schreiben Interessierten, kaum Überschneidungen gibt. Diese distanzierte Haltung ist nicht zufällig: Konzentriert sich die empirische Schreibforschung doch vorrangig auf den Prozeß, den Vorgang der 'Text-Herstellung' selbst und nicht auf das Pro-

---

trafen sich dreimal monatlich am unterrichtsfreien Samstag und verfaßten in dieser Zeit literarische Texte nach unterschiedlichen Aufgabenstellungen. Obwohl das Projekt außerhalb des Deutschunterrichts angesiedelt ist, gibt Fritzsche seiner Hoffnung Ausdruck, daß langfristige Auswirkungen auf den Aufsatzunterricht bei zunehmenden Kenntnissen über literarische Begabungen nicht ausbleiben werden (ibid., S.361; vgl. dazu auch FRITZSCHE 1991).

dukt, den geschriebenen Text. Letzterem wird aber in allen bisher zitierten Schreib-
richtungen die größte Aufmerksamkeit zuteil. Wir werden diesen Teilbereich der
Schreibforschung daraufhin diskutieren, ob sich – und wenn ja welche – Implikationen für das literarisch-poetische Schreiben aus ihr ableiten lassen.

Liest man die Forschungsberichte, die durch die empirische Schreibforschung evoziert sind, so irritiert zunächst der hier geübte ungewohnte Blick auf das Schreiben,
auf den Schreiber sowie auf das Produkt – den Text. Da der Herstellungsprozeß
selbst im Vordergrund steht, interessiert weniger die inhaltlich-stilistische Raffinesse
des Textes oder die mögliche Persönlichkeit(sentwicklung) des Schreibenden. Vielmehr gilt die größte Aufmerksamkeit dem Akt des Schreibens selbst, der in verschiedenen Formen einer unmittelbaren empirischen Überprüfung unterzogen wird
mit dem Ziel, Möglichkeiten der Verbesserung und Qualitätssteigerung aufzuzeigen.
In gewisser Weise führt dieser Forschungsansatz dazu, den Schreibakt isoliert 'unter
die Lupe zu nehmen'. Laborsituationen sind dabei unvermeidlich; auch klingen einige Experimentanordnungen befremdlich, besonders dann, wenn man von der propagierten 'kreativen Freiheit' des Schreibenden ausgeht. Da wird untersucht, wie
viele Pausen an welchen Stellen des Satzes, des Textes ein Schreiber einlegt
(MATSUHASHI 1982); da werden Texte unterschiedlich schnell und langsam diktiert,
um die Beziehung zwischen den motorischen Tätigkeiten und dem Kurzzeitge-
dächtnis zu untersuchen (SCARDAMALIA/ BEREITER/GOELMAN 1982); 'think-aloud-
Protokolle' liegen einem der bekanntesten Schreibprozeßmodelle zugrunde: Die
Probanden schrieben innerhalb einer gesetzten Frist einen Text zu einem gestellten
Thema und wurden aufgefordert, während des Schreibens *alles* zu sagen, was sie
dachten (HAYES/FLOWER 1980). Andere Untersuchungen klingen vertrauter: Sie
basieren auf Hospitationen, auf den geschriebenen Texten, auf Interviews mit den
Schreibern sowie darauf, welchen Einfluß Lehrerkommentare oder kontinuierliches,
häufiges Schreiben auf die Qualität der Textproduktion nehmen (KANTOR 1984;
CARROLL 1984; FREEDMAN 1984; ZIV 1984). Empirische Überprüfungen zum
Überarbeiten, Revidieren, Evaluieren eines eigenen oder fremden Textes akzentuieren einen Aspekt des 'Textherstellungsprozesses', der als Herausforderung für den
Lehrenden wie für den Lernenden gleichermaßen gilt (FAIGLEY/WITTE 1984;
BARTLETT 1982; BEACH/EATON 1984). Einzelne Teile des 'großen Projekts Schreiben' werden in einzelne Elemente zerlegt und isoliert untersucht; künstliche Eingriffe in den Schreibprozeß werden nicht gescheut; 'unnatürliche' Schreib-Arran-
gements in 'fremden Räumen' werden akzeptiert. Alles das erfolgt, um herauszufinden, *wie* die Verbesserung einer allgemeinen Schreibkompetenz erreicht und an
welchen Stellen in den Schreibprozeß effektiv eingegriffen werden kann, um Mängel
und Schwächen zu beheben. Nicht zufällig handelt es sich bei den Probanden häufig
um 'college freshmen' – also Erstsemesterstudenten (BEACH/EATON 1984; ZIV 1984;
COOPER 1984; NEWKIRK 1984) –, deren schulisch erworbene Schreibfähigkeit einer
kritischen Überprüfung unterzogen wird. Die empirische Schreibforschung untersucht also auch die vorhandenen Fertigkeiten und Fähigkeiten *erwachsener* Schreiber bzw., inwieweit in dieselben (noch) perfektionierend eingegriffen werden kann.
Ausgangspunkt ist die Erkenntnis, daß die (Weiter)Entwicklung der Schreibkompetenz auch dann noch in einem Prozeß befindlich und steigerungsfähig ist, wenn

die Pflichtschulzeit abgeschlossen und ein Studium begonnen wurde (vgl. AUGST/-FAIGEL 1986, S.187).

„Schreiben als Problemlösen" – unter dieser griffigen Formel wird der Schreibprozeß innerhalb der kognitiven Wissenschaft, die erheblichen Einfluß auf die empirische Schreibforschung genommen bzw. diese überhaupt initiiert hat, gekennzeichnet. Im Unterschied zu den bisher vorgestellten schreibdidaktischen Entwicklungssträngen handelt es sich bei dieser Schreibforschung um ein interdisziplinär ausgerichtetes Vorgehen:

> „'Kognitive Wissenschaft' zielt auf die Erforschung von Wissen im allgemeinen und von Wahrnehmen und Kommunizieren im besonderen ab und zwar in einer Weise, die versucht, die Aspekthaftigkeit der Betrachtung durch die einzelnen Disziplinen – Sprache strukturell zu beschreiben, ist Sache der Linguistik, Sprachverstehen ist Sache der Psychologie, Sprache als soziales Phänomen ist Sache der Soziologie – zu überwinden" (EIGLER 1985, S.301/302).

Bezeichnenderweise wird die Literaturwissenschaft in diesem interdisziplinären Fächerkanon gar nicht genannt. Die Ausgrenzung des poetischen Sprachbereichs deutet daraufhin, daß sich der kognitionswissenschaftliche Ansatz auf die pragmatisch-sachliche Sprachanwendung konzentriert. Dieser Bereich dominiert in den Forschungsberichten tatsächlich. Eigler nennt sowohl die Textverarbeitung, worunter Textverstehen also auch Textlernen verstanden wird, als auch das Schreiben als Untersuchungsfelder der vom kognitiven Wissenschaftsverständnis herkommenden Forschergruppen. 'Schreiben' als „Praxisreflexion" (ibid., S.303) hat im deutschen Sprachraum noch keine Tradition ausbilden können; d.h. die Erforschung dessen, was Schreiber tatsächlich *tun*, wenn sie schreiben und nicht dessen, was sie tun *sollten* oder *getan haben könnten*, ist bisher vor allem im amerikanischen Raum Gegenstand der Forschung. Die empirische Ausrichtung steht sicherlich im Zusammenhang mit Untersuchungsmethoden der Psychologie, in der Experimente, Interviews und Beobachtungen zur Findung der Materialbasis gehören. Sie ist für den deutschen Sprach- und Denkraum, in dem Schreiben eher in die geisteswissenschaftliche Domäne eingeordnet und in einem 'geheimnisumwobenen' Raum belassen wird, fremd und ungewohnt. – Wir werden im folgenden besonders auf einige Ergebnisse der amerikanischen Schreibforschung eingehen, die von (einigen wenigen) deutschen Sprachdidaktikern (und Psychologen) aufgegriffen wurden und bei denen abzusehen ist, daß sie die literar-schreibdidaktische Diskussion beeinflussen könnten.

Zu Beginn soll das Modell des Schreibprozesses stehen, das John R. Hayes und Linda S.Flower entwickelt haben und auf das in der deutschen (Aufsatz)Schreibforschung des öfteren hingewiesen wird (HAYES/FLOWER 1980; LUDWIG 1983; MOLITOR 1984; BEISBART 1989). Wie bereits kurz erwähnt, gehen die beiden Verfasser von verschrifteten Tonbandprotokollen aus, die festhalten, was Schreiber während des Schreibens *gesagt* haben. Die Probanden wurden aufgefordert, möglichst umfassend ihre Gedanken zu verbalisieren. Diese gesprochenen Äußerungen sowie die entstandenen Texte führen zu der zentralen Erkenntnis, daß der Schreibprozeß nicht ein sukzessiver, ordentlich aufeinanderfolgender Vorgang ist, sondern ein 'Jonglieren mit unterschiedlichsten Anforderungen und Tätigkeiten', die nicht in einer übersichtlichen Reihenfolge stattfinden.

> „The writer must exercise a number of skills and meet a number of demands – more or less all at once. As a dynamic process, writing is the act of dealing with an excessive number of simultaneous demands of constraints" (FLOWER/HAYES 1980, S.33).

Der Schreibvorgang ist nach Auffassung der Autoren als *nicht-linearer, nicht-sequentieller* Prozeß zu begreifen, in dem es *keine bestimmte, vorgeschriebene Reihenfolge* gibt, die der Schreiber einhalten muß, um zu einem gelungenen Ergebnis zu kommen. Flower und Hayes beziehen in ihr Modell, das sie aus 'think-aloud-Protokollen' entwickelt haben, das Langzeitgedächtnis des Schreibers mit ein. Dieser Faktor gehört nicht unmittelbar zum Schreibprozeß selbst, nimmt aber natürlich Einfluß auf denselben. Der Text, soweit er bereits geschrieben ist, zählt zum 'Aufgabenumfeld' – wie auch der Adressat, motivationale Faktoren und das Thema –, gehört also nicht zu dem Teil des Modells, in dem der eigentliche Schreibprozeß selbst in seine drei Teilaktivitäten zerlegt wird; diese sind: Planen, 'Übertragen' und Überarbeiten. Flower und Hayes gelangen zu der Konsequenz, daß *Planen* eine der effektivsten Strategien ist, den verschiedenen Anforderungen gerecht zu werden: „It is our thesis that one way to improve people's writing is to improve the planning process they go through *as they write*" (ibid., S.44). Innerhalb des Modells umfaßt das Planungsfeld sowohl den Akt der Generierung (in enger Verbindung zum Langzeitgedächtnis), des Strukturierens (des generierten Materials) sowie der Zielsetzung. Auf diese Aktivitäten, die dem des 'Übertragens', wohl das eigentliche Formulieren, vorausgehen, sollten – nach Auffassung der Autoren – Schreibenlernende besonders vorbereitet werden. Diese Teilaktivitäten des Planens und die anderen Schreibprozeßkomponenten, wie das (letztliche) Formulieren und das Überarbeiten des 'Schon-Geschriebenen', überschneiden sich und greifen – sich gegenseitig bedingend und beeinflussend – stets ineinander. Diese Teilprozesse müssen zwar nicht in einer bestimmten Reihenfolge stufenförmig aufeinanderfolgen, sollten aber bei einem *kompetenten* Schreiber *alle* vorkommen: „We have (...) observed a writer who failed to organize. This writer, however, could not be viewed as competent" (HAYES/FLOWER 1980, S.28). Dieses Modell erlaube wegen seiner Flexibilität individuelle Differenzierungen und biete darüber hinaus nicht nur die Chance, Gründe für das Versagen eines Schreibers zu erkennen, sondern biete den Lehrenden konkrete Ansatzpunkte, wie sie an der Optimierung der Schreibqualität ihrer Schüler arbeiten können.

Flower und Hayes weisen in ihrem – als vorläufig deklarierten – Schreibprozeßmodell darauf hin, daß die schreibende Aktivität, obgleich zielgerichtet (der Text ist das Ziel), stets mit Widrigkeiten zu kämpfen und sich ständig mit neu auftretenden Problemen auseinanderzusetzen hat. Sie verdeutlichen die vielfältigen (und hohen) Anforderungen, die an Schreibende gestellt werden, und vor allem akzeptieren sie, daß sich diese Tätigkeit nicht in eine festgefügte Ordnung zwingen läßt. Vielmehr müsse jeder Schreiber für sich (und wahrscheinlich in Abhängigkeit vom zu schreibenden Text) entscheiden, was er wann tue. Im Unterschied zu den kreativen Schreibern gehen Flower und Hayes, wie überhaupt die Schreibprozeßforscher, davon aus, daß

Schreiben eine komplexe und komplizierte Aktivität ist, deren gesamte Organisation angestrengte Aufmerksamkeit erfordere.

Die von Hayes und Flower angewendete Methode der 'think-aloud-Protokolle' soll nochmal ausführlicher reflektiert werden: Wie bereits erläutert, nehmen sie die mündlich gesprochenen und auf Band aufgezeichneten Kommentare von Schreibern zur Basis ihrer Forschungen. Dieses Arrangement führt zu interessanten Ergebnissen, aber es steht zu bezweifeln, ob es mit dem zu tun hat, was Schreiben unter 'normalen' Bedingungen ausmacht: Zunächst einmal ignoriert die Versuchsanordnung, daß Schreiben eine weitgehend stumme Arbeit ist. Ist das, was ich ausspreche und von dem ich weiß, daß andere es registrieren werden, noch das, was ich schweigend denke, wenn ich allein mit meinen Gedanken und meinem Schreiben bin? Die Autoren, mit dieser Frage gleichfalls konfrontiert, zitieren in einem späteren Aufsatz Forschungen, in denen eine weitgehende Identität zwischen Gedachtem und Gesprochenem angenommen wird (SWARTS/FLOWER/HAYES 1984, S.55). Skepsis bleibt trotzdem angebracht. Das erarbeitete Modell bietet nichtsdestotrotz eine produktive Diskussionsgrundlage, wie wir an den im deutschen Raum erarbeiteten Modifikationen und Erweiterungen des Grundmodells sehen werden. Vielleicht steht zu vermuten, daß das Schreiben eine noch weitaus 'chaotischere' und 'verworrenere' Angelegenheit ist, als Flower und Hayes bereit sind anzunehmen: Unkontrolliert und im eigenen vertrauten Schreibraum und -rahmen wird aller Voraussicht nach wesentlich widersprüchlicher, wirrer, umständlicher und langatmiger gedacht, mit der „inneren Sprache" gesprochen und dann geschrieben. Vor allem dann, wenn es sich nicht um Prüfungssituationen handelt, wie sie von Flower und Hayes simuliert werden: Die von ihnen arrangierte Schreibsituation hat, abgesehen von dem denkenden Sprechen, am ehesten mit dem Prüfungsschreiben zu tun: Aufsätze, Klausuren, Tests etc. Mit literarischen Schreibaufgaben sind diese 'Schreibsituationen' nicht unbedingt vergleichbar. Natürlich ist den Schreibforschern die Problematik der künstlichen Laborsituation bewußt (EIGLER 1985, S.311), aber sie sehen darin kein Hindernis, um zu theoriebildenden Erkenntnissen zu gelangen:

> „Schreiben vollzieht sich immer unter bestimmten Bedingungen, und die sog. verzerrenden Bedingungen des Schreibens in Forschungssituationen sind eine Klasse von Bedingungen. Das besagt: Von solchen Schreibleistungen sind, wie von allen Schreibleistungen, Rückschlüsse auf die Schreibkompetenz möglich, wegen der Spezifität der untersuchten Beziehungen sogar spezifischere Rückschlüsse – Voraussetzung aller Rückschlüsse ist allerdings, daß die Bedingungskonstellation berücksichtigt wird, in der geschrieben wurde" (ibid., S.312).

Bereiter und Scardamalia, auf die sich Eigler an dieser Stelle bezieht, unterscheiden zwischen Kompetenz und Performanz, wobei letztere bedingungsabhängig ist und sich nach den jeweiligen Gegebenheiten je eigen verhält, so daß von den verschiedenen 'Performanzen' Rückschlüsse auf eine – mögliche – Kompetenz gezogen werden können. Trotzdem bleibt die Frage unbeantwortet, ob die Unterschiede zwischen einem überwachten Schreibprozeß und einem selbst gesteuerten nicht so erheblich sind, daß die eigentliche Kompetenz unentdeckt bleibt, wenn man nur die während des kontrollierten Schreibens auftretende Performanz untersucht.

Auf die Arbeiten von Carl Bereiter und Marlene Scardamalia wird in der deutschen schreibdidaktischen Diskussion gleichfalls häufig Bezug genommen. Während die von diesen beiden Forschern durchgeführten Experimente für unseren Zusammenhang nicht so relevant sind (SCARDAMALIA/BEREITER/GOELMAN 1982; SCARDA-MALIA/BEREITER/STEINBACH 1984; BEREITER/SCARDAMALIA 1985), kommt den Thesen Carl Bereiters über die 'Schreibentwicklung' einige Bedeutung zu (BEREI-TER 1980). Bereiter ergänzt in gewisser Weise das Modell, das Flower und Hayes entwickelt haben, da er nicht die Entstehung *eines* Textes zum Thema macht, sondern die allgemeine Herausbildung der Schreibkompetenz über mehrere Schreibstufen hinweg untersucht. Ausgangspunkt ist auch hier die Überzeugung, daß der Schreibakt ein Prozeß ist, der unterschiedlichste Anforderungen an den Ausführenden stellt. Bereiter betont die Simultaneität mehrerer erforderlicher Tätigkeiten. Der Prozeß des ('höheren') Schreiben*lernens* müsse, sukzessiv vorgehend, notwendige Schreib-Fähigkeiten ausbilden, damit eine zunehmende Perfektionierung erreicht werde. 'Reifes' Schreiben sei erst möglich, wenn einige der unabdingbaren Schreib-Fertigkeiten automatisiert seien, wobei die einfacheren 'Handhabungen' entwickelt sein müßten, wenn andere hinzukommen sollen. Er nennt sechs „different systems of knowledge" (ibid., S.82), deren Beherrschung eine notwendige Voraussetzung für gelungenes Schreiben sei: flüssiges Schreiben; schnelle 'Ideenproduktion'; die Beherrschung der Schreibkonventionen wie Rechtschreibung, syntaktische und grammatische Regeln etc.; soziales Bewußtsein: d.h. die Fähigkeit, den Leser zu berücksichtigen; die Fähigkeit, Texte (literarisch?) würdigen und unterscheiden zu können[16]; reflektiertes Denken. Diese Fähigkeiten werden nicht nacheinander gelernt; sie korrespondieren in gewisser Weise mit der Entwicklung immer komplexer werdender Schreibstrategien, für die Bereiter wiederum fünf Stufen nennt: assoziatives Schreiben als erste und einfachste Form; performatives Schreiben, worunter er das schulische Schreiben versteht, das assoziatives mit stilistischem Schreiben verbindet; kommunikatives Schreiben, das mit dem poetischen Schreiben kontrastiert, weil es unmittelbar auf 'Publikumseffekte' gerichtet ist. Die nächste, deutlich höhere Stufe bildet das 'vereinheitlichte' Schreiben („unified writing"), das nicht nur die Perspektive des Lesers, sonders auch die des jeweiligen Schreibers berücksichtigt und bei dem ein eigener persönlicher Stil erkennbar ist:

> „Hence writing becomes a productive craft and not merely an instrument skill. Unified writing includes (...) poetic writing and that characterize as creating 'a verbal construct, an 'object' made out of language'" (ibid., S.87).

---

16 Eigler 'übersetzt' Bereiters Formulierung „literary appreciation and discimination" (ibid., S.82) mit „Bewertung von Texten" (EIGLER 1985, S.308). Mir scheint der Begriff des Literarischen 'unter den Tisch zu fallen', wenn man diese Fähigkeit nur als eine bezeichnet, in der es um Wertungskriterien geht. Es ist umso wichtiger, die literarische Form des Schreibens zu nennen, als Bereiter in seinen Ausführungen des öfteren auf dieses Schreiben eingeht (vgl. BEREITER 1980, S.76; S.86; S.87).

Die letzte Stufe, die 'höchste Form der Schreibkunst', ist nach Bereiters Modell das epistemische Schreiben, das, statt nur Gedanken wiederzugeben, ein *integrierter Teil des Denkens* werde und somit 'gedankenproduzierende' (oder auch 'wissens-produzierende') Funktionen übernehmen könne. Von diesen fünf Schreibstufen lehre die traditionelle Schulbildung nach Bereiters Auffassung höchstens die beiden ersten (!); d.h. noch nicht einmal dem kommunikativen Schreiben gibt er im schuli-schen Schreibunterricht eine große Chance. Die beiden höchsten Stufen, auf denen das Schreiben erst Befriedigung ermögliche wie auch Erkenntnisse verschaffen kön-ne, fielen aus dem Lehrrepertoire der schulischen Schreibschulung auf jeden Fall heraus. Bereiter betont, daß die Reihenfolge der Schreibstufen, wie er sie in ihren wachsenden Schwierigkeitsgraden und Anforderungen vorgestellt hat, *nicht* fest-gelegt ist; d.h. Abweichungen sind durchaus möglich, und denkbar sei, mit dem epi-stemischen Schreiben bereits in der Grundschule zu beginnen[17]. Es gibt keine natür-liche, für alle Schreibenden gleichermaßen verbindliche Ordnung, wie Schreiben ge-lernt werde, und nicht jeder Schreiber müsse alle Stufen durchlaufen. Trotzdem be-findet er es für notwendig, die verschiedenen Schreibstufen auseinanderzuhalten und sie differenziert zu analysieren, um sie in ihren wachsenden Anforderungen zu kenn-zeichnen: „The stages may be ordered differently by different ecducational approa-ches, but they do not simply run together into amorphous groth" (ibid., S.89). Inte-ressant ist, daß Bereiter es nicht für nötig befindet, in der einen Stufe eine gewisse 'Meisterschaft' erreicht zu haben, um dann zur anderen fortzuschreiten: Ein solches Vorgehen verhindert seiner Auffassung nach sogar die Möglichkeit einer progres-siven Entwicklung; anders ist es mit einer als erstrebenswert eingeschätzten Auto-matisierung der Schreibstufen:

> „The preferred or 'natural' order of writing development would be a se-quence of stages in which the attainment of automaticity at one stage maximally facilitates progress toward the next stage" (ibid., S.89).

Bemerkenswert sind Bereiters Überlegungen für unseren Zusammenhang besonders deswegen, weil er das poetische Schreiben miteinbezieht und auf den hohen Schwierigkeitsgrad dieser Schreibaktivität hinweist. Es scheint wichtig, für das 'literarische Schreibenlernen' folgende Thesen vorläufig festzuhalten, die teilweise in einem deutlichen Gegensatz zu den programmatischen Erklärungen der kreativen Schreibbewegung stehen:

1. Poetisches Schreiben ist eine *anspruchsvolle Schreibform*, zu der die Ausbil-dung einiger kognitiver wie schreibtechnischer Mittel Voraussetzung ist: von 'Schreiben kann jeder' kann also nicht die Rede sein!

2. Um dieses Schreiben zu lernen, müssen drei andere Schreibformen – ruhig parallel, aber kontinuierlich – geübt, trainiert und automatisiert werden.

Daß Carl Bereiter dem literarischen Schreiben einige Aufmerksamkeit schenkt, wird in der deutschen Diskussion dieser Schreibkonzeption m.W. bisher nicht berück-sichtigt. Einig sind sich die Schreibforscher darin, gleich ob sie mit linguistischen

---

17 Das möchte ich allerdings bezweifeln, da vergleichbare Schreibaufträge nach meinen Erfah-rungen selbst in der Oberstufe noch erhebliche Schwierigkeiten bereiten (vgl. Teil B).

oder mit psychologischen Fragen an die Materie herangehen, daß Schreiben ein „Problemlösen" bedeutet und der Schreibprozeß selbst einem nicht linearen 'Konstrukt' gleichkommt, in dem viele Aktivitäten gleichzeitig stattfinden, wiederholt oder abgebrochen werden. Otto Ludwig hat sich intensiv mit den Arbeiten Linda Flowers und John Hayes' auseinandergesetzt (LUDWIG 1983), deren Grundmodell um einige Faktoren erweitert und die einzelnen Elemente zum Teil anders angeordnet. Er unterstreicht gleichfalls die Dynamik des Schreibprozesses und charakterisiert ihn durch folgende Eigenschaften: „multilevel, sukzessiv, interaktiv, iterativ, rekursiv, teilweise zumindest routinisiert bzw. sogar automatisiert" (ibid., S.47). Nach Ludwigs Auffassung ist es wichtig, den entstehenden Text als Teil des Schreibprozesses selbst einzuordnen und ihn nicht nach außen zu verlagern. Außerdem werden die zum Schreiben notwendigen Vorbereitungs- wie auch die motorischen Handlungen von Flower und Hayes nicht genügend gewürdigt. Die motivationale Basis, die der Textproduktion überhaupt zugrunde liegt, erfährt in Ludwigs Konzept eine stärkere Akzentuierung. Otto Ludwig differenziert die von Flower und Hayes nur grob skizzierten Teilprozesse und gelangt auf diese Weise zu einem sehr fein ziselierten Modell, das eine – nahezu – vollständige (?) Erfassung der an einer Textentstehung beteiligten Faktoren anzustreben scheint. So fächert er den Punkt 'konzeptionelle Prozesse' auf in 'Zielvorstellung', 'gedankliche Konzeption' und in 'Bildung eines Schreibplanes'. Diese drei Unterpunkte werden nochmals in kleinere Elemente zerlegt. Auch die 'redigierenden Aktivitäten' reflektiert er auf die verschiedenen Teilprozesse hin. Außerdem bilden diese Überarbeitungsvorgänge nicht den Schluß seines Modells, sondern durch sie initiiert, können einige 'Anfangsaktivitäten' wie die gedankliche Konzeption, die Textbildung und motorische Aktivitäten erneut in Gang gesetzt werden, bevor irgendwann, nach vielleicht mehrmaliger Wiederholung dieses 'procederes' der endgültige Text entsteht. Ludwigs Weiterarbeit an dem von Hayes und Flower als vorläufig gekennzeichneten Modell weist darauf hin, daß mit diesem eine Diskussionsbasis geschaffen ist, die (schreib)-erkenntnisschaffende Wirkung hat. Allerdings beschränkt sich Ludwig auf „expositorische Texte (...), Texte, von denen angenommen werden kann, 'daß der Schreiber meint, was er sagt, und für deren Wahrheitsgehalt und Logizität er einsteht'" (ibid., S.38). Er führt aus, daß die meisten wissenschaftlichen Untersuchungen sich auf diese 'Textsorte' beschränken, da dieser „Exterritorisierung (...) von Gedanken" (ibid., S.39) seit der Aufklärung das größte Interesse zukomme. Es sei nichts gegen diese Einschränkung einzuwenden, wenn man sich dieselbe bewußt mache, wohl wissend, daß Schreiben auch anders möglich sei.

Auch Sylvie Molitor, die unter psychologischen Fragestellungen den Schreibprozeß erforscht, befaßt sich ausschließlich mit den expositorischen Formen. Sie favorisiert das epistemisch-heuristische Schreiben, befindet aber das Modell von Flower und Hayes zur Erklärung dieser Schreibform unzureichend, da es „den Aufbau und die Modifizierung von Wissensstrukturen beim Autor durch Leseprozesse, die im Prozeß des Schreibens zur Überprüfung des Geschriebenen eingeschoben werden, nicht berücksichtigt" (MOLITOR 1984, S.43). Sie akzentuiert aus diesen Gründen in ihrem eigenen Modell sowohl den Text selbst als auch besonders das während des Schreibens immer wieder stattfindende Lesen des bereits Geschriebenen. „Es entsteht so ein Regelkreis, in dem sich der Schreibprozeß als dynamische Verschachtelung von Planungs-, Produktions-, Lese- und Evaluationsprozessen darstellt" (ibid., S.44). Besonders dieses Lesen des 'Schon-Geschriebenen' führe zu einer Überprüfung, ob das eigentlich Geplante auch tatsächlich geschrieben sei. Ein gewisser zeitlicher Abstand sei dazu allerdings notwendig, weil der Text sonst automatisch als Realisation der in der Planung aktivierten Schemata gelesen werde. Molitor legt besonderen Wert auf die epistemisch-heuristische Funktion des Schreibens. – Grundsätzlich taucht im Zusammenhang mit den schreibtheoretischen Ausführungen Sylvie Molitors ein bereits eingangs formuliertes Problem auf: Schreiben wirkt isoliert, abgehoben, wie ein frei schwebendes 'Teilchen', das in erster Linie wissensproduzierend funktioniert, aber ansonsten losgelöst von Aufgaben, Motiven, Motivationen, Schreiberpersönlichkeiten, Kontexten steht. Es dürfte nicht zufällig sein, daß diese Form der Schreibforschung die literarische Textproduktion weitgehend unberücksichtigt läßt: Es geht bei dieser Sicht auf das Schreiben vor allem darum, bestimmte logisch-intellektuelle Kapazitäten zu fördern und zu fordern, und nicht darum, möglichst weitgefächerte Dimensionen der geschriebenen Sprache, zu der auch die poetische gehört, auszuschöpfen.

Augst und Faigel ergänzen das 'Ur-Modell' von Flower und Hayes um eine differenzierte Darstellung des Langzeitgedächtnisses (AUGST/FAIGEL 1986, S.175), weil es den Autoren weniger auf eine Erläuterung des Schreibprozesses ankommt als auf die kognitiven Voraussetzungen des Schreibens überhaupt. Zugrunde liegt dieser Modellergänzung eine Untersuchung über die Entwicklung der schriftsprachlichen Fähigkeiten Jugendlicher bzw. junger Erwachsener im Alter zwischen 13 und 23 Jahren anhand der kommunikativen Textsorte 'Brief'. Die Verfasser sind an Interferenzen zwischen mündlichem und schriftlichem Sprachgebrauch interessiert wie auch an der Herausbildung schriftlich-argumentativer Kommunikationsfähigkeit in einer noch selten untersuchten Altersgruppe. Ausgehend von dem argumentativen Kontext, in den die Textsorte 'Brief' eingeordnet ist, beschränken sich Augst und Faigel in ihrer Ausweitung dessen, was im Langzeitgedächtnis an Wissen bereitgestellt werden muß, auf die sachlichen Faktoren und benennen im Unterschied zu den bisherigen Bearbeitern des Modells die verschiedenen „Wissenselemente" genauer (ibid., S.175): solche der Konzeption, der Realisierung und solche, die routinisiert sind. Diese Ergänzung ist auf eine bestimmte Schreibaufgabe zugeschnitten und beansprucht nicht, Allgemeingültigkeit zu besitzen.

Wesentlich für unseren Zusammenhang sind die Modifikationen und Ergänzungen, die Ortwin Beisbart an dem Hayes-Flower-Modell vornimmt (BEISBART 1989). Er beruft sich auf die von Ludwig, Molitor und Augst/Faigel überarbeiteten Fassungen und fügt die durch Gabriele L. Rico vermittelten Erkenntnisse in das Modell ein: Beisbart vermißt in dem Schreibprozeßmodell die assoziative Komponente und integriert sie in den Bereich „Ausführungsprozesse", unter dem die für den Schreibprozeß notwendige „Materialsammlung" subsumiert ist. Er legt auf diese Ergänzung des assoziativen Potentials ebensoviel Wert wie darauf, daß Formulierungsversuche von Wörtern ausgehen können, d.h. „text(wort) geleitet" sind (ibid). Beisbart bezieht sich in diesem Zusammenhang auf den Begriff der „inneren Sprache", wie er von L. S. Wygotski erläutert wurde, und bezeichnet diese in Anlehnung an Gössmann als „'geistige Impulszone' zwischen Gedanke und Wort" (ibid., S.8). Wenn-gleich die innere Sprache weder identisch ist mit der entfalteten äußeren Sprache noch mit den 'Gedanken', so spiele sie für den Schreibprozeß selbst doch eine Rolle, insofern sie vorbereitendes Material zur Wortfindung (d.i. „text(wort)-gelei-tet") und damit für den Formulierungsvorgang liefere. Beisbart, obwohl aufsatzdi-daktisch argumentierend, 'schlägt' in der Diskussion um das Flower-Hayes-Modell – vorsichtig und behutsam – eine erste 'Brücke' zur Problematik literarischen Schreibens: Assoziationskräfte sind unberechenbare, unkontrollierbare Faktoren, die, anders als die bisherigen Kennzeichnungen der verschiedenen zum Schreiben zu aktivierenden geistigen und körperlichen Kräfte, nicht planbar sind. In seinen ab-schließenden „Folgerungen für die Didaktik des Schreibens" (ibid., S.12), plädiert Beisbart dafür, auch das Aufsatzschreiben als nicht-linearen Prozeß wie auch als aktiven Vorgang zu begreifen, für den sowohl analytische *als auch assoziative* Fä-higkeiten vorausgesetzt werden müssen.

Verhilft uns das Modell, wie es Flower und Hayes entwickelt haben und wie es im Verlauf der Diskussion zunehmend präzisiert wurde, zu neuen Erkenntnissen über literarische Schreibformen und -prozesse? Läßt es sich auf diese noch ausführlicher anwenden als es Ortwin Beisbart tastend versucht? Grundsätzlich steht zu vermu-ten, daß es eine Reihe von Parallelen und Verwandtschaften zwischen dem Verfas-sen expositorischer und dem poetischer Texte gibt, die nicht ausschließen, daß sich das Modell auch innerhalb einer an literarischer Textherstellung interessierten Schreibdidaktik anwenden läßt. Die Übertragbarkeit des Modells kann überhaupt nur deswegen in Erwägung gezogen werden, weil in ihm jede Linearität vermieden wird. So ist beispielsweise davon auszugehen, daß zur Produktion literarischer Texte genausogut Wissen notwendig ist wie zu der sachlich-informativer. Von Lite-raturunkundigen wird häufig übersehen, daß Literatur mit Wissen zu tun hat: Jenes im Langzeitgedächtnis gespeicherte Wissen spielt also auch für das literarische Schreiben eine erhebliche Rolle; sicherlich könnte dieser Bereich noch erweitert werden, vor allem um das Wissen, das aus dem bereits Gelesenen resultiert, aber wir wollen hier keine Überarbeitung und Ergänzung des inzwischen schon stark erwei-terten Modells vornehmen, sondern nur die Anwendbarkeit der Überlegungen auf literarisches Schreiben diskutieren. Formulieren und Überarbeiten, Vorbereitungs- und motorische Handlungen sind Bestandteile eines jeden, also auch des literari-schen Schreibprozesses. Unterschiede liegen vielleicht im Bereich der Planung, den Flower und Hayes als so wesentlich eingeschätzt hatten: Es drängen sich Zweifel auf, ob Planen *zwangsläufig* ein Bestandteil literarisch-fiktiver Schreibformen sein muß: Wenn schreibend ein fiktives Geschehen entwickeln werden soll, *kann* der Verlauf konzipiert sein, er *muß* jedoch nicht zwangsläufig im Vorstadium entworfen werden, sondern kann sich erst während des Schreibens entwickeln[18]. Trotz der Af-

---

18 Der Bereich der Planung wird allerdings in den Modifikationen des Modells teilweise verän-dert: Molitor weist beispielsweise daraufhin, daß Planen auch während des Schreibens immer wieder stattfindet – in kleineren oder größeren Einheiten – und durch das bereits Geschrie-bene neu evoziert wird: auch Wörter, Sätze etc. können in den Planungsbereich fallen. In die-sem Sinne wird natürlich auch ein literarischer Texte 'geplant' (MOLITOR 1984, S.45/46), wo-

finitäten bleibt ein – zum momentanen Zeitpunkt – zunächst nur undeutlich formulierbares Unbehagen. Es mag sein, daß diese skeptische Haltung durch die Modellzeichnungen als solche, die zwangsläufig einer gewissen Ordnung folgen müssen, verursacht ist: Die verschiedenen Modellformationen scheinen zu glatt, zu perfekt, sie lassen keinen Raum für das Unberechenbare, Unvorhersehbare, das aber beim Schreiben ständig eintreten kann. Obwohl die Autoren stets versichern, daß die unterschiedlichen Teilbereiche nicht in einer bestimmten Reihenfolge stattfinden müssen, entsteht der Eindruck, daß mit zunehmendem Wissen über den Schreibprozeß die Anforderungen an das und die Vorstellungen von dem, was der Schreiber zu befolgen und zu tun hat, immer größer und genauer werden. Zwar soll das zunehmend exakter und umfangreicher werdende Schreibprozeßmodell *nicht* dazu dienen, den Schreibenden selbst als Anleitung vorgelegt zu werden, sondern es soll zu einer effizienteren Lehre führen. Aber die sukzessive Ausweitung des Modells deutet nicht nur auf zunehmendes Wissen über den Vorgang 'Schreiben'. Vorstellbar wird, daß es dazu dient, 'Schreib-Regeln' zu entwerfen. Oben wurde angemerkt, daß Schreiben – wenn es unbeobachtet stattfindet – vielleicht ein wesentlich unübersichtlicherer und unübersehbarer Vorgang ist, als Flower und Hayes und auch die deutschen Schreibforscher in ihren Modellen bereit sind zu akzeptieren. Vielleicht gilt dieses – hier hypothetisch angenommene – (produktive) 'Chaos' für das literarische Schreiben besonders: Es unterliegt einer noch weniger deutlichen Zielformulierung als ein sachlicher Text; es handelt sich auch, aber nicht unbedingt, um Auftragsschreiben; es wird durch das bereits Geschriebene geleitet und – vielleicht willkürlicher als bei sachlichen Texten – in nicht vorhersehbare Richtungen gelenkt; es ist sprachlich wie inhaltlich wie strukturell auf Offenheit angelegt. Und was ist mit den Abbrüchen, den Fragmenten, den Unterbrechungen, den manchmal erst viel später stattfindenden Wiederaufnahmen, dem 'Leben', das zwischendurch geschieht, den Texten, die in den Schreibpausen gelesen werden? Kurzum: Das exakt gestaltete Modell eines Schreibprozesses, das immer genauer alles zu bedenken versucht, ist sicherlich eine Materialbasis. Allerdings provoziert es gleichzeitig andere, neue Fragen nach dem, was schreibend ohne empirische Überprüfung stattfinden könnte. Der Verdacht, daß Schreiben eigentlich oder manchmal 'ganz anders' ist, wird auch durch ein immer detaillierter werdendes Modell nicht ausgeräumt. So ist zum Beispiel nicht geklärt, ob Lehrprogramme, die auf seiner Basis entwickelt werden, erreichen, daß die Texte zwar immer 'perfekter', aber gleichzeitig auch immer 'langweiliger' werden:

> „Daher muß man – so läßt sich der traditionelle Ratschlag erläutern – erst über die Sache und ihre Probleme nachdenken; dann über die Strategie, wie man sie Schritt für Schritt präsentieren und behandeln will; und schließlich über die Wahl der sprachlichen Mittel, mit denen man das am besten tut. So geht man mit seinen geistigen Kräften schonend um. So hat man jeweils, für jede der Teilaufgaben, seine ganze Kraft frei, um sie optimal zu lösen. Das Dumme dabei ist nur, daß dann, wenn man so schreibt, das Interessante am Schreiben verlorengeht. Es ist

---

bei sich allerdings die Frage aufdrängt, was Planen dann vom Schreiben selbst überhaupt noch unterscheidet.

dann nur noch das Ausführen eines Plans, also nichts Kreatives mehr. Schreibe ich nach der Regel 'Erst genau überlegen, was ich sagen will, dann erst schreiben!', dann kann ich beim Schreiben keine Überraschungen mehr erleben. Ich muß geradezu vermeiden, beim Schreiben neue Gedanken zu haben. Sie könnten mich bloß stören. Sie könnten mir meinen Plan zerstören" (HERMANNS 1988, S.70).

Hermanns bezieht sich nicht, obwohl seine Ausführungen den Eindruck erwecken, auf das diskutierte Modell, sondern er will auf die heuristische Funktion des Schreibens aufmerksam machen, die seiner Auffassung nach unterschätzt und nicht genügend gelehrt wird. 'Schreiben als Denkmethode' lautet sein Ratschlag; sich schreibend den Problemen stellen, die durch das Schreiben erst produziert werden. Eben jene Probleme machen die Qualität eines Textes aus: „Langweilig sind solche Texte, in denen es keine Probleme gibt, sie plätschern so dahin" (ibid., S.71). Natürlich sei ein anschließendes Redigieren dringend erforderlich und lasse überhaupt erst den 'Text' entstehen. Aber: „Ehe das redigierende Schreiben beginnen kann, muß ihm sehr viel denkendes Schreiben (...) vorausgegangen sein" (ibid., S.76). Es verwundert fast, daß Hermanns mit diesen Überlegungen das wissenschaftliche Schreiben meint, weil die Parallelen zu literarischen Schreibformen so offensichtlich sind. Faßte man die Schreibkonzeption Hermanns' in ein Modell, so entstünde ein anderes, als es Flower und Hayes entwickelt haben, weil das heuristische (oder: denkende; oder: konzipierende) Schreiben dem Planen zumindest *vorausgehen* müßte, wenn es dieses nicht sogar gänzlich ersetzt. Dem Überarbeiten bzw. Redigieren käme ein stärkeres Gewicht zu; es wäre wohl nicht nur ein gleichberechtigter Faktor unter anderen wie in dem vorgestellten Modell[19].

Um Kenntnisse davon zu erlangen, wie ein literarischer Text schreibend entsteht, eignen sich die empirischen Untersuchungsmethoden wohl kaum (zumindest ist mir nicht bekannt, daß man auf diese Weise Versuche angestellt hat). Insofern konzentriert sich die Schreibforschung nicht zufällig auf die expositorischen Textsorten, die nicht nur während des Experiments, sondern auch in alltäglichen Schreibsituationen einem vielfach praktizierten Auftrags- und Aufgabenschreiben entsprechen. Wie untersucht man die Entstehung eines literarischen Textes? Welche Methoden sind vorstellbar? Ist es überhaupt möglich, diese Form des Schreibens zu erforschen? Manfred Beetz und Gerd Antos haben versucht, *Vorschläge zu einer Theorie der literarischen Produktion* zu entwickeln (BEETZ/ANTOS 1984). Die Autoren sind an einer produktionsästhetischen Analyse interessiert, deren geringe Tradition im deutschen Sprachraum ihrer Auffassung nach sowohl mit der Autonomie- als auch Genieästhetik zusammenhängt. Diese ästhetischen Theorien verhindern von ihren Ansätzen her eine Untersuchung der Text*entstehung*, da sie entweder das Ergebnis – den Text – oder dessen 'Schöpfer' idealisieren. Beetz und Antos konzentrieren ihre

---

19 Sylvie Molitor vertritt einen ähnlichen Ansatz wie Herrmanns; sie favorisiert gleichfalls das epistemisch-heuristische Schreiben. Ihre sehr geschlossenen Ausführungen, die sich erklärtermaßen auf expositorische Texte beziehen, bieten aber keine Anhaltspunkte, um diese Schreibprozesse auf poetisches Schreiben zu übertragen, da es Molitor vor allem auf die sich modifizierenden Wissensstrukturen ankommt und nicht auf den sich durch das Schreiben selbst entwickelnden, verändernden Text.

Analyse auf das „Handlungsmuster des *literarischen Formulierens*" (ibid., S.97; Hervorh. E.K.P.). Als Material wählen sie sowohl „literarische(n) Dokumente aus dem Produktionsprozeß" (ibid., S.100) als auch „Meta-Literatur der Autoren zur Produktion" selbst (ibid., S.101). In einer späteren Veröffentlichung faßt Antos die ihn tatsächlich in Erstaunen versetzenden Ergebnisse so zusammen:

> „Das erste für uns überraschende Ergebnis: Von ganz wenigen Dichtern abgesehen (z.B. Ibsen, Tschechow, Celan) setzen sich die meisten Literaturproduzenten nachhaltig mit ihrer Textproduktion auseinander. (...) Ein zweites für uns erstaunliches Ergebnis: Schriftsteller bewerten durchweg die Genesis höher als das fertige Werk: Lorca treibt diese Haltung auf die Spitze, wenn er provozierend vermerkt: 'Literatur ist für mich das Letzte. Kunst ist nur in dem Augenblick interessant, in dem sie gemacht wird" (ANTOS 1987, S.26)[20].

Beetz und Antos berufen sich durchaus nicht nur auf Dokumente der Moderne, sondern auch auf Fragmente und Aussagen aus der Zeit der Klassik und der Romantik. Folgende Kernthesen liegen der daraus abgeleiteten produktionsästhetischen Theorie zugrunde:

> „I. Der literarische Textherstellungsprozeß ist als ein Problemlösungsprozeß darstellbar.
> II. Texte (einschließlich von Skizzen, Entwürfen, verschiedenen Fassungen) sind als Resultate bzw. Zwischenresultate eines solchen Prozesses zu verstehen" (BEETZ/ANTOS 1984, S.104).

Sie betrachten auch die literarischen Texte der 'Berufsschriftsteller' als Ergebnisse eines langwierigen und komplexen Formulierungsprozesses, währenddessen mit denselben Hindernissen, Barrieren und Lösungsversuchen gekämpft werden muß wie während der Produktion von Sachtexten. Dazu gehört, daß das Formulieren als „anstrengende Arbeit" (ibid., S.105) empfunden wird und daß Überarbeitungen und neue Fassungen sogar noch nach Drucklegung erfolgen. Beetz und Antos bestätigen im übrigen die oben geäußerte Skepsis hinsichtlich der Planung literarischer Texte:

> „In den seltensten Fällen haben die Autoren das fertige Konzept im Kopf oder arbeiten mit Personalregister und genauem Plan wie Zola.

---

20 Dieser Aufsatz Gerd Antos' erschien in Heft 68 der *Zeitschrift für Literaturwissenschaft und Linguistik* (1987), das den Titel *Literarischer Schreibprozeß* trägt und das eine zwischen Editionswissenschaft und Produktionsästhetik angesiedelte interdisziplinäre Forschungsrichtung vorstellt: critique génétique bzw. Textgenetik (HAY 1987, S.12/13). Diese textgenetische Forschung arbeitet mit den originalen Handschriften, nimmt Autopsien der Manuskripte vor, analysiert die Schriftbilder und wendet Computerprogramme zur Verarbeitung variierender Texte an (ibid., S.13), um auf diese Weise Informationen über den Prozeß des Schreibens zu erhalten. Eindrucksvoll ist z.B. ein Vergleich der beiden Manuskripte Victor Hugo's und Paul Valéry's (ibid., S.15/16): während Hugo schreibt, durchstreicht und darüber schreibt, ausführliche Bemerkungen am Rand notiert, hat Valéry unterschiedliche Hände bzw. Handhaltungen gezeichnet und nur weniges auf das Blatt geschrieben. Als Basis dieser textgenetischen Forschung sind allerdings die originalen Handschriften vonnöten (vgl. A.III.2), so daß im hier entwickelten Kontext auf diese neue Schreibprozeßforschung nur hingewiesen werden kann. Auffällig ist aber das entstehende Interesse am Prozeß, das jenes auf das Produkt gerichtete zu ergänzen scheint: „Auf die so einfache Frage 'Wie entsteht ein Text?' werden auch die komplexen Methodologien der modernen Forschung noch über lange Zeit keine erschöpfende Antwort geben können. Doch indem sie ihr nachgehen, führen sie uns tiefer in das Verständnis künstlerischer und geistiger Produktion hinein" (ibid., S.19).

Typisch erscheint (...), daß der Autor 'nichts im voraus weiß', daß die Intuition sich während des Schreibens einstellt und ihm nicht vorangeht, daß die 'poetische Idee' sich erst im Schaffensprozeß bildet, klärt und mit ihm realisiert" (ibid., S.106).

Folgt man dieser Sicht auf den literarischen Textproduktionsprozeß, so ist der Autor fast Opfer seines Schreibens, nicht sein Dirigent. Hat er einmal damit begonnen, den ersten Satz niederzuschreiben und die nachfolgenden ebenfalls zuzulassen, so ist er Gefangener seiner Schreibarbeit und unterliegt der Mühsal des Weiterschreibens ebenso wie der des Ordnens und Klärens des schon Geschriebenen. Beetz und Antos betonen die Eigendynamik des literarischen Schreibprozesses. Das heißt nicht, daß literarische Texte grundsätzlich ungeplant sein *müssen*; vielmehr relativieren die Verfasser das Diktat der Planung und weisen daraufhin, daß sie fehlen *kann* (und wahrscheinlich häufiger fehlt als gemeinhin angenommen wird). Wenn Tolstoi vom Selbstmordversuch Wronskis ebenso überrascht war wie Puschkin von Tatjanas Heirat (ibid., S.106), können beide Autoren ihre Werke nicht in allen Einelheiten vorab konzipiert und geplant haben. Franz Kafka hat von der Entstehung des *Urteils* berichtet, daß er eigentlich eine Geschichte über den Krieg schreiben wollte, „'dann aber drehte sich mir alles unter den Händen'" (zitiert nach: NEUMANN 1981, S.54).

Aus dieser das literarische Schreiben charakterisierenden 'Konfliktlage' resultiert für die Autoren, daß „literarisches Formulieren (...) als problemlösendes Handeln" bezeichnet werden kann und daß sich der Schriftsteller mit der „Lösug von Formulierungsproblemen" (BEETZ/ANTOS 1984, S.108) genauso plagt wie der Verfasser expositorischer Texte. In zehn Schritten versuchen Beetz und Antos, ein Formulierungsmodell zu entwerfen, mit dessen Hilfe die Schwierigkeiten und Probleme bei der literarischen Textherstellung erläutert und begründet werden sollen. Die Autoren knüpfen an die von Gerd Antos 1982 entwickelte Formulierungstheorie an (ANTOS 1982), in der er der Frage nachgeht, '*was* wir tun, wenn wir *formulieren*'. In Anlehnung an die kognitive Psychologie, insbesondere an Dietrich Dörner, kommt Antos zu dem Schluß, Formulieren als „'dialektisches Problemlösen'" zu definieren. Während das 'einfache' Problemlösen darin besteht, einen unerwünschten Zustand 1 in einen erwünschten Zustand 2 zu überführen und die dazwischenliegenden Barrieren 'abzuarbeiten', kommt für das dialektische Problemlösen noch etwas erschwerend hinzu: Der angestrebte Endzustand (Zustand 2) ist tendenziell unklar, nicht deutlich definiert und entwickelt sich erst – nach und nach – während des Herstellungsprozesses. Er verändert sich währenddessen ständig und bildet lange Zeit kein klar fixiertes Ziel. Die möglichen Widersprüche, Zwänge und Komplikationen wachsen mit der 'Vermehrung' des 'Resultats', das also zugleich angestrebtes Ziel wie zusätzliches Hindernis darstellt. Möglicherweise ist der Produzent mit dem 'ersten' Ergebnis unzufrieden und beginnt mit einer 'Neufassung' (vgl. ibid., S.139 ff). Übertragen auf den Textformulierungsprozeß bedeutet dies: „Textherstellen als sukzessives Lösen von Formulierungsproblemen und konkrete Texte als komplexes Lösungsresultat dieser Formulierungsprobleme zu beschreiben" (ibid., S.X). Nach Textfertigstellung ist dieser Prozeß nicht beendet: Konsequent weitergedacht bedeutet Rezipieren erneutes Formulieren (ibid., S.97). Der kommunikative Aspekt –

zwischen Schreiber und Text, zwischen mehreren Schreibern/Sprechern wie auch natürlich zwischen Text und Leser – begründet die erforderliche problemlösende Strategie: „Formulieren als Verständnisbildung" (ibid., S.112).

Anknüpfend daran versuchen Beetz und Antos die formulierende Herstellung ästhetischer Texte zu beschreiben. Sie zeigen u.a. auf, daß die Kompliziertheit des Prozesses „Zwischenschritte" zur Lösung des 'großen Problems' nötig macht: „Skizzen, Entwürfe, Fassungen und Umarbeitungen sind als Zwischenlösungen, sozusagen als Stationen auf dem Weg zu einer vom Autor gesuchten akzeptablen Fassung zu verstehen" (BEETZ/ANTOS 1984, S.112). Fragmente verdienen es nicht, abgewertet oder gering geschätzt zu werden, sondern sie stellen das „Resultat einer erfolgreichen ästhetischen Problemlösung" (ibid., S.113) dar, zumal es keine objektiven Kriterien gibt, die festlegen, wann ein Werk 'vollendet' ist. Beetz und Antos verfremden den bekannten Kleistschen Titel, indem sie von einer „allmählichen Verfertigung der Texte beim Formulieren" (ibid., S.114; vgl. auch ANTOS 1982, S.36) sprechen, um die Entstehung eines literarischen Textes als 'dialektischen Problemlösungsprozeß' zu kennzeichnen. Die Konstruktion des 'dialektischen Problemlösens' ermöglicht eine Erklärung der durch Schriftstelleraussagen gewonnenen Erkenntnisse über Phänomene und Probleme, die während der Herstellung eines literarischen Textes auftreten: die bereits niedergeschriebenen Formulierungen als Ursache für immer neue, überraschende Einfälle und Wendungen; das angestrebte Ziel ist potentiell unklar, die anzuwendenden sprachlichen Mittel sind es ebenfalls; Widersprüche treten auf, je weiter die Textproduktion voranschreitet und müssen/wollen beseitigt werden. In ihrem 'Zehn-Punkte-Plan' zweifeln die Autoren das Geplantsein literarischer Texte erneut an; die Planung bestehe eher im „Um- und Ausformulieren (...), zu dem gleichberechtigt die Korrektur tritt" (BEETZ/ANTOS 1984, S.116). Zu einem ähnlichen Ergebnis waren wir gelangt, als wir das Flower-Hayes-Modell und die Ausführungen Herrmanns' zum heuristischen Schreiben diskutiert hatten.

Die Entstehung literarischer Texte erscheint in diesem Erklärungsmuster versachlicht: nicht einmal mehr von *Schreib*-Arbeit ist die Rede. Literatur entsteht aufgrund von sprachlichen Formulierungen, wie sie auch erforderlich sind, wenn ein Protokoll verfaßt oder ein Versicherungsschaden gemeldet werden muß. Die Autoren setzen sich nicht erklärtermaßen mit der Frage auseinander, ob – und wenn ja, worin – sich literarisches Formulieren von 'unkünstlerischem' unterscheidet. Sie nennen allerdings in ihren zehn Stufen jeweils die literarischen Spezifika, die die Besonderheiten poetischen Schreibens ausmachen und grenzen literarisches Formulieren vom 'üblichen' ab: Von der grundsätzlichen Anlage her sind sich beide Formen zwar ähnlich[21], es gibt aber immer wieder Auffälligkeiten, die das künstlerische Formulieren zu einem 'anderen' werden lassen: Auf das Phänomen des tendenziell ungeplanten literarischen Textes hatten wir bereits hingewiesen. Außerdem scheint die Ei-

---

21 So definieren die beiden Autoren abschließend wissenschaftliche wie literarische Texte als „Momente eines intertextuellen Umformulierungsprozesses" (ibid., S.129).

gendynamik des Textes, sobald er überhaupt beginnt zu entstehen, eine wirksame Macht vorzustellen:

> „Ist erst einmal ein Schlüsselsatz (häufig der erste, der gleichsam Initial-
> funktion hat) oder eine Schlüsselszene als 'Startpunktwahl' da, so
> bewirkt die Anreicherung der Zwänge in Verbindung mit der von der
> Zielvorstellung ausgehenden 'determinierenden Tendenz' eine Art
> 'Problemlösekettenreaktion'. Sie kann sich im Einzelfall so äußern, daß
> 'es in einem Autor dichtet', daß ihm der Text 'diktiert' erscheint" (ibid.,
> S.117).

Die Verselbständigung der erzählten Fiktion erklärt sich demnach durch die Not-wendigkeit, die durch jede festgehaltene Formulierung entstehenden 'Komplikatio-nen' aufzulösen. Gabriele L. Rico hatte diesbezüglich von Assoziationen gespro-chen, die der rechten Gehirnhälfte entspringen. Beetz und Antos ignorieren diesen emotionalen Faktor nicht:[22] Ästhetisches Können erfordert den Einsatz größerer mo-tivationaler, sensueller, emotionaler Kräfte, die zwar für das Problemlösen grund-sätzlich aktiviert werden müssen, für das literarische aber besonders: Die „stilisti-sche(n) Individualität der jeweiligen Problemlösungen" (ibid., S.119) ist ein Ergeb-nis dieser über den intellektuellen Bereich hinausgehenden Energie. Allerdings be-trachten sie Phantasie und visionäre Einfälle nicht isoliert von der sprachlichen For-mulierungsarbeit: jene 'erzwingt' zur Lösung der Probleme den Einsatz aller Kräfte, auch den der assoziativen.

Beetz und Antos liefern keine Antwort auf die Frage, *warum* einige Menschen lite-rarische Werke schreiben und was sie dazu treibt, sich dieser Mühsal zu unterzie-hen[23]. Sie konzentrieren ihre Analyse auf die Aussagen von 'Berufskünstlern' und befassen sich nicht mit einer Übertragbarkeit auf 'dilettierendes literarisches Formu-lieren'[24]. Allerdings weisen sie darauf hin, daß „Problemlösen nicht als eine Privat-angelegenheit einzelner Tüftler abgetan werden kann" (ibid., S.124):

> „Innovatorisches literarisches Textherstellen ist erforderlich, damit
> mögliche gesellschaftliche Kommunikationsformen und damit neue
> Sinnangebote bekannt gemacht und erprobt werden können, – literari-
> sches Problemlösen als eine Möglichkeitsbedingung für die Verände-
> rung sozialer Kommunikationspraxen" (ibid., S.125).

---

22 „Es ist bekannt, daß in überzufälligem Maße neue Einfälle in Situationen der Gelöstheit und Entspannung entstehen, die 'undiszipliniertes, träumerisches Denken' erzeugen, das Hem-mungen für Assoziationsverläufe senkt, die wiederum zu 'übergeneralisierendem, überinklusi-vem Denken' führen" (ibid., S.118).

23 Diesbezüglich bleiben sie bei einer vagen Vermutung: „Für eine literaturpsychologische Pro-duktionstheorie wäre sicher von Interesse herauszufinden, ob und inwieweit das Glücksgefühl bei gelungenen Lösungen zugleich einen Anreiz zur Wiederaufnahme der Schreibquälerei darstellt" (ibid., S.119).

24 Antos hat sich in einer bereits zitierten, späteren Veröffentlichung kritisch mit einer von ihm so titulierten „'Ideologie des Schreibens'" auseinandergesetzt. Unter dem zitierenden Titel 'Ist es auch Ihr sehnlichster Wunsch, wie ein Schriftsteller schreiben zu können?' geht er auf die 'falschen' Vorstellungen ein, die den sich gedruckt sehenden Berufsschreiber als glücklichen Menschen anpreisen. Die Ausblendung der Textproduktion selbst sei die Ursache für das „fal-sche Bewußtsein über die sozio-kulturellen Bedingungen und Wirkungen des Schreibens bzw. von schriftlicher Kommunikation generell" (ANTOS 1987, S.22).

Literarische Formulierungsarbeit erreicht demnach über literaturwissenschaftliches Interesse hinausreichende Relevanz; es dürfte allerdings fraglich sein, ob diese optimistische Sicht auf die sozialen Auswirkungen literarischer „Sinnangebote" tatsächlich – wie von den Autoren erhofft – die verändernde Wirkung erreicht. Gleichwie – der solcherart geäußerte Respekt vor der Leistung und der Bedeutung literarischer Schreibarbeit ist Resultat der analytisch-reflektierenden Nachforschung, die Beetz und Antos aufgrund des vorliegenden Quellenmaterials durchgeführt haben.

Im Unterschied zu der den tatsächlichen Schreibvorgang untersuchenden Schreibforschung scheint es dem literarischen Produktionsprozeß adäquater, wenn – literarische oder biographisch-beschreibende – Dokumente der Autoren selbst zugrundegelegt werde, um das, was Schriftsteller tun, wenn sie schreiben, zu erforschen. Allerdings werten Beetz und Antos dieses Material systematisch aus und ordnen es in einen schreib-theoretischen Kontext ein. Sie 'benutzen' es nicht – wie Jürgen Fröchling es beispielsweise tat –, um anderen Schreibinteressierten die Stimmung, die Haltung oder die Erfahrung der 'Berufsdichter' als bloßes Vorbild zu präsentieren, dem nachgeeifert werden kann/soll[25]. Im Gegenteil: Die mühselige Arbeit des formulierenden Schreibens wirkt nach ihrer Analyse eher abschreckend als anziehend. Die großen 'Produktionsprobleme' werden selbst durch Erfahrung und Routine, obwohl diese natürlich förderlich und erleichternd sind, nicht beseitigt. Formulierungsschwierigkeiten treten auch dann – vielleicht sogar verstärkt! – auf, wenn 'Meister ihres Faches' am Werk sind[26].

Wenn wir diesen theoretischen Ansatz auf schulisch angeleitetes Schreiben übertragen wollen, bietet es sich an, die didaktischen Überlegungen miteinzubeziehen, die Gerd Antos in einem 1988 publizierten Aufsatz zusammengefaßt hat (ANTOS 1988). Antos knüpft in diesen auf schreibdidaktische Probleme und Herausforderungen zugeschnittenen Ausführungen an seine formulierungstheoretischen Erörterungen an. Er plädiert für einen „werkorientierten", auf Poiesis ausgerichteten Deutschunterricht, in dem die Schüler lernen, eigene Texte herzustellen. 'Poiesis' definiert er, in Anlehnung an Aristoteles, als eine Handlung, deren „Ziel in der Herstellung" eines Produktes liegt, wohingegen 'Praxis' als Handlung begriffen wird, deren „Ziel im Vollzug" liegt, bei der am Schluß kein hergestelltes Produkt übrigbleibt (ibid., S.37)[27]. Dieses im 'poietischen' Unterricht 'fabrizierte' Produkt wird im Sinne Bühlers als „'Sprachwerk'" begriffen, als ein „verselbständigtes, situationsentbundenes und daher auf Gestaltung angelegtes Produkt" (ibid., S.38). Antos betont in diesem

---

25 Auch Christoph Eykman gelangt nicht über eine bloß summierende Darstellung dessen hinaus, was Schriftsteller der Gegenwart über ihr Schreiben geäußert haben (EYKMAN 1985).

26 „Seit Lessing, der die 'lebendige Quelle' in sich vermißte und alles 'durch Druckwerk und Röhren' aus sich 'heraufpressen' mußte, reißen die Klagen über das schwere Handwerk des Schreibens nicht ab; Mallarmé (...) gesteht: 'Il n'y a pas un mot, qui n'ait coûté plusieurs heures de recherche.'(...) Valéry hat 'La jeune Parque' in viereinhalb Jahren mehr als hundertmal umgeschrieben, ebensoviele Korrekturen gibt Majakowski bei einer Textabfassung an" (ibid., S.105).

27 Auf diese beiden Begriffe und deren philosophische Diskussion ist Antos bereits in seiner Grundlage einer Theorie des Formulierens ausführlich eingegangen (ANTOS 1982, S.100–108).

Zusammenhang, daß der schreibende Herstellungsprozeß in seiner reflektierten Form eine schwierige, komplexe Leistung ist. Er kommt zu dem Schluß, daß die Schreibkompetenz nach Abschluß der Mittelstufe noch nicht perfekt beherrscht werden *kann*; daß eine weitere anleitende Schreibausbildung (in der Sekundarstufe II und wahrscheinlich auch noch an der Universität) unbedingt erforderlich sei[28]. Schriftliches Formulieren als eine schwere Aufgabe, reflektiertes Schreiben als Problemlösen: Antos warnt davor, die mit dem Schreiben verbundenen Schwierigkeiten nicht wahrhaben zu wollen und sie den Schülern gegenüber 'herunterzuspielen'. Schüler wissen mit zunehmendem Alter um die starke emotionale und intellektuelle Belastung, die mit dem Erstellen eines Textes einhergeht (oder ahnen sie) und wehren sich aus diesem Grund gegen schriftliche Aufgaben. Die häufig beklagte Schreibunlust von Oberstufenschülern hat ihre Ursache darin, daß sie parallel zu ihrer kognitiven Entwicklung zunehmend in der Lage sind, Schreiben als einen anstrengenden Vorgang zu erkennen. Außerdem ist die heuristische Kompetenz – die Fähigkeit, mit unbekannten, neuen Situationen adäquat umzugehen – bei Schülern in der Altersstufe zwischen 17 und 19 noch in der Entwicklung begriffen. Gerd Antos gibt verschiedene Hinweise, wie diese Komplikationen verringert werden können: So solle Schreiben als Folge von Teilprozessen gelehrt werden, Formulierungsprobleme seien als kollektives Problem zu vermitteln und die Einübung von Schreibroutine sei auf jeden Fall sinnvoll und hilfreich: Bestimmte, konkrete Aufgabenstellungen oder auch Stilvorgaben könnten Formulierungsziele verdeutlichen und zu Übungszwecken dienen; denn Schreiben muß man erlernen, frühreife Genies – wie in der Musik oder beim Schach – gibt es auf diesem Feld nicht. Antos bezieht sich ausschließlich auf die expositorischen Textsorten, wie sie im schulischen Schreibunterricht eingeübt werden und 'didaktisiert' die Vorschläge Sylvie Molitors, die das epistemisch-heuristische Schreiben analysiert hatte.

Die von Antos geleistete Problematisierung einer reflektierten schreibenden Tätigkeit bringt auch unsere didaktischen Überlegungen zum literarischen Schreiben einige Schritte weiter: Antos befaßt sich mit dem Schreiben 'an sich' und ordnet es nicht anderen, schreibfremden Zielen unter. Er kombiniert eine nüchterne schreibanalytische Vorgehensweise mit einer kommunikationsorientierten Einbettung, ohne zu einer 'sozialpädagogischen' Zielsetzung zu gelangen. Außerdem wird der

---

28 Diese Einschätzung findet sich durch die Untersuchung von Augst und Faigel bestätigt: „Schreibenlernen ist auf keinen Fall mit dem Ende der Pflichtschulzeit (und auch nicht mit dem Ende der gymnasialen Oberstufe) abgeschlossen, sondern als eine analytische Fähigkeit für stetige Steigerung offen" (AUGST/FAIGEL 1986, S.187). – Gerhard Augst beklagt in einer späteren Veröffentlichung nicht nur, daß im Deutschunterricht der Oberstufe zu wenig und zu einseitig (Interpretationen) geschrieben werde, sondern er vermißt auch eine Reflexionsphase über das, was schreibend erstellt wurde. Nur die Verbindung von schreibenden Übungen (oder übendem Schreiben) und anschließender Reflexion garantiere einen kontinuierlichen Schreibübungsprozeß in der gymnasialen Oberstufe. Notwendig sei dieser Übungsvorgang auch deswegen, weil der Erwerb der Schreibkompetenz in dieser Altersstufe noch nicht abgeschlossen sei. Unstimmigkeiten, unklare oder mißverständliche Formulierungen sowie syntaktische Fehlkonstruktionen der handlungsorientierten Textsorte 'Gebrauchs-anweisung' nimmt der Verfasser zum Ausgangspunkt für sein Überarbeitungsmodell, in dem der Text so umgeschrieben werden soll, daß er verständlich wird und der Gegenstand tatsächlich in entsprechenden Gebrauch genommen werden kann (AUGST 1988).

Schreibvorgang – analysetechnisch – zunächst auf die ihm vorausgehende wie zugrundeliegende denkend-sprechende *Formulierungs*tätigkeit 'reduziert', welche mit und in Sprache handelt. Diese Ergebnisse sind auf literarisches Schreiben übertragbar: Die stattfindende Spracharbeit steht im Vordergrund, auch wenn ästhetische 'Sonderkonditionen' gelten. Auf der Basis dieser schreibtheoretischen Erkenntnisse sollen die Vorüberlegungen für eine Didaktik des literarischen Schreibens konkretisiert werden:

1. Auch poetisches Formulieren *ist* Formulieren und unterliegt denselben Bedingungen wie jede andere schreibende Formulierungstätigkeit auch. Nicht ausgeschlossen werden kann, daß die ästhetische Schreibform anspruchsvoller und komplizierter ist als die pragmatische, weil die 'dialektischen Problemlösungsanforderungen' unberechenbarer sein können. In literar-schreibdidaktischen Forschungen erscheint dieser Sachverhalt nicht immer genügend berücksichtigt: die mögliche Komplexität literarischer Schreibaufgaben wird nicht hinreichend reflektiert. Insbesondere die unter dem Kreativitätsbegriff subsumierten didaktischen Schreibkonzepte tendieren dazu, den Schwierigkeitsgrad zu ignorieren, der mit einer literarischen Schreibpraxis auch dann einhergehen kann, wenn sie von Laien ausgeführt wird. In der produktionsorientierten Didaktik wird zwar eine mögliche Komplexität literarischer Schreibaufgaben auch nicht betont. Allerdings erscheint diese in der konzeptionellen Organisation des literarischen Schreibens indirekt gegenwärtig (vgl. insbesondere RUPP 1987 und WALDMANN 1988).

2. Wenn der Herstellungs*prozeß* für wichtig erachtet wird, einem – vielleicht sogar nur vorläufigen – Endprodukt zumindest tendenziell gleichwertig, so könnte eine solche Einschätzung Folgen für ein literarisches Laienschreiben haben: Aufzugeben wäre z.B. die Fixierung auf 'Fertig-Abgeschlossenes'. Erstrebenswert sein könnten Anfänge, Versuche, Fragmente, Bruchstücke. Nicht der vorzulesende Text, der der Selbstdarstellung des Schreibenden dient und der nach der Aufmerksamkeit der Zuhörenden heischt, wäre dann das Ziel, sondern die Erfahrung wie auch Reflexion des Schreibvorgangs selbst mit seinen möglichen Zwischenergebnissen und seinen 'bloßen Anfängen'. – Eine Aufwertung des Schreibprozesses erfolgte beispielsweise auch dann, wenn während der Unterrichtszeit geschrieben würde. Demonstriert werden könnte auf diese Weise, daß der Vorgang des Schreibens selbst wesentlicher wäre als die Entstehung eines abgeschlossenen Produkts.

3. Schreibenlernen scheint länger zu dauern als üblicherweise vorgesehen: Die Herausbildung einer umfassenden und reflektierten Schreibkompetenz findet erst nach Beendigung der Pflichtschulzeit statt, während der gymnasialen Oberstufe und wohl auch noch in den Jahren nach dem Abitur (und noch später?). Die Schreibangebote und -aufgaben sollten aus diesem Grunde auch in diesen Jahrgängen zahlreich und vor allem vielfältig sein, um unterschiedliche Schreibstufen erproben zu können: Literarische Formulierungsübungen sind unter diesem Gesichtspunkt ein Bestandteil unter vielen anderen Schreibübungen, deren ästhetische 'Andersheit' dazu verhelfen kann, individuell differie-

renden Schreibgewohnheiten, -vorlieben und -fähigkeiten Rechnung zu tragen. Literarische Schreibangebote im Literaturunterricht sind dann weniger motivational, sozial oder psychologisch begründet, sondern erscheinen als sachlich legitimierter Bestandteil einer Konzeptionierung, die auf Ausbildung einer gereiften Schreibkompetenz Wert legt.

4. Eine Schulung und ein Training dieser Schreibkompetenz erfolgt einzig und allein durch kontinuierliches, wiederholtes und häufig praktiziertes Schreiben; daß es beim Schreiben keine reifen Genies gibt, sollte auch in literar-schreib-didaktischen Erwägungen nicht unberücksichtigt bleiben. Sinnvoll erscheint, heuristisches und poetisches Schreiben, als zwei der anspruchsvollsten Formen, nicht grundsätzlich voneinander getrennt zu sehen, sondern von einer möglichen Wechselwirkung auszugehen, die zur gegenseitigen Beeinflussung führen kann. Auf jeden Fall kann die einseitige Betonung emotionaler Komponenten keine Lösung auftretender (literarischer) Schreibprobleme sein: Wichtiger scheint vielmehr, Schreiben grundsätzlich als eine Form des 'Problemlösens' zu vermitteln, das sowohl emotionaler, aber auch intellektueller Anstrengungen bedarf. Die mit dem Schreiben verbundenen Mühen zu ignorieren und aus dieser Tätigkeit ein vorrangig gefühlsbetontes Tun zu machen, reduziert das Schreiben auf *eines* seiner möglichen Spektren, das nicht unbedingt zu seinen wesentlichen gehört. Hingegen läßt sich der von der Produktionsdidaktik vorgeschlagene Weg, das Schreiben der Schüler-Laien um einen als 'fertig' deklarierten bzw. gedruckten literarischen Text herum anzusiedeln, nach den Erkenntnissen der problemlösenden Schreibdefinition mit anderen Argumenten begründen: Zum einen bietet der 'offizielle' literarische Text eine Starthilfe und -erleichterung und vermag einige Formulierungshindernisse zu minimieren; zum anderen aber ist dieses Text-Schreib-Arrangement nur folgerichtig, wenn man Formulieren als kontinuierliches „Umformulieren von Anfangs- und Zieltexten" versteht (ANTOS 1988, S.46). Gedacht ist natürlich an das eigene Geschriebene, aber weiterdenkend kann man auch einbeziehen, was andere geschrieben haben und was nun gedruckt vor einem liegt. Dieses allerdings muß *lesend* zur Kenntnis genommen werden, mit Hilfe einer Tätigkeit also, die wir bisher nur am Rande erwähnt haben, die im folgenden Kapitel im Zentrum stehen soll.

II. (Schreiben und) Lesen

Die hier vorgelegte Untersuchung geht vom Schreiben aus. Daß Lesen und Gelesenes in jedes Schreiben einfließt und dieses begleitet, wird dabei weder übersehen noch ignoriert. Wenn hier dem Schreiben gleichwohl eine Priorität eingeräumt wird, so vor allem aus dem Grund, daß wir nur erfahren, wie und was jemand lesend wahrgenommen hat, wenn der Leser – währenddessen oder anschließend oder überhaupt irgendwann – redet oder schreibt; d.h.: Nur über eine andere Aktionsform erhalten Außenstehende Einblick in das, was sich – wie auch immer – lesend 'ereignet' hat/haben könnte. Wenn der Leser nur läse, gelangten wir höchstens zu statistischen Ergebnissen bezüglich der gelesenen Menge, der Titelauswahl, seiner bevorzugten Haltung während des Lesens, eventuell zu Vermutungen über seine gefühlsmäßigen Reaktionen – ganz abgesehen von der dazu notwendigen störenden Beaufsichtigung des Lesenden –, aber nicht zu inhaltlichen Aussagen. Auch lautes Lesen garantiert einem Dritten nicht, Einblick in das zu nehmen, was das Lesen für den jeweils Lesenden tatsächlich bewirkt. Wir hören seine Stimme, aber 'lesen' nicht seine Gedanken. Da das Lesen in der Schule zu einem kommunikativen Zwecke geschieht – anderen gilt es mündlich oder schriftlich Mitteilung darüber zu machen, was wie gelesen wurde –, muß es in eine andere Aktionsform 'übersetzt' werden, in unserem Fall in die schreibende: Schreiben wird als verbindliches Medium betrachtet, mit dessen Hilfe das Lesen öffentlich gemacht und der Privatheit entrissen werden kann. Hinzu kommt, daß das Wort Literatur nicht auf Lesen, sondern auf Schreiben verweist (GADAMER 1960/1986, S.165). Littera als der Buchstabe muß zunächst geschrieben werden, bevor er zusammen mit anderen, Worte bildend, gelesen werden kann[1]. Auch dieses ist ein Argument, dem Schreiben im Zusammenhang mit Literatur den Vorrang einzuräumen.

Wenngleich also vom Schreiben als 'Transportmittel' für die 'Leseergebnisse' ausgegangen wird, gilt es gleichwohl, einen gesonderten Blick auf das nicht materiell werdende Lesen zu werfen. Lesen ist ein solch selbstverständlicher Bestandteil der Arbeit im Literaturunterricht, der ohne lesende Schüler keine Existenzmöglichkeit wie -berechtigung hätte, daß diese Tätigkeit nicht mehr problematisiert wird. Höchstens die Lesemenge steht zur Diskussion. Unumstritten ist aber – und diese Regel gilt nicht nur für das Fach Deutsch –, daß gelesen werden muß. Allerdings hinterläßt Lesen im Gegensatz zum Schreiben nicht unmittelbar sichtbare 'Spuren': Da sich Lesen nicht in materialisierter Form äußert, greift die Lesedidaktik, sobald der Er-

---

1   Flusser weist darauf hin, daß unter etymologischen Gesichtspunkten die Priorität des Schreibens nicht haltbar ist: „Der gesunde Menschenverstand (der ja bekanntlich nie recht hat) sagt, daß das Schreiben dem Lesen vorausgeht, denn um Lesen zu können, muß man doch etwas Geschriebenes haben. Das stimmt nicht. Schon längst vor der Erfindung der Schrift wurde gelesen (zum Beispiel Erbsen). Das Schreiben selbst ist nur eine Lesart: Es werden dabei Schriftzeichen aus einem Haufen wie Erbsen gelesen, um zu Zeilen gefädelt zu werden" (FLUSSER 1987/1992, S.71). – Wenn wir trotzdem von einer Vorrangstellung des Schreibens ausgehen, so folgen wir der übertragenen Bedeutung, die 'Lesen' inzwischen hat. Die Zusammenführung von Schreiben und Lesen, die Flusser vornimmt, wird uns im folgenden Kapitel ausführlich beschäftigen.

werb der Lesefähigkeit als abgeschlossen betrachtet werden kann, in andere Bereiche – beispielsweise die des Unterrichtsgesprächs, der szenischen Darstellung,
der Klausur, des interpretativen Schreibens – hinein, durch die (Lese-)Verstehen für
dritte überhaupt nur überprüf- und vermittelbar wird. Sie arbeitet und denkt von der
Natur der Sache her 'interdisziplinär'. Eine Gefahr dieser notwendigen 'Grenzüber-
schreitungen', die das Lesen in den öffentlichen Raum hereinholen und es zu einer
verhandelbaren Sache machen, besteht darin, daß es als bloße 'Zulieferarbeit' zu geringe Beachtung erfährt – Aust spricht vom „Werkzeugartige(n)" des Lesens (AUST
1983, S.X) – und als Können allzu selbstverständlich vorausgesetzt wird. Wenn Lesen in der Oberstufe beispielsweise mit Interpretieren in eins gesetzt wird, geraten
die Differenzen, die zwischen diesen beiden Arbeitsformen bestehen, aus dem Bewußtsein. Eine 'Vermischung' findet statt, die didaktische Folgen zeitigt. Im folgenden soll das Lesen nicht künstlich isoliert, sondern in seiner (Nicht-)Beziehung zu
Schreiben – als der das Lesen 'sichtbar' machenden Form – reflektiert werden.

Während das literarische Schreiben im Literaturunterricht noch keine lange Tradition ausbilden konnte, müssen wir bezüglich des Lesens historische Rückblicke ein-
flechten. Lesen und Didaktik hat eine sehr viel längere Geschichte. Dabei lassen sich
Wiederholungen nicht immer vermeiden, da die Auseinandersetzungen um lesedidaktische Positionen – besonders in den siebziger Jahren – intensiv geführt wurden
und einigen Raum eingenommen haben. Dem wird insofern Rechnung getragen, als
unter dem Stichwort 'Lese-Pädagogik' eine zusammenfassende Darstellung der
einschneidenden Entwicklung von den 'ruhigen' sechziger in die 'kritischen' siebziger Jahre hinein geleistet wird, die zur Vergegenwärtigung der damaligen Kontro-
versen dient, die aber auch deutlich macht, welche lesedidaktischen Maximen – zum
Teil in verwässerter und verblaßter Form – den Literaturunterricht der Gegenwart
nach wie vor grundieren; denn wenn eine Position in der theoretischen Diskussion
als überwunden und überholt gilt, so bedeutet das nicht, daß sie 'aus der Welt' ist.
Auch der überflüssig erscheinende Rückgriff auf die theoretischen Anfänge der Rezeptionsästhetik ordnet sich in diesen Zusammenhang ein: Die Auswirkungen dieser
literaturdidaktisch äußerst wirksam gewordenen Literaturtheorie sind nach wie vor
virulent und haben den Blick auf den Leser, besonders aber auf den *lesenden Schüler*, so durchgreifend verändert, daß Reflexionen über das Lesen den rezeptionsästhetischen Kontext zwangsläufig berücksichtigen müssen.

1. Überlegungen zum Unterschied von Schreiben und Lesen

Hugo Aust, der den Leseprozeß in Hinblick auf seine sprachliche Verstehensle-
stung und Bedeutungsgewinnung aus sprachtheoretischer und -philosophischer
Sicht untersucht hat, betont in seiner Einleitung, daß „Lesen (...) in gewissem Sinne
ein undankbares Thema" sei (AUST 1983, S.XI), weil es als automatisierte und
selbstverständliche Tätigkeit angesehen wird, die als Könnensleistung keine besondere Anerkennung beanspruchen kann. Im Verlauf seiner Studie, in der versucht
wird, das Lesen in (künstlich) isolierte Einzelteile zu zerlegen, weist Aust auf den

„'black box'"-Charakter des Lesens hin (ibid., S.235), der zur Folge habe, daß das, was während des Lesens geschieht, für den anderen uneinsehbar bleibe: „Da der Lehrende nun einmal nicht in die Köpfe seiner Schüler hineinsehen und auf direkte Weise beobachten kann, was während des Lesens geschieht, so kontrolliert er Verhaltensweisen" (ibid., S.203). Unter diesen Verhaltensweisen wird in der Austschen Untersuchung nicht 'Schreiben' verstanden, denn „'Schreiben' ist ein anderes Thema als 'Lesen'" (ibid., S.254). Im folgenden wird es darum gehen, die Ursachen für diese thematische Unterscheidung zu reflektieren, die diese beiden schriftsprachlich abhängigen Tätigkeiten, die für den schulischen Zusammenhang vielfach in einem Atemzug genannt werden, voneinander trennt.

Bereits der Titel eines jüngst erschienenen (Bilder-)Buches weist auf die nicht unerheblichen Unterschiede von Schreiben und Lesen hin: *Bahn und Bett und Blütenduft. Eine* Reise *durch die Welt der Lesebilder* (NIES 1991). Undenkbar – selbst in Notebook-Zeiten –, daß vergleichbare Orte oder Gerüche eine ernst gemeinte 'Reise durch die Welt der Schreibbilder' signalisierten. Selbst wenn die Computer-Werbung ein Schreiben unter Palmen am Strand als möglich suggeriert (aber nicht tatsächlich zeigt), so arbeitet dieses Bild gerade damit, daß Schreiben an diesem Ort bisher nicht selbstverständlich gewesen ist (und ob zukünftig die nicht unempfindlichen Geräte dem feinen Sand der fernen Strände ausgesetzt werden, mag dahingestellt bleiben!). Schlafstätten, öffentliche Verkehrsmittel und die Natur als *Lese*-Aufenthaltsorte geben indes kaum Anlaß zur Verwunderung, sondern fassen nur zusammen, was man selbst schon getan bzw. oft beobachtet hat. Hingegen verlangt Schreiben einen nüchternen Ort, allein deswegen, weil man diese Tätigkeit in aufrecht sitzender Haltung am besten verrichten kann und weil eine harte, feste Unterlage die Sache erleichtert. Leicht anrüchige Orte mit sinnlich-erotischer Konnotation sind natürlich nicht grundsätzlich ausgeschlossen, aber ihre geringe Praktikabilität für die schreibende Tätigkeit braucht dem Kundigen nicht weiter erläutert zu werden.

Um mit dem Lesen beginnen zu können, muß schon 'etwas da sein', muß ein Text vorhanden sein: Sonst kann der Leser nicht tätig werden. Er ist abhängig. Im Vergleich dazu ist das Schreiben voraussetzungsloser, unabhängiger. Das Produkt entsteht erst durch die Tätigkeit des Schreibens, am Anfang ist zunächst (scheinbar) 'nichts' da – bzw. nur das Material (Papier und Stifte bzw. Maschinen). Darin mag einer der Gründe dafür liegen, daß dem Lesen der Ruf der Passivität anhaftet, während die Aktivität des Schreibens nicht in Frage gestellt wird: Der Schreibende schafft etwas, während der Lesende aufnimmt, was schon geschaffen worden ist. Blanchot veranschaulicht den Unterschied anhand der gefühlsmäßigen Belastung, die der einen Tätigkeit zusteht, der anderen nicht:

> „Lesen: Man wundert sich nicht darüber, im Fahrtenbuch des Schriftstellers Bekenntnisse dieser Art zu finden: 'Immer diese Angst im Augenblick des Schreibens ...', (...). Aber ein Mensch, der uns anvertraute: 'Immer ängstlich im Augenblick des Lesens ...', (...) den würden wir zweifellos in die Nähe dieser Kranken von Pierre Janet rücken, die nicht gern las, weil, wie sie bemerkte, 'ein Buch, das man liest, schmutzig wird'" (BLANCHOT 1991, S.9)

Lesen ist offensichtlich die sorglosere Tätigkeit, die mühelosere und ungefährlichere, während der Schreibvorgang als angstbesetzter signalisiert, daß der Schreibende ein mögliches Scheitern des Schreibvorhabens immer miteinbezieht; dieses scheint drohender zu sein als das Scheitern eines Leseprojekts.

Wenn der Leser nicht in irgendeiner *anderen Form* als der lesenden zu erkennen gibt, was sich für ihn lesend ereignet hat, haben wir keine Möglichkeit zu erfahren, was während des Lesevorgangs geschehen ist. Während das Schreiben in der Schrift sichtbar und damit für andere überprüfbar wird, verbleibt das Lesen in einem bloßen Gedankenraum und ist für den jeweils anderen unerreichbar. Lesen als egozentrische, autistische Tätigkeit *kann* in Kommunikation überführt werden, muß es aber nicht zwangsläufig. Die „überzeugende literarische Beschreibung" einer besonders radikalen „Privatisierung der Lektüre" (EGGERT/BERG/RUTSCHKY 1975b, S.276/-277) hat Marcel Proust in *Tage des Lesens* und im ersten Band der *Suche nach der verlorenen Zeit* erreicht: Proust versucht, das kindlich-evasive, leidenschaftlich hingebungsvolle Lesen sprachlich so einzufangen, daß die Isolations- und Klausurbedürfnisse des Lesenden ebenso deutlich werden wie die unweigerliche Störung, die jede Form von Eingriff verursacht. Eggert und seine Koautoren gelangen angesichts dieser Beschreibung zu dem Ergebnis, daß diese „private Lektüre (...) monologisch [scheint]" (ibid., S.276), weil ihre Konkretisation in einem anderen (Sprach)raum vollzogen wird als in dem kommunikativen: Das laute Sprechen bereitet Mühe, die Stimme kommt „von weither" (PROUST 1963/1985a, S.11), wenn der Lesende gezwungen wird, eine an ihn gerichtete Frage zu beantworten; gesellschaftliche Verpflichtungen, wie das Mittagessen, stören und werden als über die Maße lang hingedehnt empfunden. Anschließend sucht der Lesen-Wollende sofort Orte auf, an denen „die Gefahr entdeckt zu werden (...) sehr klein" war (ibid., S.23). Übrigens ist nicht *das Lesen* Gegenstand der Beschreibung, sondern die verschiedenen *Störungen*, die das Lesen verhindern und die jeweilige räumliche bzw. 'natürliche' Umgebung, in der gelesen wird. Konsequenter Ausdruck des Sachverhalts, daß *das Lesen selbst* nicht beschrieben werde kann! Erst zum Schluß, als das Buch zu Ende gelesen ist, richtet sich die Aufmerksamkeit ein wenig mehr auf das, *was* Gegenstand der Lektüre war. Die Identifikation, zu der dieses Lesen führt, zeigt sich in der fassungslosen Reaktion des Kindes: „Diese Wesen, denen man mehr von seiner Aufmerksamkeit und seiner Zärtlichkeit geschenkt hatte als den Menschen des wirklichen Lebens (...), diese Wesen würde man niemals wiedersehen, man würde nichts weiter über sie erfahren" (ibid., S.25/26). Ungläubig registriert das Kind, daß diese Figuren von ihm vergeblich geliebt wurden und „morgen nur noch ein Name auf einer vergessenen Seite sein würden" (ibid., S.28). Das Buch würde seinen schmalen Platz im Bücherregal zwischen anderen einnehmen: mehr nicht.

Proust verteidigt ausdrücklich dieses „reizvolle Lesen in der Kindheit" (ibid., S.28)[2]. Gleichwohl entwickelt er eine eigene Definition von Lesen, die er abgrenzt von die-

---

2 Vgl. dazu auch Paul de Man, der eine gänzlich anders geartete Lektüre dieser Leseerfahrung vornimmt (MAN, DE 1988): „Die Allegorie des Lesens erzählt von der Unmöglichkeit des Lesens" (ibid., S.111). De Man bezieht sich allerdings auf die poetische Darstellung dieses Lesens, wie sie Proust in den ersten Band seines Romanwerks *Auf der Suche nach der verlorenen*

sem Sucht- und Flucht-Lesen der ersten Lese-Tage. In einem frühen rezeptionsäs-thetischen Entwurf zeigt Proust auf, daß Lesen Anregung für eine Gedankenarbeit ist, die der Leser selbst vollbringen muß und für die das gelesene Buch ihm nur als eine Art Sprungbrett dienen kann: „Das Lesen liegt an der Schwelle des geistigen Lebens; es kann nur darin einführen, *aber es ist nicht dieses Leben*" (ibid., S.38/39; Hervorh. E.K.P.). Das Gelesene stellt nur eine „'Anregung'" für den Leser vor, während es für den Autor eine „'Schlußfolgerung'" bedeutet (ibid., S.36). Heilsam sei das Lesen dann, wenn es uns Gedanken-Räume eröffnet, die wir ohne es nicht erreicht hätten. Gefährlich wird es, wenn es das Denken *ersetzen* soll, wenn es die-ses nicht weckt, sondern 'lahmlegt'. Proust begreift Lesen als eine intellektuelle Arbeit, die das Fortschreiten des Denkens sichern soll: Schriftsteller, so führt er als Beispiel an, denken gerne lesend, wenn sie nicht schreibend denken und versuchen vorzugsweise mit den „Büchern der Alten" (ibid., S.57) dem unmittelbaren Gedan-kenumfeld ihrer Zeit zu entkommen. Lesen sei eine einsame, schweigende Tätigkeit, die nichts mit Unterhaltung/Kommunikation zu tun habe, weil letztere darin bestehe, daß die eigenen Gedanken durch das Sprechen des anderen beeinflußt bzw. 'gestört' werden. Abgesehen davon, daß Proust das Lesen sowohl rezeptionsästhe-tisch als auch intertextuell betrachtet (vgl. A.III.1)[3], unterscheidet er genau jene beiden Leseformen, gegen die der Literaturunterricht zum einen 'kämpft', die er andererseits anstrebt: das kindliche Flucht-Lesen und das 'denkende' Lesen. Wäh-rend das erstere Phantasie- und Imaginationsräume eröffnet, kommt dem zweiten die Funktion zu, den Intellekt herauszufordern und ihn zu aktivieren. 'Erwachsenes' Lesen zeichnet sich nicht durch Genießen und Träumen aus, sondern dadurch, daß es der ständigen Erziehung und Bildung des Geistes dient. Diesem ästhetischen Lese-Konzept, das Marcel Proust im letzten Band seiner *Suche nach der verlorenen Zeit* erläutert, liegt eine sinnvolle Unterscheidung in zwei gänzlich verschiedene Leseformen zugrunde, auf deren Basis eine lesedidaktische Diskussion einsetzen kann: das erste, das kindliche Lesen braucht nicht Gegenstand von Lehre zu sein, während das zweite, das denkende Lesen, nicht ursprünglich gekonnt, sondern ge-lernt werden muß.

Darüber hinaus problematisiert Proust einen Konflikt, der im Literaturunterricht ei-ne Rolle spielt: Lesen als eine schweigende Tätigkeit widersetzt sich eigentlich dem gemeinhin üblichen Unterrichtsgespräch, das in einem Reden über den gelesenen li-terarischen Text besteht[4]. Dieser Zwang zur Veröffentlichung greift aber – störend

---

Zeit integriert hat. Wir verfolgen für unseren Zusammenhang das naive Verstehen des Proust-schen Lesens, weil es die zu kennzeichnende Problemlage verdeutlicht.

3   So zeigt Proust am Beispiel Schopenhauers, daß dieser seitenweise zitiert, ohne jedoch zu kompilieren: „Schopenhauer äußert niemals eine Meinung, ohne sie sogleich durch mehrere Zitate zu stützen, doch man spürt, daß die zitierten Texte für ihn nur Beispiele sind, unbe-wußte und vorausnehmende Anspielungen, in denen er sie beliebt, Züge seines eigenen Denkens wiederzufinden, die ihn jedoch keineswegs erst angeregt haben"(PROUST 1963/1985a, S.49/50).

4   In einer unlängst veröffentlichten kleinen Schrift bringt Daniel Pennac dieses Problem auf den Punkt (PENNAC 1994). Pennac plädiert für das Recht des Lesers zu schweigen, wie er in seiner 'Leser-Rechtserklärung' auch noch andere, unpädagogische, Freiheiten des Lesers zu akzeptie-ren bereit ist, z.B. die Seiten zu überspringen, ein Buch nicht zu Ende zu lesen, überhaupt

(?) – in das ein, was sich für den Leser – allein (!) – ereignet hat: Wenn ich gefragt werde, wenn ich höre, was andere zu dem Gelesenen *sagen*, wenn ich, nach einem bestimmten Arbeitsauftrag schreibend, etwas zu dem Gelesenen *fixiere*, dann wird mir mein Lesen 'genommen': Es gehört mir dann nicht mehr allein, sondern wird Teil eines öffentlichen Diskurses. Karl Maurer bestätigt diesen nur ungern thematisierten Zwiespalt:

> „Die Verbalisierung von Leseeindrücken gegenüber Dritten drängt sich zwar häufig auf, sie ist vielleicht sogar der einzige Weg, auf dem der Lesende sich über seine Lektüre klar werden kann, *aber sie stellt in jedem Fall einen Schritt weg von dem eigentlichen Lesevorgang dar*" (MAURER 1977, S.479; Hervorh. E.K.P.).

Wie sehr es dem Leser widerstreben kann, vom Lesen zum Darüber-Reden überzugehen, ist manches Mal in den sogenannten Spontanphasen zu bemerken, wenn nach einer ersten Kenntnisnahme des Textes unmittelbare Kommentare von den Schülern erwartet werden: Der Lehrer muß manchmal einen Schweige-Widerstand brechen, so als wollten die Schüler ihr Lesen nicht sofort 'hergeben', nicht sofort 'laut werden' lassen. Gelesen wird in den meisten Fällen, um eine 'Diskussionsgrundlage' zu haben, d.h. um zu reden, obwohl Lesen eigentlich eine – inzwischen – schweigende, stumme Angelegenheit ist, die – wenn sie nicht im Auftrag stattfindet (Schule, Beruf) – für die (Nach)Welt vielfach keine Spuren hinterläßt. Erst das Geschriebene, das Gesprochene (oder das Tun) hinterlassen diese Spuren für die anderen: Dem Leser muß sein Lesen entrissen werden, so wie der Schreiber sein Geschriebenes weggibt, indem er es vorliest oder das beschriebene Blatt abgibt. Während über den kommunikativen Background des Schreibens weitgehend Einigkeit herrscht, ist die Sache beim Lesen diffiziler: Zunächst 'kommuniziert' der Leser – wenn überhaupt – nur mit dem Buch, dem Text (und dem geschriebenen Hintergrund, der in dieses Neu-Geschriebene eingegangen ist). Es hängt von vielerlei Umständen, Zufällen und den richtigen Fragen zum richtigen Zeitpunkt ab, was der Leser von seinem angelesenen Wissen preis-gibt, mit-teilt, ver-öffentlicht. Ganz abgesehen davon, daß dieses 'Offenbaren' des Gelesenen nicht unbedingt etwas mit dem zu tun haben muß, was während des Lesens wesentlich und 'tatsächlich' stattgefunden hat. Man mag einwenden, daß diese isolierte Sicht auf das Lesen künstlich ist, aber sie ist methodologisch hilfreich, weil sie deutlich macht, daß im öffentlichen Literaturunterricht nicht unbedingt verhandelt wird, was während des Lesens für den Leser stattgefunden hat. Die Diskrepanz zwischen dem, was im Literaturunterricht mit dem literarischen Text geschieht und das, was der Leser mit ihm lesend gemacht hat, kann sehr groß sein. Außerdem kann keine methodische 'Raffinesse', auch nicht die des produktions- und handlungsorientierten Unterrichts diese Kluft überbrücken. Es gibt keine Möglichkeit, das Lesen so zu lenken, zu beeinflussen, zu steuern, daß es nicht doch 'ganz andere' Bahnen einschlüge. Die Freiheit des Lesers ist tatsächlich – natürlich im Rahmen des zu lesenden Textes – 'grenzenlos' (vgl. SCHEFFER 1992),

---

nicht zu lesen etc. Pennac befaßt sich tatsächlich mit dem Lesen und nicht mit anderen im Literaturunterricht gelehrten Tätigkeiten 'um den literarischen Text herum'. Aus diesem Grund ist seine Schrift provozierend, aber erhellend, weil in ihr die faszinierenden Momente dieser schriftorientierten Tätigkeit nicht geleugnet werden.

und es fällt der Literaturdidaktik ganz offensichtlich nicht leicht, die 'anarchistischen' Tendenzen des Lesens sowie die daraus unweigerlich resultierende 'Dompteurfunktion' des Literaturunterrichts zu akzeptieren. Während wir Geschriebenes vollständig lesen könn(t)en, wiederholt und sogar noch lange Zeit nach Textherstellung, kommen wir an Gelesenes zeitlich wie inhaltlich nur bedingt heran, und überhaupt nur dann, wenn es der Lesende freiwillig 'hergibt'.

Unter diesem Gesichtspunkt muß der von Günter Waldmann vorgebrachten Definition, Lesen als „*Handeln* des Lesenden" zu begreifen, mit Skepsis begegnet werden (WALDMANN 1984, S.103)[5]. Waldmann setzt Lesen zunächst mit Verstehen in Beziehung: Lesen von Wörtern bedeutet – nach Waldmann – schlechthin, „daß man ihren Sinn versteht" (ibid., S.101). Sein Anliegen ist es dann, das Lesen sozial zu verorten und die freigesetzte, realisierte „*soziale Phantasie*" (WALDMANN 1984, S.103) in „gesellschaftliche(r) Handlungskompetenz" (ibid., S.194) fruchtbar zu machen:

> „Lesen ist dann *eigenes* Lesen, wenn (...) immer auch ein Bewußtsein des mit dem Gelesenen aktualisierten Sinnsystems vorhanden ist und produktive Zuordnungen und Strukturierungen seiner Muster und Normen vorgenommen, wenn so individuelle wie gesellschaftliche Handlungskompetenz in bezug auf das gegebene Sinnsystem gewahrt bleiben bzw. das Gelesene gerade dazu dient, an ihm oder mit ihm eigene Sinnaktualisierungen zu erkunden und zu entwerfen und so individuelle wie gesellschaftliche Handlungskompetenz zu erwerben" (ibid., S.105).

Waldmann definiert nicht Lesen, sondern 'eigenes Lesen'. Diese Unterscheidung ist bestrebt, den allgemeinen Lesebegriff zu konkretisieren und einzuengen. Damit wird ein didaktischer Anspruch verbunden: Ein solches Lesen ist wahrscheinlich Ergebnis eines Erziehungsprozesses und entspricht nicht unbedingt dem eingangs skizzierten Proustschen Lesen. Es unterliegt der Erwartung, gesellschaftlich nutzbar zu sein bzw. zu werden, indem Sinn des Textes wie bereits produzierter Sinn des Lebens so in Beziehung gesetzt werden, daß eine Handlungskompetenz erworben wird[6]. Die-

---

5 Vgl. dazu auch NÜNDEL/SCHLOTTHAUS 1978, S.64ff und BAURMANN 1980, der von „Lesehandeln" spricht (ibid., S.29).

6 Vgl. dazu auch HOPSTER 1984, der seine grundsätzlichen Überlegungen zum 'Umgang mit Texten im Literaturunterricht' mit einer lesehistorischen Einleitung beginnt, sich kritisch mit der Rezeptionsdidaktik auseinandersetzt und im Anschluß daran Erörterungen über mögliche Handlungen im Literaturunterricht anstellt. Hopster plädiert dafür, die „auseinanderklaffenden Dimensionen des Historischen und des Ästhetischen" wieder zusammenzubringen (ibid., S.83) und nicht der Illusion einer unschuldigen, fern jeder gesellschaftlichen Prägung anheimzusiedelnden Subjektivität anheimzufallen. Wenn Literaturunterricht seiner Aufgabe, eine ästhetische Erziehung zu initiieren, nachkommen will, kann er nicht bei der Interpretations-Methode stehenbleiben, weil diese verhindert, daß die Schüler Texte „in Gebrauch'" nehmen (ibid., S.84). Hopsters Handlungskonzept, das er zum Schluß in Form einer Auflistung konkretisiert, strebt beispielsweise an, den „mentalen Graben zwischen 'privatem' und öffentlich-institutionalisiertem Lesen (...) zwischen falscher 'Individualisierung' einerseits und Massengesteuertheit andererseits zu beseitigen" (ibid., S.88). – Man könnte sagen, daß Hopster versucht, die Prämissen und Intentionen eines 'kritischen Leseunterrichts' mit den Erkenntnissen der Rezeptionsdidaktik zu einer neuen Synthese zu vereinen: „Die Aufgabe eines solchen Literaturunterrichts wäre darin zu sehen, daß er intersubjektive, gruppenhafte Handlungen mit Texten ermöglicht, in denen sich die Negativität der ästhetischen Erfahrung, die eine Folge der Entfremdung von

sem Verständnis liegt ein sehr weit gefaßter Begriff von Lesen zugrunde. Fingerhut wendet sich im Zusammenhang mit seinen bereits erwähnten Ausführungen (vgl. A.I.1) zum Gebrauch des Handlungsbegriffes in der Deutschdidaktik gegen diese Waldmannsche Konzeption, die einen 'handlungslosen' Umgang mit literarischen Texten nicht mehr vorsieht (FINGERHUT 1987, S.596). Fingerhut grenzt vor allem den *Verstehens*- vom Handlungsbegriff ab: So sei Verstehen keine Handlung, weil zu dieser Tätigkeit nach Fingerhuts Definition ein eindeutig sichtbares, überprüfbares „Ereignis" gehört; das sind: „Veränderungen, die durch die Handlungen entstehen" (ibid., S.592). Diese Einschränkung läßt sich auf das Lesen übertragen; hat diese Tätigkeit doch einen möglichen unkontrollierbaren, der Öffentlichkeit entzogenen Anteil, so daß 'Erfolg' (oder eben auch Nicht- und Miß-Erfolg) für dritte nicht zwangsläufig überprüfbar sind: Ob ein 'Ereignis' stattgefunden hat, erfahren wir nicht unbedingt, was nicht ausschließt, daß diese Veränderungen mit dem Lesen einhergehen *können*. Aber weder sind sie automatisch an das Lesen gebunden, noch sind sie immer eindeutig auf den jeweiligen Lesevorgang zurückzuführen. Fingerhuts strenge methodologische Unterscheidung, die zu einem vorsichtigen Gebrauch des überstrapazierten Handlungsbegriffes rät, definiert Rezipieren und Lesen als Tätigkeiten, die nicht zwangsläufig Ereignisfolgen produzieren müssen. Geht man von der Fingerhutschen Definition aus, ist *Schreiben* eindeutig eine Handlung, schon deswegen, weil das zuvor unbeschriebene Blatt nach diesem Vorgang Spuren der Veränderung trägt, die ein anderer registrieren kann. Der kontemplative Charakter, der der lesenden Tätigkeit im Unterschied zum Schreiben anhaften *kann* (nicht *muß*!), sollte nicht ignoriert werden, wenn man die Probleme um das Lesen herum zu benennen sucht. Wenn man Lesen auf den Handlungsbegriff einengt und festlegt, betont man den sozialen Teil der Lesetätigkeit, schließt aber den vorhandenen nicht-sozialen Bereich aus.

Unter historischen Gesichtspunkten gewinnt das Lesen erneut eine andere Dimension; bekannt geworden ist die Lesesucht-Diskussion zu Beginn des 19. Jahrhunderts. Erich Schön ordnet diese das lustvolle, süchtige und sinnliche Lesen angreifende und verdammende Debatte in eine Reihe von Disziplinierungsversuchen und -techniken ein (SCHÖN 1987/1993), die jenen *Verlust der Sinnlichkeit oder Die Verwandlungen des Lesers* – so der Titel seines Buches – um 1800 bewirkt hätten. Schön geht es allerdings darum, die Ambivalenz aufzuzeigen, die dieses Bestreben um Versachlichung und Ernüchterung der Leseerfahrung mit sich brachte. Er zeigt nicht ohne (leise) trauernde Untertöne auf, was der Abschied vom alleinigen lauten Lesen oder vom Lesen in freier Natur neben kognitiven Vorteilen auch an Nachteilen für die nachlassende Befriedigung der Sinne mit sich bringt. Zahlreiche (Bild)Dokumente belegen die im Titel evozierte vormals übliche Ineinssetzung von Lesen und körperlich-sinnlichem Erleben, die durch jenen tiefgreifenden Mentalitätswandel um 1800, in den sich die Lesesucht-Debatte bruchlos einordnen läßt, in Verruf geriet. Schön geht es um den realen historischen „'Lese-Dilettanten'", den „'literarischen Endverbraucher'" (ibid., S.24). Vielleicht gerade deshalb zeigt seine

---

der literarisch-ästhetischen 'Tradition' ist, artikulieren und zum Motor eigener produktiver Textrezeption (...) werden kann" (ibid., S.86).

Darstellung, daß die Pädagogisierung des Lesens, wie sie für das 19. Jahrhundert charakteristisch ist, als Teil eines großen 'Umerziehungsprogramms' begriffen werden kann. Eine Übertragung auf das Schreiben ist auch hier nicht recht denkbar: Schreibsucht-Diskussion ist ein nur schwer vorstellbarer Begriff.[7] Auch die Domestizierungsprozesse, denen Lesen unterzogen wurde, sind bezüglich des Schreibens unangebracht, weil unnötig: Die Tätigkeit des Schreibens verlangt – zumindest in der Tendenz – eine kontrollierte, aufrechte und 'zivilisierte' Haltung, und das Produkt ist für einen dritten sichtbar, so daß abtrünnige Phantasien und sinnliche Befriedigungen weniger befürchtet werden müssen. Beim Lesen ist das anders: Die skeptische Haltung, die man noch bis weit in das 19. Jahrhundert hinein gegenüber dem Lesen *deutscher* Literatur einnahm, bringt eigentlich eine berechtigte Skepsis zum Ausdruck: Man befand diese Art Tätigkeit als 'zu einfach', 'zu leicht', zu 'selbstverständlich', als daß man sie wert erachtete, zum Gegenstand eines gelehrten Unterrichts zu werden. So schlägt Rudolf von Raumer noch 1852 vor, in den letzten drei Schuljahren vor der Universität eine Stunde wöchentlich für das Lesen deutscher Literatur einzuplanen. Diese Stunden sollten aber monatlich zusammengefaßt werden, so daß an einem Unterrichtsmorgen über vier bis fünf Stunden hinweg ein Drama – vollständig – den Schülern *laut* vorgelesen werden solle, mit verteilten Rollen, von seiten des Lehrerkollegiums. Der ästhetische Geschmack sei an der griechischen und lateinischen Literatur bereits hinreichend vorgebildet, so daß sich Einführungen, Kommentare, Erläuterungen jeder Art erübrigten. Von Raumer zählt fünfzehn Werke auf – deutsche und anderssprachige Literatur – , die man im Verlauf dieser drei Jahre den Schülern präsentieren könne. Gegen ein „unkontrolliertes Wiederlesen" zu Hause hat er nichts einzuwenden, wohl aber gegen Gespräche über das Gelesene:

> „So soll also wirklich gar nichts an den bezeichneten Meisterwerken den Schülern erklärt werden? Aufrichtig gesagt bin ich der Meinung, daß diese Dichtungen ihre große und wesentliche Bestimmung erfüllen, auch ohne daß man ein Wort erklärt. Empfängliche Schüler werden nach vollendeter Vorlesung still und schweigend nach Hause gehen, erfüllt von den großen Gestalten und mächtigen Geschicken. Gegen diesen Eindruck gehalten aber sind vereinzelte Dunkelheiten über die sie sich keine klare Rechenschaft geben können, völlig untergeordnet" (RAUMER, VON; zitiert nach: BOUEKE 1971, S.98).

Diese konservative Konzeption von 'Literaturunterricht' entspricht in einigen Grundzügen bereits wieder den Wünschen, die heutige interpretationsgeplagte Schüler äußern – 'nur lesen, nicht darüber reden' – und die in literaturdidaktischen Überlegungen für die Mittelstufe – natürlich in einem sachlichen Duktus fern jener

---

7 Vgl. dazu auch den Titel und den Katalog einer im November 1993 von der Frankfurter Schirn-Kunsthalle organisierten Ausstellung, von der ich während der Endphase dieser Arbeit Kenntnis erhielt: *Leselust. Niederländische Malerei von Rembrandt bis Vermeer* (S. SCHULZE 1993). – Die ausgewählten Bilder, so konnte ich dem Katalog entnehmen, zeigen nicht nur Lesende, sondern auch Schreibende bzw. Bücher, Folianten, Texte, Papiere; Textlust wäre vielleicht der korrektere, aber nicht so publikumswirksame Titel gewesen. – Stockhammer erwähnt zwar den Begriff der Schreibsucht, macht aber keine weiteren Ausführungen darüber (vgl. STOCKHAMMER 1991, S.37).

pathetischen Huldigung – bereits wieder vorgeschlagen wird (EGGERT 1980). Von Raumer vertraut auf das gesprochene Dichter-Wort, dem zusätzlich durch einstudierten, lauten Vortrag Unterstützung von fachkundiger Seite zukommt. Er steht damit deutlich in der Nachfolge Philipp Wackernagels, dem es gleichfalls um ein intuitives, emotionales Erfassen und Wirkenlassen von Literatur ging, nicht um 'Verstehen' oder gar um 'analytisches Verstehen'. Auch von Raumer will die Schüler nicht mit der Lektüre alleine lassen, sondern sie vorbereiten; das ist ihm wichtiger, als daß jede unklare Stelle erläutert würde. Natürlich liegt einem solchen Vorschlag ein andächtiges, passives Verhältnis zur Literatur zugrunde, das in erster Linie auf die emotionale Empfänglichkeit der Zuhörer rekurriert. Ganz anders der analytische – und als fortschrittlich apostrophierte – Literaturunterricht, wie ihn Robert Heinrich Hiecke konzipierte und wie er sich langfristig durchgesetzt hat: Hiecke tritt nicht nur engagiert dafür ein, daß die deutsche Literatur in breitem Maße Gegenstand des gymnasialen Unterrichts zu sein hat, sondern plädiert auch dafür, daß sie philologisch genau – den lateinischen und griechischen Texten gleich – analysiert und erläutert wird (HIECKE 1842). Im Unterschied zu Raumer weitet er den Lehrstoff aus, will die Schüler von den unteren Klassen an mit deutscher Literatur bekannt machen und dieselbe exakt und bis auf die letzte Unklarheit hin erläutert wissen. Der ausgearbeitete methodische Lehrplan, der beispielsweise lexikalisches Erklären und inhaltliches Gliedern enthält und der den Deutschunterricht bis in die Gegenwart hinein geprägt hat, soll aber auch dazu dienen, jener Lesewut, jenem gefürchteten, „moralisch und geistig zerrüttend(em)", leidenschaftlichen Sucht-Lesen vorzubeugen und die Schüler für alle Zeit dagegen zu immunisieren (ibid., S.69):

> „Deutsche Lectüre ist nicht bloß im Allgemeinen unseren Schülern nothwendig, sie gehört auch als ein wesentlicher Unterrichtsgegenstand in die Schule selbst hinein. Sie gehört hinein schon wegen der Gefahr, daß, wenn wir nicht durch unsre Methode der Erklärung und Durchsprechung die deutsche Lectüre zu einer bildenden und kräftigenden Arbeit machen, sie zu einem verbildenden und entnervenden Amusement und Zeitvertreib herabsinke, daß, wenn die Schüler nicht durch uns das Gelesene verarbeiten und verdauen lernen, sie sich dahin verirren, mit einem krankhaften Appetite nur immer neue und neue Speise hinunterzuschlingen" (ibid., S.68).

Von Raumer will der Lesesucht vorbeugen, indem er den Schülern einen wohl durchdachten mündlichen Vortrag literarischer Höhenkämme präsentiert und sie mit jeder weiteren Erörterung verschont. Hiecke hingegen entwirft einen aufgeklärten Deutschunterricht, der das Gelesene transparent machen will. Seine deutschdidaktische Schrift wird gemeinhin gelobt und gilt als fortschrittlich. Insbesondere die sachlich-nüchterne, analytisch vorgehende Unterrichtsmethodik sei innovativ und stehe im Gegensatz zu dem im frühen 19. Jahrhundert üblichen pathetisch-andächtigen Umgang mit Literatur. Sie habe somit einen wichtigen Grundstein gelegt für einen auf Erkenntniszuwachs hinarbeitenden Literaturunterricht, der seinen Gegenstand ernstnehme und ihn deswegen er-*arbeite*, nicht – wie von Raumer es vorschlägt – 'erfühle und erahne'. Im Zusammenhang mit einer Reflexion über das Lesen ist natürlich interessant, daß Hieckes methodisch exakter Literaturunterricht das

Ziel hatte, einen aufmerksamen Leser zu erziehen, der – einmal durch diese Schulung gegangen – das genießende Lesen für immer verabscheut. Hieckes lesedidaktische Begründungen stehen mit dieser Zielvorgabe in engstem Zusammenhang: So geht er davon aus, daß die im Unterricht erläuterten Stücke mindestens dreimal (!) von den Schülern gelesen werden, „einmal rasch (...), dann genauer (...), dann noch einmal rasch" (ibid., S.186); eine exemplarische Vorgehensweise also, die das Gelesene gründlich, wiederholt und auf verschiedene Weise zur Kenntnis nimmt. Außerdem soll so viel als möglich *während des Unterrichts* – wenn irgend machbar: laut – gelesen werden. Hiecke bedauert ausdrücklich, daß dieses Verfahren bei längeren Stücken, meistens Dramen (Prosa gehört an die Universität!), nicht möglich sei (ibid., S.123). Auch der Abschnitt über das *tatsächliche* Lesen, nicht das Erklären oder Erläutern, beschränkt sich auf Angaben für einen gestaltenden *lauten* Vortrag des literarischen Stücks (ibid., S.188–194). Lesen ist also in der Hieckeschen Didaktik in erster Linie lautes Lesen, dann: erläutern, gliedern, analysieren; dem öffentlichen Lesevorgang in der Klasse hat immer noch eine Wiederholung zu Hause zu folgen.

Die gefährliche Freiheit des Lesers, der nicht hinreichend kontrolliert werden kann, und die behauptete Einfachheit wie Leichtigkeit der Lesetätigkeit bilden die beiden Seiten derselben 'Medaille': Das Lesen wurde mit dem Aufkommen massenhaften Lesestoffes in jeder Hinsicht suspekt, weil zu 'Ungeheuerliches' bei diesem Entzug aus dem tätigen Leben passieren konnte. Der Leser erzeugt im Unterschied zum Schreibenden den Eindruck, er 'tue nichts' und genieße, hingegeben an die Sache, während bereits die Tatsache, daß es lange Zeit den Beruf des Schreibers gab, auf eine ernsthafte 'Arbeitsform' hindeutet. Hieckes Ausführungen zum Leseunterricht sind nicht nur ein Markstein in der Geschichte des sachlich begründeten Deutschunterrichts. Sie suchen darüber hinaus zu demonstrieren, daß auch das Lesen muttersprachlicher literarischer Texte eine ernstzunehmende Arbeit ist, die gelehrt werden muß und die nicht als bloße Freizeitbeschäftigung abgewertet werden darf. Hiecke plädiert aber nicht nur für den Einzug der deutschen Literatur in den gymnasialen Schulunterricht, sondern er will durch eine systematische Leseerziehung dem freien, unkontrollierten 'Viel-Lesen' für alle Zeiten entgegenwirken. Er will die Freiheit des Lesers, die, wenn erstmal mit Lese-Material versorgt, kaum eingeschränkt werden kann, und dessen 'wilde Natur' bändigen und das Lesen in überschaubare Bahnen lenken. Nicht unwichtig sind, wie Detlev Kopp und Nikolaus Wegmann aufgezeigt haben (KOPP/WEGMANN 1988a; KOPP/WEGMANN 1988b), in diesem Zusammenhang Hieckes Ausführungen zum Lese*tempo*. Kopp und Wegmann zollen Hieckes Position, die *beide* Lektüreformen – sowohl die statarische als auch die kursorische – für notwendig befindet, einigen Respekt, weil sich polemische Attacken im 18./19. Jahrhundert nicht gegen das Lesen schlechthin, sondern gegen das schnelle, flüchtige, hastige Lesen richteten. Hiecke hingegen beharrt nicht auf der statarischen Lektüre, sondern will beides – das langsame, wie das schnelle – Lesen im Schulunterricht so einüben, daß jeder Leser es zukünftig adäquat anzuwenden weiß. Der zukünftige Leser deutscher Literatur soll schulisch dahingehend erzogen werden, daß er auch die schnelle Lektüre bewußt zu steuern und durchzuführen vermag, gewappnet gegen die Gefahr der Flüchtigkeit, des bloßen Genusses.

Die Angriffe jener Zeit gegen die 'Schnell-Leserei' rührten aus einem überlieferten, mittelalterlichen Lese-Verständnis: Galt ehemals das laute Sprechen als korrekter Maßstab für das richtige Tempo bzw. die Zeit, die man brauchte, um einen lateinischen oder griechischen Text zu analysieren und zu übersetzen – das Lesetempo war dann identisch mit dem Schreibtempo (!) –, so erblickte man in der Entwicklung zur *Schnell*-Leserei verständlicherweise die Verrohung und den Verfall geistiger Sitten schlechthin (KOPP/WEGMANN 1988a). Weil wir auf den Zusammenhang dieser beiden Arbeitsformen später ausführlich zu sprechen kommen, sei die entsprechende Passage zitiert:

> „Das Lesen der Texte war hier (gemeint ist die Schulpraxis vom 16. bis ins 18. Jahrhundert hinein; E.K.P.) vom Schreiben nicht getrennt. Einen Text richtig lesen können hieß: in der Manier des Vorbilds selbst schreiben bzw. reden zu können" (ibid., S.46).

Hiecke leugnet die altphilologische Tradition nicht, wenn er ausführlich über das „Declamieren" referiert und überhaupt kontinuierlich interdisziplinäre Bezüge zu den im altsprachlichen Unterricht geübten Verfahrensweisen herstellt. Gleichzeitig anerkennt er, daß ein 'muttersprachlicher' Text *anders*, eben flüchtiger, gelesen werden muß, wenn eine inhaltliche Kenntnisnahme des Ganzen erreicht werden soll. Kopp und Wegmann attestieren der Hieckeschen Lesedidaktik, daß sie gegen die bloß affektiv-emotionale Literaturaneignung vorgeht, weil anhand genauer 'Textarbeit' literarische Bildungsprozesse initiiert werden sollen und nicht durch emphatisches Vertrauen in die „Dignität von Klassik" (ibid., S.48). Getragen von dem Ziel, durch Lesen zur Bildung des Individuums beizutragen, verfolgen Pädagogen und Bildungsphilosophen seit der Mitte des 18. Jahrhunderts die Frage, wie von dem bloßen grammatisch-rhetorischen Studium der alten Texte zu einer, die ganze Persönlichkeit ergreifenden, richtigen Lektüre hingeführt werden könne, die den „'Geist'" der Texte und nicht nur seine Buchstaben erlebt (ibid., S.54). Bei der Diskussion dieses lesedidaktischen Problems tauchte das Phänomen der verschiedenen Lesetempi immer wieder auf, und das alte Diktum der bloß statarischen Lektüre konnte angesichts einer auf Inhaltserfassung angelegten Lektüre nicht mehr gelten. In Hieckes didaktischem Kunstgriff, die statarische Lektüre vor allem im Griechisch- und Lateinunterricht und die kursorische anhand deutscher Literatur zu lehren (ibid., S.56/57), sehen Kopp und Wegmann ein vorwärtsweisendes Konzept, das intelligent und dem Problem gemäß mit der Herausforderung 'Lesen' umgeht.

Der historische Rückblick in eine Zeit, die wir eigentlich im Zusammenhang dieser Arbeit ansonsten nicht berücksichtigen, weist auf ein für die Lesedidaktik wesentliches Phänomen hin: Gemeint ist jene Polarität von sachlicher Analyse einerseits und emotionaler Hingabe andererseits. Eine von beiden Intentionen scheint für eine bestimmte Zeit 'den Sieg davonzutragen', bis man sich wieder der jeweils vergessenen anderen Seite des Literaturlesens zuwendet. Wenngleich sich der analytische Literaturunterricht Hieckescher Provenienz weitgehend durchgesetzt hat, so gab es auch im 20. Jahrhundert lesepädagogische Strömungen, die jene Empfindungs- und Gefühlsseite für die Wahrnehmung von Literatur hervorhoben. Ein Beispiel ist die Erlebnispädagogik, die, die Hermeneutik Wilhelm Diltheys aufgreifend, Verstehen und

Erleben als Einheit begriff, mit der Folge, daß der gefühlsmäßige Teil des Literatur-unterrichts zu Beginn des 20. Jahrhunderts im Zuge der reformpädagogischen Bestrebungen erneut in den Mittelpunkt rückte. Jene Verbindung von Literatur-Lesen und Erleben findet sich noch in der Methodik Robert Ulshöfers aus den fünfziger Jahren (vgl. A.II.2.). Auch in der unmittelbaren Gegenwart können jene Trendwenden vom 'Aufklärerisch-Rationalen' zum 'Spaß am Lesen' und wieder zurück verfolgt werden. Was bereits in den Anfängen der deutschen Literaturdidaktik begann, erlebt nach wie vor aktuelle Wiederauflagen. Lesen und Gefühle sind vergleichbar nahe verwandt wie Lesen und Verstehen/Analysieren/Interpretieren. In dieser Beziehung sind sich Schreiben und Lesen nicht unähnlich: Auch in der modernen Schreibdidaktik gibt es immer wieder Bewegungen, die nicht nur sachorientierte, gebundene Formen gelehrt wissen, sondern die im schulischen Schreiben auch Raum für Gefühle zulassen wollen (vgl. A.I.1. und A.I.3.). Wenngleich der hier zugrunde gelegte literaturdidaktische Ansatz sich tendenziell eher der analytischen Richtung verpflichtet weiß, so gilt es jenen emotionalen Sektor zumindest als einen Faktor zu berücksichtigen, der sowohl mit dem Lesen als auch mit dem Schreiben selbstverständlich in Verbindung gebracht wird/werden kann.

Die Schüler lesen und schreiben in ihrer Freizeit anders, als sie für die Schule lesen und schreiben sollen: beides geschieht privat unbefangener, unbelasteter; es entspricht spontanen Bedürfnissen und Bedrängnissen. Hieckes Überzeugung, daß ein analytischer Literaturunterricht die Schüler für immer davon abhalte, sich der süchtigen Unterhaltungslektüre hinzugeben, hat sich nicht bewahrheitet. Während das Tagebuch- und Briefschreiben eine psychische Entlastungs- und Kommunikationsfunktion hat, befriedigt das Bedürfnislesen Tagtraumphantasien und Unterhaltungswünsche. Bereits die Metapher, die im Zusammenhang mit (viel)lesenden Jugendlichen häufig Verwendung findet, ist vielsagend und knüpft an die erbitterten Polemiken des 18./19. Jahrhunderts gegen wahl- und qualitätslose Viel-Leserei an: Eine *Leseratte* liest beliebig, unterschiedslos all das, was gerade griffbereit ist, und achtet nicht auf die Qualität der 'Lesenahrung'. Gieriges Verschlingen vieler (dicker) Bücher gehört zu diesem Dasein wie auch zu dem eines *Bücherwurms*, der vergleichbar 'gefräßig' bedruckte Papierseiten in sich aufnimmt, sie zermalmt und unauffindbar für andere macht. Es ist eine unangenehme Assoziationen evozierende Tierwelt, die als Grundlage für die Lese-Metaphern dient: Tiere, die sich vom Unrat ernähren und die Zivilisationszerstörung betreiben. Auch wenn der *Bücherwurm* eher unter erwachsenen Lesern vermutet wird und weniger aggressive Assoziationen provoziert als die *Leseratte*, so gelangen beide Exemplare doch nicht aus dem Status des 'Ungeziefers' heraus. Interessanterweise fehlen vergleichbare Metaphern für (viel)schreibende Jugendliche und Erwachsene. Auch unter diesem Blickwinkel bestätigt sich die höhere Wertschätzung des Schreibens gegenüber dem Lesen. Dieses evasive Lesen – von 'Leseratten' und 'Bücherwürmern' verrichtet – ist auf jeden Fall ein Leseverhalten, das als untauglich für den Literaturunterricht deklariert wird. Der Konflikt zwischen dem privaten Lesen und dem schulisch geforderten statarischen Lesen ist so alt wie bekannt. Im Unterschied zu den Anfangszeiten des deutschen Literaturunterrichts wird heute allerdings beklagt, daß lesebegeisterten Jugendlichen dieses Interesse durch den Literaturunterricht 'ausgetrieben' werde: Der interpretatorisch-analytische Umgang mit Literatur während des Unterrichts sei mit dem Erleben während der privaten Leseexzesse unvereinbar und zerstöre die identifikatorische Befriedigung des Freizeitlesens. Befand man ehemals diese Form des lustbetonten Lesevergnügens als schädlich und unnütz, so erfährt sie angesichts medialer Konkurrenz eine weitaus größere Wertschätzung, weil sie die Rettung der überlieferten Buchkultur zu sichern scheint[8]. Die Diskussion um die literarische Leseerziehung ist also komplexer und ambivalenter geworden: Einerseits sind die abwertenden metaphorischen Bezeichnungen nach wie vor in Gebrauch, andererseits aber beklagt man eine zunehmende Leseunfähigkeit und ein wachsendes Desinteresse an Gedrucktem. Daß die verschiedenen Formen des Leseverhaltens aufeinanderprallen, ist unvermeidlich, wenn man die erheblichen Differenzen zwischen dem kursorisch-evasiven und dem statarisch-erkennenden Lesen bedenkt: Beiden Formen ist eigentlich nur die Grundtechnik gemein, sie unterscheiden sich aber von den intellektuellen Anstrengungen her wie das Einmaleins von der Integralrechnung. Niemand wirft allerdings dem Mathematikunterricht vor, daß er den noch begeisterten 'Grundschulrechnern' die Lust an den Zahlen austreibe, wenn er sie in die höhere Mathematik einführt. Lesen hingegen wird – heute mehr denn je – als eine Tätigkeit verstanden, die keiner 'höheren Weihen' bedarf, sondern die – einmal erlernt – immer gleichbleibend ausgeübt werden kann und eine schulische Anleitung nicht mehr nötig hat. Daß auch die Lesefähigkeit im Jugend- und Erwachsenenalter noch entwicklungs- und ausbaufähig ist, wird inzwischen gerne übersehen. Schnell gerät der Literaturunterricht, der Lesen als eine komplexe, die intellektuellen Fähigkeiten beanspruchende Arbeit einführt, in die Rolle eines Sündenbocks, der die letzten Reste von Lesebegeisterung den Schülern austreibe! Während in anderen Unterrichtsfächern die Diskrepanz zwischen den einfachen und den wachsenden Anforderungen hingenommen, ja erwartet wird, steht der Literaturunterricht unter einer besonderen Belastung: Er soll die durch wachsende Bild- und Hörmedienkultur ins Abseits gedrängten überlieferten Kulturtechniken des Schreibens und Lesens so retten, daß zumindest diejenigen, die sich (noch) freiwillig ihrer bedienen, nicht ganz abgeschreckt werden von den immensen Schwierigkeiten, die diese beiden Arbeitsformen vorstellen. Die Klage ging bezüglich der Schreibdidaktik in eine ähnliche Richtung, wenn wir an Magdalena Heusers Vergleiche zwischen Tagebuch- und Aufsatzschreiben denken (vgl. Kapitel A.I.3.). Daß schulisches Schreiben und insbesondere schulisches Lesen nur scheinbar etwas mit dem Freizeit-Schreiben und -Lesen zu tun hat bzw. haben kann, ist eine nicht ganz leicht zu vermittelnde Einsicht. Schreiben und Lesen sind so einfach wie komplex zugleich, so daß es sich anbietet, die leichtere Form als Maßstab zu wählen. Insofern ist die notwendige Einübung statarischer Leseweisen im Literaturunterricht eine undankbare Angelegenheit, weil es gilt, die scheinbare Einfachheit des Lesens aufzubrechen. Ein sol-

---

8   Getragen von dem Bemühen um diese Rettung ist beispielsweise die großangelegte, zweibändig publizierte Studie des Bertelsmanns-Verlags zur Lesesozialisation; ein beruhigendes Ergebnis ist, daß die heranwachsenden Kinder entgegen anders lautenden Vermutungen 'doch immer noch' lesen (HURRELMANN/HAMMER/NIESS 1993, Bd.1; BONFADELLI/FRITZ/KÖCHER 1993, Bd.2).

cher Vorgang ist bekanntermaßen schwieriger, als wenn eine neue Technik eingeführt wird, deren Schwierigkeiten von Anfang an auf der Hand liegen.

Aufschlußreich und erhellend ist in diesem Zusammenhang die Differenzierung
dreier unterschiedlicher Leseformen, die Karlheinz Fingerhut in seiner Auseinandersetzung mit der Rezeptionsästhetik Manfred Naumanns vorschlägt: Fingerhut unterscheidet nicht nur zwischen dem *privaten* und dem *analysierenden* Lesen, sondern
nennt als dritte Form das "Lesen in Lerngruppen" (FINGERHUT 1977, S.138). Dem
Lesen, das für einen bestimmten Kommunikationszusammenhang stattfindet, einen
Sonderstatus zuzuordnen, ist eine wesentliche Ergänzung der Lesedidaktik: Der
Leser, der aus solchem Grund liest, weiß um die anderen 'Mitleser'; er weiß auch,
daß sein 'Lesewissen' nicht allein zählt, sondern daß das anderer Leser ebenfalls
eine Rolle spielt. Er liest – vor allem während der häuslichen Lektüre – also nicht
eigentlich bzw. nicht zwangsläufig analytisch, sondern er liest zweckgerichtet, vielleicht sogar flüchtig, weil er sich nicht allein für sein Lesen verantworten muß: Das
weithin übliche 'Unterrichtsgespräch' innerhalb der Lerngruppe bietet Entlastung
für jeden einzelnen Leser. Aber das 'Lesen für eine Lerngruppe' ist ein Auftragsle-
sen, das mit dem freigewählten und freiwilligen Lesen nur zufällig/äußerlich etwas
zu tun haben kann. Es unterscheidet sich von diesem vor allem durch die Textvorgabe, die nicht selbstentschieden ist und die in der Regel Literatur auswählt, welche
von den Schülern nur in Ausnahmefällen freiwillig einer Lektüre unterzogen wird.

In aktuellen didaktischen Publikationen bestätigt sich diese ambivalente Einstellung
gegenüber dem Konflikt, der unausweichlich entsteht, wenn man freiwillige Freizeit-
leser schulisch in eine 'Lese-Enge' getrieben sieht: Im Zuge eines veränderten Literaturbegriffs, der die affirmative, identifikatorische Haltung gegenüber dem
'Kunstwerk' auflöste zugunsten eines kritischen Lesevorgangs, entwickelte sich
eine liberalere, verständnisvollere Haltung der Literaturlehrer und -didaktiker gegenüber den 'eigentlichen' Lesebedürfnissen der Jugendlichen, nicht zuletzt dadurch
unterstützt, daß der Literaturkanon gleichfalls 'ins Wanken' geriet: Andere Textsorten als die Goetheschen und Schillerschen Dramen und die Romane Thomas Manns
hielten Einzug in den Literaturunterricht: Comics, Werbung, Flugblätter, Kriminal-
romane. Einhergehend mit diesem neuen Lesestoff wurde die Freizeitlektüre aufgewertet, wenngleich die ideologiekritische Lesart des Literaturunterrichts den jugendlichen Lesern die während des Flucht- und Lustlesens aufgebauten Illusionen
und Phantasien zerstören wollte –, ein ziemlich sinnloses Unterfangen, wie sich
recht bald herausstellte (vgl. A.II.2.). Auf diese Weise war der Konflikt zwischen
lesehungrig verbrachten Nachmittagen und mühselig-quälenden Deutschstunden
nicht zu lösen, so daß man Zug um Zug die wie immer umstrittenen kanonisierten
Werke wieder in den Literaturunterricht einbezog. Als Ergebnis dieser Öffnung und
Veränderung des Literaturunterrichts blieb ein gewachsenes Problembewußtsein
gegenüber der Diskrepanz zwischen den unterschiedlichen Leseformen und besonders deren -inhalten. Hartmut Eggert faßt diese Erkenntnis schon 1980 nüchtern
zusammen:

> "Die Grenzen des Literaturunterrichts zeigen sich nämlich dort, wo an-
> genommen wird, es ließe sich jene Schicht der Lektüreerfahrung, die
> das leidenschaftliche, süchtige Lesen kennzeichnet, in den Unterricht

einholen. (...) Es gehört zu dem Charakter von Lesen als phantasiemä-
ßiger Bedürfnisbefriedigung, daß es in einer klaren, notwendigen Abgrenzung zur Außenwelt, ja im Konflikt zur Erwachsenenwelt geschieht. Deshalb sollte man sich nicht darüber täuschen, daß sich die
Gewohnheit zu lesen vielfach überhaupt im Widerstand gegen schulischen Unterricht ausbildet, die Einflußmöglichkeiten durchaus systematisch begrenzt sein können." (EGGERT 1980, S.14/15).

Die Einsicht, daß sich Leser *gegen* die Schule entwickeln und nicht (nur, ausschließlich) *durch den Einfluß* des Deutschunterrichts, mag für einige Lehrer desil-
lusionierend sein (vgl. dazu auch PENNAC 1994); ihr befreiender Charakter scheint
wichtiger: Es kann nicht Aufgabe des Deutschlehrers sein, privates und öffentliches
Lesen miteinander zu verbinden. Ihm kann auch nicht angelastet werden, wenn seine
Schüler in der Freizeit anderes lesen, als er es im Unterricht vorschlägt, oder wenn
sie anderes tun, als 'sich dem Buche zu widmen': Begrenzt ist die Macht des Litera-
turlehrers und kontingent sind seine Erfolge. Man kann von ihm erwarten, daß er
seinen Schüler das Lesen nicht verbietet, aber man kann nicht die Forderung an ihn
richten, die Schüler zu freiwilligen, ordentlichen und lebenslangen Lesern zu erziehen. Eggert schlägt als Kompromißlösung vor, zumindest in der Mittelstufe auf eine
intensive Textanalyse zu verzichten zugunsten einer eher extensiven Vorgehensweise: der Lehrer als „Literatur*berater*" nicht als „Literatur*interpret*" (ibid., S.14),
um in dieser für eine Lesebildung wichtigen Entwicklungsphase zumindest Wege
aufzuzeigen, auf die man die Schüler dann zwar nicht zwingen kann, mit denen man
sie aber immerhin bekannt gemacht hat.

Die Klage über eine abnehmende Leselust wird im übrigen noch lauter geführt als
die über eine sinkende Schreibbegeisterung. Bezüglich des Schreibens bemängelt
man eher schlechte Rechtschreibkenntnisse, aber ansonsten scheint Schreibunlust
außerhalb des schulischen Rahmens auf größeres Verständnis zu stoßen. In der
gängigen Vorstellung dient das Lesen einem wie auch immer definierten
'Bildungszuwachs', während das Schreiben eher Ausdruck einer bereits erworbenen
Bildung ist: Was man liest, muß man erst noch verstehend erwerben, was man
schreibt, hat man bereits verstanden! Darin mag einer der Gründe liegen, warum
man sich vorrangig auf die Rettung einer Lesekultur konzentriert. Es gibt beispielsweise eine intensive *Lese*sozialisationsforschung, die das kulturelle, mediale, soziale
und familiäre Umfeld des Lesens auch außerhalb der Schule unter der Frage zu klären sucht: Unter welchen Bedingungen wird man ein Leser und bleibt einer?[9] Das
Pendant – eine *Schreib*sozialisationsforschung –, die einer ähnlichen Frage nach-
ginge, hat sich hingegen noch nicht etabliert! – Unklar bleibt, warum Leselustige
und -hungrige weiterhin mit den oben zitierten abfälligen Metaphern beschrieben,
trotzdem aber als aussterbende Spezies zur schützens- und erhaltenswerten Art deklariert werden. Selbst wenn die metaphorischen Bezeichnungen einem anderen historischen Kontext entstammen, weist die noch immer übliche Verwendung auf ein

---

9 Vergleiche zu diesem Thema die jüngst in der Reihe *Realien zur Literatur* erschienene Schrift
von Hartmut Eggert und Christine Garbe, die einen Überblick über die literarische Sozialisationsforschung gibt und die bisherigen Forschungsergebnisse zusammenfaßt (EGGERT/GARBE
1995).

ambivalentes Verhältnis zum tatsächlich 'Vielesenden' hin. Es ist die Frage, ob man ihn wirklich will (vgl. BICHSEL 1988), oder ob man nicht lieber nur das Klagelied über sein angebliches Aussterben singt, zur Beruhigung eines 'Bildungs-Gewissens'. Die Diskussion um die sinkende Schreib- und Lesefähigkeit erzeugt überhaupt den Eindruck, als sei es 'früher' einmal 'ganz anders' gewesen, als sei(en) tatsächlich in großem Ausmaß 'gehobene' Literatur gelesen und in korrekter Rechtschreibung Briefe und Aufsätze geschrieben worden. Wir wissen, daß dem nie so war! Vielleicht wurde im 18./19. Jahrhundert, zu den Zeiten der Lese-Revolution, tatsächlich mehr gelesen, aber dann doch in den weitaus meisten Fällen eben solche Bücher, die zur Befriedigung von Unterhaltungsbedürfnissen dienten, welche heute von Film- und Hörmedien auf bequemere Weise gestillt werden: „Um 1800 setzte dann die Flut der Ritter-, Räuber- und Geisterromane, daneben der Familienromane (...) ein, und ihre Leser waren es vor allem, die das große Publikum der Zeit bildeten" (LESEN. EIN HANDBUCH 1974, S.130). Es wird sogar vermutet, daß nicht nur die städtischen Dienstboten zu den Lesern dieser Romankost gehörten, sondern daß auch das Bürgertum lieber 'Rinaldo Rinaldini' las als den 'Werther' (ibid., S.130). Bezüglich des Schreibens ist wahrscheinlich noch größere Vorsicht geboten. Es scheint, als sei diese Kulturtechnik, auch wenn sie schulisch gelehrt wurde, ob ihrer 'handgreiflichen' Komplikationen stets vor einem ausufernden Gebrauch gefeit gewesen.

Kaum sind die beiden Kulturtechniken des Schreibens und Lesens in den westlichen Industrieländern in breitem Ausmaß erworben, sorgt dieselbe technische Entwicklung, die ihrer zunächst bedurfte, dafür, daß sie erneut überflüssig werden. Zumindest sind große Teile der Bevölkerung nicht mehr darauf angewiesen, im täglichen Leben viel zu schreiben und zu lesen, weder um die Organisation des Alltags zu vollziehen, noch um Unterhaltungsbedürfnisse zu befriedigen. Insofern sind die Klagen über den Verlust der Schreib- und Lesekultur scheinheilig: Was man nicht braucht, wendet man nicht an, schon gar nicht, wenn es mühselig ist. Dem Literaturunterricht in der gymnasialen Oberstufe kommt insofern unweigerlich eine konservativ beharrende Funktion zu, wenn er auf der Vermittlung 'höherer' Schreib- und Lesetechniken beharrt. Wahrscheinlich reicht diese nüchterne Einsicht nicht aus, um die wachsenden Legitimationsprobleme des Literaturunterrichts zu lösen, aber sie vermag zu einer Versachlichung der Zielvorstellungen zu führen. Als den beiden ältesten Formen der fixierten Überlieferung und der wiederholbaren Kenntnisnahme kommt dem Schreiben wie dem Lesen innerhalb der großen Konkurrenz, die heute zu diesem Zwecke leichtgängig zur Verfügung steht, ein 'exklusiver' Platz zu, der fast an die Anfänge der Ausbreitung einer Schreib- und Lesekultur erinnert.

Es gehört in den Kompetenzbereich der Schule, die beiden Kulturtechniken des Lesens und Schreibens zu lehren. Wenn es nicht die Schule ist, muß eine vergleichbar lehrende 'Institution' – wie vormals die Mütter oder die Hauslehrer – in Aktion treten. Die Aneignung von Schreiben und Lesen geschieht – zumindest in den weitaus meisten Fällen – nicht 'naturwüchsig' und 'nebenbei' wie die des Sprechenlernens, sondern es bedarf eines bewußten, geplanten und gesteuerten Organisationsprozesses, um diese beiden sprachorientierten Tätigkeiten zu erlernen. Darüber hinaus gehören Literatur-Schreiben und Literatur-Lesen zu den 'künstlicheren' und kunstvolleren Schreib- und Leseformen. Die überstrukturierte und geformte Sprache der Literatur verlangt erweiterte Schreib- und Lesekompetenzen. Bezüglich dieser Einschätzung herrscht in der Literaturdidaktik der Gegenwart weitgehend Einigkeit. Gleichwohl hat es auch in der jüngeren lesedidaktischen Diskussion Standortwechsel verschiedenster Art gegeben; auf diese gilt es im folgenden einzugehen.

2. Lese-Pädagogik

Der Rückblick auf die lesedidaktischen Schwerpunkte der ersten Nachkriegsjahrzehnte kann aufgrund der intensiven Diskussion in den siebziger Jahren kurz gefaßt werden (vgl. beispielsweise IVO 1969/1974; GEISSLER 1970; BÜRGER 1970/1973; FINGERHUT 1974, 1976a, 1976b, 1977; KÜGLER 1971/1975; FÖRSTER 1977, 1980; STEIN 1980). Ganz verzichtet werden kann auf diese Darstellung allerdings nicht: Es kommt zum einen darauf an, die lesedidaktische Begleit- und Vorgeschichte der rezeptionsästhetischen Forschung zu skizzieren, welche für die Entwicklung des Lesens bis in die Gegenwart hinein virulent geblieben ist; zum anderen soll der pädagogisch-inhaltliche Impuls problematisiert werden, der der Leseerziehung fast als zweite Natur anzuhaften scheint.

Der Lese-Unterricht in den fünfziger und sechziger Jahren konzentrierte sich darauf, daß der unumstrittene Kanon klassischer Werke lesend zur Kenntnis genommen wurde, sowie darauf, daß eine bestimmte inhaltlich-erzieherische Ausrichtung, die das Gelesene angeblich transportierte, während der Besprechung in der Klasse durch den Lehrer deutlich vermittelt wurde. Eine affirmative Haltung der Literatur gegenüber wurde weitgehend vorausgesetzt. Erklärtes Ziel dieses Unterrichts war neben der literarischen Bildung somit eine 'Menschen-Erziehung', die den Schüler im Interesse eines im weitesten Sinne moralisch-guten Menschenbildes bilden und beeinflussen wollte: Literatur wurde in den Dienst einer erzieherischen Unterweisung genommen, die Maßstäbe für korrektes Handeln und Leben setzen sollte. Deutlich wird diese Sichtweise in einer der beiden Methodiken jener Zeit, der Robert Ulshöfers, die für diese Jahrzehnte maßgebliche Bedeutung erlangte (ULSHÖFER 1966a; 1966b [erste Aufl. 1952]; 1967; 1974).

Robert Ulshöfer hat drei Methodenbände für den Deutschunterricht in der gymnasialen Unter- und Mittelstufe vorgelegt, deren deutlich modifizierte Bearbeitungen für die fünfziger, sechziger und siebziger Jahre gleichzeitig Indiz für veränderte Zielformulierungen dieses Unterrichtsfaches darstellen. War in den fünfziger Jahre noch die Rede vom „Leitbild des ritterlichen Menschen" (ULSHÖFER 1957, zitiert nach: MÜLLER-MICHAELS 1980, S.14), an dem sich die Werkauswahl und die inhaltliche Zielrichtung des Deutschunterrichts zu orientieren habe, so erscheint dieser Anspruch 1966 gemildert:[10] Gleichwohl ist auch dann noch von „Idealen" die Rede, die der Deutschunterricht dem Heranwachsenden bieten müsse und die mit Hilfe der

---

10 Die Neubearbeitung von 1974, die deutlich durch die kommunikative Wende beeinflußt ist, wird hier nicht berücksichtigt, weil wir auf diesen Zeitraum weiter unten eingehen werden.

Dichtung präsentiert werden können. Nach wie vor wird dem Deutschunterricht die Aufgabe zugeschrieben, lebensorientierende Werte zu vermitteln und Werke auszuwählen, die den Menschen *„als sich Bewährende(n)"* (ULSHÖFER 1966b, S.63) ebenso vermitteln wie den *„sich Erprobende(n)"* (ibid., S.64) und den *„des Alltags"* (ibid., S.65). Wenngleich Ulshöfer eine kritische Hinterfragung der literarisch präsentierten Heldengestalten nicht ausschließt, so ist die am Vorbild orientierte, menschenbildende Ausrichtung des Literaturunterrichts nach wie vor unverkennbar:

> „Der als Vorbild in der Phantasie entworfene Mensch (...) ist immer ein Mensch, der sich in der Auseinandersetzung mit der Welt bewährt, der sich in Handeln und Erleiden als groß erweist. Die Bildung solcher anthropologisch-sozialer Modellvorstellungen ist für die Gemeinschaftserziehung und Charakterbildung von grundlegender Bedeutung" (ibid., S.61/62).

Lesen ist in der Ulshöferschen Methodik, die sich Diltheys Hermeneutikdefinition verpflichtet weiß, identisch mit dem „Verstehen oder Sinnerfassen" (ULSHÖFER 1966a, S.7; vgl. zur Kritik an Ulshöfer KOCHAN 1976, S.324–329; auch KREFT 1977/1982, S.131), ein Vorgang, der in der Schule sukzessive gelehrt wie gelernt werden müsse und der unmittelbar übergehen solle in das „Hervorbringen kleiner literarischer Gebilde" (ULSHÖFER 1966a, S.19): So werde erreicht, daß Verstehen und Gestalten in der ihnen zukommenden unablässigen Wechselbeziehung vermittelt werden; das 'passive Lesen' werde auf diese Weise mit dem 'produktiven Schreiben' verbunden, ganz wie wir es in den Ausführungen über die Produktionsdidaktik als Konzept immer wieder gefunden hatten (vgl. A.I.1). Die drei Stufen des hermeneutischen Verstehensvorgangs, wie ihn Ulshöfer skizziert, weisen auf eine erlebnispädagogische Prägung des Literaturunterrichts Diltheyscher Provenienz hin, in der Literatur affirmativ 'erlebt', 'untersucht' und schließlich 'verstanden' wird. Es geht nicht um eine kritische Auseinandersetzung mit dem Kunstwerk, sondern das Ziel 'Verstehen' bedeutet tendenziell auch 'Verschmelzen' und Identifizieren mit dem Gelesenen. Ulshöfers exemplarische methodische Vorschläge zur Behandlung einzelner literarischer Werke im Unterricht sind demnach getragen von dem Bemühen, die Schüler zu genauem (mehrmaligen!) Lesen zu erziehen, ihre werkimmanenten Interpretationsfähigkeiten anhand von Leitfragen sukzessive zu schulen und sie schließlich zu einer erkennend-belehrenden Annahme des gelesenen Werkes zu bewegen.

Dieser erlebnispädagogische Ansatz, wie er dem Literaturunterricht der fünfziger und sechziger Jahre zugrunde lag, wollte den Schülern durch intensiv-affektive Kenntnisnahme der literarischen Texte Lebenshilfe und -orientierung geben; dabei sollten die Gestalten der Werke als Vorbilder und Leitfiguren verstanden werden, denen es nachzueifern galt, an deren Handlungsweise man sich halten konnte. Wenngleich der Kanon der zu lesenden Werke in breitem Maße die klassische Literatur umfaßt, nennt Ulshöfer auch immer wieder moderne Texte, die die Schüler kennenlernen sollen: Bertolt Brecht, Peter Huchel und Paul Celan tauchen namentlich und textlich auf. Die exemplarischen methodischen Analysen beziehen sich allerdings in den meisten Fällen eher auf die Texte aus dem 19. Jahrhundert, aber immerhin wird Schillers *Wilhelm Tell* mit Brechts *Die Ausnahme und die Regel* verglichen (ULSHÖFER 1966b, S.12–25).

Für die Oberstufe, die in unserem Zusammenhang von größerem Interesse ist, gibt Erika Essen einen präzisen Kanon dessen an, was von den Schülern an Literatur zur Kenntnis genommen werden soll (ESSEN 1956/1980). Sie nennt folgende epische Werke, deren Lektüre sie für die Oberstufe vorschlägt:[11] *Ilias* (gemeinsame Lektüre des ersten Gesangs, Lehrer- und Schülerreferate über die weiteren Gesänge), *Hildebrandslied* (weitgehend im Urtext), *Parzival* (vollständige Lektüre in Prosaübertragung, Arbeit im Unterricht am mittelhochdeutschen Text), *Ackermann von Böhmen* (Urtext), *Simplizissimus* (Schülerreferat), *Wilhelm Meister* (vollständige Lektüre) und Thomas Manns Roman *Doktor Faustus* (vollständige Lektüre); an Dramen seien zu lesen: *Ödipus* und *Antigone, Catharina von Georgien, Iphigenie, Wallenstein, Faust I und II, Mutter Courage* und *Der gute Mensch von Sezuan* (ESSEN 1956/1980, S.273–78). Beeindruckt uns heute (wieder) die Länge dieser Liste, so ist gleichzeitig interessant, daß Essens methodische Hinweise zur Behandlung dieser Werke nur sehr knapp sind. Vielmehr werden kurze sachanalytische Zusammenfassungen wesentlicher Kerngedanken zur Begründung für eine Lektüre abgegeben, die sich 'eigentlich von selbst versteht' und die keiner weiteren Legitimation bedarf. Von einer didaktisch erforderlichen Begründung des Inhalts und des Ziels der Lektüre ist in diesen stenogrammartigen Ausführungen keine Rede.

Auffällig ist, daß die Lektüre von Dramen anders gewichtet wird: nicht nur, daß deren Anzahl größer ist, auch daß von Goethe und Brecht gleich zwei bzw. drei Dramen gelesen werden sollen, weist auf eine intensivere, genauere Werkbetrachtung jener Autoren hin. Während der epische Kanon weitgehend Werke aus Antike, Mittelalter und Barock enthält, sind die meisten der ausgewählten Dramen dem 18. bzw. 19. und 20. Jahrhundert entnommen. Der Umgang mit der epischen, als der eigentlichen moderneren Form, scheint in jenen Jahren noch immer nicht selbstverständlich zu sein. (Wir erinnern nur daran, daß Hiecke die Textsorte 'Roman' erst der Universität zuordnete!) Heute beziehen wir den Begriff 'Lesen' weitgehend auf die für den *Lesevorgang* geschriebenen Prosatexte und setzen uns mit der Eigendynamik auseinander, die eine erzählend entwickelte Handlung auf den Lesenden ausübt. Die Lektüre von Dramen aber ist 'künstlicher', erfolgt zwangsläufig langsamer, erzwingt bereits durch die Drucklegung eine distanzierte Kenntnisnahme, verhindert das 'Hineingleiten' in das entwickelte Geschehen, weil die für eine gesprochene *Aufführung* geschriebene Dialogform während des stillen Lesens nicht gleichermaßen mit 'Leben gefüllt' werden kann wie ein erzählender Prosatext. Andererseits sind die von Essen genannten epischen Texte vielfach durch die alt- und mittelhochdeutsche Sprache dem Leser 'fremd' und widersetzen sich so einer leichtgängigen Lektüre. Alles in allem läuft dieses Lesekonzept darauf hinaus, das Lesen in der gymnasialen Oberstufe bereits durch die Textauswahl so anspruchsvoll, schwierig

---

11 „Es scheint mir wichtig, hier noch einmal zu wiederholen, daß nicht aus möglichst vielen Werken Auszüge und Proben gegeben, sondern daß wenige große Werke in ihrer Ganzheit dem Schüler faßbar werden sollten" (ibid., S.273).

und mühselig zu gestalten, daß eine 'Arbeitsbeziehung' zu den Gegenständen des Literaturunterrichts unausweichlich wird. Einfaches, auf bloße Identifikation hinzielendes Lesen wird bei diesem Repertoire unmöglich gemacht.

Anders als Ulshöfer versteht Erika Essen übrigens die Aufgabe des Deutschunterrichts in erster Linie als „Sprachbildung" (ibid., S.11). Sie enthält sich wohl nicht zuletzt aus diesem Grunde ausführlicher anthropologischer, entwicklungspsychologischer und sozial-gesellschaftlicher Erörterungen. Ihr streng fachbezogener Ansatz, der durch Spracherziehung eine indirekte 'Menschenerziehung' erreichen will, betont den heute so genannten sprachdidaktischen Anteil des Unterrichts und 'benutzt' literarische Texte in den unteren und mittleren Stufen vielfach zur Demonstration des zuvor sprachlich Gelernten. Essen akzentuiert eher den mündlichen und schriftlichen Teil des Unterrichts – nicht zufällig beginnt ihre Schrift mit einem Kapitel über das Gespräch – und legt Wert darauf, daß die Schüler kontinuierlich zu den erarbeiteten Sprachformen eigenes schreibendes Gestalten üben (vgl. A.I.1). Das Lesen literarischer Texte 'folgt nach' und besteht in den unteren Klassen in der Gestaltung des lauten Vorlesens: „Es empfiehlt sich, mindestens die ersten Novellen im Deutschunterricht ganz in der Klasse zu lesen. Wo gäbe es einen besseren Stoff, um das Vorlesen zu üben" (ibid., S.64). Hier wie auch schon in der Gewichtung der Lektüre von Dramen schließt sich übrigens Erika Essen an Hieckes Didaktik an. Dem Lesen folgt in der Mittelstufe die „Besprechung", in der Oberstufe die „Betrachtung", worunter die „Wachheit des Forschens und Eindringens" verstanden wird wie auch die „Bereitschaft, sich dem Andringenden zu öffnen" (ibid., S.271).

Sicherlich können diese Ausführungen als Beweis gelesen werden für die häufig wiederholte Auffassung, daß der Literaturunterricht jener Phase sowohl was die Auswahl als auch was die Methode anging unter einem konservativen ästhetischen Stern stand. Vorgeworfen wurde diesem Konzept unter anderem, daß die auf Werkimmanenz beruhenden Interpretationsansätze (z.B. Emil Staigers und Wolfgang Kaysers) kritiklos aufgegriffen wurden und von den Schülern angewendet werden mußten. Hinzu kam, daß die Überzeugung – 'gute Literatur schaffe einen guten Menschen' – gleichgesetzt wurde mit dem Ziel, zur Konformität zu erziehen, ein Ziel, das nicht den Anforderungen einer demokratischen Gesellschaft entspreche. Lesen von Literatur bedeutete demnach: Zustimmendes Lesen kanonisierter klassischer Werke, das sich von den zur Kenntnis genommenen Inhalten leiten und belehren läßt, das die Intention zu erkennen sucht und das deren sprachlich-stilistische Bewältigung würdigt. Getragen von dem aufrichtigen Impuls, die eigene Begeisterung zu vermitteln, sahen die Deutschlehrer ihre Aufgabe darin – und die Methodiken Ulshöfers wie Essens sind in dieser Überzeugung geschrieben –, die Schüler 'anzustecken' und sie zu einer ähnlichen Haltung der Literatur gegenüber zu erziehen. Von Wertungsproblematik konnte in einem solchen Literaturunterricht nicht die Rede sein, weil das Werk, wenn es gelesen wurde, als ein 'gutes' feststand. Sonst hätte der Lehrer es nicht gewählt. Den Hintergrund dieses Literaturunterrichts bildete die Überzeugung, daß eine umfassende Kenntnisnahme dieser literarischen Werke Bestandteil der gymnasialen Bildung zu sein habe. Die sichere Position, von der aus der Deutschlehrer unterrichtete, kann nicht genügend betont (und aus heutiger Sicht vielleicht auch schon wieder beneidet!) werden: Es gab weder ästhetische

Unsicherheiten (Werkimmanenz) noch methodisch-didaktische (affirmativ bewundernde Interpretation) noch solche der kanonischen Auswahl (Werke der Klassiker) und schon gar keine, was die sogenannten Lernziele anging: Die Schüler sollten durch literarische Bildung gleichzeitig menschlich-moralisch gebildet werden.

Andererseits beeindruckt an diesen Methodiken nicht nur die Fülle der unterrichtspraktischen Hinweise, die mit modernem Vokabular versehen noch heute in entsprechenden Schriften gefunden werden können[12], sondern auch die Arbeits-Haltung, die man dem deutschen Unterricht in Sprache wie Literatur entgegenbrachte. Einhergehend mit der späterhin desavouierten 'andächtigen' Einstellung zum literarischen Werk (und zur gleichermaßen idealistisch betrachteten Sprache) wurde gleichzeitig eine Lese- wie Schreiberziehung entwickelt, die – bei Essen noch pointierter als bei Ulshöfer – sehr sprachorientiert war. Während Ulshöfer eine methodisch reichhaltige Vorschlagsliste entwickelt, diese entwicklungspsychologisch begründet und sich auch mit Fragen der Schülermotivation beschäftigt, geht Erika Essen davon aus, daß Lesen, Schreiben und Sprechen als sprachbezogene Einheit ausreichenden attraktiven Reiz ausstrahlten: Wenn deren charakteristische Eigenarten ineinandergreifend analysiert und angewendet werden, findet effektiver, spracherziehender Deutschunterricht statt. Die literarische Sprache wird in dieser Konzeption als eine besondere, poetisch kunstvolle Ausprägung begriffen und als solche den Schülern vermittelt. Literatur wird als eine Form anerkannt, die im Umgang mit Sprache übt. Die schriftlichen Schülerproduktionen werden gleichwohl ihrer jeweiligen Leistung entsprechend gewürdigt und gelobt.

Die Kritik, die diese deutschunterrichtliche Konzeption ab Mitte der sechziger Jahre, verstärkt dann in den siebziger Jahren erfuhr, ist bekannt und soll in unserem Zusammenhang nur so weit aufgegriffen werden, wie sie für die folgende Lese-Pädagogik eine Rolle spielte. Die mit dem Begriff des *Kritischen Lesens* (EHLERT/-HOFFACKER/IDE 1976; PROJEKT DEUTSCHUNTERRICHT 1971–1978) bezeichnete didaktische Richtung kritisierte sowohl die kanonisierte Literaturauswahl als auch die werkimmanente, affirmativ-bewundernde Interpretationshaltung. Die Öffnung des Literaturbegriffs hin zu den Gebrauchstexten des Alltagslebens (Zeitung, Werbung etc.) und hin zu dem, was die Schüler tatsächlich in ihrer Freizeit lesen (Comics, Kinder- und Jugendbücher, Trivialliteratur, Schlager etc.), sollte den tradierten Kanon der hohen, aber (angeblich) wirklichkeitsfremden Literatur aufbrechen: Man stellte sich den Fragen der Textauswahl, begründete dieselbe, wie es die sich etablierende didaktische Wissenschaft erforderte, und gelangte zu dem Ergebnis, daß die alten Werke, wenn überhaupt, anders, eben *kritisch* gelesen werden müßten: Ihr rezeptionsgeschichtlicher Horizont sei ebenso miteinzubeziehen wie der sozial-historische Hintergrund, auf dem sie entstanden: Die zusätzlichen, werkexternen Informationen sollten den Schülern ein begründetes Urteil ermöglichen, das durchaus kritisch sein konnte, das aber unter Hinzuziehung wesentlicher Fakten

---

12 So gibt Erika Essen für die Unter- und Oberprima beispielsweise folgenden Vorschlag für Freies Gestalten: „'Haben Sie genaue Zeit? Meine Uhr steht'. Entwerfen Sie eine kurze Erzählung, in der diese Anrede von Bedeutung ist" (ESSEN 1956/1980, S.302). Ein Unterschied zu Schreibaufgaben der kreativen Bewegung ist für mich nicht erkennbar.

werkgerecht sein sollte. Die beiden der Klassik gewidmeten Bände des *projekts deutschunterricht* (Band 7, 1974; Band 9, 1977 (erste Aufl. 1975)) enthalten ausführliche Informationen über die frühkapitalistische Wirtschaftspraxis (im Zusammenhang mit *Don Carlos*), über die Rezeptionsgeschichte (*Maria Stuart*), über die politische Rechtsdiskussion im ausgehenden 18. Jahrhundert (*Götz von Berlichingen*) sowie Passagen über die Französische Revolution und die Entstehung der bürgerlichen Familie, Sachverhalte, die sich in der Literatur jener Jahre widerspiegeln: „Literatur als 'Widerspiegelung', als Reflex vergangener, gegenwärtiger und auch in die Zukunft hinein sich entwickelnder sozialer Realitäten" (Band 7, S.9). Diese durch die marxistische Ästhetik beeinflußte Form der Lektüre klassischer Werke verankerte die Literatur in einen sozial-historischen Kontext, ohne dessen Berücksichtigung ein kritisches Verstehen nicht möglich ist: Nicht nur die Werke selbst wurden also gelesen. Gelesen werden mußten gleichfalls Quellentexte, die die notwendigen Informationen vermittelten. Der Lesestoff wuchs: *Kritisches Lesen* verlangte den Lesern ein umfangreiches Lesepensum ab, eines, das zudem auf kritisch hinterfragende Analyse Wert legte.

Diese Form der ideologiekritischen Lektüre sollte übrigens auch auf die Literatur angewandt werden, die die Schüler in ihrer Freizeit 'verschlangen'; d.h. die Einbeziehung von Science-fiction-Romanen in den Deutschunterricht geschah mit einem aufklärerischen Impuls. Über einen Perry-Rhodan-Roman heißt es beispielsweise: „Die Einstellungen des Helden erwies sich z.T. als sehr konservativ, antidemokratisch und reaktionär" (HUSSONG 1973, S.161). Es ging in dem deutschunterrichtlichen Konzept jener Zeit auch darum, die überlieferten, auf Konformität und Gehorsam hinauslaufenden 'Tugenden', die in dem „ritterlichen Menschen" Robert Ulshöfers gipfelten, die aber latent das erzieherische Ideal der Nachkriegsära bildeten, zu hinterfragen. Vermißt wurde eine Erziehung zum demokratischen Bürger, der um sein Widerspruchs- und Widerstandsrecht weiß und es zu nutzen versteht. Dazu gehörte auch die Ausbildung einer sachlichen Kritikfähigkeit, der sich der Deutschunterricht nicht verschließen dürfe. Eingebettet in die kommunikative Wende jenes Jahrzehnts (vgl. A.I.2), wurde eine offene, tolerante, eben: demokratische Kommunikationsstruktur im Deutschunterricht angestrebt, der sich seiner politischen Bildungsaufgabe gegenüber öffnen müsse. Aus eben diesem Grunde wurde auch das Textrepertoire um Zeitungsartikel, Werbung, Interviews, Fernseh- und Rundfunksprache erweitert, die auf ihre Wirkung hin durchschaut, zukünftig kritisch zur Kenntnis genommen werden sollten. Die als elitär verurteilten Bildungsziele des nachkriegsdeutschen Literaturunterrichts, die jene emphatische Einstimmung und begeisterte Hingabe an Literatur nicht eigentlich *lehren* wollte, sondern solche Fähigkeiten vielmehr selbstverständlich voraussetzte, sollte abgelöst werden von Unterrichtsstunden, in denen allen Schülern gleichermaßen das Erreichen der Stundenziele offenstand.

Die Wiederholung dieser Debatte war notwendig, um sich erneut den Einbruch in Erinnerung zu rufen, den die lesedidaktische Entwicklung in jenem Jahrzent erlebte: Lesen von Literatur wurde unter das Primat einer kritischen Aufklärung genommen, sollte zu historischem Verstehen ebenso führen wie zu einem intellektuell-analytischen Umgang mit Literatur, der (wenn nötig) im Idealfall selbstverändernde

Erkenntnisse evozieren konnte. Die Ablösung eines als unbegründet und theoretisch nicht fundierten emotional-affektiven Verständnisses von Literaturunterricht führte zu didaktischen Konzepten, die den Schüler als historischen wie literaturwissenschaftlichen 'Forscher' betrachteten, der nicht durch 'gefühlsmäßige Stimmung', sondern durch den ihr eigenen *historisch-kritischen* Gehalt vom Wert der Literatur im Verlauf eines 'Kommunikationsprozesses' überzeugt wird. Die Bedeutung dieser kritischen Phase der deutschdidaktischen Entwicklung liegt vor allem darin, die Selbstverständlichkeit literarisch tradierter, aber nicht mehr zeitgemäßer Bildungsideale in Frage gestellt und die enge Textbezogenheit des einseitig werkimmanenten Ansatzes aufgebrochen zu haben: Hinter die so entstandene Bewußtheit in Fragen der Literaturvermittlung kann seitdem nicht mehr zurückgegangen werden. Gleichzeitig haben die auf Ideologiekritik hinzielenden Strömungen, wie die des hier vorrangig referierten Bremer Kollektivs[13], die lesepädagogische Tradition – nur unter anderen inhaltlichen wie formalen Vorzeichen – fortgeführt. Literaturlesen wurde dieses Mal in den Dienst einer Erziehung zur Kritik genommen, einer Bildung zum sogenannten 'mündigen Bürger'. Mit der inhaltlich 'richtigen' Zielformulierung glaubte man die Legitimationsprobleme des Literaturunterrichts gegenüber den Schülern wie der Gesellschaft lösen zu können, funktionalisierte aber die Literatur und das Lesen derselben erneut für einen 'außerliterarischen' Zweck: Übersehen wurde in der Emphase der kritischen Novellierung, daß es der Literatur von ihrer Natur her ebensowenig beschieden ist, einer stimmig-harmonischen wie einer ideologiekritschen 'Gegen-den-Strich'-Lektüre unterzogen zu werden. Wenn es in den *Thesen über Erziehung zum Kritischen Lesen* (EHLERT/HOFFACKER/IDE 1976) unter siebtens heißt: „Der wichtigste Autor in diesen Schuljahren (7. bis 10. Schuljahr; E.K.P.) ist Bertolt Brecht als Lehrer dialektischen Denkens" (ibid., S.185), so bedeutet die bloße Ablösung der alten Dichter-Autoritäten – Goethe und Schiller – durch eine neue – Bertolt Brecht –, daß der Kanon eine andere Akzentuierung erfährt –, nicht mehr und nicht weniger: Ein Autor, der eine kritische Poetik – und damit eine angeblich 'richtige' – vertritt, ist nicht dagegen gefeit, bei wiederholter Lektüre seiner Werke in der Schule auf dieselbe gelangweilte und desinteressierte Ablehnung zu stoßen, wie es zuvor die Werke der klassischen Literatur erfahren mußten. Mit Lesen verbundene kritische Unterrichtsziele unterliegen ebensolchen Abnutzungserscheinungen wie idealistisch-moralische – ganz zu schweigen von der inzwischen strittiger gewordenen Frage, welche Intentionen die 'richtigen', welche die 'falschen' sind. Eine erzieherische Überlastung des Leseunterrichts, gleich unter welchen Prämissen, fortschrittlich oder konservativ, bindet das Zur-Kenntnisnehmen von Literatur an *von außen* herangetragene Ziele, die den literarischen Texten weder in der einen noch in der anderen Form zwangsläufig immanent sind. Pädago-

---

13 Die Darstellung konzentrierte sich auf die Position des Bremer Kollektivs, weil in diesen Schriften der um demokratische Erziehung bemühte Gegenentwurf besonders deutlich wird. Auf kritische Debatten – wie die zwischen Christa Bürger, die dem Bremer Kollektiv nahestand, und Karlheinz Fingerhut, der eine Veränderung und Beeinflussung von (gesellschaftlichem) Verhalten durch den Literaturunterricht skeptischer beurteilte, wird an dieser Stelle nur hingewiesen; vgl. dazu: BÜRGER 1976; FINGERHUT 1976b; KÜGLER 1976a; MERKELBACH 1976.

gisch-erzieherische Intentionen werden problematisch, wenn sie zum Programm erklärt, dem unterrichtlichen Arbeiten mit Literatur zugrunde liegen. Wenn weniger die 'Sache Literatur' Gegenstand des Unterrichts ist als darüber hinausreichende Intentionen politischer, sozialer oder ethischer Erziehung, so rücken die literarischen Texte in den Hintergrund und sind Lieferanten für 'andere Botschaften'. 'Moralbildende' und erzieherische Erfolge sollten eher als kontingenter, nicht als planbarer Faktor von Literaturlektüre eingeschätzt werden.

Diese Kritik wurde schon früh an die um politische Aufklärung bemühten Konzepte der Literaturdidaktik herangetragen (vgl. beispielsweise KÜGLER 1971/1975, S.58–78; FINGERHUT 1976a, S.222ff; KREFT 1977/1982, S.18–22; EGGERT/RUTSCHKY 1978, S.148ff; STEIN 1980, S.13). So spricht Kügler von einer „inhaltsbezogenen" didaktischen Richtung, deren erstes Ziel in der „Vermittlung von 'Inhalten' ('Themen', 'Problemen') [bestehe], die wiederum dem 'objektiven' Interesse der Schüler dienen sollen" (KÜGLER 1971/1975, S.59) und münzt diese Kritik auf die hier vorrangig dargestellte Position des Bremer Kollektivs. Fingerhut warnt – obwohl dieser didaktischen Richtung selbst nahestehend – bereits 1973 vor überzogenen Erwartungen an den ideologiekritischen Deutschunterricht:

> „Es geht vielmehr darum, diese sich endlich durchsetzende Entwicklung innerhalb der Fachdidaktik gegen eine falsche und schädliche Überschätzung ihrer wirklichen Möglichkeiten, d.h. konkret gegen überzogene, vom Wunsch des Lehrers diktierte Lernziele/Verhaltensziele zu vertreten" (FINGERHUT 1974, S.58).

In der Folge dieser Debatte um einen neuen Literaturunterricht entstanden unterschiedlich akzentuierte Konzepte (vgl. Überblick in STEIN 1980, S.1–44), die zwar auf jenen pädagogischen Impuls durch literarische Lektüre nicht gänzlich verzichteten, ihn aber in seinen politisch-gesellschaftlichen Implikationen teilweise deutlich milderten (FINGERHUT 1974; FINGERHUT 1976a) und die das Ziel der 'Aufklärung' durch den Literaturunterricht anders – z.B. eingebettet in eine theoretische Auseinandersetzung mit der Ich-Entwicklung durch Hervorhebung des ästhetischen Charakters der Literatur (KREFT 1977/1982, S.217/218) – begründeten. Im folgenden gilt es, auf die in den siebziger Jahren ebenfalls diskussionsbestimmenden rezeptionsästhetischen 'Anstöße' genauer einzugehen, weil die didaktischen – vor allem auch die schreibdidaktischen (!) – Folgen dieses literaturtheoretischen Impulses noch immer wirksam sind. Für das Lesen und den Leser hat die Rezeptionsforschung zweifelsohne eine so große Bedeutung erlangt, daß sie einer ausführlichen Darstellung nach wie vor bedarf. Zwei Zitate mögen dies veranschaulichen:

> „Der Rezeptionsbegriff übte eine geradezu erlösende Wirkung aus. Er rüttelte aus der Haltung beschaulicher Kunstversenkung, werk- und faktenanalytischer Gewissenhaftigkeit und schiedsrichterlicher Urteilsbefugnis auf und trieb zur Entdeckung, Anerkennung oder Aufwertung der konstitutiven Tätigkeit des Zuhörens für das Sagen, des Lesens für das Schreiben, des Verstehens für das Meinen und des Mitmachens für das Vorzeigen" (AUST 1983, S.XI).

> „Die rezeptionsorientierte LW (Literaturwissenschaft; E.K.P.) ist für die LD (Literaturdidaktik; E.K.P.) in besonderer Weise bedeutsam; nicht, wie bislang LW, weil ihre Methoden und Ergebnisse einem LU

(Literaturunterricht; E.K.P.), der sich als literaturwissenschaftliche Propädeutik mißversteht, als etwas gilt, was er schleunigst zu übernehmen habe, sondern weil sie auf dem Wege ist, in LD überzugehen. Denn wenn die LW den Rezipienten und die Probleme des Rezipierens als Forschungsgegenstand entdeckt und akzeptiert hat, dann fällt darunter auch der Schüler als Rezipient" (KREFT 1977/1982, S.215).

3. Rezeptions- und Wirkungsästhetik: 'Alle (ideelle) Macht dem Leser'

Auch wenn die Jauß'sche Rezeptions- und die Isersche Wirkungsästhetik[14] eine kritische Debatte ausgelöst haben (vgl. z.B. NAUMANN 1973/1975; GRIMM 1975b; PINKERNEIL 1975; P. BÜRGER 1977; MAURER 1977; DER DEUTSCHUNTERRICHT 1977, H.2; FÖRSTER 1980; EAGLETON 1988/1992; ZIMA 1991), kann die innovative Wirkung dieser, dem Leser zu ungeahnter Macht verhelfenden literaturtheoretischen Konzeptionen nicht übersehen werden. (Es ist wohl auch wissenschaftsgeschichtlich immer eher so, daß umstrittene Thesen die eigentlich wirkungsträchtigen sind, weil die durch diese ausgelösten erbitterten Diskussionen Gegenbewegungen ins Leben rufen, die auf der Basis der Kritik neue Erkenntnisse und weiterführende Ideen produzieren.) Die (literar-schreib)didaktischen Folgen der rezeptions- und wirkungsästhetischen Arbeiten wirken noch bis in die Gegenwart hinein: Der Literaturunterricht aller Jahrgangsstufen hat in der Nachfolge der Konstanzer Theorien eine so tiefgreifende Umgestaltung erfahren, daß man erstmals von einer wirklichen Reform sprechen kann. Die folgende Darstellung beschränkt sich aus diesem Grund auf die rezeptionsästhetischen Theoreme Jaußens und Isers. Auch wenn sie nicht unkritisch bleibt, so geht es in ihr auch darum, dieser Literaturtheorie den ihr gebührenden Platz in der Geschichte der Literaturdidaktik zu sichern. Allerdings hat sich die didaktische Umsetzung teilweise nicht unerheblich von ihren theoretischen Ursprüngen entfernt, so daß ein erneuter Blick in diese angebracht erscheint.

Der Zusammenhang zwischen Lesen und Verstehen, den wir bisher ausgeklammert haben, bildet den eigentlichen Kern der rezeptionsästhetischen Theorien Hans Robert Jauß'. Lesen wird im hermeneutisch-rezeptionsästhetischen Kontext mehr oder weniger selbstverständlich mit Verstehen konnotiert, damit, wie Verstehen zustandekommt oder woran es scheitert[15]. Lesen strebe ein wie immer geartetes – komplexes oder naives – Verstehen an, das zumindest dem subjektiven Eindruck nach in einem 'Verstandenhaben' mündet. Daß dieses falsch, irrig, ungenügend und oberflächlich sein kann, wird nicht abgestritten. Es kommt aber zunächst darauf an, von einem Verstehen-Wollen auszugehen, das von allen möglichen Formen des Nicht-

---

14 Zur definitorischen Unterscheidung von Rezeption und Wirkung vgl. KINDER/WEBER 1975, S.231–238.

15 „Gewiß schließt auch ästhetische Wahrnehmung immer schon Verstehen ein" (JAUSS 1982/1984, S.816). – In einem Vortrag, den Hans Robert Jauß am 4.11.1992 im John-F.-Kennedy-Institut der Freien Universität Berlin gehalten hat, wurde deutlich, wie sehr inzwischen das Verstehen – wahrscheinlich ausgelöst durch die neuen Texttheorien – im Mittelpunkt seiner Arbeit steht: 'Verstehen erfolgt freiwillig; zum Verstehen kann man nicht gezwungen werden', war eine seiner häufig wiederholten Feststellungen.

Verstehens gestört werden kann. Überspitzt formuliert: Gelesen wird, um zu verstehen und nicht, um nicht zu verstehen.

Die neue Aufmerksamkeit, die dem Leser zuteil wird, äußert sich in den Schriften Hans Robert Jauß' dergestalt, daß die Instanz *Leser* aus ihrer bloß passiven Aufnahmeposition befreit, in eine aktive, den literarischen Text überhaupt erst vollständig schaffende Rolle überführt wird.

> „Das literarische Werk ist kein für sich bestehendes Objekt, das jedem Betrachter zu jeder Zeit den gleichen Anblick bietet. Es ist kein Monument, das monologisch sein zeitloses Wesen offenbart. Es ist vielmehr wie eine *Partitur auf die immer erneuerte Resonanz der Lektüre* angelegt, die den Text aus der Materie der Worte erlöst und ihn zu aktuellem Dasein bringt (...)" (JAUSS 1970, S.171/172; Hervorh. E.K.P.).

Durch die ästhetische Berücksichtigung des Lesers wird das bis dahin als abgeschlossen angesehene literarische Werk in die Zukunft hinein 'geöffnet': Sowohl die Darstellungs- als auch die Produktionsästhetik befassen sich mit dem *fertigen* Werk bzw. mit dem *zurückliegenden* Entstehungsprozeß, der als beendet betrachtet wird. Erst die Einbeziehung des Lesers bringt das Moment der *Zukünftigkeit* in die ästhetische Diskussion, weil die Lektüre ein- und desselben Textes immer wieder stattfinden kann. Diese neue zeitliche Dimension birgt Risiken: Die Vergangenheit kann man interpretieren, während die Zukunft zwar abgeleitet aus gegenwärtigen und vergangenen Erfahrungen, aber letztlich doch nur hypothetisch zu durchdenken ist. Der rezeptionsästhetische Ansatz provoziert nicht nur eine 'andere' literatur*geschichtliche* Sichtweise. Wichtiger ist vielmehr, daß er die Literatur wie auch die Ästhetik für weitere, unabsehbare (Lese)Prozesse so weit öffnet, daß von Unabgeschlossenheit ausgegangen und mit nicht kalkulierbaren Einsichten gerechnet werden muß.

Jauß verankert die Textrezeption – zumindest auf dieser allgemeinen Ebene – in einen vom jeweiligen Lesersubjekt abhängigen (sozialen, historischen) Kontext, den dieses unweigerlich (aktiv) in die (passive) Aufnahme des textlichen (Welt- und Zeit-)Bezuges einbringt. Er unterscheidet zwischen der vom Text ausgehenden *Wirkung* und der leserbezogenen *Rezeption*, die beide zu einer Form der Übereinkunft gelangen müssen. Der fixe und somit kalkulierbare innerliterarische Horizont ist eine Variable, mit der sich methodologisch sicherer und zuverlässiger operieren läßt, weswegen Jauß ihr eindeutig den Vorrang einräumt (JAUSS 1975, S.339). Er erwartet vom Leser, daß dieser – rezeptiv – diesen Horizont ermittelt. Der aktive Part fällt ihm zu, wenn er sein eigenes – wie immer erlangtes – Vorverständnis dazu in Beziehung setzt. Jauß zeigt grundsätzlich die 'philosophische Bereitschaft', diesen unberechenbaren Faktor des lebensweltlichen Bezuges im Rezeptionsvorgang zu akzeptieren. In seinen eigenen Arbeiten hat er sich aber darauf konzentriert, 'fremde' Texte der Vergangenheit unter dem Blickwinkel des zeitgenössischen Erwartungshorizonts zu lesen und zu interpretieren. Wenn diese textliche Perspektive ermittelt ist, kann sie als „Bezugsrahmen" benutzt werden, um „die divergierenden Rezeptionsformen historischer und gesellschaftlicher Lesergruppen als sinnkonstituierendes Handeln zu begreifen" (ibid., S.340). Exemplarisch vorgeführt – und damit seinen theoretischen Ansatz verdeutlichend – hat Jauß diese Methode in mehreren

Interpretationen: Bekannt geworden sind die zu Racines und Goethes dramatischen *Iphigenie*-Bearbeitungen sowie die zu dem Baudelaire-Gedicht *Spleen II* (JAUSS 1982/1984, S.704–752; S.813–866). Zu letztgenanntem lyrischen Text hat er drei verschiedene Lektüren erprobt: eine erste 'nur' ästhetisch wahrnehmende, eine zweite auslegende und eine dritte historische, die den Erwartungshorizont zu rekonstruieren versucht und die seine Rezeptionsgeschichte nachzeichnet. Während in der ersten Lektüre sehr textimmanent Fragen aufgeworfen und Verstehensprobleme und -prozesse benannt werden, gelangt die zweite – auf dem Horizont der wahrnehmenden ersten – zu einer thesenartigen Interpretation, die anhand des Textganzen überprüft wird. Die dritte Lektüre zeichnet die zeitgenössische Aufnahme des Gedichts nach sowie die interpretatorische Rezeptionsgeschichte. Jauß versucht durch dieses – übrigens sehr didaktische – Arrangement die hermeneutischen Vorgänge des 'Verstehens', des 'Auslegens' sowie des 'Anwendens' deutlich voneinander zu trennen.

Diese Analysebeispiele exemplifizieren, wie Jauß seine rezeptionsästhetischen Erkenntnisse interpretatorisch angewendet wissen will; sie zeigen auch, daß er insofern traditionell vorgeht, als er die Textperspektive vorrangig behandelt und die Leserperspektive nachordnet. Seine Interpretationen beziehen den Rezeptionsvorgang zwar mit ein, binden ihn aber eng an den Text und leiten ihn stringent aus diesem ab. Jauß' Ausführungen über *Poiesis, Aisthesis und Katharsis* demonstrieren sein grundlegendes Verständnis von dem, was ästhetische Erfahrung bedeutet und umfaßt. Anders als in den exemplarischen Einzelanalysen kommt es ihm in diesem Zusammenhang weniger auf die Textperspektive als auf die leserbewegenden Folgen der Kunstrezeption an. So ist ihm die Rehabilitierung des ästhetischen Genießens, des genießenden Verstehens, ein dringendes Anliegen, dem er einigen Argumentationsraum widmet. Noch in seiner Konstanzer Antrittsrede hatte er den ästhetischen Genuß der Reflexion weit nachgeordnet und besonders auf Konsumliteratur beschränkt. Der 'spätere' Jauß tritt für das Recht des Rezipienten auf ästhetisch befreiendes Genießen ein, für ein Verständnis von Katharsis, das selbst Einfühlung und Identifikation – Begriffe, die während der ideologiekritischen Phase der Germanistik abgelehnt wurden – nicht ausschließt (und verbietet). Das reinigende, emotionale Affekte ansprechende und auslösende Moment gehöre unbedingt zur kathartischen Wirkung; aber – und das ist Jauß sehr wichtig – die ästhetische Erfahrung schafft gleichzeitig Freiheit für einen „*Selbstgenuß im Fremdgenuß*" (ibid., S.84)[16]. Hinzukommt ein weiteres für Jauß wesentliches Moment: das der kommunikativen Seite der kathartischen Wirkung, die freisetzt, ein vom Werk gefordertes Urteil zu geben, sich zu identifizieren, sich umstimmen oder sich überzeugen zu lassen. Diese kommunikative Wirkung ist auch durch die aisthetische Komponente – die rezeptive ästhetische Grunderfahrung überhaupt – des ästhetischen Prozesses möglich, „wenn der Betrachter im kontemplativen Akt, der seine Wahrnehmung erneuert, das Wahr-

---

16 „Die Formulierung: Selbstgenuß im Fremdgenuß habe ich gewählt, um die (...) 'Schwebe' als eine Hin- und Her-Bewegung zu charakterisieren, in der das Ich mit seinem irrealen Objekt, dem ästhetischen Gegenstand, zugleich sein Korrelat, das gleichfalls irrealisierte, aus seiner vorgegebenen Realität freigesetzte Subjekt, genießen kann" (ibid., S.84).

genommene als eine Mitteilung über die Welt des andern begreift (...)" (ibid., S.89). Aisthesis als „erkennendes Sehen und sehendes Wiedererkennen" (ibid., S.88) kann in Poiesis, der 'herstellenden' Seite des Prozesses, übergehen, wenn der Betrachter ein Werk als unvollendet ansieht und selbst weiterschaffend tätig wird.

Poiesis als die produktive Aktivität und Aisthesis als die rezeptive sind in der Jauß'schen Definition gleichfalls mit Genießen verbunden: Genuß an der Entstehung des Werkes, Genuß an der Aufnahme desselben. Jauß' Ausführungen zur Geschichte des Poiesis-Begriffes zeigen allerdings, daß diese herstellende Seite auf 'Experten' beschränkt bleibt (vgl. JAUSS 1982/1984, S.103–124). Im Unterschied zum – kontemplativen, reflexiven – aisthetischen Kunstverhältnis ist das kathartische 'bewegter': emotionaler Aufruhr, Abgeben eines eigenen Urteils, Identifikation, Veränderung der bis dahin vertretenen Überzeugung, sozusagen: aktives Genießen, im Unterschied zum passiven aisthetischen. Nach Jauß ergreift der ästhetische Prozeß also den 'ganzen Menschen' und schließt neben reflexiver Tätigkeit die emotionale Bewegtheit nicht aus. In seinen eigenen Literaturanalysen erscheint letztere allerdings nachgeordnet, während eine durchdachte Herangehensweise an die ausgewählten literarischen Texte deutlich im Vordergrund steht.

Jauß betrachtet den Leser in erster Linie als ideales Konstrukt und konzentriert sich vorwiegend auf eine philosophische Analyse der ästhetischen Erfahrung und auf die Entschlüsselung der innerliterarischen Horizonte. Es geht ihm weniger um den Lese- *als vielmehr um den Verstehensvorgang*, um die Möglichkeiten des „Sich-Verstehens im andern", um die Chance, durch Kunsterfahrung das „fremde Du in seinem Anderssein" erfahren zu können (JAUSS 1982/1984, S.683). Auswirkungen auf die literatur*didaktische* Diskussion hat vor allem sein Begriff des „lebensweltlichen Vorverständnisses" gehabt: Durch den Jauß'schen Entwurf des Erwartungshorizontes zu einer neuen Anerkennung gelangt, birgt er die Gefahr, eine alltagsweltliche Textaktualisierung oder -kritik, zu der Schüler neigen, zu sanktionieren. Sie erhalten die Genehmigung, sich auf das durch dritte nicht zu entkräftende Argument der eigenen, 'subjektiven' Erfahrung zu berufen. Jauß hat durch seine exemplarischen Literaturanalysen zwar deutlich gemacht, daß er unter diesem lebensweltbezogenen Vorverständnis eher *lesend* erworbenes Wissen und sachbezogene Kenntnisse versteht als alltägliches[17]. In seinen eigenen Analysen entsteht der Eindruck, daß es ihm sogar vorrangig (ausschließlich) um das solchermaßen erworbene Wissen geht. Aber Jauß ist die Voreinstellung des Lesers wichtig, weil dieser das Werk nicht „'zum Sprechen bringen kann'", wenn er sein Vorverständnis nicht miteinbezieht. Zwar hat er den „innerliterarischen Erwartungshorizont" zu ermitteln, aber dieser Akt gehört zum passiven Teil des Textverhaltens; der *aktive* Teil beginnt erst mit der Berücksichtigung des eigenen Horizonts[18]. Diese

---

17 „Daß in diesen lebensweltlichen Horizont selbst wieder literarische Erfahrungen eingegangen sind, bedarf kaum der Erläuterung" (JAUSS 1975, S.338).

18 Ausgehend von Isers „impliziten Leser" (s.u.) ergänzt Jauß um den „expliziten Leser" und meint damit den „historisch, gesellschaftlich und auch biographisch" differenzierten „Leser, der als immer wieder anderes Subjekt die erläuterte Horizontverschmelzung vollzieht" (JAUSS 1975, S.339).

große Wertschätzung, welche die Voreinstellung des Lesers erfährt wie auch der Versuch, in den literarischen Werken eine (zustimmende oder abweichende) Berücksichtigung des Erwartungshorizonts aufzufinden, birgt tendenziell die Gefahr, daß literarische Texte naiv lebensweltlich 'ausgelegt' werden und fiktional Fremdes an die eigenen Erlebnismöglichkeiten angeglichen wird[19].

Der Jauß'sche Entwurf eines 'Literatur-Verstehens' akzentuiert den außersprachlichen ideellen Bereich und gewichtet philosophische Phänomene stärker als die eigentümlichen Besonderheiten der literarischen Sprache. Jene ist aber 'Transportmittel' für das, was als Horizont des Textes definiert wird. Die Sprache des Textes ist allerdings nicht zwangsläufig identisch mit dem, was Jauß als „innerliterarischen Erwartungshorizont" definiert. Es handelt sich dabei um eine inhaltliche Festlegung, die keinen Objektivitätsanspruch erhebt, sondern die durchaus strittig sein kann. Da die durch die literarische Sprache evozierte 'Welt' mit der 'Lebenswelt' des Lesers nicht zwangsläufig zur Verschmelzung gebracht werden muß, ist Literatur-Lesen durchaus als ein (phasenweises?) 'Nicht-Verstehen' denkbar. Für didaktische Prozesse kann die Betonung der Differenz zwischen Text und Leser effektiv sein, wenn man vorschnelle Klärung und eiliges Beseitigen von Fragen, die möglichst gar nicht erst gestellt werden, verhindern will. Die von Jauß angestrebte Verschmelzung von Text- und Leser-Horizont als Ziel anzusteuern, scheint eher von einer leserpsychologischen als von einer sprachanalytischen Intention getragen.

Den Arbeiten Wolfgang Isers, die für die Aufwertung der Leserrolle grundlegend geworden sind, liegt eine andere Fragestellung zugrunde: Iser interessieren die spezifischen Eigenarten des literarischen Textes, insbesondere der *fiktionale* Charakter der Literatur[20]. So definiert er Fiktion als eine „Form ohne Realität" (ISER 1975/1988a, S.231), die weder tatsächliche Gegenstände hervorbringe noch Wirklichkeit abbilde, sondern Einsichten in diese parathalte und Transzendenz der jeweiligen (Lebens) Position für den Leser ermögliche. Fiktion ist nicht Wirklichkeit:

> „Wenn Fiktion nicht Wirklichkeit ist, so weniger deshalb, weil ihr die notwendigen Realitätsprädikate fehlen, sondern eher deshalb, weil sie Wirklichkeit so zu organisieren vermag, daß diese mitteilbar wird, weshalb sie das von ihr Organisierte nicht sein kann" (ISER 1975/1988b, S.278).

Gleichwohl ist Fiktionalität eine wirklichkeitsbildende Komponente eigen, die durch die spezifische Eigenart des Lesevorgangs geschaffen wird: Fiktion funktioniert als „Kommunikationsstruktur", als „Relais zwischen lesendem Subjekt und mitgeteilter Realität" (ibid.) und setzt, weil sie nicht mit Wirklichkeit identisch ist, eine Interaktion zwischen Text und Leser in Gang, die nun allerdings den Eindruck eines wirklichen Geschehens gewinnt: „Indem das Lesen den Text als Prozeß der Realisierung

---

19 Peter V. Zima sieht den Jaußschen Begriff des Erfahrungshorizonts in der Nähe zur „Weltanschauung" oder zum „Weltbild"; teilweise gingen diese Begriffe gar ineinander über (ZIMA 1991, S.233).

20 Daß Iser nach wie vor an dieser Frage interessiert ist, zeigt seine letzte Veröffentlichung aus dem Jahre 1991. Sie trägt den Titel *Das Fiktive und das Imaginäre* (ISER 1991).

entfaltet, konstituiert es den *Text als Wirklichkeit,* denn was immer Wirklichkeit sein mag, sie ist, indem sie geschieht" (ibid., S.297; Hervorh. E.K.P.) Diese durch den Lesevorgang entstehende „Wirklichkeit der Fiktion" – so der Titel des Aufsatzes – ist Iser sehr wichtig, wohl auch, um der Fiktion den abwertenden Ruf des Phantastischen, Unwahrscheinlichen und 'Märchenhaften' zu nehmen und sie in ihrer Bedeutung neu zu gewichten. Lesen ist somit nicht Flucht und Träumerei, sondern schafft und erfährt in der Auseinandersetzung mit der Fiktion eine 'höherwertige Wirklichkeit'. In einem Resümé gelangt Iser nämlich zu dem Schluß, daß der fiktive Text in einem gewissen Sinne gar die „*Vollendung"* der Wirklichkeit sei, weil er sie sowohl darstellt als auch neu und einmalig nur in dem jeweiligen Werk *bildet* (ISER 1975/1988b, S.312; Hervorh. E.K.P.).

Bekannter und (didaktisch) folgenreicher als diese lese-philosophischen Erörterungen ist Isers 'Leerstellentheorie' geworden: Iser begründet die Anwesenheit des Lesers im Text mit den 'nicht geschriebenen' Passagen, mit denen, die weiterdenkend komplementiert werden müssen. In exemplarischen Werkanalysen weist Iser die „Leerstellen" nach, welche die Arbeit eines Lesers zwingend erforderlich machen[21]. Diese „Leerstellen" bilden in Isers Konzept wichtige Beteiligungsangebote für den Leser. Überspitzt formuliert: Ohne den Leser ist das literarische Werk, insbesondere das der Moderne, nicht sehr viel wert. Nur sein künstlerischer, der vom Autor geschaffene Pol existiert unabhängig vom Leser. Der ästhetische Pol, die vom Leser geleistete Konkretisation, stellt überhaupt das Werk erst her, schafft aus dem bloßen 'Text' ein 'Werk'. Leerstellen entstehen im literarischen Text, wenn beispielsweise durch Montage-, Schnitt- oder Segmentiertechnik Störungen und Irrita-

---

21 Die rezeptionsästhetische Schule um Manfred Naumann, die auf der Basis einer materialistisch-marxistischen Ästhetik arbeitet, hat insbesondere die Isersche Konzeption heftig kritisiert (NAUMANN 1973/1975): Diese Theorie gehe davon aus, daß eine beliebige, bloß individuelle Rezeption stattfinde; der Leser werde als bloßes Individuum, nicht als gesellschaftliches Wesen betrachtet und Texte wie Leser erführen eine absolute Enthistorisierung. Hingegen berücksichtige Jauß immerhin den Zusammenhang von Literatur und Geschichte und beziehe denselben in seine Analysen ein. Allerdings wird auch ihm vorgeworfen, idealistisch zu verfahren, weil „die Rezeption nicht durch die gesellschaftliche Praxis und Erfahrung konkreter Leser (...), sondern innerliterarisch definiert wird" (ibid., S.136). Jauß verzichte auf die Einbeziehung der sozialen Differenziertheit und konzipiere so eine elitäre, literaturistische Literaturtheorie. Die Naumann-Gruppe entwirft hingegen eine Rezeptionsästhetik, die Autor, Werk und Leser als gesellschaftlich bestimmte Wesen bzw. Produkte ansieht; historische Bezüge seien aus diesem Grund zwangsläufig in Literatur enthalten und nachzuweisen. Zwar gehen auch die Leipziger Rezeptionsästhetiker davon aus, daß das Werk durch die Tätigkeit der Leser (hier wird zumeist der Plural verwendet, während Iser und Jauß den Singular gebrauchen!) erst 'vollendet' werde, sehen aber die Freiheit der Leser durch die „gegenständlichen Eigenschaften der Werke" (ibid., S.85) begrenzt. Mit dem Begriff 'Rezeptionsvorgabe' bezeichnen die Autoren die „Eigenschaft des Werkes, die Rezeption zu steuern" (ibid S.35). Das Anliegen der Leipziger Rezeptionsästhetiker ist – im Unterschied zu dem Jauß' und Isers – ein inhalts- und aufklärungsorientiertes; sie bestimmen ihr Ziel darin, „einen Beitrag zur Präzisierung der methodischen Verfahren zu leisten, die der historische und dialektische Materialismus zur Verfügung stellt, um die Literatur als eine Form der ästhetisch-künstlerischen Aneignung der Welt in der Spezifik ihrer gesellschaftlichen Erscheinungs- und Funktionsweise zu erfassen" (ibid., S.13). Die Distanz der Konstanzer Rezeptionsästhetiker gegenüber solchen Zieldefinitionen und ihre Konzentration auf die ästhetische Komponente und Wirkung der Texte provozierte die Kritik derjenigen, die Literatur nicht getrennt sehen wollen von Geschichte und Gesellschaft.

tionen in der Textentwicklung entstehen, wenn Erzählkommentare die Perspektive verändern und den Leser zu Urteilen herausfordern, wenn mit dem Mittel der Verfremdung das, was eigentlich erzählt werden soll, 'verstellt' wird. Diese Leerstellen stören den Leser, so daß er ständig bemüht ist, sie auszufüllen und zu beseitigen. Sie bilden innerhalb der Iserschen Theorie ein wesentliches Element, um die für das literarische Werk existentiell notwendige wie auch aktive Rolle des Lesers zu belegen. Diese Unbestimmtheitsbeträge stellen das „wichtigste Umschaltelement zwischen Text und Leser" dar (ISER 1975/1988a, S.248) und beweisen, daß der Leser bei der Textherstellung bereits mitgedacht war. Es handelt sich nicht um Lücken, sondern durch die Leerstellen wird die produktive Tätigkeit des Leser provoziert. Der „implizite Leser" als ein Idealkonstrukt „verkörpert die Gesamtheit der Vororientierungen, die ein fiktionaler Text seinen möglichen Lesern als Rezeptionsbedingungen anbietet" (ISER 1976, S.60). Bedeutungen sind nicht im Text 'versteckt', sondern werden „im Lesevorgang generiert" (ISER 1975/1988a, S.229), und zwar aufgrund der Leerstellen von unterschiedlichen Lesern zu unterschiedlichen Zeiten auf je eigene, neue Weise. Es handelt sich also bei den Leerstellen um schriftsprachlich *nicht* fixierte Textelemente, um gleichsam unsichtbare Bestandteile des Textes, die der Leser als bedeutsam erkennt und die er mit seinen Gedanken, Phantasien, Imaginationen 'füllen' muß. Mit diesen Leerstellen erklärt Iser die für Literatur charakteristische Unbestimmtheit: Da diese 'Stellen' nicht geschrieben stehen, können sie nie in 'bestimmte' umgewandelt werden, sind sie verantwortlich dafür, daß literarische Texte „geschichtsresistent" und stets neu adaptierfähig sind (ISER 1975/1988a, S.249). Wenngleich Iser auf diese Weise die ungeschriebenen Bestandteile des literarischen Textes zu systematisieren sucht, so birgt diese Aufwertung der 'leeren Stellen', die eine andere Gewichtung erhalten, wenn sie einen Namen bekommen, gleichzeitig das Problem der Unkontrollierbarkeit für einen dritten. Während die Leerstellen in seinem bekannt gewordenen Aufsatz über die *Appellstruktur der Texte* (ISER 1975/1988a) noch weitgehend offene Angebote an den Leser vorstellen, schränkt Iser im *Akt des Lesens* (1976) die Imaginations- und Assoziationsfreiheit ein:

Im *Akt des Lesens* entwickelt Iser seine Text- und Lesertheorie ausführlicher. Er bezieht sich auf die Sprechakttheorie von Searle und Austin und unterscheidet, diese auf die Text-Leser-Kommunikation übertragend, drei Textelemente: die des Repertoires, solche der Strategien und zuletzt das Element der Realisation (durch den Leser). Dabei bezeichnet das Textrepertoire „das selektierte Material, durch das der Text auf die Systeme seiner Umwelt bezogen ist, die im Prinzip solche der sozialen Lebenswelt und solche vorangegangener Literatur sind" (ISER 1976, S.143). Mit dieser Ergänzung begegnet Iser dem Vorwurf der ahistorischen Literaturbetrachtung, der ihm aufgrund seiner früheren Analysen gemacht wurde. Unter Repertoire versteht er „soziale und historische Normen" sowie den „sozio-kulturellen Kontext", aus dem heraus der Text entstanden ist (ibid., S.115). Allerdings wird dieser Hintergrund nicht unmittelbar 'widergespiegelt', sondern in Form von „'Wirklichkeitsmodelle(n)'" (ibid., S.118) als bereits systematisierte, verarbeitete und reduzierte Konstruktion von Welt den fiktionalen Bearbeitungen zugrundegelegt. Wenngleich Iser nun die Literatur in ihren historisch-sozialen Zusammenhang einbindet, so wendet er sich dagegen, Text und Welt in unmittelbare Beziehung zueinander zu setzen, und sieht zahlreiche fiktionsbildende Filter zwischen 'Wirklichkeit' und Text geschaltet. Den Textstrategien, dem zweiten der drei genannten Textelemente, kommt die Aufgabe zu, die nur virtuell vorhandene Äquivalenz des Repertoires zu konkretisieren und „die Sujetfügung des Textes genauso wie dessen Kommunikationsbedingungen" zu organisieren (ibid., S.144). Es handelt sich um Techniken wie beispielsweise die der gewählten Erzählperspektive, durch welche die „operativen Zielrichtungen" des Textes offenbar werden (ibid., S.157) und die dessen „'Innenbeziehungen'" so organisieren, daß der ästhetische Gegenstand überhaupt hervorgebracht wird (ibid., S.162). Nicht zufällig gebraucht Iser den Begriff Textperspektiven fast synonym mit dem der -strategien: Es sind die vier Perspektiven – Erzähl-, Figuren-, Handlungs- und die Perspektive der „Leserfiktion" (ibid., S.163) –, welche diese Innenorganisation des Textes bilden und welche dazu führen, daß der entwickelte Gegenstand überhaupt vorstellbar wird: „Der ästhetische Gegenstand [entsteht] aus dem Spiel dieser 'Innenperspektiven' des Textes. Er ist insofern ein ästhetischer, als ihn der Leser über die von der wechselnden Blickpunktkonstellation vorgezeichneten Lenkung hervorzubringen hat" (ibid., S.163). Das dritte Element des Textes, das des Lesers, kommt zwangsläufig ins Spiel, wenn der Text ein ästhetischer sein soll. Die verschiedenen Perspektiven, die divergent auseinanderlaufen können, werden durch die Struktur von Thema und Horizont (ein Begriffspaar, das Iser von Alfred Schütz übernimmt) so organisiert, daß sie den Leser lenken und ihm eine beliebige Textrealisation verweigert wird: Der Leser kann nicht alle Perspektiven gleichzeitig aufnehmen; diejenige, bei der er gerade angelangt ist, bildet das 'Thema', wobei allerdings all die anderen, zuvor realisierten Perspektiven nicht vergessen werden, sondern als 'Horizont' gegenwärtig bleiben. „In dieser Form organisiert die Thema- und Horizontstruktur die Zuwendungen des Lesers, wodurch sich zugleich der Text als ein System der Perspektivität konstituieren läßt" (ibid., S.164). Wichtig ist für Iser, daß durch diese Text-Leser-Konstruktion die Freiheit des Lesers eingeschränkt wird. Er kann sich nicht „alles und jedes" vorstellen, sondern wird durch die solchermaßen strukturierte Vermittlung durch den Text geleitet.

> „Nun ist der Horizont, in den der Leser einrückt, kein beliebiger; er bildet sich aus den Segmenten, die in den vergangenen Lektürephasen thematisch waren. Blickt der Leser beispielsweise auf ein bestimmtes Verhalten des Helden, das dadurch für ihn zum Thema wird, so ist der Horizont, von dem aus diese Zuwendung erfolgt, etwa durch ein Segment der Erzählperspektive bzw. ein solches der Nebenfiguren, der Handlung des Helden oder der Leserfiktion immer schon konditioniert" (ibid., S.164).

Iser scheint dem Vorwurf der subjektiven Beliebigkeit begegnen zu wollen, der an die Adresse seiner Leerstellentheorie gerichtet wurde. Er verweist auf diese durch die „Innenbeziehungen" des Textes entstehenden 'Sicherheiten', welche für jede Form der Realisation eine regulierende Funktion übernehmen. Diese Realisation des Textes durch den Leser untersucht er in einem Abschnitt über die Phänomenologie des Lesens, in dem er versucht, die „Erfassungsakte" zu verdeutlichen, „durch die der Text in das Bewußtsein des Lesers übersetzt wird" (ibid., S.177). Der Leser muß sich „als perspektivischer Punkt", als „wandernder Blickpunkt" durch den Text hindurchbewegen (ibid., S.178), da er ihn nicht wie beispielsweise ein zu betrachtendes Objekt unmittelbar als ganzes wahrnehmen kann. Diese Bewegung, die der Leser gezwungen ist zu vollziehen, produziert sowohl sein eigenes „Befangensein" (ibid., 208) – verstärkt durch die „latenten Störungen" (ibid., S.207), die fiktionale Texte mit sich tragen – , als auch seine Vorstellungsaktivitäten, da er nicht gleichzeitig 'in allem' sein kann. Daraus zieht Iser die Konsequenz: „Wir reagieren im Lesen auf das, *was wir selbst hervorgebracht haben*" (ibid., S.210; Hervorh. E.K.P.). Und so erklärt er die Tatsache, daß wir den Text als reales Geschehen auffassen und nicht als Objekt. Wir sind in ihn durch uns selbst 'verstrickt'. Auf diese Weise läßt sich das häufig konstatierte und für wissenschaftliches Literaturlesen ebenso häufig beklagte Identifikationsphänomen begründen, das nach Isers Auffassung nur ein scheinbares ist: Es resultiert daraus, daß die für Erkenntnis notwendige Subjekt-Objekt-Spaltung beim Lesen aufgehoben ist, weil wir mehr mit uns selbst zu tun haben als mit dem geschriebenen Text. Da wir uns nicht mit uns selbst, sondern nur mit anderen identifizieren können, handelt es sich beim Lesen um eine „eigentümliche 'Verschmelzung'" (ibid., S.249) dergestalt, daß der Leser durch den Lektüreakt zum Subjekt der Gedanken eines anderen wird. Demnach charakterisiert sich der Lesevorgang nicht als Identifikation, sondern der Leser denkt die Gedanken eines anderen als die seinen und erlebt eine – natürlich künstliche – Spaltung: Es ist nicht sein eigenes Subjekt, sondern ein fremdes in ihm, das diese Gedanken denkt. Darin sieht Iser die große Chance des Lesens begründet, Fremderfahrungen zu ermöglichen. Hinzu kommt ein weiteres, das Lesen charakterisierende Moment: Im Unterschied zur Wahrnehmung, für die ein Objekt vorhanden sein muß, beruht die Einbildungskraft, die während des Lesens unweigerlich aktiviert wird, auf der *Vorstellung*; für diese ist aber konstitutiv, daß sie sich auf ein Abwesendes, auf ein Nicht-Vorhandenes stützt. Die Beziehung ist sogar weitaus komplizierter und hat Auswirkungen auf die zeitliche Dimension des Leseprozesses:

> „Durch die Vorstellung produzieren wir ein Bild des imaginären Gegenstandes, der als solcher im Unterschied zur Wahrnehmung nicht gegeben ist. Doch indem wir uns etwas vorstellen, sind wir zugleich in der Präsenz des Vorgestellten; denn dieses existiert während seines Vorgestelltseins nur durch uns, so daß wir in der Gegenwart dessen sind, was wir hervorgebracht haben" (ibid., S.225).

Die realen Lebenserfahrungen der Leser finden keine identische Entsprechung in den fiktiven literarischen Textfassungen. Allerdings leugnet Iser den jeweiligen Erfahrungshintergrund des Lesers nicht und weist darauf hin, daß derselbe bei jeder Textrealisierung eine Rolle spielt und durch diesen beeinflußt/verändert werden kann. Durch die mangelnde Deckung zwischen Lebens- und Textwirklichkeit entsteht „ein gewisses Maß an Unbestimmtheit", das der Leser im Akt der Lektüre zu „'normalisieren'" versucht (ISER 1975/1988a, S.233), was abhängig von Text und Leser unterschiedlich gelingt: Je widerspenstiger die Welt des Textes, um so komplizierter eine Angleichung an die eigene Welt; sie kann gar unmöglich werden. Die Textwelt formiert sich dann zu einer Konkurrenz, so daß Rückwirkungen auf die bekannte Welt nicht ausbleiben können. Die eingebrachte Leserperspektive erscheint anders als in Jaußens ästhetischem Konzept, in dem die Horizontverschmelzung von Text- und Leser-Einstellung als ein wichtiges Ziel genannt war. In Isers Entwürfen dominiert die Textperspektive, während die Erwartung und Einstellung des Lesers dieser eher untergeordnet werden. Außerdem sind Gegensätze zwischen den beiden Perspektiven denkbar, die zu Reibungen und Verschiebungen führen. Überhaupt ist der Lesevorgang deutlicher ein Arbeitsvorgang. Nicht zufällig erwähnt Jauß emotionale Regungen wie „Genuß erfüllter Erwartungen" und „Entlastung von Zwang und Monotonie des Alltags" als mögliche Leserreaktionen (JAUSS 1975, S.338); nicht zufällig plädiert er für das Recht auf ästhetischen Genuß (JAUSS 1982/1984, S.80). Iser hingegen betrachtet das Lesen fiktiver Texte als arbeitsintensive Handlung, in der man es mit Widerständen und Widersprüchen zu tun hat: Leerstellen verhindern Identifikation und Genuß. Wichtig ist ihm allerdings die Veränderung durch den Lesevorgang: „Durch die Erfahrung des Textes geschieht etwas mit unserer Erfahrung" (ISER 1976, S.215). Lesen gehört zum Bereich der ästhetischen Erfahrung und dieser sei eigen, daß sie den Erwerb der Erfahrung während des Vorgangs selbst bewußt werden lasse und von der Einsicht in das Zustandekommen begleitet sei. Der Lesende ist nicht nur 'verstrickt', sondern er befindet sich gleichzeitig in Distanz zu sich und zu seinem Tun. Wichtig sind an dem Iserschen Erfahrungsbegriff die Momente Reflexivität und Transparenz; begründet darin, daß die ästhetische Erfahrung vor allem in der produktiven Antwort auf eine erfahrene *Differenz* besteht. Iser betont den Kontrast von Kunst und Welt, während Jauß durchaus kathartisch genießende Identifikation – „Selbstgenuß im Fremdgenuß" (JAUSS 1982/1984, S.88) – in die ästhetische Kommunikation einbezogen sehen will. Grundsätzlich ergänzen sich diese beiden theoretischen Konzeptionen aber eher, als daß sie sich widersprächen: Beide messen der Textperspektive sehr viel Gewicht bei; beide wollen den Leser berücksichtigt wissen, wobei Jauß von der Rekonstruktion der zeitgenössischen Erfahrungshorizonte ausgeht und diese zu möglichen gegenwärtigen in Bezug setzt; Iser hingegen ist bestrebt, die, besonders in modernen literarischen Texten mitbedachte Leseranwesenheit zu begründen. Während Jauß so etwas wie genießendes Verstehen mit der Kunstrezeption verbindet, akzentuiert Iser eher die Trennung zwischen Text- und Leserwelt, die gerade durch ihr widerspruchsreiches Aufeinanderstoßen zu einer ästhetischen Erfahrung führt. So sehr die Aktivität des Lesenden betont wird, so isoliert bleibt dieses Tun in einer bloß konstruierten Gedankenwelt. Weder Wolfgang Iser noch Hans Robert Jauß gehen auf die 'Transportmittel' ein, die das Lesen für dritte erst erfahrbar werden lassen, weder Sprechen noch Schreiben werden in ihren Konzeptionen reflektiert. So verbleibt das Lesen in einem abgeschlossenen Innenraum, der nur idealtypisch gekennzeichnet wird. Jauß konzentriert sich auf das verstehende bzw. das befreiend-genießende Lesen, darauf, wie Lese- und Text-Horizont sich (fremd) gegenüberstehen können und wie sie in (verschmelzenden) Einklang zu bringen sind. Iser geht es um das Verhältnis von Wirklichkeit und Fiktion, um die Realität des Lesevorgangs und darum, dem Fiktiven – als dem 'eigentlichen' – zu seinem ihm zukommenden Recht zu verhelfen. Seine Aufwertung des Lesevorgangs und dessen, was der Leser leistet und was für diesen 'geschieht', stilisiert das Lesen zu einer utopischen Kraft, die sich, obwohl eigentlich von der Sprache des Textes abhängig, in einem ideellen Raum abzuspielen scheint. Im Grunde treffen auf Isers Lesekonzeption dieselben Bedenken zu wie auf die Jaußens: Über die philosophische Reflexion dessen, was durch das Lesen literarischer Texte bewirkt wird, gerät die materielle Basis, die Sprache, in den Hintergrund; die viel beschworene Aktivität des Lesers verbleibt eine phantasierend-philosophierende und damit 'unsichtbare'.

Der Rekurs auf die Rezeptions- und Wirkungsästhetik zeigt, daß diese Theorien den Weg bereiten für den schreibenden Leser, der zwar in diesen Konzeptionen fehlt, der aber im nächsten Schritt eine folgerichtige Konsequenz vorstellt: Wenn der Leser*aktivität* eine so hohe Wertschätzung zur eigentlichen Komplementierung des Werkes eingeräumt wird, dann ist es nur konsequent, das *lesende* in ein *schreibendes* Tun zu überführen – so wie Jauß und Iser es mit ihren Publikationen über (ihre eigenen?) Leseprozesse ausführlich praktizieren –, weil die Aktivität sonst nicht dauerhaft sichtbar würde. Die Literaturdidaktik, die auf diesen Literaturtheorien aufbaut, hat diese Konsequenz erkannt und umgesetzt.

4. Literaturdidaktische Folgen

Die rezeptionsästhetischen Theorien haben für die literaturdidaktische Entwicklung der siebziger und besonders der achtziger Jahre nicht nur in der theoretischen Diskussion Auswirkungen gezeitigt: Sie haben zu einer Entdeckung des lesenden Schülersubjekts geführt. Die Öffnung der literarischen Kommunikation auf den Leser hin hat den Literaturunterricht zunächst aus einer werkimmanenten, dann einer ideologiekritischen 'Sackgasse' herausgeführt und dem Unterrichtenden Strategien versprochen, wie Literatur-Lesen und -Erarbeiten schülerorientierter zu organisieren sei. Die im Rahmen des ersten Kapitels unter dem Stichwort Produktionsdidaktik zusammengefaßten didaktischen Positionen stehen mehr oder weniger in der Tradition der rezeptionsästhetisch gewonnenen Erkenntnisse. Sie zeigen gleichzeitig, wie die von Jauß und Iser entwickelten Lese-Theorien schreibdidaktisch genutzt wurden, da beispielsweise eine 'Leerstellenausfüllung' auch schreibend geschehen, der lebensweltliche Erwartungshorizont schriftlich notiert werden kann. Es blieb in der Folge der 'rezeptionsästhetischen Euphorie' nicht aus, daß der Jauß'sche lebensweltliche Erwartungshorizont ebenso einseitig interpretiert wurde, wie auch die Isersche Leerstellentheorie dazu führte, daß das Nichtgeschriebene ausschließliche Beachtung fand und das 'Geschriebene' fast gänzlich überlesen wurde. Die Entdekkung des lesenden Schülersubjekts leitete gleichzeitig eine literaturdidaktische Ära ein, in der Zielformulierungen wie 'Spaß am Literaturlesen', 'Erhöhung der Motivation' und 'affektiv-emotionales Lernen' legitim wurden (vgl. beispielsweise HAAS 1984): Der Literaturunterricht entwickelte sich in der Folge dieser Tendenzen zu einer 'Fluchtburg' gegen die zunehmend in Mißkredit geratenen einseitig intellektuellen Leistungsanforderungen der Schule. Einhergehend mit der Aufwertung jeder einzelnen Schülerreaktion, verläßt die Literaturdidaktik ihr bis dahin vertrautes kognitiv-analytisches oder pädagogisch-aufklärerisches Feld und begibt sich in einen noch unvertrauten, unübersehbaren Raum: Von der subjektorientierten Rezeptions-Konzeption her liegt es nahe, diesen so weitgehend wie möglich mit dem zu füllen, was den – wie auch immer verstandenen und entstandenen – 'Bedürfnissen' der Schüler entspricht. Daß sich hier erneut eine 'Sackgasse' auftut, verwundert nicht. Wie wir gesehen haben, ließen sich solch lustbetonte Tendenzen aus der Jauß'schen Ästhetik vielleicht ableiten lassen – aus der Isers sicherlich nicht! –, wenngleich einer solchen sinnlich-kreativen Akzentsetzung gleichzeitig eine verkürzte Interpretation des dort entwickelten Katharsis-Begriffs zugrunde liegt.

Im folgenden sollen exemplarisch gewählte rezeptionsdidaktische 'Stationen' nachgezeichnet und diskutiert werden, die nicht vorrangig schreibdidaktisch orientiert sind und die eine praktische Konkretisierung der neu gewichteten Leseaktivität demonstrieren:[22] Die Arbeiten der Berliner Gruppe um Hartmut Eggert sind nicht nur für die siebziger Jahre kennzeichnend, sie gehören zu den noch immer zitierten, wenn es um Rezeptionsdidaktik geht; auch Müller-Michaels' Konzept der Handlungsforschung und Baurmanns empirisch ausgerichtete Rezeptionsstudie haben die Rezeptionsdidaktik beeinflußt. Auf die Arbeiten Harald Frommers wird u.a. deswegen eingegangen, weil sie unterrichtspraktische Relevanz erlangt haben und in Seminaren (der zweiten Phase) wie auch von Lehrern gelesen und angewendet werden; darüber hinaus charakterisieren sie eine wesentliche Tendenz der achtziger Jahre.

Die neue Konzentration auf das Schülersubjekt spiegelt sich in dem Erfahrungsbericht *Schüler im Literaturunterricht* (EGGERT/BERG/RUTSCHKY 1975a), der erstmals zu dokumentieren und auszuwerten versuchte, *was tagtäglich im normalen Literaturunterricht geschieht*. In dieser Reflexion des deutschunterrichtlichen Schulalltags geht das Autorenkollektiv nicht auf Jauß oder Iser ein, obwohl die rezeptionsästhetischen Forschungen den hier vorgelegten Beobachtungen und Unterrichtsvorschlägen ganz offensichtlich zugrunde liegen. Deutlich wird denn auch in einem anderen, im selben Jahr erschienenen Aufsatz, daß die Autoren sich intensiv mit der Rezeptionsästhetik Hans Robert Jauß' auseinandergesetzt haben (EGGERT/BERG/RUTSCHKY 1975b). Dieser Aufsatz kann als theoretisches Fundament des rezeptionspragmatischen „Erfahrungsberichts" – so der Untertitel zu *Schüler im Literaturunterricht* – gelesen werden: Eggert und Rutschky bemängeln an der Jauß'schen Theorie, wie viele andere Kritiker auch, den fehlenden Bezug zur Sozialwissenschaft und zur Psychologie und stellen dagegen die These auf, daß die Rezeption des jeweiligen Schülers abhängt von der – öffentlichen – Situation, in der sie zustandekommt (und natürlich von seinem sozialen background): Die Interviews, die sie mit einzelnen Schülern über einen ausgewählten literarischen Text durchgeführt haben, dokumentieren ihrer Auffassung nach, wie stark diese Gesprächsform Einfluß auf den Verlauf des Rezeptionsprozesses nimmt. Übertragen werden können diese Erkenntnisse auf den Deutschunterricht, der gleichfalls ein

---

22 Da diese Arbeit nicht vorrangig rezeptionsorientierten Fragen gewidmet ist, wird für die folgende Erörterung kein vollständiger Überblick über die rezeptionsdidaktische Literatur angestrebt; verwiesen sei diesbezüglich auf HEIN 1972; HEUERMANN/HÜHN/RÖTTGER 1975; HILLMANN 1974/1975; NÜNDEL/SCHLOTTHAUS 1978; KREFT/WELLNER/VOLLERTSEN 1981; HEUERMANN/HÜHN/RÖTTGER 1982; DER DEUTSCHUNTERRICHT (1977) H.2; ZEITSCHRIFT FÜR LITERATURWISSENSCHAFT UND LINGUISTIK (1974) H.15.

öffentliches Forum darstellt und in dem die Schüler ein bestimmtes Rede- und Verhaltensrepertoire an den Tag legen. Sie stellen dieser offiziellen Rezeptionsform eine private gegenüber. Die „private Konkretisation" (ibid., S.276) sei dem Phantasieren des Erwachsenen ähnlich, nicht für eine Veröffentlichung geeignet/gedacht und gehe so weit, daß „das Lesen selbst (...) beinahe geheim bleiben [muß]" (ibid., S.277). Im deutlichen Unterschied dazu provoziert der literarische Text eine andere Reaktion, wenn er im schulähnlichen Kontext rezipiert wird. Die „Präsenz von Rollenmustern" (ibid., S.283) schreibt dem Text zwangsläufig bestimmte Eigenschaften zu, und die institutionelle Prägung des Interpretations- und Lektüreverhaltens steuert das Verhältnis von Text und Leser, zu seinem Nachteil, wie die Autoren befinden: „Bei den [durch die Interviews; E.K.P.] veröffentlichten Rezeptionen handelt es sich vielfach um (...) eingeschliffene, zuweilen ritualisierte Rollenmuster (...)" (ibid.). Eben jene institutionalisierten Verformungen der Rezeption würden von Hans Robert Jauß nicht genügend berücksichtigt, der idealistisch von einem einsamen „Privatleser" ausgehe und die kontextuelle Beeinflussung der Rezeptionen nicht beachte (ibid., S.274); diese dominierten aber nicht nur das Text-Verständnis und -Verstehen. Vielmehr schreibe die jeweilige soziale Situationen dem literarischen Text bestimmte Eigenschaften zu und bestimme teilweise sogar die Rezeption: „Der literarische Text bekommt in verschiedenen sozialen Situationen Eigenschaften, die die Aufgabe des Verständnisses strukturieren" (ibid., S.286).

In einem späteren Aufsatz diskutieren Eggert und Rutschky das widerspruchsvolle Verhältnis von *ermitteln* wollender Rezeptionsforschung und die Rezeption *verbessern* wollender Literaturdidaktik. Sie ordnen die rezeptionsästhetische Forschung in die literaturwissenschaftliche – d.h. in erster Linie in die hermeneutisch orientierte – Interpretationspraxis ein und zeigen auf, daß die Konstanzer Forscher das „hermeneutische Paradigma" – ein literarischer Text sei auf einen „substantiellen Sinn" hin zu interpretieren (EGGERT/RUTSCHKY 1977, S.20) – außer Kraft setzen wollen. Im Unterschied zur „quasitranszendentale(n)" Rezeptionsästhetik erblicken Eggert und Rutschky in der „irdischen" Rezeptionsforschung die Chance, eine Form „literarischer Öffentlichkeit" im Unterricht zu realisieren (ibid., S.22), indem die einzelnen Schülerleser sich mit ihren Interpretationen wie mit dem „Insgesamt" ihrer Biographie in den Prozeß der Textlektüre einbringen können (ibid).

Eine solch 'irdische' Rezeptionsstudie ist *Schüler im Literaturunterricht*. Eggert, Berg und Rutschky versuchen, den idealen Blick auf den Leser zu konkretisieren und ihn sowohl zu den Schüler-Personen als auch zu den entsprechenden Text-Kennenlern-Arrangements in Beziehung zu setzen. Die „Fallstudie aus dem Deutschunterricht" (EGGERT/BERG/RUTSCHKY 1975a, S.9) will die rezeptionsorientierte *Theorie* in die *Praxis* umsetzen: „Bei unserer (...) Planung gingen wir von dem theoretischen Ansatz aus, daß die Literaturrezeption von Schülern – grob gesagt – ernst genommen werden muß, wenn sich der Literaturunterricht nicht gleich in Fiktionen verfangen soll" (ibid., S.35/36). Der unterrichtende Lehrer wird in dieser Unterrichtskonzeption als Teilnehmer einer literarischen Diskussion verstanden, der seine Interessen am Text transparent machen, diese aber den Schülern nicht aufzwingen soll: eine konsequente Umsetzung des rezeptionsästhetischen Gedankens, daß jeder Leser der Offenheit des Textes auf eigene Weise begegnet. Die Autoren präsentieren über die eigentlich unterrichtende Lehrerin während des beobachteten Schulhalbjahres ein breites Spektrum literarischer Texte, um die Schülerreaktionen zu erproben, dieses Mal im Klassenzusammenhang, nicht im Einzelgespräch. Sie gehen dabei von unterschiedlichen Text-Inhalten aus, methodisch werden die Stunden kaum variiert und finden nahezu immer in Form von relativ offenen Unterrichtsgesprächen statt, denen zumeist eine zwischen Forschergruppe und Lehrerin abgesprochene Fragestrategie zugrundelag.

Wichtig an diesem Bericht ist, daß er offenlegt, zu welchen literaturorientierten Erkenntnissen selbst (Literatur)Wissenschaftler noch gelangen können, wenn sie die Rezeptionsvorgänge von jugendlichen Schülern verfolgen und ernstnehmen. Deutlich wird dies an den beiden Unterrichtseinheiten zu Franz Kafkas *Bericht für eine Akademie* und Robert Musils *Die Verwirrungen des Zöglings Törleß*. So hält einer der Autoren nach einer Kafka-Stunde fest: „Berg schreibt (...), der Text sei für die Klasse 'nörgelfest' gewesen. Das war Kafkas Erzählung gewiß; aber dem Rezensenten war entgangen, in welch schmerzhaftem Prozeß sie 'nörgelfest' gemacht wurde" (ibid., S.55). Daß Kafkas *Bericht* Vereinfachungs- und Trivialisierungsversuchen sechzehnjähriger Schüler widersteht, ist ein neues Kriterium für die Einschätzung und Kommentierung dieses kanonisierten Textes. Wenn man zusätzlich einbezieht, wie schwer es den Schülern fällt, die Vieldeutigkeit des Kafka-Textes zu akzeptieren, erhalten wir nicht nur Informationen über den Rezeptionsprozeß, sondern auch solche, die (neue?) Aussagen über den literarischen Text erlauben.

Die Autoren verfolgen die Rezeptionen der Schüler und setzen sie zu der von ihnen intensiv diskutierten und sehr bewußt reflektierten Literaturauswahl in Beziehung. Sie überprüfen die ausgewählten Texte wie auch die entwickelten Unterrichtsschwerpunkte anhand der Schülerreaktionen und gelangen so nur zu einer Kritik an den von ihnen gewählten Diskussionsschwerpunkten, nicht aber zu einer, die den Schülern Unfähigkeit oder Desinteresse zum Vorwurf macht. Die Erfahrungen, die man mit den *Verwirrungen des Zöglings Törleß* in der Klasse erlebt, werden entwicklungspsychologisch gedeutet: Die Schüler können über einige zentrale Probleme des Romans – z.B. Sexualität, besonders die zwischen gleichgeschlechtlichen Partnern – noch nicht metasprachlich kommunizieren, weswegen sie in Trivialisierungen ausweichen und den Roman – nach dem Eindruck der Beobachtergruppe – eher abwehren.

> „Während des Unterrichts wurde uns nicht recht deutlich, was die Schüler mit Musils Roman anfingen. Vor allem aus einem Grund: statt ihre eigene Meinung über Törleß mitzuteilen, zitierten sie Musil. Das hatten wir damals vor allem als Indiz der Abwehr gedeutet, heute können wir es auch als Indiz des Lernens verstehen: das ausführliche Zitieren wäre ein Hineintasten in noch unbegriffene Erkenntnisse. Daß die Schüler den Text abwehrten, hatten wir damals den ersten drei Stunden abgelesen, und diese Einschätzung bestimmte die weitere Unterrichtsgestaltung" (ibid., S.114).

Der Unterricht gilt in den Augen der Autoren eindeutig als gelungen, wenn die Schüler den präsentierten literarischen Text zu dem ihren machen und ihn engagiert zu einer sie betreffenden Angelegenheit werden lassen. Daß die Klasse Musils *Tör-*

leß distanziert diskutiert, verunsichert die Beobachter, anstatt daß sie – angesichts der philosophischen Komplexität dieses Romans – überhaupt die Bereitschaft zu einer analytischen Auseinandersetzung mit dem anspruchsvollen Prosatext würdigten. Zu dieser Erkenntnis gelangen sie erst später, zum Ende der Einheit hin und einige Monate danach, als einige Schüler den *Törleß* als Textentscheidung lobend erwähnen.

Dieser frühe Erfahrungsbericht macht deutlich, welch geringe Kenntnisse über schulische Literaturrezeption zu Beginn der Rezeptionsforschung vorlagen. So zeigen die Reflexionen über (angeblich) gescheiterte Unterrichtseinheiten erstaunte, überraschte, verunsicherte und verwirrte Beobachter[23], die den Unterrichtsverlauf teilweise mißdeuten oder denen eine Klärung erst einige Zeit nach Beendigung der Einheit gelingt. Auffällig ist insgesamt, daß die Kriterien für ein Ge- oder Mißlingen der Unterrichtseinheiten erst im Verlauf der Erfahrung wachsen, sich modifizieren und für jede Einheit neu überdacht werden müssen (vgl. Ausführungen zum *Törleß*). Sowohl die Planung der Stunden als auch die Auswertung sind von tatsächlicher Neugierde getragen: Die Forscher wissen wirklich nicht, wie die Schüler auf die von ihnen ausgewählte Literatur reagieren werden: „Wie würden sich die Schüler zu diesem Text stellen, vor allem zu seinen heiklen Themen, den homoerotischen und sadomasochistischen Beziehungen (ibid., S.113)?" Aufgrund dieser Neugier nimmt die Darstellung und Auswertung der Schülerreaktionen in ihrem Bericht den größten Raum ein. So interpretieren sie beispielsweise die literarischen Texte nicht oder nur sehr kursorisch und begründen ihre jeweiligen Textentscheidungen eher allgemein[24]. Die Eggert-Gruppe ist so sehr daran interessiert, vor allem die mündlichen Stellungnahmen und Kommentare der Schüler zu den literarischen Texten zu hören, daß sie sogar eine Reihe mit dem Ziel planten, das „'Rumreden über Literatur'" zu rechtfertigen (ibid., S.73). An schriftlichen Dokumentationen liegen sowohl ausgewählte (Haus)Aufsätze vor, die eher der klassischen Schreibform entsprechen, als auch einige Ergebnisse eines literarischen Rollenspiels (zu *Kohlhaas*). Insgesamt wird aber der schriftlichen Rezeption nicht die gleiche Aufmerksamkeit zuteil wie der mündlichen.

Geschriebene Rezeptionsdokumente werten Eggert und Rutschky hingegen in ihrem Band über *Literarisches Rollenspiel in der Schule* aus (EGGERT/RUTSCHKY 1978), in dem sie als Alternative zum üblichen interpretatorischen Schreiben den Vorschlag entwickeln, fiktionale Gestalten und Konflikte schreibend aus- und weitergestalten zu lassen. Ausgegangen wurde von literarischen Werken, die zuvor im Unterricht ausführlich erarbeitet worden waren[25]. Als Aufsatzthemen erhielten die

---

23 In ihrer Schlußbemerkung heben die Autoren das Moment der „Überraschung" ganz besonders hervor, das ihnen die Schüler immer wieder bereitet haben (ibid., S.140).

24 „(...) eine unserer Maximen war, den Schülern nur 'gute Sachen' zu präsentieren" (ibid., S.42).

25 Diese Aufgabenstellung gehört eigentlich zum produktionsorientierten Deutschunterricht, wird aber trotzdem im Kontext der Rezeptionsdidaktik verhandelt, weil sie für die Gruppe um Eggert herum eindeutig aus diesem Zusammenhang heraus entstanden ist: Eggert interessiert sowohl die aus den Schülertexten ableitbare Lesart des literarischen Textes als auch die dadurch zum Vorschein kommende Schülerpersönlichkeit.

Schüler die Möglichkeit, Augenzeugenberichte, Briefe, Gutachten oder Reportagen zu schreiben, die inhaltlich die zuvor gelesene Literatur 'weiterzuspinnen' erlaubten. Dezidierter noch als in dem ersten Forschungsbericht vertritt Hartmut Eggert die Position, daß die jeweilige Schülerpersönlichkeit in die Auswertung der geschriebenen Texte einbezogen werden müsse, damit die „psychische und soziale Dynamik" nicht aus dem Blick gerate, auf deren Hintergrund die Schülertexte geschrieben wurden (ibid., S.28). Die mögliche Nähe der Rezeptionsforschung zu psychologischen Fragestellungen zeigt sich, wenn die Textdeutungen zu stenogrammartigen Schülerpsychogrammen werden; fiktional Geschriebenes legt mehr und anderes offen als Gesprochenes. Wie geht man damit um? Eggert und Rutschky ermutigen dazu, zumindest zur Kenntnis zu nehmen, was der jeweilige Schreiber auch über sich selbst mitteilt, diese indirekt transportierten Auskünfte aber nicht zum Diskussionsgegenstand werden zu lassen.

Die Wendung vom mündlichen zum schriftlichen Rezeptionsvorgang, den die Gruppe um Eggert vollzieht, ist symptomatisch für die an Rezeptionsprozessen interessierte Didaktik, die in der Folgezeit immer häufiger zu einer Schreibdidaktik (oder zu einer schülerpsychologischen Forschung) wird[26]. Sie lenkt damit von den eigentlichen Problemen einer *Lese*didaktik ab, weil sie die tatsächliche *Arbeit des Lesens* vielfach übergeht: Meist ist schon gelesen worden, wenn die Rezeptionsdidaktik beginnt. Auf die konkreten Leseprobleme, die die Schüler einer zehnten Klasse beispielsweise mit Musils *Törleß* oder mit Kleists *Michael Kohlhaas* möglicherweise gehabt haben, gehen die Verfasser nicht ein, obwohl selbst ein erfahrener und erwachsener Leser einige Aufmerksamkeit sammeln muß, wenn er diese beiden Texte liest. Auch die weiteren literaturdidaktischen Modelle, die sich auf die rezeptionsästhetische Theorie beziehen, streben sprechende oder – immer häufiger – schreibende Umsetzung dessen an, was der einzelne Leser glaubt, gelesen zu haben bzw. was sich im öffentlichen Diskurs als sein Leseergebnis herausstellt: Insofern bietet die Rezeptionstheorie, die sich auf den Lesevorgang und die damit zusammenhängenden Ereignisse konzentriert, der Literaturdidaktik eine am einzelnen Schülersubjekt orientierte 'Brücke', um das 'philosophische Lesen in das praktische Schreiben' zu überführen. Anders als der auf (das eine richtige) Interpretationsergebnis fixierte Deutschunterricht hat die Rezeptionsästhetik den Boden bereitet für eine neue Vermittlung zwischen Lesen und Schreiben, weil sie unbefangenere, dem Lesen näher stehende (Schreib)Äußerungen erlaubt, als es die reflektierte Interpretation ermöglicht.

Die Kritik an einer 'idealen' Rezeptionsforschung, die Text-Begegnungsumstände wie auch leserpersönliche Dispositionen ignoriert, weist auf ein Moment hin, das besonders für den schulisch dirigierten Textumgang eine Rolle zu spielen scheint: Der Schüler liest den Text nicht von sich aus, sondern wird dazu aufgefordert. Angesichts dieser immer wieder laut werdenden Kritik an der durch den Unterricht

---

26 Hier ist besonders auf das von Heiner Willenberg u.a. herausgegebene *Zur Psychologie des Literaturunterrichts* hinzuweisen (WILLENBERG 1987), das den – in erster Linie redend stattfindenden – Rezeptionsprozeß unter psychologischen Fragestellungen untersucht.

vorgeprägten Textauswahl gilt es zu bedenken, daß es grundsätzlich kein unbeein-flußtes Lesen und Rezipieren gibt; selbst die scheinbar private kindliche Lektüre Marcel Prousts ist bereits durch die (elterliche oder sonstwie zustandegekommene) Buchauswahl geprägt, durch Urteile von Mitschülern oder solche von Erwachsenen. Insofern sollte man die Rezeptionsfolgen schulischer Zwänge, denen auch ein an-geblich liberaler Literaturunterricht unterliegt, nicht überbewerten, sondern als eine Form der öffentlichen Text-Leser-Begegnung begreifen, die nicht nur Nachteile aufzuweisen hat: So ist es eher bemerkenswert, wenn die Schüler bei den Interviews von sich aus auf stilistische, syntaktische und formale Auffälligkeiten der Texte hinwiesen (EGGERT/BERG/RUTSCHKY 1975b, S.282). Ein solches Verhalten zu dem vorgelegten Text zeigt, daß eine textanalytische Schulung selbständige Anwendung findet, wie man auch erlernte Regeln und Gesetze gebraucht, um eine unbekannte Mathematikaufgabe zu lösen. Die Autoren sehen diese Strategie mit Bedenken und lesen sie als Beleg für schulisch dominierten Textumgang. Aber die für die Inter-views vorgelegten Texte sind so anspruchsvoll, daß Sprachgenauigkeit und im Lite-raturunterricht erworbene Analysetechniken nicht nur hilfreich, sondern geradezu gefordert sind: Es handelt sich bei Kleists Paradoxe *Von der Überlegung*, bei Kaf-kas *Auf der Galerie*, bei Kleists Anekdote *Tagesbegebenheit* allesamt um Textbei-spiele, die Übung in Textanalyse verlangen.

Die didaktischen Folgen der Rezeptionsästhetik gehen im Verlauf der achtziger Jahre in den produktionsorientierten Literaturunterricht über, der von Harro Müller-Michaels bereits Mitte der siebziger Jahre in Anknüpfung an Hans Robert Jauß entwickelt wurde. In seiner 1977 in Bochum unter dem Titel *Literatur im Alltag und Unterricht* gehaltenen Antrittsvorlesung konkretisiert Müller-Michaels den Jauß'schen Erfahrungshorizont, wenn er seinen Zusammenhang von Literatur und Leben erläutert:

> „Die Beschreibung von Applikation literarischen Verstehens auf kon-krete Lebens- und Lernsituationen ergänzt die literarischen und litera-turwissenschaftlichen Erkenntnisse um die Dimension der Anwendung und umgekehrt gibt das Wissen um die *praktische Bedeutsamkeit* litera-rischen Handelns und Wissens den wissenschaftlichen Bemühungen um Klarheit und Vollständigkeit eine gewichtige Legitimation." (MÜLLER-MICHAELS 1978, S.40; Hervorh. E.K.P.).

Müller-Michaels vermißt in der Jauß'schen Konzeption genau diesen konkreten Bezug zur tatsächlichen Lebenspraxis. In der von ihm entworfenen rezeptionsprag-matischen Didaktik begründet er eine Rückbezüglichkeit der Literatur auf das Le-ben, die insbesondere bei nicht-wissenschaftlichen Literaturlesern – wie es Schüler nun einmal sind – eine erhebliche Rolle spiele. Erstaunlicherweise kritisiert Müller-Michaels die Forschungsrichtung der Eggert-Gruppe, weil diese zu sehr auf eine Aktualisierung der erarbeiteten literarischen Texte abhebe und die textbezogenen Komponenten (Zeitbezogenheit, Fiktionalität, Unabgeschlossenheit) nicht hinrei-chend berücksichtige. Ein ausschließlich auf „'Vergegenwärtigung'" ausgerichtetes Textverhalten – auf das es den Berliner Forschern ankam (ibid., S.19) –, leiste einer trivialen Rezeption Vorschub. Müller-Michaels vertritt dagegen eine Rezepti-onspragmatik, die nicht nur beobachtet (wie es die Eggert-Gruppe getan hat), sondern die konstruktive Modelle als Anlaß „ästhetischen Lernens" entwickeln will, „so daß die Alltagserfahrung den literarischen Text interpretieren hilft, aber auch die ästhetische Erfahrung die Alltagserfahrung ergänzt, erweitert, vertieft" (ibid., S.22). Es ist vor allem die Wechselwirkung und die gegenseitige Beeinflussung, die in diesem literaturdidaktischen Konzept wichtig ist. Müller-Michaels will genaue Textanalyse und -auseinandersetzung verknüpfen mit dem alltagsweltlichen Erfahrungshorizont. Sein Konzept tendiert bewußter als in den Vorstellungen der Eggert-Gruppe zu einem pädagogischen Verständnis von Literatur, weil er sich Rück- und Auswirkungen von der diskutierenden, kommunizierenden Begegnung mit Literatur erhofft, die weit über eigentlich unterrichtsabhängige Ziele hinausgehen: „Dabei ist Kunst nicht nur Gegenstand der Auseinandersetzungen, sondern kann auch ein *bedeutendes Medium für einen humanen Diskurs in der Gesellschaft* werden" (ibid., S.39; Hervorh. E.K.P.). Während die Berliner Rezeptionsforscher sich auf Schlußfolgerungen beschränkten, die sie aus ihren Unterrichtsbeobachtungen gezogen hatten, entwirft Müller-Michaels ein Modell, das die „Ziele von Literatur in die Nähe der Ziele von Bildung und Erziehung überhaupt" (ibid., S.39) rückt (vgl. auch MÜLLER-MICHAELS 1987). Erneut wird der Literaturunterricht, dieses Mal unter der rezeptionsorientierten Regie, in den Dienst einer – sozialen, nicht moralischen – 'Menschenbildung' gestellt; daß im Zuge der Rezeptionspragmatik eine sich gegenseitig befruchtende Wirkung von Literatur und Alltag angestrebt wird, provoziert eine neue Hoffnung auf eine über den Unterricht hinausreichende Wirkung von Literatur.

Die Eggert-Berg-Rutschky-Gruppe und Müller-Michaels konzentrieren sich in erster Linie auf die Rezeptionsästhetik Hans Robert Jauß', die eher als Basis für einen Weltbezug zu dienen vermag als Isers textbezogene Theorie. Begriffe wie „Erwartungshorizont", „lebensweltliches Vorverständnis', 'Identifikation' und 'kathartisches Genießen' bilden in den siebziger Jahren, in denen einerseits ideologiekritische Literaturlektüre, andererseits linguistisch-kommunikative Analyse als literaturdidaktische Programme galten, den dritten Pol: Dieser soll – im Unterschied zu den beiden anderen – auch einen sinnlich-affektiven, spielerisch-produktiven Umgang mit Literatur ermöglichen, soll den einzelnen Schüler 'da abholen', wo er (angeblich) steht und ihm literarisches Lernen gemäß seinen (angeblich) eigenen Bedürfnissen ermöglichen.

Jürgen Baurmann (BAURMANN 1980) hingegen bezieht sich in seiner Rezeptionsstudie neben Ingarden und den Prager Strukturalisten insbesondere auf Iser und dessen Auseinandersetzung mit dem Naumann-Autorenkollektiv. Baurmann arbeitet Unterscheidungen von Rezeption und Interpretation heraus, wobei erstere das literarische Werk (subjektiv) konkretisiert und letztgenannte auf überindividuelle, wissenschaftlich orientierte Analyse ausgerichtet ist. Didaktische Überlegungen zu dieser theoretischen Konzeption findet er u.a. bei Kügler, Müller-Michaels und bei Nündel/-Schlotthaus[27]. Baurmann verwendet den übergeordneten Begriff 'Leseweise' und

---

27 Baurmann gibt einen umfassenden Überblick über den Stand der rezeptionsdidaktischen Methoden und Literatur (BAURMANN 1980; vgl. insbesondere S.60/61 u. S.67/68).

sieht es als „Ziel eines rezeptionsorientierten Leseunterrichts (...), die Begegnung und Auseinandersetzung mit verschiedenen Leseweisen" zu ermöglichen (ibid., S.56). Allerdings betont er das schulisch institutionell vorgegebene Raster, das Leseweisen im Klassenzimmer beeinflußt und dominiert (vgl. dazu auch EGGERT/-BERG/RUTSCHKY 1975b). In Hinblick auf seine eigene empirische Untersuchung stellt er vergleichbare Reflexionen an, wie sie zu Beginn dieses Kapitels ausführlich erörtert wurden (vgl. A.II.1.):

> „Rezeptionsprozesse und Leseweisen – das zeigen insbesondere die empirischen Untersuchungen – sind zudem niemals unmittelbar zugänglich. Forscher und Beurteiler können lediglich von den Äußerungen der Leser auf deren Rezeptionen oder Leseweisen schließen. Die damit einhergehenden Verzerrungen und Verknappungen werden (...) noch dadurch verstärkt, daß die Ergebnisse von Rezeptionsprozessen aufzuschreiben sind. (...) Es ist daran zu zweifeln, ob angesichts dieser Sachlage die Gütekriterien der Validität und (Auswertungs)Objektivität auch nur in Ansätzen verwirklicht werden. Bezogen auf das Kriterium 'Validität' heißt das: Wir wissen nicht, ob die schriftliche Dokumentation irgendeiner Leseweise überhaupt Aufschluß über den Leseprozeß gibt. Wahrscheinlich – so ist zu befürchten – weist der vom Leser geschriebene Text eher darauf hin, ob der Rezipient seine Rezeption in Produktion umzusetzen oder ob er generell schriftsprachlich zu gestalten weiß" (BAURMANN 1980, S.65).

Nicht nur Schriftlichkeit, auch Mündlichkeit hat nichts mehr mit dem Lesen selbst zu tun und verfälscht bereits das, was lesend stattgefunden hat. Abgesehen davon ist diesen einschränkenden Anmerkungen zu dem, was an Leseweisen und an Rezeptionen tatsächlich durch dritte überprüfbar ist, zuzustimmen. Vielleicht nicht zuletzt aufgrund dieser Skepsis hat Baurmann einen deutlich standardisierten Rezeptionstext (Rezeption einer Textvorgabe mithilfe eines Fragebogens) in den Mittelpunkt seiner empirischen Überprüfung gestellt, um so „mögliche Zusammenhänge zwischen einigen Indikatoren und der Textrezeption" zu überprüfen (ibid., S.108). Seine vorsichtig formulierten Ergebnisse sind deswegen auch nicht um Sensationen bemüht, sondern darum, bereits vorhandenes Wissen abzusichern bzw. um einige Komponenten zu ergänzen (vgl. ibid., S.108–113).

Harald Frommer hat die rezeptionsästhetischen Erkenntnisse 'textverändernd' genutzt, so daß er den Rezeptionsprozeß bereits durch die Präsentation 'verfälschter', zerstückelter oder unvollständiger Texte bewußt organisiert und steuert. Er versucht – neben der lebensweltlichen Komponente –, insbesondere die Isersche Leerstellentheorie zu didaktisieren und argumentiert in seinen Entwürfen sowohl schüler- als auch literatur- und textorientiert. So geht er auf das eingangs erwähnte Phänomen ein, daß private und schulische Lektüre kollidieren und die Schüler, enttäuscht von dem pflichtgemäß gelesenen offiziellen Text, den sie freiwillig nie einer Lektüre unterzogen hätten, zwangsläufig in eine ablehnende Haltung gedrängt werden. „Der Literaturunterricht muß *vor* der Erstrezeption einsetzen" (FROMMER 1981a, S.6), ist eine seiner Konsequenzen aus dieser Erkenntnis. Der Schüler muß darauf vorbereitet werden, die in den Text „'eingezeichnete'" Leserrolle zu übernehmen, damit während der häuslichen Lektüre der zweite, der ästhetische Code

literarischer Texte entdeckt und sich so „Genuß" (ibid) einstellen kann. Diese Vorbereitung besteht unter anderem darin, daß der Schüler den literarischen Text zunächst in irgendeiner Weise unvollständig vorgelegt bekommt: Die Inhaltsangabe
wird nur angedeutet und soll von den Schülern antizipierend beendet werden. Der
Schluß fehlt, oder – eine beliebte Methode im Frommerschen Unterrichtsrepertoire
– eine 'Kernstelle' im Text ist getilgt und soll von Schülern 'gefüllt' werden, indem
ihnen neben der originalen noch weitere Lösungsvarianten zur Auswahl vorgelegt
werden. Ziel ist, „'automatisiertes'" (FROMMER 1981b, S.13; zitiert nach SKLOVS-
KIJ) Lesen zu verhindern und durch 'Verlückung' und Verzögerung eine dem künstlerischen Text angemessene, unbequeme Lesehaltung zu erreichen: „Ein literarischer
Leser (...) ist derjenige, dem es gelingt, über den Schatten der eigenen 'Neigung' zu
springen, der allzeit lauernden Verführung zum bequemen Lesen zu widerstehen"
(ibid).

Beispielhaft hat Harald Frommer diese Überlegung in seinen Ausführungen zu dem
Gedicht Bertolt Brechts *Fahrend in einem bequemen Wagen* dargelegt (FROMMER
1981b): Die 'Verlückung' dieses Textes an entscheidenden Stellen führt zu einer
verlangsamten Lektüre. Diese kann sich nicht in einen Textfluß begeben, sie muß
stockend und zögernd erfolgen. Jeder Lücke entspricht eine kleine Liste, in der drei
bis vier verschiedene 'Füllungen der Leerstellen' angegeben sind, aus der die Schüler jeweils eine auswählen sollen. Neben der Brechtschen Originalversion gibt es
auch von Frommer hinzugefügte Alternativen. Für diese entscheiden sich die Leser
in den weitaus meisten Fällen. Dadurch weisen sie sich als 'gute Menschen', nicht
aber als 'gute Leser' aus, eine Erkenntnis, zu der die Schüler durch die anschließende Konfronation mit dem vollständigen Gedicht gelangen. Die von Frommer
gewählten Alternativen lenken die Leser in die falsche Richtung und provozieren ein
banales Verstehen, das – in diesem Fall – auf Gutmütigkeit beruht, das aber einem
literarischen, insbesondere einem Brechtschen Text nicht gerecht wird. Dieser reflektiert widersprüchlich-ambivalent über das Gut- und Schlechtsein des Menschlichen, ein Analyseergebnis, zu dem die Schüler gelangen, wenn sie ihrer Versionen
mit der Brechts vergleichen. Selbstverständlich eignet sich die poetische Sprache
Brechts für dieses Experiment besonders gut: Seine eigenwilligen syntaktischen
Konstruktionen sowie seine Vermischung von Alltags- und ästhetischer Sprache
sind dankbare sprachliche Voraussetzungen für eine 'zerstörte' Textpräsentation:
So finden sich in dem erwähnten Gedicht beispielsweise folgende Passagen: „wir
hörten mich sagen"; „als ich plötzlich erschrak über diese meine Stimme/Dies mein
Verhalten und diese/Ganze Welt". In diese Verse hat Frommer natürlich Lücken
eingebaut.

In diesen Textdidaktisierungen denkt Frommer die Leerstellentheorie Isers weiter
und baut tatsächliche 'weiße Flecken' in die Texte ein, um die Schüler für die
Wichtigkeit solcher Passagen zu sensibilisieren. Er argumentiert in seinen Unterrichtsvorschlägen zu dem Brecht-Gedicht *im Interesse des Textes*, der 'richtig' gelesen werden will, *und im Sinne der Schüler*, denen der (wohl eher zukünftige) Weg
zu einer 'richtigen' Lektüre geebnet werden soll. – Seine Ausführungen zu *Maria
Stuart* zeigen, daß Frommer auch klassische Texte rezeptionsorientiert didaktisieren
kann (vgl. FROMMER 1981c). Seine Unterrichtskonzeption basiert auf einer eigen-

willigen Interpretation der Tragödie, die eine genauere Auseinandersetzung mit der Figur der Elisabeth verlangt und die die Widersprüche dieser Königin/Frau in den Mittelpunkt rückt. Es gelingt Frommer, den Schülern den aktuellen Konflikt der Tragödie zu vermitteln und sie diese komplexe Interpretation nachvollziehen zu lassen, indem er unterschiedliche Rezeptionsprozesse organisiert, in deren Verlauf die Schüler mehrmals die Perspektive auf die Figur wechseln müssen[28].

Nicht in allen Unterrichtskonzepten, die Frommer vorgelegt hat, geht es gleichermaßen ausgewogen um Text- *und* Schülerinteressen. So sind die Aufgabenstellungen, die antizipierende Gestaltungen erwarten, zunächst einmal an den lebensweltlichen Erfahrungen der Schüler orientiert. Wenn die Schüler vor Kenntnisnahme des Brecht-Gedichts eine Erzählung schreiben sollen unter dem Titel 'Autofahrer läßt Anhalter im Regen stehen' (FROMMER 1981b, S.21), so erfährt der lyrische Text bereits vorab eine unmittelbare, einseitige Konkretisierung, die einer Reduktion seiner ästhetischen Vieldeutigkeit gleichkommt: Ein „bequemer Wagen" ist nicht notgedrungen ein Auto, ein „zerlumpter Mensch (...) sich tief verbeugend" ist nicht zwangsläufig identisch mit einem Anhalter, um nur einige Abweichungen zu nennen. Frommer bezieht sich für dieses Unterrichtsarrangement auf den Iserschen Repertoire-Begriff, mit dem über den Text hinausgehende Bereiche gemeint sind (vgl. A.II.2). Frommer verkürzt allerdings die von Iser geleistete Definition, da letzterer ausdrücklich auf die Unterschiede zwischen Text und Repertoire hinweist: „Bezieht man die Frage (...) auf das Verhältnis von Text und Wirklichkeit, so ist klar, daß sich der Text nicht auf die Wirklichkeit schlechthin, sondern nur auf 'Wirklichkeitsmodelle' beziehen kann" (ISER 1976, S.118). Insofern deckt das Repertoire nicht die aus alltäglicher Lebenserfahrung unmittelbar gewonnenen Erfahrungen ab, sondern es funktioniert als Vermittlung zwischen dem, was der Leser 'kennt' (oder besser: zu kennen glaubt) und dem, was die Text-Wirklichkeit – verführerisch ähnlich! – präsentiert; aber: „Wirklichkeit als pure Kontingenz scheidet für den fiktionalen Text als Bezugsfeld aus" (ISER 1976, S.118). Verhängnisvoll erscheinen die in der rezeptionsästhetischen Folge sich entwickelnden Aktualisierungsaufgaben – wie z.B. die antizipierende Gestaltung im Zusammenhang mit dem Brecht-Gedicht –, die sich an die täglich erfahrbare Alltagsrealität anlehnen, auch deshalb, weil die scheinbare Verwandtschaft und Ähnlichkeit zwischen Welt und Text betont, statt daß auf die wichtigeren Differenzen hingewiesen wird. Frommer sieht diese Unterschiede natürlich auch und erhofft sich von der zuvor geschriebenen modernen Anhalter-Geschichte, daß die Schüler das Brecht-Gedicht aufmerksamer lesen und die Diskrepanz realisieren, die zwischen ihren Tramp-Erzählungen und der verfremdeten Brechtschen Darstellung einer Begegnung zwischen Fahrenden und Gehendem liegt. Dieses Ergebnis scheint mir deswegen nicht zwingend zu sein, weil das inhaltliche Vor-Verstehen der Schüler sich nicht zwangsläufig von der fremden 'Textwelt' korrigieren lassen muß, sondern sich vielmehr umso beharrlicher dagegen behaupten

---

28 Diese Ausführungen Frommers sind nicht zuletzt deswegen von Interesse, als auch in der Forschungsliteratur zu *Maria Stuart* auf sie hingewiesen wird, weil in ihnen eine 'neue Lesart der alten Tragödie' vorgeschlagen wird (vgl. SAUTERMEISTER 1992, S.329).

kann, als es zuvor schreibend – und damit für den einzelnen verbindlicher – fixiert worden ist.

Während die Auslassungen tatsächlich in den Leseprozeß eingreifen, diesen künstlich gestalten, ihn verlangsamen, Irritationen in ihn einbauen und somit eine wirkliche *Lese*-Didaktik versuchen, greifen andere von Frommer entwickelte oder modifiziert angewandte Verfahren in das produktionsdidaktische Feld: Bereits die Antizipation gehört dazu, aber auch seine 1988 vorgelegten Vorschläge, die von der „Konkretisation zur Interpretation" führen sollen (FROMMER 1988a), enthalten neben Lücken-Texten Unterrichtsmodelle, in denen Stegreifspiele, Pantomimem ebenso vorkommen wie Sub-Texte. Konkretisation versteht Frommer als eine individuelle, private Äußerung zum literarischen Text, der „subjektive Unverbindlichkeit" ebenso eigen ist bzw. sein kann wie „beliebiges Herausgreifen eines einzelnen Anhaltspunktes" und eine „Verstrickung in den Text" (ibid., S.12). Die distanzierte, reflektiertere Interpretation mit „'intersubjektivem' Geltungsanspruch", „Verantwortung gegenüber dem Text als Ganzes" (ibid) und öffentlichem Impetus unterscheide sich zwar deutlich von der spontaneren Konkretisation. Gleichwohl gehen beide Text-Auseinandersetzungsprozesse ständig ineinander über und beeinflussen sich wechselseitig:

> „Das erste Stadium der Konkretisation ist die 'Aneignung' des Textes, die Projektion der eigenen Erfahrungen und Wünsche des Lesers in den Text. Die nachfolgende Phase ist die der 'Aufnahme' des Textes, sie ist bereits mitbestimmt vom Gefühl der Verantwortung für den ganzen Text, mithin von der Interpretation" (ibid., S.47).

Frommer akzeptiert also die Phase der persönlichen Textbegegnung und will dieselbe in den Literaturunterricht integrieren; allerdings ist dieser unmittelbare Eindruck ein Sprungbrett für die nachfolgende „'Kür'" der Interpretation (ibid., S.51), welche die unbefangenere Konkretisation durchaus modifizieren und sogar korrigieren kann. Interessant ist, daß Frommer vom „*Gefühl* der Verantwortung" spricht: Auch die Interpretation ist demnach von einer *Emotion* getragen. Seine Unterrichtsvorschläge, die in diesem Band zusammengefaßt sind, demonstrieren denn auch, daß Frommer unter Interpretation nicht die klassische Form der distanziert-sachlichen Textauseinandersetzung versteht. Es handelt sich vielmehr um 'indirekte, versteckte' Interpretationen, die unter den Begriff der Produktionsdidaktik zu subsumieren sind und die den Schülern als Interpretationsaufgaben nicht transparent werden. Insofern versucht Frommer aufzuzeigen, wie aus subjektiven Konkretisationen 'objektivere' Interpretationen werden können, ohne daß der übliche textanalytische Weg beschritten wird.

Wesentlich erscheint an den Unterrichtskonzeptionen Harald Frommers, daß er Leser- und Texthorizont miteinander verbinden will und an Arrangements arbeitet, die sowohl dem jeweils ausgewählten Text gerecht werden als auch den Schülern. In dem Zwiespalt zwischen Leser und Text gelingt es ihm nicht immer und vor allem nicht in allen Phasen der Textauseinandersetzung, der geschriebenen Sprache der Literatur den ihr gebührenden Platz zu verschaffen. Die weitaus meisten seiner literaturdidaktischen Arrangements enthalten ungewöhnliche, überraschende methodische Schritte (von denen einige oben bereits skizziert wurden), die aber kaum in (sprach)analytische Phasen übergehen: Die durch lyrische, dramatische oder gar triviale Sprache evozierte *Phantasie* steht im Vordergrund der Frommerschen Unterrichtskonzeptionen. Die schriftlichen, spielerischen und zeichnerischen Konkretisationen, wie sie im Zusammenhang mit der Lektüre von *Als Hitler das rosa Kaninchen stahl* von Schülern einer sechsten Klasse ausgestaltet werden sollen (FROMMER 1988b), weiten beispielsweise den im literarischen Text nur angedeuteten Vorstellungsraum aus und führen zu einer Fixierung der Leser-Phantasie. Dieses Verfahren ist für eine Erstlektüre in einer unteren Klassenstufe ein bedenkenswertes Verfahren, zumal Frommer mit diesem Versuch demonstriert, daß bereits jüngere Schüler unter diesen methodischen Umständen bereit sind zu einer genauen und langsamen Lektüre. Immerhin las man zweieinhalb Monate dieses eine Buch! Die Frage ist allerdings, wie im Verlauf des weiteren Literaturunterrichts zu einem Literaturlesen übergeleitet werden kann, das nicht nur Leerstellen ausphantasiert, sondern das die 'buchstäbliche' Sprache des Textes zur Kenntnis nimmt. „Lektüre als Spiel" nennt Frommer sein Langzeit-Lektüre-Konkretisations-Projekt (ibid., S.24), aber wie organisiert man es, daß die Schüler eine 'Lektüre als sprachlichen Ernstfall' akzeptieren und erarbeiten? Frommers didaktische Umsetzung der Rezeptionsästhetik strebt eine Vermittlung zwischen Text und Leser an, sucht nach Auswegen aus der 'Interpretationseinbahnstraße' und entwirft Arrangements, wie Anfänger in den Literaturunterricht eingeführt werden können. Für einen anspruchsvollen Lektüreunterricht, der die Arbeit des Lesens in den Vordergrund stellt, scheinen seine Unterrichtsentwürfe nicht in jedem Fall eine geeignete Grundlage.

Diese Stationen der Rezeptionsdidaktik zeigen, daß die Lesedidaktik in der Folge der rezeptionsästhetischen Leseraktivierung v.a. im Verlauf der achtziger Jahre mehr und mehr zu einer Schreibdidaktik (der umgekehrte Prozeß ist selten) geworden ist. Die Weiterführung dieses Kapitels über die literaturdidaktischen Folgen der Rezeptionsästhetik gleitet also in Teil I.1 über und findet dort ihre Fortsetzung: Auffällig ist, daß die Aufwertung der Person des *Lesers* in eine allgemeine Aufwertung des *Schreibens* übergeht und damit gleichzeitig – wegen der eigenständigen Dynamik der Schreibaktivität – eigentlich in eine Abwertung des *Lesens* mündet; denn die eigenmächtige Dominanz des Schreibens bewegt sich häufig vom gelesenen Text weg: Das eigene Geschriebene wird wichtiger als der gelesene Text. Insofern hat die Rezeptionsästhetik, die antrat, um dem Leser innerhalb der literarischen Kommunikation zu seinem Recht zu verhelfen, in der didaktischen Folge eher zu einem (freien, kreativen, produktiven) *Schreiben* als zu einem (genauen und exakten) *Lesen* geführt mit „ungelösten Fragen", wie Karlheinz Fingerhut festhält:

> „Ist das Theorem der Rezeptionsästhetik, der Leser stelle den Text erst in seinem eigenen Kopfe her, wirklich kompatibel mit dem Kreativitätsbegriff, wie ihn die Schreibbewegung für sich in Anspruch nimmt? Soll man Schreiben/Lesen eher als ein problemlösendes Verhalten definieren, das die Suche nach Alternativen einschließt, oder eher als das Aufsteigen innerer Bilder, die spontan das Bewußtsein füllen? Ist Schreiben/-Lesen dementsprechend eher der Reflexion oder eher dem Erleben zuzurechnen?" (FINGERHUT 1991, S.353).

Die Form, in der diese nicht beantworteten Fragen gestellt werden, evoziert Zweifel an jenen eindeutigen Antworten, wie sie im Zuge der Rezeptions-, Produktions- und Handlungsdidaktik gegeben werden. Die didaktische Umsetzung der Rezeptionsästhetik – z.B. die Frommersche Konkretisation, aber auch das literarische Rollenspiel – hat die 'Bild- und Erlebnis-Seite' in den Vordergrund gerückt. Aber: In der schreibenden Umsetzung muß dieses Element nicht zwangsläufig zu textadäquateren Schreib-Ergebnissen führen als eine klassische Interpretationsaufgabe. Gefühle werden einem literarischen Text nicht gerechter als Analysen. Zu ähnlichen Erkenntnissen waren wir bereits im Zusammenhang mit den Ausführungen über das produktive, kreative Schreiben gelangt. Insofern beginnen wir, uns in einem argumentativen Kreise zu drehen, aus dem die rezeptionsästhetisch begründete Didaktik keinen Ausweg weisen konnte, insbesondere deswegen nicht, weil sie dem subjektbetonten Ansatz in jeder Hinsicht Vorschub geleistet hat: Zu sehr daran interessiert, die Rezeption des einzelnen oder die innerhalb einer Gruppe zu beobachten und zu erforschen, verlor sie streckenweise das Lesen selbst aus dem Blick. Auch das Schreiben dient im rezeptionsästhetischen Zusammenhang dazu, den (indirekten, durch Konkretisation oder literarisches Rollenspiel vermittelten) Rezeptionseindruck so festzuhalten, daß er nachgelesen werden kann, findet aber als Schreibarbeit selbst geringe Beachtung. Die 'Entdeckung' der Rezeption hat in der didaktischen Umsetzung dazu geführt, daß die traditionellen literaturorientierten Arbeitsformen des Lesens und Schreibens die Funktion von 'Dienstkräften' übernehmen müssen, die, statt daß den ihnen innewohnenden Vorgängen selbst Aufmerksamkeit geschenkt wird, als Basis für Rezeptionsüberprüfung benutzt werden. Noch grundsätzlicher fällt die Kritik Jürgen Försters an den noch immer virulenten Methoden-Variationen der rezeptionsorientierten Didaktik aus: Ein Rückschritt sei insoweit mit dieser Tendenz verbunden, als sie „genuine didaktische Fragestellungen wie die nach Bedingungen, Zielen, Inhalten, Sinn und Funktion wissenschaftlichen und unterrichtlichen Handelns" (FÖRSTER 1993, S.6) nicht mehr verfolge, sondern vielmehr das Primat der Methodik erkläre. Eben diese Entwicklung führe aber dazu, daß sich die Didaktik von anderen Wissenschaften – denen der Literatur, der Kultur und des Sozialen – zunehmend entferne und außerhalb der dort geführten theoretischen Diskurse sich zu isolieren drohe:

> „Von daher kann es nicht verwundern, wenn der 'wichtigste Beitrag',
> den die Literaturdidaktik der 80er Jahre – so K. Spinner – zu verzeich-
> nen hat, eben die produktiven Umgangsformen, fast durchweg lediglich
> pädagogischen und (lern)psychologischen Begründungen geschuldet
> sind, kaum jedoch im Kontext des unter hochtechnologischen Bedin-
> gungen stattfindenden Umbaus der Episteme, von Erkenntnisprinzipien,
> Wahrnehmungsweisen, Sprache, Schrift, Wissensbeständen und deren
> Folgen für das Lesen und den Umgang mit Literatur im Unterricht re-
> flektiert und legitimiert sind" (ibid., S.7).

Im folgenden Kapitel soll ein theoretischer Bezugsrahmen entworfen und diskutiert werden, der Schreiben*und*Lesen als Arbeitsformen im Literaturunterricht (schrift)-sprachorientiert begründet und der die rezeptionsästhetischen Folgen, die die gedanklich-phantasieorientierte Komponente der Arbeit an Literatur betonten, zu einer auf die Literatur*sprache* konzentrierten Konzeption zurückführt.

III. Schreiben*und*Lesen

In der Nachfolge der rezeptionsästhetischen Theoretisierung der Literaturwissenschaft entstand in eigentlich nur konsequenter Weiterentwicklung eine Tendenz, die produzierende – d.i. die schreibende – und die rezipierende – d.i. zunächst einmal die lesende – Tätigkeit in ihrer wechselseitigen Abhängigkeit, als sich gegenseitig beeinflussende, um den literarischen Text gruppierte Arbeitsformen zu sehen. Allerdings nicht erst in der Nachfolge: Jean-Paul Sartre, dessen in der französischen Originalausgabe 1948 erstmals erschienener Essay *Was ist Literatur?* als frühe rezeptionsästhetische Studie gilt, spricht bereits vom Lesen als „gelenktem Schaffen" (SARTRE 1958, S.28); allerdings ist mit diesem Schaffen nicht 'Schreiben' gemeint: Vielmehr 'schafft' der Autor als Schreibender das „konkrete" Objekt, der Leser ergänzt als 'Enthüllender' – was der Autor nicht kann – und 'schafft' so das „imaginäre" Objekt (ibid). Sartre versichert zwar, daß „der Vorgang des Schreibens (...) als dialektisches Korrelativ den Vorgang des Lesens" unbedingt einschließe (ibid., S.27/28), versteht aber Lesen (nur) als eine in der Wahrnehmung schaffende Tätigkeit. Für den Leser ist „alles noch zu tun, und doch ist alles schon getan" (ibid., S.29). Das Werk ist – obwohl ohne Leser unvollständig, unfertig – gleichwohl ohne ihn fertig und vollständig. Die beiden „zusammenhängenden Akte (des Schreibens und Lesens; E.K.P.) verlangen zwei *verschieden* tätige Menschen" (ibid., S.28; Hervorh. E.K.P.). – Im Sartreschen Schreib-Lese-Entwurf, in dem Schreiben übrigens auch die erste Position besetzt, werden diese beiden Tätigkeiten aufeinander bezogen, bleiben aber voneinander getrennt, indem es nicht zum Rollentausch kommt: der Lesende wird nicht zum Schreibenden, der Schreibende wird nicht als Leser, schon gar nicht als der seiner eigenen Werke, gesehen. Anders als Jauß und Iser geht Sartre aber vom Schreiben aus und diskutiert das Abhängigkeitsverhältnis zwischen den beiden Tätigkeiten, so daß sein rezeptionsästhetischer Ansatz – abgesehen von der historischen und sozialen Verankerung – nicht auf ein Lesen beschränkt bleibt. Sartre, der aus den unüberwindbaren Begrenztheiten des literarischen Schreibens die Notwendigkeit eines 'objektivierenden' Lesers zu begründen sucht und somit literarisches Schreiben als auf einen anderen angewiesenes Schreiben erläutert, braucht für diesen Argumentationszusammenhang zunächst den lesenden Leser, der sich von dem „erschaffene(n) Objekt" (ibid., S.25) lenken läßt. Ist aber die Bedeutung des Lesers erst einmal so weit gestiegen, daß ein bereits Fertiges ohne ihn doch unfertig bliebe, kann es in der Folge nicht ausbleiben, daß sich die Grenzen zwischen dem, was gemeinhin Produktion und Rezeption genannt wird, zunehmend verwischen:

> „Lesen und Schreiben sind, als Konstituenten jeder literarischen Tätigkeit nur in ihrer Wechselbeziehung zu begreifen, wobei vor allem (...) die Beweglichkeit und Offenheit der Grenzen zwischen Produktion und Rezeption zu beachten sind" (ROLOFF 1985, S.186).

Ins Blickfeld rückt bei dieser Grenzauflösung auch der 'Autor als Leser', nicht als Leser seiner eigenen, aber als der fremder Werke, deren Lektüre sein weiteres Schreiben beeinflussen oder gar verändern kann. Roloff stellt gar die These auf,

„daß literarische Texte grundsätzlich, wenn auch mehr oder weniger explizit, als Thematisierung der Lektüre betrachtet werden können" (ibid., S.187), und nennt als ein Beispiel Prousts Romanwerk, in dem, basierend auf einer „neuen Ästhetik der Lektüre (...) Lesen und Schreiben als ein Spiel der *Intertextualität*" (ibid., S.188) schreibend umgesetzt worden sind. – Wenn die eine Seite die Rolle wechseln kann, bleibt dies der anderen nicht vorenthalten: Auch der Leser wird zu einem potentiell Schreibenden, nicht unbedingt zu einem literarisch Schreibenden, aber zu einem, der nicht per definitionem auf die Leserrolle beschränkt bleibt. Tendenziell erfährt sein Schreiben eine Aufwertung, seit die Arbeitsteilung zwischen Autor und Leser nicht mehr eindeutig definiert ist und seit moderne und zeitgenössische Literatur die schreibende Aktivierung des Lesers immer stärker zu forcieren scheint (vgl. z.B. Italo Calvinos *Wenn ein Reisender in einer Winternacht*): Der Leser wird aufgerufen, sich 'ein-zuschreiben' in den offen komponierten Text und seinen literarischen, kommentierenden oder kritischen Beitrag schreibend zu leisten. Von dieser veränderten Einschätzung des Schreibens bleiben auch die professionellen Kritiker bzw. die Text-Wissenschaftler nicht unberührt: Culler spricht von „Lektüregeschichten" (CULLER 1988, S.69–93), die in der Literaturwissenschaft neuerdings „erzählt" – d.i. natürlich geschrieben – werden; die virulente Diskussion um den Kommentar ist deutbar als Suche nach einem anderen Schreiben über und zu Literatur (vgl. FOHRMANN 1988; ELLRICH/WEGMANN 1990, S.473–477), und ein Titel wie *Leseerzählungen. Alternativen zum hermeneutischen Verfahren* (STOCKHAMMER 1991) bestätigt die Tendenz, daß das auf literarische Texte bezogene Schreiben in eine Bewegung geraten ist.

Dieser kurz skizzierten Entwicklung, die nicht nur zu einer Aufweichung der Positionen, sondern auch zu einer Annäherung von Schreiben*und*Lesen geführt hat, soll in diesem Kapitel anhand einiger zentraler Thesen wie auch am Beispiel von neu und anders schreibenden Literatur- (und Kultur-)Wissenschaftlern ausführlicher nachgegangen werden. Ein Exkurs, der anhand der Frage nach der Bedeutung des Originals einen Vergleich von Kunst- und Textwissenschaft aufzeigt, diskutiert den 'Wert' geschriebener Texte aus einer anderen Sicht. Breiten Raum nimmt die Auseinandersetzung mit der Texttheorie und -praxis Roland Barthes' ein, weil das enge Aufeinanderbezogensein von Schreiben*und*Lesen in diesem Textverständnis sowohl zum Ausdruck kommt als auch reflektierend begründet wird; ergänzt wird diese Darstellung um die Diskussion der bisher erfolgten literaturdidaktischen Rezeption dieses französischen Theoretikers. Zum Schluß des Kapitels werden mögliche Konsequenzen für eine in der gymnasialen Oberstufe und im universitären Grundstudium anzusiedelnde und auf Kompetenzerweiterung ausgerichtete Schreib-und-Lese-Didaktik genannt, die ein Ergebnis dieser Schreib-Lese-Entwicklung vorstellen können.

1. Pastiche, Intertextualität und Diskursanalyse

Marcel Proust hat in einem Aufsatz über den Stil Flauberts all den Schreibern, die sich nach ausgiebiger Lektüre der Werke dieses Autors nicht von den „unwandelbaren Besonderheiten seiner umformenden Grammatik", von der „Schönheit seines Stils" (PROUST 1963/1985b, S.81), von diesem „eindringlichen Rhythmus" befreien können (ibid., S.83) und die unter einer „Flaubert-Vergiftung" litten, *„die reinigende und beschwörende Kraft des Pastiches"* empfohlen (ibid., S.84; Hervorh. E.K.P.)[1].

> „Wenn man ein Buch beendet hat, möchte man nicht nur weiter mit sei-
> nen Personen leben (...), sondern unsere innere Stimme, die während der
> ganzen Dauer der Lektüre gezwungen war, dem Rhythmus (...) Flau-
> berts zu folgen, möchte auch fortfahren, zu sprechen wie sie. Man muß
> sie einen Augenblick gewähren lassen, muß das Pedal den Ton verlän-
> gern lassen, das heißt, einen absichtlichen Pastiche schreiben, um danach
> wieder original zu werden und nicht sein ganzes Leben lang unfreiwil-
> lige Pastiches zu schreiben" (ibid).

Was ist ein Pastiche? Wir geraten in die kunstwissenschaftliche Terminologie, der dieser Begriff entstammt:[2] „'Pasticcio' bezeichnet einen bestimmten Typ von ge-fälschten Bildern" (HEMPEL 1965, S.165), nämlich solche, die zwar täuschend echt in der Manier des Meisters gemalt worden sind, die aber nicht ein einziges Bild ko-pieren, sondern aus den vielen Werken des Malers einzelne charakteristische Teile entnehmen – eine Mimik, einen Faltenwurf, eine Landschaft, eine Gebärde – und aus diesen ein neues Werk komponieren: „Ein Pasticcio ist ein aus einer Vielzahl von zusammengestohlenen Einzelheiten komponiertes Werk" (ibid). Diese 'Bastelarbeit', die zu Ende der Blütezeit der italienischen Renaissance entstand, verheimlicht nicht die bereits gemalten Vor-Bilder, sondern arrangiert schon Gemal-tes auf neue und andere Weise, um in 'betrügerischer Absicht' den Eindruck zu erwecken, ein anderer – nämlich der eigentliche 'Meister' – habe das Bild gemalt.

> „Die Zielsetzung der Täuschung wird (...) beim Pastiche eingehend be-
> handelt. Meist versteht man dabei 'Täuschung' oder 'Mystifikation' im
> Sinne der Fälschung (Zuordnung eines eigenen Textes zu einem anderen
> Autor), fast nie im Sinne des Plagiats (Zuordnung eines fremden Textes
> zu sich selbst als Autor) " (KARRER 1977, S.48).

Daß der Begriff des Pastiches vor allem in Frankreich auf die Literatur übertragen wurde, sieht Wido Hempel nicht nur in der dieser Nation eigenen „langandauernden Sprach-Tradition und -Pflege" begründet (HEMPEL 1965, S.171/172), sondern auch

---

1   Ich verdanke den Hinweis auf das Pastiche Christoph Tourney, einem Studenten, der an einem meiner Seminare, in dem ich mit Kopierübungen arbeitete, teilnahm und der mich in An-schluß daran auf diesen – in der germanistischen Literaturwissenschaft nicht sehr bekannten – Begriff aufmerksam machte.

2   Die Kunstwissenschaft hat diese Bezeichnung der Gastronomie entlehnt: Eine *Pastete* enthält eine Vielzahl von Zutaten, die zusammengemischt ein neues Gericht ergeben. Im übertragenen Sinn, so Hempel, ergab sich schon sehr früh die Bedeutung: 'undurchsichtige Affäre', 'Rein-fall', 'schöne Bescherung' (HEMPEL 1965, S.165).

in einer größeren Offenheit einem solch spielerischen Umgang mit literarischer Sprache gegenüber. Natürlich erfuhr die Pastiche-Arbeit auch abfällige und abwertende Beurteilung, da sie 'nichts eigenes' enthalte, auf Mangel an Originalität hinweise und überhaupt als betrügerische Fälschung deklariert werden konnte. Dieser Vorwurf erübrigt sich, wenn man der Proustschen Definition des 'absichtlichen Pastiche' folgt; daß Marcel Proust dieses Pastiche als ein notwendiges und lehrreiches Durchgangsstadium auf dem Wege zum Schriftsteller ansah, bestätigt auch Wido Hempel: Proust habe zahlreiche solcher Pastiches geschrieben – diese sogar für publikationswürdig gehalten – (vgl. PROUST 1970), und zwar zu dem Zeitpunkt, als die Idee der *Recherche* in ihm entstand. Proust ist auch der Autor, dessen Name eng mit dem Pastiche verbunden ist, wohl weil er offen zu diesen Stilübungen gestanden und ausgewählte Exemplare in einem Sammelband der Öffentlichkeit präsentiert hat. – In diese französische Literaturtradition lassen sich auch die *Stilübungen* Raymond Queneaus einordnen, die 1947 erstmals erschienen und 1990 in Zusammenarbeit mit Ludwig Harig in einer neuen deutschen Übersetzung vorgelegt wurden: Ein Ausgangstext, der eine städtische, völlig undramatische Alltagsbegebenheit im Stil nüchterner, additiver Berichterstattung wiedergibt, wird, in 97 Variationen ausschmückend, um- und umgeschrieben, so daß durch stilistische Arbeit aus dem banalen Ereignis ein Geschehen von großer Bedeutung wird. Unter diesen Stilvariationen sind strenge poetische Formen und Metren sowie traditionelle rhetorische Übungen, aber auch dialektal gebundene Sprachformen und umgangssprachliches, klischeehaftes Reden. Im strengen Sinne handelt es sich bei den *Stilübungen* nicht um ein Pastiche, weil sie nicht aus dem Werk eines Autors zusammengesetzt sind. Indem Queneau aber die Bedeutung des Stils akzentuiert und dessen Wirkungsmächtigkeit in den Vordergrund stellt, schreibt er das Pastiche fort und formuliert eine neue Variante[3].

Für ein 'echtes' Pastiche kann nur '*das* Werk' als Vorbild dienen, nicht '*ein* Werk'[4]; es ist somit ein spezieller Typ der Kopie. Der Pastiche-Hersteller stellt seine (Werk)Kenntnis und sein (Schreib)Können unter Beweis: „Je exakter ein Flaubert-Pastiche die Stilatmosphäre Flauberts reproduziert, desto vollendeter ist es" (ibid., S.175). Einfach ist das nicht! Proust zumindest hat Flaubert sehr genau gelesen und seinen Stil akribisch analysiert: z.B. den Gebrauch der Personalpronomen, den des Imperfekts, der Konjunktionen 'und' und 'während' sowie die Vielfalt der verwendeten Verben. Der Proustsche Aufsatz demonstriert, daß es sich bei der Anfertigung eines Pastiches um eine aufwendige Arbeit handelt, die genaues Studium verlangt. Proust will mit seinem Aufsatz eigentlich Flaubert verteidigen, aber er schreibt auch eine Rechtfertigung des Pastiches, das eine wichtige, richtige Übung sei für das

---

3 Sie lesen sich wie eine Bestätigung dieser Erläuterung Wido Hempels: „Wie ausschließlich das Pastiche eine Stilimitation ist und in wie geringem Maße es vom Stofflich-Inhaltlichen abhängt, zeigt die Pastiche-Sammlung Marcel Prousts, in der eine zeitgenössische Justiz-Affäre (...) im Stile neun verschiedener Schriftsteller erzählt wird" (ibid., S.175).

4 Diese Definition wie auch einige andere sind nicht unumstritten, wie Karrer ausführlich aufzeigt (vgl. KARRER 1977). Allerdings sind die Thesen Wido Hempels für unseren Zusammenhang so erhellend, daß wir in erster Linie dieselben den Ausführungen zugrundelegen.

Schreiben eines angehenden Berufsschreibers. Indirekt deutet er an, daß darüber hinaus die Anfertigung eines Pastiches genaues Lesen verlange[5].

Das Pastiche, das nach Barthes den einzig möglichen Kommentar eines 'reinen Lesers' vorstellt, „der Leser bleiben würde" und sonst nichts (BARTHES 1967, Kritik und Wahrheit, S.91), kann als der erste Schritt einer Öffnung des Werkes begriffen werden, das nicht mehr in seiner geschriebenen 'Unberührtheit' verbleibt, sondern in das (Weiter-)Schreiben eines anderen mündet. Es handelt sich nur um ein vorsichtiges, zögerndes Aufbrechen, das behutsam vorgeht und das in der Konzentration auf den Stil den abgeschlossenen, eigenen Charakter des Werkes respektiert. Trotzdem: Proust gibt jenes Weiterleben des Gelesenen zu, spricht von dem Problem der Befreiung und Loslösung und erteilt einen schriftsteller-didaktischen 'Tip', wie über eine aktive Aneigung des Fremden das Eigene erreicht werden kann. Wenn man das Pastiche als Vorläufer und Wegbereiter des intertextuellen Gedankens bezeichnet, so betont man jene Verwobenheit mit dem Gelesenen, jenes Nicht-Lassen-Können und jene tief sitzende Verstrickung (nicht im Iserschen Sinne gemeint) in das Schreiben eines anderen. Die These der unvermeidbaren intertextuellen Verflechtung von (literarischen) Texten akzeptiert diesen Tatbestand und sucht ihn nicht mehr – wie Proust durch intensives Pastiche-Schreiben – zu überwinden. Intertextualität geht davon aus, daß der einzelne Text nicht als monolithischer 'Block' existiert, sondern daß er einem durchlässig strukturierten Gewebe gleichkommt, das bereits Gelesenes, Geschriebenes in sich aufnimmt und es selbstverständlich integrierend verarbeitet. Das von Proust beschriebene Phänomen des Weiterlebens des Gelesenen, das einen nicht verlassen will, wird als produktives Gut für das weitere Schreiben genommen: Auswirkungen auf den neuen Text sind nicht zu verhindern; aus diesem Grunde wird das von Proust zwischen Lesen und Schreiben eingeschobene Pastiche überflüssig:

> „Der Versuch der Intertextualitätspoetik, die Literatur gegen den Leistungsdruck der Innovation zu begreifen, signalisiert ein Literaturkonzept, das eben jene Relation positiviert und zum zentralen sinnkonstitutiven Faktor erklärt. Machen von Literatur bedeutet damit in erster Linie Machen aus Literatur, das Weiter- und Wiederschreiben. Diese Vorstellung tangiert die Diskretheit des Einzeltextes ebenso wie seine Geschlossenheit und 'Totalität'" (LACHMANN 1983, S.66/67).

Wenn man akzeptiert, daß die Literatur aufeinander bezogen ist und in jedem neuen Schreiben modifiziert weiterlebt, befreit man die literarische Produktion vom Anspruch, stets Authentisches, 'Noch-Nie-Dagewesenes' zu schaffen. Das enge 'In- und Miteinanderverwobensein' der so verstandenen Texte öffnet das einzelne 'Werk' und versteht es nicht als Ergebnis der Eingebung seines Autors, sondern als Lese-Produkt. Die Intertextualitätskonzeption schafft ein neues Wertesystem und setzt andere Maßstäbe: Begriffe wie Epigonalität, Plagiat oder Klischee verlieren

---

5   Zumindest läßt sich folgende Aussage so deuten: „Ich schreibe das alles zur Verteidigung Flauberts (...), den ich nicht sehr liebe. Wenn ich aber darauf verzichte, über viele andere zu schreiben, die ich ihm vorziehe, so deshalb, weil ich den Eindruck habe, daß wir nicht mehr lesen können" (PROUST 1963/1985b, S.86).

ihre negative Konnotation, der literarische Diskurs wird dem wissenschaftlichen vergleichbar. Im übrigen ist mit den textuell verwandtschaftlichen Beziehungen nicht nur das Aufgreifen motivischer und stofflicher Elemente gemeint, das in der Literaturgeschichte schon immer nachzuweisen war. Dieses geschieht bewußt, freiwillig und in verantwortlicher Regie des Schreibenden. Der Gedanke einer intertextuellen Verflechtung des Geschriebenen geht weiter, weil er die *Unausweichlichkeit* der zwischentextlichen Beziehungen attestiert, der ein Schreiber nicht entkommen kann: Er schreibt unweigerlich als Leser und bezieht sich bewußt-unbewußt auf bereits Geschriebenes[6]. Diese Form der Textkontamination wird nicht abgewertet, sondern erfährt positive Beurteilung. Die Sinnqualitäten des so entstandenen „semantischen 'Mehrwerts'" (LACHMANN 1983, S.68) werden hochgeschätzt: Der neue Text ist nicht 'ganz neu', aber er arrangiert Bekanntes (oder auch nicht Bekanntes, aber Vorhandenes) neu, so daß ein modifiziertes, erweitertes Sinnpotential entsteht: „Der Text lebt nur, indem er sich mit einem anderen Text (dem Kontext) berührt" (BACHTIN 1979, S.353). Die im klassischen Strukturalismus übliche Konzentration auf das eine Werk und dessen individuelle Strukturiertheit wird durch diese Textkonzeption in Frage gestellt. Während der strukturalistische Ansatz dem Begriff des 'Genies' durchaus noch Raum läßt, wird dieser im intertextuellen Kontext fragwürdig. Zumindest verlangt seine Definition konsequenterweise eine Korrektur: Der Arbeitsprozeß und die verwendeten '(Produktions)Mittel' stehen im Vordergrund, nicht die Eingebung oder eine authentisch-originäre Schöpfung:

> „Abgesehen davon, daß der Begriff der Originalität durch den der Intertextualität abgelöst wird, kann auch keinem Text ein eindeutiger Sinn zugeordnet werden. Der *neue* Text ist immer die 'Aufhebung' des verfestigten Sinns, den man den *alten* Texten zugeschrieben hatte, und das Hervortreten *potentiellen* Sinns, der in diesen alten Texten unterdrückt war" (BRÜTTING 1976, S.133).

Eine geschlossene Interpretation, die im hermeneutischen Zirkel zu einem klaren Ergebnis gelangt, wird fragwürdig, da es unter diesen Voraussetzungen den 'fertigen', endlichen Text nicht mehr gibt: Das weitere Schreiben verschafft auch den 'alten' Texten einen Sinnzuwachs, so daß immer nur Vorläufiges festgehalten werden kann. Ein unendlich dimensionierter 'Text-Raum' bildet den Hintergrund für jedes neu einsetzende Schreiben. Der Text, der „die Sinnmuster der anderen Texte absorbiert und verarbeitet", evoziert eine „Kommunikation (...), die niemals einsinniges Einverständnis verlangt" (LACHMANN 1983, S.72). Anders als die auf strukturalistischen Erkenntnissen aufbauenden rezeptionstheoretischen Konzepte, die zwar auch den Interpretationsspielraum geweitet und den literarischen Kommunikationsprozeß um die Leser-Arbeit ergänzt hatten, erfordert dieses Textverständnis einen immer über den 'einen' Text hinauslesenden Leser, der den gefunden geglaubten 'sicheren' Sinn stets in der Schwebe hält, weil dieser durch weiteres Lesen Wandlungen erfahren könnte. Wenn man diese Textkonzeption weiterdenkt, unterscheidet

---

6 Natürlich liest der Schreiber nicht nur, sein Sehen und Hören fließt ebenfalls in sein Schreiben ein. Wir werden vor allem im Zusammenhang mit Friedrich A. Kittler auf diese noch weitere Text-Öffnung zu sprechen kommen.

sich der literarische Diskurs vom wissenschaftlichen nur dadurch, daß erster (noch) auf Fußnoten und Literaturlisten verzichten kann: Ein wissenschaftliches Werk enthält diese Angaben, und der Leser kann nachlesen, was zum Schreiben dieses Buches gelesen wurde. Diese Informationen muß sich der Leser eines literarischen Werkes auf Umwegen beschaffen, obwohl sich ihm die Frage nach den 'verwendeten Quellen' schon ab und an aufdrängt[7]. Der intertextuelle Ansatz impliziert letztlich, daß *alles Geschriebene* einbezogen und zugrundegelegt wird. Trotzdem stellt Renate Lachmann fest, daß „die Intertextualitätstheoretiker um die Aufrechterhaltung des Konzepts des letztlich *einen Sinns* bemüht bleiben" (LACHMANN 1984, S.138).

In eben diese Richtung versucht auch Karlheinz Stierle den Terminus der Intertextualität zu diskutieren: Er insistiert auf der ästhetischen Identität eines Werkes, das in einem „Sinnfeld" (STIERLE 1984, S.144) sein Zentrum finde, auf das hin es vollständig konstituiert sei und das durch mögliche Hinweise auf Intertextualität nicht dezentriert werden könne. Dezentrierung und Offenheit, das seien die beiden Kategorien, die Julia Kristeva durch den Gedanken der Intertextualität in die Textästhetik gebracht hätte (KRISTEVA 1971b, S.149–154). Eben diese beiden Auswirkungen lehnt Stierle ab: Werke seien weder unendlich offen, weil das Werk „die Priorität seiner Werkidentität über seine Offenheit" setzt (STIERLE 1984, S.144), noch ließen sie sich durch 'Entlarvung' intertextueller Verbundenheit aus ihrer auf einen Sinn hin zentrierten Orientierung bringen. Stierle setzt eine eigene, eingeschränktere Definition des Begriffs gegen die Kristevas:

> „Der Text als Werk spielt durch die Verfahren der partiellen Konvergenz in ein anderes Werk herein, macht es gegenwärtig durch die Weise des Hereinspielens und gibt ihm so eine spezifische Konturiertheit, die es von sich selbst aus noch nicht hat. Erst so wird aber die intertextuelle Relation prägnant, doch hört sie eben damit zugleich auf, eine dezentrierende inter*textuelle* Relation zu sein. Der hereingespielte Text ist darüber hinaus auch gar nicht als Text hereingespielt, sondern als Erinnerung an die Lektüre eines Textes, das heißt als angeeigneter, umgesetzter, in Sinn oder Imagination überführter Text" (ibid., S.146).

Aus anderswo angeeignetem Wissen werde ein neues Werk reorganisiert, das seine Autorität in der „Bestimmtheit der Form" (ibid) gewinnt. Die intertextuellen Bezüge würden zu einer Identität des neuen Werkes und gewännen nur und ausschließlich „in Hinblick auf diese ihre spezifische Bedeutung" (ibid). Intertextualität wird also nicht geleugnet, aber in der je eigenen Realisierung in dem je eigenen literarischen Text als ein je besonderes, nur auf diesen zutreffendes Element gesehen, das damit zu einem identitätsstiftenden Moment dieses und eben nur dieses Textes werde.

---

7 Man denke z.B. an Thomas Manns *Joseph und seine Brüder*. Für diese Romantetralogie mußte ihr Verfasser sich in die Exegese des Alten Testamentes ebenso einarbeiten, wie er sich Kenntnisse aneignen mußte über die Religion Ägyptens, über die gesellschaftlichen und ökonomischen Strukturen dieser Kultur. Der Roman ist lesbar als genaue Einführung in die Ägyptologie, aber auch als Informationsschrift über die Lebensverhältnisse der Nomadenvölker, ihre Heiratsbräuche und ihrer Herden- wie Weidewirtschaft. Vgl. dazu auch A. GRIMM 1992, der Thomas Mann Ab- und Weiterschreiben ägyptologischer Werke seiner Zeit nachweist.

Stierle konkretisiert seine Einwände gegen das dezentrierende und offene Intertextualitäts-Verständnis Kristevas, indem er einen Katalog von Schreibformen mit zugestandenem intertextuellen Charakter auflistet (Übersetzung, Zitat, Anspielung, Parodie, Travestie, Interpretation, Kommentar und Kritik).

Die unterschiedlichen Deutungen, die der Begriff der Intertextualität evoziert hat, setzen jeweils andere Akzente: Während Renate Lachmann sich vor allem auf das 'Machen von Literatur aus Literatur' konzentriert, geht Richard Brütting in Anlehnung an die französische Tel Quel-Gruppe davon aus, daß Intertextualität einen" Dialog mit anderen Texten" umschreibt, und zwar „mit dem 'Text' der Geschichte, der Wissenschaft, der Ideologie, der Kultur, des Sozialen, der 'Kunst' usw." (BRÜTTING 1976, S.74). Stierle hingegen sucht nach einem Kompromiß, der die Exklusivität der *literarischen* Werkidentität nicht antastet – seine Konkretisierung legt beredtes Zeugnis davon ab. Gleichzeitig will er das neue Wissen um intertextuelle Relationen nicht außer acht lassen. Diese 'Verstehensvielfalt', die Hempfer schon 1976 – allerdings klagend – konstatierte (HEMPFER 1976, S.54/55), findet in der gegenwärtigen didaktischen Diskussion ihre Fortsetzung. So greift Gerhard Katthage die auf Offenheit und Dezentrierung zielende Definition Kristevas auf: Literatur sei nur als „eine diskursive Praxis unter anderen" zu verstehen, „sie grenzt sich ab und verschwimmt in den Interferenzen des gesamtgesellschaftlichen *Textes*" (KATTHAGE 1991, S.616). Katthage schlägt vor, die rezeptionsästhetische und die produktionsdidaktische Orientierung des Literaturunterrichts zu verlassen zugunsten eines Konzepts von Intertextualität, das Literatur einordnet in ein „Alles ist Sprache, alles ist Text" (ibid.). Ein Auto ist ebenso lesbar wie die Geschichte, die Gesellschaft ebenso wie ein Text oder ein Roman. Didaktisch gefordert sei dieser Kurswechsel, um Literatur, „deren Relevanz (...) im Alltag von SchülerInnen immer mehr zu verschwinden droht, vom Zerrbild eines der Lebenswelt weit entrückten Spezialdiskurses zu befreien" (ibid., S.617). Katthage will auf dieser Basis einen Literaturunterricht initiieren, der Einsichten in die „'geschichtlich-gesellschaftlichen Bedingungen von Literatur'" verschafft (ibid.), und knüpft damit – unter anderen Vorzeichen – an das Kritische Lesen der siebziger Jahre an. Kaspar H. Spinner hingegen versteht Intertextualität als dialogisches Text-zu-Text-Verhältnis, wobei es sich sowohl um literarische als auch um 'abgeschlossene' Werke handelt, die miteinander in Kontakt treten (SPINNER 1993a, S.32/33), die aber als Teil eines „übergreifenden Textzusammenhangs" einzuordnen seien. Er gibt das größere Lesepensum zu bedenken, das mit einem intertextuellen Ansatz des Literaturunterrichts verbunden sei, sieht aber gleichwohl in der Auffassung, „literarische Texte als Teil eines Dialogs unter Texten" zu verstehen, eine für die Literaturdidaktik der 1990er Jahre richtige Richtung (ibid., S.33).

Mit dem Terminus der Intertextualität werden also unterschiedliche Text-Verhältnisse beschrieben, die augenblicklich, da der Begriff in der deutschen Literaturwissenschaft und in der -didaktik noch nicht 'institutionalisiert' ist, nebeneinander bestehen. Nach unseren Ausführungen zeichnen sich folgende Verstehensmöglichkeiten ab:

- Verwandtschaftliche Beziehungen und Verhältnisse *literarischer* Texte, die mit- und untereinander 'korrespondieren'.
- Alle Texte, gleich ob geschichtliche, gesellschaftliche oder naturwissenschaftliche, sind in einen großen Text-Verbund eingeschaltet; die literarischen Texte werden als ein Teil unter anderen verstanden.
- Gelesene Werke 'spielen' als Erinnerung 'in das neue Werk hinein'. Sie gehen aber nicht in diesem auf und verhindern nicht die Entstehung eines neuen, in sich geschlossenen, zentrierten Werkes. Intertextuelle Relationen respektieren die jeweiligen Textgrenzen und lösen sie nicht auf.
- Die Definition des Textes wird auf alle vorkommenden Zeichensysteme ausgeweitet, so daß sich das mögliche Beziehungsgeflecht – auch das literarischer Texte – ausweitet auf alle gesellschaftlichen, kulturellen, sozialen und historischen Ereignisse und Materialisationen.

Allen definitorischen Umschreibungen gemeinsam ist die Erkenntnis, daß eine unausweichliche Beziehung zwischen Texten berücksichtigt werden muß, weil der Schreiber immer auch Leser (bzw. ein in einer Gesellschaft Lebender) ist. Auch wenn strittig bleibt, *wie* sich das 'neue' Werk identifizierend von den alten/anderen abgrenzt, welche Wertigkeit es erhält und ob es auf diesem Hintergrund noch als 'sinnzentriert' verstanden werden kann, so besteht weitgehend Konsens darüber, daß sich Texte (zwangsläufig) auf andere Texte beziehen. Ein solcher Blick auf die Textentstehung verändert auch die Rolle und die Funktion des Autors. Intertextuelle Relationen und die These vom 'Verschwinden des Autors' bzw. vom 'Tod' desselben stehen im Zusammenhang. So problematisiert Michel Foucault auch den Begriff des Autors: Er versucht nachzuweisen, daß Flauberts *Die Versuchung des heiligen Antonius* eines der ersten Werke des 19. Jahrhunderts ist, dessen phantastische, imaginäre Ausgestaltung auf *Bücher*wissen beruhe, das in Bibliotheken erlesen worden ist. Nicht mehr die Träume der Nacht oder die durch Fasten und Meditation evozierten Halluzinationen sind der Ort, an dem sich die Imagination entzündet, sondern „auf der schwarzen und weißen Oberfläche der gedruckten Schriftzeichen" (FOUCAULT 1988/1991b, S.160) entstehen die Phantasmagorien, die den heiligen Antonius heimsuchen. Foucault nennt die zahlreichen Titel und Autoren der von Flaubert studierten Schriften, die sich in der *Versuchung* wiederfinden lassen. In dem Zusammenhang verweist er auch darauf, daß nicht nur in der Text-Welt diese Koinzidenzen auffallen: Auch die bildende Kunst beginne in diesem Zeitraum, sich malend auf das zu beziehen, was schon gemalt worden ist: „(...) jedes Bild gehört der großen quadratischen Fläche der Malerei; jedes literarische Werk dem endlosen Raunen des Geschriebenen an. Flaubert und Manet haben Bücher und Bilder in der Kunst selbst existieren lassen" (ibid., S.162). Im Unterschied zu früheren Formen der motivationalen oder formalen Verschränkungen im Bild- wie Text-Bereich beruht die *Versuchung* einzig und allein auf dem „unermeßlichen Gebiet des Gedruckten" und hätte ohne ausführliches Bibliotheksstudium gar nicht geschrieben werden können. Insofern beginne mit diesem 'Werk' Flauberts ein neuer Abschnitt in der Literatur-Schreibung. Sie gleicht ihre Arbeitsweise der Wissenschaft an: Schon geschriebene Bücher müssen gelesen werden, damit ein neues Buch entstehen kann.

Auch wenn Foucault nur einer gemäßigten Vorstellung von Intertextualität folgt –
ohne diesen Begriff unmittelbar zu erwähnen –, indem er Beziehungen zwischen in
Bibliotheken gespeicherten, geschriebenen *Texten* konstatiert, problematisiert er
gleichwohl den überkommenen Gebrauch der Termini von 'Werk' und 'Autor'.
Schreiben, das als materialisiertes Lebenszeichen des *einen* Autors galt, wird als
eine Art „Zeichenspiel" gesehen, das inzwischen die Funktion übernommen habe,
einen Raum zu öffnen, „in dem das schreibende Subjekt immer wieder verschwindet" (FOUCAULT 1988/1991a, S.11), so daß seine Individualität nicht mehr auszumachen ist. Und nicht nur das Verschwinden des Autors in dem Spiel der Zeichen
wird konstatiert, sondern sein tatsächlicher Tod:

> „Das Schreiben ist heute an das Opfer gebunden, selbst an das Opfer
> des Lebens; (...). Das Werk, das die Aufgabe hatte, unsterblich zu ma-
> chen, hat das Recht erhalten zu töten, seinen Autor umzubringen. Den-
> ken Sie an Flaubert, Proust, Kafka. (...) das Kennzeichen des Schriftstel-
> lers ist nur noch die Einmaligkeit seiner Abwesenheit; er muß die Rolle
> des Toten im Schreib-Spiel übernehmen" (ibid., S.12)[8].

Aus der Abwesenheit des Autors folgt ein anderer Werkbegriff bzw. der Zweifel
daran, ob es überhaupt noch legitim ist, von *einem Werk* zu sprechen: Können noch
deutliche Grenzmarkierungen vorgenommen werden, die jene Bezeichnung rechtfertigen, wenn jene Autorindividualität so unsicher geworden ist? Ist es nicht will-
kürlich, einen bestimmten Teil des Geschriebenen als Werk zu bezeichnen und es
auszusondern aus den restlichen Schreibergebnissen? Und selbst der Begriff
'Gesamtwerk' wird fragwürdig, wenn man in einem Notizbuch Nietzsches nicht nur
Aphorismen, sondern auch eine Wäscherechnung und eine Rendezvous-Verabre-
dung findet. Diese Überlegungen gipfeln in der Frage: „Wie kann man aus den Mil-
lionen Spuren, die jemand nach seinem Tod hinterläßt, ein Werk bestimmen" (ibid.,
S.13)? Der Autor*name* hat nur noch eine „klassifikatorische Funktion" (ibid., S.17),
indem er eine bestimmte Anzahl von Texten zu einer wiedererkennbaren Gruppe
zusammenfaßt und „eine bestimmte Seinsweise des *Diskurses*" (Hervorh. E.K.P.) –
dieser Begriff ersetzt den des Werkes – kennzeichnet (ibid., S.17). Eine Annäherung
und Angleichung des literarischen und des wissenschaftlichen Diskurses ist Folge
dieser Textauffassung. Foucault verweist in einem historischen Rückblick z.B. darauf, daß man ehemals für die Anerkennung *wissenschaftlicher* Texte eine Autoren-
identifikation verlangte, während man dieser heute für 'Sachtexte' nicht mehr bedarf, die Autorennennung aber unbedingt für *literarische* Diskurse verlangt, für die
sie früher nicht nötig gewesen ist. Dieses Beispiel zeigt, wie wechselnd mit Werk-,

---

8 Die Reihe der genannten Autoren könnte aktualisierend ergänzt werden um die Namen Peter
   Weiss und Uwe Johnson, deren Schreib-Leben-Tod sich wie eine Bestätigung dieser These
   Foucaults 'liest'. – Fingerhut gibt allerdings zu bedenken, daß der 'Tod des Autors' nicht nur
   wörtlich zu verstehen sei: „Gemeint sein kann (...) nur das Verschwinden eines kulturell (...)
   unbefragt hingenommenen Autor-Bildes, des Konzepts nämlich vom genialischen Schöpfer,
   der mit seinem Werk unmittelbar zur Epoche (...), unmittelbar also zu Gott und zum Publikum, zu denken ist. Andere Instanzen, die an der Entstehung und am Weiterleben eines literarischen Textes teilhaben, geraten in den Blick: die Sprache, die Tradition der Texte, die
   schon zuvor bestehen (...)" (FINGERHUT 1991a, S.630).

Autor-und Textbezeichnungen umgegangen wurde, so daß sich unsere heutigen Festschreibungen und Trennungen auch unter diesem Gesichtspunkt relativieren:

> „Man kann sich eine Kultur vorstellen, in der Diskurse verbreitet oder rezipiert würden, ohne daß die Funktion Autor jemals erschiene. (...) Dafür wird man andere [Fragen; E.K.P.] hören: 'Welche Existenzbedingungen hat dieser Diskurs? Von woher kommt er? Wie kann er sich verbreiten, wer kann ihn sich aneignen? Wie sind die Stellen für mögliche Stoffe verteilt?' (ibid., S.31).

Diskurse lösen Texte ab, Diskursanalysen den Begriff der Intertextualität:

> „Bei Foucault gelten Texte nur noch als Ausgangspunkte der Analyse, um ihre Elemente im nächsten Schritt diskursiven Aussageformationen bzw. Macht-Wissen-Konzeptionen zurechnen zu können. (...) Dieses Eintrittsbillet in die Diskursanalyse faßt Konstellationen und also auch Texte als *zusammengesetzte* und *künstlich* zum Abschluß gebrachte disperse Einheiten, die sich aus Differenzen ergeben. In solchem Sinn kann man von der Pluralität eines Textes sprechen, der stets aus Aussagen verschiedener Diskurse besteht und allein in seiner Existenz immer schon auf *Intertextualität* bzw. *Interdiskursivität* verweist" (FOHRMANN/MÜLLER 1988a, S.16).

Diskursanalytischer Umgang mit Geschriebenem setzt Intertextualität bereits selbstverständlich voraus, problematisiert diesen Begriff nicht mehr, sondern versucht vielmehr, die Regeln zu rekonstruieren, nach denen die Diskurse – Literatur eingeschlossen – einer Epoche organisiert waren/sind, um so ein System ausfindig zu machen, das so etwas wie Intertextualität steuert und dirigiert. Der Foucaultsche Diskursbegriff soll im folgenden nicht im einzelnen erörtert werden (vgl. dazu FRANK 1983, S.226–236; FRANK 1988, S.25–44). Vielmehr soll insbesondere an der Arbeitsweise Friedrich A. Kittlers – und an der Klaus Theweleits – demonstriert werden, zu welcher Form des Literaturverstehens eine Umsetzung des diskursanalytischen Ansatzes führen kann und welche Funktionen Schreiben und Lesen unter diesem Blickwinkel übernehmen. Beide Autoren lesen Literatur textnah in ihrer Buchstäblichkeit und textfern in ihren kulturellen, wissenschaftlichen, technischen und erotisch-biographischen Verstrickungen. Das diskursanalytische Zwangsverhältnis, aus dem sich literarisches Schreiben nicht befreien kann, ist bei Kittler, aber auch bei Theweleit, weit gefaßt, bezieht sich aber grundsätzlich auf *alles*, was mit Schrift und Schreiben zusammenhängt bzw. was auf diese Phänomene Auswirkungen hat und läßt auch die Technisierung dieser Tätigkeit nicht außen vor. Während Theweleit die unter anderem aus den Schreib-(Maschinen)Verhältnissen resultierenden Geschlechterverhältnisse in den Mittelpunkt stellt, versucht Kittler durch den historischen Vergleich die tiefgreifenden Veränderungen des Schreibens aufzuzeigen, sowohl im allgemeinen als auch in bezug auf das literarische Schreiben im besonderen.

Dabei geht auch Kittler auf das hinter der geschriebenen Dichtung verborgene Bild der Frau ein und setzt dieses in unmittelbare Nähe zum Akt des Schreibens selbst. Kittlers Lektüresystem, das die *Aufschreibesysteme* der beiden Jahrhundertwenden vom 18. ins 19. und vom 19. ins 20. Jahrhundert vergleicht, liest Literatur vor allem in ihrem Geschriebensein, in ihrer Verbindung zu dem, was Schrift, Schreiben,

Buchstaben, Lesen und Sprechen in der sie umgebenden Zeit bedeuten, wie sie gelernt und von wem sie gelehrt werden. Inter-Text bedeutet bei Kittler beispielsweise: E.T.A. Hoffmanns *Der goldne Topf* und reformerische Lese-Schreib-Lehr-
programme nebeneinander zu lesen, um festzustellen, daß Anselmus vom Archivar
Lindhorst 'schreiberzieherisch' nach der selben Methode 'behandelt' wird, wie von
den neuen Pädagogen vorgeschlagen:

> „Handschriftlichkeit wie aus einem Guß anerziehen heißt Individuen
> produzieren. Als elementare Schreibsysteme sind die Normschriften
> Pöhlmanns oder Stephanis (zwei Autoren, die eben solche Schreiblehr-
> programme zu Anfang des 19. Jahrhunderts geschrieben haben; E.K.P.)
> grundlegend für das Aufschreibesystem von 1800. Anselmus, bevor er
> dem System in strahlendem Dichtertum beitreten kann, muß erst einmal
> durch eine Schreibschule gehen, die seine bisherige Handschrift am Ideal
> normiert" (KITTLER 1985/1987, S.90).

Um 1800 waren „Dichtung und Schule" noch „solidarisch": Aus diesem Grunde
ignoriert *Der goldne Topf* die in jener Zeit entworfene und propagierte
„Schreibunterrichtsreform" nicht, die in der Einführung einer verbundenen, als
'genetisch' apostrophierten Schreibschrift bestand (ibid., S.87). Diese uns heute
befremdend anmutende Solidarität von Dichtung und Schule hat ihren entscheidenden Grund nicht zuletzt in dem von Kittler vorab ausführlich behandelten Phänomen, daß um 1800 die frühkindliche Alphabetisierung in die Hände der Mütter gelegt wurde: Mit Hilfe der Lautiermethode sollten die Kinder von ihren Müttern in
die (korrekt) gesprochene und gelesene Sprache eingeführt werden. Die solchermaßen mit Sprache bekanntgemachten Kinder, besonders die männlichen unter ihnen,
haben lebenslang ein durch diese intime Ausgangserfahrung geprägtes Verhältnis
zum Sprechen, Lesen, Schreiben:

> „Eine Alphabetisierung, deren ganze Mühe die Mutter 'über sich
> nimmt', hört auf, Einschnitt oder Schmerz zu sein (...). Das Aufschrei-
> besystem von 1800 macht (...) Erinnerungen möglich, die bis zur müt-
> terlich liebevollen Alphabetisierung zurückreichen" (ibid., S.57).

Diese Mütter, die aus ihren Söhnen redende und schreibende Männer machen, reden
(sie lautieren schließlich nur!)[9] und schreiben (schreibende Frauen bestätigen als
Ausnahme die Regel) selbst *nicht*[10], aber sie – und ihre Töchter – 'dienen' dem von
Männern Geschriebenen, indem sie sich in die „Funktion Leserin" (ibid., S.131)
drängen lassen. Die (sucht)lesenden, passiv konsumierenden Frauen komplementie-
ren das für diese Jahrhundertwende entworfene Rollenbild um das „dichterisch
freie(s) Schreiben" (ibid., S.22) der Männer und die sie in die Sprache einweisenden
Mütter, die von Laute formenden zu still Lesenden werden, während sich die männ-

---

9 „Der Muttermund erlöst also die Kinder vom Buch. (...) Und diese Stimme tut Unerhörtes. Sie
  sagt kein Wort, geschweige denn einen Satz. Diskurse, die andere geschrieben haben, lesend
  auszusprechen, ist das Lernziel der Kinder, nicht jedoch ihrer Mütter. (...) Sie spricht nicht,
  sie macht sprechen" (ibid., S.40).

10 „Nichts hindert Frauen, das eine- oder anderemal zur Feder zu greifen. Nichts hindert indes-
  sen nicht, daß 'jede' solche 'Ausnahme – eine Ausnahme' bleibt" (ibid., S.132).

lichen Leser zu Autoren – nicht nur Dichtern, sondern auch Beamten und Beamten-Dichtern – entwickeln:

> „Das Aufschreibesystem von 1800 (...) ist eine Kultur, die Lesen und Schreiben automatisiert und koppelt. Zweck dieser Koppelung ist die allgemeine Bildung, Voraussetzung eine Alphabetisierung, die Lesen und Schreiben durch beider Rückbindung an ein einzigartiges Hören [das der Laute formenden Mutter; E.K.P.] verschaltet. (...) Der kontinuierliche Übergang von Lesern zu Autoren zu Lesern ist eine Art Mobilmachung" (ibid., S.115)[11].

Die Beziehung zur gesprochenen, gelesenen und geschriebenen Sprache bildet das diskursanalytische Umfeld, in das Kittler die Literatur dieser Jahrhundertwende einordnet. Er nimmt die These, daß Literatur vorrangig aus Sprache gemacht ist, wörtlich, befindet es dann aber für wesentlich, Sprachvermittlungsprozesse, -institutionen und -forschungen einer Zeit zu studieren, um beispielsweise zu eruieren, wie ein Dichter das Sprechen und Schreiben gelernt hat und welche Bedeutung Schrift und Schreiben allgemein hatten und wer die so geschriebenen Bücher mit welchen Folgen liest:[12] Gedichtete Sprache in ihrem gesamten sprachlichen Kontext. Dazu gehört nicht nur der frühkindliche Spracherwerb, mit einzubeziehen sind auch die Institutionalisierungsbemühungen des Deutschunterrichts an Knaben- wie auch im Unterschied dazu an Höheren Töchterschulen sowie die dafür konzipierten Lesebücher[13].

Dichtung um 1800 ist nicht einfach ein Diskurs unter vielen, wenngleich Kittler ausführlich auf die Verschränktheit des literarischen mit den pädagogischen, philosophischen, erotischen, schulpolitischen etc. Diskursen eingeht. Er ordnet der Dichtung auch nicht den Sonderstatus zu, den sie ansonsten in der Literaturwissenschaft innehat. Kittler begründet eine gewisse diskursinitiierende Funktion der Literatur anders:[14] Immerhin ist sie „das Aufgeschriebensein des Muttermundes" (ibid., S.104). Ihre innovative Energie schöpft sie auch daraus, daß Dichtung, d.h. freies Schreiben, um 1800 überhaupt erst begann: Indem der Gelehrte Faust im Vorspiel zur Tragödie den Anfang des Johannes-Evangeliums 'frei' übersetzt und *Tat* statt

---

11 Die Fortsetzung dieser frühkindlichen Alphabetisierung findet in der Schule statt: „(...) die Höheren Töchterschulen überführen mit allem Zeitaufwand eine Lesesucht in Klassikerkonsum, die Höheren Knabenschulen mit aller Freigabe ein Lesen in generalisierende Fortschreibungen" (ibid., S.158).

12 „Lesen heißt sich mit den Toten begatten" (ibid., S.172), zitiert Kittler Friedrich Nietzsche. Bedeutet Schreiben dagegen leben?

13 „Das ihrem besten Kenner zufolge 'beste aller vorhandenen ästhetischen Lesebücher' schreibt eine Bremer Mädchenschullehrerin. Wie niemand sonst bezieht Betty Gleim noch die Basistheoreme für *Erziehung und Unterricht des weiblichen Geschlechts* von Dichtern (Goethe, Schiller, Novalis). Wie sonst niemand folgt sie bei der Auswahl von Gedichten, Erzählungen, Dramen dem Grundsatz 'besonders auf Classicität Rücksicht zu nehmen, damit beim Lesen zugleich der Geschmack sich bilden könne'" (ibid., S.153).

14 Initiieren sieht für Kittler so aus: „Die von Stifterfiguren wie Klopstock und Goethe experimentell begonnene Diskursverkabelung geht um 1800 in Massenanwendung. (...) Ihre Texte, weil sie auf den Autor hin codiert sind, generieren einerseits immer neue Autor-Jünglinge und andererseits, weil sie für die Mädchen geschrieben sind, immer neue Leserinnen" (ibid., S.147).

Wort schreibt, gibt er das Signal für den Beginn eines 'freien Schreibens': „Anstelle des Wortes tritt die Tat und anstelle der Bibel die Dichtung (...)" (ibid., S.26). Nicht nur die Literatur war neu, auch Lesen und Schreiben erfuhren während dieser Jahrhundertwendejahre eine ungeheure Aufwertung und Verbreitung: Die einsetzenden Alphabetisierungsbemühungen kommen dem Gelesenwerden – und natürlich dem vorausgehenden Geschriebenwerden – von Literatur sehr zugute[15]. Der Grund für die verstärkt einsetzenden Alphabetisierungsbemühungen liegt nicht in einer angestrebten und gewünschten Verbreitung von Dichtung – dieses Faktum ist wohl eher als 'Abfallprodukt' dieser Entwicklung zu betrachten. Wichtig ist vielmehr folgendes: „Die Identität zwischen Menschsein und Alphabetisiertsein wird schlichte Notwendigkeit in einer Zeit 'verallgemeinerter' Durchsetzung bürokratischer Prinzipien im Instanzenzug der Behörden und im Berufsbeamtentum" (ibid., S.66). – Und noch ein Argument wird angeführt für die exponierte Stellung des literarischen Diskurses um 1800: Er hat nicht gegen eine mediale Konkurrenz anzuarbeiten, die ihm das Monopol geraubt hätte, einzig und allein für die Einbildungskraft 'zuständig' zu sein. Um 1900 wird sich diese Situation grundlegend ändern, aber um 1800 ist die Literatur noch so *audiovisuell*, daß sie *all* die Sinne befriedigt, die dann einhundert Jahre später auf unterschiedliche Medien arbeitsteilig verteilt werden[16].

Diese Schreib-Lese-Rede-Situation ändert sich um 1900 grundlegend; die Zäsur, die das Schreiben Friedrich Nietzsches bedeutet, kann man sich – Kittler folgend – nicht einschneidend genug vorstellen: „Der einsame Schreiber ist Schreiber und sonst nichts: kein Übersetzer, kein Abschreiber, kein Interpret. Kahl und dürftig kehrt das Federkratzen eine nie beschriebene Funktion heraus: Schreiben in seiner Materialität" (ibid., S.187). Daß Nietzsche, der Lyriker, der „mit dem Hammer dichtet" (ibid., S.203), sich wohl als einer der ersten Philosophen eine Schreibmaschine kaufte, paßt in dieses Bild. Las Kittler die Literatur um 1800 auf der Basis von Schreiblehrprogrammen und Lesebüchern, so liest er die von 1900 in unmittelbarer Nachbarschaft zu den technischen Erfindungen von Schreibmaschine, Phonograph und Grammophon sowie zu der expandierenden, sich insbesondere mit *sprachlichen* Störungen befassenden Gehirnforschung.

Kittler knüpft nicht nur an die bekannte These von der Sprachkrise an, wie sie in Hofmannsthals *Lord Chandos-Brief* dokumentiert ist. Seiner Darstellung zufolge greift der Begriff 'Krise', als Bezeichnung für den durch psychophysische Forschung ausgelösten Paradigmenwechsel, entschieden zu kurz: In den Untersuchungsmethoden dieser neuen Wissenschaft zerfällt die Sprache in Einzelteile, sie

---

15 „Das Aufschreibesystem von 1800 kreist um die einzige Frage, wie auch dem bäurischsten und natürlichsten oder sinnlichsten Bewußtsein Lesen und Schreiben nahezubringen sind" (ibid., S.172).

16 „Soviel Sinnlichkeit (...) speichert Dichtung einer Zeit, da das Medium Buch erstens universal – für alle Sinnesdaten und Leute – und zweitens ohne Konkurrenz anderer Ton- und Bildträger ist. Erst der Einbruch technischer Speicher, wie er das Aufschreibesystem von 1900 prägt, wird die halluzinatorische Sinnlichkeit der Unterhaltungsindustrie preisgeben und ernste Literatur auf jene Askese verpflichten, die nur weißes Papier und schwarze Lettern kennt. Daß dagegen um 1800 gerade hohe Texte in audiovisueller Sinnlichkeit schwelgen, haben nur Filmhistoriker erkannt" (ibid., S.124).

gerät durch sinnlose Silbenproduktion in einen „artifiziellen Rohzustand" (ibid., S.214), Sprechen und Hören, Schreiben und Lesen werden als Funktionen isoliert und einzeln untersucht. Wenn alles mit Krankheit erklärt werden kann – ein Ergebnis der psychophysischen Forschung –, wird die „Möglichkeitsbedingung (...) von Dichtung abgestellt" (ibid., S.225): „Aphasieforschung ist immer schon Aphasieproduktion" (ibid., S.222), wie sich z.b. in der Lyrik Kandinskys nachweisen lasse. All die Apparaturen, die jene psychophysische Forschung baut, um Lese-, Schreib-, Rede- und Hörfähigkeit – natürlich voneinander getrennt – der Menschen zu untersuchen, führt dazu, Schrift und Sprache von anderen Diskurstechniken zu entkoppeln und sie so – unabhängig von irgendeinem Gedanken an die Bildung eines Individuums – zur Grundlage der Forschung zu machen:

> „Wohl zum erstenmal in einer Schriftkultur sind Leute auf physiologisch nackte Zeichenwahrnehmung reduziert. Schrift hört auf, sanft und tot auf geduldigem Papier ihrer Konsumenten zu harren; Schrift hört auf, mit Zuckerbäckerei und Mutterflüstern versüßt zu werden – sie überfällt mit der Gewalt eines Chocs" (ibid., S.228).

So beschreibt Kittler das Tachistokop, ein Gerät, das zur Messung der Lesegeschwindigkeit eingesetzt wurde. Die Auswirkungen dieser technischen Erfindungen auf die Bedeutung von gesprochener und geschriebener Sprache bilden für Kittler den zweiten großen Bezugsrahmen, aus dem Literatur um 1900 sich nicht herausstehlen kann: So verliert Schreiben seine bis dahin unangefochtene datenspeichernde Vorrangstellung: „Phonographie besagt Tod des Autors; sie speichert statt ewiger Gedanken und Wortprägungen eine sterbliche Stimme" (ibid., S.243). Und die Schreibmaschine, die eine „'ganz neue Ordnung der Dinge'" herbeiführt (ibid., S.360), verkehrt die Positionen der Geschlechter beim Schreib-Akt in ihr Gegenteil: „Ein Apparat, der Den Menschen bzw. das Symbol männlichen Schaffens ersetzen kann, steht auch Frauen offen" (ibid., S.359). Während um 1800 Serpentina dem ihm unverständliche Zeichen kopierenden Anselmus noch die Bedeutung des *von ihm* Geschriebenen flüsternd erhellen muß, 'diktiert' um 1900 eine männliche Stimme der schnell und um Perfektion bemühten Schreibmaschine-schreibenden Frau, was *sie zu schreiben* hat. Einhergeht mit dieser „'sogenannte(n) Emanzipation'" (ibid., S.361) eine Desexualisierung der Frauen und damit ihre Zulassung zur schriftstellernden Zunft (vgl. ibid., S.205/206).

Auf dem Hintergrund dieser schreibtechnisch revolutionären Erfindungen und der an Defiziten und Defekten forschenden Psychophysik[17], die neben sprachzerstückelnden Folgen auch an der Konstruktion neuer Aufzeichnungs- und Wiedergabemedien für Bild und Ton mitwirkt, liest Kittler u.a. Christian Morgensterns Gedichte, Stefan Georges Schriftexperimente und vor allem Rainer Maria Rilkes

---

17 „Die Psychophysik macht damit Schluß, Kulturtechniken einer Dichotomie des Normalen und Pathologischen, des Entwickelten und Zurückgebliebenen zu unterwerfen. Sie erforscht Fähigkeiten, die unter Alltagsbedingungen überflüssig oder krankhaft oder obsolet heißen müßten. (...) Sie artikulieren oder zerlegen Körper, die schon zerstückelt sind. Vor allen anderen Experimentatoren schlägt die Natur zu. Apoplexien, Kopfschußwunden und Paralysen haben die grundlegende Entdeckung ermöglicht, auf die jede Zuordnung von Kulturtechniken und Physiologie zurückgeht" (ibid., S.220).

Aufzeichnungen, die nach Kittlers Befund eigentlich den Titel tragen müßten *„Denkwürdigkeiten eines Nervenkrankheitssimulanten"* (ibid., S.336):

> „113 Seiten über Aphasieforschung und Phonographie, Psychoanalyse und Paranoia sind vielleicht nicht vergeudet, wenn sie es zum erstenmal möglich machen, *Die Aufzeichnungen des Malte Laurids Brigge* zu buchstabieren und nicht bloß zu verstehen" (ibid., S.324).

Dieser Roman belege, daß das Aufschreibesystem von 1900 „ein Simulacrum von Wahnsinn" (ibid., S.311) ist und daß Schriftsteller sich wie Nervenärzte in erster Linie für alle Varianten des Themas *„Gehirn und Sprache"* (ibid., S.321) interessieren. Die *Aufzeichnungen* fixierten schriftlich, was an Denk- und Assoziationsbewegungen möglich ist, wenn man die medizinisch-psychophysischen Forschungen kennt. Kittler zieht Parallelen zu dem von der Kunsterzieherbewegung propagierten Freien Aufsatz und gelangt zu dem Schluß, daß Rilkes Malte nichts anderes aufschreibe als diese, nunmehr als öffentliches Thema akzeptierten (Fieber- und Nerverkrisen)Phantasien eines 'frei' schreibenden Kindes: „Écriture automatique, psychoanalytisches Assoziieren, freier Aufsatz – alle belegen sie Mächte, vor denen der Schreibende zum Medium herabsinkt" (ibid., S.338).

Kittler kann das Bild nicht dunkel genug malen, in das sich Schreiben während dieser Jahrhundertwendebedingungen einfügt: Es gerät in mediale Konkurrenz[18]; es wird durch die Abkopplung von Stimme und Hören (und wohl auch durch die eingeschalteten Maschinen) zur bloßen Schriftmaterialität[19]; und nicht zuletzt rückt es in die Nähe der Kinder- und Irrensprache, die eine neue Aufwertung erfahren und geschrieben dokumentiert werden können/sollen. Die Aufwertung des freien Schreibens, die in jenen Jahrzehnten allerorten stattfand und das jedermann zu beherrschen in der Lage sei, betrachtet Kittler, wie übrigens *alle* konstatierten Erscheinungen, äußerst kritisch: Daß der Deutschaufsatz in den Mittelpunkt des Unterrichts rücke, beweise den Verlust der hermeneutischen Lesekultur, da Lesen 'nur noch' in Schreiben und Weiterschreiben münde. Der Freie Aufsatz erfährt ein weitaus vernichtenderes Urteil:

> „Freie Aufsätze (...) entfalten weder die Individualität ihres Autors noch die Idealität seiner Gedanken. Im Extremfall schreiben sie einfach das Dröhnen fiebernder Kinderköpfe auf. (...) Die Kunsterziehung verzichtet darauf, ihre Schüler mit Worten des Menschen oder Erziehungsbeamten erreichen zu wollen. Statt dessen kann sie nicht genug rühmen, wie 'produktiv das Kind in seiner Sprache' ist, und nicht genug beklagen, daß man es 'zwingt, in einer fremden Sprache, nämlich in der der Erwachsenen, zu produzieren'. Kleine Worte-macher sind eben dann am freiesten, wenn kein Muttermund ihr Sprechen und Schreiben reinigt" (ibid., S.191).

---

18 „Um 1900 wird die Ersatzsinnlichkeit Dichtung ersetzbar (...) durch Techniken" (ibid., S.252). – „So rückt das Kino an die genaue Stelle des Bibliotheksphantastischen" (ibid., S.253).

19 „Das Medium Schrift kehrt seine Kälte hervor; es ist Archivieren und sonst nichts. Deshalb kann es das Leben nicht ersetzen, darstellen, sein, sondern nur erinnern, wiederholen, durcharbeiten" (ibid., S.325).

Es bereitete keine Probleme, sich Kittlers Kommentar zur kreativen Schreibbewegung vorzustellen! Aber auch sonst bleiben angesichts solcher Statements kaum noch sinnvolle Schreib- und Lese-Perspektiven! Schreiben und Lesen scheinen nach dieser Analyse Tätigkeiten zu sein, die aufgrund ihres Eingespanntseins in technische Entwicklungen im 20. Jahrhundert endgültig und unhintergehbar um ihre 'Unschuld' gebracht worden sind. Was sie durch diesen Verlust verschmerzen müssen, versucht Kittler anhand des Vergleiches zwischen *1800* und *1900* zu zeigen. Wie die *Aufschreibesysteme* für *2000* fortgeschrieben werden müßten und ob dann – im Rückblick – die Schreib-Lese-Lage um 1900 nicht auch optimistischer interpretiert werden wird, bleibt momentan eine (noch) nicht beantwortbare Frage[20].

An Kittlers Analysen bestechen die Parallelen, die er zwischen der Literatur und den unterschiedlichsten Sprach- und vor allem Schriftforschungen der sie umgebenden Zeit zieht: Die Literatur als *schrift*sprachliches Produkt im Kontext zu anderen Spracherkenntnissen und -einstellungen zu sehen, führt zu frappierenden Ergebnissen: Christian Morgensterns *Galgenlieder* als Aufschreiben von Schrift zu bezeichnen[21], Stefan Georges Schriftexperimente als Ausfluß der technologischen Entwicklung zu sehen[22] – solche Interpretationen verweisen auf ein Lektüresystem, das die literarische Entwicklung vor allem in Verbindung sieht zu den Forschungen, die die ureigenste Materie der Literatur abgeben und die mit ihrer 'buchstäblichen' Schriftlichkeit zu tun haben. Auch die 'Macher' von Literatur mit ihren bürgerlichen Angestelltenberufen und den darin gemachten technischen Erfahrungen stehen unweigerlich in diesem Zusammenhang:

> „Man muß die *Soziologischen Voraussetzungen des literarischen Expressionismus in Deutschland* schon sehr landläufig verstehen, um in den Fällen Stramm und Hardekopf 'die Berufe eines Postbeamten und eines Parlamentstenographen in einer gewissen Unvereinbarkeit zu ihrer avantgardistischen literarischen Wirksamkeit' zu sehen. In Wahrheit ist nichts vereinbarer und zwingender. August Stramms Gedichte, deren 6 bis 8 Zeilen nur 1 bis 3 Wörter enthalten, sind Telegrammstil als Literatur. Und das nur darum, weil der Postinspektor nach gründlicher Post- und Telegraphenschulung schließlich an der Philosophischen Fakultät

---

20 Ohne über die *Aufschreibesysteme 2000* spekulieren zu wollen, soll eine banale Angelegenheit in einem Zusammenhang, in dem es um die Materialität des Lesens und Schreibens geht, nicht unerwähnt bleiben. Zumindest die zukünftigen Lese-Aussichten dürften nicht allzu rosig eingeschätzt werden: Mein Exemplar der Kittlerschen *Aufschreibesysteme* ist nach dem Schreiben dieser Zeilen so auseinandergefallen, daß es nur mühsam mit Klebebändern einigermaßen in der Reihenfolge gehalten werden kann! Bereits sechs Jahre nach seinem Erscheinen verträgt dieses Buch kaum ein nochmaliges Lesen! Auch solche Faktoren verlangen Berücksichtigung, wenn es um die (Nicht)Zukunft der schrift- und buchorientierten Tätigkeiten geht. – Friedrich Kittler selbst hat sich, soweit ich seine Entwicklung verfolgen konnte, inzwischen eher von der Literatur ab- und der Welt des Computers zugewandt (vgl. KITTLER 1993). In gewisser Weise liegt dieser Richtungswechsel in der Konsequenz des in den *Aufschreibesystemen* eingeschlagenen Weges.

21 *Das große Lalula* als nicht vorlesbares 'Gedicht', *Der Lattenzaun* als „Architektur von Blockschrift" (ibid., S.263) und *Fisches Nachtgesang* als 'Reklame' für die Antiqua-Schrift.

22 „Wichtiger und unbeschriebener ist, daß alles Details der St-G-Schrift (Schriftarten, Letternform, Rechtschreibung, Interpunktion) experimentell ermittelte Standards voraussetzen, maximieren und ausnutzen" (ibid., S.266).

Halle mit *Historischen, kritischen und finanzpolitischen Untersuchungen über die Briefpostgebührensätze des Weltpostvereins und ihre Grundlagen* promoviert hat. Seitdem es einen Weltpostverein gibt, haben Signifikanten ihre standardisierten Preise, die aller Bedeutung spotten" (ibid., S.196/197).

Kittler liest nicht nur Stramms wortkarge, grammatische Regularitäten mißachtende 'lyrische Telegramme', sondern auch die Dokumente seines 'nüchternen' Berufsalltags, und zwar letzteres als *Quelle für erstes*: Die Literatur entsteht nicht nur in historischen und sozialen Zusammenhängen, sondern auch und vielleicht vorrangig in technischen – das ist eine der Quintessenzen der *Aufschreibesysteme*.

Auch Klaus Theweleit, dessen *Buch der Könige* in der Nachfolge Kittlers steht, 'liest' Literatur nicht ohne jenes Wissen um die technisch-mediale Entwicklung, aber ein anderes Phänomen, von Kittler ebenfalls gestreift, interessiert Theweleit weit mehr: Es geht um die Beziehungen der Autoren zu Frauen und darum, wie sich diese in poetischen und in anderen Texten schriftlich 'niedergeschlagen' haben. Theweleits diskursanalytische Einbindung von Literatur erfolgt unter der Prämisse, daß auch das Leben und insbesondere das 'Lieben' der Autoren wie ein dazugehörender Parallel-Text gelesen werden muß. Insofern sind seine Ausführungen der traditionellen biographischen Arbeitsweise entliehen, erfolgen allerdings mit einer anderen Akzentsetzung: Das Liebesleben bzw. das, was die Autoren dafür halten und in Gedichten, aber auch in Briefen aufgeschrieben haben, ist ein Diskurs unter anderen, der zu einem 'neuen' Lesen der Literatur beiträgt. Eine der zentralen Thesen Theweleits ist so einfach wie skandalös: Teile der Dichtung eines Gottfried Benn (noch andere Autoren kommen vor, aber Benns Leben und Schreiben ist Ausgangs- und Mittelpunkt) beruhen auf geopferten – sprich: gestorbenen, toten – Frauen. „Als eine Art Mord" begründen sie „die ästhetische Produktion neu" und schaffen ein „Sprungbrett (...) zu neuer Kunstproduktion" (THEWELEIT 1988, S.60). Herta Benn, um sie handelt es sich in dem zitierten Fall, war darüber hinaus Benns Sekretärin. Sie „'schreibt 200 Silben, perfekte Maschinenschreiberin'" (ibid., S.86) – so stellt Benn seine zukünftige Frau in einem Brief vor, in dem er die Eheschließung mit ihr begründet[23]. Eingegangen und durchgearbeitet finde sich die Erfahrung des Selbstmordes seiner Frau in dem berühmten Gedicht *Orpheus' Tod*, das Benns Briefen an Oelze zufolge von dem Verfasser selbst als 'Dokument' dieser Todeserfahrung gesehen wurde:

> „Benn sagt (...) in aller Deutlichkeit, daß im Gehen über diese Messersschneide die *Geschichte* des Todes seiner Frau verwandelt, *liquidiert* wird, umgebaut von etwas 'Erzählbarem' in ein expressives Moment. Er ist sich jeden Moment darüber im klaren, daß das Gedicht die 'Geschichte' des Todes von Herta Benn erzählt; (...). Er sagt: ich *liqui-*

---

23 Ihre Perfektion als Sekretärin disponiert sie für die Bereitschaft, auch ihr Leben zu opfern. Frauen, die das Leben diesem Tode vorziehen – und mit einer solchen schließt Benn nach dem Tode Herta Benns seine dritte Ehe –, tippen nicht Benns Manuskripte ab, sondern haben seine gewagten Gedichte schon als Oberprimanerin gelesen: „Männerbraun stürzt sich auf Frauenbraun".

diere hier eine Geschichte; ich mache aus einem Tod ein Stück Kunst: Expression, und dies hilft mir weiter" (ibid., S.67).

Diese These verfolgt Theweleit durch mehrere Künstlerleben hindurch. Nicht bei allen fügen sich Tatsachen so ineinander wie bei Benn, dem Theweleit den latenten Todeswunsch – auf seine Frau bezogen – nachzuweisen sucht, aber Parallelen finden sich bei Brecht, Hamsun, Pound, Dante und Monteverdi. Künstler, die von einer oder mehreren toten Frau(en) umgeben sind, die aber selbst lange unter den Lebenden weilten, die am „Ü-Pol" – gleich Überlebenspol – blieben, wie Theweleit abkürzt. Auf der anderen Seite steht insbesondere Franz Kafka. Ungewöhnlich deswegen, weil er nicht ungefährdet war, sich in diese „Totschlägerreihe" (ibid., S.1030) einzugliedern: Sein Briefwechsel mit Felice Bauer, in dem sich Kafka als „'medienversierter Briefvampir'" (ibid., S.997) erweist, ist sowohl Dokument jener Gefährdung als aber auch gleichzeitig ein „großes Dokument der Ablösung der Aufzeichnungsverfahren vom Frauenkörper als seiner Folie" (ibid., S.1013):

> „Hat womöglich sein (ständig noch wachsender Ruhm) als der Geglückteste unter allen deutschen Schreibern des 20. Jhds. mit dieser Entfernung von der Totschlägerreihe zu tun, die ihm gelungen ist und die wir spüren beim Lesen (...) daß letztlich nicht der Körper der Ausgesaugten die letzte Attraktion in seinem Geschriebenen bildet (...). Läßt sich zerreißen von seinen Tuberkulosebazillen, mischt sich unter sie und hilft ihnen, die Entzündung zu entflammen (...)" (ibid., S.1030).

Das Theweleitsche Literatur-Lese-System dürfte deutlich geworden sein. Die Einteilung der Künstler in solche, die ihre Werke auf Frauenleichen aufbauen und in solche, die das nicht nötig haben bzw. der Gefahr widerstehen – und den eigenen frühen Tod vorziehen: Kleist, Büchner, Brinkmann u.a.m. –, setzt das alte Apriori der Vermischung von Leben und Kunst voraus. Theweleit konstruiert erneut ein Zwangsverhältnis von Leben und Kunst, in das letztere als unausweichliches Ergebnis des erstgenannten eingespannt ist. Im Grunde genommen betreibt Theweleit eine biographieorientierte Literatur-Lektüre mit umgekehrten Vorzeichen: Die Künstler sind nicht länger Vorbild. Vielmehr werden ihre – tatsächlich vorhandenen – '(Frauen)Leichen im Keller' ans Tageslicht geholt und als Grundlage der Kunstproduktion zitiert.

Aber das eine wie das andere – ein 'gutes' wie ein 'böses' Leben – sind nur bedingt identisch mit der Kunst und vertragen dieses Übereinanderlegen und Aufeinanderbeziehen nicht nach einem 1+1=System. Theweleit weiß natürlich, daß jene von ihm unterstellte Affinität von Leben und Kunst nicht unumstritten ist, aber er verteidigt diese ihm wesentliche Haltung so engagiert, polemisch, leidenschaftlich und z.T. ungeschützt subjektiv[24], daß eine kritische Auseinandersetzung mit seinen Argumenten schnell in ein trockenes, akademisch-langweiliges Abseits gerät angesichts des-

---

24 Er ist auch so konsequent, daß er sein eigenes Leben, seine Ehe wie auch Erfahrungen mit seinen beiden Söhnen, nicht aus dem *Buch der Könige* ausklammert. Seine Frau und seine Kinder gehören zum Personal des Buches. Allerdings sind die Passagen, in denen er seine eigene (Lebens)Praxis als relativ gelungen darstellt, nicht unbedingt die besten.

sen, wie dieses Buch geschrieben und (reich) bebildert ist[25]. Und trotzdem: Trotz der überwältigenden Beweisführung, die Theweleit zur Erhärtung seiner Mord-These anführt, bleibt Skepsis, ob der solchermaßen apostrophierten Deckungs-gleichheit von Kunst und (Liebes)Leben. Diese führt zwar nicht unbedingt zu einer ästhetischen Abwertung (bei einigen Texten allerdings schon: Rilkes *Sonette an Orpheus* kommen nicht gut weg; ebensowenig Dantes *Vita Nuova* und das eine oder andere Gedicht von Brecht auch nicht), aber unweigerlich zu einer moralischen Richtschnur, an der entlang die Literatur-Lektüre sich orientiert (zu orientieren hat?): Die Künstler, die das fremde Frauenopfer nicht nötig haben bzw. dem Wunsch widerstehen und sich selbst opfern, produzieren nicht unbedingt 'bessere' Kunst, aber eine – wie Franz Kafka – mit größerer „Wärme" (ibid., S.485). Auswir-kungen auf den Leser bleiben nicht aus: „Wir können uns entscheiden in unserem Beifall, ob wir den Opferanteil der Produktionen beklatschen wollen oder den An-teil, der uns selbst zu Sängern machen will (...)" (ibid., S.735). Der Leser ist nämlich nicht bloßer Rezipient, sondern er ist 'Beteiligter' „am Kunstgebrauch" (ibid., S.704). Genießt er eine bestimmte Literatur, wird er mitschuldig am stattgefundenen Opfertod. Theweleit kommentiert beispielsweise ein Gedicht Benns – *Du mußt dir Alles geben* –, das dieser unmittelbar nach dem Selbstmord seiner Geliebten Lili Breda geschrieben hatte, wie folgt:

> „Im Zugang zur *Geschichte*, die im Gedicht steckt, ist man vor die Ent-scheidung gestellt, ob man es akzeptiert, Teil dieser Geschichte (als im Moment des Lesens *Handelnder* nämlich) zu sein; und das muß man akzeptieren, wenn man sich darauf einläßt, an den Wortintensitäten, den Emotionskonglomeraten des Gedichts sich zu vergnügen, sie zu genie-ßen. Saugt man hier willig am Honig, heißt das auch schon: man saugt willig und hingegeben mit am geschichtlichen Opfer, das gebracht wurde; man sanktioniert nicht nur die Rolle des 'Autors' bei einem Sturz aus dem Fenster ... man wiederholt ihn? man schiebt sie noch einmal (... *'der dumpfe Eine'*) und wieder ans Fensterbrett, wartet dar-auf, daß sie springen wird ... *mit Schweigen* ... im letzten Moment stürzt man hinzu, wo 'es' schon fällt ... nicht sie zu halten, nein; um zu Sehen ..." (ibid., S.136).

Ein strenges moralisches Verdikt, das dem 'lesenden Leser' schwere Vorwürfe macht. Die Basis für diese Verurteilung ist nicht mehr, wie noch vor kurzem, eine 'falsche' politische Einstellung des Autors. Hingegen wird die Lebens(Frau-en)Führung zu einem entscheidenden Kriterium deklariert, das in der Kunstpro-duktion seinen erkennbaren Niederschlag findet. Die 'Schuld' liegt nicht nur auf seiten des Verfassers, sie geht auf den Leser, Hörer, Betrachter über, wenn dieser „am Honig saugt". Theweleits diskursanalytische Verankerung der Literatur (der Kunst) im Leben endet letztlich bei Vorschriften, die 'falsche' und 'richtige' Litera-

---

25 Erst nach Fertigstellung der Arbeit erschien der Folgeband (in Form von zwei Bänden) des auf vier Bände angelegten *Buches der Könige* (THEWELEIT 1994): der erste Band trägt den Titel *Orpheus am Machtpol*. Im diesem geht es erneut um Gottfried Benn, und zwar um des-sen zeitweiliges Sympathisieren mit dem Nationalsozialismus.

tur kennzeichnen, und diese Maßregeln auf die Produktion wie auch auf die Rezeption beziehen.

Die ausführliche Darstellung der Arbeiten Kittlers erfolgte, weil der Verfasser der *Aufschreibesysteme* Schreiben*und*Lesen aus einer neuen (u.a. von Technikentwicklung abhängigen) Perspektive diskutiert, die das Lehren und Lernen der schriftsprachbezogenen Tätigkeiten in einen veränderten Bezugsrahmen stellt und die zu einer anderen Lektüreweise von literarischen Texten führt. Nimmt man Kittlers Ansatz ernst, so drängen sich für die Arbeit an Literatur andere Fragen auf als die der Epochenklärung, der gattungsmäßigen Zuordnung oder die einer in sich geschlossenen, auf ein einziges, klares Verstehen hinzielenden Interpretation: *Spurensuche* (vgl. A.III.2) scheint unter diesen Voraussetzungen die Arbeit des Lesers zu sein, die vielfältigen Verflechtungsverhältnisse aufzuzeigen, denen das Schreiben unterliegt, das Lese- und das Lebens(Berufs-)Umfeld zu erkunden, das in ein weiteres Schreiben einfließt, den gebundenen und zwischen zwei Buchdeckel gefaßten Text 'aufzubrechen' und ihn auf schon stattgefundenes Schreiben und Lesen wie auch Sehen und Hören hin zu untersuchen. So demonstrieren die Arbeiten Friedrich Kittlers und Klaus Theweleits, zu welchen Ergebnissen eine derart geöffnete Literatur-Lektüre führt. Beide Autoren – Kittler und Theweleit – bedienen sich ungewohnter Schreibweisen über und zu Literatur: Insbesondere Klaus Theweleit versucht im *Buch der Könige*, mit den tradierten Formen des (literatur)wissenschaftlichen Schreibens zu und über Literatur zu brechen und kommentiert die Gedichte, Briefe und die anderen hinzugezogenen Quellentexte – wie die Zitate deutlich machen konnten – in einer literarisierten Sprache. Nicht nur Theweleits Interpretationen sind ein kleiner Skandal, besonders seine Schreibweise ist es. Er deckt mit seiner Sprache das Gelesene, er 'mischt sich ein', und er ist – im Gegensatz zu Kittler – nicht um distanzierte, objektive Darstellung bemüht, sondern nimmt Subjektivität wörtlich und bringt sich und sein Leben in das Schreiben ein, das somit zu einem Exemplum dafür werden könnte, daß Forschungen über mögliche Entstehungszusammenhänge und -bedingungen literarischen Schreibens auch für den Kommentator zu einer anderen, einer neuen Schreib-Praxis führen. Unter diesem Blickwinkel gewinnen die Arbeiten Theweleits vielleicht auch eine didaktische Perspektive, weil sie Schreib-Möglichkeiten aufzeigen, die im Literaturunterricht bisher tabuisiert waren.

Beide, Kittler wie Theweleit, lesen neben den literarischen Texten sehr viele andere. Beide brauchen für ihr Lektüresystem einen großen Korpus an Informationsmaterial, unter dem das Literarische manchmal zu verschwinden droht. Um dem literarischen Text seinen Sonderstatus zu nehmen und ihn im technischen Medienverbund zu verkabeln (Kittler) bzw. um ihm stattgefundene oder überwundene Mordgelüste nachzuweisen (Theweleit), muß das Textnetz sehr groß geknüpft werden: Der literarische Text gerät ins Abseits. Er verschwindet neben und unter den Bezugswissenschaften, die nicht mehr vorrangig Geschichte, Ökonomie, Soziologie oder Politik lauten, sondern die sich auf die Technikgeschichte berufen wie auch auf die brieflichen Dokumente der gelebten und ungelebten Liebeserfahrungen. Wenn wir im folgenden 'zurückgehen' auf den Lektüre-Ansatz Roland Barthes', so nicht zuletzt deswegen, weil Barthes sich besonders auf den literarischen Text konzentriert.

Die möglichen Bezugsfelder, in die der Text führt, werden durch diesen selbst evoziert und nicht von außen an ihn herangetragen. In diesem Zusammenhang ist ein didaktischer Aspekt nicht unwichtig: Kittlers und Theweleits Methode setzen einen erfahrenen, kundigen, wissenden Leser voraus, der eine 'klassische' Text-Schulung hinter sich hat und dem 'Lehrlings-Status' entwachsen ist. Beide Autoren gehen davon aus, daß ihren Lesern die typischen Interpretationen bekannt sind. Insofern stellt sich die Frage, inwieweit (und ob überhaupt) diese Lektüre-Methode für 'Anfänger' geeignet ist. Zumindest verlangt sie vergleichbar aufwendiges Zusatzmaterial wie die kritische Lesedidaktik der siebziger Jahre. Es ist zweifelhaft, ob dieser Weg für eine schulische Literaturdidaktik ein günstiger ist. Die ausführliche Auseinandersetzung mit Roland Barthes' literaturanalytischem Ansatz dient im Zusammenhang dieser Arbeit dem Ziel, praktikable schreib- und lesedidaktische Perspektiven zu entwickeln, die eng am Text, nah am Leser und weit in den daraus entstehenden Textraum hinausweisen.

Zuvor aber wird ein Exkurs einem ästhetischen 'Gegenstand' gewidmet, der nicht zuletzt durch die eben referierten Theorieentwicklungen ausgesprochen obsolet geworden ist: Dem Original wird keine große Chance mehr eingeräumt, sein möglicher Verlust, sein eventuelles Verschwinden wird nicht sonderlich beklagt. Innerhalb des Exkurses soll der unterschiedlichen Bedeutung des Originals in den verschiedenen ästhetischen Wissenschaften ebenso nachgegangen werden wie auch den möglichen Folgen, die ein Verzicht auf den Wert des Originals – wie er in der das Schreiben und Lesen betreffenden Textwissenschaft gepflegt wird – haben kann.

2. Exkurs: Das Original in Kunst- und Textwissenschaft

> „Mir kommt die Dichtung immer beängstigender vor als die Malerei, obwohl die Malerei doch ein schmutziges und schmieriges Geschäft ist. Aber schließlich sagt der Maler nichts, er schweigt, und das ist mir lieber" (VAN GOGH 1988, S.324).

Das *Rembrandt-Research-Project*, eine interdisziplinär angelegte kunstwissenschaftliche Untersuchung, 'durchleuchtet' Gemälde, die als Rembrandt-Originale ausgegeben werden, und unterzieht sie chemischen Analysen, um zu eruieren, ob Rembrandt sie tatsächlich gemalt hat bzw. welche Teile der Darstellung (Gesichter, Hände, Kragen, Faltenwurf etc.) aus der Hand des Meisters stammen und welche von Werkstattmitarbeitern. Des weiteren versucht man, den Entstehungsprozeß der Bilder zu rekonstruieren. Van de Wetering – ein Mitglied des *Projects* – erläutert die naturwissenschaftlichen Untersuchungsmethoden (WETERING, VAN DE 1991b): So wurden beispielsweise die Bildträger (Holztafeln und Leinwände) einer mikroskopisch genauen Analyse unterzogen, um aufgrund dieser Materialbestimmung nähere Daten über die Entstehungszeit und über den möglichen Entstehungsort der Bilder zu erhalten. Mit Hilfe von Röntgenuntersuchungen und Autoradiogrammen konnte man Phasen des konzeptionellen und malenden Entstehungsprozesses 'sichtbar' machen. Dieser Blick 'hinter das Bild', der in die dritte Dimension vorzudringen versucht, verläßt den sichtbaren Teil der bemalten Fläche. Er behandelt das Bild vielmehr so, als habe es tatsächlich einen verborgenen, raumartigen Hintergrund, der mit Hilfe naturwissenschaftlich-technischer Analysen offengelegt werden kann. Diese Untersuchungen ermöglichen nicht nur die Bestimmung der Authentizität der Bilder, sondern bringen darüber hinaus Erkenntnisse über „Rembrandts Atelierpraxis" (ibid., S.104) und über allgemein übliche und bekannte Maltechniken, die auch in den Bildern des 'Genies Rembrandt' auftauchen: „Von größerer Bedeutung ist die Feststellung, daß im 17. Jahrhundert – auch vom Maler der *Nachtwache* – im Prinzip nach einem bestimmten System gearbeitet wurde" (ibid.). Die Wiedergabe bestimmter Themen, Motive, Figuren wie auch die Reihenfolge des Farbauftrags und die Bildkonzeption erfolgte nach einem allseits bekannten 'Rezept', nach dem die Maler jener Zeit – so auch Rembrandt – vorgingen. Erst der 'späte Rembrandt', der Maler jener von van Gogh so bewunderten *Judenbraut*, hat sich möglicherweise von dieser gängigen Malsystematik befreit.

Noch weitere Demontagen an der tradierten und legendenreichen Vorstellung vom Amsterdamer Maler-Genie leisten diese Untersuchungen und deren Interpretationen: So offenbart die Neutronenanalyse, daß Rembrandt durchaus ökonomisch gearbeitet hat und nachträglich notwendige Veränderungen am Bild so zu gestalten suchte, daß schon Gemaltes – beispielsweise eine Hand (die als äußerst schwierig gilt) – nicht noch einmal erstellt werden mußte (ibid., S.99). Van de Wetering weist außerdem nach, daß Rembrandts Entwicklung vom jugendlichen Feinmaler zu seiner berühmt gewordenen 'groben' Malweise auch durch Idealvorstellungen jener Zeit beeinflußt wurde und nicht ausschließlich als Rembrandts ureigenste, individuelle Erfindung betrachtet werden könne. Als besonderes Maler-Vorbild wird in diesem Zusammenhang Tizian genannt (1488 oder 1490–1576), einer während der Lebenszeit Rembrandts (1606 bis 1669) bereits legendären Malerpersönlichkeit, dessen Altersstil von seinem ersten Biographen als „Malen mit Flecken'" (WETERING, VAN DE 1991a, S.18) charakterisiert wurde, als „'grobe Manier'". Dieses 'Malen mit Flecken' sei entstanden, so van de Wetering, weil Tizian in seinen späteren Jahren ohne Vorzeichnung, sondern unmittelbar mit dem Farbauftrag beginnend, gemalt und – wenn notwendig – geändert habe (das sogenannte 'pentimento'), eine Maltechnik, die vom späten Rembrandt gleichfalls angewandt wurde. Vasaris Tizian-Biographie, die zu Rembrandts Lebzeiten bereits vollständig ins Niederländische übersetzt war, gibt an, daß das pentimento wie auch die 'grobe Mal-Manier' einen reifen Maler verlangt, der zuvor als ordentlicher Feinmaler gearbeitet haben müsse. Auch an diese Chronologie hat sich Rembrandt gehalten. Die Parallelen zwischen Tizian und Rembrandt sind so auffällig, daß van de Wetering zu dem „blasphemischen" Schluß gelangt, „Rembrandt habe gleichsam seine künstlerische Biographie nach der Tizians modelliert" (ibid., S.21). Unterstützung findet diese These dadurch, daß es im 17. Jahrhundert nicht so ungewöhnlich war, sich an Vorbildern zu orientieren und in einen – offenen – Wettstreit mit diesen zu treten. Zu diesem Wettstreit gehörte unbedingt, daß man nicht nur nachahmte, sondern auch 'übertraf' bzw. seine eigene Handschrift entdeckte. So versuchte Tizian durch sein fleckenhaftes, grobstrichiges Malen, wie ein Ausspruch von ihm vermuten läßt, sich von Raffael, Michelangelo und anderen italienischen Malern zu unterscheiden und abzugrenzen (ibid., S.22). Van de Wetering sieht den besonderen, von Rembrandt hinzugefügten Stil in seiner von einem Zeitgenossen als „'Kleckserei'" (ibid.) bezeichneten Maltechnik –, einer in seiner Entstehung auch heute noch unerklärlichen Form des Farbauftrags, die an der *Judenbraut* studiert werden kann: „Wie eine derartige Oberflächenstruktur entstehen kann, bleibt ein Rätsel. Welches Gerät dafür verwendet wurde, läßt sich nicht erkennen (...)" (ibid., S.13). Er entwickelt die These, daß Rembrandt bereits zu Beginn seiner Laufbahn zusammen mit seinem Jugend- und Malerfreund Lievens Farbexperimente durchgeführt hat. Dem hier entwickelten rauhen, groben Farbauftrag, der angewandt wurde, „um eine besondere Beschaffenheit eines Materials wiederzugeben", blieb Rembrandt treu und vervollkommnete diese „differenzierte(n) Farbbehandlung" (ibid., S.31), während Lievens zur glatten, idealistischen Maltechnik zurückkehrte. Van de Wetering geht mit diesen Informationen sehr vorsichtig um, er bringt sie seinem Leser, der voraussichtlich ein Besucher der Rembrandt-Ausstellung war oder sein wird, behutsam nahe, weil die Quintessenz seiner präzisen Ausführungen lautet: Rembrandt war vielleicht ein Genie, aber eines, das Bilder seiner Vorgänger wie auch theoretische Schriften genauestens studiert hat, das sich als Farbmischer betätigte und dabei nach ungewöhnlichen Bindemitteln suchte (die heute noch nicht bekannt sind)[26]. Rembrandt hat sein Wissen und sein Können nicht aus sich allein geschöpft, sondern benutzte vorhandene, allgemein bekannte Quellen seiner Zeit.

Die Ausstellung, in deren Rahmen dieser Katalog mit den zitierten Aufsätzen erschien, bemühte sich um ein neues, differenzierteres Rembrandt-Bild. Bereits der Titel – *Rembrandt. Der Meister und seine Werkstatt* – verdeutlicht diese Konzeption: Nicht nur die – selbst nach eingehender Prüfung – unangefochtenen Rembrandt-'Originale' wurden präsentiert, sondern auch Gemälde, die in der von Rembrandt geleiteten Maler-Werkstatt entstanden, die in 'seiner Manier' gemalt worden waren, unter seiner Anleitung oder nach seinem Plan (BRUYN 1991). Die Werkstattvorschriften des 17. Jahrhunderts waren diesbezüglich sehr streng: So verbot eine Gildevorschrift aus dem Jahre 1651 den Meistern einer Malerwerkstatt sogar nachdrücklich, „'irgendwelche Personen (...) als Schüler zu halten oder für sich malen zu lassen, wenn sie in einer anderen [als des Meisters] Manier (handelinge) arbeiten oder mit ihrem Namen signieren'" (ibid., S.70). Die Werkstattmeister mußten also eine Garantie abgeben, daß die unter ihrer Regie erstellten Bilder in einem ganz bestimmten – nämlich ihrem – Stil gemalt wurden; der Meister war darüber hinaus verpflichtet, seinen Schülern nur eine einzige – nämlich seine eigene – Malweise zu vermitteln: „Die Zeitgenossen erwarteten von Rembrandt, daß er dem Stil seiner Schüler seinen persönlichen Stempel aufdrückte, und offensichtlich tat er genau dies" (ibid., S.72). Diese Werkstattkonzeption produzierte zahlreiche Gemälde, denen auch geübte Kenneraugen nicht ohne weiteres ansehen, daß *nicht* Rembrandt, sondern besonders gelehrige und begabte Schüler dieselben gemalt haben. So führt

---

26 „Die naturwissenschaftliche Erforschung der Faktoren, welche die Differenzierung von Rembrandts Farbkonsistenz beeinflußt haben, steht noch am Anfang. Die Zeit wird es weisen, ob in chemischem Sinne 'Wunder' in Rembrandts 'angemischten Farben, Firnissen und Ölen' zu finden sind; im optischen ist das ohne jeden Zweifel der Fall" (WETERING, VAN DE 1991a, S.31).

Bruyn aus, daß das in der Münchener Pinakothek befindliche *Opfer Abrahams* zwar aller Wahrscheinlichkeit nach als 'Kopie' (des in Leningrad befindlichen 'Originals') eines Schülers betrachtet werden müsse, allerdings „in malerischem Anspruch Rembrandt um nichts" nachstehe und auch keineswegs eine bloße „sklavische Imitation" sei (ibid., S.77), sondern Nachahmung und Veränderung in eigenwilliger Gestaltung vorführe.

Wie kann dieses 'Bildergeflecht' bezeichnet werden, das auf diese Weise entstanden ist? Können wir noch sicher sagen, daß wir '*einen Rembrandt*' gesehen haben, wenn wir im Museum vor einem Bild standen, das als solches ausgegeben wird? „Welchen Anteil der 'rembrandtesken' Bilder und der Bilder mit Rembrandtsignaturen malte Rembrandt?" (C. GRIMM 1991, S.8). Claus Grimm, der die alte Methode der Stilanalyse gegen die chemische wie auch gegen die Röntgenuntersuchung verteidigt, 'liest' in den Portraits vielfach Spuren des Meisters, aber noch häufiger solche seiner Schüler. Nur wenige Bilder, so sein Ergebnis, hat Rembrandt wirklich ganz ausgeführt. Bei den meisten ist er – so Grimms These – vorwiegend am Entwurf und an der Konzeption beteiligt. Nur schwierige Passagen sind von ihm selbst gemalt. Rembrandt als Werkstattmeister hatte die Funktion, einen Malstil zu repräsentieren und dafür zu sorgen, daß dieser von seinen Lehrlingen und Angestellten übernommen wird. Was er selbst tatsächlich gemalt hat, bleibt demnach im wahrsten Sinne des Wortes 'im dunkeln'.

Diese Ergebnisse der neuen Rembrandt-Forschung lesen sich wie eine Illustration moderner Text- und Autortheorien, in denen die Quellen 'künstlicher' Natur sind und die namentlich Verantwortlichen als geniale Organisatoren eines Produktionsprozesses erscheinen. Ihre Leistung wird dadurch nicht gemindert, sie begründet sich nur anders als durch Eingebung oder bloßes Talent: Rembrandt schuf seine großen Gemälde nicht aus bloßer Intuition, sondern war ein bücherlesender Forscher, ein experimentierender Farbchemiker sowie ein 'Kind seiner Zeit', das vom Maler-Idol seiner Generation beeinflußt wurde. Seine individuellen Mal-Züge entwickelten sich wahrscheinlich erst im Laufe dieses Mal- und Studierprozesses. Auch die heute so gerühmten und gelobten Bilder Rembrandts sind in engem Kontakt und Austausch (Wettstreit) mit anderen Malern und anderen Bildern entstanden. Ein gewisser Hang zum Pragmatismus kann ihm ebenfalls nachgesagt werden. Die Werkstattkonzeption ließ Kopien nicht nur zu, sondern erforderte sie geradezu, und die in diesen Werkstätten ausgebildeten Schüler erreichten in ihren Mal-Leistungen immer wieder die des Meisters, dessen Stil sie gelernt hatten. Auch diese Gemälde wurden mit dem Namen Rembrandts signiert, weil sie aus seiner Werkstatt kamen, so daß die Kunstwissenschaftler heute modernste naturwissenschaftliche Untersuchungsmethoden benötigen, um die Zuschreibungsfrage zu klären: Autoradiogramme, Röntgenuntersuchungen, mikroskopische und chemische Analysen. Das bloße intensive Betrachten und sehende Studieren – Lesen? – eines Bildes reicht nicht mehr aus. Und trotz dieser immer exakter arbeitenden und tiefer dringenden Analysen bleiben Ungeklärtheiten, deren Entstehung und Machart selbst modernen Naturwissenschaftlern (noch) verborgen sind.

Diese aufwendige Untersuchung der Rembrandt-Gemälde erfolgt also aus zweierlei Gründen: Zum einen will man eruieren, *wie* Rembrandt gemalt hat bzw. *wie* zu seiner Zeit gemalt wurde, zum anderen aber, und das ist vielleicht – auch aus monitären Gründen – das noch ausschlaggebendere Motiv, will man die Originale von den 'Kopien' unterscheiden können, um sichere Zuschreibungen vorzunehmen. Die Kunstwissenschaft geht davon aus, daß es ein als *'eigentliches' eingeschätztes Original* gibt. Dieses gilt es zu untersuchen bzw. ausfindig zu machen. In den Wissenschaften, die sich mit literarischen Texten befassen, ist dieser Begriff hingegen bedeutungslos. Ein 'Kenner' weist sich nicht dadurch aus, daß er das Text-Original und *nur* dieses studiert hat. Die Lektüre von Kopien genießt eine unumstrittene Akzeptanz, so daß der literarische Text nicht in einmaliger Form, sondern 'vervielfältigt' existiert. Das originale Gemälde hingegen gibt es gemeinhin nur ein einziges Mal, und ein wahrhafter Experte, soll seine Forschung anerkannt sein, muß dieses eine Exemplar gesehen haben. Der Originalitätsanspruch ist in der bildenden Kunst ungleich größer, gewichtiger und ausschließlicher. Wir sahen zwar im Zusammenhang mit den Rembrandt-Forschungen, daß auch in der Kunstwissenschaft der Begriff des 'Originals' nicht zweifelsfrei gebraucht werden kann, aber das Streben, dieses zu identifizieren, ist ein Zweig dieser wissenschaftlichen Disziplin. Carlo Ginzburg hat darauf hingewiesen, daß diese unterschiedliche Werthaftigkeit eines Originals in Kunst- und Textwissenschaft nicht selbstverständlich ist: Während die Kunstwissenschaft davon ausgeht, „daß nämlich zwischen einem Bild von Raffael und einer Kopie (...) unvermeidlich ein Unterschied besteht" (GINZBURG 1980b, S.17), können hingegen „handschriftliche Kopien oder (gedruckte) Ausgaben des 'Orlando Furioso' den von Ariost gewollten Text exakt wiedergeben" (ibid., S.18). Der ungewohnte Blick auf die Materie Bild und Text, den Carlo Ginzburg in dem zitierten Aufsatz entwickelt, zieht nicht nur Parallelen zwischen diesen beiden Produkten künstlerischen Schaffens, sondern auch zwischen den Wissenschaften, die sie erforschen. Ginzburgs eigentliches Anliegen ist es, die in den Humanwissenschaften üblich gewordene verengende Gegenüberstellung von einerseits rationalen und andererseits irrationalen Forschungsansätzen aufzubrechen. Aus diesem Grund geht er auf die unterschiedlichsten Formen der menschlichen Wissenserkundungsversuche und -bemühungen ein, zeigt deren historische Entwicklung auf und stellt sie gleichwertig nebeneinander, wie der Untertitel seines Aufsatzes demonstriert: „Der Jäger entziffert die Fährte, Sherlock Holmes nimmt die Lupe, Freud liest Morelli (...)". Ausgangspunkt für seine undogmatische, jenseits aller festgeschriebenen Urteile argumentierenden Darstellung ist die in der Kunstwissenschaft noch heute bekannte 'Morelli-Methode': Giovanni Morelli entdeckte in den siebziger Jahren des vorigen Jahrhunderts, daß es sich für die sichere Zuschreibung von Gemälden als ergiebig erweist, wenn man den Blick auf die *nebensächlichen*, eher unbewußt zustandegekommenen Details in der bildhaften Darstellung richtet, statt auf die bemerkenswerten großen Auffälligkeiten. Kopisten achteten nämlich weniger auf die Gestaltung der Fingernägel, der Ohrläppchen, der Finger oder der Füße und legten ihr Augenmerk auf unmittelbar sichtbare Dinge wie Augen, Gesichtszüge oder Farbgestaltung, so daß sich Originale und Fälschungen durch das vergleichende Studium der nebensächlichen Kleinigkeiten erkennen ließen. Indem Morelli die Bilder nach diesen Kriterien 'unter die Lupe' nahm, gelangen ihm einige, für jene Zeit sensationelle Zuschreibungen. Ginzburg interessiert vor allem Morellis Idee, daß es die zufälligen, unkontrollierten und unbeabsichtigten Elemente der malerischen Gestaltung sind, die Rückschlüsse auf eindeutige Autorenschaft erlauben. Dieser Gedanke widersprach der Kunstauffassung des 19. Jahrhunderts, die nur ungern akzeptieren wollte, daß sich die Persönlichkeit dort offenbare, wo sie am schwächsten sei. Insofern erfuhr die Morelli-Methode zwar heftige Kritik, wurde aber – wegen ihres deutlichen Erfolges – gleichwohl angewandt[27]. Ginzburg vergleicht diese Vorgehensweise nicht nur mit der von Conan Doyle ins literarische Leben gerufenen Figur des 'Sherlock Holmes' und dessen detektivischen Untersuchungsmethoden, sondern zieht auch Parallelen zur Freudschen Psychoanalyse: Diese basiere gleichfalls auf dem Unbewußten, Unkontrollierten, Unbeabsichtigten des menschlichen Verhaltens, das aber Wesentliches und Eigentliches verrate. Nach Ginzburgs Auffassung ist ein indirekter Einfluß des italienischen Kunstforschers auf die Herausbildung der psychoanalytischen Wissenschaft nicht auszuschließen, da Freud Morellis Schrift *vor* der Entwicklung der Psychoanalyse gelesen hat und sich von diesem Denkansatz sichtlich beeindruckt zeigte[28].

Ginzburg durchbricht übliche Denkschemata, was zu jener erstaunlichen Reihung – Morelli, 'Sherlock Holmes' (bzw. Conan Doyle) und Freud – führt. Er kennt keine Berührungsängste – hier die psychoanalytische Wissenschaft, dort der Detektivroman und nicht zuletzt eine umstrittene kunstwissenschaftliche Methode –, und seine neuen Gegenüberstellungen führen zu einer modifizierten Sichtweise auf die Wissenschaftsgeschichte. Das „Indizien-Paradigma" (ibid), das den drei oben genannten Methoden zugrundeliegt, begann sich zwar zwischen 1870 und 1880 in den Humanwissenschaften in breitem Maße durchzusetzen, sein Ursprung reicht aber in die frühen Anfänge der Zivilisationsgeschichte zurück. Ginzburg versucht aufzuzeigen, daß alle Erkundung nach vergangenem und möglichem zukünftigen Geschehen als Indizien-Forschung stattfand bzw. noch immer stattfindet. Auch wissenschaftliche Disziplinen – insbesondere die Medizin, aber auch die Geschichtswissenschaft und die Philologie[29] – gehen 'spurenlesend' vor und sammeln ihre Kenntnisse aus Indivi-

---

27 Sie findet auch heute noch Anwendung: So räumt Claus Grimm in seiner Analyse der frühen Portraitkunst Rembrandts und dessen Schule der Stilanalyse Priorität ein. „Die sorgsam gehandhabte Stilanalyse liefert die deutlichsten Einsichten in die Ausführungsschritte und die Arbeitsdelegation. Stilanalyse darf dabei nicht als subjektives Urteil, als intuitiv gebrauchte Erfahrung mißverstanden werden, sondern aus dem Erfahrungswissen heraus müssen nachvollziehbare Vergleiche durchgeführt werden. Die Klassifikationskriterien und die jeweiligen Abweichungen oder Übereinstimmungen sind benennbar – genauso wie in der chemischen Analyse, der Graphologie oder beim Vergleich von Fingerabdrücken" (C. GRIMM 1991, S.9). Interessanterweise nennt Grimm mit der Graphologie und den Fingerabdrücken zwei Identifizierungsmethoden, auf die auch Ginzburg zu sprechen kommt, während die chemische Analyse eine Methode der Moderne ist.

28 Ginzburg zitiert aus Freuds Schrift *Der Moses des Michelangelo*, in der er schreibt: „'Ich glaube, sein (Morellis; E.K.P.) Verfahren ist mit der Technik der ärztlichen Psychoanalyse nahe verwandt'" (ibid., S.11). Vgl. dazu auch HASSELSTEIN 1991, S.26–34.

29 „Insofern kann man den Historiker mit einem Arzt vergleichen, der die Krankheitsbeschreibung nur benutzt, um die spezifische Krankheit des Einzelnen zu analysieren. Wie die medizinische Erkenntnis ist auch die Erkenntnis der Geschichte indirekt, hypothetisch, durch In-

duellem, Zufällig-Einmaligem, das sie zu verallgemeinern suchen. Methodisch arbeiten diese Wissenschaftler nicht anders, als Jäger und Wahrsager es vor tausenden von Jahren bereits getan haben: Während der erste Tierspuren untersucht, um die kürzlich geschehene Vergangenheit zu erforschen, versucht letzter, Aussagen über die Zukunft zu treffen, indem er alle möglichen Stoffe, zumeist „'niederer' Realität" (GINZBURG 1980b, S.12), 'liest' und daraus Vermutungen über zukünftige Ereignisse zu formulieren sucht. Diese Befragung der Wirklichkeit kann immer nur ein „vermutetes Wissen" zur Folge haben, sie produziert keine 'sicheren Ergebnisse', und sie bedarf stets des neuen, konkret erfahrbaren 'Materials', so daß sie nicht abstraktionsfähig ist. Die durch Galilei initiierte Wende in der physikalischen Wissenschaft verabschiedet diese unsichere, von einmaligen Ereignissen ausgehende Wissenserkundung, indem sie auf der Notwendigkeit von Experimenten insistiert, Quantifizierbarkeit, d.h. Wiederholbarkeit verlangt und Abstraktionen garantiert. Ginzburg attestiert den nach-galileischen modernen Naturwissenschaften eine „anti-anthropozentrische und anti-anthropomorphe Richtung" (ibid., S.16), weil sie nicht mehr von der unmittelbaren, konkreten (riech-, fühl- und schmeckbaren) Wahrnehmung ausgehen. In diesem Zusammenhang kommt Ginzburg auf die für uns besonders interessante Textwissenschaft zu sprechen: Zwar sei auch die Philologie eine „'wahrsagerisch(e)'" (ibid) Indizienwissenschaft, unterscheide sich aber von denen der Medizin oder auch der Geschichte, weil sie mit abstraktem, sprich: geschriebenem oder gedrucktem 'Material' arbeitet und nicht mit dem konkreten mündlichen Vortrag, der insbesondere durch (hörbare) Stimme und (sichtbare) Gestik wirkt. Die „Entmaterialisierung des Textes" ist die Folge dieses Prozesses: „denn obwohl ein stofflicher 'Träger' nötig ist, damit ein Text überlebt, wird dieser dennoch nicht mit seinem 'Träger' identifiziert" (ibid). Die Entwicklung der Textkritik wurde entscheidend – nämlich im Sinne der galileischen Naturwissenschaft – geprägt, als man die wiederholbaren Elemente des Textes der Forschung zugrundelegte und die geschriebene Fassung der gesprochenen vorzog: Das abstrakte Textverhältnis, das übrigens unabhängig von der Erfindung des Buchdrucks ist und bereits in der Erfindung der Schrift begründet liegt, schuf für die Philologie die Möglichkeit einer wissenschaftlichen Entwicklung. Daraus ergibt sich eine Zwitterstellung: Eigentlich von ihrer Anlage her genauso eine Indizienwissenschaft wie viele andere, hat sie sich zu einer 'richtigen' Wissenschaft entwickeln können, weil sie sich auf eine abstrakte Basis, auf geschriebene und gedruckte Texte, stützte:

> „Für den Naturphilosophen wie für den Philologen hat der Text eine tiefes, unsichtbares Wesen, das jenseits der sinnlich-wahrnehmbaren Fakten rekonstruiert werden muß: durch 'Figuren, Zahlen und Bewegungen, und nicht etwa durch Gerüche, Geschmack oder Klang" (ibid).

Ginzburg geht es in seinem Argumentationskontext insbesondere um die *sinnlichen* Qualitäten eines Originals[30]. Aus diesem Grund deutet er die Einführung der Schrift

---

dizien vermittelt" (GINZBURG 1980b, S.15). Auf die Philologie wird weiter unten noch genauer eingegangen.

30 Walter Benjamin nennt es „Echtheit": „Noch bei der höchstvollendeten Reproduktion fällt eines aus: das Hier und Jetzt des Kunstwerks – sein einmaliges Dasein an dem Ort, an dem es sich befindet. (...) Das Hier und Jetzt des Originals macht den Begriff seiner Echtheit aus.

bereits als den Beginn einer Entwicklung, die sich von diesen charakteristischen Merkmalen entfernt. Allerdings vollzieht sich dieser Ablösungsprozeß stufenweise: Die Erfindung der Schrift ist nur ein erster Schritt, der *noch* die Möglichkeit geboten hätte, „die Körperlichkeit der Schrift" zu berücksichtigen (GINZBURG 1980b, S.16). Ginzburg verweist in diesem Zusammenhang auf die chinesische Dichtung, in der die „gemalten Schriftzüge" für die „Beziehung zwischen literarischem Text und der Schrift" nach wie vor Bedeutung haben (ibid). Wenngleich also dem mündlichen Vortrag ein unbestrittener Originalwert zukommt, so bietet die handschriftliche Textherstellung noch die Möglichkeit, eine Annäherung an den Gedanken des Originals zu bewahren und die Materialität des Textes – seiner „'Träger'" – anders, eben bedeutender zu gewichten. Handschriften und Manuskripten kämen unter solchen Voraussetzungen eine andere Wertigkeit zu – auch für ein Textverstehen – als einem Exemplar der fünften Taschenbuchauflage. Indem die Textwissenschaft, auch die literarische, bisher weitgehend auf die Frage nach einem Original verzichtet hat, geriet sie in die Lage, durch Kopierbarkeit die Sicherheit der Wiederholung zu gewährleisten.

Die Analyse literarischer Texte konzentriert sich nicht auf die einmaligen, originalen, sinnlichen, konkreten und individuellen Elemente (mit diesen Merkmalen umschreibt Ginzburg das Original), sondern sie hat entschieden, daß diese nur einmal auftauchenden Elemente für ein Textverstehen nicht notwendig bzw. irrelevant sind. Es ist die Frage, ob die Philologie mit dem Original nicht auf etwas verzichtet hat, das sie unbewußt und ungewußt stets 'vermißt'[31]. Indem sich die Textästhetik des Individuellen wie des Materiellen entledigt, die beide von der Natur der Sache her zu ihren Untersuchungsgegenständen gehören *könnten*, hat sie den 'handfesten', konkreten Teil des Untersuchbaren verloren. Ihre Arbeit ist dadurch nicht leichter geworden. Mit dem Original ist ihr ein Teil abhanden gekommen, der nicht ersetzbar ist. Die Literaturästhetik wird durch den Verzicht auf analysierbares Originalmaterial bzw. auf die Originalsituation dazu herausgefordert, in abstrakter Weise an einer stetigen Präzisierung und Verwissenschaftlichung ihrer textanalytischen Methoden zu arbeiten: Sie kann den Text nicht durchleuchten oder unter das Mikroskop legen, sie kann die Farbe der Tinte, die Form der Schriftzüge bzw. die Qualität

---

Analysen chemischer Art an der Patina einer Bronze können der Feststellung ihrer Echtheit förderlich sein; entsprechend kann der Nachweis, daß eine bestimmte Handschrift des Mittelalters aus einem Archiv des fünfzehnten Jahrhunderts stammt, der Festellung der Echtheit förderlich sein. *Der gesamte Bereich der Echtheit entzieht sich der technischen – und natürlich nicht nur der technischen – Reproduzierbarkeit"* (BENJAMIN 1974/1990, S.475/476). Den Verlust der „Einzigartigkeit" der Kunstwerke, das Verkümmern ihrer „Aura" (ibid., S.477), diskutiert Benjamin, um im Gegenzug die auf technische Reproduzierbarkeit unmittelbar angewiesenen Medien des Films und der Photographie, die ohne diese Reproduktionstechniken – im Unterschied zur bildenden und schreibenden Kunst – überhaupt nicht existieren könnten, zu kennzeichnen.

31 Marcel Proust entwirft ein eigenes Verständnis von 'Originalausgaben': „Die Erstausgabe eines Werkes wäre für mich kostbarer gewesen als die anderen, aber ich hätte unter 'Erstausgabe' die verstanden, in der ich dies Werk *zum ersten Male las*. Ich würde nach 'Originalausgaben' suchen, das heißt nach denjenigen, aus denen ich von diesem Buch einen originalen Eindruck erhalten hatte, denn die folgenden Eindrücke sind das ja nicht mehr" (PROUST 1957/1978, S.296; Hervorh. E.K.P.).

des Papiers nicht untersuchen, sie kann den mündlichen Vortrag – Stimmführung, Intonation, Betonung, Gebärde, Geste – nicht als Basis für eine Arbeit an dem entsprechenden Text wählen. D.h. sie könnte wohl, befindet aber diese so eruierten Ergebnisse für die 'eigentliche' Textanalyse als irrelevant: Aus diesen Gründen ist sie gezwungen, nach anderen Wegen zu suchen, um den Text 'auseinanderzunehmen'. Auch wenn in der Literatur chemische Materialanalysen oder Röntgenuntersuchungen gemeinhin keine Bedeutung haben bzw. bis vor kurzem nicht hatten, erweckt manches literaturanalytische Verfahren den Eindruck, als versuchte es, das gedruckte sprachliche Material so zu wenden und zu untersuchen als *unterzöge* es den Text einer solcher Überprüfung und als hätte es – wie die Rembrandt-Forscher – die Aufgabe, ein 'Original' zu eruieren[32]. Die Diskrepanz zwischen der Wirkung literarischer Texte und der im Gegensatz dazu spröden, trockenen stofflichen Grundlage mag eine Ursache dafür sein, daß die Literaturtheorie bestrebt ist, bohrend immer weiter in ein – eigentlich doch gar nicht vorhandenes – Textinneres vorzudringen. Sie stellt die Frage nach dem *Wie* und dem *Woraus* des Textes verschärft, zugespitzt, dringender.

Es ist schon bemerkenswert, daß sich eine während der siebziger Jahre in Frankreich entstandene Forschungsrichtung eben dieses textwissenschaftlich bisher vernachlässigten Problems angenommen hat: Die critique génétique, die Textgenetik, untersucht Handschriften, nicht um eine historisch-kritische Druckausgabe herzustellen, sondern um den Schreibprozeß selbst zu rekonstruieren, um der schreibenden (zeichnenden, rechnenden, konstruierenden) Genese des Textes auf die Spur zu kommen, ausgehend davon, daß die „'allmähliche Verfertigung' literarischer Texte an die sprachlichen Daten der Handschrift gebunden ist" (GRESSILLON/SCHLIEBEN-LANGE 1987, S.7). Louis Hay siedelt die textgenetische Forschung, die, dem *Rembrandt-Research-Project* vergleichbar, interdisziplinär arbeitet, zwischen Produktionsästhetik und Editionswissenschaft an:

> „Zwischen Literaturwissenschaftler, die um eine Theorie der ästhetischen Produktion bemüht sind, und Editoren, welche sich mit den konkreten Zeugnissen dieser Produktion befassen, hat sich auf diese Weise ein Niemandsland geschoben, in dem sich die Wege nur selten kreuzen" (HAY 1987, S.11).

Hay begründet, warum sich die Textgenetik im französischen Sprachraum, der weder von Produktionsästhetik noch von Editionswissenschaft geprägt ist, entwickeln konnte: Da weder auf die eine noch die andere Weise der Text mit Beschlag belegt wurde, konnte sich ein sozusagen 'ungetrübter', unbefangener Blick auf die *Materialität* eines handschriftlichen Manuskriptes ergeben. Nimmt man die Untersu-

---

32 Die jüngst erfolgte Ankündigung eines Symposions zu dem Thema *'Aufführung' und 'Schrift' in Mittelalter und Früher Neuzeit* knüpft unmittelbar an diese Überlegungen an: „Die Übermittlung von Texten ist an die mündliche Aktualisierung, an die Stimme, an Gesten, an Zeichen, an Inszenierung und bestimmte Situationen gebunden. (...) Mit fortschreitender Verschriftlichung verselbständigt sich der verschriftlichte Text zwar gegenüber seinen Realisationen in Aufführungen, doch wird er bis in die Frühe Neuzeit hinein immer wieder an derartige Realisationen zurückgebunden" (Ankündigung eines Symposions. In: *Deutsche Vierteljahrsschrift für Literaturwissenschaft und Geistesgeschichte* (1993) H.1, S.189–193, hier: S.189).

chungsmethoden der Textgenetik zur Kenntnis, fühlt man sich an die eingangs erläuterte Arbeitsweise der Rembrandt-Forscher erinnert:

> „(...) technische Voruntersuchungen (Autopsien der Manuskripte, Ana-
> lyse der Schriftbilder, Computerprogramme zur Verarbeitung variieren-
> der Texte), verschiedene Editionstätigkeiten, Auswertung der empiri-
> schen Handschriftenforschung auf den Gebieten der Literaturtheorie,
> der Linguistik, der Kulturgeschichte" (ibid., S.13).

Zwei Faksimile-Kopien illustrieren die Berechtigung einer textgenetischen Forschung und demonstrieren die Grenzen einer solche Unterschiede beseitigenden
editorischen Arbeit: Wenn man die *Handschriften* Victor Hugos und Paul Valérys
zur Grundlage nimmt, entstehen andere Kenntnisse über die Texte bzw. über die
Entstehung derselben: Widersprüche und Abseitiges (Zeichnungen, Rechnungen,
geometrische Formen) werden nicht getilgt, sondern als zur Materie *Text* gehörend
in die Untersuchung einbezogen. Wichtig wird dann, daß Kafka nicht nur die Vernichtung seiner Schriften angeordnet, sondern sein Geschriebenes gleichzeitig sorgfältig gezählt hat; daß Stendhal eine mit Vignetten verzierte und mit einem
Prachteinband versehene Handschriftenfassung seines *Lucien Leuwen* hergestellt
und dann weggelegt hat. Die critique génétique kehrt – zumindest in einem ersten
Schritt – zum Original zurück und befindet die exakte Analyse sowie sein genaues
Studium dann für wesentlich, wenn man versuchen will, „'weniger Beliebiges über
das Schaffen der Dichter zu sagen'" (ibid., S.19; Zitat von Louis Aragon). Sie demonstriert, daß sich bestimmte Erkenntnisse erst dann gewinnen lassen, wenn man
das Originalmanuskript zu Rate zieht, so daß dieses eine – auch aus textwissen-
schaftlicher Sicht – ungeahnte Aufwertung erfährt. Es handelt sich bei der textgenetischen Forschung um ein Randgebiet der textbezogenen Wissenschaften, die nicht
dieselbe unumstrittene Akzeptanz genießt wie die Originalforschung in der bildenden Kunst. Gleichwohl ist ihre zögernde (und den deutschen Sprachraum bisher –
von einigen Ausnahmen abgesehen[33] – nicht weiter tangierende) Herausbildung ein
deutliches Zeichen dafür, daß die Textwissenschaft aufmerksam darauf geworden
ist, was ihr möglicherweise verlorengehen könnte, wenn sie die nur dem Original
anhaftenden Momente nicht berücksichtigt.

Unter anderen Gesichtspunkten läßt sich George Steiners Klage um den Verlust des
'Primären' in diesen Argumentationszusammenhang einordnen (STEINER 1990),
weil dieser eine der Originalitätserfahrung vergleichbare 'Begegnung' mit Kunst
vermißt:

> „Wir suchen die Immunität des Indirekten. In der Stellvertreterrolle des
> Rezensenten, des Kommentators, des Kritikerpapstes sind uns jene lieb,
> die das Mysterium, die den Ruf des Schöpferischen domestizieren, säku-
> larisieren können" (ibid., S.59).

---

33 In der neueren Kafka-Forschung wird häufiger auf originale Handschriften zurückgegriffen;
 vgl. z.B. KITTLER 1986, S.324–325, S 329; W. KITTLER 1990; FINGERHUT 1993b. – Vgl. auch
 das nach Abschluß dieser Arbeit gestartete Unternehmen, ganze Buchausgaben in Kafkas
 Handschrift zu publizieren (REUSS/STAENGLE 1995).

Steiner knüpft nicht wortwörtlich an die Debatte um das Original an, sondern bezieht sich auf die *Folgen*, die das tendenzielle Verschwinden des Einzigartigen mit sich gebracht hat: Verlust der Unmittelbarkeit – das kennzeichnet seiner Auffassung nach die „sekundäre Stadt", in der „Text und Musik (...) ihre impulsiven Kräfte" verloren haben (ibid., S.23) und in der „asketische Unparteilichkeit" (ibid., S.159) wie auch eine distanziert-neutrale (Zurück)Haltung gefordert sind. Daß Steiners Streitschrift, die sich eigentlich gegen die Flut der Sekundärliteratur richtet und die gegen die Theoretisierung der Geisteswissenschaften eine Rückkehr zur transzendenten, metaphysischen 'Kunst-Empfängnis' fordert, indirekt an die hier entwickelte Originalitäts-Debatte anknüpft, zeigt sich an Steiners Präferenz der Musik, des Gemäldes und der *gesprochenen* dichterischen Sprache: Alle drei Phänomene sichern die Einmaligkeit, garantieren mehr oder weniger, daß unterschiedliche Sinne direkt und konkret angesprochen werden, sind dem Alltäglichen enthoben und verlangen eine besondere Atmosphäre. Sie entsprechen in einigen Details den von Ginzburg definierten Bedingungen des Originals. Steiner setzt sich vehement dafür ein, die Kultur des Auswendiglernens zu reaktivieren, denn:

> „Große Dichtung (...) verlangt oft geradezu nach einem mündlichen Vortrag[34]. Die Bedeutungen von Dichtung und die Musik dieser Deutungen, die wir Metrik nennen, sind auch solche des menschlichen Körpers. Der Widerhall der Empfindungen (...) geht in die Eingeweide und ist taktiler Art. Es gibt meisterhafte Prosa, die nicht weniger auf mündliche Artikulation hin angelegt ist. Die verschiedenen Ausprägungen von Musikalität, Tonakzent und Rhythmus bei Gibbon, bei Dickens, bei Ruskin erschließen sich für aktives Verstehen in ihrer ganzen Resonanz erst bei lautem Vortrag. Die Erosion solchen Lesens in den Gepflogenheiten Erwachsener hat ursprüngliche Traditionen in Dichtung und Prosa zum Verstummen gebracht" (ibid., S.20/21).

Die Einforderung von *realer Gegenwart* orientiert sich sowohl an Unwiederholbarkeit als auch an sinnlicher Erfahrbarkeit und bringt damit genau jene unberechenbaren und sich der Planbarkeit entziehenden Momente in die Ästhetik ein, die eine originale Situation kennzeichnen. Ohne an dieser Stelle auf die – erregt geführte – Debatte um Steiners 'Kampfschrift' einzugehen[35], soll der Hinweis auf diese parteili-

---

34 Vgl. dazu EJCHENBAUM 1969/1988, S.125–129, der seine Interpretation von Gogols *Der Mantel* u.a. damit stützt, daß Gogol – im Unterschied zu anderen Autoren – seine Werke ausgesprochen gut vorlesen konnte.

35 Die Debatte um George Steiners Streitschrift konzentrierte sich vor allem auf seine Kritik am Dekonstruktivismus, auf seine verkürzte und einseitige Darstellung der Moderne – und damit der Avantgarde – und natürlich auf seine Rückkehr zur religiösen Kunstverehrung. Jörg Drews anerkennt Steiners Bemühen darum, der Kunst wieder Bedeutung zuzugestehen, fühlt sich aber durch sein wiederholtes Beharren auf transzendentaler Erfahrungsmöglichkeit „von einer metaphysisch-rhetorischen Dampfwalze überrollt". Polemischer und heftiger noch – von Jauß in dieser Stoßrichtung unterstützt – kritisiert Drews Botho Straußens Nachwort zu Steiner, das er eine „stilistisch und denkerisch unsäglich mißratene spirituelle Befehlsausgabe von ganz oben im Namen eines unbezweifelbaren Kunst-Fundamentalismus" nennt (DREWS 1991). Diesen autoritären wie auch elitären Duktus werfen andere Rezensenten – so Anselm Haverkamp und Christoph Menke – allerdings in erster Linie George Steiner selbst vor, der seine ästhetische Sicht dogmatisch absolut setze. Während sich die Kritiker Steiners vor allem auf den konservativen Impetus und die unhistorische Darstellung der Ästhetik konzentrieren, heben die anderen hervor, daß mit dieser Streitschrift ein engagiertes Plädoyer für das Recht

che Stellungnahme in erster Linie als Beleg dafür dienen, daß das Bewußtsein um die, auch im Bereich der Text-Ästhetik *möglichen* Original-Erfahrungen, nach wie vor virulent ist.

Ginzburg versucht, die angeblich rationale Wissenschaft in Kontakt zu bringen mit angeblich irrationalen Erkundigungen der Welt, um so die unversöhnlichen Gegensätze zwischen den beiden 'Methoden' zu mildern. In diesem Zusammenhang kam dem sicheren Ausfindigmachen des garantiert Einmaligen die Funktion zu, eine nicht reproduzierbare sinnliche Erfahrungsqualität zu gewährleisten. Steiner protestiert gegen die Theoretisierung der Kunst und will zurück zum primären Kunst-Werk, dem sich Leser, Hörer, Betrachter 'unterzuordnen' haben, um es in seinen Schock auslösenden Erkennen-Können und Erlebens-Dimensionen zu erfahren. Ausgangspositionen wie auch Fragestellungen unterscheiden sich voneinander. Beide Schriften treffen sich aber in einer gewissen Trauer um den Verlust von etwas, das Ginzburg sehr viel vorsichtiger als Steiner, „Konkretheit der Erfahrung" nennt (GINZBURG 1980lb, S.23), eine Erfahrung, die sich einem – für wissenschaftliche Anerkennung unabdingbaren – Abstraktionsverfahren entzieht.

Es ist eine berechtigte Frage, ob die während des zurückliegenden Jahrzehnte stattgefundene Aufwertung des Schreibens im Zusammenhang mit der hier nachgezeichneten Original-Problematik steht. Schreiben schafft kein 'sinnliches Original', aber Schreiben – insbesondere Hand-Schreiben[36] – verschafft zumindest die *Fiktion*, daß ein 'einmaliges Original' hergestellt wird, das – unterstützt durch den eigenen lauten Vortrag – an zusätzlichem Einmaligkeits-Wert gewinnt: Interessanterweise ist es an der Tagesordnung, daß Laien die von ihnen geschriebenen Texte *laut der Gruppe vorlesen!* Um Mißverständnisse zu vermeiden: Es geht bei diesen Überlegungen nicht um Originalität, um Authentizität und nicht um subjektiv Schöpferisches, um die Argumente also, die in der Schreibbewegung als Gründe für Schreibaktivität vielfach genannt werden. Die unweigerliche mediale Vernetzung jedes heutigen Schreibens soll keineswegs geleugnet werden. Aber die Schreibenden selbst verfallen – trotz dieses Wissens – immer wieder der *Illusion des Einzigartigen!* Schreiben schafft ein 'neues', noch nie 'dagewesenes' Ergebnis, vermittelt – vor allem in Verbindung mit der *lesenden Uraufführung* – den Eindruck des einmalig Besonderen, nicht Wiederholbaren. Dem Schreiben haftet dieser Ruf auch in den Zeiten der Intertextualität an, weil die – wenn vielleicht auch vorübergehend – neu gezogenen Textgrenzen den Schreiber in die Rolle eines Produzenten versetzen, der auch dann 'stolz' auf sein Produkt ist, wenn er es aus 'Fertigteilen' und 'anderen Materialien' neu zusammengesetzt hat. Der nicht enden wollende Aufschwung der Schreibbewegung könnte auch im Zusammenhang mit der Möglichkeit stehen, schreibend 'ein Original' herstellen und präsentieren zu können.

---

der Kunst 'zu bedeuten' geschrieben wurde. Vgl. auch: BAUMGART 1990; STRAUSS 1990; HAVERKAMP 1991; JAUSS 1991; KAISER 1991; KLEINSCHMIDT 1991; MENKE 1991; NEUMANN 1991; NORDHOFEN 1991; GRASSKAMP 1992; BOLZ 1993; LANGE 1993.

36 Immerhin weist Ginzburg auf Parallelen hin zwischen der Stiluntersuchung an Gemälden und der Entstehung graphologischer Forschungen, die ebenfalls an 'Original-Handschriften' vorgenommen werden. Auch dieses Argument spricht dafür, das Schreiben in die Original-Debatte aufzunehmen (vgl. GINZBURG 1980b, S.19).

In Fingerhuts „Schreibexperimente(n) an gestrichenen Varianten" (FINGERHUT 1993b) tauchen jene Überlegungen zum Original – wenngleich nicht unter dieser Prämisse – indirekt auf: Fingerhut arbeitet natürlich nicht mit den Originalhandschriften Franz Kafkas, aber er legt den Schülern Kopien von *Proceß*-Handschriften vor, um die Entstehung des Romans transparent werden zu lassen. Die offensichtliche Unfertigkeit des Textes mit seinen vielen Streichungen soll die Schüler darüberhinaus 'verführen', getilgte Stellen schreibend umzugestalten, um zu erproben, welches Ergebnis entstehen könnte, wenn Wort oder (Ab)Satz nicht gestrichen wären. Daß diese „schulische Arbeit an Handschriften (...) die Leser im Blick" hat (ibid., S.46), hängt mit der bei Handschriften häufig unvermeidbaren Entzifferungsarbeit zusammen. Bei den abgedruckten Beispielen der *Proceß*-Handschriften ist das nicht anders: durchgestrichene Worte, in die Zeilen hineingedrängte neue Formulierungsversuche, die dann doch erneut gestrichen sind, nachträglich Geschriebenes, dem mit einem Pfeil ein anderer Ort auf dem Blatt zugewiesen wird. Deswegen – so kann man ergänzen – ist auch der Schreiber im Leser angesprochen, weil diese Form der Textpräsentation näher an das eigene, häufig unfertige Schreiben heranrückt als die egalisierte, alle Unstimmigkeiten bereinigende, gedruckte Fassung. Obwohl auch bei diesem Beispiel Kopien zugrundeliegen, wird gleichwohl mit der 'Fiktion eines Originals' gespielt, entsteht der Eindruck, daß die gewählte Textgrundlage ein wenig 'originaler' ist als die bekannten Kafka-Fassungen. Eine Arbeit mit Handschriften versucht, einen Ausgleich zu schaffen für jenes Manko der Textwissenschaft, das die Exklusivität eines einzigartigen Originals nicht für wesentlich befindet; daß es sich nur um Kopien der Originalhandschriften handeln kann, hängt mit der besonderen Eigenart des Schreibens zusammen, dessen Ergebnis nicht statisch 'auf einen Blick' angeschaut werden kann, sondern das aufgrund seines temporalen Nacheinanders eine ständige, unablässige und strapazierende Veränderung in Kauf nehmen muß (umblättern, zurückblättern, in die Hand nehmen etc.).

Diese Überlegungen zum Original muten im Zeitalter der Kopierer, Computer, der Gentechnologie und zum *Ende der Gutenberg-Galaxis* (BOLZ 1993) antiquiert, unzeitgemäß, fortschrittsfeindlich und naiv an. Inzwischen gehört einiger Mut dazu, die Frage nach dem Original überhaupt noch zu stellen. Der Versuch, die nicht enden wollende Schreibbegeisterung aus dieser Sicht zu erklären, ordnet diese Tätigkeit in einen anderen Denkzusammenhang ein, der nicht nur das Schreiben betrifft. Es hat fast den Anschein, als wachse das Bedürfnis nach einem als solchen deklarierten oder verstandenen Original überproportional im Verhältnis zu dessen tendenziellem Verschwinden:[37] Daß die Zahl der Museumsbesucher inzwischen fast so hoch ist wie die Einwohnerzahl der (alten) Bundesrepublik Deutschland (RUHRBERG 1990, S.161), daß die in Ausstellungen gezeigten Gemälde inzwischen „gegenüber ihren zu zahlreichen Bewunderern geschützt werden" müssen (HAASE 1990, S.151) und daß in den achtziger Jahren ein Museumsbauboom bisher ungekannten Ausma-

---

37 Nach Abschluß der Arbeit fiel mir eine Werbekampagne auf, in der mit dem *Original* argumentiert wird: *„Everyone is an original!"* lautete der Spruch, mit dem jede einzelne Zigarette einer bestimmte Marke als eine außergewöhnliche gekennzeichnet wurde.

ßes eingesetzt hat (BORGER-KEWELOH 1990, S.129), kann *auch* mit einer Sucht nach dem Originalen erklärt werden.

Originale verlangen bekanntlich eine organisierte, durchdachte und geplante Form der (inszenierten) Präsentation, die dem Publikum die visuelle, auditive oder taktile Wahrnehmung ermöglicht. Räumliche Gestaltungen sind dazu vonnöten, die jene ästhetische Rezeptionserfahrung gewährleisten. Im Unterschied zu einer Lektüre von Texten finden diese Rezeptionen also immer noch an einem anderen als dem alltäglichen Ort statt, sind sie räumlich deutlich geschieden von dem Normalen und allein durch diese Trennung in eine exponierte Stellung versetzt.

Zum Abschluß dieses Exkurses sollen am Beispiel einer neuen musealen Konzeption Wirkungen und Folgen dieser räumlichen Inszenierung diskutiert werden, die umso stärker auffallen, je deutlicher mit bekannten Museumstraditionen gebrochen wird. Vor allem unter literatur*didaktischen* Gesichtspunkten scheint dieser letzte Ausflug in die bildende Kunst von Interesse, weil die Präsentation von Originalen didaktische Reflexionen verlangt, die möglicherweise auf Textpräsentationen übertragbar sein können: In der Nähe von Neuss hat ein privater Sammler – Karl-Heinrich Müller – auf der in den Erftauen gelegenen *Insel Hombroich* ein Museum erbauen lassen, das in vielerlei Hinsicht mit den gewohnten musealen Sehtraditionen bricht: moderne Gemälde neben zweitausend Jahre alten Objekten aus dem asiatischen Kulturraum, kühle, weiße Räume, die – je nach Sonnenlicht – in gleißende Helligkeit getaucht sind oder in dumpfes Schattenlicht inmitten einer 'wilden' Natur (das alte Feuchtgebiet mit seinem typischen Pflanzenwuchs wurde reaktiviert); alle Gemälde, Plastiken, Objekte sind ohne die üblichen 'Namensschildchen' präsentiert, ohne jede Kennzeichnung, die angäbe, wer, wann, wo dieses 'Kunstwerk' hergestellt hat bzw. aus welcher Zeit es vermutlich stammt und wo man es gefunden hat: Kein einziges Hinweisschild erleichtert dem Besucher die Orientierung, kein einziger Museumswächter kontrolliert sein Verhalten. Die Objekte stehen und hängen nur für sich, aber in kontrastreichem Nebeneinander in den Räumen. Als Eintrittskarte erhält der Besucher einen Plan, der die Lage der Pavillonbauten auf der Insel angibt und der eine (sehr) grobe Zusammenfassung dessen enthält, was ihn an Kunstwerken auf der Insel erwartet. Allerdings fehlt jede Information darüber, welche der genannten Objekte in welchem Pavillon hängen oder stehen! Der Besucher wird zudem nicht nur mit künstlicher, sondern auch mit einer durch Landschaftsplanung rekonstruierten 'natürlichen' Kunst konfrontiert. Die unmittelbar ins Freie führenden Türen der ebenerdigen Pavillons, in denen die Bilder hängen, stehen bei entsprechend warmer Witterung offen und führen direkt hinaus in die Erftlandschaft. Keine Klimaanlage schützt Bilder oder Besucher; tote Fliegen oder abgefallene Blätter liegen auf dem Boden:[38] Die Bilder sind während der Öffnungszeiten des Museums natürlichen Witterungsprozessen ausgesetzt und werden ebenso wenig wie der Besucher geschont. Die einzelnen Gebäude, aus alten, schon einmal vermauert gewesenen Ziegeln errichtet, liegen auf der Insel verstreut, weite Spazier-

---

38 Es gibt eine sehr gute Alarmanlage, aber diese ist so teuer und so gut, daß man sie nicht sieht und daß sie nicht 'lärmt', wenn man die Bilder nur berührt.

gänge sind nötig, um den nächsten Pavillon zu erreichen. Immer wieder gelangt man zwischendurch in einen Pavillon, in dem kein Bild hängt, kein Objekt steht, sondern in dem man sich mit dem leeren Raum und seiner zumeist besonderen Akustik – im wahrsten Sinne des Wortes – auseinandersetzen muß. Der Besuch auf der *Insel Hombroich* ist anstrengend: nicht nur wegen der Naturbedingungen, auch die hier geübte Form der Kunstpräsentation schockiert in einem ursprünglichen Wortsinn, weil es weder Hilfestellung zum Verstehen noch Kontrolle eines 'richtigen' Museumsverhaltens gibt. Dem Betrachter fällt auf, wie sehr er sich im 'Museums-Normalfall' an der kleinen Informationstafel 'festhält', die in jeder Ausstellung zu dem Objekt zwangsläufig dazugehört, um nach den zur Kenntnis genommenen Angaben über den Künstler und die Entstehungszeit zu entscheiden, was er von dem Bild hält bzw. halten muß. Auf Hombroich ist er mit seiner Urteilskraft und Entscheidungsfähigkeit allein. Überhaupt findet er sich mit den ausgestellten Objekten manchmal allein in den Räumen, was den Besuch nicht gerade 'gemütlicher' macht:

- Kunst als 'Drohung' und als 'Gefahr/Gefährdung' für den ahnungslosen Besucher, der durch die übliche museumsdidaktische Schonung dieser Rezeptionserfahrung entwöhnt wurde.
- Kunst ist nichts, was geschont werden müßte; auch Originale vertragen es, rauh angefaßt zu werden.
- Kunst ist vergänglich; übermäßige Konservierungs- und Schutzmethoden beeinträchtigen die Rezeption.
- Das Verschweigen des verantwortlichen Künstlers läßt das jeweilige Bild in den Vordergrund treten und lenkt die Aufmerksamkeit des Besuchers auf das Objekt, statt auf den Namen.
- Kunst ist nicht nur in der Produktion, auch in der Rezeption anstrengend.
- Geschichtliche Einordnungen sind nur von relativer Aussagekraft: die Gegenüberstellung von Graubner-Kissen und Khmer-Figuren zeigen eine ungeahnte Verträglichkeit.
- Eine nicht didaktische Präsentation ist nicht möglich, auch hinter dem Konzept *Insel Hombroich* steckt eine ausgefeilte Museumsdidaktik, die mit den alten Traditionen bricht und dadurch ihre besondere Wirkung erzielt. Aber Didaktik ist nicht per definitionem gleichbedeutend mit Vorsicht, Schonung, Hinführung, Vorbereitung.

3. Roland Barthes' avantgardistisches Textverständnis: „Ich schreibe mein Lesen"[39]

In seiner 1977 gehaltenen Antrittsvorlesung am Collège de France gibt Roland Barthes eine nahezu emphatische Definition von Literatur: Sie sei die einzig mögliche

---

39 BARTHES, *S/Z* 1987, S.15. Im Unterschied zur sonstigen Zitierweise werden in diesem Kapitel die Titel Roland Barthes' in Kurzform und mit Jahreszahl angegeben, weil die bloße Nennung der Jahreszahlen zur Verwirrung führte.

Form, Sprache „außerhalb der Macht" zu benutzen und sie im „Glanz einer permanenten Revolution der Rede zu hören". Barthes' Wertschätzung des Literarischen, der literarischen Sprache, wird durch das berühmt gewordene, engagiert vorgetragene Bekenntnis deutlich: „Wenn durch irgendeinen Exzeß an Sozialismus oder Barbarei alle Fächer bis auf eines aus unserem Unterricht vertrieben werden sollten, dann müßte das Fach Literatur gerettet werden, denn im literarischen Monument sind alle Wissenschaften präsent" (BARTHES, Leçon/Lektion 1980, S.25/27). Eine ungewöhnliche und selten zitierte Begründung für den Literaturunterricht und dessen Bedeutung, da Barthes nicht mit den ästhetischen Dimensionen der Literatur argumentiert, sondern mit ihrem sachlichen Wissensfundus – und ein Plädoyer dafür, daß dem literarischen Diskurs sehr wohl ein Sonderstatus zukommt!

Leçon/Lektion erweckt insgesamt den Eindruck, als ziehe ihr Verfasser Bilanz, als mache er den Versuch, die Summe seiner sprach- und literaturorientierten Arbeiten zu ziehen. Offen gibt Barthes seine (hoffnungslos optimistische) Einstellung zur Literatur preis, so daß *Leçon/Lektion* lesbar wird als erklärendes Statement für Barthes' intensive und kontinuierlich vorgenommene (Schreib)Arbeit an und mit literarischen Texten. Er verteidigt die Literatur als subversive, utopiebildende Kraft, deren Aufgabe unter anderem darin bestehe, zwischen der „grobschlächtig(en)" Wissenschaft und dem „subtil(en)" Leben ausgleichend zu vermitteln (ibid., S.27). „*Mathesis*" als eines der Kraftfelder, das in Literatur wirksam werde, umschreibt das diffizile Verhältnis der Literatur zur Wirklichkeit und zur Wissenschaft: Zwar sei die Literatur „absolut und kategorisch realistisch", andererseits arbeite sie indirekt und „in den Zwischenräumen der Wissenschaften" (ibid., S.27). Außerdem sei sie gleichzeitig „irrealistisch", wie Barthes anhand der mimetischen Kraft ausführt (*Mimesis*): Wirklichkeit sei grundsätzlich nicht mit Sprache, auch nicht mit geschriebener, abbildbar, aber es existiere ein unablässiges Bemühen, diese Abbildung trotz der offensichtlichen Unmöglichkeit zu leisten; darin liege der Grund für eine lange und nach wie vor andauernde Geschichte der Literatur: Literatur „hält das Begehren des Unmöglichen für vernünftig", woraus ihre „Utopiefunktion" (ibid., S.33) resultiere.

In einem letzten Schritt klärt Barthes seine Auffassung und sein Verständnis von einer literaturorientierten Semiologie (*Semiosis*), in der er die geeignete 'Methode' sieht, sich der Literatur anzunehmen, da diese heute nicht mehr „behütet" werde (ibid., S.61): Die Semiologie, als die Wissenschaft von den Zeichen, und die Literatur in Beziehung zueinander zu setzen, führt zu einer gegenseitigen Korrektur beider Gebiete. Während die Semiologie durch die Arbeit an den „höchst komplexen Signifikantenpraktiken", an der „Schreibweise also" (ibid., S.53), vor Erstarrung und Dogmatismus bewahrt bleibt, kann die Literatur durch die semiotische Sichtweise nicht dem „Mythos der reinen Kreativität" verfallen: „das Zeichen muß gedacht – oder wieder durchdacht – werden" (ibid., S.53). Die Semiologie unterscheidet sich von der Hermeneutik, da sie nicht wie diese 'nachgrabend' arbeitet, sondern vielmehr, um der ins Auge springenden Evidenz des Zeichens gerecht zu werden, 'nachmalend' am Text tätig wird. Es geht nicht um Entzifferungen, es geht nicht um endgültige Ergebnisfixierung: die Semiologie „versucht vielmehr, das Wirkliche an manchen Stellen und für Augenblicke zu erhellen, und meint, daß dies möglich sei ohne Schema (...)" (ibid., S.57).

Es sind damit genau die Fragen und Themen benannt, die in den Barthes'schen Schriften wiederholt auftauchen und die auch in der folgenden Darlegung seiner literaturbezogenen Arbeiten im Mittelpunkt stehen sollen: das ambivalente, fast 'zwielichtig' zu nennende Verhältnis von Literatur und Wirklichkeit; die Rehabilitation der Literatur als wissensenthaltender und -vermittelnder Faktor; die Offenheit des Textes als durchlässiges Gewebe, das keine eindeutige interpretative Festlegung erlaubt und verträgt; die Semiologie als mögliche 'Methode' für ein beschriebenes, neuen Verstehensmöglichkeiten stets offenes Verhalten zum Text; und nicht zuletzt Literatur als beachtens- und untersuchenswerter Gegenstand, dem jede Aufmerksamkeit gebührt. Schreiben und Lesen als die beiden entscheidenden Formen der gedanklichen Aneignung von und der aktiven Auseinandersetzung mit Literatur tauchen in der Antrittsvorlesung nur am Rande auf; beide Tätigkeiten werden aber in seinen literaturbezogenen Schriften wiederholt reflektiert und in einem spezifischen 'Barthes'schen' Verständnis entwickelt[40].

Die folgende Auseinandersetzung mit den Barthes'schen Schriften konzentriert sich auf seine literaturbezogenen Arbeiten, d.h. auf diejenigen, in denen exemplarische Textanalysen durchgeführt sind oder in denen Barthes seine theoretische Position zu umreißen versucht. Im Mittelpunkt steht Barthes als *Schreiber* zu und über Literatur und als Leser derselben, seine Schreibweise wie auch seine davon nicht zu trennende Lektürepraxis sollen diskutiert werden. Auf *S/Z* wird in großer Ausführlichkeit eingegangen, weil diese Schrift als Paradigma für die späte Barthes'sche Arbeitsweise gelten kann. Überhaupt nicht berücksichtigt werden die nicht textbezogenen Arbeiten, weil sie für unseren Zusammenhang weniger relevant sind. Die hier durchgeführte Barthes-Lektüre trifft eine schreib- und leseorientierte Akzentsetzung und eine auf literaturdidaktisch virulente Fragestellungen bezogene Auswahl. Daß Barthes auf diese Weise als ein 'avantgardistischer' Theoretiker mit

---

40 *Lektion/Leçon* verdeutlicht auch die theoretischen Quellen, auf die sich Barthes bezieht, die er weiterdenkt und an exemplarischen Arbeiten überprüft, wenngleich diese wissenschaftlichen Bezüge in dieser späten Schrift nur noch verhalten anklingen: Entscheidend geprägt haben ihn die linguistischen, auch dem Strukturalismus zugrundeliegenden, Arbeiten Ferdinand de Saussures, dessen Terminologie Barthes vielfach übernimmt, zum Teil allerdings mit eigenen oder anderen Definitionen verbindet, die in der Folge Saussures erarbeitet wurden (vgl. *Elemente der Semiologie* 1983). Unter den Linguisten, die aufbauend auf Saussure geforscht haben, gehört der Kopenhagener Louis Hjelmslev deutlich zu den von Barthes präferierten; noch in *S/Z* bezieht er sich auf dessen Konnotationsdefinition (*S/Z* 1987, S.11). Darüberhinaus nennt Barthes als Referenten des öfteren den Prager Strukturalisten Roman Jakobson, den Mythenforscher Claude Lévi-Strauss, den Märchenanalytiker Vladimir Propp sowie die um die französische Zeitschrift *Tel Quel* herum angesiedelte Gruppe; unter dieser insbesondere Julia Kristeva und deren Textverständnis. Erwähnt werden gleichfalls, wenn auch nicht so häufig wie die eben genannten, die französischen (post-strukturalistischen) Text-Analytiker Michel Foucault und Jacques Derrida. – Diese vielleicht etwas additive Reihung soll den Bezugsrahmen angeben, aus dem heraus Barthes 'seine' semiologische Methode ausgebildet hat; dieser ist gleichzeitig als Signal für seine linguistisch-strukturalistische Herkunft zu verstehen wie auch für seine Teilnahme an der Weiterentwicklung dieser Erkenntnisse.

'konservativen' Neigungen erscheint, mag überraschen, ist aber Ergebnis dieser so angelegten Untersuchung seiner Schriften.

Roland Barthes hat sein eigenes semiologisches Literaturverständnis und -verstehen kontinuierlich reflektiert, provokativ vorgetragen und an Texten 'seiner Lust' exemplifiziert. Eine Position hat er allerdings nicht aufgegeben und nicht variiert: Er insistiert darauf, daß es die *'endliche'* Deutung eines literarischen Textes nicht geben kann, daß Literatur als Zeichen immer mehrdeutig, daß jede Deutung deswegen eine Wahl und daß es der Leser ist, der den Text als Komplize des Diskurses stets neu aktiviert. Daraus resultiert Barthes' Konzept der – wiederholten, langsamen – *lecture*, der pluralen Lektüre: „Je pluraler der Text ist, um so weniger ist er geschrieben, bevor ich ihn lese" (BARTHES, *S/Z* 1987, S.14): Lektüre als Streuung, nicht als Wahrheit (*Der Kampf mit dem Engel* 1988, S.264). Lese-*weisen*, statt einer geschlossenen, richtigen Interpretation. Exemplarisch durchgeführt hat er diese seine Lektürevorstellung in *S/Z*: Eine Erzählung von Honoré de Balzac – *Sarrasine* – wird 'vollständig gelesen', indem sie in überschaubare Leseeinheiten zerlegt, dekomponiert und mit einem ausführlichen Kommentar versehen wird. In den erläuternden Vorbemerkungen zum hier angewandten Lese-Schreib-Verfahren skizziert Barthes den literaturtheoretischen Kontext, in den er die akribische Lektüre der Erzählung wie ihre ausführliche schreibende Kommentierung eingeordnet sehen will. 'Skizziert' ist nicht zufällig als Verb gewählt: Roland Barthes verweigert sich einer strengen literaturwissenschaftlichen Schreibweise und entwickelt in der Komposition wie im Schreiben seiner eigenen Arbeiten einen besonderen Stil[41], der mit 'essayistisch' nur ansatzweise richtig erfaßt ist. Vielmehr handelt es sich um ein nicht entschiedenes, ein nicht festgelegtes Schreiben, um eine literarisierte Wissenschaftssprache bzw. eine verwissenschaftliche Literatursprache, das in Beziehung zu den jeweiligen Gegenständen gewählt zu sein scheint: Diese Schreibflexibilität hat ihre Gründe in Barthes' Literaturverständnis. Die literarische Sprache des Textes verlangt für den Kommentar eine diesem angenäherte, ihm adäquate Schreibweise (vgl. BARTHES, *Was ist Kritik?* 1969). In *S/Z* hat Barthes vorgeführt, wie er dieses durch den literarischen Text beeinflußte Kommentar-Schreiben versteht: Fett gedruckte Zitate aus *Sarrasine* werden zunächst in derselben Drucklegung, aber in normalen Schrifttypen, eng am Text 'de-codiert' und in einen 'eigenen Text' überführt, der benennt, was die literarische Sprache nur indirekt sagt[42]. Dann erfolgt, jeweils mit einer neuen Kapitelüberschrift versehen und mit größerem Zeilenabstand, der ausführliche, die Symbolsprache entschlüsselnde Kommentar, der sich weiter vom Text fortbewegt und der textgeleitet assoziierend auf entsprechende

---

41 Der Begriff der Schreibweise kann im Zusammenhang mit der Barthes'schen Arbeit nicht unbefangen verwendet werden. Wir kommen noch ausführlich auf sein Verständnis dieser Terminologie zurück; an dieser Stelle sei nur vorläufig angemerkt, daß Barthes von einer Identität von Literatur, Text und Schreibweise ausgeht (*Leçon/Lektion* 1980, S.25), zumindest für das moderne, das gegenwärtige Schreiben.

42 Allerdings darf dieses eigene Schreiben nicht als 'Übersetzen' verstanden werden: „Der Kritiker kann nicht den Anspruch erheben, das Werk zu 'übersetzen', insbesondere nicht in größere Klarheit, denn nichts ist klarer als das Werk" (BARTHES, *Kritik und Wahrheit* 1967, S.75).

Wissensgebiete zurückgreift, die zu einem intensivierten Textverstehen beizutragen vermögen[43]. An der unterschiedlichen Schriftgestaltung sind die nebeneinanderstehenden Schreibweisen sofort identifizierbar, werden sie indirekt, aber nicht wertend, voneinander abgesetzt: Dem literarischen Text wird durch den deutlich hervorgehobenen Schrifttyp Tribut gezollt, aber der Kommentar versteht sich zu behaupten, indem er größeren Blattraum einnimmt[44].

Roland Barthes will in *S/Z* demonstrieren, wie aus dem konsumierenden Leser ein textproduzierender werden kann, der die „Wollust des Schreibens" auszukosten versteht (*S/Z*, S.8); insofern gilt das „Schreibbare" als entscheidender Wert. Das Projekt der Auslegung, das Barthes hier an einem ausgewählten literarischen Beispiel ausführlich vorführt, kann seiner Auffassung nach nur den Sinn haben, abzuschätzen, „aus welchem Pluralem" der Text gebildet ist (ibid., S.9). Ganz sicher besteht das Ziel des Unternehmens nicht darin, dem Text eine einzige Bedeutung zuzuordnen[45]. Aus diesem Grunde verteidigt Barthes die Konnotation, die unter Philologen wie Semiologen gleichermaßen einen schlechten Ruf genieße: unter den ersten, weil sie von der Einstimmigkeit des Textes ausgehen; bei den zuletzt Genannten, weil sie eine Hierarchisierung von Denotiertem und Konnotiertem ablehnen. Unter Konnotation versteht Barthes:

> „(...) eine Bestimmung, eine Beziehung, eine Anapher, eine Linie, die sich auf vorhergegangene, spätere oder von außen kommende Hinweise,

---

43 Die von Roland Barthes in *S/Z* praktizierte Textauffassung ist nicht ohne kritische Resonanz geblieben. Als polemisches Beispiel sei Klaus W. Hempfer zitiert, der in dem in *S/Z* dokumentierten Verfahren für Dritte überhaupt keinen Sinn sehen kann: „Nun kann sicherlich niemand daran gehindert werden, einen Text nach Belieben zu maltraitieren, doch ist dann zumindest zu fragen, ob anderen die Lektüre derartiger Solipsismen zugemutet werden kann. Eine Wissenschaft, die sich nicht auf privatistische Spielereien reduzieren lassen will, muß sich notwendigerweise von solchen 'Grenzdiskursen' distanzieren" (HEMPFER 1976, S.58). – Manfred Frank hingegen diskutiert S/Z als einen Vorschlag zur „Methodologie der Textstrukturierung" (FRANK 1977, S.278). Er betont die hermeneutische Attraktivität und den unorthodoxen Umgang mit dem Strukturalismus, den diese Textanalyse kennzeichne: „Bedeutsam an Barthes' Arbeit ist das (...) Zugeständnis, daß eine streng strukturalistische Analyse einzelner Texte zu viele Sinn-Phänomene nicht in den Blick bringt, um als Alternative gegen eine Texthermeneutik sich durchsetzen zu können (...)" (ibid., S.279). Trotz dieser Würdigung gelangt Frank letztlich zu dem Schluß, daß S/Z „kaum mehr als eine hübsche Anthologie von Einsichten" liefere: „Der interpretatorische Ertrag (...) überschreitet nirgends den Standard einer hinreichend breit angelegten und interdisziplinär kompetenten texthermeneutischen Auslegung klassischen Stils" (ibid). – Ulrich Nassen hingegen zitiert Roland Barthes, um auf Veränderungen in der hermeneutischen Textkritik hinzuweisen, die durch die Entwicklung der modernen Literatur notwendig geworden seien: „Indem eine solche philologische Hermeneutik (damit ist die Barthes' gemeint; E.K.P.) auf substitutionalistische Kategorien wie 'Autor', 'Werk', 'Einheit des Werks', 'Sinn' verzichtet, bewegt sie sich mehr auf die Sprache zu und sieht den Ort einer hermeneutischen Synthese in der Sprache selbst (...)" (NASSEN 1979a, S.20/21).

44 Die hier durchgeführte Textanalyse liest sich wie die Bestätigung der These: „(...) la naissance du lecteur doit se payer de la mort de l'Auteur" (BARTHES, *La mort de l'auteur* 1984, S.69).

45 In einem Vortrag versucht Barthes durch einen Vergleich, die Aufgabe der neuen Textanalyse zu veranschaulichen: Man könnte sagen, daß man den Text früher wie eine Aprikose behandelt hat, wobei das Fruchtfleisch die Form vorstellte und der Kern eben den eigentlichen Kern der Aussage. Heute hingegen sollte man den Text eher wie eine Zwiebel betrachten, die aus vielen gleichen Schalen besteht und weder ein 'Herz' noch einen Kern besitzt, also auch kein Geheimnis, sondern nur Oberfläche (BARTHES, *Le style e son image* 1984, S.159).

auf andere Orte des Textes (oder eines anderen Textes) zu beziehen vermag: diese Beziehung, die unterschiedlich benannt werden kann (*Funktion* oder *Indiz* z.B.), darf durch nichts eingeschränkt werden. Voraussetzung dabei ist, daß man Konnotation nicht mit Ideenassoziation verwechselt: diese verweist auf das System eines Subjekts, *jene ist eine dem Text, den Texten immanente Korrelation;* oder sie ist (...) eine Assoziation, die durch das Textsubjekt innerhalb seines eigenen Systems vollzogen wird" (*S/Z*, S.12; Hervorh. E.K.P.)[46].

Die Konnotation garantiert, daß der literarische Prozeß stets offen bleibt und daß die produktiven Reibungen und Störungen beim Textverstehen verursacht werden. Die Denotation hingegen ist eigentlich die letzte der Konnotationen, „die die Lektüre gleichzeitig zu begründen und abzuschließen scheint" (ibid., S.14). Diese Lektüre, auf die Barthes ausführlich eingeht und die er in *S/Z* exemplarisch vorführt, wird durch den pluralen Text in besonderer Weise gefordert, ja erzwungen: Der plurale Text ist erst dann geschrieben, wenn er gelesen wird, weil seine Zwischenräume nicht ausgeschöpft werden, wenn die Aktivität des Lesers fehlt. Lesen als „lexeographisches Handeln" (ibid., S.15) wiederum ist nur schreibend möglich, wenn es keine „parasitäre Geste" bleiben soll: „Lesen ist in der Tat *Spracharbeit.* Lesen, das heißt Sinne finden, und Sinne finden, das heißt sie benennen" (ibid., Hervorh. E.K.P.)! Den zeitlichen Rahmen, den Lesen unter diesen Bedingungen in Anspruch nimmt, kann man sich nicht groß genug vorstellen. Barthes schlägt nicht nur ein Zeitlupentempo vor, sondern plädiert darüber hinaus für eine (mehrmals) wiederholte Lektüre, denn „wer es vernachlässigt, wiederholt zu lesen, ergibt sich dem Zwang, überall die gleiche Geschichte zu lesen" (ibid., S.20). Wie seine eigene Praxis aussieht, demonstriert er in *S/Z*: Er, der Leser Roland Barthes, liest *Sarrasine* von Honoré de Balzac; er schreibt sich in diesen literarischen Text buchstäblich und tatsächlich ein, indem er ihn aufbricht und seinen Text hineinfügt. Somit behauptet er sich als Leser-Schreiber gegenüber dem Autor von *Sarrasine* und insistiert auf einer Gleichberechtigung von literarischem und kommentierendem Schreiben:

> „Einst getrennt durch den verbrauchten Mythos vom 'erhabenen Schöpfer und dem bescheidenen Diener, die beide, jeder an seinem Platz notwendig sind usw.', vereinigen sich Schriftsteller und Kritiker heute angesichts ein und desselben Objekts, der Sprache, und in ein und derselben schwierigen Arbeitsbedingung" (BARTHES, *Kritik und Wahrheit* 1967, S.58).

Geht man davon aus, Sprache als „das eigentliche Material der Literatur" zu betrachten (ibid., S.50), werden Autor und Werk nur noch zum Ausgangspunkt einer

---

46 „Die Konnotation ist ein Vorgang, in dem eine sekundäre Bedeutung entsteht, weil das Zeichen eines bestimmten Zeichensystems (etwa der natürlichen Sprache) in seiner Gesamtheit, also als Signifikant und Signifikat, in einem zweiten Zeichensystem (z.B. in einem literarischen Text) neue, d.h. konnotierte Bedeutungen annimmt" (ZIMA 1991, S.278/79). Wilhelm Köller kritisiert genau diesen Konnotationsbegriff als „unbefriedigend": „Dieses Konzept drängt die poetische Sprache nicht nur in die Rätselecke ab und erweckt den Anschein, als ob wir es hier insgesamt mit einem ganz anderen Sprachsystem zu tun hätten, sondern gibt auch keine Hinweise dafür, warum wir eine solche Sprache überhaupt verstehen können" (KÖLLER 1977, S.31).

Analyse, bilden aber nicht mehr wie ehemals ihr Zentrum[47]. Es ist die *geschriebene Sprache*, die alle am literarischen Prozeß Beteiligten vereint: den Literatur Schreibenden, den sie Lesenden wie auch den Kommentierenden oder Kritisierenden[48]. Ein anderes Text-Leser-Verhältnis entsteht: In den sprachlich geschaffenen Text kommt erst durch die sprachliche – nicht gedankliche, philosophische, phantasierende – Aktivität des Lesers Bewegung. Die Sprache ist dabei der Kulminationspunkt, nicht der Autor, nicht die Figuren oder ihr angeblicher Charakter, nicht der Erzählplot, nicht ein Motiv: Es ist die geschriebene Sprache, die gelesen und wieder anders geschrieben wird, welche der Literatur die Illusion von Leben verschafft:

> „Die Begeisterung, die uns bei der Lektüre eines Romans mitreißen kann, ist nicht die einer 'Vision'(...); was 'sich ereignet', ist ganz allein die Sprache, das Abenteuer der Sprache, deren Eintreffen ohne Unterlaß gefeiert wird" (BARTHES, *Einführung in die strukturale Analyse von Erzählungen* 1988, S.136).

Die Schreibtätigkeit gewinnt dabei eine neue Bedeutung. „Ich schreibe mein Lesen", sagt Barthes in *S/Z* (S. 15). D.h. die beiden literaturverbundenen und -abhängigen Tätigkeitsbereiche können nicht voneinander isoliert werden. Nach Barthes greifen die beiden sprachlichen Aktivitäten so untrennbar ineinander, daß auch die Kritik zum Teil des literarischen Prozesses werden kann; dann nämlich, wenn es ihr gelingt, die Sprache des Werkes mit ihrer eigenen Sprache *„zu decken"* (*Was ist Kritik* 1969, S.67).

> „Von der Lektüre zur Kritik übergehen heißt, das Begehren verändern, heißt: nicht mehr das Werk begehren, sondern seine eigene Redeweise; aber gerade deswegen heißt es auch, das Werk zurückverweisen an das Begehren des Schreibens, aus dem es hervorgegangen ist. So kreist das Sprechen um das Buch; *lesen, schreiben*, von dem einen Begehren zum anderen geht jede Literatur" (*Kritik und Wahrheit* 1967, S.91).

Die eigene „Redeweise" wird in die eigene „Schreibweise" überführt; das „Sprechen" über das geschriebene Buch entspricht dem Schreiben, ist nur schreibend adäquat möglich. Die Schreibweise der Moderne (seit Mallarmé) eint Kritiker und Literat, die poetische und die kritische Schreibweise sind austauschbar geworden.

Das liest sich stellenweise wie eine literaturdidaktische Programmerklärung, die jene literaturbezogenen Arbeitsformen des Lesens und Schreibens aufwerten will und die theoretisch zu begründen versucht, warum diese beiden Tätigkeiten so untrennbar

---

47 „(...) substituer le texte á l'auteur, à l'école et au mouvement. Le texte (...) est traité en tant qu'objet d'explication, mais l'explication de texte est elle-même toujours rattachée à une histoire de la littérature; il faudrait traiter le texte non pas comme un objet sacré (objet d'une philologie), mais essentiellement comme un espace de langage, comme le passage d'une sorte d'infinité de digressions possible, et donc faire rayonner, à partir d'un certain nombre de textes, un certain nombre de codes de savoir qui y sont investis" (BARTHES, *Reflexion sur un manuel* 1984, S.56; Hervorh. E.K.P.)

48 Soweit ich es überblicke, trennt Barthes nicht deutlich zwischen Kommentar und Kritik; es entsteht eher der Eindruck, daß er beide Begriffe synonym gebraucht wie folgendes Zitat belegt: „(...) es vollzieht sich eine allgemeine Umwandlung der diskursiven Rede, eben die, durch die der Kritiker sich dem Schriftsteller nähert: wir erleben eine Krise des Kommentars (...)" (*Kritik und Wahrheit* 1967, S.60).

miteinander verwoben sind. Im Unterschied zur Iserschen und Jaußschen Rezeptions- und Wirkungsästhetik betrachtet Barthes das Lesen nicht isoliert. Vielmehr bilden Schreiben und Lesen eine eng aufeinander bezogene Einheit, in der der eine Teil von dem anderen (existentiell) abhängig ist. Der didaktische Nutzen dieser Überlegungen liegt darin, daß der für den öffentlichen literarischen Kommunikationsprozeß hinderlichen Unkontrollierbarkeit des Lesens begegnet wird. Gleichzeitig gewinnt das Schreiben einen neuen Stellenwert: Es ist nicht 'kreativ', sondern eine unumgänglich notwendige, zwingend erforderliche Spracharbeit. Da der zu lesende Text geschrieben wurde, kann ihm nur durch erneutes Schreiben gerecht werden. Darin mag übrigens einer der Gründe dafür liegen, weswegen Barthes das gesprochene Wort im literarischen Kommunikationsprozeß für minderwertig erachtet.

In *S/Z* demonstriert Barthes auch seine textanalytische Vorgehensweise[49], die in einem ersten Schritt in der oben bereits erwähnten Decodierung besteht: Die Codes geben an, in welchem kulturellen Kontext die Signifikate stehen und woher sie kommen. Die Codes knüpfen an den Wissensfundus des Lesers an und bilden den kulturellen, historischen, psychologischen und andere Wissenschaften umfassenden *background* des Textes, auf dem er überhaupt lesbar, verstehbar, deutbar wird:[50] Die Codes sind Assoziationsfelder oder auch das Wissen, das aus den Büchern kommt – sie verweisen auf Intertextualität und demonstrieren, daß 'alles schon einmal dagewesen ist'. Ihre besondere Eigenart: Obwohl ihre Quelle eigentlich die Bücher sind, erwecken sie die Fiktion, sie seien das Leben, das Wirkliche, sie kämen direkt aus der Natur! Die Anwendung des Codesystems erlaubt es, die Mechanismen und die Instanzen bewußt werden zu lassen, die es dem Leser ermöglichen, sich in dem literarischen Text zurechtzufinden. In *S/Z* beispielsweise wirken die fünf Codes, auf die sich nach Barthes der gesamte Erzähltext zurückführen läßt, wie Balken oder Stege, die den Leser einigermaßen sicher durch das 'Abenteuer Text' führen: Sie sollen verhindern, daß er untergeht, sie garantieren aber keine Sicherheit, da sich die jeweiligen Leseeinheiten, auch Lexien genannt, häufig auf mehrere Codes – ohne jede Hierarchisierung – gleichzeitig beziehen und nicht zu entscheiden ist, welcher der Codes vorrangig gilt. Gerade diese Unentscheidbarkeit bezeichnet Barthes als eines der eigentümlichen Grundgesetze der Erzählung überhaupt, das den *Plural* des

---

49 Der eigentümliche Titel *S/Z* greift eine Kapitelüberschrift auf: Barthes analysiert die Namen des Künstlers Sarrasine und des Kastraten Zambinella. Sarrasine erfordert nach der französischen Onomastik eigentlich ein Z, den „Buchstaben der Vernichtung" (*S/Z* 1987, S.110), in der Mitte. Dieses Z taucht als Anfangsbuchstabe bei dem Namen des Kastraten wieder auf: „(...) an dieser Stelle schließlich ist das Z der Inauguralbuchstabe der Zambinella, das Initial der Kastration, so daß Sarrasine durch diesen Orthographiefehler, der inmitten seines Namens, seines Körpers auftritt, das zambinellische Z in seiner wirklichen Natur empfängt, der Verletzung des Mangels" (ibid). Die beiden Buchstaben geben nach dieser Interpretation bereits einen Hinweis auf den eigentlichen Gegensatz, der zu den in der Erzählung geschilderten Verwicklungen führt.

50 Die Novelle *Sarrasine* läßt sich nach Barthes auf fünf Codes zurückführen: auf einen Code der Handlungen, der den Ablauf des Geschehens strukturiert; einen hermeneutischen Code, der die Rätsel und Fragen für den Leser produziert; einen semischen Code, der semantische Merkmale angibt; einen symbolischen Code, auf den die Vieldeutigkeit zurückzuführen ist und schließlich einen kulturellen Code, welcher Wissen um soziologische, geographische, künstlerische u.a. Bereiche umfaßt.

Textes garantiere; und eben jenen *Plural* gilt es während der Textanalyse zu entdecken und zu benennen. „Die Textanalyse ist nicht mehr bestrebt zu sagen, *woher* der Text kommt (historische Kritik), noch *wie* er gemacht ist (strukturale Analyse), sondern wie er zerfällt, explodiert, ausschwärmt: auf welchen kodierten Straßen er *fortstrebt*" (*Kampf mit dem Engel* 1988, S.252)[51].

Diese Form der Textanalyse, wie sie in *S/Z* durchgeführt wird, soll nun genauer dargestellt und diskutiert werden. Wie bereits erwähnt, bleibt Barthes in einem ersten Schritt nah am literarischen Text und 'übersetzt' diesen quasi in eine nüchtern-sachliche Sprache (das folgende Zitat gibt auch die Drucklegung von *S/Z* wieder):

„(184) **Diderot rühmte die Statue des Bouchardon-Schülers und nannte sie ein Meisterwerk.** * AKT. 'Laufbahn': 5: die Weihe durch einen großen Kritiker erhalten. ** REF. Die Literaturgeschichte (der Kunstkritiker Diderot)" (*S/Z*, S.104).

Die erste Ziffer bezeichnet die Lexie. Es handelt sich dabei durchaus nicht immer, wie in diesem Fall, um einen (vollständigen) Satz. Die Lexien können aus mehreren Sätzen bestehen, aber auch nur aus Satzteilen und Halbsätzen. Ihre Einteilung orientiert sich an entsprechenden Sinneinheiten (Signifikaten); „(...) es genügt, wenn sie (die Lexie; E.K.P.) der bestmögliche Raum ist, in dem man die Bedeutungen beobachten kann" (S. 18). Barthes gibt zu, durch diese Eingriffe den Text „*mißhandeln*" zu wollen, „ihm das Wort *abzuschneiden*" (S. 19). Dieses sei nötig, um den Bedeutungen auf die Spur zu kommen. Diese Bedeutungen werden zunächst auf die ihnen zugrundeliegenden Codes untersucht. Das Ergebnis wird in stichwortartigen, nicht immer ausformulierten Notationen festgehalten. Mit der angegebenen Ziffer 5 bezieht sich Barthes auf die zuvor genannten vier Stationen, die eine klassische, erfolgreiche Künstlerlaufbahn charakterisieren (1: nach Paris gehen; 2: zu einem großen Meister gehen; 3: den Meister verlassen; 4: einen Preis gewinnen). Das zitierte Beispiel verdeutlicht, wie in dieser textanalytischen Arbeit die Nähe zum Gelesenen gewahrt bleibt und welcher sachliche Informationsfundus sich aufgrund dieser Textgebundenheit summiert. Auf den Referenzcode, der in diesem Fall dem literaturgeschichtlichen Wissen entstammt, geht Barthes unter der Überschrift *Die geschichtliche Persönlichkeit* anschließend ausführlicher und freier ein

---

51 In Gesellschaft–Literatur–Lesen beurteilt man z.B. *S/Z* als eine Arbeit, die „eine kritische Überwindung des rigorosen Strukturalismus" (NAUMANN 1973/1975, S.174) demonstriere (Sarrasine ist hier übrigens so geschrieben, wie es nach Barthes die französische Onomastik eigentlich erfordert, mit einem Z in der Mitte. Das an der Balzacschen Novelle vorexerzierte Lektüre-Verfahren „eröffnet (...) eine bedeutende Perspektive", weil es zeigt, wie dieser klassische Text auf verschiedene Art gelesen werden kann; eingewandt wird aber, daß man auch „gesellschaftlich relevante(n) Lektüreweisen" hätte praktizieren können, die gezeigt hätten „daß (...) nicht alle Lektüren eines Werkes gleichwertig sind" (ibid., S.176). Genau darum aber ging es Barthes nicht. Jene Tendenz zur Ahistorizität, die man in den Barthes'schen Schriften immer wieder bestätigt findet, wird von der Gruppe um Manfred Naumann herum kritisch beurteilt: Barthes' aktualistisches Prinzip der Lektüretheorie erschwere es ihm, „den eigenen kritischen Standpunkt geschichtlich zu entwickeln" (ibid., S.172). Wenngleich man dem „Barthes'schen Konzept einer Ecriture-Theorie (...) größeren Realismus" und „vor allem größere theoretische Konsistenz" (ibid., S.166) zubilligt als z.B. der bürgerlichen Rezeptions- und Wirkungsästhetik (vertreten durch Jauß und Iser), kritisieren die Autoren immer wieder jene fehlende geschichtliche Perspektive, die sie durchgängig in den Barthes'schen Schriften vermissen.

(S.105): Er zitiert aus Prousts *Auf der Suche nach der verlorenen Zeit* und räson-
niert über die Funktion der Nennung solcher historischen Namen in einem fiktiven
Kontext. Ihre nebensächliche Erwähnung, die sie von den fiktiven Figuren in keiner
Weise unterscheidet, kennzeichne eigentlich auch ihre 'reale' Bedeutung im tatsächlichen Leben, die eben nicht so groß sei, wie außerhalb der Literatur angenommen
werde. Darüberhinaus werte ihre selbstverständliche Eingliederung in die fiktionale
Erzählung den Roman gleichsam auf, indem dieser der 'historischen (und nicht nur
einer fiktiven) Geschichte' gleichgesetzt wird.

Der zitierten Passage vergleichbar, liest und schreibt Roland Barthes die gesamte
Erzählung: Indem die poetischen Mitteilungen auf ihre realen Referenzen hin gleichsam enttarnt werden, ergibt sich die Basis für die assoziative Schreibpraxis des Lesers, der legitimiert ist, auf das in seinem bisherigen Leserleben angesammelte Wissen zurückzugreifen, um die Wirkung der erzähltechnisch geschickt angebrachten
(und manchmal gar versteckten) Informationen zu eruieren und anschließend zu
benennen. Barthes gelangt auf diese Weise zu überraschenden und erstaunlichen
Ergebnissen, die durch die verzögerte Form der Präsentation – der Erzählung nicht
unähnlich – in einem ständig virulent gehaltenen Spannungsbogen vorgestellt werden. So kreisen seine durch den Text provozierten Fragen immer wieder um das
Thema Kastration und dessen frühe, äußerst indirekte Andeutung zum Beginn des
Erzählens. D.h. Barthes offenbart sich als 'Wiederholungsleser', er tut nicht so, als
läse er die Erzählung zum ersten Mal, sondern er bezieht sein Wissen um den Ausgang von Anfang an mit ein. Nur so kann er das Moment der 'Wahrheitsverzöge-
rung', das jeder Erzählung eigen ist, weil es ihr Leben garantiert, an den entsprechenden Stellen erkennen:

> „(...) die Wahrheit, das sagen uns die Erzählungen, steht am anderen
> *Ende* des Wartens. Diese Zeichnung nähert die Erzählungen dem Initia-
> tionsritus an (ein langer Weg, markiert von Verwirrung, Dunkelheit,
> von Haltepunkten, der sich plötzlich dem Licht öffnet); (...) Erzählen (in
> klassischer Weise) ist die Frage wie ein Subjekt stellen, bei dem man mit
> der Prädikation zögert; und wenn das Prädikat (die Wahrheit) kommt,
> sind Satz und Erzählung beendet, die Welt ist adjektiviert (nach so viel
> Angst, daß sie es nicht sein könnte)" (*S/Z* 1987, S.79/80).

Diese Eigendynamik des Erzählens versucht Barthes aufzuspüren, die Gesetzmäßig-
keiten, die in einer klassischen Erzählung berücksichtigt und eingehalten werden
müssen, interessieren ihn. Dem, was scheinbar selbstverständlich, unauffällig,
'normal' und nichtssagend ist, gilt seine Aufmerksamkeit. Alle, auch die noch so
„unscheinbar wirkenden Handlungen" müssen registriert werden: „Im Text ist (im
Gegensatz zur mündlichen Erzählung) kein einziges sprachliches Merkmal bedeutungslos" (BARTHES, *Handlungsfolgen* 1988, S.145):[52] Wichtig sind beispielsweise

---

52 Der Aufsatz über die *Handlungsfolgen* entstand zur selben Zeit, in der Barthes an der Analyse
   der Novelle Sarrasine arbeitete. In ihm ist insofern eine Außensicht auf dieses textanalytische
   'Mammutprojekt' festgehalten. Abgesehen von zahlreichen Überschneidungen mit *S/Z* wird
   durch die hier vorgenommene Konzentration auf den nach Aristoteles benannten proairetti-
   schen Code, der in *S/Z* mit Akt gekennzeichnet wird, deutlich, daß es sich bei der Abfolge der
   Handlungen um ein Kernstück der Narration handelt, um ihren Motor wie auch ihr Getriebe

Brüche oder Linearitäten in den 'Handlungsfolgen', die die Erwartungen des Lesers durchkreuzen oder die einem Klischee entsprechen (siehe das Beispiel: klassische Künstlerlaufbahn, deren 6. Station natürlich lautet: nach Italien ziehen!). Dazu gehören solche 'Selbstverständlichkeiten' wie: Wenn jemand an eine Tür klopft, beabsichtigt er, in das Zimmer einzutreten; wenn jemand zu einer Reise aufbricht, will er irgendwo anders hingelangen und dort ankommen; wenn einer zum Erzählen auffordert, will er die Geschichte hören etc.. Dergestalt wird die geschriebene Erzählung entlarvt als „Selbsterhaltungstrieb des Diskurses" (*S/Z* 1987, S.136), die für die Dauer des Bestands bestimmte Interessen verfolgen muß, will sie nicht früh- oder vorzeitig enden. Der Diskurs ist „der einzige positive Held der Geschichte" (ibid., S.147) und der Leser „sein Komplize" (ibid., S.146). Nicht die angebliche Entscheidungsfindung der 'Papierfiguren' treibt die Erzählung voran, sondern der Zwang der erzähltechnischen Gesetze sowie die Interessen ihres „Produzenten" und die ihrer „Konsumenten" (ibid., S.137):

> „So gesehen ist das Schreiben *aktiv*, denn es agiert für den Leser: es geht nicht von einem Autor aus, sondern von einem *öffentlichen Schriftsteller*, einem Notar, der von der Institution beauftragt ist, nicht den Geschmacksrichtungen seines Klienten zu schmeicheln, sondern unter seinem Diktat die Aufstellung seiner Interessen und die Operationen vorzunehmen, durch die er innerhalb der Ökonomie des Enthüllens eine Ware verwaltet: die Erzählung" (ibid., S.152).

In *Sarrasine* – wie übrigens in vielen anderen Geschichten Balzacs – ist die Definition der Erzählung als Ware erstaunlich wörtlich zu nehmen: Die Erzählung über den bildhauenden Künstler Sarrasine, der sich in den Kastraten Zambinella sterblich verliebt, kommt nur aufgrund einer Abmachung, eines – wie Barthes sagt – „Vertrages" zustande: Der in die Geschichte eingebaute Erzähler hofft, daß die junge Dame, die sein Publikum bildet, sich ihm hingibt, wenn er ihrem Begehren nach Erzählen nachgekommen ist („Prostitutionsvertrag"; ibid., S.92). Der Wert der Erzählung, das, was im Austausch gegen sie erworben werden kann, steht demnach jedes Mal neu zur Disposition:

> „Erzählen ist ein *verantwortlicher* und *kaufmännischer* Akt (...), dessen Geschick (...) auf den Preis der Ware wie auf den Gegenstand der Erzählung aufgeschlagen wird (...): was erzählt wird, ist das 'Erzählen'" (ibid., S.210/211; Hervorh. E.K.P.).

---

gleichzeitig: „Die Handlungsfolge ist gewissermaßen der privilegierte Aufbewahrungsort dieser Lesbarkeit (...); wesentlich an ihr ist, daß sie der Abfolge des erzählten Geschehens eine unumkehrbare (logisch-temporale) Ordnung verleiht: Die Unumkehrbarkeit macht die Lesbarkeit der klassischen Erzählung aus (ibid., S.154) Um eine „erste Vorstellung von einer bestimmten Gangart" (ibid., S.149) des Erzählten zu liefern, zählt Barthes einige typische Handlungssequenzen auf, ohne Anspruch auf Vollständigkeit: konsekutiv, konsequentiell (Beziehung zwischen zwei Handlungen, von denen die eine determiniert ist), volitiv, reaktiv, durativ und äquipollent (nur im Wortschatz angelegte Oppositionen wie fragen/antworten). Es ist sicherlich nicht zufällig, daß die Terminologie an grammatische Begrifflichkeiten erinnert: Die 'Naturgesetze' des sprachlichen Erzählens werden von Barthes in Einzelteile zerlegt und daraufhin 'unter die Lupe' genommen, wie sie zusammengesetzt eine lesbare Erzählung ergeben.

Zu dem, was mit dem Begriff 'Wirklichkeit' erfaßt wird, steht dieses Erzählunternehmen in einem nahen und fernen Verhältnis zugleich: Es bezieht sich auf diese, aber nicht in ihrer unmittelbaren, unbearbeiteten Form. Vielmehr wählt die literarische Beschreibung eine bereits 'kopierte' Gestaltung zur Grundlage, die man sich wie bereits 'gemalt' vorzustellen hat: „So besteht der (...) Realismus nicht darin, das Reale zu kopieren, sondern eine (gemalte) Kopie des Realen zu kopieren (...)" (*S/Z* 1987, S.59). Literarische Sprache als künstliche Sprache kann mit roher, nackter Wirklichkeit nichts beginnen. Vielmehr muß der Schriftsteller zunächst einen „leeren Rahmen", der als Utensil wichtiger zu bewerten ist als eine Staffelei, um eine Auswahl von Gegenständen halten. Ohne diesen Vorgang der Heraushebung aus dem Normalen, ohne diese Absonderung von dem Allgemeinen sei ein Schreibbeginn undenkbar. Dieser Einrahmungsvorgang hebt das gewählte 'Stück Wirklichkeit' nicht nur heraus, sondern er entzieht es dem direkten Zugriff, er entrückt es für den Betrachter und macht es von Anfang an zu einem künstlichen Objekt: Auch die realistische Schreibweise „ist gegenüber dem Realen nicht verantwortlich" und muß nicht dem Anspruch auf Ausführbarkeit der 'fiktiven Wirklichkeit' genügen (ibid., S.84). Hinter dem Papier kann nicht das Reale gefunden werden, sondern einzig und allein die Referenz.

Dieses mehrfach gebrochene Verhältnis zur Wirklichkeit, das den literarischen Schreibprozeß kennzeichnet, ist ein Grund für die Verwirrungen des Lesers: Einerseits erkennt er 'sein Leben' (bzw. Teile daraus) wieder, andererseits stößt er immer wieder auf befremdliche Details, die bei aller Nähe zum Realen von diesem weit entfernt sind. Gerade weil sich seine Wirklichkeitserfahrungen aber immer wieder ins Bewußtsein drängen, unterliegt er ständig der Gefahr, die Widerspiegelung der Realität zum entscheidenden Kriterium für einen als gelungen empfundenen Leseprozeß zu machen. Barthes hat diese ambivalente Beziehung in seiner metaphorischen Konstruktion von 'Rahmen und Gemälde' in ein Bild gefaßt, das die mehrfachen Brechungen wie auch Verwandtschaften einzufangen versteht. Er spricht sogar davon, daß der Schreiber das 'gerahmte Stück Wirklichkeit' quasi „ent-malen" (ibid., S.59) müsse, wenn er mit dem Schreiben beginne. Schreiben ist wie das Gemalte „aus der Malerei nehmen", es schildern und seine bereits künstlich gestaltete Form durch eine schreibende Umarbeitung weiterhin, zusätzlich zu 'verkünstlichen' (ibid., S.59).

In Roland Barthes' lese- und schreibtheoretischen Ausführungen sind der gelesene wie der geschriebenen Text 'gleich', da sie beide mit dem Material der Sprache arbeiten. Trotzdem lassen sich gewisse 'schreibeuphorische' Erklärungen nicht übersehen. Sie resultieren allerdings daher, daß jedes engagierte Lesen aufgrund der sprachlichen Gemeinsamkeit 'begehrt', unmittelbar in eigenes Schreiben umgesetzt zu werden[53]. Barthes geht vom gelesenen als dem geschriebenen Text aus, der wie-

---

53 „Enfin, il y a un troisième aventure de la lecture (j'appelle aventure la façon dont le plaisir vient aut lecteur): c'est, si l'on peut dire, celle de l' Ecriture; la lecture est conductrice du Désir d'écrire (nous sommes sûrs maintenant qu'il y a une jouissance de l'ecriture, bien qu'elle nous soit encore très énigmatique); ce n'est pas du tout que nous désirions forcément écrire comme l'auteur dont la lecture nous plaît; ce que nous désirons, c'est seulement le désir

derum in unser Schreiben einmündet. Dabei ist Intertextualität ein wesentlicher Gedanke seines literaturtheoretischen Verständnisses: Texte entstehen im Dialog mit anderen Texten, nicht nur der Literatur und der Kunst, sondern auch anderer Wissenschaften[54]. Jeder Text kann somit 'nur' als ein Fragment des 'großen Gesamttextes' betrachtet werden. Jeder Text ist *lecture-écriture* anderer Texte, nicht Schöpfung eines einzelnen Genies, sondern „Be- und Verarbeitung bereits vorhandener Texte, die so zu einem *Material* für den neuen Text werden" (BRÜTTING 1976, S. 73). So gleiche *Sarrasine* einer „kleinen Wissenschaft" (*S/Z* 1987, S. 202), in der sieben oder acht Nachschlagewerke enthalten seien,

> „über die ein Durchschnittsschüler klassischer bürgerlicher Schulerziehung verfügen konnte: eine Literaturgeschichte (...), eine Kunstgeschichte (...), ein Geschichtsbuch (...), ein Handbuch der praktischen Medizin (...), ein Traktat über Psychologie (...), ein Abriß über Moral (...), eine Logik (...), eine Rhetorik (...) und eine Sammlung von Maximen und Sprichwörtern über Leben, Tod, Leiden, Liebe, über die Frauen, das Alter usw." (ibid., S. 203).

Diese Auflistung erinnert an Foucaults Analyse der Flaubertschen *Versuchung des Heiligen Antonius'*: Foucault hatte darauf hingewiesen, welche Bücher Flaubert gelesen haben könnte. Roland Barthes sieht den genannten Bücherfundus allerdings nicht unbedingt im Regal des schreibenden Balzac, sondern in dem des Lesers. Dieser kann anhand der fiktiven Realität des Romandiskurses auch Wissen ansammeln, allerdings anders, als studierte er die enzyklopädischen Werke. Die Codes verweisen auf diese „Masse des Schon-Geschriebenen", sie sind eine „Perspektive aus Zitaten" (ibid., S. 25/26) und spiegeln (unbe- und ungewußt) wieder, was schon geschrieben, was schon gelesen wurde. Aus diesem intertextuellen Verhältnis, in dem alle Schreibenden und Lesenden unweigerlich stehen, ist kein Entkommen möglich. Auch 'das sich dem Text nähernde Ich' ist kein „unschuldiges Subjekt", sondern „eine Pluralität anderer Texte, unendlicher Codes":

> „Subjektivität ist ein Bild der Fülle, mit der ich den Text zu belasten scheine. Die Fülle aber ist verlogen, ist nur die hinterlassene Spur aller Codes, die mich zusammensetzen, so daß meine Subjektivität letztlich etwas von der Allgemeinheit von Stereotypen hat" (ibid., S. 14).

Der Anspruch auf Originalität, auf Authentizität entfällt in einer solchen Konstruktion. Barthes überträgt diesen Gedanken auch auf die Anzahl der Lektüren, auf die angeblich erste Lektüre, die seiner Auffassung nach nicht möglich ist: Alles ist schon gelesen, der Text tut zwar so, als werde er von uns zum ersten Mal einer

---

que le scripteur a eu d'écrire, ou encore: nous désirons le désir que l'auteur a eu du lecteur lorsqu'il ecrivait, nous désirons le *aimez-moi* qui est dans toute écriture" (BARTHES, *Sur la lecture* 1984, S. 45). Sicherlich spricht Barthes hier vor allem von sich selbst, obwohl stets allgemein vom Leser und Schreiber die Rede ist. Verallgemeinern kann man jene letzte Aussage, und diese erklärt auch die mit der Schreibbewegung einhergehende Schreib-Euphorie sowie die daraus resultierende Selbstüberschätzung; dieses 'Liebt-mich' ist eine Sehnsucht, die bei einem 'Ich-liebe-mich' schreibend seinen Ausgang nimmt.

54 In *Die Lust am Text* (BARTHES 1974/1990) weitet Barthes seinen Intertextualitätsbegriff aus: „Proust oder die Tageszeitung oder der Fernsehschirm (...): das Buch macht den Sinn, der Sinn macht das Leben" (ibid., S. 54).

Lektüre unterzogen, aber diese Illusion entsteht durch die literarische Symbolsprache. Selbst meine Lektüre ordnet sich demnach ein in bereits stattgefundenes Lesen.
Barthes vertritt eine text- und sprachbezogene Intertextualität. Sein Verständnis von
Intertextualität scheint dem Karlheinz Stierles nicht unähnlich zu sein: Wenn die
Codes auf die „Masse des Schon-Geschriebenen" verweisen sollen, so korrespondiert diese Definition mit der von Stierle angeführten „Erinnerung an die Lektüre
eines Textes" (STIERLE 1984, S.146). Barthes geht – indirekt – von einem besonderen Status des literarischen Diskurses aus (vgl. *Leçon/Lektion* 1980), und sein praktisch angewandter Intertextualitätsbegriff will die Integrität des einzelnen Werkes
nicht aufbrechen: *Sarrasine* wird zwar dekomponiert und schreibend kommentiert,
aber im Anhang findet sich die Erzählung vollständig und ohne jede Unterbrechung
abgedruckt. Intertextualität nimmt im Barthes'schen Literaturverstehen einen breiten Raum ein und liegt dem Schreiben wie auch dem Lesen zugrunde. Gleichwohl
werden die Textgrenzen nicht eigentlich aufgeweicht, nicht gänzlich belanglos:
Während der Schreibende sein stattgefundenes Lesen nicht ignorieren kann und
dieses in sein neues Schreiben 'hineinspielt' (Stierle), scheint der Leser mit seinem
angelesenen Wissen in den Text 'einzubrechen', ihn schreibend zu ergänzen und zu
verändern, nicht, um ihn zu zerstören, sondern um ihn anschließend sowohl in neuer
als auch in alter Form zurückzulassen.

Widersprüche, wie sie auch in diesem Zusammenhang auszumachen sind, tauchen
des öfteren im Schreiben Roland Barthes' auf. Auch *S/Z* ist nicht frei von Widersprüchen:[55] Wenngleich in dieser Schrift beeindruckende Texterkenntnisse vorgetra-

---

55 Jonathan Culler gelangt zu dem Schluß, daß *S/Z* „äußerst schwer einzuordnen" sei (CULLER
1988, S.25). Er diskutiert die Schrift im Zusammenhang mit der Entwicklung vom Strukturalismus zum Poststrukturalismus und versucht eine Einordnung Roland Barthes' in diese Bewegungen: Barthes gehe „den Themen, auf die die Unterscheidung zwischen Strukturalismus
und Poststrukturalismus gewöhnlich aufbaut, [nicht] aus dem Weg", sondern „eignet „sich
beide Vorgehensweisen mit einem Eifer [an] (...), als wüßte er nicht, daß diese angeblich ra-
dikal verschiedene Bewegungen sind" (ibid., S.25). Culler attestiert der in *S/Z* durchgeführten
Analyse sehr „scharfsinnige und relevante Beiträge zu einer Poetik fiktionaler Texte" (ibid.,
S.25/26). *S/Z* ist im Argumentationszusammenhang Cullers ein Beleg dafür, daß die strikte
Trennung zwischen Strukturalismus und Poststrukturalismus so eindeutig nicht gezogen werden kann: „Von Anfang an scheint Barthes' Strukturalismus von 'post-strukturalistischen'
Interessen durchwoben zu sein" (ibid., S.26).
Interessant ist, daß dann auf Roland Barthes verwiesen wird, wenn es um die Diskussion an-
geblich unversöhnlicher Gegensätze geht: sei es die Versöhnung von Strukturalismus und
Hermeneutik (KÜGLER 1976; vgl. weiter unten) oder die von Strukturalismus und dem nachfolgenden Poststrukturalismus. Barthes' offener und flexibler analytischer Umgang mit Literatur wird in der Sekundärliteratur, der es auf Tendenzen der Verständigung ankommt, gerne
als Beweis dafür zitiert, daß eine solche möglich ist.
Auch Peter V. Zima attestiert Roland Barthes 'Offenheit' (ZIMA 1991, S.277), sowohl was
seine eigene analytische Praxis angehe als auch sein Literaturverständnis betreffend. Die
Analyse der Novelle *Sarrasine* sei ebenfalls bestrebt, die Offenheit dieses Textes nachzuweisen, und es gelinge Barthes auch, das Plurale dieser Erzählung „anschaulich" darzustellen (S.
208). Interessant sieht Zima einen Zusammenhang zwischen der von Barthes verwandten
methodologischen Begriffen, deren Auswahl bereits das angestrebte Analyseverständnis vor-
wegnähmen, und dem Ergebnis der Lektüre: „Tatsache ist, daß Barthes nur deshalb die
'Offenheit' der Novelle nachweisen konnte, weil er den Offenheit implizierenden Konnotationsbegriff zu seinem Schlüsselbegriff gemacht und auf komplementäre semiotische Begriffe
wie Tiefenstruktur, Isotopie und Aktantenmodell (...) verzichtet hat. Wie man in den Wald (in
die Novelle) hineinruft, so schallt es heraus (...)" (ibid., S.280/81). Der Vorwurf mag berech-

gen werden, erweckt Barthes Codesammlung den Eindruck eines auf ihn und seine Textvorlieben zugeschnittenen Instrumentariums, so daß eine generelle Anwendbarkeit seiner 'Technik' ungesichert scheint. Es stellt sich sogar die Frage, ob ein Gebrauch durch andere überhaupt sinnvoll sein kann, wenn man *S/Z* als Resultat eines nahezu symbiotischen Verhältnisses zwischen Roland Barthes und der Novelle *Sarrasine* ansieht. Vielleicht gerade aufgrund dieser engen Beziehung erreicht Barthes in *S/Z* die Tiefendimensionen dieses Textes, obwohl er – wie wir sahen – für die semiologische Textanalyse in Anspruch nimmt, daß sie eher male als nachgrabe (*Leçon/Lektion* 1980, S.59): Er selbst geht in seiner bohrenden Analyse der Balzacschen Novelle weit über ein 'Nachmalen' hinaus. Es ist wahrscheinlich auch nicht zufällig, daß er die Codierung ausführlich und akribisch nur an einem literarischen Text exemplifiziert hat; die Analyse der Erzählung E.A. Poes ist im Vergleich zu *S/Z* deutlich fragmentarischer und auf wesentliche Texterkenntnisse zugespitzt (BARTHES, *E.A.Poe* 1988), wenngleich diese wie auch die anderen nach *S/Z* entstandenen text- und strukturanalytischen Beispiele von der kontinuierlichen Erprobung und Überprüfung der semiologischen Methode zeugen. Obwohl Barthes *Die Tatsachen im Fall Valdemar* – so lautet der Titel der Erzählung von Poe – ebenfalls in Lexie segmentiert, diese auf ihre Konnotationen hin untersucht und sie zeitlupenartig auf ihre möglichen Sinne hin liest, unterscheidet sich das textanalytische Ergebnis von dem in *S/Z* dokumentierten: Trotz der organisatorischen Parallelen führen die verschiedenen literarischen Textvorlagen zu anderen Resultaten. Deutlich wird, daß das vielleicht auf den ersten Blick formalistisch anmutende Untersuchungsraster der Decodierung nicht starr und unflexibel ist. Die Barthes'sche Form der schreibend kommentierten, bis zur Unerträglichkeit verzögerten Textlektüre läßt die Erzählung, deren Gegenstand wie auch ihren Aufbau ständig transparent bleiben: Die Erzählung lenkt den Kommentar; letzterer wird nach einer bestimmten Methode 'geordnet', aber die Richtung bestimmt nicht er, sondern die literarische Sprache. Wenn man die von Barthes vorgelegten exemplarischen Erzählanalysen vergleicht, wird die den Kommentar dirigierende Funktion des literarischen Textes besonders deutlich. Der Erzähl-Text „als *Gewebe*", als „Geflecht verschiedener Stimmen, mannigfaltiger, gleichzeitig verschlungener und unvollendeter Codes", bildet keinen „tafelförmigen Raum (...), sondern ein Volumen, eine Stereophonie" (ibid., S.296): In der Konsequenz dieses Textverständnisses liegt es, jedem

---

tigt sein, läßt sich aber sicherlich auf textanalytische Unternehmungen übertragen. Sowohl die Textauswahl als auch die angewandte Methode stehen in Verhältnis zu dem Ziel. Wichtiger scheint mir vielmehr, daß eine klassische Novelle des 19. Jahrhunderts diese auf Offenheit angelegte Lese-Weise 'aushält', sie sogar ermöglicht. Zima geht es darum, die von Barthes nachgewiesene Offenheit des literarischen Textes in Frage zu stellen. Unter der Hand verdeutliche die Barthes'sche Analyse, gerade in *S/Z*, „semantische und narrative Strukturen", durch die die „'Offenheit' des Textes – seine Polysemie – relativiert werden" könne (ibid., S.281). Ich verstehe allerdings das von Barthes immer wieder zitierte Plurale des literarischen Textes nicht so, daß es keine endgültige Systematik für einen literarischen Text gibt. Letztere wird als Möglichkeit nicht abgestritten, aber sie ist nicht so eindeutig und sicher, daß jeder Leser zu jeder Zeit zu dem selben Lese-Ergebnis gelangt. Ein solches Verständnis schließt nicht aus, daß der literarische Text seinen Leser sehr wohl lenkt und dirigiert, ihn aber – gleichzeitig – völlig im Unklaren darüber beläßt.

neuen Erzähltext auf die von diesem vorgegebene Weise zu folgen und methodische Kontinuitäten ebenso anzustreben wie Brüche zu akzeptieren.

Wenngleich man die Barthes'sche Lektüreweise als eine klassisch werkimmanente bezeichnen kann – besonders die im *Fall Valdemar* angewandte – , die sich eng am Text entlang tastet und die insofern nicht 'sensationell' neu ist, so entsteht durch das in den literarischen Erzähltext einbrechende Kommentar-Schreiben gleichwohl eine ungewöhnlich enge Verwobenheit von literarischer und kommentierender Sprache, die sich auch im 'Charakter' des Ergebnisses niederschlägt. Es ist eben jener Versuch, tatsächlich „zu lesen, wie man schreibt" (*Kritik und Wahrheit* 1967, S.64), der dieses textanalytische Verfahren zu einem mühsamen Unternehmen werden läßt und der sich in den provokativen Resultaten niederschlägt. Barthes gelingt es mit dem *Fall Valdemar*, sowohl sein ureigenes Interesse an diesem literarischen Text transparent werden zu lassen, als auch sachlich-nüchtern, lesend-schreibend eine Beschreibung der Erzählung zu entwickeln, die weniger noch als in *S/Z* auf eine zentrale Sinngebung zielt, sondern die bei auffälligen, sprachlichen Einzelheiten innehält und in der radikalen Konzentration auf diese nur so etwas wie Teilergebnisse formuliert.

Interessant sind in Ergänzung zu diesem textanalytischen Spektrum die beiden Arbeiten über Textstellen aus dem Alten und Neuen Testament. Im Unterschied zu den Erzählungen des 19. Jahrhunderts gibt Barthes bei der Analyse der *Apostelgeschichte 10–11* an, streng strukturanalytisch vorgehen zu wollen, während *Genesis 32, 23–33* sowohl struktur- als auch textanalytisch untersucht wird. Die Strukturanalyse definiert Barthes als eine, die „Formen" sucht, „keinen Inhalt" (BARTHES, *Apostelgeschichte* 1988, S.230), die danach fragt, „wie" der Text „gemacht ist" (BARTHES, *Kampf mit dem Engel* 1988, S.252). Die Textanalyse beruht auf der Lektüre, die strukturale Analyse sucht nach der objektiven Struktur des Textes. Wie sehr sich der schreibend kommentierende Kritiker von dem jeweils vorliegenden Text dirigieren läßt (lassen muß?), zeigt die zwischen den beiden Methoden schwankende Bearbeitung des Auszugs aus der Genesis, in der Jakob nächtlich mit dem Engel um einen weiteren Segen (zu dem von Isaak bereits erschlichenen) kämpft. Barthes wählt zunächst unter den drei möglichen strukturalen Ansätzen einen aus – die Sequenzanalyse –, da diese den „offenbar kontingenten Handlungen" (ibid., S.253) der Textstelle am besten entspricht (auch wenn sowohl die von Vladimir Propp eingeführte Funktions- als auch die von Greimas entworfene Aktantenanalyse dem Text ebenfalls adäquat gewesen wären, wie die Anwendung im Anhang demonstriert). Die sequentiellen Notationen der Bewegungen (Handlungen) – ein Thema, das Barthes grundsätzlich interessiert –, die Jakob in den beiden ersten Versen ausführt, ergeben eine Redundanz, die erstaunlicherweise nicht klärend wirkt, sondern die einen nicht lösbaren Widerspruch erzeugt, weil der Leser im Unklaren bleibt, *wo* – auf welcher Seite des Flusses Jabbok – sich Jakob eigentlich befindet, als er mit dem 'Mann' kämpft. Dieses „Knirschen der Lesbarkeit" (*Kampf mit dem Engel*, S.254), diese „Reibung zwischen zwei Intelligiblen" (ibid., S.256) evoziert den besonderen Reiz dieses Textes, weil sie die „Unentscheidbarkeit" (ibid., S.255) zweier Interpretationen produziert. Barthes verweilt des längeren bei diesem Phänomen und listet die verschiedenen 'Lesbarkeitseindrücke' auf. Diese 'Verworrenheit' der Lesbarkeit setzt sich in der zweiten Sequenz, der des Kampfes, fort: Zunächst ist „die Identifizierung der Partner (...) schiefwinkelig" (ibid., S.256), dann liegt dem Kampf eine „paradoxe(n) Struktur" (ibid., S.257) zugrunde, weil derjenige (der Mann? der Engel?), der den entscheidenden, den Gegner (Jakob) verletzenden Schlag ausführt, *nicht* Sieger bleibt in dem nächtlichen Ringen. Sieger in dem Gefecht ist der 'angeschlagene' Jakob: „(...) der Kampf, der sich umkehrt und unerwartet verläuft, *markiert* einen der Kämpfer: Der Schwächere besiegt den Stärkeren und *handelt* sich *dafür* ein Merkmal (an der Hüfte) ein" (ibid., S.258). Eine textanalytische Deutung dieses nicht logisch Erzählten ergibt nach Barthes, daß dieser Kampf ein Symbol ist, eine Verschiebung des früheren Kampfes mit Esau (zu dem Jakob unterwegs ist, um sich mit ihm zu versöhnen). Barthes gleitet erneut in textanalytische Signifikatssuche über, befindet diesen Wechsel aber legitim, weil die Struktur eben auch Inhalte „'streut'– die jede Lektüre übernehmen kann" (ibid., S.260). In dieser Konstruktion wirkt die Strukturanalyse wie ein vorbereitendes Tableau für die Textanalyse, die auf der Basis der strukturellen Ergebnisse einsetzen kann.

Ziehen wir einige von Barthes' theoretischen Ausführungen zur strukturanalytischen Methode zur Hilfe, so klären sich zwar nicht alle entstandenen Widersprüche, aber diese werden als notwendiger, nicht zu vermeidender 'Teil des Barthes'schen Schreib- und Lese-Systems' erkennbar. In Barthes' Erläuterungen dessen, was er unter der *strukturalistischen Tätigkeit* versteht, legt er beispielsweise besonderen Wert auf den *Tätigkeitsbegriff*: Der strukturale Mensch ist ein 'tätiger Mensch', tätig mit dem Ziel:

> „ein 'Objekt' derart zu rekonstruieren, daß in dieser Rekonstruktion zutage tritt, nach welchen Regeln es funktioniert (welches seine 'Funktionen' sind). Die Struktur ist in Wahrheit also nur ein *simulacrum* des Objekts, aber ein gezieltes, 'interessiertes' Simulacrum, da das imitierte Objekt etwas zum Vorschein bringt, das im natürlichen Objekt unsichtbar oder (...) unverständlich bleibt" (BARTHES, *Strukturalistische Tätigkeit* 1976, S.105).

Während uns die Operationen des Zerlegens und Neu-Arrangierens aus der Barthes'schen Lektüre- und Schreibpraxis vertraut sind, ist die Struktur als ein sogenanntes Schein-Objekt des eigentlichen, 'natürlichen' Kunst-Objekts ein neuer Begriff (den Barthes übrigens auch in den mir bekannten späteren Schriften nicht wieder verwendet): Die Struktur scheint ein dem Kunst-Objekt unterlegtes 'Gerüst' zu sein, das den Text stützt und ihm eigentlichen 'Halt' sichert, ihn 'in Form' bringt, das aber im Verborgenen bleibt und durch strukturalistisch vorgehende Analyse-*Tätigkeit* so rekonstruiert wird, daß seine Existenz als unbedingt notwendig bewiesen wird. *Beide*, Hersteller des Objekts als auch Analytiker desselben, üben demnach eine *strukturalistische Tätigkeit* aus:

> „(...) zwischen den beiden Objekten, oder zwischen den beiden Momenten strukturalistischer Tätigkeit bildet sich *etwas Neues* und dieses Neue ist nichts Geringeres als das allgemein Intelligible: das Simulacrum, das ist der dem Objekt hinzugefügte Intellekt, und dieser Zusatz hat insofern

einen anthropologischen Wert, als er der Mensch selbst ist, seine Geschichte, seine Situation, seine Freiheit (...)" (ibid., S.105).

Literatur- (bzw. Kunst-)produzierende wie auch analysierende Tätigkeiten können
also nach den 'selben' Regeln arbeiten. Dieser Gedanke ist insofern bemerkenswert,
als eine gegenseitige Abhängigkeit und eine wechselseitige Beeinflussung von Wissenschaft und Kunst selbstverständlich vorausgesetzt wird, sind die theoretischen
Erkenntnisse erst einmal bekannt und für alle zugänglich. Darüber hinaus schließt
eine solche These nicht aus, daß sich der Strukturalismus eines Tages überlebt haben könnte. Genau mit dieser Perspektive endet Barthes seinen Aufsatz über die
strukturalistische Tätigkeit (vgl. ibid., S.109). – Wichtig ist aber zunächst für unseren Zusammenhang, daß Produktion und Rezeption gleichermaßen an der Entstehung des 'Neuen' beteiligt sind. Während die in dem Objekt 'versteckten' Struktur-
elemente von dem Rezipienten wieder 'entdeckt' werden, entsteht etwas 'Drittes',
das sich aus dem Kontakt dieser beiden Momente – Objekt und Mensch – ergibt
und das der Betrachter, Leser – provoziert durch das Bild, den Text – hervorbringt.
Der Strukturgedanke wird gleichsam dynamisiert: Er gerät in eine rotierende Bewegung, die mit dem einen Vorgang nicht abgeschlossen ist und in einen anderen einmündet. Der in diesem Zusammenhang ungewöhnliche Tätigkeitsbegriff impliziert
eine mögliche stetige Veränderung eines einmal erreichten Zustands, eine Tatsache,
die jenen Dynamisierungseffekt unterstreicht. In dem Barthes'schen Verständnis ist
Struktur nicht starr und fix. Vielmehr intendiert der Gebrauch des Strukturbegriffs
so etwas wie ein 'Formenbewußtsein' und – daraus resultierend – die Erkenntnis,
daß Formen in ästhetischen Prozessen zwingend notwendig sind. Durch den Kontakt der beiden strukturalistischen Tätigkeiten entsteht etwas Neues, der Leser fügt
dem Text sein 'eigenes' hinzu. Aber dies geschieht in deutlicher Abhängigkeit von
dem, was als „*Gemachtwordenes*" (ibid., S.109) – das ist der zu lesende literarische
Text – vorliegt: Der Leser braucht keine Bedeutungen zu fixieren, aber er soll erkennen, „wodurch Bedeutung möglich ist, zu welchem Preis und auf welchem Weg"
(ibid., S.108). D.h. der Leser erhält einen deutlichen Auftrag, dem er übrigens nur
dann nachkommen kann, wenn er auf die Form, nicht so sehr auf den Inhalt achtet:
„die Form (...) ist das, was der Kontiguität der Einheiten gestattet, nicht als bloßes
Zufallsergebnis in Erscheinung zu treten: das Kunstwerk ist, was der Mensch dem
Zufall entreißt" (ibid). Aus eben diesem Grunde verteidigt Barthes die Entwicklung
hin zu einer strukturalistischen Orientierung[56], sei es für die produktive, sei es für die
rezeptive Seite:

---

56 In einem Aufsatz, der den Titel trägt *De la science à la littérature* (BARTHES 1984), setzt sich
    Barthes mit dem Strukturalismus auseinander. Er kritisiert insbesondere, daß dieser auf einer
    literaturabgehobenen Wissenschaftssprache beharre, was seiner Auffassung nach nicht die
    richtige Perspektive sei. Die Annäherung der beiden 'Sprachen' vertritt Barthes zwar des öfte-
    ren, aber in diesem Aufsatz bezieht er sich speziell auf den Strukturalismus, weil er diesen,
    auf die Sprache konzentrierten Ansatz für geeignet hält, jene Sprachangleichung zu vollzie-
    hen. Aus diesem Grunde gesteht Barthes auch eine gewisse Anhänglichkeit an die struktura-
    listische Forschung – besonders an die von ihm selbst ausgeprägte, auf ihn und seine Interes-
    sen zugeschnittene: „l'auteur de ces lignes (...) retient seulement du 'structuralisme' *actuel sa
    version la plus spéciale et par conséquent la plus pertinente*, entendant sous ce nom un cer-
    tain mode d'analyse des oeuvres culturelles, pour autant que ce mode s'inspire des méthodes

„Der Strukturalismus (...) versucht, die Geschichte nicht nur an Inhalte zu binden (das ist tausendfach getan worden), sondern auch an Formen; nicht nur an das Materielle, sondern auch an das Intelligible; nicht nur an das Ideologische, sondern auch an das Ästhetische" (ibid., S.109)[57].

Barthes' strukturalistisch beeinflußte Decodierung literarischer Texte liest sich streckenweise wie eine 'Anweisung zum *Schreiben* von geschickt gebauten Erzählungen'. Wenngleich natürlich nach genauer Befolgung immer noch 'etwas fehlt', so bietet die sachlich-informative, Wissenshintergründe erforschende Textlektüre dem dilettantisch Schreibenden einen reichhaltigen Fundus an *erzähltechnischen* Hilfsmitteln, deren Gebrauch einer eigenen Textentstehung zumindest nicht schadet. Diese schreibdidaktische Ausbeute ist von Roland Barthes nicht vorgesehen. Trotzdem sind beispielsweise seine Ausführungen zum Unterschied von Schriftsteller und Schreiber eine Basis für realistische schreibdidaktische Konzeptionen, die helfen, den Laienschreiber im Rahmen seiner natürlichen Grenzen zu betrachten (BARTHES, *Schriftsteller und Schreiber* 1969). Den „Schreiber" definiert Barthes – im Gegensatz zum „Schriftsteller" – als einen „transitiven" Menschen, der zu einem Zweck schreibt, der ein naives Kommunikationsvorhaben realisieren will. Er ist von der Auffassung überzeugt, mit seinem Schreiben der Zweideutigkeit der Welt ein Ende zu setzen und gleicht eher einem Beamten, während der Schriftsteller alten Stils „etwas vom Priester" hat und nach dem Motto arbeitet: „'Und selbst wenn ich bestätige, stelle ich noch Fragen'" (ibid., S.49/50). Der Schreiber sagt bei jeder Gelegenheit unverzüglich, was er denkt; der Schriftsteller, für den Schreiben – wider die Grammatik – ein intransitives Verb vorstellt[58], hingegen „hamstert" und produziert im eigenen Rhythmus. Abgesehen davon, daß es in der Gegenwart den Typus des reinen Schriftstellers nicht mehr gibt, sondern daß ein „Bastard" hervorgebracht wurde – der Schriftsteller–Schreiber –, kann die hier vorgenommene Unterscheidung zwischen den beiden grundsätzlich verschiedenen Schreibhaltungen eine Basis für sachliche schreibdidaktische Überlegungen bieten. Sie wertet das Schreiben der Laien nicht ab, ordnet es aber – ohne jede anthropologische und psychologische *Über*bewertung – eher einem 'mach- und auch lernbaren' Tun zu. Diese Einschätzung beruht auf einer nüchternen Betrachtung der heutigen literarischen Produktion. Ohne große Begeisterung kennzeichnet Barthes Teile der aktuellen Literatur als

---

des la linguistique actuelle. C'est dire que issu lui-même d'un modèle linguistique, le structuralisme trouve dans la littérature, oeuvre du langage, un objet biens plus qu'affinitaire: homogène à 'lui-même' (ibid., S.13/14; Hervorh. E.K.P.).

57 Auch Hans Kügler (KÜGLER 1976, auf den wir im folgenden Kapitel noch zurückkommen werden, weist Barthes ein eigenes Strukturalismus-Verständnis nach, das einen hermeneutischen Ansatz integriert und darüberhinaus die Struktur als prozeßhaftes Ergebnis der Arbeit von Subjekten begreift. Letzteres ist Kügler unter didaktischen Gesichtspunkten besonders wichtig, weil diese Sicht auf die strukturalistische Textarbeit dem Vorurteil widerspricht, es handle sich bei dieser nur um das Nachvollziehen starrer, vorgegebener Strukturen, die nach festgelegten Methoden eruiert werden sollen. Wenngleich Kügler den subjektiven Anteil an der Entstehung des 'Neuen' sehr absolut setzt und die später von Barthes vorgenommene Relativierung des gleichfalls codierten Subjekts nicht berücksichtigt, unterstreicht auch seine Interpretation dieses frühen Aufsatzes die These, daß Barthes nach eigenen Wegen in der Text-Arbeit gesucht hat.

58 Vgl. dazu den Aufsatz *Ecrire, verbe intransitif?* (BARTHES 1984), in dem Barthes seine These des intransitiven literarischen Schreibens ebenfalls ausführt.

'Schreiben, das *sagt, daß es erzählt*'[59]. Wenngleich diese Definition eine Kränkung für Schreiber mit Profianspruch bedeutet, so scheint mir in vergleichbaren Charakterisierungen gerade die Laienproduktion treffend und entlastend erfaßt: Schreiben mit offenen Karten, mit Netz und doppeltem Boden; eine Produktion von durchsichtigen Text-Geheimnissen, die ihre Intertextualität nicht zu verheimlichen sucht.

In *Kritik und Wahrheit*, einer Schrift, in der Barthes sein eigenes kritisches Schreiben zu verteidigen und zu erklären sucht, weil er ob seiner unorthodoxen Racine-Betrachtung von der klassischen französischen Literaturkritik heftig angegriffen worden war[60], wird seine Schreib-Auffassung gleichfalls ausführlich reflektiert und in Beziehung gesetzt zu dem, was das Lesen zu leisten imstande ist. Hier erläutert Barthes seine bereits erwähnte These von der Angleichung der Schreibweisen: Durch die Entwicklung in der Moderne, die durch größere Zerrissenheit(en) und Widersprüche gekennzeichnet ist, hat sich eine Angleichung von poetischem und kritischem Schreiben ergeben, die zu einer stellenweisen Austauschbarkeit von Schriftstellern und Kritikern führt und geführt hat. Dabei versteht Barthes unter Schreibweise, wie er in *Am Nullpunkt der Literatur* (BARTHES, 1982/1985) ausgeführt hat, den Raum „zwischen Sprache und Stil", die Wahl eines bestimmten „Tones", ein „Ethos" (ibid., S.20), so etwas wie die „Moral der Form" (ibid., S.22).

---

59 „(...) schreiben heißt heute nicht 'erzählen', sondern sagen, daß man erzählt, und das gesamte Referierte ('was man sagt') auf diesen Sprechakt beziehen; aus diesem Grund ist ein Teil der zeitgenössischen Literatur nicht mehr deskriptiv, sondern transitiv und bestrebt, in der Sprache (parole) ein so reines Präsens zu vollziehen, daß sich der ganze Diskurs mit dem Akt, der ihn freilegt, identifiziert und der ganze *Logos* auf ein Lexis zurückgeführt – oder ausgedehnt – wird" (*Einführung in die strukturale Analyse von Erzählungen* 1988, S.129). – Überhaupt enthält dieser Aufsatz grundlegende 'Bekenntnisse', die für das gesamte Schaffen Barthes' stehen können: So betont Barthes, daß „*der* (in der Erzählung) *Sprechende* nicht *der* (im Leben) *Schreibende*, und *der Schreibende* (...) nicht *der Seiende* ist" (ibid., S.127) und macht damit eine Unterscheidung, die grundlegend für sein Textverständnis sein wird; er insistiert beispielsweise darauf, daß es „in der Kunst kein Rauschen" (ibid., S.110) am – im Unterschied zum Leben – keine „'verschwommene' Kommunikation" (ibid., S.139) gibt; vor allem das Schreiben, so versichert er in diesem Kontext, „ist zwangsläufig deutlich" (ibid), eine Feststellung, die wie ein Motto über Barthes' Werk stehen könnte: Sie bildet die Legitimation für sein 'lupenartig vergrößertes' schreibendes Lesen.

60 *Kritik und Wahrheit* ist Ausdruck eines Konflikts zwischen der traditionellen französischen Literaturwissenschaft/-kritik (vertreten durch Picard, einen Literaturprofessor an der Sorbonne) und der 'neuen Kritik' (für die der Name Roland Barthes' stand). Unter anderem ging es um die von Barthes proklamierte Offenheit des literarischen Werkes und die daraus resultierende Unabschließbarkeit der Interpretationsmöglichkeiten. Während die 'alte Kritik' einen Objektivitätsanspruch bezüglich der Aussagemöglichkeiten, vor allem über ein abgeschlossen vorliegendes Werk wie das von Racine, nicht aufgeben wollte, beharrte Barthes darauf, daß es so etwas wie „'Gewißheit der Sprache'" – weder der literarischen noch der kommentierenden – nicht gibt und daß insofern von Objektivität im Zusammenhang mit Literatur nicht die Rede sein kann (*Kritik und Wahrheit* 1967, S.29). Ein weiterer Bestandteil des Streites war die von Barthes vertretene These, daß sich die Schreibweisen der Literaten und die der Kritiker in der Moderne nicht mehr eindeutig auseinanderhalten ließen; auch dagegen opponierte die akademische Literaturwissenschaft.
Richard Brütting weist darauf hin, daß die französische Literaturkritik – er zitiert besonders Pierre Macherey – jene mangelnde Distanz zwischen Literatur und „wissenschaftlichem Meta-Text" kritisiert hat (BRÜTTING 1976, S.83). „Der literarische Kreislauf dürfe nicht einfach als ständiger Umschlag von *écriture* in *lecture* und dann wieder in *écriture* begriffen werden, sondern müsse in einem *wissenschaftlichen* Diskurs über die Literatur zum Stillstand kommen und dort auf die Bedingungen seiner Möglichkeiten hin untersucht werden" (ibid).

Sie ist ein „Akt historischer Solidarität" (ibid) mit der Gesellschaft, in der der Schreibende lebt und gleichzeitig dient sie nicht einer bestimmten Wirkung oder einem gesellschaftlichen Interesse, sondern ist Produkt einer „Gewissensentscheidung" (ibid). Die Schreibweise umreißt in der Barthes'schen Terminologie eigentlich das, was gemeinhin unter Stil verstanden wird; Stil ist in dem Barthes'schen Verständnis aber ein vom subjektiven Schreiber unabhängiges, damit ein vorgegebenes Faktum[61], während die Schreibweise das geringe Quantum 'Eigenes' kennzeichnet, das der Schreibende aus Sprache und Stil seiner jeweiligen Zeit zu entwickeln in der Lage ist, das ihm gebundene Unabhängigkeit und freie Unfreiheit garantiert, das aber den entstehenden Text erst zu einem auffällig-bemerkenswerten macht[62]. Während im *Nullpunkt der Literatur* vor allem das literarische Schreiben thematisiert wird, bezieht Barthes diesen Begriff späterhin auch auf das in Kontakt mit Literatur entstehende kritische oder das Kommentar-Schreiben: Für dieses gilt gleichfalls, daß es die *Sprache* als ein Problem auffassen und daß es eine komplizierte Beziehung zu den Wörtern aushalten muß. Diese Gleichsetzung von Poet und Kritiker begründet sich auch durch das veränderte Literatur-Schreiben: Die Literaten selbst treten als

---

61 „Bilder, Vortragsweise, Wortschatz werden aus der Konstitution und der Vergangenheit des Schriftstellers geboren und werden allmählich zu den Automatismen seiner Kunst. Unter dem Namen Stil formt sich auf diese Weise eine autarke sprachliche Ausdrucksweise, die nur in die eigene, geheime Mythologie des Autors hinabreicht (...). Mag ein Stil noch so raffiniert sein, es haftete ihm immer etwas Elementares an. (...) Sein Bezugssystem liegt auf der Ebene der Biologie oder einer Vergangenheit, nicht aber auf der der Geschichte: er ist die ureigene Sache des Schriftstellers, sein Glanz, sein Gefängnis und seine Einsamkeit" (*Am Nullpunkt der Literatur* 1982/1985, S.16/17).

62 Richard Brütting kritisiert Barthes' Geschichtsverständnis, das seiner Darstellung der Schreibweisenentwicklung von der Klassik in die gegenwärtige Moderne hinein zugrundeliegt als „monokausal", linear und undialektisch (BRÜTTING 1976, S.62), stellt aber die Berechtigung der Diskussion über eine veränderte Schreibweise in der Moderne nicht grundsätzlich in Frage. Brütting weist darauf hin, daß Barthes in späteren Interviews sich von seinem ersten Schreibweisen-Verständnis als zu soziologisch bzw. soziolinguistisch distanziert hat und sich der in *Nullpunkt* festgehaltenen Definition von Stil annähert (ibid., S.66; vgl. dazu auch *Le style e son image* 1984). – Richard Brütting beschreibt Barthes' Position innerhalb der modernen französischen Texttheorie und weist auf die Bedeutung für die *Tel Quel*-Gruppe hin, der u.a. auch Julia Kristeva und Philippe Sollers angehören. Brütting macht deutlich, daß besonders *Am Nullpunkt der Literatur* ein Signal war, die traditionellen Begriffe 'Literatur' und 'Werk' in Frage zu stellen: „Wie sich (...) andeutet (...), haben die Begriffe *écriture* und *texte* einerseits tendenziell das Erbe traditioneller Begriffe wie *littérature* und *oeuvre* übernommen, andererseits dadurch selbst eine neue Bestimmung erfahren; schließlich läßt sich beobachten, daß *écriture* und *texte* weitgehend synonym geworden sind. (...).
– Die traditiellen Gleichungen *écriture* = *style* (im Sinne der herkömmlichen Stilistik) bzw. *texte* = *oeuvre* sind aufgelöst;
– *écriture* und *texte* haben sich dagegen begrifflich einander angenähert und bezeichnen eine Problematik, die früher Literatur hieß" (BRÜTTING 1976, S.69).
Brütting versucht eine Klärung dessen, was unter *texte* verstanden wird, nicht ohne zu erwähnen, daß die französischen Theoretiker den Begriff nie „streng formuliert haben und dies in gewisser Weise sogar unmöglich ist" (ibid., S.73). Diese Zusammenstellung eines definitorischen Umfeldes enthält eine ganze Reihe der im Zusammenhang mit Barthes' Schriften festgehaltenen Überlegungen: Text als offenes, unabgeschlossenes Produkt; Text als „'Ort' der Produktion von Sinn" (ibid); Intertextualität als „Dialog mit anderen Texten" (ibid., S.74); Text als plurale Struktur und als Textraum. Seine abschließende These – *texte* als einen „dialektische(n) Widerspruch zu 'Struktur'" zu betrachten (ibid), greift ebenfalls ein Moment der Barthes'schen Theorie auf, die zwischen struktur- und textanalytischen Verfahrensweisen schwankt.

Kritiker – ihrer eigenen oder fremder Werke – auf oder integrieren in ihr Werk – wie beispielsweise Marcel Proust in *Auf der Suche nach der verlorenen Zeit* – die „Bedingungen seines Entstehens" (*Kritik und Wahrheit* 1967, S.57), so daß mit den modifizierten, entsakralisierten Schreibbedingungen der Literatur die ehemalig klare Trennung zwischen 'Schriftsteller und Schreiber' unscharf und verschwommen geworden ist: Die Schreibweise vereint Literat wie Kritiker gleichermaßen in der Komplexität und Herausforderung der geschriebenen Sprache. Und eben daraus resultiert jene Überzeugung, daß die Lektüre nur schreibend möglich ist: „Wir müssen lesen, wie man schreibt, erst dann 'verherrlichen' wir die Literatur ('verherrlichen' heißt 'in seinem Wesen bekunden')" (ibid., S.64). Während man nicht weiß, wie der Leser mit und zu dem Buch spricht, muß sich der Kritiker für einen Ton entscheiden, der öffentlich dokumentiert, welche Sprache er dem Werk gegenüber anschlägt. Weil der Kritiker genauso wie der Literat – mühselig – seine Schreibweise finden muß, gilt es, seine Position aufzuwerten, ganz abgesehen davon, daß er dem Werk existentiell Notwendiges – jenen Spielraum des Bedeutens – hinzufügt. Während der Leser identifikatorische Interessen hat und das Gelesene nicht mit seiner eigenen Sprache verdoppeln will, es gleichsam in sich ruhen lassen möchte, schert der Kritiker aus diesem engen Kreis aus und fügt sein eigenes Schreiben dem zu lesenden Werk hinzu.

> „Die Welt existiert, und der Schriftsteller spricht: das ist die Literatur. Der Gegenstand der Kritik ist davon sehr verschieden. Er ist nicht die Welt, er ist der Diskurs, und zwar der Diskurs eines anderen: die Kritik ist Diskurs über einen Diskurs" (*Was ist Kritik?*, S.66).

Diese Hierarchie Welt–Literatur–Kritik wird von Barthes nicht immer in dieser Reihenfolge gesehen; auch die Literatur beruft sich nicht nur auf 'Welt', sondern ebenfalls auf 'Geschriebenes'. Da sich darunter auch 'Kritik' befinden kann, ist eine Umkehrung der Reihe denkbar. Gleichwohl spricht aus diesem Zitat eine Tendenz, 'verrät' sich eine Einstellung, der man in den Barthes'schen Schriften immer wieder begegnet und die ihn – besonders in einem poststrukturalistischen Sinne – angreifbar macht: Gemeint ist jene – im Geheimen gehegte – Überzeugung, daß dem literarischen Text letztlich doch Vortritt gebührt vor dem Schreiben des Nachfolgenden. Zumindest Barthes' textanalytische Arbeiten sind von dieser Einstellung geprägt. In seinen theoretischen Schriften hat er zwar wiederholt von einer Annäherung der literarischen und der kritischen Schreibweise gesprochen – besonders engagiert in *Kritik und Wahrheit* (1967) –, was aber nicht dazu führte, der Kritik die Vorrangstellung gegenüber der Literatur einzuräumen. Bei allem Respekt vor der Schreib-Arbeit des Kritikers und trotz seiner kritischen Haltung gegenüber der Bedeutung und Rolle des modernen Autors kann Barthes den Gedanken einer hierarchischen Ordnung – wenngleich abgeschwächt, unsicher, schwankend und stets veränderbar – nicht ganz aufgeben. Nicht zuletzt die in *Lektion/Leçon* (1980) festgehaltene Bestimmung, daß literarische Sprache – als einzige! – in der Lage sei, „Sprache außerhalb von Macht zu gebrauchen", unterstützt diese These von einer Abfolge, die ein 'Vorher' und 'Nachher' enthält. Auch wenn Literatur nicht mehr aus einem intertextuellen Geflecht gelöst werden kann und mit kritischem Schreiben verflochten ist, scheint das literarische Schreiben in der Barthes'schen Konstruktion die Rolle eines 'primus inter pares' einzunehmen. Barthes' Literaturverstehen setzt sich aus 'fortschrittlichen' wie 'konservativen' Elementen gleichzeitig zusammen: Es impliziert bei aller Sprachkonzentration und -genauigkeit – wenngleich stillschweigend, indirekt und zwischen den Zeilen – etwas, das gemeinhin mit 'metaphysischen' Sympathien gekennzeichnet wird. Zwar lehnt Barthes Begriffe wie 'Wahrheit' und 'Geheimnis' ab[63], will weder das eine noch das andere aufspüren, aber seine Erforschung dessen, was die plurale Sprache des literarischen Textes an Bedeutensspielraum eröffnet, ist nicht in jedem Fall in sicherer Entfernung von dem, was George Steiner mit Epiphanie, Mysterium und Ergriffenheit kennzeichnet. In Roland Barthes' Die *Lust am Text* (BARTHES, 1974/1990) könnten beispielsweise die erotischen Begriffe Lust und Wollust streckenweise – ohne daß auffällige Verständnisprobleme entstünden – durch jene oben genannten religiösen ersetzt werden[64], weil Barthes in dieser späten Aphorismensammlung eine fast nicht kontrollierbare, nahezu vegetativ zustandekommende Wirkung von (klassischer und moderner) Literatur zu beschreiben versucht, der eine fast schicksalhafte Unabwendbarkeit eigen zu sein scheint: „Die Lust am Text, das ist jener Moment, wo mein Körper seinen eigenen Ideen folgt – denn mein Körper hat nicht dieselben Ideen wie ich" (BARTHES, *Lust am Text* 1974/1990, S.26). Wollust wird beschrieben als ein „Fast-von-Sinnen-Sein", wird in die Nähe von „Weisheit" gerückt (ibid., S.39), als „unsagbar" charakterisiert, und das 'wollüstige Schreiben' steht gar in der Nähe zum Tod (ibid., S.52):

> „Die Wollust am Text (...) kommt nicht zur richtigen Zeit, sie hängt von keinem Reifen ab. Alles geht mit einem Mal durch. (...) Alles geschieht, alles genießt sich im Moment des ersten Blicks" (ibid., S.78).

Diese Behauptung korrespondiert durchaus mit Steiners Plädoyer für eine Bereitschaft zur „Unmittelbarkeit" (STEINER 1990, S.226), dafür, den durch die ästhetische Erfahrung ausgelösten „Schock" zuzugestehen (ibid., S.237) und das dadurch ausgelöste „peinliche Berührtsein" (ibid., S.235) nicht zu verschweigen:

---

63 Das ändert sich allerdings in den späten Texten, wie weiter unten ausführlich dargestellt wird.

64 George Steiner distanziert sich natürlich von Barthes' Aphorismensammlung (STEINER 1990, S.175/76). Das spricht allerdings nicht gegen die hier durchgeführte Interpretation, weil das erotisch-sexuelle Vokabular auch zum Ende des 20. Jahrhunderts noch provokativen Signalcharakter besitzt und die den Aphorismen zugrunde liegende Haltung deswegen schnell verkannt werden kann. – Auch Hans Robert Jauß kritisiert *Die Lust am Text*, obwohl die Grundtendenz dieser Schrift – die „Rehabilitierung des ästhetischen Genießens" – durchaus mit der Jaußens übereinstimmt (JAUSS 1982/1984, S.80). Aber er distanziert sich vor allem von Barthes' „doppelten Kanon" (ibid., S.81), der die Werke der Klassik von denen der Avantgarde scheidet und für beide ein unterschiedliches, genießendes Leserverhalten festhält. Außerdem bleibe der Leser in einer passiven Rolle, „da Barthes den 'insularen Charakter' der einsamen Lektüre und den anarchischen Aspekt der ästhetischen Lust einseitig hervorkehrt" (ibid), ein Vorwurf, der durch die meisten Schriften Barthes' leicht zu entkräften ist. Aber Jauß kann Barthes in seiner Konzentration auf die Sprache ebensowenig folgen wie in seinem 'hemmungslos-anarchistischen' Bekenntnis zum 'Genießen-Wollen': „Da Barthes das selbstgenügsame linguistische Universum nicht entschieden genug auf die Welt der ästhetischen Praxis öffnet, bleibt sein höchstes Glück letztlich doch der wiederentdeckte Eros der kontemplativen Philologen und sein ungestörtes Reservat: *le paradis des mots*" (ibid., S.81/82). – Vgl. dazu auch EAGLETON 1988/1992, S.49–51, der Lust am Text mit Isers Wirkungstheorie vergleicht und einen Unterschied zwischen beiden Ansätzen konstatiert, wie er größer nicht sein könne.

„Was uns besuchen, 'uns heimsuchen' kommt, meldet sich häufig sehr unerbeten. Selbst wo eine gewisse Bereitschaft vorhanden ist, wie im Konzertsaal, im Museum, im Moment ausgewählter Lektüre, findet der Eintritt in unser Selbst meist nicht vermittels eines Willensaktes statt" (ibid., S.236).

Steiner kommt es darauf an, der Kunst wieder zu ihrer eigentlichen primären Bedeutung und Rolle zu verhelfen, sie aus den 'Klauen der Kritik' zu befreien, um so auf ihre unbegründbare und enigmatische Wirksamkeit aufmerksam zu machen. Natürlich ist dieses Anliegen, wie wir ausführlich dargestellt haben, nicht identisch mit dem Roland Barthes'. Trotzdem, trotz der materialen Orientierung Barthes', dessen Gegensatz zu Steiners transzendental-metaphysischen Kunst-Verstehen nicht geleugnet wird, entsteht 'unter der Hand' in Barthes' *tatsächlichem* analytischen Verhalten gegenüber Literatur so etwas wie jene von Steiner geforderte *Cortesia* (ibid., S.196). Cortesia – ein Gedanke, den selbst Hans Robert Jauß gutheißt, der *Von realer Gegenwart* ansonsten ablehnt[65] – kennzeichnet nach Steiner eine Haltung, wie sie der Kunst gemäß sei: „Ritterlichkeit", „Höflichkeit", „Takt", „Bewillkommnung" (ibid., S.194–197) – so definiert er diesen mittelalterlichen Begriff. Es ist sicherlich nicht unumstritten, in diesem Zusammenhang auf Roland Barthes zu verweisen. Gleichwohl wird diese Parallele gewagt, weil die textanalytischen Arbeiten Barthes' von jenem Respekt gegenüber dem literarischen Text geprägt sind. Die Lese- und Schreib-Arbeit, der sich Barthes z.B. in *S/Z* unterzieht, kann durchaus als Ausdruck eines 'ritterlichen' Verhaltens gegenüber Balzacs *Sarrasine* gewertet werden: Der literarische Text wird ernstgenommen, er initiiert das Schreiben des Kritikers, er gliedert den Kommentar und gibt dessen Themen vor[66]. Im Unterschied zu Steiner, der vor allem eine bewundernd-passivische Reaktion auf Kunst für angemessen hält, wird Barthes *aktiv* – und erweist dem literarischen Text schreibend seine Referenz. Steiner erkennt in seiner überbordenden Kritik am Sekundären nicht, daß auch die moderne Textwissenschaft Formen hervorgebracht hat, die sich dem literarischen Text nicht in demütiger Ehrfurcht nähern, sondern die auf andere Weise – z.B. durch akribische Feinanalyse – durchaus ihre Anerkennung vor der geleisteten

---

65 „Steiner hat seine Frage nach der kommunikativen Form in der Zeit des Epilogs mit der Einführung des mittelalterlichen Begriffs *cortesia* (als ursprüngliche Kraft der Höflichkeit) auf das glücklichste gelöst. Er hat eine Phänomenologie unserer Begegnung mit der geliebten Person, dem Feind, dem Vertrauten oder dem Fremden entworfen und auf den Akt der Rezeption und des Verstehens bezogen, bei dem das Kunstwerk wie ein Fremder in unser Leben tritt, der uns als Gast nur etwas zu bringen vermag, wenn seine auctoritas als Freiheit, die der Freiheit begegnet, geachtet wird. Ich sehe in dieser Lösung, die sich in den praktischen Umsetzung auf alle Stufen (lexikalisch, syntaktisch, semantisch, rhetorisch) philologischer Rezeption erstreckt, die eigentliche Einlösung des Versprechens, der ästhetischen Erfahrung ihre verlorene, ethische Bedeutung zurückzugewinnen, worin Christoph Menke zu Recht das Überzeugende und Bleibende hinter allen Provokationen Steiners sah" (JAUSS 1991, S.946).

66 Ein weiteres Zitat aus *S/Z* bestätigt diese Vermutung: „Die Arbeit des Kommentars besteht, sobald er sich einer jeden Ideologie von Totalität entzieht, gerade darin, den Text *zu mißhandeln*, ihm *das Wort abzuschneiden*. Dennoch ist das, was negiert wird, *nicht die (hier unvergleichliche) Qualität des Textes, sondern sein 'Naturhaftes'* " (*S/Z* 1987, S.19; Hervorh. E.K.P.). Auf der einen Seite steht die Gewaltaktion des Kommentators, der den Text malträtieren muß, auf der anderen Seite 'siegt' die „unvergleichliche Qualität" von *Sarrasine*, die erklärtermaßen unangetastet bleibt – wohl auch, weil die Störung des 'natürlichen' Erzählverlaufs diese Qualität höchstens noch schärfer hervortreten läßt.

Kunst-Arbeit zum Ausdruck zu bringen versteht. Daß Steiner Roland Barthes, dessen Schreiben sich – wie wir gezeigt haben – einer eindeutigen Zuordnung zu einer bestimmten wissenschaftlichen Richtung oder Schule verweigert, unter den Dekonstruktivismus subsumiert, zeigt eher die generalisierende Tendenz seiner Argumentation, als daß die Arbeiten Barthes' damit endlich und endgültig etikettiert sind.

Der Rückgriff auf George Steiners ästhetische Kampfschrift diente in unserem Zusammenhang vor allem dazu, die Widersprüche, auf die wir in den Arbeiten Roland Barthes' immer wieder gestoßen waren, weiter zuzuspitzen: Die Modernität des Barthes'schen semiologischen Textverstehens kontrastiert mit einer 'altmodisch' anmutenden Überzeugung vom besonderen Wert der literarischen Sprache. Vor allem seine späteren Schriften (nach *S/Z*, d.h. über die exemplarischen Textanalysen, *Die Lust am Text* hin zu *Lektion/Leçon*) hinterlassen den Eindruck, daß die Wertigkeit des literarischen Textes steigt. Die Essays, Vorträge und Aufsätze der siebziger Jahre bestätigen insgesamt diesen Eindruck. In einem Vortrag über Proust, der mit dem ersten Satz der *Recherche* überschrieben ist – '*Longtemps, je me suis couché de bonne heure*' (BARTHES 1984) –, versucht er zu begründen, was ihn mit diesem Werk und dessen Verfasser verbindet. Daß Prousts Schreiben für Barthes einen magischen Anziehungspunkt vorstellt, deutet sich in seinem Werk immer wieder an, ohne daß es stets ausführlich begründet worden wäre. In dem zitierten Vortrag gesteht Barthes seine Identifikation mit dem Autor, die darauf beruht, daß Proust sein Leben lang nichts anderes wollte als schreiben, was er dann schließlich tatsächlich getan habe und was Thema wie Form der *Recherche* bestimme: „Ce que Proust raconte, ce qu'il met en récit (...), ce n'est pas sa vie, c'est *son desir d'écrire*" (ibid., S.339). Es ist darüber hinaus jenes Schwanken zwischen Roman- und Essay-Schreiben, das die *Recherche* charakterisiere und das Prousts 'Schreibfrage' gewesen sein müsse; Barthes gesteht dieses Hin- und Hergerissensein zwischen diesen beiden Schreibformen als sein subjektives Problem zu. Barthes' Schreiben wird ungeschützter in diesen Äußerungen über die *Recherche*, die er an anderer Stelle als seine „allgemeine Mathesis" bezeichnet (BARTHES, *Lust am Text* 1974/1990, S.53).[67] Die Passage, in der Proust das Sterben seiner Großmutter beschreibt, bezeichnet er – wie auch den Tod des alten Fürsten Bolkonski in Tolstois *Krieg und Frieden* – als „'moments de verités'" und gebraucht damit ein Wort, dem er immer skeptisch gegenüber gestanden hatte:

> „(...) tout d'un coup la littérature (car c'est d'elle qu'il s'agit) coïncide absolument avec un arrachement émotif, un 'cri'; à même le corps du lecteur qui vit, par souvenir ou prévision, la séparation loin de 'être aimé', une transcendance est posée: quel Lucifer a créé *en même temps* l'amour et la mort? Le 'moment de vérité' n'a rien à voir avec le 'réalisme' (...). Le 'moment de vérité', à supposer qu'on accepte d'en

---

67 „Ich verstehe, daß das Werk von Proust, wenigstens für mich, das Bezugswerk ist, die allgemeine *Mathesis*, das *Mandala* jeder literarischen Kosmogonie (...): Proust, das kommt mir einfach, das ziehe ich nicht heraus; das ist keine 'Autorität'; nur *eine zirkulare Erinnerung*" (*Lust am Text* 1974/1990 S.53). Barthes verweist immer wieder auf Proust, vergleichbar dem obigen Zitat, andeutend oder bekennend, aber nie analysierend; so als kapituliere er vor dem, was dieses Werk ihm bedeutet.

faire une notion analytique, impliquerait une reconnaissance du *pathos*,
au sens simple, non péjoratif, du terme, et la science littéraire, chose
bizarre, reconnaît mal le *pathos* comme force de lecture; (...)"
(*Longtemps, je me suis couché de bonne heure* 1984, S.343/344).

Barthes gesteht seinen „contact brûlant" mit dem Roman zu (ibid., S.344) und siedelt die Gefühle diesem Werk gegenüber in der Nähe der 'Liebe' an; ein anderer
Begriff fällt ihm nicht recht ein: „Ce que je puis dire, ce que je ne peux faire autrement que de dire, c'est que ce sentiment qui doit animer l'oeuvre est due coté de
'amour (...).'" (ibid). Barthes hätte Passagen der *Recherche* nicht so analysieren
können, wie er es mit Balzacs Novelle getan hat. Seine emotionale Betroffenheit,
die er im folgenden nochmals ausdrücklich verteidigt und als 'Roman-Reaktion'
angemessen befindet, ist zu groß, als daß er diese einem distanzierenden Analysieren
hätte unterziehen können. In diesen Kommentaren zu Prousts Schreibwerk wird
offensichtlich, was Barthes' literaturorientierte Arbeiten subtil grundiert und was
jenen oben konstatierten altmodischen Duktus ausmacht, der ihn – wahrscheinlich
ungewollt – in die Nähe der Steinerschen Kunstauffassung bringt. Barthes bemüht
sich um Distanz, erreicht dieselbe auch, indem er sich auf die sprachliche Seite der
Literatur konzentriert. Aber er vermeidet, darüber zu schreiben, was er liebt; denn
On échoue toujours à parler de ce qu'on aime (BARTHES, 1984, S.353). Insofern
sind die Ausführungen zu Proust auch nicht vergleichbar mit den intensiv vorgehenden textanalytischen Arbeiten: Es handelt sich um essayistische Geständnisse, gekennzeichnet von dem Drängen, ein vielleicht umstrittenes Sentiment der Öffentlichkeit preiszugeben.

Zum Abschluß dieser ausführlichen Darstellung und Diskussion der literaturtheoretischen und -praktischen Arbeiten Roland Barthes' sollen die lese- und schreibdidaktisch impulsgebenden Aspekte noch einmal markiert werden. Dabei kann es
nicht um eine bloße Kopie der Barthes'schen decodierenden Analysepraxis gehen,
deren Anwendbarkeit durch Dritte äußerst fragwürdig zu sein scheint:[68] Es ist ratsam, die von Barthes entwickelte und praktizierte Lektüreform als die für ihn charakteristische zu betrachten, die seinem Literaturverstehen entspricht und die für
Dritte eher einer Anregung als einem Muster gleichkommt. Gerade daran zeigt sich,
daß Barthes in seinen literaturwissenschaftlichen Arbeiten einen eigenen Stil ausgebildet hat, dem eines Schriftstellers vergleichbar, der zwar neue Erkennens-Dimensionen aufzeigt, der aber in der neuen Anwendung durch andere eine eigenständige Handhabung des Instrumentariums erfordert. Aus diesem Grunde werden
im folgenden die Anregungen festgehalten, die aus der Barthes'schen Methode resultieren und die für Leser und Schreiber, einmal zur Kenntnis genommen, eine neue

---

68 Das vorgelegte Beispiel von Hans Helmut HIEBEL 1984, der Kafkas *Landarzt* 'nach Barthes'
analysiert hat, überzeugt nicht vom Gegenteil: Hiebels Codierung wirkt ein wenig steif. Es ist
wahrscheinlich nicht zufällig, daß Hiebels Analyse in zwei Teile 'zerfällt', in die Interpretation bzw. strukturale Analyse einerseits und in einen ähnlich umfangreichen Kommentarteil
andererseits. Er hat also nicht, wie Barthes in *S/Z* eine Integration beider Elemente angestrebt.
Abgesehen davon ist Hiebels Vokabular ungenau: Er erklärt, daß er ähnlich strukturanalytisch
wie Barthes in *S/Z* vorgehen wolle, obwohl letzterer gerade für die Balzac-Novelle vorwiegend
eine Textanalyse durchgeführt hat. Auf Karlheinz Fingerhut und dessen exemplarischen Versuch wird im folgenden Abschnitt eingegangen.

Form des Textgeschehens evozieren können. Insofern sind die Schlußfolgerungen 'frei nach Barthes'; sie beziehen sich deutlich auf seine Theorie, aber nicht in sklavischer Treue, sondern in eigenständiger Verarbeitung:

1. Das Wissen um codierende Intertextualitätsverweise provoziert die Aktivierung und Bereitstellung des im bisherigen Lese-Schreib-Leben angesammelten Wissens. Damit sind nicht nur 'literarisch' erworbene Kenntnisse gemeint; *alle* nur denkbaren Wissensfelder gelten als mögliche Bezugsgrößen. Diese Definition des Literarischen als Aufbewahrungsort für die Wissenschaften der Welt begründet das Schulfach Literatur nicht nur aus einer ästhetischen, sondern auch aus einer sachlichen Perspektive.

2. Dem rezeptionsorientierten Ansatz Roland Barthes', der wie Jauß und Iser gleichermaßen an einer Aufwertung der Leserrolle interessiert ist, wird im Zusammenhang dieser Arbeit der Vorzug eingeräumt, weil Barthes die so gewonnenen Erkenntnisse nutzt, um an einer Aufhebung der Trennung von Schreiben*und*Lesen zu arbeiten: Während Hans Robert Jauß und Wolfgang Iser zwar ihr eigenes Lesen in ein Schreiben überführen, sehen sie ihren idealen Leser als einen, der beispielsweise versteht, phantasiert, seine Einbildungskraft anregen läßt, genießt oder der seinen Erwartungshorizont klärt: Lesen bleibt eher in einem Gedankenraum. Barthes hingegen 'holt das Lesen herunter auf den Boden' der geschriebenen literarischen Sprache (nicht der ungeschriebenen Leerstellen) und versucht, es auf diese Weise gleichsam zu 'materialisieren'.

3. Der kommentierend Schreibende steht zum literarischen Erzähltext in einem Abhängigkeitsverhältnis: Sein eigenes Schreiben ist wichtig und wertvoll, aber es orientiert sich am literarischen Ausgangstext. Barthes' eigene Schreib-Beispiele demonstrieren sowohl strenge, fast 'klebende' Textnähe, als auch – deutlich davon abgesetzt – eigene, freiere Sinnanlagerungen. Barthes' auf literarische Texte bezogene Schreib-Praxis erweckt – entgegen seinen Beteuerungen – den Eindruck, als werde der Literatur eine ihr zustehende Referenz erwiesen.

4. Dieses in den 'fertigen' Text einbrechende Schreiben produziert eine radikale Öffnung des Schon-Geschriebenen und ermöglicht nicht nur schreibende Sinnsuche, sondern auch ein aktives Nachvollziehen des als beendet geltenden Schreibprozesses. Dieses Schreiben ist bei Barthes nicht an akademische Regeln gebunden, sondern 'darf' in andere, freiere, essayistische Formen ausweichen (wenn der literarische Text den Leser/Schreiber zu solchen 'verleitet'). Dieses Schreiben des Lesers fügt dem Text ein 'Neues' hinzu, das – zumindest in *S/Z* – eine neue Fassung von *Sarrasine* schafft, ohne daß jedoch die bekannte Balzacsche Fassung ganz fehlen würde. Letztere findet sich im Anhang, am *Schluß* des Buches. Demnach kann das kommentierende Schreiben als eines verstanden werden, das sich dem literarischen Text zufügt, diesen aber anschließend wieder in sich geschlossen zurückläßt.

5. Das Diktat der genauen, verlangsamten, wiederholten Lektüre erfordert ein anderes Zeit-Lektüre-Verhältnis: Nicht die Quantität des Gelesenen ist wichtig, sondern die Qualität des Leseprozesses steht im Vordergrund.

6. Das komplizierte, nah-ferne Verhältnis des literarischen Textes zur Wirklichkeit erfordert eine vorsichtige Lektüre: Einerseits begegnen wir in der Literatur Frag-

menten unserer oder einer Wirklichkeit, weil 'nichts wirklicher sein kann als die Literatur'. Andererseits ist Literatur aus Sprache 'gemacht' und damit nie in der Lage, die Wirklichkeit so wiederzugeben 'wie sie ist'. Jenen Zwiespalt hat der Leser sowohl zu registrieren als auch auszuhalten. Alle (scheinbare) Wirklichkeitsnähe der Literatur unterliegt der sprachlichen Bearbeitung und Formung, ist nur durch diese vermittelt. Auch aus diesem Grunde ist eine schreibende Lektüre angebracht und sinnvoll, weil sie durch die erneute Schriftsprachlichkeit einen zusätzlichen Filter schafft zwischen Literatur und Wirklichkeit.

7. Sowohl der sehr offene Textbegriff als auch die unorthodoxe Schreib-Lese-Praxis lassen ein auf Unmittelbarkeit hin orientiertes Text-Leser-Schreiber-Verhältnis entstehen, in dem nicht von außen vorgegebene klassifizierende (literaturgeschichtliche bzw. -wissenschaftliche) Ordnung den Rahmen vorgibt, sondern in dem der jeweilige schreibende Lektürevorgang seine eigene Systematik – abhängig von der literarischen Sprache des Textes – erstellt. Roland Barthes' schreibende Lektürepraxis mit der musealen Konzeption der *Insel Hombroich* zu vergleichen, ist deswegen nicht ganz von der Hand zu weisen, weil hier wie dort gängige Ordnungssysteme außer Kraft gesetzt scheinen und die Orientierung jeweils neu geschaffen werden muß.

8. Barthes legt *sein eigenes* Schreib-Lese-Verständnis offen, erläutert *seine* textanalytische Praxis und gibt an, wie *er* Literatur liest und aus welchen Gründen er *seine* literaturbezogene Schreibweise praktiziert. Diese Vorgehensweise, in der Hempfer das „Ende der Wissenschaft" erblickt (HEMPFER 1976, S.55), macht Barthes' Arbeiten angreifbar, aber didaktisch interessant, weil kein allgemeingültiger und für andere verbindlicher Anspruch mit dieser Schreib-Lese-Haltung konnotiert ist. Darüber hinaus weist diese Methode auf ein spezifisches Moment schreib- und lesetheoretischer Konzeptionen hin: diese beruhen aller Wahrscheinlichkeit nach gleichfalls auf den ureigensten Schreib- und Leseerfahrungen und den favorisierten Praktiken ihrer Verfasser, ohne daß diese Basis als solche kenntlich gemacht werden wird (vgl. zum Lesen: MAURER 1977, S.481). Relevanz gewinnt dieses, nicht auf Generalisierbarkeit angelegte Vorgehen für didaktische Schreib- und Leseprozesse, weil es dazu ermutigt, ein breites Angebot zu unterbreiten, um unterschiedlichen Schreib- und Leseweisen, wie sie in einer Lerngruppe immer vorhanden sein werden, Realisierungschancen zu bieten und zu erproben, ob und wie Erkenntnisse auf verschiedene *Weisen* zustandekommen können.

4. Roland Barthes in didaktischer Diskussion

„Mit der Entdeckung des Schreibens als sinnschaffender Kraft und 'praktisch eingreifendem Moment des Programms der Leseraktivierung' im Gefolge des Strukturalismus Barthes'scher Provenienz wird die Rolle des Lesers als Koproduzent im Verlauf der 80er Jahre forciert, der den Text weiter- oder umschreibt, in ihn eingreift, ihn kommentiert, zerlegt, wieder zusammensetzt und so fort: kurzum, in der Literaturdidaktik wird im Verlauf der 80er Jahre auf vielfältige Weise für einen produktiven, kreativen, spielerischen Umgang mit Literatur plädiert, für ein Lesen, das weniger als Rekonstruktions- oder Übersetzungsarbeit begriffen wird, deren Fluchtpunkt in einem Erkenntnisgehalt des Textes liegt, sondern als Arbeit auf dem Gebiet, das ein literarischer Text eröffnet hat, das sie erweitert, indem Motive und Strukturen noch einmal ins Spiel gebracht, dekomponiert, wieder zusammengefügt werden und auf diese Weise ein neuer, mit Bedeutung angereicherter Text entsteht, ein 'Simulacrum', ein Objekt, das es so zuvor noch nicht gegeben hat" (FÖRSTER 1991a, S.16/17).

So umreißt Jürgen Förster den indirekten Einfluß, den Roland Barthes – oft ohne Nennung seines Namens – auf die Literaturdidaktik der 1980er Jahre gehabt hat, und konzentriert seine zusammenfassende Darstellung auf den „produktiven, kreativen und spielerischen" Umgang mit Literatur im Unterricht. Sicherlich ist es nicht unberechtigt, die produktionsorientierten didaktischen Strömungen in einen Zusammenhang mit Barthes' dekomponierender Vorgehensweise zu stellen, wenngleich der Barthes'sche Theorieentwurf auch hinreichendes Material liefert für eine sachlich-analytische, mehr ernste, denn spielerische Arbeit an und mit Literatur. Während die von Förster aufgezählten methodischen Varianten des produktionsorientierten und des kreativen Deutschunterrichts nicht immer aus einem genauen Studium der Barthes'schen Schriften resultierten, gibt es aber auch eine Reihe didaktischer Forschungen, die sich direkt auf Barthes beziehen und die ihre unterschiedlichen didaktischen Entwürfe aus dieser Theorie abgeleitet haben.

Hans Kügler, der wohl als erster die literaturdidaktische Bedeutung des Barthes'schen Literaturverständnisses erkannte, konzentriert sich in seiner 'großen' didaktischen Programmatik über *Literatur und Kommunikation* vor allem auf den strukturalistischen Anteil in Barthes' Arbeiten. Er hält „lesendes Erschließen auf strukturaler Basis" für einen besonders „geeigneten Modus literarischer Kommunikation im Unterricht" (KÜGLER 1971/1975, S.173). Die entscheidenden Vorteile, die die strukturale Methode sowohl gegenüber der hermeneutischen als auch der dialektischen besitze, seien in der von ihr geforderten kritisch-reflektierten Distanz zum Text zu sehen, während die beiden anderen Methoden eine „emotionale Färbung" nicht verhindern könnten. Didaktik auf strukturaler Basis gewähre außerdem, daß der Mehrdeutigkeit des literarischen Textes gerecht werde und dieser nicht einer 'Vereindeutigung' anheimfalle, wie es tendenziell im hermeneutischen und auch im dialektisch orientierten Literaturunterricht geschehe. Kügler, der in diesem Plädoyer für eine strukturale Literaturdidaktik gleichzeitig gegen einen lernzielfixierten wie auch gegen einen vorrangig inhaltlich dominierten – wozu auch eine materialistische-historische Didaktik zählt – Literaturunterricht argumentiert, zeigt in seinen exemplarischen Analysen einiger literarischer Texte – v.a. Märchen und Parabel –, wie 'strukturalistische' Deutschstunden aussehen könnten. Dabei wird deutlich, daß Kügler die strukturalistische Ästhetik 'sehr ernst nimmt'. Seine unterrichtsbezogenen Analysen münden in graphischen, antithetisch aufgebauten Skizzen, die binäre Strukturen gegenüberstellen. Seine (sprach)genauen Analysen führen zu Stunden, in denen die Schüler kognitiv und intellektuell herausgefordert werden, die aber aufgrund exakter und genauer Strukturierung ein wenig steif erscheinen. Der von Kügler entworfenen textanalytischen Erschließungsmethode fehlt das Moment der 'Unberechenbarkeit': Die vorgenommene Klassifizierung erweckt den Eindruck, als lasse sich im literarischen Text alles oder zumindest vieles einsortieren. Kügler weicht von Barthes' widersprüchlicher und gebrochener strukturalistischer Arbeitsweise ab, indem er diese übersichtlich und ordentlich systematisiert. Er bezieht sich in erster Linie auf Barthes' Aufsatz *Die strukturalistische Tätigkeit* und entnimmt diesem die operationale Methode des Zerlegens und Arrangierens, die nach Küglers Verständnis auf ein Stemma oder eine modellartige Strukturskizze hinausläuft[69]. In Barthes' analytischer Praxis ist es allerdings der geschriebene Text des Lesenden, der die entscheidende 'Hinzufügung' ausmacht und der den de-komponierten Text arrangierend wieder zusammenfügt. Kügler folgt Roland Barthes, wenn er die Analyse der (sprachlichen) Zeichenbeziehungen und die Funktionalität derselben in den Vordergrund rückt, statt den Inhalt und/oder die Bedeutung. Er folgt ihm nicht, wenn diese Analyse in Form eines Unterrichtsgesprächs stattfindet, wenn die „komplexe Nachricht eines literarischen Textes" wie auch seine „besondere Vermittlungsstruktur" *redend* erarbeitet und dieses Ergebnis in eine geometrische Figur – an der Tafel, vom Lehrer – übertragen und festgehalten wird (KÜGLER 1971/1975, S.191).

Kügler akzentuiert die struktural-formalistische Komponente des Barthes'schen Literaturverstehens. Hier soll nicht bestritten werden, daß dieselbe den Schriften Roland Barthes' durchaus entnommen werden kann. Wir haben aber auch gesehen, wie Barthes ein formales, eng strukturales Vorgehen 'anzureichern' und zu 'beleben' versucht, nicht zuletzt dadurch, daß er unterschiedliche analytische Methoden 'mischt' und sich vom eigenen Schreiben zu dem gelesenen Text lenken läßt. Kügler hingegen räumt dem *Lesen* den Vorrang ein, die dadurch initiierte Kommunikation findet *redend* statt, während Schreiben, das bei Barthes einen so großen Raum einnimmt, nicht erwähnt wird. Kügler folgt außerdem einem strukturalen Textbegriff, der von einer geschlossenen Komposition ausgeht und jede intertextuelle Gebrochenheit ignoriert: „Die Seinsweise des poetischen Textes ist, seiner vereinzelten, nicht seriellen Produktionsform entsprechend, die der Isolation" (ibid.,

---

69 Kügler geht in einem späteren Aufsatz intensiv auf diesen für ihn zentralen Bezugstext Roland Barthes' ein (KÜGLER 1976). Er weist in diesem Zusammenhang vor allem darauf hin, daß die „Strukturbeschreibung" bei Barthes „Teil der Rezeption" bleibt und nicht identisch ist mit dem schriftlich fixierten Text. Die Struktur eines Textes ist abhängig vom jeweiligen Textumgang und stellt kein fertiges Endprodukt dar. Kügler geht auch von einem offenen, beweglichen Strukturbegriff aus, zumindest was die Seite des Rezipienten angeht. Allerdings berücksichtigt er nicht, daß Barthes auch die *Herstellung des Objekts* als eine „strukturierende Tätigkeit" beschreibt „und daß man Analytiker und Schöpfer unter das gemeinsame Zeichen dessen stellen muß, was man den *strukturalen Menschen* nennen könnte" (BARTHES, *Strukturalistische Tätigkeit* 1976, S.105). Es ist aber jener Gedanke, daß beide, Produzent wie Rezipient, in der Moderne mit den selben Mitteln arbeiten (können), der nicht nur den Dynamisierungseffekt des Strukturbegriffs ausmacht, sondern der die von Barthes später geübte Schreib-Lese-Praxis entscheidend fundiert. Kügler befindet unter didaktischen Gesichtspunkten wichtig, daß Barthes die „relative Freiheit des Lesers (...) gegenüber dem Text" zuläßt (KÜGLER 1976, S.112) und benutzt diese These unter anderen für seinen Angriff auf einen lernzielorientierten Literaturunterricht. Wenngleich diese 'Freiheit des Lesers' in Barthes' Textverständnis eine große Rolle spielt, so wird gerade im Zusammenhang mit dem strukturalistischen Tätigkeitsbegriff weniger ein Freiheits-Postulat verteidigt, als vielmehr eines der Formengenauigkeit und des „Regelzwang(s)" (BARTHES, *Strukturalistische Tätigkeit* 1976, S.107).

S.365). Zwar verwendet er dieses Argument *gegen* lerntheoretische, inhaltlich orientierte „Arrangement(s) von Textsequenzen" (ibid., S.364), beruft sich dabei aber auf einen traditionellen Textbegriff, der in Opposition zu dem Barthes' steht. Auch wenn Küglers Ziel, eine intensive Rezeption (statt einer extensiven, die verschiedene andere Texte, außer dem einen literarischen 'Basistext', miteinbezieht) zu erreichen, durchaus konform geht mit Barthes' paradigmatischer Arbeitsweise, so berücksichtigt wiederum sein Verständnis vom „Einzeltext" nicht die intertextuelle Beeinflussung, der sich kein Text entziehen kann. Barthes betrachtet *Sarrasine* zwar insofern 'isoliert', als er keine textuellen Bezugsquellen vorab auflistet, auf die er sich zu beziehen gedenkt, und sich auf den 'bloßen' Text konzentriert. Aber er bezieht anderes textuelles Wissen – Balzacs sowie sein eigenes – immer dann mit ein, wenn er während des Lektürevorgangs auf diese Wissensfelder stößt/gestoßen wird, so daß Balzacs Novelle schließlich doch nicht 'für sich' bleibt. Kügler beruft sich auf Roland Barthes, um eine Rückkehr zum 'puren' literarischen Text zu begründen und um eine textimmanente und -intensive Lektüreweise zu legitimieren: Sequenzbildungen, thematischen Lerneinheiten, in denen literarische (Bruch)Stücke nach Motiven, historischen Bezügen und anderen Kriterien didaktisch sortiert und adressatengerecht dargeboten werden, steht Kügler eher ablehnend gegenüber, weil er eine intensive Rezeption favorisiert:

> „Intensiv heißt (...) eine Rezeptionsform, in der der poetische Text primär qua Text, d.h. als Repräsentant seiner selbst und nicht als Vertreter einer 'Klasse', 'Sorte', als Symptom von und für etwas, als Demonstrationsobjekt zu etwas erscheinen kann" (ibid., S.369).

Aus diesem Grund gibt er auch der strukturalen Methode den Vorzug: Ihr hoher didaktischer Wert liegt darin begründet, daß sie von einer „offene(n), hermeneutische(n) Ausgangssituation" ausgeht und weder Text noch Leser inhaltlich-ideologisch zielgerichtet betrachtet.

Während Kügler den ideologischen Gehalt von Texten auf dem Wege der intensiven Rezeption eruieren will, versucht Karlheinz Fingerhut den Gegensatz von strukturaler und historisch-ideologiekritischer Textästhetik aufzubrechen (FINGERHUT 1977 a). Auch er beruft sich dabei auf Barthes' „wissenschaftliche(n) Ausbau der Strukturanalyse" (ibid., S.283), dem es nicht auf die fixe Struktur eines Werkes ankommt, sondern auf die „Generierung einer Bedeutung aus einer gegebenen Struktur durch einen Leser" (ibid). Fingerhut wendet die Barthes'sche Analysetechnik an einer Ballade Heinrich Heines an – *Das Sklavenschiff* –, zerlegt dieselbe in Lexien (bzw. Leseeinheiten) und ist um intertextuelle wie auch decodierende Aufklärung bemüht: Beide Begriffe versteht er als Instrumentarium, um die notwendigen historisch-soziologischen Informationen zu zitieren. Während die Zerlegung in Leseeinheiten nur mit dem Textmaterial arbeitet, ermöglichen die Codes die Bezugnahme auf historische Hintergründe, ermöglicht der Hinweis auf intertextuelle Verflechtungen den Blick in anderswo Geschriebenes zum Sklavenhandel und zur Sklavenpolitik. Dieses Verfahren und die durchgeführte Analyse sind insofern interessant, als sie die Interpretierbarkeit der Barthes'schen Methode wie auch die seines Begriffsinstrumentariums dokumentieren: Wenngleich das Codesystem die von Fingerhut durchgeführte, vor allem auf historische Entschlüsselung hinsteuernde Analyse durchaus ermöglicht, so unterscheidet sich diese praktische Anwendung von der Roland Barthes'. Jener behandelt die in *Sarrasine* entdeckten Codes gleichrangig, die historischen Bezüge tauchen am Rande auf und werden dem großen kulturellen Code untergeordnet: Alle 'Zitate des Bereits' stehen bei Barthes auf einer Ebene, und das ihn an der Balzacschen Novelle eigentlich interessierende Thema – die Kastration – wird nicht in den Mittelpunkt gerückt, sondern unter den ebenfalls weiten Code des Symbolischen subsumiert. Allerdings macht Fingerhuts Versuch, dieses decodierende Analyseverfahren auf einen anderen Text zu übertragen und dabei eine bestimmte Intention, zielgerichtet und vorab bekanntgegeben, zu verfolgen, die Flexibilität dieses Instrumentariums deutlich und demonstriert deren unterschiedliche Anwendbarkeit. Fingerhut versucht zu beweisen, daß eine bloße Textlektüre nicht zu einem adäquaten Verstehen der Ballade führen kann, daß 'handfeste' Informationen über Sklavenpolitik vonnöten sind, um ein solches zu erreichen. Barthes hingegen legt sich nicht dergestalt fest, weil – und das ist m.E. nach ein entscheidender Unterschied – er keine vorrangig aufklärerische Intention mit seiner Textanalyse verbindet. Fingerhut zeigt, daß Decodierung auch im Sinne eines aufklärerischen Impulses verwendet werden kann, während Barthes die Codes als orientierende Hilfslinien benutzt, die die Fülle der Signifikate bändigen und organisieren, allerdings nicht in einem bestimmten, sondern in einem offenem Sinn.

Kann man mit der Literaturtheorie Roland Barthes' eine Lesebuchkonzeption begründen? Im Unterschied zu den Arbeiten Küglers und Fingerhuts, die an einer Erweiterung der Analysepraxis interessiert sind, ist ein solcher Argumentationszusammenhang ungewöhnlich, weil die didaktisch-methodische Fixierung, die Text-Auswahl und -Arrangement bei einem Lesebuch unweigerlich mit sich bringen, eigentlich im Widerspruch zu Barthes' offenem Textbegriff stehen. Bei Barthes ergeben sich intertextuelle Nachbar- und Verwandtschaften für jeden Leser stets neu und sind nicht vorab festgelegt, eine Flexibilität, die bei einem Lesebuch – so genau durchdacht es immer sein mag – nicht zu realisieren ist. Aus diesem Grund verwundert es nicht, daß in Guido Königs *Betrifft: Lesen* betitelten Ausführungen der theoretische Rahmen, zu dem neben Bochenski vor allem Roland Barthes gehört, und die konkreten lesebuchbezogenen Darstellungen ein wenig auseinanderfallen (KÖNIG 1983 b). König bezieht sich in erster Linie auf *Lektion/Leçon* und auf *S/Z*[70], um die Barthes'sche Literaturtheorie zu kennzeichnen. Er sieht Barthes in erster Linie als Textsemiotiker – und nicht mehr als Strukturalisten wie Kügler oder als späten, eigenständigen Strukturalisten wie Fingerhut –, der die literarisch-ästhetische Sprache als sekundäres, konnotatives Zeichensystem betrachtet und ausgehend von den Signifikanten mögliche Signifikate aufspürt. Besondere Aufmerksamkeit schenkt König natürlich Barthes' Ausführungen zum anekdotischen Lesen und zur

---

70 Königs Darstellung der in *S/Z* durchgeführten Codeanalyse enthält übrigens ein gravierendes Mißverständnis: Seine Zusammenfassung erweckt den Anschein, als müßten eben diese fünf Codes grundsätzlich in *allen* literarischen Texten regelmäßig auftauchen und als seien sie es, auf deren Entdekkung die Textsemiotik grundsätzlich ausgerichtet sei (vgl. KÖNIG 1983b, S.83; S.86/87). Wenngleich einige der Codes für narrative Texte unabdingbar sind, erhebt Barthes nicht den Anspruch auf Generalisierbarkeit (und benutzt selbst bei der Erzählung E.A. Poe's andere Codierungen!).

akribischen Lektüre. Umso erstaunlicher ist, daß König gänzlich ignoriert, welche Wichtigkeit Barthes dem *Schreiben* des Lesenden einräumt, das für ihn von einem 'wirklichen' Lesen kaum getrennt werden kann. König konnotiert *Schreibweisen* mit Autor, *Leseweisen* hingegen ist an den Rezipienten gebunden; eine Arbeitsteilung, die Barthes sicherlich in dieser Form nicht akzeptiert hätte. Eine Lesebuch-Konzeption und -Legitimation im Sinne Roland Barthes' dürfte diese symbiotische Schreib-Lese-Schreib-Beziehung nicht ignorieren. Guido Königs Begründung hingegen hat mit der Barthes'schen Literaturauffassung nicht viel zu tun:

> Die „Zeichenobjekte (= Texte) sind Manifestationen des unendlichen Sinnstiftungsprozesses der realen literarischen Kommunikation. Die Sinnsuche und Sinnfindung der permanenten Kommunikationsgemeinschaftsakte, die sich als Sinntradition, Sinnkritik und Sinninnovation artikuliert, schlägt sich als Schreibweise im kommunikativen Handlungsspiel nieder. Das Lesebuch soll die Widerspiegelung dieses sogenannten semiotischen Lebens/literarischen Lebens sein" (ibid., S.83).

Hier ist zu viel von dem einen 'Sinn' – im Singular! – die Rede! Während Barthes den Begriff in *S/Z*, auf das sich König hier bezieht, häufig im Plural verwendet und darunter die möglichen Konnotationen der signifikanten Lexien versteht, gewinnt der singular gebrauchte Sinn bei König eine idealistisch-pathetische Dimension mit dem Anspruch auf alleinige Richtigkeit und dogmatische Gültigkeit. Ein solchermaßen abgeleitetes und begründetes Lesebuch wird mit Erwartungen an eine 'moralische Erziehung' seiner Benutzer verbunden. Nur die inhaltlichen Vorzeichen haben sich im Vergleich zu früheren Lehrwerken geändert:

> „Wenn das Arbeitsbuch Literatur und seine Textlehrer sich am lesenden Schüler orientieren und das Darstellungs- und Aufnahmebedürfnis von Gruppe und einzelnem sich am Erleben miteinander oder gegeneinander interpretierender Textleser entzündet, dann kann das Lesebuch im Zielfeld heutiger Schüler einen entscheidenden Beitrag beim Aufbau von Person und Gesellschaft leisten, und zwar in der Förderung von Haltungen wie *Kritikfähigkeit, Konfliktbewußtsein, Konsenswillen, Kompromißbereitschaft, Kommunikationsfähigkeit, Autonomiestreben, Phantasieentfaltung, Genußfähigkeit, Gefühlsstabilität, Selbststärke, Identitätsgefühl, Leistungsbereitschaft* usw." (ibid., S.96/97; Hervorhebung E.K.P.)

Selbst die Schreibdidaktiker, die mit einem weltverbessernden Anspruch antreten, sind nicht so vermessen, die Aufzählung der angestrebten modernen Tugenden noch mit einem „usw." zu beenden, mit dem eine endlose Fortsetzung dieses positiv konnotierten Verhaltenskataloges signalisiert wird. Wie man auch immer zu diesem erzieherischen Memorandum stehen mag, das angeblich durch ein 'richtiges' Lesebuch und durch dessen 'richtigen' Gebrauch realisiert werden kann, mit Roland Barthes' Literaturverstehen hat ein solches Konzept nichts zu tun. Es hieße, Barthes didaktisch mißzuverstehen und ihn irreführend zu zitieren, wollte man erzieherische Erwartungen mit der Lektüre von Literatur verbinden. Barthes' didaktischer Wert besteht in seiner – wie Kügler und Fingerhut gezeigt haben – adaptierbaren analytischen Praxis, in seinem offenen Textbegriff, in seiner (literatur)sprachlich orientierten Ausgangsposition und in seinen lese- und schreibpraktischen Entwürfen. Die einzigartige Form der Spracherfahrung, die literarische Texte garantieren (vgl. BARTHES, *Lektion/Leçon* 1980), hat aber keine charakterbildenden Folgen bzw. muß solche nicht zwangsläufig aufweisen.

Die Barthes'sche Literaturtheorie hat bei König eine dekorative Funktion, schlägt sich aber nicht tatsächlich in der Konzeption des Lesebuchs nieder. Abgesehen davon, daß ungeklärt bleibt, inwieweit dies überhaupt möglich ist, lassen sich motivorientierte Einheiten, wie König sie entwicklungspsychologisch begründet, nicht mit Blick auf Roland Barthes legitimieren. Wenn überhaupt ein Lesebuch aus dem Barthes'schen Literaturverständnis resultieren kann, dann eines, das mit Ringbuchheftung versehen ist, das eine 'gebrochene' Textpräsentation ermöglicht und das grundsätzlich einen flexiblen Gebrauch garantiert: Vor allem müßte es Platz bieten für den *schreibenden* Leser, denn ein Lesebuch wäre im Barthes'schen Sinn gleichzeitig ein *Schreibbuch*! König hingegen trennt Lesen und Schreiben, wie der andere, dem Schreiben gewidmete Aufsatz im sprachdidaktischen Teil des Handbuchs – *Betrifft: Lesen* findet sich natürlich im literaturdidaktischen Teil – deutlich signalisiert (KÖNIG 1983a). Auch in diesen Ausführungen zum Schulaufsatz zitiert er aus einem Interview mit Roland Barthes, in dem dieser erläutert, warum er „'dem Akt des Schreibens eine unermeßliche Macht'" zumißt (ibid., S.61). In Königs Argumentationszusammenhang erhalten diese Aussagen die Funktion, die Wichtigkeit des schulischen Aufsatzschreibens und daraus folgernd seine didaktische Reflexion zu legitimieren. Es scheint mir äußerst fragwürdig, ob Barthes' 'schreibeuphorische' Statements auf den Deutschaufsatz übertragen werden können. Abgesehen davon widerspricht dem Barthes'schen Verständnis von Lesen und Schreiben als untrennbarer Einheit jene von König vollzogene Trennung in Schreiben einer- und Lesen andererseits.

Gerhard Rupp (RUPP 1987), der unter zahlreichen anderen auch Roland Barthes als theoretische Bezugsgröße für seine Unterrichtsexperimente nennt (vgl. A.I.1), geht auf jenes enge Verflochtensein von Lesen und Schreiben ein und skizziert Barthes' vorrangig *schreibende* – nicht strukturierende – Analysepraxis. Leider befaßt sich Rupp nur kursorisch mit *S/Z* bzw. mit Barthes überhaupt, betont aber in dieser kurzen Passage sowohl die text-dekomponierende Methode als eben auch die besondere Bedeutung, die Schreiben in dem Analysevorgang für Barthes einnimmt. Insofern schlägt Rupp die überfällige Brücke zwischen Lesen und Schreiben, die eine folgerichtige und logische Konsequenz sein muß, wenn man sich auf Roland Barthes beruft. Besonders Rupps erstes Fallbeispiel, dem Ladislav Fuks' Erzählung *Mein erster Schultag* zugrunde liegt und das in fünften Gymnasialklassen erprobt wurde, scheint eine didaktisierte Umsetzung der in *S/Z* vorgestellten Methode. Rupp verfährt ähnlich dekomponierend wie Barthes, präsentiert den Erzähltext extrem verzögert, fordert induktiv zum akribischen Lesen heraus und läßt die Schüler sich immer wieder schreibend in den noch nicht vollständig bekannten Text 'einhaken'. Dieser Versuch demonstriert, daß durch zeitlupenartige, verlangsamte Kenntnisnahme eine enge Textkonzentration 'wie von selbst' entsteht, ohne daß der Unterrichtende auf die Bedeutung der 'sprachlichen Mittel' ausdrücklich aufmerksam machen müßte: der Unterschied zwischen dem Gebrauch der Pro-Form und der eines Personennamens wird auf diese Weise selbständig erkannt.

Während Kügler und Fingerhut Barthes' analytische Methode zu didaktisieren versuchen – Kügler unter strukturalem Schwerpunkt, Fingerhut unter dem Gesichtspunkt, die Decodierung auf (historische) Intertextualität zu übertragen –, lehnt sich Rupp eng an das in *S/Z* 'vorgemachte' Verfahren an und führt Lesen in Schreiben über. Die didaktische Rezeption des französischen Literaturtheoretikers führt offensichtlich zu sehr unterschiedlichen Deutschstunden, denen man die gemeinsame Quelle nicht unbedingt auf den ersten Blick ansieht. Diese Widersprüchlichkeit resultiert nicht zuletzt aus der Widersprüchlichkeit des Barthes'schen essayistischen Schreibens selbst, das Interpretierbarkeit geradezu herausfordert. Bei aller Differenz zwischen den dargestellten Beispielen scheinen folgende Punkte der Barthes'schen Literaturtheorie auf didaktisches Interesse zu stoßen:

– das offene, flexible Strukturalismusverständnis;
– die Codierungsmethode, welche Adaptierbarkeit auf andere, inhaltlich interessierte Interpretationen nicht ausschließt;
– der auf Intertextualität gründende Textbegriff, der nicht von einem geschlossenen, monolithischen 'Block' ausgeht;
– die eng am literarischen Basistext ansetzende Analyse;
– das emphatische Plädoyer für die Bedeutung des Schreibens (und des Lesens);
– die dekomponierende, stark verzögerte Textpräsentation, durch die sich der Leser in den gelesenen Text 'ein-schreiben' kann.

5. Perspektiven für eine Schreib-Lese-Didaktik

(1) Schreiben, auch solches in Bildern, wird durch das Wissen um nicht vermeidbare intertextuelle Bezüge erleichtert, weil es von einem Originalitätsdruck befreit, die schreibende Weiterarbeit an Gelesenem zuläßt. Als Basis für eine literarschreibdidaktische Konzeption ist die Erkenntnis der intertextuellen Verflechtung auch deswegen sinnvoll, weil ein sprachaufmerkenderes Lesen Voraussetzung für eine anschließende Schreibarbeit ist. Prousts Analyse des Flaubertschen Stils sowie sein Vorschlag, der „reinigenden und beschwörenden Kraft des Pastiche" zu vertrauen, legen beredtes Zeugnis davon ab, wie Lesen und Schreiben für diese Arbeit aufeinander bezogen sein müssen. Während Proust allerdings eine Überwindung der textuellen Beeinflussung anstrebte, akzeptiert eine intertextuelle Sicht auf Textentstehung diese unausweichliche Abhängigkeit und versucht eine neue Gestaltung des Alten. Eigentlich geht es darum, Schreiben als Bestandteil eines einzigen großen Schreibprozesses zu vermitteln, an dem viele bereits teilhatten und in den man sich als Schreiber (und als Leser) mit seinem eigenen kleinen Beitrag einschreibt. Produktionsdidaktische Ansätze werden dieser ästhetischen Diskussion gerechter als das kreative Schreiben, das der Illusion von wahrhafter Authentizität und realisierter Subjektivität anhängt.

(2) Die Ausbreitung des Laienschreibens, die produktionsorientierte Didaktik sowie die literarischer Texte überhaupt haben ihren Grund möglicherweise auch in den

immer differenzierter und genauer werdenden Kenntnissen über den Entstehungsprozeß eines ästhetischen (geschriebenen) Produkts, darüber, 'wie' und 'woraus'
dieses 'gemacht' ist. Ästhetische Theorien des 20. Jahrhunderts haben im Grunde
genommen – indirekt – zu einer 'Rezeptologie' beigetragen, die Antwort auf die
Frage gibt: 'Wie mache ich ein (gutes) Kunstwerk'? Insbesondere der Strukturalismus, in dessen Tradition Roland Barthes' Arbeiten zum Teil stehen, hat zu einer
solchen 'Rezeptsammlung' beigetragen. Allerdings garantiert die Kenntnis eines
Rezeptes nicht, daß die Qualität des nach seiner Anleitung hergestellten Produktes
auch tatsächlich mit der des Vorbilds übereinstimmt. Abgesehen von der bisher unbeantwortet gebliebenen Frage nach einem möglichen – strikt gehüteten und nicht
zu eruierenden – 'Produktionsgeheimnis', ohne dessen Kenntnis aber eine Annäherung an das zur Basis gewählte Werk nicht möglich ist. Laien sitzen vielfach dem
Trugschluß auf, daß rezeptologisches Wissen ein gesichertes Resultat hervorbringt;
daß dem nicht so ist, wird unmittelbar einsichtig, wenn man einen Blick auf andere
rezeptologisch arbeitende Techniken wie beispielsweise die Koch-Kunst wirft: Die
Veröffentlichung von Drei-Sterne-Rezepten garantiert keinesfalls, daß am heimi-
schen Herd dasselbe (oder auch nur das gleiche) Gericht entsteht wie in der Restau-
rantküche. Abgesehen davon, daß genaues Befolgen von Rezeptangaben häufig
langweilige Ergebnisse zeitigt, daß aber kaum festgeschrieben werden kann, in welchem Maße welche Abweichungen empfehlenswert sind. Aus diesem Grunde kann
der Gedanke nicht aufgegeben werden, daß es immer wieder ästhetische Texte geben wird, die aus der 'großen Reihe' ausscheren, indem sie sich beispielsweise als
widerstandsfähiger und langlebiger erweisen.

(3) Wenn der Prozeßcharakter der künstlerischen Produktion in den Vordergrund
des aufmerkenden Interesses rückt, hat dieser Wechsel der Prioritäten – vom Produkt zum Prozeß – Folgen für eine literarische Schreibdidaktik: Diese wird entlastet, weil sie nicht länger auf ein 'End-Ergebnis' fixiert sein muß. Literarisches
Schreiben sollte als problemlösendes begriffen und gelehrt werden. Das bedeutet:
Fragmentarisches wird akzeptiert, Anfänge, Abbrüche, skizzierte Notizen werden
zugelassen, der Suchvorgang und der Versuchscharakter werden stärker betont als
die Herstellung eines perfekten Textes, und auch für dieses Schreiben wird von
Formulierungsproblemen ausgegangen. Noch aus einem anderen Grund erscheint es
ratsam, die Ergebnisse einer linguistischen Schreibforschung in die konzeptionellen
Überlegungen einer literarischen Schreibdidaktik einzubeziehen: Literarisches
Schreiben wird durch diese Kenntnisse und diese Einsichten sowohl versachlicht als
auch aufgewertet: Die Versachlichung erfolgt, weil auch dieses Schreiben mit übli-
chen Formulierungsschwierigkeiten zu kämpfen hat; aufgewertet wird es, weil die
Formulierungsprobleme vielleicht noch komplexer sind und weil einige Schreibfä-
higkeiten beherrscht sein müssen, damit poetisch geschrieben werden kann. Diese
Einschätzung nützt einer schreibdidaktischen Ausrichtung, der es auf die praktische
Erfahrung sprachlicher Möglichkeiten ankommt und die in der Überwindung des
Widerstands, den eine Schreibaufgabe – auch eine literarische – meistens darstellt,
einen 'Produktionsanreiz' sieht.

(4) Da Lesen diejenige der Kulturtechniken ist, „die am wenigsten überprüfbar ist" (F. KITTLER in der *Frankfurter Rundschau*; 12.1.1993)[71], sollte sie regelmäßig und kontinuierlich mit einer überprüfbaren verbunden werden. Unter den zur Verfügung stehenden Techniken wird dem Schreiben der Vorrang eingeräumt, da das durch schriftliche Fixierung entstehende Produkt ein materielles ist. Das von Barthes praktizierte schreibende Lesen ist die konsequente Fortführung und Umsetzung einer Rezeptions- und Wirkungsästhetik, die auf die Bedeutung der Leser-Aktivität aufmerksam macht, diese Tätigkeit aber weitgehend in einem geistig-ideellen Raum beläßt. Da diese schreibende Lektüreweise einen größeren Zeitrahmen in Anspruch nimmt, darf man einem so organisierten Literaturunterricht nicht das Kriterium der Quantität zugrunde legen. Notwendig ist vielmehr Vertrauen in die Macht des Exemplarischen. – Für den didaktischen Prozeß bedeutet diese Erkenntnis aber auch, daß das Interpretationsgespräch nicht die einzige Form der Kommunikation über Literatur bleiben kann. Vielmehr sollte es ergänzt werden um Unterrichtsphasen, in denen jeder Schüler sich den Text schreibend aneignen kann. Dieses Lesen erfährt eine Aufwertung, weil es nicht länger als bloßer 'Zulieferer' angesehen wird, sondern als eine aufwendige Arbeit, die nicht selbstverständlich gekonnt wird. Prousts Leseverständnis, das ein zum Denken 'verführendes' Lesen entwirft, welches dem Leser die 'ganze Arbeit' aufbürdet und das Gelesene als bloße „'Anregung'" zurückläßt, kann als Beispiel für diese höhere Stufe der Lesefähigkeit zitiert werden, die sich von der kindlich praktizierten erheblich unterscheidet. Prousts Essay ist auch aus einem anderen Grunde für eine Lesedidaktik inspirierend: Betont wird die Schweigsamkeit wie auch die Einsamkeit des Lesens. Diese beiden charakteristischen Momente, die im Proustschen Sinne das Lesen überhaupt ausmachen, werden durch Reden gestört und sind durch Schreiben zu bewahren. Dieses schreibende Lesen ist von der kursorisch-lustvoll-vergnügten Lektüre so weit entfernt, daß es sich um zwei verschiedene Tätigkeiten zu handeln scheint. Erstere braucht man nicht zu lehren, die zuletzt genannte ist eine so anspruchsvolle Aufgabe, daß ihr didaktische Aufmerksamkeit gebührt.

(5) Die schreibende und lesende Arbeit mit literarischer Sprache steht im Vordergrund eines Unterrichts, dem es darauf ankommt, die nur und ausschließlich durch literarische Sprache erreichbaren Dimensionen aufzuzeigen, zu erkennen und zu erproben. Eine unmittelbare Konfrontation mit einem literarischen Text, der eines systematisierenden Umfelds beraubt den Schülern ohne 'Schutzvorrichtungen' und 'Sicherheitsvorkehrungen' präsentiert wird, scheint ein sinnvoller methodischer Weg: Der 'nackte' Text, (zunächst) ohne Autorzuschreibung, ohne (auffangende) historische Einordnung, ohne (schutzbietende) Gattungszuordnungen fokussiert die Aufmerksamkeit auf die Sprache, 'aus der dieser Text gemacht ist'. Die Künstlichkeit dieses Verfahrens wird aus diesem Grund gerne in Kauf genommen, zumal diese nicht höher bewertet werden darf als in didaktischen Verhältnissen unweigerlich üblich. In der Didaktik gibt es keine 'Natürlichkeit'. Andere im Literaturunter-

---

71 Friedrich A. KITTLER: Den Riß zwischen Lesen und Schreiben überwinden. Im Computerzeitalter stehen die Geisteswissenschaften unter Reformdruck. In: Frankfurter Rundschau vom 12.1.1993, S.16.

richt übliche Lernziele sind in dieser sehr sprachkonzentrierten, auf Schreib- und Lese-Arbeit ausgerichteten Konzeption außerhalb der Planbarkeit angesiedelt: Was für einzelne Schüler und Schülerinnen über diese Arbeit hinaus 'geschieht', wird als nicht kalkulierbarer Faktor eingeschätzt. Gedacht ist diese auf die literarische Sprache konzentrierte schreibende und lesende Arbeitsweise, die den Text so isoliert wie möglich betrachtet, als Ergänzung zu den im Literaturunterricht üblichen Verfahren, nicht als deren Ersatz.

(6) Auch die interpretatorische Praxis sollte konsequenterweise überprüft und eventuell revidiert werden. Wenngleich die Zweifel an ihrer Berechtigung, zumal an ihrer ausufernden Praktizierung, schon seit längerem laut geworden sind (SONTAG 1982; ENZENSBERGER 1988), ist ein endgültiger Verzicht auf die Prüfungs-Schreibaufgabe der Interpretation nicht in Sicht. Es ist auch die Frage, ob ein gänzliches Verschwinden dieser Form der Textarbeit sinnvoll ist, weil es beim Lesen literarischer Texte so etwas wie ein 'natürliches' Interpretationsbedürfnis gibt. Problematisch hingegen ist, daß eine ordentlich gegliederte schriftliche Interpretation die *einzig* zugelassene Schreibform ist, die aus Arbeit mit Literatur als notenrelevant entstehen kann. Diese unangefochtene Position einer systematisch vorgehenden Interpretation, die für sich in Anspruch nimmt, das 'richtige Schreiben' zu sein, das aus dem analysierenden Lesen von Literatur resultiert, gilt es in Frage zu stellen. Nicht nur Roland Barthes' essayistisch suchendes Schreiben, auch das Friedrich Kittlers und Klaus Theweleits legen beredtes Zeugnis ab davon, welche Schreibweisen über die des 'klassischen' Interpretierens hinaus nicht nur denkbar, sondern auch erkenntnisfördernd praktizierbar sind. Während Kittler nicht interpretierend entwickelt, sondern – nachdem er sein kulturelles Bezugssystem offengelegt hat – thesenartig, provokativ und polemisch behauptet, schreibt Theweleit assoziativ um den literarischen Text 'herum', indem er keine rhetorischen Fragen stellt, sondern vielmehr seine tatsächlichen Ausgangsfragen präsentiert und eben diesen nach möglichen Antworten suchend, nachgeht. Dieses Schreiben, das die durch den literarischen Text evozierten Irritationen und Skandale zugesteht, statt sie erklärend zu 'glätten' und damit wieder 'wegzuschreiben', könnte als Alternative zur oder als Weiterführung der üblichen Interpretation in der Schule Einzug halten.

B. Praktischer Teil:

Lesendes Schreiben und schreibendes Lesen: Franz Kafka, *Das Urteil*

I. Begründung und Einordnung der praktischen Versuche – Einwirkung der Praxis auf die Entwicklung der Fragestellung: Vor-Versuche

Den Schreib-Lese-Versuchen, von denen in diesem Teil zu berichten sein wird, kommt nur insofern eine empirische Aussagekraft zu, als sie sich – im Unterschied zu der theoretischen Diskussion – auf *praktisch* gewonnene Erkenntnisse beziehen. Die Darstellung wie Auswertung dieser Versuche beansprucht allerdings keine allgemeingültige Beweiskraft und will keine statistisch abgesicherten, für die Zukunft kalkulierbaren Resultate vortragen: Vielmehr hat die reflektierend vorgetragene Dokumentation praktisch gewonnener Ergebnisse die Funktion, die theoretischen Erkenntnisse mit 'ihren praktischen Grenzen' zu konfrontieren, sie zu bestätigen bzw. zu korrigieren. Müller-Michaels hat das Theorie-Praxis-Verhältnis für die Didaktik treffend gekennzeichnet:

> „Aus diesem Grunde spreche ich bei meinen Untersuchungen von der Praxis als praktischer (im Gegensatz zu theoretischer) Argumentation, weil sie eben nicht nur Beleg in einem didaktischen Diskurs, sondern Element in ihm ist. Das ändert nichts an der grundsätzlichen Annahme von der Vorlauffunktion der Theorie und ihrem Primat in der Didaktik" (MÜLLER-MICHAELS 1987, S.22).

Im Grunde geht es um eine *'Fortsetzung der theoretischen Diskussion mit aus der Praxis gewonnenen Mitteln'*: Die Versuche dokumentieren die Arbeit mit studentischen und schulischen Lerngruppen, deren jeweilige Konzeption durch die Theorie beeinflußt wurde. Andererseits blieb die weitere theoretische Arbeit durch die während der praktischen Lehrtätigkeit gewonnenen Erfahrungen nicht unberührt, so daß dieser praktische Teil die unbedingt notwendige Ergänzung des theoretischen Teils vorstellt, der ohne diesen in kryptischer Unvollständigkeit verbliebe. Daß der Bezug zur Theorie während der praktischen Durchführung nicht immer gleichbleibend gewahrt werden konnte, liegt nicht zuletzt an jener (unberechenbaren) Eigendynamik, durch die solche – schulischen wie universitären – Lehrversuche geprägt sind. Es handelte sich jeweils um einmalige, 'originale', d.h. nicht wiederholbare Bedingungen, unter denen Unterrichtsversuche stattfinden, so daß Aussagen von genereller Bedeutung nur unter großem Vorbehalt gemacht werden können. Statt Bücher und Aufsätze werden die durch den Unterricht initiierten und beeinflußten Texte gelesen und schreibend ausgewertet. Die diskursive Orientierung dieses abschließenden Kapitels, das auf in der praktischen Lehre gesammelten Erfahrungen und Erkenntnissen basiert und diese diskutiert, kann nicht genügend betont werden: Die Aussagen beanspruchen keinen größeren 'Wahrheitsgehalt' als die im theoretischen Teil konstatierten Thesen. In diesem Zusammenhang ist den Ausführungen Jakob Ossners zuzustimmen, wenn er schreibt:

> „Empirische Forschung kann also in diesem Feld (in der Didaktik; E.K.P.) nur zu bedingten Aussagen kommen, wonach bestimmte Konstellationen bestimmte Ergebnisse erwarten lassen. D.h. aber, daß, da die Konstellationen je individuelle sind, keine allgemein gültigen Aussagen gewonnen werden können. Alles, was man erreichen kann, ist ein bedingter Begriff von Erfahrung, der nicht das Fundament einer praktischen Wissenschaft ausmachen kann. Trotzdem aber braucht man diese Erfahrung, um die Wahrscheinlichkeit für das Eintreffen der maßgeblichen Bedingungen einschätzen zu können" (OSSNER 1993, S.196).

Praktische Wissenschaft, so versucht Ossner anhand der griechisch-philosophischen TECHNE-Diskussion aufzuzeigen, heißt nicht, daß Praxis gelehrt werden soll, sondern daß „ihre reflektierte und damit auch effektive wie professionelle Gestaltung" (ibid., S.189) zu den Aufgabenfeldern einer so apostrophierten Wissenschaft – als die er die Fachdidaktik Deutsch bezeichnet – gehört. In diesem Sinne sind die im Rahmen dieser Arbeit vorgestellten Versuche als Beitrag zu einer 'Sammlung von Erfahrungen' zu verstehen, die – trotz aller Vorbehalte – doch eine notwendige Materialbasis bilden für eine 'reflektierte, effektive und professionelle' „Bewältigung der Aufgabe, ein Können im Gegenstandsfeld Sprache auszubilden" (ibid., S.192).

Insofern unterscheidet sich dieser praktische Teil – trotz vergleichbarer Interessen und Fragestellungen – in seiner Anlage wie in der ihm zugemessenen Bedeutung erheblich von Gerhard Rupps Fallstudienkonzept (RUPP 1987). Wie bereits aufgezeigt (vgl. A.I.1.), konzentriert Rupp sein praktisches Forschungsinteresse ebenfalls auf das durch seine Methode der Literaturvermittlung initiierte Schreiben und Lesen der Schüler. Wenn also die hier dokumentierten Schreib-Lese-Versuche sich inhaltlich und methodisch auf *Kulturelles Handeln mit Texten* beziehen und darauf aufbauen, so distanziert sich die Auswertung der Ergebnisse v.a. von der *Bewertung* der in der Praxis gesammelten Erfahrungen und Erkenntnisse:

> „Die *wissenschaftliche und soziale Innovation* wird aber erst dadurch erreicht, daß die (...) Momente der FALLBESCHREIBUNG und -auswertung im Rahmen der Handlungsforschung aus ihrer 'feststellenden' und 'bewahrenden' in eine verändernde, innovative Funktion gebracht, d.h. dynamisiert und – statt auf Vergangenheit – auf Zukunft gerichtet werden" (ibid., S.109; Hervorh. E.K.P.)

Rupp bindet die von ihm durchgeführten Unterrichtseinheiten in einen rezeptionsempirischen Rahmen ein, so daß an die Ergebnisformulierung hohe Erwartungen gestellt werden: Wenn von „wissenschaftlicher und sozialer Innovation" die Rede ist, muß die Auswertung der Fallbeispiele tendenziell generalisierbaren Ansprüchen genüge tun:

> „Im Hintergrund dieser Öffnung des Praxisfeldes Deutschunterricht für die literarische Rezeptionsforschung steht damit noch immer die *enzy-*

klopädische Idee, alle möglichen Lernsituationen im Sinne des Rezeptionshandlungskonzepts zu optimieren (...)" (ibid., S.77; Hervorh. E.K.P.).

Diese Prämissen beeinflussen die interpretierende Auswertung der durchgeführten Unterrichtseinheiten und schützen sie nicht vor überbordendem Optimismus, was die Übertragbarkeit der Ergebnisse betrifft: Es gilt zu bedenken, daß jede Unterrichtseinheit nur ein einziges Mal durchgeführt wurde und daß nur zwei verschiedene Lerngruppen mit Rupps didaktischem Konzept des Eingreiftextes konfrontiert wurden: Aussagen von allgemeingültiger Richtigkeit und Wirksamkeit scheinen unter diesen Bedingungen auch dann kaum angebracht, wenn Rupp sein 'forschendes Lehren und lehrendes Forschen' mit den Methoden der empirischen Handlungsforschung abzusichern sucht. Diese Überinterpretation steht nicht zuletzt damit in Zusammenhang, daß Rupp durch einen veränderten Literaturunterricht die Schüler zu einem veränderten Kultur- und Gesellschaftsverhalten führen möchte. Durch dieses weit über den Unterricht hinausgehende Ziel entsteht eine große Erwartungshaltung an literaturdidaktische Erprobungen, die in der Auswertung ihren Niederschlag findet. Die (Über)Bewertung der praktischen Erfahrungen, wie sie Rupp im *Kulturellen Handeln mit Texten* vornimmt, wird für den praktischen Teil dieser Arbeit nicht als Vorbild genommen: Rupp orientiert sich mit dem Fallstudienkonzept an Methoden aus der empirischen Sozialforschung, so daß sein die praktische Unterrichtätigkeit dokumentierender Teil unter dem Anspruch steht, „Übertragbarkeit (...) *für andere, vergleichbare mögliche und zukünftige Realität*" (ibid., S.109) zu sichern. Wenn im folgenden hingegen nur von 'Versuchen' die Rede ist, so wird dieser Begriff in einem umgangssprachlichen – nicht in einem naturwissenschaftlichen Sinn – verwandt. Die praktische Lehr-Arbeit wird als eine probierende, vorläufige, erprobende betrachtet, behaftet mit allen Unsicherheitsfaktoren, unter denen praktische Versuche zu 'leiden' haben. Auch wenn dieser praktische Teil also mit einem bescheidenen Anspruch auftritt, so wird Rupps praxis*begründenden* Argumentationen gleichwohl gefolgt: Rupp setzt sich ausführlich damit auseinander, warum die Konfrontation mit der Praxis als Bestandteil des geisteswissenschaftlichen Forschens zu sehen ist und warum das Risiko der Identität von wissenschaftlichem Forscher und unterrichtendem Lehrer nicht gescheut werden sollten (vgl. ibid., S.66/67 und S.104–108). Im Unterschied zu der Berliner Forschergruppe um Hartmut Eggert, die eine anteilnehmend-beobachtende Hospitation vornahm, vertritt Rupp in Anlehnung an Müller-Michaels die „tendenzielle Einheit des Handelns als Lehrer und Forscher" (ibid., S.75). Dem wird in den Versuchsanordnungen ebenfalls gefolgt, schon allein deswegen, weil die Seminar- und Unterrichtskonzeption im unmittelbaren Zusammenhang mit der theoretischen Forschung stand und in den jeweiligen Phasen von einem dritten gar nicht hätte unterrichtet werden können. Da es außerdem nicht das Ziel war, 'objektive' Ergebnisse zu sammeln, sondern es darauf ankam, das nur und ausschließlich durch praktische Erprobung entstehende Erfahrungspotential wie auch Textmaterial zu erhalten, war die Frage der Forscher-Lehrer-Identität leicht zu beantworten.

Die beiden erwähnten Arbeiten – die der Eggert-Gruppe und die Müller-Michaels' – sind neben der Forschung Gerhard Rupps weitere Bezugspunkte, wenn es darum geht, praktische Erfahrungen in geisteswissenschaftliche Forschungen einzubezie-hen[1]. Wenngleich es sich bei *Schüler im Literaturunterricht* (EGGERT/BERG/RUT-SCHKY 1975a) vorrangig um eine Rezeptionsstudie handelt, die schwerpunktmäßig mündliches Unterrichtsmaterial auswertet, so basiert dieser „Erfahrungsbericht" gleichwohl auf in der Unterrichtspraxis gesammelten Beobachtungen. Er demon-striert, daß Forscher auch aus der Beobachterperspektive zu erhellenden Ergebnis-sen über den Literaturunterricht gelangen können. Harro Müller-Michaels' *Deutschkurse* (1987) unterscheiden sich allerdings nicht nur von der auf Hospitatio-nen beruhenden Darstellung der Eggert-Gruppe, sondern auch von Rupps vier Fall-studien und auch von den im folgenden ausgewerteten Versuchen: Müller-Michaels hat an einem Bochumer Gymnasium einen Grundkurs Deutsch während der drei Oberstufenjahre als verantwortlicher Deutschlehrer unterrichtet, so daß seine Aus-wertung nicht nur eine Langzeitstudie ist, sondern sich gleichzeitig auf 'ganz norma-len und alltäglichen' Deutschunterricht berufen kann. Ein Vergleich zwischen den so entstandenen *Deutschkursen* und Rupps *Kulturellem Handeln mit Texten* macht Vor- und Nachteile dieser unterschiedlichen Vorgehensweise deutlich: Rupps Fall-studien sind 'Fest- und Feiertage' des Deutschunterrichts. Er tritt nur für kurze Zeit als Gastlehrer auf, kann sich über einen langen Zeitraum auf die Unterrichtseinheiten vorbereiten, sie im nachhinein ohne weitere Unterrichtsbelastung intensiv auswerten und unterliegt nicht dem Klausur- und Abiturdruck, der den Oberstufenunterricht unter anderem kennzeichnet. Müller-Michaels hingegen zeigt den 'grauen Alltag' des Deutschunterrichts auf: Er kann sich weder darauf berufen, als kurzzeitig auftre-tender Gastlehrer einen besonderen 'Bonus' zu genießen, noch vermag er dem No-ten- und Leistungsdruck der Oberstufe zu entkommen. Vor allem ist er stärker an den Rahmenplan und die damit verbundenen Abiturvorbereitungen gebunden, so daß die Unterrichtsinhalte und -methoden nicht immer außergewöhnliche sein kön-nen. Diese Unterschiede machen deutlich, daß beide Formen der praktischen For-schung ihre Berechtigung haben und sich gegenseitig ergänzen: die Rupps, weil das exemplarische, an isolierten Problemstellungen in die Tiefe gehende Verfahren zu genaueren Kenntnissen über Spezialprobleme des Literaturunterrichts führt. Rupps – mit 'Sonntagsdidaktik' zu Unrecht abfällig konnotierte – Praxis hat ihren Sinn und Nutzen gerade in jenem freien Unbelastetsein von schulischen Zwängen, so daß eine größere Risikobereitschaft entstehen kann, die im experimentellen Erproben auf ungewöhnliche und vielleicht ungeahnte Alternativen zum 'Alltag' hinzuweisen vermag. Müller-Michaels' Lehrtätigkeit im normalen Deutschunterricht hingegen trägt ein breit gestreutes Wissen über die 'Mühen der Ebene' zusammen und bietet insofern eine extensive Materialbasis für zukünftige Reflexionen.

---

1   Andere praktische Arbeiten wie die Kempers, Baurmanns oder Wermkes sind für die hier zugrundeliegende Fragestellung nicht von so großer Relevanz (KEMPER 1974 , BAURMANN 1980, WERMKE 1989). Vgl. auch die Ausführungen von Richard Brütting zur *Empirie in der literaturdidaktischen Forschung*, der die Methoden der empirischen Rezeptionsforschung, unter anderem die Jürgen Heins und Norbert Groebens, diskutiert, und der zu dem Schluß gelangt, daß „empirische Forschung (...) ein notwendiger Bestandteil" einer Literaturdidaktik ist, die er als „eine *praktische Wissenschaft*" definiert (BRÜTTING 1983, S.54).

Der im Rahmen meiner Untersuchung ausgearbeitete praktische Teil steht zu den bisher erfolgten empirischen Arbeiten wie folgt Beziehung:

(1) Die Versuche an der Universität beruhen auf alltäglicher Seminarpraxis, sind also eher '*Alltags*- als Sonntagslehre'. Die schulischen Versuche hingegen sind – zwar nicht alle im gleichen Maße, aber in der Tendenz deutlich erkennbar – herausgehoben aus dem schulisch 'normalen' Deutschunterricht und bewegen sich in jenem kleinen Freiraum, den das enggesteckte Programm der gymnasialen Oberstufe noch zuläßt.

(2) Die geschriebenen Texte stehen eindeutig im Zentrum der Auswertung. Natürlich kann auf die mündlichen Unterrichtsanteile nicht in Gänze verzichtet werden, aber auf diese wird nur zurückgegriffen, wenn sie für das Verständnis des Unterrichtsverlaufs wesentliches beitragen.

(3) Alle Versuche sind *nicht* als Rezeptionsstudien angelegt, wenngleich die Eigendynamik des Unterrichts hin und wieder in diese Richtung tendiert (vgl. B.II.1.). Eigentlicher Ausgangspunkt ist aber, wie (literarisches, kommentierendes) Schreiben das Lesen literarischer Texte lenkt, führt, leitet, beeinflußt und ob sich dieses Schreiben in den Literaturunterricht integrieren läßt.

(4) Über den eigentlichen Unterrichtsgegenstand hinausgehende Lernziele sind bei keinem Versuch intendiert, weder in der Universität noch in der Schule. In allen Lerngruppen – insbesondere in denen der Versuchsreihe zu Kafkas *Urteil* – sollte möglichst extensiv geschrieben und intensiv gelesen werden. Lebensweltliche, soziale, entwicklungspsychologische oder politische (Erziehungs)Ziele waren nicht Bestandteil der Planung.

Folgende Unterscheidung muß bei diesen Schreib-Lese-Versuchen berücksichtigt werden:

(1) Es hat zunächst über einen längeren Zeitraum nur das 'Versuchsfeld *Universität*' gegeben: Die in fachdidaktischen Proseminaren gesammelten Erfahrungen zum 'literarischen Schreiben im Deutschunterricht' sind noch von einem sehr offenen Versuchscharakter geprägt. Bezogen auf die unter A.I. referierte schreibdidaktische Diskussion wurden neue Schreibaufgaben in diesen Seminaren (schreibend) erprobt und anschließend kritisch auf ihren Sinn und Nutzen reflektiert und überprüft. Jede Seminarerfahrung floß in die zukünftige Konzeption ein, so daß über mehrere Stationen hinweg eine Konzentration und eine engführende Entwicklung stattfand (vgl. B.I.1.). Diese Arbeit in den studentischen Lerngruppen verdeutlichte die mit diesen schreibdidaktischen Aufgabenstellungen verbundenen Probleme und führte im nächsten Schritt zu einer zielgerichteten schulischen Erprobung.

(2) Der zweite praktische Schritt besteht aus vier Unterrichtseinheiten, die im Verlaufe des Schuljahres 1991/92 in der *11. Klasse eines Berliner Gymnasiums* durchgeführt wurden und in denen literarische Schreibaufgaben in einer normalen schulischen Lerngruppe erprobt wurden. Diese Versuchs-

phase ist insofern konzentrierter als die erste, weil die Lerngruppe konstant blieb und die jeweiligen Unterrichtsversuche bereits unter der Fragestellung stattfanden, wie Schreiben und Lesen möglichst eng aufeinander bezogen in den Literaturunterricht integriert werden können. Aus dieser Vor-Versuchsreihe kristallisierte sich das inhaltlich-methodische Zentrum der letzten, der eigentlichen Versuchsreihe heraus, weil eine der vier Einheiten sich als für die Schreib-Lese-Frage besonders relevant und effektiv herausstellte (vgl. B.I.2.).

(3) Die Schreib-Lese-Einheit zu Franz Kafkas Erzählung *Das Urteil* steht im Mittelpunkt des dritten und letzten praktischen Schrittes, der die eigentliche Versuchsreihe bildet: Diese Einheit, an der sich die Schreib-Lese-Problematik exemplarisch studieren läßt, wurde zunächst in der genannten 11. Klasse, dann aber noch in vier weiteren Lerngruppen (drei schulischen und einer studentischen) erprobt, um sie methodisch zu 'verfeinern' und um ein breites und unterschiedliches Spektrum von Lehrerfahrungen wie auch von geschriebenen Ergebnissen zu sammeln. Erst in diesem letzten Schritt findet eine zunehmende Konzentration auf eine Schreib-Lese-Kombination statt (vgl. B. II).

Dieser Überblick über die praktischen Versuche, die einen Zeitraum von nahezu fünf Jahren beanspruchten, zeigt, daß eine zunehmende Engführung in der Versuchsanordnung wie auch in der Fragestellung stattgefunden hat: Während in der ersten Phase sowohl die (studentischen) Lerngruppen wechselten als auch die inhaltlich-methodischen Schwerpunkte variierten, konzentrierte sich die zweite Phase auf *eine* (schulische) Lerngruppe, wenige Fragestellungen und einen übersichtlichen Zeitraum. Die dritte, die entscheidende praktische Phase hingegen ließ das inhaltlich-methodische Zentrum unverändert und erprobte dieses in verschiedenen (schulischen und studentischen) Lerngruppen. Erst hier lag die Frage zugrunde, wie und ob Schreiben*und*Lesen als eine verbundene Einheit und als ernstzunehmende, verbindliche ästhetische Arbeit in literarischen Lernkontexten vermittelbar ist.

1. Entstehung der Fragestellung:
Schreibseminare an der Universität

Diese erste praktische Phase hat Orientierungscharakter: Der allgemeine Ausgangspunkt war, mit angehenden Deutschlehrern an einer Erweiterung der Schreibdidaktik um den literar-ästhetischen Aspekt zu arbeiten. Von Beginn an stand fest, daß die Auseinandersetzung mit diesem Thema nicht nur auf theoretischer Ebene, sondern auch durch praktische Schreibversuche erfolgen sollte: Nur durch die schreibende Arbeit an möglichen Aufgabenstellungen konnten die Studenten in die Lage versetzt werden, Kriterien zu entwickeln, nach denen solche Aufgaben zu beurteilen sind. Auch den im jeweiligen Gruppenzusammenhang entstehenden Texten kam die wichtige Funktion zu, Anschauungs- wie auch zusätzliches Diskussionsmaterial zu liefern. Die Seminare fanden als fachdidaktische Proseminare statt und richteten sich an Germanistikstudenten im zweiten bzw. dritten Studiensemester. Da die Studenten laut Studienordnung in jeder Fachdidaktik nur ein Proseminar besuchen müssen, wechselte die Seminarzusammensetzung kontinuierlich. Die Seminare sind nicht als 'Reihe' konzipiert: Vielmehr baut eines auf das andere auf, jede neue Seminarkonzeption nutzt die Erfahrung der vorhergehenden Durchführung, sucht nach Verbesserung, Klärung der Fragestellung und stellt einmal Gelungenes erneut zur Disposition. Begonnen wurde diese sehr offene praktische Phase als eindeutig *schreib*orientiert. Geendet hat sie mit der Konzeption von *Schreibe-Lese*-Versuchen.

Das erste schreibpraktische Seminar[2], das im WS 1988/89 unter dem allgemeinen Titel *Schreiben im Deutschunterricht* angeboten wurde und das sich an zukünftige Deutschlehrer und -lehrerinnen wandte, orientierte sich noch sehr stark an der kreativen Schreibbewegung und konfrontierte die Studentinnengruppe in weiten Teilen mit inzwischen schon klassisch gewordenen Schreibaufgaben (Schreiben zu einem Bild, Kollektivgeschichten, Reihumgeschichten, Antworttexte etc.), die weitgehend Gundel Mattenklotts Sammlung *Literarische Improvisation* (MATTENKLOTT 1984) entnommen waren. Zwar wurde auch schon im Rahmen dieses Seminars das Schreiben einer literarischen Erzählung angeregt, aber diese Aufgabe wie auch die übrigen spielerisch-kreativen Schreibaufforderungen erfuhren ihre Legitimation in erster Linie dadurch, daß *geschrieben* wurde. Weder erfolgten systematische text- und erzählanalytische Vorarbeiten, noch wurde reflektiert, wie die Schreibaufgaben und die so entstehenden Texte zum sinnvollen Bestandteil literaturdidaktischer Einheiten werden können, geschweige denn, daß eine kritische Arbeit mit den Texten und eine mögliche Überarbeitung derselben erfolgt wären. Die Euphorie der Schreiberfahrung, die tatsächlich eine sogartige, befreiende Wirkung hatte, bestimmte das Seminar und seine Atmosphäre. Für die Studentinnen waren die Schreibaufgaben dieser Art neu, und sie reagierten (d.h. schrieben) begeistert, wenngleich sich einige durchaus unbefriedigt zeigten über den 'bloß kreativen' Charakter der Arbeiten. In der Auswertung dieser (durch das Streiksemester zeitlich verkürzten) Seminarerfahrung wurden folgende Mängel registriert:

– Der spielerische Charakter des Schreibens stand bei den Aufgaben zu sehr im Vordergrund: Kurze, spontan zu erledigende Aufgaben machten es unmöglich und unnötig, stilistische Formulierungsmühen auf sich zu nehmen. Dem Schreibprozeß selbst wurde zu wenig Bedeutung beigemessen.

– Der Lernzuwachs war gering, weil die Aufgabenstellungen relativ anspruchslos blieben und nicht genügend Widerstand boten. Das Seminar bestätigte die Teilnehmerinnen nur in dem, was sie eh schon konnten bzw. hob es zunächst einmal in ihr Bewußtsein, lehrte sie aber kaum etwas darüber hinaus: für einen Anfang nicht schlecht, weil Schreibbewußtsein geweckt wurde, aber auf die Dauer nicht ausreichend.

---

2 Dieses Seminar wie auch alle weiteren Seminare fand bzw. fanden am ehemaligen Fachbereich 22 (jetzt FB 02) – Erziehungs- und Unterrichtswissenschaften – der Technischen Universität Berlin statt.

– Es fehlte die Rückbindung an den Literaturunterricht: Schreiben in Verbindung mit literarischen Texten bzw. Formen, Epochen, Gattungen fand nicht statt.

– Besonders fatal war, daß auf diese Weise der Eindruck einer ungerechtfertigten Leichtigkeit entstand, der einer Fehleinschätzung dessen gleichkommt, was Schreiben meistens ist: nämlich problemlösende Arbeit. Wenngleich die spielerische Dimension nicht geleugnet werden soll, so ist allein mit dieser das Schreiben schlecht, wenn nicht unvollständig oder gar nicht definiert.

Um dieser bloßen Bestätigung des 'Schreibenkönnens' zu entgehen und um vom 'kreativen' zu einem überlegten Schreiben in Bildern zu gelangen, wurde – ein Jahr später im WS 1989/90 – die Konzeption des zweiten Schreibseminars erheblich modifiziert: *Biographie und biographisches Schreiben* lautete sein konkreteres Thema, durch das bereits eine zielgerichtete Aufgabenstellung signalisiert wurde. Da eine ausführliche Darstellung und Auswertung dieser Seminarplanung und -realisierung in einem früher veröffentlichten Aufsatz zugänglich ist (PAEFGEN 1991a), beschränke ich mich im folgenden auf eine thesenartige Zusammenfassung dessen, was in der ersten Publikation nicht enthalten und was für den hier entwickelten Argumentationsstrang wesentlich ist:

– Am Anfang stand ein gemeinsamer Theaterbesuch: Max Frisch: *Biografie. Ein Spiel*; ein Stück, das eine literarisch-dramatische Bearbeitung des Seminarthemas vorstellt. Geeignet als Einstieg in biographische Schreibformen schien es insbesondere wegen des in die Handlung integrierten 'Spielleiters', der mit der Biographie Hannes Kürmanns umgeht, als sei diese ein dreh- und wendbarer Stoff, anhand dessen sich verschiedene Möglichkeiten (Fassungen, Variationen) durchspielen lassen: In ähnlicher Weise verfährt der Schreibende, der auch die 'Macht' hat, (fiktives) biographisches Material so zu arrangieren, 'wie es ihm gefällt'.

– Im Unterschied zu dem ersten Seminar bezogen sich *alle* gestellten Schreibaufgaben auf literarische Texte. Die Schreibenden wurden aufgefordert, sich stilistisch, formal und manchmal auch inhaltlich auf die Textvorlagen (Prosa und moderne Lyrik) zu beziehen, die in unterschiedlicher Weise das Thema des Seminars behandelten. Auf diese Weise konnten die Anforderungen differenziert und gesteigert werden: von Robert Walsers *Basta* über Alltagslyrik der siebziger Jahre hin zu Auszügen aus Schnitzlers *Leutnant Gustl* und Fontanes *Effi Briest*. Die Abschlußaufgabe bezog sich auf Goethes *Italienische Reise*. Im Zentrum des Seminars standen jene dichten Passagen aus Werken Thomas Manns und Uwe Johnsons, deren schreibende Nach- und *Über*arbeitungen in der bereits erwähnten Veröffentlichung ausführlich ausgewertet wurden. Insofern wurde in diesem Seminar nicht nur ein beträchtliches Schreib-, sondern auch ein kleines literarisches Pensum absolviert.

– Schreiben gewann in dieser Konzeption einen gänzlich anderen Stellenwert:

– Die Bearbeitung der ersten Schreibaufgaben zu Walsers *Basta* verdeutlichte den problemlösenden Charakter des Schreibprozesses, weil die Aufgabenstellung einen bewußten Schreibvorgang initiierte.

- Sein Verbindlichkeitsgrad wuchs, da der literarische Text ein 'Kontrollorgan' vorstellte.
- Es konnte der Erprobung unterschiedlicher Stilzüge dienen, auch solcher, die einem nicht unbedingt von Natur aus nahelagen.
- Intensive textanalytische Arbeit mußte der Erfüllung der Schreibaufgaben vorausgehen, so daß erste Schritte hin zu einem schreibenden Leseprozeß gemacht wurden.
- Der Schreib*prozeß* selbst wurde akzentuiert und zudem transparenter gestaltet, weil einige Schreibaufgaben in Kleingruppen vorbereitend diskutiert wurden.
- Da die Schreibaufgaben von literarischen Vorlagen 'abhingen', konnten Anregungen zur Überarbeitung sinnvoll, quasi textimmanent begründet werden. Aus dem Grunde akzeptierten die Studentinnen und auch der einzige männliche Seminarteilnehmer (dieser nach anfänglichem Widerstand) die Hinweise, wie ihre Texte verbessert werden könnte, so daß die Johnson- und Mann-Kopien Überarbeitungen erfuhren.
- Die literarischen Textvorlagen, die im weitesten Sinne biographische Sujets bearbeiteten, verhinderten ungeschütztes subjektives Schreiben und boten die entsprechende fiktive 'Pufferzone'. Ganz im Sinne des Frisch'schen Komödientitels blieb die Frage stets offen und verlangte keine Klärung, ob es sich bei den jeweiligen Texten um biographisches 'Spiel' oder um biographischen 'Ernst' handelte.

Wenngleich sich nicht alle Schreibaufgaben gleichermaßen bewährten – die Schreibarbeiten zu Fontane bedürften unbedingt eines ausführlichen Studiums dieses Autors bzw. seiner Romane –, so beseitigte diese Seminarkonzeption die entscheidenden Mängel, die aus der ersten Seminarerfahrung entstanden waren. Selbst ein Scheitern der Aufgaben konnte für ein neues Verstehen der literarischen Textvorlage genutzt werden. Allerdings tendierten die Aufgabenformulierungen zu einseitig in ein anleitendes, bindendes, ja fesselndes und einengendes Gegenteil: Waren sie zunächst zu offen und allgemein gewesen, so hielten sie die Schreibenden nun 'fest an der Leine' und erlaubten ihnen kaum, 'auf eigenen Schreibfüßen' zu stehen, geschweige denn zu gehen. Die Nachteile der Freiheit wurden somit gegen die Nachteile der Unfreiheit ausgetauscht. Auch wenn die unfrei errungenen Schreibergebnisse ein befriedigenderes Resultat zeitigten, so galt es im weiteren, nach einem 'Mittelweg' zu suchen, der den eigenen Schreibfähigkeiten Raum ließ, der den Laienschreiber aber gleichzeitig herausforderte, 'über sich hinauszuwachsen' und sich an ungewohnten Schreib-Anforderungen abzuarbeiten.

In einem nächsten Schritt, wiederum ein Jahr später, wurden ungewöhnliche und unorthodoxe Schreibaufträge in ein 'ganz normales' Seminar integriert, um ästhetisches Schreiben aus dem bloßen 'Frei- und Schonraum' *Schreibseminar* herauszuholen und es in der alltäglichen universitären Seminarpraxis zu verankern. Eigentliches Thema des Seminars war die spezifische didaktische Problematik, die damit verbunden ist, wenn *Literatur der Gegenwart* zum Bestandteil des Deutschunterrichts gemacht wird. Gearbeitet wurde mit exemplarisch ausgewählten Textbeispielen (auch mit häufigen Theaterbesuchen der Aufführungen einiger Stücke Heiner Müllers), an denen unterschiedliche didaktische Fragen diskutiert werden konnten. Die Schreibaufgaben bezogen sich zwar alle auf literarische Texte, blieben aber nicht an diesen 'kleben', sondern lösten sich zunehmend von diesen und verwendeten sie als 'Sprungbrett' für noch nicht erprobtes eigenes Schreiben. Die Komplexität der Anforderungen stieg: Galt es zunächst, ein Gedicht Rolf Dieter Brinkmanns zu kopieren, so lehnte sich die zweite Aufgabe, die bei den Seminarteilnehmern die größte Resonanz fand, an die Beschreibung des Pergamon-Altars in Peter Weiss' *Ästhetik des Widerstands* an und leitete daraus ab, ein Kunstwerk eigener Wahl auf eine ähnlich ungewöhnliche Weise mit geschriebener Sprache einzufangen (vgl. dazu PAEFGEN 1993a). Die dritte und letzte Aufgabe resultierte aus der Lektüre Hans Magnus Enzensbergers und forderte die Studenten auf, sich im Schreiben eines Essays zu versuchen. Im ersten Fall erfolgte das kopierende Schreiben ohne jede Vorbereitung, in den beiden anderen Fällen gingen intensive textanalytische Arbeiten dem Erstellen des Schreibauftrages voraus. Nicht uninteressant sind für eine Auswertung dieser Seminarerfahrung die Reaktionen der Studenten, die natürlich zu Beginn des Semesters gefragt worden waren (ohne daß ihnen die genauen Aufgabenformulierungen vorab mitgeteilt worden wären), ob sie sich mit diesen 'Schreibbedingungen' für die Erlangung des Scheins einverstanden erklären könnten. Trotz ihrer anfänglichen Zustimmung protestierten viele entsetzt, als sie die dritte Aufgabe nach der Lektüre des bekannten polemischen Essays von Enzensberger – *Bescheidener Vorschlag zum Schutze der Jugend vor den Erzeugnissen der Poesie* – vernahmen, die im Verfassen eines eigenen Essays zu einem selbstgewählten Thema bestand. Sie hatten bereits während der Kunstwerk-Beschreibung festgestellt, wie viel Schreib-Arbeit mit der Erfüllung dieser Aufgaben verbunden war. Aber gerade die in diesem Seminar geschriebenen Texte demonstrieren, wie sich lyrisches und essayistisches Schreiben bzw. eines, das schreibend malt, bildhauert, plastiziert – und vieles andere mehr – produktiv in literarisches Lehren und Lernen integrieren läßt: Die Texte geben Auskunft über die Arbeitsleistung des jeweiligen Verfassers, sie ermöglichen weitgehende Rückschlüsse auf die textanalytischen, literarischen und schreibpraktischen Kompetenzen. Und nicht zuletzt weisen sie darauf hin, daß einzelne Schreiber mit der einen Aufgabe besser als mit der anderen zurechtkommen. Das Schreib-Angebot kann nicht breit und vielfältig genug sein! Während einigen Studenten das Schreiben eines polemischen, witzigen oder zynischen Essays eher entgegenkam, vertieften sich andere in die Wahl eines zu beschreibenden Kunstwerkes sowie in die Suche nach einer diesem angemessenen Sprache. Die Texte legten insgesamt Zeugnis von den ästhetisch-kognitiv-intellektuellen Fähigkeiten ihrer Verfasser ab und ermöglichten den Schreibern, eher 'ihren Geist blitzen' zu lassen als ihren Gefühlen Ausdruck zu verleihen. Gerade durch die Erfahrungen in diesem Seminar wurde offensichtlich, daß ästhetische Schreibaufgaben nicht unterschätzt werden dürfen, daß es sich nicht um eine 'Spielerei' handelt, sondern daß zu ihrer Erledigung schriftsprachliche Qualitätsarbeit gefordert ist.

Daß sich die Fragestellung zuspitzte und zunehmende Klärung wie Konkretisierung erfuhr, zeigt allein der Titel des im Sommersemester 1991 angebotenen Seminars:

Literarisches Schreiben im Deutschunterricht. Ein kurzer Hinweis auf diese Station genügt, weil sich hier gleichsam die wesentlichen Ergebnisse der vorhergehenden Seminare bestätigten. Erwähnenswert ist vielleicht, daß die Studenten, nachdem sie in den ersten Seminarsitzungen in Verbindung mit literarischen Textvorlagen geschrieben hatten (dieses Mal standen allerdings immer mehrere, sehr unterschiedliche Vorlagen zur Auswahl), kreative Schreibformen, die zum Abschluß des Semesters eingebracht wurden und die im ersten Schreibseminar großen Anklang gefunden hatten, in Gänze ablehnten und für einen textorientierten Deutschunterricht als sinnlos verwarfen. Zu dieser vernichtenden Kritik mag die ausführliche theoretische Reflexionsphase ebenso beigetragen haben wie die schreibend gemachte Erfahrung, daß die stilistische Arbeit an literarischen Vorlagen als äußerst produktiv für den Literaturunterricht eingeschätzt wurde. Außerdem ist nicht uninteressant, daß dieses Schreibseminar erstmals im normalen Wochenturnus (und nicht als Blockseminar) stattfand. Diese organisatorische Änderung wirkte sich dergestalt aus, daß die theoretischen Reflexionsphasen ergiebiger wurden und daß durch die zeitliche Dehnung eine Distanzierung zu dem schreibenden Tun eintreten konnte, die die Studenten dazu befähigte, die Schreiberfahrungen genauer und kritischer auf ihre didaktische 'Verwertbarkeit' hin zu kommentieren. Als Problem kristallisierte sich die Fülle der unterschiedlichen Texte – sowohl der Vorlagen als auch der von den Teilnehmern und Teilnehmerinnen geschriebenen – heraus: Ein Semester war zu kurz, um diese Materialmenge sinnvoll zu bündeln. Die größere Entscheidungs- und Wahlfreiheit, die den Schreibenden nun zugestanden wurde, führte dazu, daß der Überblick nicht gewahrt werden konnte. Als wesentliche Aufgabe für die Zukunft resultierte daraus, den Rückgriff auf das eigene (Schreiben)Können (das erst einmal in das Bewußtsein geholt werden muß) mit dem Lernen neuer Schreibformen (durch literar-ästhetische Beispiele) so in Einklang zu bringen, daß die entstehenden Texte – frei und gebunden zugleich – für die Seminargruppe ein übersichtliches Ergebnis vorstellten, das zur Überprüfung, Kommentierung und Kontrolle noch einmal allen Teilnehmern gleichermaßen zugänglich gemacht werden muß.

Diese im Zeitraum von fast drei Jahren über vier unterschiedliche Stationen hinweg gesammelten universitären Schreib- und Lese-Erfahrungen zeigen, daß die Studenten solche literarischen Schreibaufgaben als Herausforderung besonders an- und ernstnehmen, wenn diese Aufgaben textbezogen und -abhängig sind: daß und welche Arbeitsleistung mit der Erfüllung literarischer Schreibaufgaben verbunden ist, wurde überhaupt erst durch das zum Teil sehr anspruchsvolle Schreiben der Studenten deutlich. Gab es anfangs noch Bedenken, den Seminarschein für die Erledigung solcher literar-ästhetischen Aufträge zu vergeben, so verschwanden diese von Seminar zu Seminar: Die literarisierten Texte fielen genauso unterschiedlich aus wie die klassischen Seminararbeiten, sie wiesen ein gleichermaßen breites Spektrum an stattgefundener Reflexion und sprachlicher Bewältigung auf wie diese, aber sie zeigten eben auch, daß ein solches Schreiben gleichfalls die Chance bietet, das eigene Wissen und Können schriftlich zu fixieren. Am Ende dieser ersten Versuchsphase stand eine Aufwertung des literarischen Schreibens. Auf dieser Basis wurde der anschließende Schulversuch begonnen.

2. Konzentration der Fragestellung:
Vor-Versuche in einer 11. Klasse

Während der folgenden praktischen Phase wurde die universitäre Sicherheit verlassen und die ungewisse schulische Realität einer 11. Klasse eines Reinickendorfer Gymnasiums aufgesucht[3]. Entstanden war dieser Plan aus den angewachsenen Seminarerfahrungen, die inzwischen eine Konfrontation mit dem deutschunterrichtlichen Alltag herausforderten. Während studentische Schreiber über reifere (Schreib)Kompetenzen verfügen (vgl. AUGST/FAIGEL 1986; AUGST/JOLLES 1986; AUGST 1988) und leichter für solche Arbeiten zu motivieren sind, sollte erprobt werden, wie jugendliche Schüler auf solche Schreibherausforderungen reagieren, ob sie diese annehmen und zu welchen Textergebnissen solches Schreiben in der Schule führt. Aus diesem Grunde beantragte ich bei der Senatsschulbehörde die Genehmigung, vier Unterrichtsversuche von jeweils acht bis zehn Stunden in einer 11. Klasse unterrichten zu können. Die Versuche sollten über das Schuljahr 1991/92 verteilt stattfinden. Geplant war für alle Unterrichtseinheiten, daß literarische Schreibversuche im Zentrum stehen sollten. Aus diesem Grunde wurde eine 11. Klasse gewählt, die vom Berliner Rahmenplan her die 'größten Freiheiten' zuläßt und die die Schüler noch nicht in die punktesammelnde Pflicht des Abiturs zwingt. Darüber hinaus wurde diese Jahrgangsstufe als günstig eingeschätzt, weil zu Beginn der Oberstufe ein neuer Schulabschnitt beginnt und sich eine gewisse Aufbruchstimmung bei den Schülern und Schülerinnen bemerkbar macht. Sowohl der Schulleiter als auch der Fachbereichsleiter Deutsch unterstützten meinen Antrag als auch dessen schreiborientierte Begründung, und die eigentlich unterrichtende Deutschlehrerin war mir seit Studienzeiten bekannt, so daß die Kooperation kein Problem darstellte[4]. Da die 11. Klassen am Bertha-von-Suttner-Gymnasium jeweils neu zusammengesetzt werden, konnten keinerlei Prognosen über den zu erwartenden Leistungsstand und das soziale Klima in der Klasse angestellt werden. Die Lerngruppe wurde also nach dem Zufallsprinzip ausgewählt, ein Sachverhalt, der mir auch deswegen entgegenkam, weil ich so viel 'Normalität' wie möglich wollte[5].

Diesen vier Unterrichtseinheiten kommt die Funktion von Vor-Versuchen zu: Während der eine Faktor – Lerngruppe – konstant blieb, wurde der andere – Thema und Aufbau der Unterrichtseinheit – viermal geändert. Auf der Grundlage der so entstandenen Ergebnisse wurde die *Einheit* ausgewählt, der für die Frage der Schreib-Lese-Arbeit in Lehr- und Lernverhältnissen der größte Aussagewert zukam, die die

---

3 Es handelte sich um das Bertha-von-Suttner-Gymnasium, das in einem nördlichen, durch kleinbürgerliche Bevölkerungsstruktur geprägten Berliner Stadtbezirk liegt. Dieses Gymnasium wurde in den achtziger Jahren zu einem grundständigen umgewandelt. Das bedeutet, daß einige Klassen bereits mit der fünften Jahrgangsstufe beginnen (in Berlin wechseln die Schüler normalerweise erst zur siebten Klasse auf die Oberschule) und daß in diesen Latein und Griechisch als Fremdsprachen gelehrt werden. Neben diesen grundständigen Klassen gibt es aber 'normale' Klassen, die mit der siebten Jahrgangsstufe beginnen.

4 In diesem Zusammenhang sei dem Schulleiter, Herrn Stosch, herzlich gedankt, der sich engagiert hinter dieses Projekt gestellt und mir die Arbeit an seiner Schule in jeder Hinsicht erleichtert hat.

5 Ausführungen über die Klasse werden unter B.II.1 gemacht.

meisten Fragen provozierte und die in ihrem Gelingen wie Mißlingen weitere Erprobungen in anderen Lerngruppen herausforderte. Auf diese von Franz Kafkas *Urteil* ausgehende 'Schreib-Lese-Komposition' wird im nächsten Kapitel ausführlich eingegangen. Deswegen sei an dieser Stelle nur darauf hingewiesen, daß es sich um die zweite der unterrichteten Einheiten handelte, die im Dezember 1991 in dieser Klasse erstmalig erprobt wurde. In diese wie auch in die drei anderen unterrichteten Einheiten wurde das literarische Schreiben als selbstverständlicher Bestandteil integriert bzw. an diese angeschlossen. Die erste Einheit zu dem Thema *Wie fangen Romane an?* konnte gleich zu Beginn des Schuljahrs, im September 1991 unterrichtet werden. Die dritte, die kurze moderne Prosatexte zur Textbasis hatte, wurde im zweiten Halbjahr, im März 1992 durchgeführt, und die letzte Einheit, über Sophokles' *König Ödipus*, fand im Mai 1992 statt.

Für den hier nachgezeichneten Erkenntnisprozeß war zunächst einmal nicht unwichtig, daß sich literarische Schreibaufträge in einer durchschnittlichen 11. Klasse, die weder übermäßig literarisch interessiert noch begabt war, legitimieren ließen und daß sie akzeptiert wurden. Die Unterrichtseinheiten waren so aufgebaut, daß sie von sehr freiem über gebundeneres zu einem streng angeleiteten Schreiben führten: Während die Schüler im ersten Versuch nach der Lektüre von Romananfängen einen eigenen Erzählbeginn mit freier Themen- und Stilwahl schreiben sollten (vgl. dazu PAEFGEN 1993c), folgte im zweiten, weiter unten ausführlich diskutierten Versuch, ein Schreiben nach Regeln. Im dritten Versuch ging es um ein inhaltlich und stilistisch an Vorlagentexte gebundenes Schreiben. Als Einstieg in diese Unterrichtseinheit war mit Raymond Queneaus *Stilübungen* erfolgreich und unter großer Heiterkeit gearbeitet und geschrieben worden. In einem zweiten Schritt wurde *nach* eingehender Analyse kurzer moderner Prosatexte die Aufgabe gestellt, sich *einen* der drei erarbeiteten Texte auszuwählen, ihn auf eine vergleichbare Situation hin umzuschreiben und sich dabei inhaltlich wie auch stilistisch so eng wie möglich an die Vorlage schreibend anzulehnen. Da dieser Versuch bisher in keiner Publikation ausgewertet wurde, sei die genaue Aufgabenstellung zitiert (auf die literarischen Texte und auf Schülerbeispiele wird weiter unten eingegangen):

„Wir haben in den vergangenen Stunden drei sehr unterschiedliche Prosatexte gelesen; sie seien zur Erinnerung noch einmal genannt:
1. Wolf Wondratschek: *Über die Schwierigkeiten, ein Sohn seiner Eltern zu bleiben*
2. Walter Benjamin: *Zu spät gekommen*
3. Robert Walser: *Aschinger*
Wählen Sie sich nun einen dieser drei Texte aus, der Ihnen inhaltlich wie auch stilistisch am meisten zusagt.
Schreiben Sie anschließend selbst einen Prosatext, und kopieren sie dabei so weit wie möglich das vorliegende Textbeispiel: inhaltlich wie auch stilistisch.
Für den 1. Text sind folgende Themenvorschläge denkbar (natürlich können Sie auch andere wählen; das sind alles nur Vorschläge):
Über die Schwierigkeiten, ein/e Schüler/in dieser Schule zu bleiben
Über die Schwierigkeiten, ein/e Spieler/in dieser Mannschaft zu bleiben
Über die Schwierigkeiten, ein Mitglied dieser Clique zu bleiben
usw.

Für den 2. Text:
Nicht fertig geworden
Verpaßt
Nicht bestanden
usw.
Für den 3. Text:
McDonald's/Burger King
Bratwurst-/Currywurststand
Mensa/Cafeteria usw."

In der letzten Einheit wurde den Schülern und Schülerinnen ihre Schreibweise erneut freigestellt; die Aufgabe lautete, einen inneren Monolog zu verfassen, der Ödipus' Gedanken und Empfindungen nach dem Zweiten Auftritt wiedergibt[6]. Die Schreibaufgabe, die im Zusammenhang mit der Arbeit an der antiken Tragödie gegeben wurde, hatte die Funktion der Anwendung: Die Schüler sollten auf ihr im Laufe dieses Schuljahres angesammeltes Schreibwissen zurückgreifen, ohne daß sie explizit dazu aufgefordert wurden. Und tatsächlich wendeten sie dieses an, indem sie – obwohl es die Aufgabenstellung *nicht* verlangte – sich darin versuchten, Schadewaldts Übersetzung der sophokleischen Sprache nachzuahmen. Sie bemühten sich freiwillig um eine Annäherung an die Sprache des gelesenen Dramas, ein Moment, das in früheren Versuchen in anderen Lerngruppen (und in anderen Zusammenhängen als dem hier entwickelten; vgl. PAEFGEN 1988; PAEFGEN 1989) bei weitem nicht so häufig aufgetaucht war. Geschlußfolgert werden kann daraus – bei aller gebotenen Vorsicht –, daß diese Lerngruppe durch das kontinuierliche literarische Schreiben ein erweitertes Schreibrepertoire kannte und sich zutraute, dieses anzuwenden.

Folgende Erkenntnisse wurden im Laufe dieses Schuljahres gesammelt (ohne hier schon genauer auf die Erfahrungen des zweiten Versuchs einzugehen):

(1) Für schwache Schüler ist es günstig, deutliche und genaue Anleitungen zu geben: Die Schüler, die schriftsprachlich ungelenk, ungeübt und schwerfällig sind, kamen mit den engen Aufgaben besser zurecht, während sie in ihren ersten, sehr freien 'Romananfängen' häufig auf jene medial geprägten Gewaltphantasien zurückgriffen. Hingegen erwies sich die aus der *Ödipus*-Lektüre entwickelte Aufgabenstellung auch für unsichere Schreiber als günstig: Inhaltlich gab es durch die Dramenlektüre hinreichende (Vor)Informationen, die stilistische Freiheit führte dazu, daß sich viele Schreiber *freiwillig* für eine Nähe zur Sprache des Stückes entschieden (was den so entstandenen Texten 'guttat')!

(2) Die textanalytischen Fähigkeiten der Schüler nahmen im Laufe des Schuljahres kontinuierlich zu, wozu natürlich auch der laufende Deutschunterricht in erheblichem Maße beitrug. Besonders während der letzten Einheiten, als einige der ausgewählten Prosatexte sowie Auszüge aus *König*

---

6 Es wurde folgende Ausgabe verwendet: SOPHOKLES: *König Ödipus*. Herausgegeben und übertragen von Wolfgang SCHADEWALDT. Mit einem Nachwort, drei Aufsätzen, Wirkungsgeschichte und Literaturhinweisen. Frankfurt a.M.: Insel 1973 (it 15).

Ödipus selbständig analysiert werden sollten, zeigte es sich, daß die Schüler mit literarischer Sprache, auch wenn sie diese sehr fremd empfanden, inzwischen auch lesend selbstverständlicher umzugehen verstanden.

(3) Die Schreibaufgaben der ersten, dritten und vierten Einheit wurden ohne großen Widerspruch angenommen. Sie leiteten sich für die Schüler begründet aus den vorhergehenden textanalytischen Arbeiten ab und schienen ihnen eine 'logische Konsequenz' daraus zu sein.

(4) Die Schülertexte haben ihre Funktion innerhalb des Gruppen- und Unterrichtszusammenhangs, aus dem heraus sie entstanden sind. Keineswegs stellen sie eine Konkurrenz zu den gedruckten, anerkannten literarischen Texten dar. Auch entwickeln die Schüler sich nicht zu Ko-Autoren. Das literar-ästhetische Schreiben der Schüler, eingebunden in einen begründeten und überschaubaren Arbeitszusammenhang, hat über den Entstehungskontext hinaus keinen Veröffentlichungswert. Die Gespräche innerhalb der Klasse über die Texte hatten ihre Funktion für den Unterrichtskontext und fanden deutlich auf diesem Hintergrund statt: Ausführlich besprochen wurden die Romananfänge, die Queneau-Variationen und die Ödipus-Monologe. Die Erzählungen des zweiten Versuchs wurden in einer Auswahl vorgestellt. Für den Reader, der zum Ende des Schuljahres zusammengestellt wurde, sollte jeder Schüler einen der während des Schuljahres geschriebenen Texte auswählen, so daß diese klasseninterne Form der Veröffentlichung als Dokument der Schreibarbeit dieses Schuljahres vorlag.

(5) Literar-ästhetisches Schreiben ist eine Sprach-Übung und verlangt den Schülern und Schülerinnen das Praktizieren einer ihnen nicht unbedingt naheliegenden Bilder-Sprache ab. Die schreibende Anwendung der poetischen Besonderheiten der Sprache *kann* (*muß* aber nicht) für den einen oder anderen Schüler zu einer Vertiefung und Ausweitung der literartypischen Sprachkenntnisse führen und *kann* Einfluß auf sein zukünftiges literarisches Lesen nehmen. Daß dieser Erkenntniszuwachs während der vier Versuche durchaus verzeichnet werden konnte, mag für einige Schüler damit in Zusammenhang gestanden haben, daß sie sich an eigenen literarischen Formulierungen abgearbeitet hatten. Mit Sicherheit kann diese Behauptung keinesfalls aufgestellt werden. Deutlich wurde allerdings, daß die Integration von literarischen Schreibversuchen in den laufenden Deutschunterricht die Zunahme literar-analytischen Wissens *nicht* verhinderte oder sie gar boykottierte. Negative Auswirkungen waren nicht zu bemerken. Auf diesem Hintergrund hatten die Schreib-Lese-Versuche ihren Sinn, wenngleich keine sensationellen Erfolgsmeldungen zu verzeichnen sind.

Wenn bisher bewußte Zurückhaltung bezüglich der Bilanzierung jener schulischen Schreib-Lese-Versuche geübt wurde, so deswegen, weil sichere Aussagen über eine 'durchschlagende' Wirkung nach solchen kurzfristigen Erprobungen nicht möglich sind. In einem Fall allerdings kann diese Zurückhaltung aufgegeben werden. Er ist gleichzeitig die überzeugendste Begründung dafür, daß solche Schreibversuche nicht nur sinnvoll, sondern notwendig sind: Vera[7] zeichnete sich in den Unterrichtsstunden dadurch aus, daß sie zumeist hartnäckig schwieg. Auch auf einfache Fragen, die die Lehrerin ihr stellte, um ihr die Chance zu geben, ihre mündliche Note aufzubessern, verweigerte sie nicht selten die Antwort. Nur ab und an beteiligte sie sich am Unterrichtsgespräch, wohl dann, wenn ihr ein literarisch vermitteltes Problem, wie beispielsweise im *Törleß*, so 'unter den Nägeln brannte', daß sie ihr Schweigen nicht wahren konnte. Das war aber sehr selten der Fall. Ihre Klausuren waren durchschnittlich und lagen im 'Dreierbereich', erbrachten also keineswegs so gute Ergebnisse, daß der mißliche Eindruck, den ihre redende Nicht-Beteiligung machte, einen Ausgleich erfahren konnte. Wir – die verantwortliche Lehrerin und ich – erfuhren erst später, daß Veras bisherige Zeugnisnote im Fach Deutsch ein 'ausreichend' gewesen war.

Wie bereits gesagt, begann ich zu Anfang des Schuljahres mit dem Unterricht, als uns alle Schüler gleichermaßen unbekannt waren. Vera hatte zudem einen Schulwechsel hinter sich, war neu an der Schule und damit in mehrfacher Beziehung 'ein unbeschriebenes Blatt'. Allerdings kamen wir gar nicht dazu, uns ein negatives Bild von dieser sehr schüchternen, zurückhaltenden, aber doch selbstbewußten Schülerin zu machen, weil Vera sofort mit einem glänzenden Romananfang brillierte und die Klasse sowie uns beide damit überraschte: witzig, frech, spritzig, fast im Stile Raymond Chandlers (von dem aber kein Textbeispiel vorgelegen hatte) und obwohl die Schreiberin das Geschehen in einer ihr gänzlich fremden Welt angesiedelt hatte, erstaunlich glaubwürdig und stilistisch kohärent. Der Gegensatz zwischen ihrer Person und dem 'schnoddrig-munteren' Ton ihres Textes hätte größer nicht sein können. Während bei allen anderen Schülern und Schülerinnen Einklang zwischen ihrem äußeren Eindruck und ihrem Schreiben herrschte, erregte neben der auffälligen sprachlichen Qualität jener offensichtliche Gegensatz zunächst die meiste Verblüffung. Vera hielt diesen von ihr selbst vorgegebenen Standard auch bei den folgenden Schreibaufträgen: sie behandelte alle gestellten Aufgaben sehr eigenwillig (wie man besonders an der Queneau-Übung sehen kann) und zeigte auf *diese* Weise – und zwar im Deutschunterricht eben ausschließlich auf diese – einen wendigen Verstand. Die literar-ästhetischen Schreibanforderungen ermöglichten dieser Schülerin, ihr sprachliches und literarisches Wissen zu artikulieren und es zu veröffentlichen. Ihre eigentlichen sprachlichen Fähigkeiten konnten sich nur realisieren, wenn sie im 'Schutz einer poetisierten Sprache' *indirekt* „in den Zwischenräumen der Wissenschaften" (BARTHES, *Leçon/Lektion* 1980, S.27) schreiben konnte. Diese Fähigkeit wäre unentdeckt geblieben, hätte es in diesem Schuljahr nicht die Möglichkeit für sie gegeben, sich in dieser ungewohnten Form schriftlich in das deutschunterrichtliche Unterrichtsgeschehen einzubringen. Kam ihr diese Fähigkeit während dieses Jahres zunutze – sie erhielt eine bessere Deutschnote und wurde in der Klasse scheu, aber doch anerkennend akzeptiert –, so scheiterte sie in der 12. Klasse bereits zum Ende des ersten Semesters: Die Klausurnoten genügten nicht

---

7 Die Namen aller Schüler und Studenten sind geändert worden; für die schulischen Versuche sicherte ich dieses bei Antragstellung zu, mit den Teilnehmern und Teilnehmerinnen des universitären Seminars wurde dieses Verfahren mündlich abgesprochen.

ihren Vorstellungen und Ansprüchen, sie verließ die Schule und begann eine Ausbildung. In einem Gespräch, das ich zufällig noch mit ihr führen konnte, machte sie deutlich, daß sie um ihr Können wußte, daß es ihr in der Schule aber zu nichts nütze sei. Jedem Versuch meinerseits, sie von ihrem Entschluß abzubringen, begegnete sie mit diesem Argument.

„Ich halte literarisches Schreiben auf jeden Fall für sinnvoll!!! Zum einen ist es Kampf, zum anderen macht es Spaß" hatte Vera auf die Frage – schriftlich – geantwortet, was sie von den unterschiedlichen Schreibaufgaben hielt, die es während des Schuljahres zu erfüllen gab. Diese differenzierte Kommentierung, die den 'Kampf' an die erste und den 'Spaß' an die zweite Stelle setzt, zeigt, daß sie auch über ein distanziertes Meta-Schreib-Wissen verfügt. Nicht zuletzt dokumentieren ihre Texte die Polarität von „Kampf" und „Spaß". Sie zeigen aber auch, daß der Schreiberin ein breites Stilrepertoire zur Verfügung steht, das sie souverän auf die jeweiligen Texte anzuwenden weiß: Der lockere, muntere Ton des in der amerikanischen Provinz angesiedelten Romananfangs, in dem es um eine Männerfreundschaft zu gehen scheint, kontrastiert auffallend zu der rhythmisierten, in einem altmodischen Duktus gehaltenen Prosa, mit der die Schülerin Queneaus *Stilübung* (ganz in seinem Sinne) fortsetzt. Die anspruchsvolle Form, die die Schreiberin für diesen letzten Text wählt, macht deutlich, daß Vera Schreiben stets als Herausforderung versteht: Eine sehr leichte, einfache Erledigung der Aufgabe wäre möglich gewesen. Die Überschriften *Verhör, Beleidigend, Icke, icke* oder *Telegraphisch* wurden denn auch von den meisten Schülern und Schülerinnen gewählt. Vera aber entschied sich freiwillig dafür, auch diese Stilübung als „Kampf" auf sich zu nehmen und sie nicht als „Spaß" zu verstehen. Ihre 'Kopie' des kleinen Benjamin-Textes aus *Berliner Kindheit um 1900* (BENJAMIN 1987/1988, S.26) erfaßt nicht nur den Gegensatz zwischen dem durch einen Ordnungsverstoß Isolierten und der ihm durch rechtmäßiges Handeln geschlossen gegenüberstehenden Gruppe, sondern er schließt in Syntax und Bildgebrauch unmittelbar an Benjamins Versuch an, banales Zuspätkommen aus der Sicht des Kindes metaphorisiert und extrem verdichtet auf seine existentielle Erfahrung zu reduzieren. Das gleiche gilt für Veras Ödipus-Monolog, der auch Zeugnis davon ablegt, daß die Schreiberin sich mit dem Drama und der Gestaltung seines Protagonisten intensiv auseinandergesetzt hat und ihr eigenes Bild – zum Teil gegen den stattgefundenen Unterricht – entwirft. Darüber hinaus experimentiert sie mit einer Schriftsprache, die unter einem antikisierenden 'Deckmantel' erlaubt, emotionalen Befindlichkeiten Ausdruck zu verleihen. Auf Veras im zweiten Versuch geschriebene Erzählung wird noch einzugehen sein. Hier sollen die vier anderen Texte dieser Schülerin dokumentieren, daß es Schreiberinnen gibt, die die ästhetische Sprachdimension brauchen, um ihr eigentliches Wissen in eine sprachliche Form gießen und es damit der Öffentlichkeit preisgeben zu können:

1. Versuch: Wie fangen Romane an?
Aufgabe: Verfassen Sie zu einem selbstgewählten Thema einen eigenen Romananfang, und achten Sie dabei auf den Einsatz von Namen! Vera las folgenden Text vor:
Und führe uns nicht in Versuchung ...
„Sie spielten mit gezinkten Karten.

Alle wußten dies, und alle spielten mit.
Sie kannten die Regeln, sie kannten die Tricks.
Und sie spielten gegen mich.
Sie spielten alle als einer gegen mich, den einen,
und sie spielten mich gegen die Wand."
„Vince hatte die Schuld immer herumgeschoben wie die Figuren auf einem Brett-
spiel.
Damals waren wir uns irgendwo Uptown Minneapolis in einem der unzähligen kleinen verräucherten Varité-Nachtclubs zum ersten Mal begegnet.
Bei Gott, wir waren schließlich so besoffen, daß wir uns selbst über die Seitenzahlen
in der Square Times totgelacht haben.
Der gute alte Vincent. Ich habe ihn gewarnt. Ich habe ihm gesagt, Mann, Vince, laß
die Finger davon, die Nummer ist zu groß für dich. Aber er wollte nicht hören. Er
war kein Mann vieler Worte. Er war keiner von den Typen, die viel zu verschenken
hatten, oder viel zu verlieren. Aber ich habe ihn gemocht, ich habe ihn geliebt. Niemals wußtest du, was in ihm vorging, vielleicht wollte er sich was beweisen, er
sprach nie über seine Vergangenheit. Wir hatten auf seinen Wunsch hin, immer eine
Art Anonymität voreinander bewahrt."
Duane schwang sich in den weißen Thunderbird und fuhr in Richtung Downtown
Minneapolis die 65. hinauf.
Den Wagen hatte ihm sein Vater zum 21. Geburtstag vermacht. Trotz seines Alters,
den durchgerosteten Kotflügeln, dem überholten Innenleben, zahlreichen Dellen und
Beulen und der von Wind und Wetter recht mitgenommenen Polsterausstattung war
der Donnervogel immer noch eine eindrucksvolle Erscheinung, die neidische Blicke
auf sich zog, und die anderen Fahrer schienen sich stets vor ihm zu verbeugen, wenn
er die breite 65ste hinaufkam, da beherrschte er die Straße, ein weißer Blitz, matt in
der Sonne glänzend, voll Würde und Eleganz.
Duane stammte aus Chanhassen, einem Provinzkaff 20 Meilen von Minneapolis
entfernt.
Er hatte nie daran gedacht wegzugehen wie so viele andere. Minneapolis war sein
Zuhause, und es gab ihm die Geborgenheit, die seine Eltern ihm niemals hatten geben können. Die First Avenue, der Highway 5, all dies steckte voll geliebter Erinnerungen, und mehr als die und den weißen Thunderbird hatte Duane eigentlich auch
nicht.

3. Versuch: Kurze moderne Prosatexte
a) Raymond Queneau: *Stilübungen*

Wir hatten den ersten Text – *Angaben* – sowie einige wenige der von Queneau
durchgeführten Stilvariationen gelesen:

„Im Autobus der Linie S, zur Hauptverkehrszeit. Ein Kerl von sechsundzwanzig
Jahren, weicher Hut mit Kordel anstelle des Bandes, zu langer Hals, als hätte man
daran gezogen. Leute steigen aus. Der in Frage stehende Kerl ist über seinen Nachbarn erbost. Er wirft ihm vor, ihn jedesmal, wenn jemand vorkommt, anzurempeln.
Weinerlicher Ton, der bösartig klingen soll. Als er einen leeren Platz sieht, stürzt er
sich drauf.
Zwei Stunden später sehe ich ihn an der Cour de Rome, vor der Gare Saint-Lazare,
wieder. Er ist mit einem Kameraden zusammen, der zu ihm sagt: 'Du solltest dir
noch einen Knopf an deinen Überzieher nähen lassen.' Er zeigt ihm wo (am Ausschnitt) und warum" (QUENEAU 1990, S. 7).

Die Schüler erhielten danach eine Kopie des Inhaltsverzeichnisses und die Aufgabe,
sich einen Titel auszuwählen und eine eigene Variation des *Angaben*textes zu ver-

fassen. Vera wählte sich aus dem kopierten Inhaltsverzeichnis die Überschrift *Schwülstig* und las folgenden Text vor:

Schwülstig

– Mein Kampf, er war sogleich beendet, als ich, voll Schmach, voll Pein, voll Schand, mich diesem Oktopus entwunden, ein leeres Fleckchen Erde fand.
– Da wurd' ein Jüngling mir bewußt, bemessen wohl kaum zwanzig Fuß und doch der Hals gerad' schier unendlich, das Haupt geschmückt mit einem Hut.
– Der Herr, wie sprang er nur ins Auge, sich von dem Rest kaum unterschied und doch des Gauklers Anblick mir ein Lächeln auf die Lippen trieb.
– Bizarr, grotesk, verkrampft, gewunden, eingequetscht und abgestorben taumelt er und krallt' und klammert, woran man sich nur halten kann,
– langsam, stetig, unfreiwillig treibe ich dem Narr entgegen, die Leibermasse mich bewegend, drängt immer näher an mich ran.
– Er scheint, voll Zorn den Nachbarn scheltend, das Antlitz schmerzverzerrt entstellt, ausschließlich und gesondert geltend, dem eigenen Wohle unterstellt.
– Als dann ein neuer Fleck Bequemlichkeit geboren, der jämmerliche Tropf die Glücksaussicht, die seine nennt, der Schuft, selbst angesichts dies blonden Engels nicht Mitleid, noch Erbarmen kennt.
– Am selben Tag, nur wenig später, ich diesen Jüngling wiedertreff, mit einem seiner Art beratend, ob man ihn nicht verschönern könnt. Bestimmt.

b) Von den zur Auswahl stehenden Prosatexten wählte Vera Walter Benjamins *Zu spät gekommen*:

Zu spät gekommen
Die Uhr im Schulhof sah beschädigt aus durch meine Schuld. Sie stand auf 'zu spät'. Und auf den Flur drang aus den Klassentüren, die ich streifte, Murmeln von geheimer Beratung. Lehrer und Schüler dahinter waren Freund. Oder alles schwieg still, als erwarte man einen. Unhörbar rührte ich die Klinke an. Die Sonne tränkte den Flecken, wo ich stand. Da schändete ich meinen grünen Tag, um einzutreten. Niemand schien mich zu kennen, auch nur zu sehen. Wie der Teufel den Schatten des Peter Schlemihl, hatte der Lehrer mir meinen Namen zu Anfang der Unterrichtsstunde einbehalten. Ich sollte nicht mehr an die Reihe kommen. Leise schaffte ich mit bis Glockenschlag. Aber es war kein Segen dabei." (BENJAMIN 1987/1988, S.26)

Vera formte wie folgt um:

Nicht bestanden
Leere Blicke bestätigten mir meine Untauglichkeit. Das Treppenhaus kannte nur zwei Wege. Eine Traube fröhlicher Gesichter lärmte an mir vorbei, lachte durch mich hindurch. Ich segelte von Treppenabsatz zu Treppenabsatz. Der stete Menschenstrom floß die Schräge hinauf, wie es sich gehörte. Man kam mir entgegen, aber nicht gefällig. Vom Feste ausgeladen, galt mir der Spott. Demut war die Tugend des Augenblicks, gefügig schlich ich ihr hinterher. Wie Justitia hatte der Prüfer über mich Recht gesprochen und den Tribut des Verlierers gefordert. Ich wurde der Institution verwiesen und durfte das Weite suchen. Aber die Größe der Strafe entsprach wohl der Größe des Vergehens.

4. Versuch: Sophokles, *König Ödipus*
Aufgabe: Verfassen Sie einen inneren Monolog, der Ödipus' Gedanken und Gefühle nach dem Zweiten Auftritt wiedergibt! Veras Text:
Innerer Monolog des Ödipus' nach dem Zweiten Auftritt

„Wie glaubte ich die Herrschaft mein und Theben mir zu Füßen. War ich doch dem Fluch entronnen, als ich das Elternhaus verließ. In Sicherheit wog ich mich. Wie töricht war ich zu glauben, das Schicksal fände mich nicht. Sollte ich Kreon demnach zu Unrecht in die Verbannung geschickt haben? Beharre ich auf einer Lüge? Wie führte mich der Jähzorn schon auf so manchem Irrweg zum eigenen Schaden hin. Bewahrheiten sich des Sehers Worte, so werd ich mir der eigne Henker sein. Verblendet bracht ich nur Leid zu so vielen. Des Landes Beflecker? Spielball der Götter? Welche Schuld muß ich sühnen? Bei Zeus, ich nähm's hin, wenn's mein Werk wäre, das die alte Ordnung verwarf. So hoch glaubte ich mich, so mächtig, ebenso tief werd ich fallen müssen, den tödlichen Stoß zuletzt erfahren. Ach, was plag ich mich, auf welch schwankendes Gerüst bau ich meine Zuflucht. Iokastes Worte, zur Schlichtung bestimmt, rissen mir die alten Wunden auf, statt den Schmerz zu lindern, meine Stirn zu kühlen. Wird der Hirt mir die Fesseln anlegen, die ich selbst geschmiedet, wird er mich freisprechen von aller Anklage und alles Übel von mir reißen? Und doch ..., was hoffe ich nur? Wie besteh ich vor dem Volk, wenn stets Zweifel in mir nagen, ich die Iokaste stets mit zwei Paar Augen seh. Oh wie könnt ich nur so fortleben, in Ruhe, doch halt, wie sagte dem Kreon der Apollon, daß doch die Seuche nicht weichen würde, bis alle Unreinheit im Lande reingewaschen. So darf ich nicht nur, nein, ich muß die Lösung kennen. Alsdann werden die Wogen sich glätten, um hinabzuziehen den einen. Glaubte ich einst Theben der Sorgen End, so scheint mir anderes nun gewiß. Ach, was spinn ich dunkle Fäden, wo man zu mir hält, wo meine Liebste mir Treue und Beistand versichert, mich stützt bei jedem meiner Schritte. Was nur birgt dieser unebene Grund? Bis es hervorbricht, mich ereilt, will ich mich gedulden, will nicht versinken im Treibsand der Angst. Oh, was beschwöre ich nur in unbesonnenem Eifer, oh blindes Schicksal, oh peinigende Vorahnung! Was da kommen mag, kommt nicht von ungefähr."

Die vier Unterrichtsversuche in dieser 11. Klasse, die auch unter der Frage stattgefunden hatten, ob sich das Schreiben der Schüler verändert, wenn es regelmäßig über ein Schuljahr hinweg Übungsgegenstand ist, zeigten, daß gute Schreiberinnen wie Vera nicht viel Neues lernen, daß ihnen aber Gelegenheit gegeben wird, ihr Können zu zeigen und sich in ihm zu üben. Mittelmäßige und schwache Schreiber hingegen vermögen durch kontinuierliches Tun und vielfältige Anforderungen ihr Schreiben geringfügig zu verändern und leicht zu verbessern. Übungen im literarästhetischen Schreiben haben diesen Schülern auf jeden Fall nicht geschadet. Die Frage, ob es ihnen *langfristig* von Nutzen sein wird, wage ich nicht zu beantworten.

Der hier aufgezeigte praktische Erkenntnisweg, der parallel zu dem theoretischen stattfand und diesen in eine bestimmte Richtung lenkte, führte zu einer *Aufwertung* literarischer Schreibaufgaben wie auch zu einer *Relativierung* ihrer Wirksamkeit und Bedeutung. Im Wert stiegen sie, weil ihre schreibende Erledigung Wissen, Können und Arbeit *indirekt* abfordert und ihre Erfüllung somit eigentlich komplexer und komplizierter ist als die deutlich sachorientierter Aufgabenstellungen (Interpretation, Inhaltsangaben, Erörterungen, Referat etc.), weil sie es dem Schreibenden anheimstellen, wie dicht und anspruchsvoll er den Text schreibt. Im Grunde sind sie das geeignete Betätigungsfeld für Schüler, die eigenwillig, spröde und selbständig denken und arbeiten. Und es ist eben diese wichtige Erkenntnis, die erst aufgrund der praktischen Erfahrungen mit literarischen Schreibaufgaben in Lerngruppen entstanden war! Relativierung erfuhren diese Aufgaben auf der anderen Seite, weil sie bei einem Großteil der Schüler nicht zwingend eine andere Schreibqualität evozierten als sonst und weil die Lektüre und Kommentierung der literarischen Texte aufgrund dieses Sachverhalts nicht immer eine erfreuliche Übung für die unterrichtende Lehrerin ist. Keineswegs sichern solche Aufgaben gute Texte! Auch bleibt bisher nicht beantwortbar, ob die leseanalytischen Fähigkeiten der Schüler tatsächlich durch die Erledigung literarischer Schreibaufträge positiv beeinflußt werden. Überschwengliche Erwartungen sind nicht gerechtfertigt, wenn man das im Deutschunterricht geübte Schreiben um eine literarische Sprachdimension erweitert. Allerdings erfahren die Schüler – gerade durch stark anleitende Aufgaben –, daß ihnen ein größeres Schreibrepertoire zu Verfügung steht als sie bisher ahnten. Sie gelangen auf diese Weise ab und an sogar dazu, sich freiwillig für einen ihnen gänzlich fremden Stil – den sie gerade gelesen haben! – zu entscheiden.

Trotz dieser relativierenden Einsichten in die Grenzen, denen eine literar-ästhetische Schreibdidaktik ebenso unterliegt wie eine aufsatzdidaktische, erwuchs aus diesen verstreut und vereinzelt durchgeführten Versuchen der Plan, jene um *Das Urteil* kreisende Unterrichtseinheit einer *mehrmaligen* Erprobung zu unterziehen, um folgenden Fragen intensiver nachzugehen:

- Wie läßt sich Schreiben und Lesen auch dann enger miteinander verflechten, wenn es sich um einen längeren Erzähltext handelt, der von der ganzen Lerngruppe gelesen wird und vor dem es kein Entweichen gibt?
- (Wie) wird das literarische Schreiben von Laien durch einen intensiv gelesenen literarischen Text beeinflußt?
- Wie läßt sich das literarische Schreiben durch die genaue Aufgabenformulierung steuern? Bzw. anders gefragt: Ist es für den schreibenden Dilettanten günstiger, wenn es gesteuert wird oder wenn es ihm frei gelassen wird?
- Wie läßt sich unmittelbar auf einen Text bezogenes, kommentierendes Schreiben in ein literarisches überführen?
- Wie kann der Prozeßcharakter des Schreibens so deutlich gemacht werden, daß das Resultat in seiner Bedeutung relativiert wird?
- Läßt sich deutlicher vermitteln, daß auch literarisches Formulieren ein problemlösender Prozeß ist?
- Bewährt sich die gleiche bzw. eine ähnliche Aufgabenstellung in ganz unterschiedlichen Lerngruppen?
- Wie verändert sich eine solche Schreib-Lese-Einheit, wenn sie des öfteren durchgeführt wird?

Dieses 'Projekt' wird im folgenden Kapitel ausführlich Thema sein.

II. Schreib-Lese-Versuchsreihe zu Franz Kafka:
Das Urteil

1. Methodische Vorbemerkungen

Einen Text lesen – stellvertretend für alle Texte; *eine* Erzählung nehmen und studieren als Paradigma für das schriftliche Erzählen überhaupt. Die unterrichtspraktische Umsetzung eines auf diesen Überlegungen fußenden lesedidaktischen Konzeptes, das Roland Barthes mit *S/Z* theoretisch wie praktisch exemplifiziert hat, finden wir auch in Uwe Johnsons Romantetralogie: „Ein jedes Kind, das sich erinnert an die Deutschstunden der Elf A Zwei 1950/51 in Gneez, unausweichlich wird es rufen: Schach! Schach!" (JOHNSON 1988, S.1694). Im letzten Teil des vierten Bandes der *Jahrestage* erzählt Gesine Cresspahl ihrer Tochter Marie, wie sie „das Deutsche lesen gelernt" hat (ibid., S.1707). Der thüringische Praktikant Matthias Weserich liest mit Gesines Klasse über ein halbes Jahre hinweg die in einer heutigen Taschenbuchausgabe 136 Seiten umfassende Novelle *Schach von Wuthenow* von Theodor Fontane. Nichts ist ihm an dem Text selbstverständlich, bereits nach dem ersten Satz hält er inne und weist ganz im Stile Barthes ausführlich auf dessen Informationsfeld hin.

> „Die Wohnanschrift der Familie von Carayon? fragte dieser Deutschlehrer (...), und als die Schülerin Cresspahl bloß die Stadt Berlin zu nennen wußte, durften wir die Geschichte noch einmal von vorn beginnen: 'In dem Salon der in der Behrenstraße wohnenden Frau von Carayon waren an ihrem gewöhnlichen Empfangsabend einige Freunde versammelt ...'
> Wir wurden belehrt, daß Personen von Stande zu jener Zeit ... aber es sei wohl wenig ergiebig, nach dem Jahr zu fragen?
> – 1806: meinte Anita, und sollte gestehen, wieso. – Weil die Leute da die Dreikaiserschlacht von Austerlitz besprechen wie etwas ganz Neues, die war im vorigen Dezember am 2.
> ... zu jener Zeit ihre Anschriften aussuchten mit der Lage ihrer Wohnung auf sich hielten, auf sich wiesen. So sei es, leider! unumgänglich, uns mit der Auskunft zu versehen, daß die Behrenstraße einen Block südwärts von Unter den Linden sich erstreckte, die Carayons mit der Ecklage an der Charlottenstraße sich eines Glücksfalls erfreuten, wenige Zeit Fußwegs von der Oper, dem Lustgarten, dem Schloß. Behrenstraße benannt nach dem berliner Bären, diese Meinung sei verbreitet; in Wahrheit dem Ingenieur Johann Heinrich Beer zu Ehren, dem Berlin die Französische Straße verdankt, 1701 die Jerusalemer und die Leipziger" (ibid., S.1696/97).

Zum Vergleich: Roland Barthes schreibt über den zweiten Satz von *Sarrasine*, der da lautet: „Die Uhr des Elysée-Bourbon hatte gerade Mitternacht geschlagen":

> „Eine metonymische Logik führt vom Elysée-Bourbon zu dem Sem des *Reichtums*, denn der Faubourg Saint-Honoré ist ein reiches Stadtviertel. Dieser Reichtum wiederum ist konnotiert: der Faubourg Saint-Honoré, das Stadtviertel der Neureichen, verweist mittels Synekdoche auf das Paris der Restauration, auf den mythischen Ort eines unverhofften Reichtums zweifelhafter Herkunft (...)" (BARTHES, S/Z 1987, S.26).

Wenngleich Barthes semiotisch, Weserich eher sozialgeschichtlich liest, wählen doch beide eine anhaltende, stockend voranschreitende und um sachlich eruierbare Informationen bemühte Lektüre. Ergebnis für die Lektüre des *Schach von Wuthenow*: „Die Elf A Zwei benötigte für die ersten sechs Seiten der Erzählung an die zwei Wochen; (...)" (JOHNSON 1988, S.1697). Nach und nach beginnt die Klasse ihrem Lehrer zu folgen und sich auf diese Art der Textlektüre einzulassen. Sie wundert sich immer weniger über diese sorglose „Verschwendung von Zeit" (ibid.). Als man nach gut sechs Monaten (!!) zu einer 'Form des Endes' gekommen ist, verkündet Weserich der Klasse: "(...) und nun sollte es anfangen mit dem Genuß und der Freude, eine Erzählung von Th. Fontane aus dem Jahre 1806 noch einmal und wieder zu lesen" (ibid., S.1705). Auch diesem Abschluß-Kommuniqué, das einen neuen Lese-Anfang bedeutet, hätte Barthes zweifelsohne seine Zustimmung nicht versagt. Weserichs Programm entspricht nicht mehr dem heutigen Oberstufenunterricht, in dem es auf einen Epochen-Überblick und auf Quantität ankommt. Allerdings ist noch nicht ausgemacht, ob die in die Breite gehenden Rahmenpläne bessere Leser hervorbringen, ob sie zu einem gediegeneren Literaturverstehen führen, ob sie dafür sorgen, daß Literatur als Bildungsgut gerettet wird. Die Reaktionen der Elf A Zwei legen Zeugnis davon ab, daß ihnen die paradigmatische Lektüre nicht geschadet hat.

Auf der Basis dieser Überlegungen wurde der erste intensive Lese-Versuch zu Franz Kafkas *Urteil* geplant, dessen Durchführung in einem nächsten Schritt zu der Konzeption der Versuchsreihe führte. Bereits die Planung des ersten Versuchs sah vor, dieses Lesen immer wieder auch schreibend stattfinden zu lassen. Es stellte sich allerdings heraus, daß es einiger Erfahrung und Übung seitens der Unterrichtenden bedurfte, um das Schreiben als integrativen Bestandteil des Leseprozesses überzeugend zu vermitteln. Die Darstellung wird diesen Weg nachzeichnen. Die konzipierte Versuchsreihe, wobei jeder neue Versuch auf den Erfahrungen des vorhergehenden aufbaut und entsprechende Modifikationen einarbeitet, strebte an, die Schriftlichkeit häufiger als Arbeitsform 'durchzusetzen'. Das Untersuchungsinteresse galt dabei der Frage, wie Schüler und Studenten häufigere Aufforderungen zum Schreiben auf- und annehmen und zu welchen Ergebnissen solche Schreib-Phasen innerhalb des Unterrichts führen. Mit anderen Worten: Läßt sich schreibendes Lesen in didaktischen Prozessen realisieren? Auf welche Probleme stößt es? Handelt es sich tatsächlich um eine Alternative zum fragend-entwickelnden Unterrichtsgespräch, in dem jeweils nur einer redet und das Zuhören der anderen stillschweigend vorausgesetzt wird? Wie wirkt sich dieses vom literarischen Text ausgehende und auf das Lesen des *tatsächlich* Geschriebenen (nicht der „Leerstellen") bezogene Schreiben auf das Text-Verstehen aus? Realisieren die Schüler den auf dialektische Problemlösung zielenden Prozeßcharakter des Schreibens, wenn dieses des öfteren in der Unterrichtsöffentlichkeit praktiziert wird? Dieser Fragenkatalog mag banal klingen. Er ist es insoweit, als die Novität des Untersuchungsprogramms sich in Grenzen hält. Er ist es nicht, wenn man davon ausgeht, daß Schreibfähigkeit und Schreibbegeisterung allzu selbstverständlich vorausgesetzt werden und daß wir als Schreibformen innerhalb des Literaturunterrichts bisher nur ein minimales Spektrum dessen, was möglich ist, nutzen: diskursives, heuristisches, kommentierendes Schreiben sowie eines, das die sprachliche Eigenart des jeweiligen literarischen Textes mit einer dazu 'passenden' literarisierten Sprache einzufangen sucht – das sind noch immer eher ungewöhnliche und unübliche Schreibformen.

Die Schüler sollten keine Interpretation des *Urteils* verfassen. Wenngleich das Schreiben der eigenen Erzählung im Zentrum der durch das Lesen einer literarischen Erzählung initiierten Schreib-Arbeit stand, so galt gleichwohl anzustreben, daß die Schüler sich auch während der Lektüre schreibend über den Text 'festlegten'. Das geschah im ersten Versuch noch vorwiegend produktionsdidaktisch (vgl. B.II.1.), ab dem zweiten Versuch aber in Form eines *kommentierenden* Schreibens zu de-komponiert vorgelegten Textauszügen. Diese Vorgehensweise knüpft zum einen an Barthes' Schreiben über die Novelle *Sarrasine* an, das, ausgehend von einer großen Textnähe, sich zu einem eigenen kommentierenden Schreiben fortbewegte. Zum anderen aber sind über den Kommentar in der Literaturwissenschaft während der letzten Jahre einige Reflexionen angestellt worden:

Es handelt sich bei einer Rückkehr zum Kommentar-Begriff sicherlich um den Versuch, eine Alternative zur bedeutungsfixierten Interpretation zu suchen, wenngleich dieser Versuch „vielleicht aussichtslos" ist (ELLRICH/WEGMANN 1990, S.474). Jürgen Fohrmann, der von Foucaults Überlegungen zum Kommentar ausgeht, betont die textuelle Verwandtschaft von (literarischem) Text und Kommentar: „Textauslegung hat (...) kein lebensweltliches Dialogmodell zwischen Text und Leser zur Voraussetzung, sondern die diskursiven Möglichkeiten eines Systems" (FOHRMANN 1988, S.248/49). Das wichtigste Bezugssystem ist dann das der diskursiven Gemeinschaft mit der Literaturwissenschaft sowie das der anderen, bereits geschriebenen Kommentare. Fohrmann versucht, verschiedene Definitionsmöglichkeiten des Kommentars zu entwickeln: Sowohl der philologische Kommentar im Anhang als auch der interpretierende und reflektierende sind möglich: „Es handelt sich um den *allgemeinen Vorgang der Bedeutungszuweisung* (...)" (ibid., S.247; Hervorh. E.K.P.), um ein „formales Verfahren" (ibid., S.251), das ordnende Funktionen übernimmt und das das „Ziel verfolgt, (literarischen) Texten Signifikate zuzuweisen" (ibid., S.252). Der Unterschied zur Interpretation liegt nach Fohrmanns Auffassung darin, daß der Kommentar „die nicht abschließbare Zuschneidung literarischer Werke durch die kommentierende Arbeit" (ibid., S.255) reflektiert.

Sicherlich ist der diskursive Kontext zur literaturwissenschaftlichen Disziplin für einen didaktischen Zusammenhang unrealistisch. Auch die Hierarchisierung muß geklärt werden: Die Primärstellung des literarischen Textes sollte unangefochten sein gegenüber dem kommentierenden Schreiben. Diesbezüglich sind die Ausführungen Nikolaus Wegmanns für eine *didaktische* Arbeit mit dem Kommentar hilfreich (WEGMANN 1993):

„Der Kommentar kann schon seinem Prinzip nach nicht von einer wertenden Stellungnahme absehen. Seine Lektüre ist stets einem ersten – und das meint immer auch einem *ausgezeichneten, alle Anstrengungen lohnenden* – Text verbunden" (ibid., S.23; Hervorh. E.K.P.).

Wegmann bezeichnet die „eigentümliche Erfahrung der literarischen Sprache" (ibid) als das Zentrum des Kommentars, eine definitorische Klärung, auf die wir auch im Zusammenhang mit der Barthes'schen Literaturtheorie des öfteren gestoßen waren.

In einer früheren Veröffentlichung Wegmanns, in der es um die Literaturtheorie Paul de Mans geht, wird die enge Verbundenheit von Lesen und Kommentar-Schreiben ausdrücklich betont:

> „(...) das Werk existiert im Modus der (schriftlich fixierten) *Lektüre*, und steht sowohl für das, was gelesen wird, als auch für den Lesevorgang selbst" (ELLRICH/WEGMANN 1990, S.477).

Auf der Basis dieser Überlegungen wurden Übungen zum kommentierenden Schreiben in den Lektüreprozeß des *Urteils* eingebaut, die die Priorität des gedruckten Textes nicht leugnen und die zu einem möglichst textnahen und sprachgenauem Aufschreiben dessen, was man gelesen hatte, führen sollten. Textbeispiele aus den Versuchen werden die Schwierigkeiten dieses Schreibens veranschaulichen.

Zu verweisen ist in diesem Zusammenhang auf die jüngsten didaktischen Forschungen, die Karlheinz Fingerhut zu dem Themenkomplex 'Kafka im Deutschunterricht' bzw. 'Produktives Schreiben zu Kafka' vorgelegt hat (vgl. FINGERHUT 1991; 1993a; 1993b; 1993c). Fingerhut versucht ebenfalls, Wege aufzuzeigen, wie ein sinn- und bedeutungsfixierter Unterricht zu Kafka vermieden und wie stattdessen „genaues" und „subjektives" Lesen (FINGERHUT 1993a, S.20) und auch intertextuelles Schreiben die Arbeit an Kafka-Texten organisieren kann. Während die hier vorgestellte Versuchsreihe zu Kafkas *Urteil* ihren Ursprung in den literaturtheoretischen Schriften Roland Barthes' hat, bezieht sich Fingerhut insbesondere auf jüngste dekonstruktivistische Kafkaforschung amerikanischer Provenienz und gelangt so zu dem Schluß, daß die Literaturdidaktik

> „Formen der Unterrichtsarbeit an Kafkas Texten vorschlagen (muß), die sich von den überkommenen Deutungsformen freimachen und mit Lektüreweisen umzugehen lernen, die die *sprachliche* Konstitution der literarischen Texte Kafkas ins Zentrum des Interesses rücken. Das Stichwort heißt 'Autoreferentialität'. Es meint, daß literarische Texte zuerst einmal auf sich selbst, auf ihre eigene Sprache verweisen und daß Inhalte zu ihrer pragmatischen Dimension, also zu den Wiederherstellungen der Werke in der Phantasie der Leser gehören (ibid., S.17; Hervorh. E.K.P.).

Es ist demnach wohl nicht zufällig, daß sich die modernen Texttheorien insbesondere auf Franz Kafka beziehen, dessen Schreiben in seiner „Fiktivität die Fiktionalität aller Wirklichkeitswahrnehmung zur Sprache" bringt (FINGERHUT 1993c, S.26) und dessen Figuren, die sich um ein Zurechtfinden in ihrer rätselhaften Umgebung bemühen müssen, sich in dem Leser dieser Texte spiegeln bzw. wiederholen, weil dieser gleichfalls um Orientierung in dieser rätselhaften Lektüre ringen muß (ibid., S.27). Fingerhut zieht ebenfalls die Konsequenz, daß der Leser fast zwangsläufig auf diese Literatur *schreibend* reagieren müsse, weil damit „*literaturpragmatisch* (...) auf das Schwinden der Grenze zwischen Autor- und Leserphantasie, zwischen Text und Kommentar" (ibid., S.29) eingegangen werde. Produktives Schreiben habe dann nicht in erster Linie pädagogische Funktion, sondern sei bedingt durch Kafkas Schreiben, das einen 'textbearbeitenden' Leser erfordere, der gelesene „Textteile mit anderen Diskursen verknüpft" (ibid., S.27). Fingerhut leitet aus den spezifischen Lektüreproblemen, die Kafkas Texte durch ein Überangebot an Deutungsmöglichkeiten und -wünschen evozieren, zwei sich eigentlich einander widersprechende

Forderungen ab: die nach genauem wie auch nach subjektiv-spekulativem Lesen. Ersteres orientiert sich an der geschriebenen Sprache des Textes, prüft die Begriffe, macht Ersatzproben und arbeitet sich an den Metaphorisierungen in den Kafka-Texten ab. Zuletzt genanntes hingegen beansprucht, „subjektiv Bedeutsames" in dem gelesenen Text „zur Sprache zu bringen" und dieses anschließend metakognitiv so zu reflektieren, daß die Gründe für die Erklärungsrichtung transparent werden (FINGERHUT 1993a, S.21). Es wird sich zeigen, daß in der durchgeführten *Urteil*-Versuchsreihe das Schreiben und Lesen der Schüler und Studenten sich zwischen diesen beiden Formen schwankend hin- und herbewegt.

Eine Interpretation des *Urteils* erfolgt also an dieser Stelle, an der sie erwartet wird, nicht: Weder die Unterrichtseinheiten noch die Arbeit im Seminar verfolgten ein Interpretationsziel[1], so daß in der Vorbereitung der Einheit bewußt darauf verzichtet wurde, eine Interpretation zu erstellen. Vorausging dem ersten Versuch eine intensive schreibende Lektüre des *Urteils*, die zu einer Auflistung einiger Textmerkmale führte und die ermöglichte, die Wahl des *Urteils* als literarischen Basistext zu begründen (vgl. weiter unten). Aber sowohl die erste Durchführung als auch die folgenden Versuche fügten diesem Verstehen Neues und Anderes hinzu, so daß jede einzelne Versuchsdokumentation gleichzeitig auch als weitere Annäherung an das *Urteil* zu lesen ist. Mit anderen Worten: Die Auswertung der Unterrichtseinheiten erbringt nicht nur Erkenntnisse über das Schreiben und Lesen, sondern ist parallel dazu gleichzeitig auch eine weitere, jeweils neue Lektüre dieser Kafkaschen Erzählung. Aus diesem Grunde mag der Text für sich selber sprechen: Er wird statt einer Interpretation vollständig zitiert, in der Form, wie er auch den schulischen Lern-

---

1 Der Interpretationen zum *Urteil* sind unzählige: „Es gehört zu den vielen Unbegreiflichkeiten der Literaturgeschichte, daß ein so unscheinbarer, auf den ersten Blick so inkonsistenter, auf jeden stilistischen oder gestalterischen Glanz wie auf jeden Aufwand kulturellen Wissens verzichtender Text wie das *Urteil* hunderte von Deutungen provoziert hat und noch fortgesetzt hervorbringt" (NEUMANN 1981, S.188). Neumann versucht nicht nur eine eigene, auf der Struktur des *Urteils* basierende interpretatorische Auseinandersetzung, sondern gibt auch einen ausführlichen und systematisierten Überblick über die unterschiedlichen Deutungsrichtungen, denen diese Erzählung unterworfen wurde (ibid., S.196–219). Deswegen sei auf diese Literaturangabe besonders verwiesen. – Meine eigene Arbeit am *Urteil*, die darin bestand, diesen Erzähltext – inzwischen seit einer geraumen Anzahl von Jahren – in immer wieder neuen Zusammenhängen wiederholt zu lesen, wurde vom Studium einiger dieser Interpretationen begleitet. Die folgende Auswahl ist bewußt konzentriert abgefaßt. Sie beschränkt sich allerdings nicht nur auf solche Titel, die meine weitere Lektüre wie auch die Konzeption der Unterrichtsversuche (positiv) beeinflußten, sondern nennt auch diejenigen, die mich weniger überzeugten, weil der so entstandene Widerspruch Einfluß auf die weitere Arbeit am und mit dem *Urteil* genommen hat: DEMMER 1973; RUF 1974 (insbesondere S.11–51); VIETTA/KEMPER 1975/1985 (S.286–305); SAUTERMEISTER 1975; BINDER 1976; 1979 Bd.2 (darin insbesondere die Beiträge von BEICKEN S.36–47, KURZ S.108–129, THIEBERGER S.177–202, W. KITTLER S.203–219, I. HENEL S.220–241, FINGERHUT S.262–312); STEFFEN 1986; PALM 1989; W. KITTLER 1990, S.89–107; VOGL 1990; THIHER 1990 (S.33–50); ESCHWEILER 1991 (S.19–39); GRÖZINGER 1992 (S.145–152); HALASZ 1993 (S.65–86); HARTWICH 1993. – Neben diesen sich unmittelbar auf *Das Urteil* beziehenden Arbeiten sollen einige weitere genannt werden, die sich mit anderen Texten Kafkas oder mit dessen 'Werk' auseinandersetzen: GLINZ 1978 (S.49–88; S.146–199); ADORNO 1977; BENJAMIN 1977/1989; STEINMETZ 1977; DAVID 1980; BINDER 1979 (Handbuch); 1983; FINGERHUT 1981; HIEBEL 1983; HEINTZ 1983/1984; DISKUSSION DEUTSCH 1983, H.72; KURZ 1984; ABRAHAM 1985; BATAILLE 1987 (S.133–150); W. KITTLER/NEUMANN 1990; SCHOLZ/HERRMANN 1990; BORN 1990; KÖPPEL 1991; BLANCHOT 1993.

gruppen ausgeteilt wurde. Eine verzögerte Präsentation – wie sie in den Unterrichtsversuchen praktiziert wurde – läßt sich im Rahmen dieser Arbeit leider nicht sinnvoll realisieren, aber Passagen, die während der Versuche intensiver bearbeitet, d.h. meistens be-*schrieben* wurden, werden an den entsprechenden Stellen nochmals zitiert: Insgesamt ist die Darstellung und Auswertung der fünf Unterrichtsversuche (auch) als ein Kommentar zu diesem literarischen Erzähltext Franz Kafkas zu verstehen.

Das Urteil wurde aus folgenden Gründen – zunächst für den ersten, letztlich aber auch für jeden folgenden Versuch – gewählt. Hier zitiere ich aus einer früheren Veröffentlichung:

> „1. Die Erzählung sollte über die Länge einer üblichen Kurzgeschichte hinausgehen, aber nicht zu umfangreich sein, da sie möglichst vollständig während der Unterrichtszeit (und nicht zu Hause) gelesen werden sollte. Mit gut elf Druckseiten entspricht Kafkas *Geschichte für F.* diesen Anforderungen.
> 2. Das – scheinbar! – einfache Handlungsmuster wie auch der leicht verständliche Sprachgebrauch waren ein weiteres Kriterium für die Auswahl. Der 'Teufel steckte im Detail', d.h. in den irritierenden wie auch grotesken Bildern, in den a-logischen Rede- und Verhaltensweisen, in den nicht funktionierenden Dialogen, in dem überraschenden und befremdlichen Schluß.
> 3. Die Erzählung ermöglicht keine abschließende Interpretation, die alle Unklarheiten beseitigt. Allein auf der Textebene ist auch nach eingehender Lektüre nicht zu klären, ob es den Freund gibt oder nicht; warum der Vater seinen Sohn zum „Tode des Ertrinkens" verurteilt und warum Georg diesen Spruch wie von fremder Macht getrieben ausführt, noch weniger. Dem Leser wird die 'Last der Undeutlichkeit' nicht genommen" (PAEFGEN 1993b, S.57).

Enthalten diese begründenden Thesen gleichzeitig ein 'Minimalverstehen' der Erzählung, so sollen im folgenden noch weitere auffällige Charakteristika sowie Fragen festgehalten werden, die als textverstehende Basis einer Grobplanung der Einheiten zugrundelagen:

(1) *Was* wird *wie* lange erzählt (z.B. das Nachdenken Georgs über den Petersburger Freund)?

(2) *Wie* werden dem Leser wichtige Informationen mitgeteilt bzw. in welchem Zusammenhang erfährt er sie (z.B. der Tod der Mutter; der geschäftliche Erfolg; Georgs Verlobung mit Frieda)?

(3) Auf welche Weise werden einmal gemachte Feststellungen relativiert, und welche Wirkung haben diese Relativierungen für das Lese-Wissen? In diesem Zusammenhang: 'Gibt' es den Freund, oder gibt es ihn nicht?

(4) Die Dreiteilung der Erzählung und die entsprechenden 'Räume': Georg allein in seinem Zimmer; Georg und sein Vater im Zimmer des letzeren; Georg auf die Brücke stürzend.

(5) Gefühle werden nicht direkt ausgesprochen. Die emotionalen Reaktionen und Befindlichkeiten werden nur durch das, was die Figuren *tun* oder *denken* indirekt mitgeteilt.

(6) Es gibt groteske, slapstickartige Szenen in der Erzählung, die einem Chaplin-Film entnommen scheinen (als Georg seinen Vater ins Bett bringt; als der Vater „vor Einsicht strahlt und die Beine wirft").

(7) Georg führt bedeutend weniger Bewegungen und Aktionen aus als der Vater; Ausnahme: die Zu-Bett-Bring-Szene und der Schluß, als Georg auf die Brücke stürzt. Auch in banalen Bewegungen ist der Vater der aktivere Part: räumen, legen etc.

(8) Konsequent ist die Erzählung in erlebter Rede/personalem Erzählen aus Georgs Sicht erzählt. Nur am Anfang und noch prägnanter im letzten Satz wechselt die Perspektive. Konsequent wird die Einheit von Ort und Zeit eingehalten.

(9) Nur Georg und seine (in der Erzählung nicht unmittelbar auftretende) Braut werden mit vollständiger bürgerlicher Namensnennung eingeführt. Der Vater wird nur in seiner 'Vater-Funktion' benannt, der Freund, obwohl zentraler Reflexions- und Verhandlungsgegenstand, bleibt namenlos.

(10) Die Erzählung sichert ihr Leben, indem sie die Verkündigung einer 'Wahrheit' hinauszögert, schreibt Roland Barthes über *Sarrasine*. Gibt *Das Urteil* überhaupt 'seine Wahrheit' preis, oder läßt es nicht vielmehr den Leser auch zum Schluß über eine solche im unklaren?

Allen Lerngruppen wurde ausschließlich der Text des *Urteils* vorgelegt. Weder Auszüge aus anderen Erzählungen oder Romanen, Tagebüchern und Briefbänden werden zurate gezogen. Auch moderne literarische Kafka-Bearbeitungen sind nicht als zusätzliche Textvorlage ausgewählt worden. Das mag auf den ersten Blick den Eindruck erwecken, als sei die These der Intertextualität ignoriert worden. Sie wurde es insofern nicht, als die in den Köpfen der Schüler und Studenten existierenden bereits gelesenen Texte und gesehenen Bilder als stets anwesender Bestandteil vorausgesetzt und akzeptiert wurden: Intertextualität nicht in Form von vorbereiteten und (durch die Unterrichtende) zusammengestellten Text-Ensembles, sondern als unabwendbare Begleiterscheinung eines jeden Schreib- und Leseprozesses. Besonders das in das Lesen integrierte Schreiben wurde als praktizierte Intertextualität begriffen und vermittelt. Von Text-Arrangements, wie sie für den schulischen Zusammenhang unvermeidlich gewesen wären, wurde schon aus dem Grund Abstand genommen, weil *Das Urteil* möglichst intensiv gelesen werden sollte. Zusätzliche Texte hätten aber ebenfalls Lese-Zeit und -Energie gekostet. Diese hätte dann für den eigentlichen Text gefehlt:

Es war an einem Sonntagvormittag im schönsten Frühjahr. Georg Bendemann, ein junger Kaufmann, saß in seinem Privatzimmer im ersten Stock eines der niedrigen, leichtgebauten Häuser, die entlang des Flusses in einer langen Reihe, fast nur in der Höhe und Färbung unterschieden, sich hinzogen. Er hatte gerade einen Brief an einen sich im Ausland befindenden Jugendfreund beendet, verschloß ihn in spielerischer Langsamkeit und sah dann, den Ellbogen auf den Schreibtisch gestützt, aus dem Fenster auf den Fluß, die Brücke und die Anhöhen am anderen Ufer mit ihrem schwachen Grün.

Er dachte darüber nach, wie dieser Freund, mit seinem Fortkommen zu Hause unzufrieden, vor Jahren schon nach Rußland sich förmlich geflüchtet hatte. Nun betrieb er ein Geschäft in Petersburg, das anfangs sich sehr gut angelassen hatte, seit langem aber schon zu stocken schien, wie der Freund bei seinen immer seltener werdenden Besuchen klagte. So arbeitete er sich in der Fremde nutzlos ab, der fremdartige Vollbart verdeckte nur schlecht das seit den Kinderjahren wohlbekannte Gesicht, dessen gelbe Hautfarbe auf eine sich entwickelnde Krankheit hinzudeuten schien. Wie er erzählte, hatte er keine rechte Verbindung mit der dortigen Kolonie seiner Landsleute, aber auch kaum keinen gesellschaftlichen Verkehr mit einheimischen Familien und richtete sich so für ein endgültiges Junggesellentum ein.

Was wollte man einem solchen Manne schreiben, der sich offenbar verrannt hattte, den man bedauern, dem man aber nicht helfen konnte. Sollte man ihm vielleicht raten, wieder nach Hause zu kommen, seine Existenz hierher zu verlegen, alle die alten freundschaftlichen Beziehungen wieder aufzunehmen – wofür ja kein Hindernis bestand – und im übrigen auf die Hilfe der Freunde zu vertrauen? Das bedeutete aber nichts anderes, als daß man ihm gleichzeitig, je schonender, desto kränkender, sagte, daß seine bisherigen Versuche mißlungen seien, daß er endlich von ihnen ablassen solle, daß er zurückkehren und sich als ein für immer Zurückgekehrter von allen mit großen Augen anstaunen lassen müsse, daß nur seine Freunde etwas verstünden und daß er ein altes Kind sei und den erfolgreichen, zu Hause gebliebenen Freunden einfach zu folgen habe. Und war es dann noch sicher, daß alle die Plage, die man ihm antun müßte, einen Zweck hätte? Vielleicht ge-

lang es nicht einmal, ihn überhaupt nach Hause zu bringen –
er sagte ja selbst, daß er die Verhältnisse in der Heimat nicht
mehr verstünde –, und so bliebe er dann trotz allem in seiner
Fremde, verbittert durch die Ratschläge und den Freunden
noch ein Stück mehr entfremdet. Folgte er aber wirklich dem
Rat und würde hier – natürlich nicht mit Absicht, aber durch
die Tatsachen – niedergedrückt, fände sich nicht in seinen
Freunden und nicht ohne sie zurecht, litte an Beschämung,
hätte jetzt wirklich keine Heimat und keine Freunde mehr;
war es da nicht viel besser für ihn, er blieb in der Fremde, so
wie er war? Konnte man denn bei solchen Umständen daran
denken, daß er es hier tatsächlich vorwärts bringen würde?

Aus diesen Gründen konnte man ihm, wenn man überhaupt noch die briefliche Verbindung aufrecht erhalten
wollte, keine eigentlichen Mitteilungen machen, wie man sie
ohne Scheu auch den entferntesten Bekannten geben würde.
Der Freund war nun schon über drei Jahre nicht in der Heimat gewesen und erklärte dies sehr notdürftig mit der Unsicherheit der politischen Verhältnisse in Rußland, die demnach
also auch die kürzeste Abwesenheit eines kleinen Geschäftsmannes nicht zuließen, während hunderttausende Russen ruhig in der Welt herumfuhren. Im Laufe dieser drei Jahre hatte
sich aber gerade für Georg vieles verändert. Von dem Todesfall von Georgs Mutter, der vor erwa zwei Jahren erfolgt war
und seit welchem Georg mit seinem alten Vater in gemeinsamer Wirtschaft lebte, hatte der Freund wohl noch erfahren
und sein Beileid in einem Brief mit einer Trockenheit ausgedrückt, die ihren Grund nur darin haben konnte, daß die
Trauer über ein solches Ereignis in der Fremde ganz unvorstellbar wird. Nun hatte aber Georg seit jener Zeit, so wie alles
andere, auch sein Geschäft mit größerer Entschlossenheit an-
gepackt. Vielleicht hatte ihn der Vater bei Lebzeiten der Mutter dadurch, daß er im Geschäft nur seine Ansicht gelten lassen wollte, an einer wirklichen eigenen Tätigkeit gehindert.
Vielleicht war der Vater seit dem Tode der Mutter, trotzdem
er noch immer im Geschäft arbeitete, zurückhaltender geworden, vielleicht spielten – was sogar sehr wahrscheinlich war –
glückliche Zufälle eine weit wichtigere Rolle, jedenfalls aber
hatte sich das Geschäft in diesen zwei Jahren ganz unerwartet
entwickelt. Das Personal hatte man verdoppeln müssen, der

Umsatz sich verfünffacht, ein weiterer Fortschritt stand zweifellos bevor.

Der Freund aber hatte keine Ahnung von dieser Veränderung. Früher, zum letztenmal vielleicht in jenem Beileidsbrief, hatte er Georg zur Auswanderung nach Rußland überreden wollen und sich über die Aussichten verbreitet, die gerade für Georgs Geschäftszweig in Petersburg bestanden. Die Ziffern waren verschwindend gegenüber dem Umfang, den Georgs Geschäft jetzt angenommen hatte. Georg aber hatte keine Lust gehabt, dem Freund von seinen geschäftlichen Erfolgen zu schreiben, und jetzt nachträglich hätte es wirklich einen merkwürdigen Anschein gehabt.

So beschränkte sich Georg darauf, dem Freund immer nur über bedeutungslose Vorfälle zu schreiben, wie sie sich, wenn man an einem ruhigen Sonntag nachdenkt, in der Erinnerung ungeordnet aufhäufen. Er wollte nichts anderes, als die Vorstellung ungestört lassen, die sich der Freund von der Heimatstadt in der langen Zwischenzeit wohl gemacht und mit welcher er sich abgefunden hatte. So geschah es Georg, daß er dem Freund die Verlobung eines gleichgültigen Menschen mit einem ebenso gleichgültigen Mädchen dreimal in ziemlich weit auseinanderliegenden Briefen anzeigte, bis sich dann allerdings der Freund, ganz gegen Georgs Absicht, für diese Merkwürdigkeit zu interessieren begann.

Georg schrieb ihm aber solche Dinge viel lieber, als daß er zugestanden hätte, daß er selbst vor einem Monat mit einem Fräulein Frieda Brandenfeld, einem Mädchen aus wohlhabender Familie, sich verlobt hatte. Oft sprach er mit seiner Braut über diesen Freund und das besondere Korrespondenzverhältnis, in welchem er zu ihm stand. »Er wird also gar nicht zu unserer Hochzeit konmen«, sagte sie, »und ich habe doch das Recht, alle deine Freunde kennenzulernen.« »Ich will ihn nicht stören«, anwortete Georg, »verstehe mich recht, er würde wahrscheinlich kommen, wenigstens glaube ich es, aber er würde sich gezwungen und geschädigt fühlen, vielleicht mich beneiden und sicher unzufrieden und unfähig, diese Unzufriedenheit jemals zu beseitigen, allein wieder zurückfahren. Allein – weißt du, was das ist?« »Ja, kann er denn von unserer Heirat nicht auch auf andere Weise erfahren?« »Das kann ich allerdings nicht verhindern, aber es ist bei sei-

ner Lebensweise unwahrscheinlich.« »Wenn du solche
Freunde hast, Georg, hättest du dich überhaupt nicht verlo-
ben sollen.« »Ja, das ist unser beider Schuld; aber ich wollte es
auch jetzt nicht anders haben.« Und wenn sie dann, rasch
atmend unter seinen Küssen, noch vorbrachte: »Eigentlich
kränkt es mich doch«, hielt er es wirklich für unverfänglich,
dem Freund alles zu schreiben. «So bin ich und so hat er mich
hinzunehmen«, sagte er sich, »ich kann nicht aus mir einen
Menschen herausschneiden, der vielleicht für die Freundschaft
mit ihm geeigneter wäre, als ich es bin.«

Und tatsächlich berichtete er seinem Freunde in dem langen
Brief, den er an diesem Sonntagvormittag schrieb, die erfolgte
Verlobung mit folgenden Worten: »Die beste Neuigkeit habe
ich mir bis zum Schluß aufgespart. Ich habe mich mit einem
Fräulein Frieda Brandenfeld verlobt, einem Mädchen aus einer wohlhabenden Familie, die sich hier erst lange nach Deiner Abreise angesiedelt hat, die Du also kaum kennen dürf-
test. Es wird sich noch Gelegenheit finden, Dir Näheres über
meine Braut mitzuteilen, heute genüge Dir, daß ich recht
glücklich bin und daß sich in unserem gegenseitigen Verhältnis nur insofern etwas geändert hat, als Du jetzt in mir statt
eines ganz gewöhnlichen Freundes einen glücklichen Freund
haben wirst. Außerdem bekommst Du in meiner Braut, die
Dich herzlich grüßen läßt, und die Dir nächstens selbst schreiben wird, eine aufrichtige Freundin, was für einen Junggesel-
len nicht ganz ohne Bedeutung ist. Ich weiß, es hält Dich
vielerlei von einem Besuche bei uns zurück. Wäre aber nicht
gerade meine Hochzeit die richtige Gelegenheit, einmal alle
Hindernisse über den Haufen zu werfen? Aber wie dies auch
sein mag, handle ohne alle Rücksicht und nur nach Deiner
Wohlmeinung.«

Mit diesem Brief in der Hand war Georg lange, das Gesicht
dem Fenster zugekehrt, an seinem Schreibtisch gesessen. Einem Bekannten, der ihn im Vorübergehen von der Gasse aus
gegrüßt hatte, hatte er kaum mit einem abwesenden Lächeln
geantwortet.

Endlich steckte er den Brief in die Tasche und ging aus
seinem Zimmer quer durch einen kleinen Gang in das Zimmer
seines Vaters, in dem er schon seit Monaten nicht gewesen
war. Es bestand auch sonst keine Nötigung dazu, denn er

verkehrte mit seinem Vater ständig im Geschäft. Das Mittagessen nahmen sie gleichzeitig in einem Speisehaus ein, abends
versorgte sich zwar jeder nach Belieben; doch saßen sie dann
noch ein Weilchen, meistens jeder mit seiner Zeitung, im gemeinsamen Wohnzimmer, wenn nicht Georg, wie es am häu-
figsten geschah, mit Freunden beisammen war oder jetzt seine
Braut besuchte.

Georg staunte darüber, wie dunkel das Zimmer des Vaters
selbst an diesem sonnigen Vormittag war. Einen solchen
Schatten warf also die hohe Mauer, die sich jenseits des
schmalen Hofes erhob. Der Vater saß beim Fenster in einer
Ecke, die mit verschiedenen Andenken an die selige Mutter
ausgeschmückt war, und las die Zeitung, die er seitlich vor die
Augen hielt, wodurch er irgend eine Augenschwäche auszugleichen suchte. Auf dem Tisch standen die Reste des Früh-
stücks, von dem nicht viel verzehrt zu sein schien.

»Ah, Georg!« sagte der Vater und ging ihm gleich entgegen.
Sein schwerer Schlafrock öffnete sich im Gehen, die Enden
umflatterten ihn – »mein Vater ist noch immer ein Riese«,
dachte sich Georg.

»Hier ist es ja unerträglich dunkel«, sagte er dann.

»Ja, dunkel ist es schon«, antwortete der Vater.

»Das Fenster hast du auch geschlossen?«

«Ich habe es lieber so.«

»Es ist ja ganz warm draußen«, sagte Georg, wie im Nach-
hang zu dem Früheren, und setzte sich.

Der Vater räumte das Frühstücksgeschirr ab und stellte es
auf einen Kasten.

»Ich wollte dir eigentlich nur sagen«, fuhr Georg fort, der
den Bewegungen des alten Mannes ganz verloren folgte, »daß
ich nun doch nach Petersburg meine Verlobung angezeigt
habe.« Er zog den Brief ein wenig aus der Tasche und ließ ihn
wieder zurückfallen.

»Nach Petersburg?« fragte der Vater.

»Meinem Freunde doch«, sagte Georg und suchte des Vaters Augen. – »Im Geschäft ist er doch ganz anders«, dachte
er, »wie er hier breit sitzt und die Arme über der Brust
kreuzt.«

»Ja. Deinem Freunde«, sagte der Vater mit Betonung.

»Du weißt doch, Vater, daß ich ihm meine Verlobung zuerst verschweigen wollte. Aus Rücksichtnahme, aus keinem anderen Grunde sonst. Du weißt selbst, er ist ein schwieriger Mensch. Ich sagte mir, von anderer Seite kann er von meiner Verlobung wohl erfahren, wenn das auch bei seiner einsamen Lebensweise kaum wahrscheinlich ist – das kann ich nicht hindern –, aber von mir selbst soll er es nun einmal nicht erfahren.«

»Und jetzt hast du es dir wieder anders überlegt?« fragte der Vater, legte die große Zeitung auf den Fensterbord und auf die Zeitung die Brille, die er mit der Hand bedeckte.

»Ja, jetzt habe ich es mir wieder überlegt. Wenn er mein guter Freund ist, sagte ich mir, dann ist meine glückliche Verlobung auch für ihn ein Glück. Und deshalb habe ich nicht mehr gezögert, es ihm anzuzeigen. Ehe ich jedoch den Brief einwarf, wollte ich es dir sagen.«

»Georg«, sagte der Vater und zog den zahnlosen Mund in die Breite, »hör' einmal! Du bist wegen dieser Sache zu mir gekommen, um dich mit mir zu beraten. Das ehrt dich ohne Zweifel. Aber es ist nichts, es ist ärger als nichts, wenn du mir jetzt nicht die volle Wahrheit sagst. Ich will nicht Dinge aufrühren, die nicht hierher gehören. Seit dem Tode unserer teueren Mutter sind gewisse unschöne Dinge vorgegangen. Vielleicht kommt auch für sie die Zeit und vielleicht kommt sie früher, als wir denken. Im Geschäft entgeht mir manches, es wird mir vielleicht nicht verborgen – ich will jetzt gar nicht die Annahme machen, daß es mir verborgen wird –, ich bin nicht mehr kräftig genug, mein Gedächtnis läßt nach. Ich habe nicht mehr den Blick für alle die vielen Sachen. Das ist erstens der Ablauf der Natur, und zweitens hat mich der Tod unseres Mütterchens viel mehr niedergeschlagen als dich. – Aber weil wir gerade bei dieser Sache sind, bei diesem Brief, so bitte ich dich, Georg, täusche mich nicht. Es ist eine Kleinigkeit, es ist nicht des Atems wert, also täusche mich nicht. Hast du wirklich diesen Freund in Petersburg?«

Georg stand verlegen auf. »Lassen wir meine Freunde sein. Tausend Freunde ersetzen mir nicht meinen Vater. Weißt du, was ich glaube? Du schonst dich nicht genug. Aber das Alter verlangt seine Rechte. Du bist mir im Geschäft unentbehrlich, das weißt du ja sehr genau; aber wenn das Geschäft deine Gesundheit bedrohen sollte, sperre ich es noch morgen für

immer. Das geht nicht. Wir müssen da eine andere Lebensweise für dich einführen. Aber von Grund aus. Du sitzt hier
im Dunkel, und im Wohnzimmer hättest du schönes Licht.
Du nippst vom Frühstück, statt dich ordentlich zu stärken.
Du sitzt bei geschlossenem Fenster, und die Luft würde dir so
gut tun. Nein, Vater! Ich werde den Arzt holen und seine
Vorschriften werden wir befolgen. Die Zimmer werden wir
wechseln, du wirst ins Vorderzimmer ziehen, ich hierher. Es
wird keine Veränderung für dich sein, alles wird mit hinübergetragen. Aber das alles hat Zeit, jetzt lege dich noch ein
wenig ins Bett, du brauchst unbedingt Ruhe. Komm, ich
werde dir beim Ausziehn helfen, du wirst sehen, ich kann es.
Oder willst du gleich ins Vorderzimmer gehn, dann legst du
dich vorläufig in mein Bett. Das wäre übrigens sehr vernünftig.«

Georg stand knapp neben seinem Vater, der den Kopf mit
dem struppigen weißen Haar auf die Brust hatte sinken lassen.

»Georg«, sagte der Vater leise, ohne Bewegung.

Georg kniete sofort neben dem Vater nieder, er sah die
Pupillen in dem müden Gesicht des Vaters übergroß in den
Winkeln der Augen auf sich gerichtet.

»Du hast keinen Freund in Petersburg. Du bist immer ein
Spaßmacher gewesen und hast dich auch mir gegenüber nicht
zurückgehalten. Wie solltest du denn gerade dort einen
Freund haben! Das kann ich gar nicht glauben.«

»Denk doch noch einmal nach, Vater«, sagte Georg, hob
den Vater vom Sessel und zog ihm, wie er nun doch recht
schwach dastand, den Schlafrock aus, »jetzt wird es bald drei
Jahre her sein, da war ja mein Freund bei uns zu Besuch. Ich
erinnere mich noch, daß du ihn nicht besonders gern hattest.
Wenigstens zweimal habe ich ihn vor dir verleugnet, trotzdem
er gerade bei mir im Zimmer saß. Ich konnte ja deine Abneigung gegen ihn ganz gut verstehn, mein Freund hat seine
Eigentümlichkeiten. Aber dann hast du dich doch auch wieder
ganz gut mit ihm unterhalten. Ich war damals noch so stolz
darauf, daß du ihm zuhörtest, nicktest und fragtest. Wenn du
nachdenkst, mußt du dich erinnern. Er erzählte damals un-
glaubliche Geschichten von der russischen Revolution. Wie er
z. B. auf einer Geschäftsreise in Kiew bei einem Tumult einen
Geistlichen auf einem Balkon gesehen hatte, der sich ein brei-

tes Blutkreuz in die flache Hand schnitt, diese Hand erhob und die Menge anrief. Du hast ja selbst diese Geschichte hie und da wiedererzählt.«

Währenddessen war es Georg gelungen, den Vater wieder niederzusetzen und ihm die Trikothose, die er über den Leinenunterhosen trug, sowie die Socken vorsichtig auszuziehn. Beim Anblick der nicht besonders reinen Wäsche machte er sich Vorwürfe, den Vater vernachlässigt zu haben. Es wäre sicherlich auch seine Pflicht gewesen, über den Wäschewechsel seines Vaters zu wachen. Er hatte mit seiner Braut darüber noch nicht ausdrücklich gesprochen, wie sie die Zukunft des Vaters einrichten wollten, aber sie hatten stillschweigend vorausgesetzt, daß der Vater allein in der alten Wohnung bleiben würde. Doch jetzt entschloß er sich kurz mit aller Bestimmtheit, den Vater in seinen künftigen Haushalt mitzunehmen. Es schien ja fast, wenn man genauer zusah, daß die Pflege, die dort dem Vater bereitet werden sollte, zu spät kommen könnte.

Auf seinen Armen trug er den Vater ins Bett. Ein schreckliches Gefühl hatte er, als er während der paar Schritte zum Bett hin merkte, daß an seiner Brust der Vater mit seiner Uhrkette spiele. Er konnte ihn nicht gleich ins Bett legen, so fest hielt er sich an dieser Uhrkette.

Kaum war er aber im Bett, schien alles gut. Er deckte sich selbst zu und zog dann die Bettdecke noch besonders weit über die Schulter. Er sah nicht unfreundlich zu Georg hinauf.

»Nicht wahr, du erinnerst dich schon an ihn?« fragte Georg und nickte ihm aufmunternd zu.

»Bin ich jetzt gut zugedeckt?« fragte der Vater, als könne er nicht nachschauen, ob die Füße genug bedeckt seien.

»Es gefällt dir also schon im Bett«, sagte Georg und legte das Deckzeug besser um ihn.

»Bin ich gut zugedeckt?«. fragte der Vater noch einmal und schien auf die Antwort besonders aufzupassen.

»Sei nur ruhig, du bist gut zugedeckt.«

»Nein!« rief der Vater, daß die Antwort an die Frage stieß, warf die Decke zurück mit einer Kraft, daß sie einen Augenblick im Fluge sich ganz entfaltete, und stand aufrecht im Bett. Nur eine Hand hielt er leicht an den Plafond. »Du wolltest mich zudecken, das weiß ich, mein Früchtchen, aber zugedeckt bin ich noch nicht. Und ist es auch die letzte Kraft, genug für dich, zuviel für dich! Wohl kenne ich deinen Freund. Er wäre ein Sohn nach meinem Herzen. Darum hast du ihn auch betrogen die ganzen Jahre lang. Warum sonst? Glaubst du, ich habe nicht um ihn geweint? Darum doch sperrst du dich in dein Bureau, niemand soll stören, der Chef ist beschäftigt – nur damit du deine falschen Briefchen nach Rußland schreiben kannst. Aber den Vater muß glücklicherweise niemand lehren, den Sohn zu durchschauen. Wie du jetzt geglaubt hast, du hättest ihn untergekriegt, so untergekriegt, daß du dich mit deinem Hintern auf ihn setzen kannst und er rührt sich nicht, da hat sich mein Herr Sohn zum Heiraten entschlossen!«

Georg sah zum Schreckbild seines Vaters auf. Der Petersburger Freund, den der Vater plötzlich so gut kannte, ergriff ihn, wie noch nie. Verloren im weiten Rußland sah er ihn. An der Türe des leeren, ausgeraubten Geschäftes sah er ihn. Zwischen den Trümmern der Regale, den zerfetzten Waren, den fallenden Gasarmen stand er gerade noch. Warum hatte er so weit wegfahren müssen!

»Aber schau mich an!« rief der Vater, und Georg lief, fast zerstreut, zum Bett, um alles zu fassen, stockte aber in der Mitte des Weges.

»Weil sie die Röcke gehoben hat«, fing der Vater zu flöten an, »weil sie die Röcke so gehoben hat, die widerliche Gans«, und er hob, um das darzustellen, sein Hemd so hoch, daß man auf seinem Oberschenkel die Narbe aus seinen Kriegsjahren sah, »weil sie die Röcke so und so und so gehoben hat, hast du dich an sie herangemacht, und damit du an ihr ohne Störung dich befriedigen kannst, hast du unserer Mutter Andenken geschändet, den Freund verraten und deinen Vater ins Bett gesteckt, damit er sich nicht rühren kann. Aber kann er sich rühren oder nicht?«.

Und er stand vollkommen frei und warf die Beine. Er strahlte vor Einsicht.

Georg stand in einem Winkel, möglichst weit vom Vater. Vor einer langen Weile hatte er sich fest entschlossen, alles vollkommen genau zu beobachten, damit er nicht irgendwie auf Umwegen, von hinten her, von oben herab überrascht werden könne. Jetzt erinnerte er sich wieder an den längst vergessenen Entschluß und vergaß ihn, wie man einen kurzen Faden durch ein Nadelöhr zieht.

»Aber der Freund ist nun doch nicht verraten!« rief der Vater, und sein hin- und herbewegter Zeigefinger bekräftigte es. »Ich war sein Vertreter hier am Ort.«

»Komödiant!« konnte sich Georg zu rufen nicht enthalten, erkannte sofort den Schaden und biß, nur zu spät, – die Augen erstarrt – in seine Zunge, daß er vor Schmerz einknickte.

»Ja, freilich habe ich Komödie gespielt! Komödie! Gutes Wort! Welcher andere Trost blieb dem alten verwitweten Vater? Sag – und für den Augenblick der Antwort sei du noch mein lebender Sohn –, was blieb mir übrig, in meinem Hinterzimmer, verfolgt vom ungetreuen Personal, alt bis in die Knochen? Und mein Sohn ging im Jubel durch die Welt, schloß Geschäfte ab, die ich vorbereitet hatte, überpurzelte sich vor Vergnügen und ging vor seinem Vater mit dem verschlossenen Gesicht eines Ehrenmannes davon! Glaubst du, ich hätte dich nicht geliebt, ich, von dem du ausgingst?«

»Jetzt wird er sich vorbeugen«, dachte Georg, »wenn er fiele und zerschmetterte!« Dieses Wort durchzischte seinen Kopf.

Der Vater beugte sich vor, fiel aber nicht. Da Georg sich nicht näherte, wie er erwartet hatte, erhob er sich wieder.

»Bleib, wo du bist, ich brauche dich nicht! Du denkst, du hast noch die Kraft, hierher zu kommen und hältst dich bloß zurück, weil du so willst. Daß du dich nicht irrst! Ich bin noch immer der viel Stärkere. Allein hätte ich vielleicht zurückweichen müssen, aber so hat mir die Mutter ihre Kraft abgegeben, mit deinem Freund habe ich mich herrlich verbunden, deine Kundschaft habe ich hier in der Tasche!«

»Sogar im Hemd hat er Taschen!« sagte sich Georg und glaubte, er könne ihn mit dieser Bemerkung in der ganzen Welt unmöglich machen. Nur einen Augenblick dachte er das, denn immerfort vergaß er alles.

»Häng dich nur in deine Braut ein und komm mir entgegen! Ich fege sie dir von der Seite weg, du weißt nicht wie!«

Georg machte Grimassen, als glaube er das nicht. Der Vater nickte bloß, die Wahrheit dessen beteuernd, was er sagte, in Georgs Ecke hin.

»Wie hast du mich doch heute unterhalten, als du kamst

und fragtest, ob du deinem Freund von der Verlobung schreiben sollst. Er weiß doch alles, dummer Junge, er weiß doch alles! Ich schrieb ihm doch, weil du vergessen hast, mir das Schreibzeug wegzunehmen. Darum kommt er schon seit Jahren nicht, er weiß ja alles hundertmal besser als du selbst. Deine Briefe zerknüllt er ungelesen in der linken Hand, während er in der Rechten meine Briefe zum Lesen sich vorhält!«

Seinen Arm schwang er vor Begeisterung über dem Kopf. »Er weiß alles tausendmal besser!« rief er.

»Zehntausendmal!« sagte Georg, um den Vater zu verlachen, aber noch in seinem Munde bekam das Wort einen todernsten Klang.

»Seit Jahren passe ich schon auf, daß du mit dieser Frage kämest! Glaubst du, mich kümmert etwas anderes? Glaubst du, ich lese Zeitungen? Da!« und er warf Georg ein Zeitungsblatt, das irgendwie mit ins Bett getragen worden war, zu. Eine alte Zeitung, mit einem Georg schon ganz unbekannten Namen.

»Wie lange hast du gezögert, ehe du reif geworden bist! Die Mutter mußte sterben, sie konnte den Freudentag nicht erleben, der Freund geht zugrunde in seinem Rußland, schon vor drei Jahren war er gelb zum Wegwerfen, und ich, du siehst ja, wie es mit mir steht. Dafür hast du doch Augen!«

»Du hast mir also aufgelauert!« rief Georg.

Mitleidig sagte der Vater nebenbei: »Das wolltest du wahrscheinlich früher sagen. Jetzt paßt es ja gar nicht mehr.«

Und lauter: «Jetzt weißt du also, was es noch außer dir gab, bisher wußtest du nur von dir! Ein unschuldiges Kind warst du ja eigentlich, aber noch eigentlicher warst du ein teuflischer Mensch! – Und darum wisse: Ich verurteile dich jetzt zum Tode des Ertrinkens!«

Georg fühlte sich aus dem Zimmer gejagt, den Schlag, mit dem der Vater hinter ihm aufs Bett stürzte, trug er noch in den Ohren davon. Auf der Treppe, über deren Stufen er wie über eine schiefe Fläche eilte, überrumpelte er seine Bedienerin, die im Begriffe war heraufzugehen, um die Wohnung nach der Nacht aufzuräumen. »Jesus!« rief sie und verdeckte mit der Schürze das Gesicht, aber er war schon davon. Aus dem Tor sprang er, über die Fahrbahn zum Wasser trieb es ihn. Schon hielt er das Geländer fest, wie ein Hungriger die Nahrung. Er schwang sich über, als der ausgezeichnete Turner, der er in seinen Jugendjahren zum Stolz seiner Eltern gewesen war. Noch hielt er sich mit schwächer werdenden Händen fest, erspähte zwischen den Geländerstangen einen Autoomnibus, der mit Leichtigkeit seinen Fall übertönen würde, rief leise: »Liebe Eltern, ich habe euch doch immer geliebt«, und ließ sich hinabfallen.

In diesem Augenblick ging über die Brücke ein geradezu unendlicher Verkehr.

Franz Kafka: Das Urteil.
     Eine Geschichte
     für F.

Zitiert nach:
Gerhard Neumann: Franz Kafka 'Das Urteil'. Text, Materialien, Kommentar. München: Hanser 1981. S.8–19.

2. Erster Versuch in einer 11. Klasse
(Dezember)1991

„Kleine grüngrau schimmernde Elefanten. Eine Truppe kleiner grüngrau schimmernder Elefanten patrouillierte auf dem Fenstersims. 'Welch elegantes Grab', dachte Ingrid."

Es handelt sich bei dieser Lerngruppe um die bereits erwähnte Klasse, in der ich im Verlauf des Schuljahres 1991/92 insgesamt vier Unterrichtsversuche durchführen konnte. Die Klasse bestand aus 21 Schülern und Schülerinnen, von denen vier Schüler aus dem ehemaligen Ostteil der Stadt erst nach den Sommerferien auf dieses Gymnasium übergewechselt hatten. Die auch ansonsten neu zusammengesetzte Klasse zeichnete sich sehr schnell durch ein faires soziales Klima aus, durch eine offene, tolerante Gesprächsatmosphäre. Die Leistungen im Fach Deutsch sind als durchschnittlich zu bezeichnen. Herausragend waren im mündlichen Unterrichtsgespräch Luise und Katharina. Thomas, ein älterer Schüler, der im 'Westen' endlich sein Abitur nachholen wollte, beteiligte sich zwar häufig am Unterricht, aber seine Beiträge waren nicht so gut wie die der beiden Schülerinnen. Des weiteren fielen Lukas und Klaus, die jenseits der ehemaligen Mauer ihre ersten Schuljahre verbracht hatten, durch seltene, dann aber fundierte Beiträge auf. Verena hingegen legte großes literarisches Interesse an den Tag. Zu den schwächeren Schülern gehörten Bernd, Franz und Kai, von denen der letzte kurz nach dieser Einheit die Schule verließ. Vera ist bereits ausführlich beschrieben worden, die anderen Schüler beteiligten sich unregelmäßig am Unterrichtsgespräch, wenngleich sie dem Unterrichtsgeschehen mit jener mäßigen Neugierde folgten, die 17jährige an den Tag zu legen pflegen.

Der Versuch, mit dieser Klasse eine extrem verzögerte Lektüre des *Urteils* durchzuführen, entstand zum einen aufgrund der Auseinandersetzung mit Barthes' *S/Z*, zum anderen aber auch durch die Erfahrungen, die ich während der ersten Unterrichtseinheit – über Romananfänge – mit den Schülern und Schülerinnen gemacht hatte: Sie schrieben zwar begeistert auf die ungewöhnlichen Aufgabenstellungen hin, aber viele Texte gerieten unbeholfen und klischeehaft. Selbst eine gute Schülerin wie Katharina hatte mit der literarischen Schreibaufgabe zwar keine Schwierigkeiten, verfaßte aber einen rührselig-kitschigen Romananfang, der einem 'Heftchenroman' nicht fern stand. Leseanalytische Probleme fielen ebenfalls auf. Während der Analyse der Romananfänge zeigte es sich, daß die Schüler statt zunächst zu lesen, was gedruckt im Text stand, ständig auf der Suche nach den ungeschriebenen Bedeutungen waren und dabei stets die 'gedruckten' Informationen übersahen. Aus dieser letztgenannten Erfahrung resultierte der Plan, das Lesen eines längeren Erzähltextes in den öffentlichen (Klassen)Raum zu holen, um über ein weitgespanntes fiktives Geschehen hinweg so etwas wie eine 'Lese-Übung' durchzuführen, die immer wieder bzw. von Anfang an von textbezogenem Schreiben begleitet sein sollte. Die auf diese Weise summierten Kenntnisse über einen möglichen Erzählverlauf sollten nach Abschluß der Lektüre in das Schreiben einer eigenen Erzählung münden und eigenständige wie gebundene Anwendung finden (vgl. dazu auch PAEFGEN 1993b).

Die Lerngruppe erhielt den Text des *Urteils* als Kopie, und zwar Seite für Seite. Erst wenn wir mit der einen Seite 'fertig' waren, wurde die nächstfolgende ausgeteilt usw.. Die Schüler erfuhren zunächst weder den Titel der Erzählung noch den Namen ihres Autors. Ersteres nicht, um eine möglichst geringe Erwartungshaltung aufzubauen, letzteres nicht, um bereits vorhandene Vorkenntnisse und -urteile nicht überhand nehmen zu lassen. Bezüglich der Seiteneinteilung wird – bis auf den Schluß – dem Zufall der Drucklegung gefolgt. Auf diese Weise soll ein öffentlicher Leseprozeß in Gang gesetzt werden, der eine Verlangsamung ermöglicht, wie sie durch die häusliche Lektüre jedes einzelnen Schülers nicht zu garantieren wäre. Bewußt wird der Begriff *Lesen* verwendet, wenngleich dieses Verfahren unweigerlich auch einen öffentlichen Rezeptionsprozeß in Gang setzt. *Lesen* signalisiert in unserem Zusammenhang den Akt der Informationsentnahme aus dem geschriebenen, d.h. gedruckten Text und die damit einhergehende Vermehrung des Wissens, während Rezeption die jeweilig aktuelle und subjektive Verstehenserläuterung des Gelesenen wiedergibt. Wie gesagt: Letzteres ist unabänderlicher Bestandteil von Unterrichtssituationen, aber über das Interesse an diesen wird vielfach vergessen, daß ein genaues Lesen den Rezeptionsäußerungen *voraus*gehen muß.

Die geplanten Schreibaufträge sahen für die Zeit des Lektüreprozesses selbst produktionsorientierte Aufgaben vor: Verfassen eines Briefes, den Georg an seinen Petersburger Freund schreibt, bevor wir diesen im Text gelesen hatten; eigenes schriftliches Gestalten des Schlusses, als noch ca. drei Seiten zu lesen waren; aber auch Resümees zu einer gerade gelesenen Seite bzw. ein Kommentar, in dem Georgs Verhalten analysiert werden sollte. Aufgaben wie diese bildeten die vorsichtige Annäherung an schreibendes Lesen. Den Schülern sollte die Möglichkeit gegeben werden, die extrem langsame Lektüre mit eigenem, inhaltlich orientiertem Schreiben zu begleiten. Verstanden wurden diese Schreibaufgaben allerdings eher als ein 'Warmschreiben', als Formulierungsübungen für die eigentliche 'große Aufgabe', die nach Beendigung der Lektüre auf die Lerngruppe wartete: Sie sollte ihr Lesen in ein eigenes Schreiben 'überführen' und eine eigene Erzählung schreiben, in der sie einige der erarbeiteten erzähltechnischen Merkmale des *Urteils* anwenden sollten.

Der Unterricht wurde aufgezeichnet (Cassettenrecorder). Die hospitierende Deutschlehrerin protokollierte während der Stunden, so daß anschließend hör- und lesbares Material vorlag. Die Lektüre des Textes selbst sah so aus, daß ich häufig Passagen vorlas, ohne daß der Lerngruppe der Text immer vorlag. Je weiter wir voranschritten, umso häufiger lasen die Schüler den weiteren Text selbst, still oder auch laut. Lautes Lesen wurde favorisiert, weil es für das öffentliche Lesen eine verbindlichere Form darstellt: Der Text ist im Raum präsent und nicht nur in den Köpfen der Lesenden.

Es gibt ein grundlegendes Problem, das die Durchführung dieses ersten Versuchs in besonderer Weise prägte und das als erstes erläutert werden muß: In der Planung der Einheit war ein zeitlupenartiger *Lese*prozeß vorgesehen, der den Schülern ermöglichen sollte, dem gedruckten Text so viele Informationen als möglich zu entnehmen und auf diese Weise ihr Wissen über diesen Text anwachsen zu lassen. Unter der Hand, ungefähr ab der 2. Stunde, entwickelte sich der Unterricht vorrangig zu einem *rezeptions*orientierten Unternehmen, in dem die verschiedenen Verstehensdimensionen der einzelnen Schüler mehr und mehr *in den Vordergrund* rückten. Nicht, daß für das rezeptive Verstehen der Erzählung kein Raum vorgesehen war, aber es sollte von der Planung her nicht eine solche Dominanz gewinnen. Er sollte hinter der Klärung der im Text – tatsächlich – enthaltenen Informationen zurückstehen (ein für Kafkas nicht einfaches Unterfangen, wie weiter unten zu zeigen sein wird). Diese Wendung in eine rezeptionsforschende Richtung entstand nicht zuletzt durch mein eigenes 'Fehlverhalten': Da mir zu diesem Zeitpunkt jegliche Lehrerfahrung mit dem *Urteil* fehlte, ließ ich mich immer wieder in Gespräche über Themen verwickeln, die die Schüler an der Erzählung interessierten, nicht zuletzt deswegen, weil mich ihre Sichtweise überraschten: Der erste Teil der Erzählung z.B. wurde unter dem Maßstab hehrer Freundschaftsideale rezipiert, deren Ansprüchen Georg in keiner Weise genüge tun konnte. Er verlor sehr schnell die Sympathien vor allem der Leserinnen, aber in hohem Maße auch die der Leser: „Die Klasse war sich darin einig, daß Georgs Verhalten falsch ist, daß man so keine Freundschaft aufrecht erhalten kann", notierte ich z.B. nach der 2. Stunde. In den Analysen der Stunden erkannte ich zwar diese für mein eigentliches Vorhaben fatale Tendenz, konnte aber den Unterricht nur mühsam wieder in eine andere Richtung lenken, weil das Interesse der Schüler an diesen Themen – Freundschaft, geschäftlicher Erfolg, die als (un)sympathisch eingeschätzte Figur des Georg – durch die weitere Lektüre stetig neue Nahrung fand. So notierte ich mir nach der 5. Stunde:

> „Ich wollte eigentlich anders mit dem Text arbeiten – analytischer, genauer, exakter – aber das hätte einen unglaublich stark gesteuerten Unterricht verlangt, währenddessen ich die Schüler sehr streng hätte führen müssen (...). Für die Analyse ist dieser Gesichtspunkt wichtig: Wenn man genau lesen will, erfordert das einen eng geführten Unterricht (...)."

Der Konflikt zwischen der eigentlich geplanten leseanalytischen Arbeit und den sich de facto entwickelnden Rezeptionsgesprächen wurde durch die ungleichen Wissensverhältnisse verstärkt: Während nur die Unterrichtende über eine vollständiges Kenntnis der Erzählung verfügte, war die Lerngruppe aufgrund ihres unvollkommenen Überblicks (erst in der 8. Stunde lasen wir den Schluß, wurden Titel und Name des Autors eingegeben) gezwungen, zu spekulieren. Statt daß sie aufgrund dieses Sachverhalts – wie intendiert – *genau las*, stellte sie lieber Vermutungen an. Die 'natürliche' Textpräsentation, die einem Leseverlauf entsprechen sollte, wurde gewählt, um akribisches, 'denkendes' (nach Proust) Lesen im öffentlichen Raum zu lehren. Das fand auch tatsächlich statt, wie weiter unten gezeigt werden wird, kollidierte aber unablässig mit der inhaltlichen Neugierde der Schüler, die jene noch verbleibende große „Leerstelle" auszufüllen suchten (was ich eigentlich hatte vermeiden wollen).

Trotz dieser für das wesentliche Untersuchungsinteresse deutlichen 'Handicaps' erbrachte dieser erste Versuch eine Reihe von Ergebnissen, die ihn nicht als gänzlich gescheitert erscheinen lassen. Die Erfahrungen konnten für Revisionen genutzt werden. So gelang der Einstieg in das Lese-Abenteuer ausgesprochen gut: Der Lerngruppe wurde – in Anlehnung an Gerhard Rupp – der erste Absatz des *Urteils* diktiert, so daß die Schüler schreibend zu lesen begannen. Das erste Gespräch fand aufgrund dieser durch Diktat entstandenen Mitschrift statt und zeigte, daß diese – viel Zeit beanspruchende – Methode zu einer fundierten wie sachlichen Textkenntnis erstaunlich vieler Schüler führte. Überhaupt funktionierte in der ersten Stunde noch jene angestrebte Verflechtung von Schreiben und Lesen: Zu Beginn wurden die ersten drei Sätze der Erzählung niedergeschrieben, zum Ende der Stunde verfaßten die Schüler ein Resümé der ersten Seite und hielten schriftlich fest, was sie bis dahin durch das Lesen des Textes erfahren hatten. Letzteres führte zu einer Auflistung folgender Gegensätze (gleichzeitig ein Dokument einer genauen Lektüre des Textes): Erfolgreicher – Erfolgloser; traditionsbewußt – jemand, der mit den Traditionen bricht; Kontakte, Freundschaft – Einsamkeit, Isolation; kleine Stadt (?) – großes Rußland, großes Petersburg; arm – reich; Heimat – Fremde; Georg ist schon ein Mann – Freund ein altes Kind; Vergangenheit – Gegenwart.

Auch die nachfolgenden Stunden produzierten neben Vermutungen über den weiteren Fortgang der Erzählung wachsende Kenntnisse über den geschriebenen Text. Immer wieder finden sich in meinen reflektierenden Notizen zum Unterricht, die ich während des Abhörens der Cassettenaufnahmen anfertigte, Sätze wie diese:

> „Die Schüler argumentieren sehr genau mit dem Text: 'Das steht da nicht, das wissen wir noch nicht so genau!' (...) Sie nehmen sehr wohl wahr, was geschrieben steht und argumentieren mit Textstellen, wenn man so langsam liest." (4. Stunde).
> „'Man muß wissen, ob das Realität ist, was der Vater sagt'", meint Thomas; die Schüler registrieren also, daß der Leser jeweils nicht genau weiß, ob 'stimmt', was im Text steht. Sie glauben es zunächst, dann merken sie allerdings, daß sie die Informationen immer nur aus einer Perspektive erfahren und werden dadurch verunsichert. (...) Immerhin führt diese Art des Lesens dazu, die Widersprüche der Erzählung als solche festzuhalten und sie nicht ständig zu glätten. Außerdem entdecken die Schüler diese Widersprüche selbst" (7. Stunde).

Tatsächlich summierte sich während des weiteren langsamen Lektüreprozesses ein beträchtliches Wissen an über das, was in dem Text an Informationen wie auch insbesondere an Widersprüchen enthalten ist: die Zweifel an der 'wirklichen' Existenz des Freundes, die fehlenden Informationen über Georgs Gefühlslage (bezüglich seiner Braut), die mal riesengroß, mal winzig klein beschriebene Vatergestalt. Vor allem stießen sich die Schüler immer wieder an der einsinnigen Erzählperspektive und schlußfolgerten aus dieser, daß der Leser 'ständig im Dunkeln tappt'. Einige Schüler waren allerdings dieser Erzähltechnik hilflos ausgeliefert und konnten die von Thomas formulierte Frage nach der „Realität dessen, was der Vater sagt" auch am Schluß noch nicht stellen: Zwar verwundert über das Mißverhältnis von (Georgs) 'Vergehen' und (des Vaters) Todesurteil, zeigten sie sich doch durch kulturelle und erzieherische Dogmen so geprägt, daß letztlich die Anerkennung der väterlichen Autorität über die 'Tücken der Erzähltechnik' siegte. Hinzu kommt natürlich, daß letztere jenes Vor-Urteil scheinbar unterstützte und es dem Leser wahrhaftig nicht leicht macht, die Macht des Vaters in Frage zu stellen. Daß uns innerhalb der Erzählung kein 'Beweis' für die 'Richtigkeit und Wahrheit' der Vater-Rede geliefert wird, erkannten gute Schüler wie Klaus, Thomas, Lukas und Verena. Schwächere Schüler stellten ihr Weltbild über den Text: Da Georg nicht gegen den

Vater rebelliert, brauchen sie es auch nicht zu tun. Im letzten Drittel der Einheit wurde die Arbeit an dem Erzähltext 'analytischer' und sprachbezogener. Dazu mag beigetragen haben, daß ich bemüht war, meine anfänglichen Fehler zu revidieren. Hinzu kam, daß die Schüler inzwischen über größere Textkenntnis verfügten und auf bereits Gelesenes zurückschauen konnten, statt zwangsweise in eine noch nicht gelesene Ferne blicken zu müssen.

Die im folgenden ausführlich analysierte Gesprächspassage der 7. Stunde demonstriert allerdings eindringlich[2], welche Anforderungen eine Kafka-Lektüre an die Schüler stellt: Die Worte – „und für den Augenblick der Antwort sei du noch mein lebender Sohn" – spricht der Vater im letzten Teil der Erzählung aus, als seine Straf- und Anklagerede ihren Höhepunkt erreicht hat:

>»Aber der Freund ist nun doch nicht verraten!« rief der Vater, und sein hin- und herbewegter Zeigefinger bekräftigte es. »Ich war sein Vertreter hier am Ort.«
>»Komödiant!« konnte sich Georg zu rufen nicht enthalten, erkannte sofort den Schaden und biß, nur zu spät, – die Augen erstarrt – in seine Zunge, daß er vor Schmerz einknickte.
>»Ja, freilich habe ich Komödie gespielt! Komödie! Gutes Wort! Welcher andere Trost blieb dem alten verwitweten Vater? Sag – und für den Augenblick der Antwort sei du noch mein lebender Sohn –, was blieb mir übrig, in meinem Hinterzimmer, verfolgt vom ungetreuen Personal, alt bis in die Knochen? Und mein Sohn ging im Jubel durch die Welt, schloß Geschäfte ab, die ich vorbereitet hatte, überpurzelte sich vor Vergnügen und ging vor seinem Vater mit dem verschlossenen Gesicht eines Ehrenmannes davon! Glaubst du, ich hätte dich nicht geliebt, ich, von dem du ausgingst?«
>»Jetzt wird er sich vorbeugen«, dachte Georg, »wenn er fiele und zerschmetterte!« Dieses Wort durchzischte seinen Kopf.
>Der Vater beugte sich vor, fiel aber nicht. Da Georg sich nicht näherte, wie er erwartet hatte, erhob er sich wieder.

Der Klasse war die Seite 10 ausgeteilt worden, wir hatten sie laut gelesen, so daß dieser Halbsatz nur einer unter vielen war. Maike geht in ihrem ersten Kommentar zu dieser Seite nicht auf diese Drohung des Vaters ein, sondern auf den Todeswunsch, der Georg als einzige Reaktion auf diese Redepassage des Vaters durch den Kopf „zischt". Allerdings spricht sie nicht von einem 'Todeswunsch', sondern kritisiert, daß Georg solche Gedanken habe. Als ich auf die vorausgegangene Drohung hinweise, vermutet dieselbe Schülerin, daß er seinen Sohn vielleicht „enterben" wollte. Maike weicht der Radikalität der geschriebenen Aussage aus und deutet lieber. Verena registriert eine zunehmende Angst Georgs, während Silke pragma-

---

2 Ausnahmsweise wird eine mündliche Unterrichtspassage analysiert, weil sich an dieser ein typisches Leseproblem deutlich machen läßt und weil die durch diese Unterrichtserfahrung gewonnene Erkenntnis für meine weitere Auseinandersetzung mit Kafkas Erzählung grundlegend geworden ist; es ist aber das einzige Mal, daß so ausführlich auf gesprochene Unterrichtspassagen eingegangen wird.

tisch-nüchtern konstatiert, daß der Leser nun immer mehr Interesse für den Vater entwickle. Sie glaube jetzt, daß der Vater recht habe. An diesem Punkt des Unterrichtsgesprächs formuliert Verena stotternd und zögernd, kaum glaubend, daß gemeint sein kann, was sie jetzt sagen wird: „Also, ich finde, das hört sich fast so an, als ob der Vater ihn jetzt umbringen will, weil – wenn er (*unsicher lachend*) nicht sein lebender Sohn ist, dann ist er ja sein toter Sohn." Damit stellt sich Verena dem Skandal dieser Drohung und spricht das tabuisierte Wort aus, das semantisch einfach nur das Gegenteil von „lebend" ist. Sofort schaltet sich Thomas ein und revidiert Verenas einfache, aber mutige Lesart: Der Vater spreche nicht wirklich von einem *toten* Sohn, sondern er meine vielleicht, daß er ihn nicht mehr als *seinen Sohn* akzeptiert, daß er also in dieser Rolle als Sohn nicht mehr für ihn existiert. Die Schüler zeigen sich nicht in der Lage, die in diesem Satz unverhohlen enthaltene Todesdrohung zu verbalisieren bzw. sie 'auszuhalten', obwohl sie ausgesprochen wurde. Sie können nicht lesen, was geschrieben steht, sondern deuten sofort oder metaphorisieren. Dieses Problem wurde in dieser ersten Einheit dadurch verstärkt, daß den Schülern und Schülerinnen zu diesem Zeitpunkt noch nicht das Wissen über die gesamte Erzählung zur Verfügung stand: Da ihnen das spätere Todesurteil noch unbekannt war, nahmen sie die hier bereits ausgesprochene Drohung nicht 'ernst'. Hinzu kam, daß ich zur Zurückhaltung gezwungen war, wollte ich nicht mit meinem Wissen prahlen, so daß ich Verenas mutigem Vorstoß nicht genügend Verstärkung anbieten konnte.

Das produktionsorientierte Schreiben während der Lektüre sollte den Schülern den langwierigen Leseprozeß ein wenig erleichtern. Diesen Effekt hatten die Schreibaufgaben auch durchaus: Sowohl das Verfassen des Briefes an den Petersburger Freund als auch die antizipierten Schlußvarianten ergaben intensive Unterrichtsgespräche, in denen die Schüler sich untereinander korrigierten, wenn Informationen aus dem bereits gelesenen Text entstellt oder falsch wiedergegeben wurden. Viele Schreiber berichten in den antizipierten Briefen nur sehr lakonisch von der stattgefundenen Verlobung und der bevorstehenden Hochzeit. Sie sprechen entweder höflich distanziert eine Einladung aus bzw. formulieren sie gleich als indirekte Ausladung. Von 'großen Gefühlen' ist selten die Rede: Bernd ordnet die Hochzeit in den normalen Lauf des Lebens ein, Marie schreibt einen knappen, kurzen Informationsbrief, der sich jeder emotionalen Stellungnahme enthält. Allerdings gibt es auch andere Tendenzen, die sich nicht in den bisher gelesenen Text einfügen: Verena ist z.B. um eine Versöhnung der beiden Freunde bemüht, und Thomas läßt Georg seine Hochzeitspläne damit begründen, daß er „sich verliebt habe". Letztgenanntes Argument stieß allerdings in der Klasse sofort auf Kritik: Von Liebe sei bisher nicht die Rede gewesen, man gewänne eher den Eindruck, diese Verlobung sei Georg eine „Last", der bis zu diesem Zeitpunkt gelesene Text „gäbe" eine Gefühlsregung des 'Verliebtseins' nicht „her". Zeigen die antizipierten Briefe, daß einige Schüler aufmerksamer gelesen haben als manche mündliche Beträge vermuten ließen, so ist die Stunde, in der ausschließlich mit den Schlußversionen gearbeitet wurde ein Beleg für die stimulierende Wirkung dieses verzögerten Vorgehens. Es handelte sich immerhin um die 6. Stunde der Einheit (als das Interesse doch zu erlahmen drohte) und um die 6. und letzte Stunde dieses Schultages: Trotzdem verfolgte die

Lerngruppe die einzelnen Schlußgestaltungen bis zum Klingelzeichen mit nicht geringem Interesse. Neben den banalisierenden Tendenzen, die bei solchen Aufgaben grundsätzlich nicht ausbleiben, bei Kafka aber nahezu unweigerlich entstehen (vgl. FINGERHUT 1991), boten diese schriftlich-verbindlichen Fixierungen trotzdem eine Basis, um sich im Gespräch über die Textlektüre zu verständigen: Lukas stellte fest, daß das Geschehen in der Erzählung bisher nur am Sonntagmorgen und nur in der Wohnung spielt, als Ralf sein 'happy end' auf dem Standesamt und bei der anschließenden Hochzeitsfeier vorgelesen hatte. Silke meint, daß blutige 'Enden' sich durch den bisherigen Verlauf nicht rechtfertigen ließen, auch wenn der Vater und Georg einen Streit ausfechten. Verena insistiert darauf, daß inzwischen so viel Spannung aufgebaut wurde, daß es nun zu irgendeiner Art von 'Knall' kommen müsse. Maike gestaltet das Ende als 'Erziehungsroman', in dem Georg 'etwas gelernt hat'. Lukas verteidigt seine Variante, in der der Vater Georg tötet (!), weil seinem Textverstehen nach der Vater verrückt sei und Georg nach dem Leben trachte. In seinem antizipierten Schluß stehen z.B. auch folgende Sätze: „'Georg, manchmal habe ich Mühe, in dir den Menschen zu finden. (...) Doch vielleicht bist du gar kein Mensch? Bis du überhaupt mein Sohn oder eine Satansgeburt? Ich weiß es', schrie er, 'du bist der Teufel.'"

Diese Schreibaufgaben, die zu textklärenden Unterrichtsgesprächen führten, erfüllten innerhalb dieses ersten Versuchs die Funktion, die Schüler über die lange Lese-Zeit hinweg an den Text zu binden. Sie verhinderten auch jene eingangs kritisierte, spekulative Tendenz, weil die Schüler sich untereinander korrigierten und auf bereits gelesene Textstellen verwiesen, wenn in den Antizipationen schon gegebene Informationen entstellt oder verfälscht wurden. Trotzdem stand zum Ende der ersten Durchführung fest, daß bei zukünftigen Erprobungen mit dieser Form der Aufgabenstellung vorsichtiger umgegangen werden sollte: Zwar stellten sie eine Möglichkeit vor, Schüler vom Lesen zum Schreiben zu 'führen', aber eine, die jene freiassoziierende Gedankentätigkeit – je nach Leser-Typ – verfestigt und die kontraproduktiv für eine sprachgenaue Lektüre wirken kann: wenn eben diese Schreiberin, dieser Schreiber das entdeckte 'Möglichkeitsfeld' – z.B. das eines 'verliebten Georgs' – glaubt, unbedingt verteidigen zu müssen. Produktionsorientierte Schreibaufgaben haben den Vorteil, den Schüler als schreibenden Leser beim Wort (und ihn ernst) nehmen zu können. Sie haben den Nachteil, die *eine*, während des Lesens aktivierte Tätigkeit des Phantasierens ungleichgewichtig in den Vordergrund zu holen.

Das 'eigentliche' Schreiben sollte nach Beendigung der Lektüre stattfinden: Um den Schülern Gelegenheit zu geben, die während des langwierigen Lektüreprozesses gesammelten Erkenntnisse und Eindrücke schreibend anzuwenden und umzusetzen, erhielten sie in der 9. Stunde folgendes Aufgabenblatt:

„ – Franz Kafka: *Das Urteil*. Eine Geschichte für F. –
Nachdem wir diesen Text ausführlich gelesen haben, sollen Sie anschließend selbst eine Geschichte schreiben, in der Sie versuchen, einige der für *Das Urteil* auffälligen erzähltechnischen Merkmale anzuwenden.
Ihre Aufgabe lautet:

Schreiben Sie eine längere Erzählung zu einem von Ihnen gewählten Thema, in der Sie sich nach folgenden verbindlichen Regeln richten:
1. Beachten Sie die Einheit von ORT und ZEIT!
   Lassen Sie die Handlung möglichst an *einem* Ort spielen. Achten Sie darauf, daß die erzählte Zeit (Zeitumfang, über den sich die geschilderte Handlung erstreckt) übersichtlich beleibt (keine Zeitsprünge von Stunden, Tagen oder Wochen).
2. Beschränken Sie sich auf wenige in der Erzählung unmittelbar auftretende FIGUREN, und charakterisieren Sie diese nur durch das, was sie sagen, denken oder tun!
   Beschreiben Sie weder das Äußere der Figuren noch ihre Gefühle; letztere sollen sich nur indirekt aus dem Text erschließen lassen. Vermeiden Sie jede direkte Beschreibung eines Gefühlszustandes (d.h. Worte wie Angst, Haß, Liebe, Wut etc. sollen nicht vorkommen)!
3. Erzählen Sie die Geschichte aus der PERSPEKTIVE einer Ihrer Figuren, aber schreiben Sie nicht in der Ich-Form!
   Für alle Regeln gilt *Das Urteil* als literarisches Beispiel. Ein Tip: Wenn Sie während des Schreibens unsicher werden, lesen Sie in der Erzählung von Franz Kafka nach, 'wie er es gemacht hat'. Das hilft Ihnen sicherlich weiter."

Die Regeln, auf die die Klasse während der Lektüre selbst gestoßen war (bis auf die indirekte Charakterisierung der Figuren), sollten sie an die gelesene Erzählung 'anbinden', ihnen aber gleichzeitig Raum zur schreibenden Gestaltung eines eigenen fiktiven Erzählzusammenhangs lassen. Außerdem sollte mit Hilfe dieses Reglements das literar-ästhetische Schreiben der Schüler gelenkt und sacht geführt werden. Es galt zu überprüfen, ob sich literarisches Schreiben durch solche Vorgaben (positiv?) beeinflussen läßt und ob solche Anweisungen zu konsequenterem Erzählen führen als in den ganz 'freien' Romananfängen. Insofern wurden diese Regeln als Hilfslinien durch das Schreiben der Schüler gezogen – vergleichbar den Anweisungen im Kunstunterricht zur Erstellung eines Bildes oder einer Plastik – und sollten ihnen als Orientierung dienen. Auch Verstöße gegen diese Einschränkungen und Nicht-Beachtung derselben kann für das literarische Schreiben produktiv sein, weil auf diese Weise ein Bewußtsein erzeugt wird von dem, was das erzählende Schreiben an Eigendynamik hervorbringt. Wohl wissend, daß modernes Erzählen des 20. Jahrhunderts mit vergleichbaren Regeln nicht zu erfassen ist, wurden dieselben trotzdem in der zitierten Form gewählt: zum einen weil sie die literar-ästhetischen Erzählprobleme der Schüler aufgriffen, die mit der Koordination von Zeit- und Ort sowie dem perspektivischen Erzählen ihre Schwierigkeiten hatten; zum anderen aber auch, weil sie an klassische Ästhetik anknüpfend (Einheit von Ort und Zeit), durch ihre strenge, nüchterne Reduktion auf Wesentliches wie ein 'Warnschild vor schreibenden Fehltritten' funktionieren können/sollen. Nicht zuletzt wurde versucht, mit diesen Regelangaben einen bewußten Schreibprozeß zu initiieren, in dem das literarische Formulieren nicht so einfach und glatt von der Hand gehen sollte. Vielmehr sollte dieses 'behindert' werden, um den literarischen Schreibvorgang zu einem problemlösenden zu machen.

Letzteres gelang – den Aussagen der Schüler – zufolge zumindest in Ansätzen, weil sie von einem reflektierten Schreibvorgang berichteten, der ihnen nicht so leicht wie das Verfassen der Romananfänge gefallen sei. Die im Anschluß an diese Lese-Einheit geschriebenen Erzählungen sind klarer strukturiert und systematischer erzählt als die Romananfänge, aber da die Regeln die Wahl des zu erzählenden Gegenstands nicht beeinflußt haben, gewinnt bei den jugendlichen Schreibern das Interesse am Inhalt häufig die Überhand. Deutlich ist den Erzählungen abzulesen, daß man um Beachtung und Einhaltung der Regeln bemüht war, wobei besonders die erste und die letzte Regel wohltuend klärende Wirkung ausüben und zu einer Übersichtlichkeit des Erzählten beitragen. Auch die Beschränkung auf wenige Figuren fiel den Schülern nicht schwer, während sie offensichtlich Probleme damit hatten, ihr fiktives Personal nur indirekt zu schildern und sich einer unmittelbaren Beschreibung des Emotionalen zu enthalten: Man kann siebzehnjährigen Schülern nicht untersagen, über Liebe, Glück, Verstehen und Verständnis zu schreiben, auch dann nicht, wenn sie gerade Kafka gelesen haben; vielleicht sogar gerade dann nicht! Die familiäre Konfliktsituation des *Urteils* übertragen viele Schüler auf eine Ehe- bzw. Beziehungsproblematik, so daß die zweite Regel natürlich als ausgesprochen störend empfunden wurde; obwohl gerade dieses Erzählhindernis sehr bewußt gestellt worden war, um die Neigung der jugendlichen Schreiber, Emotionszustände ausufernd und unmittelbar zu schildern, einzuschränken.

Charakteristisch für die Erzählungen dieses ersten Versuchs ist, daß das intensiv gelesene *Urteil* nur sehr indirekt und verhalten in den Schülertexten 'aufgefunden' werden kann: So schlagen z.B. alltäglich-gewöhnliche, harmlose Situationen in außerordentliche mit existentieller Bedeutung um. Jene Wendung vom Sonntagmorgen im „schönsten Frühjahr" zum „Tode des Ertrinkens" ist als Grundmuster – wenn auch manchmal nur sehr schwach – erkennbar. Im Grunde aber bleiben die Erzählungen hinter den Erwartungen zurück, weil eine deutlichere Einflußnahme der Kafkaschen Erzählung intendiert war. Aufgrund der anderen Erfahrungen in den weiteren Versuchen kann die begründete Vermutung angebracht werden, daß den Schülern ein zu langer Zeitraum zum Schreiben zur Verfügung stand: Mit den Weihnachtsferien waren es vier Wochen. Die wenigsten Schüler hatten während der Ferien geschrieben, so daß die Texte erst im Januar entstanden, über drei Wochen *nach* Beendigung des Lesens. In diesem ersten Versuch 'brachen' die beiden Tätigkeiten des Lesens und Schreibens weiter auseinander als eigentlich geplant: Mit dem Schreiben sollte während der letzten Unterrichtsstunden begonnen werden. Dieses Vorhaben scheiterte aus organisatorischen Gründen, so daß der Schreibbeginn für viele Schüler erst in das neue Jahr fiel. Es ist nicht auszuschließen, daß diese zeitliche Entfernung von dem Leseprozeß auch die Entfernung von der Erzählung selbst bedingt hat. Insofern muß der Schreibprozeß selbst, die Übung, die die Schüler schreibend vollzogen haben, in diesem ersten Versuch weitaus höher bewertet werden als das Ergebnis.

Veras Text, der wiederum aus dem Rahmen des üblichen fiel, soll die 'Erzählanstrengungen' repräsentieren, die das Ergebnis dieses Versuchs bildeten: Erstaunlich an ihrem Text ist – wie schon bei dem Romananfang –, daß die Schreiberin angelesenes (oder an-gesehenes) Wissen schreibend so zu gestalten vermag, daß ihre Epigonalität eine spielerische, selbstverständliche und glaubwürdige Leichtigkeit gewinnt, ohne hölzern oder verkrampft nachgestellt zu wirken. Während die meisten Texte der Schüler unmittelbar auf ein bestimmtes literarisches oder filmisches Genre zurückgeführt werden können, bleibt Veras Erzählung diesbezüglich eher in der

Schwebe und evoziert Erinnerungen an Frauenliteratur wie auch an kleine journalistische Stücke oder an Hörspiele: Sie arrangiert diese Bruch- und Fundstücke so, daß sie in ihrem Erzählzusammenhang eine neue Wirkung erreichen. Die Regeln, die Vera nach eigenen Aussagen als restriktiv empfand, hält sie gleichwohl weitgehend ein und konstruiert ein hermetisches Handlungstableau mit einer einzigen Figur und deren Innenwelt. Die Schreiberin von *Unterhaltung mit einer Katze* hat das Regelgerüst mit einem 'passenden' Inhalt gefüllt und nach einem Stoff gesucht, auf den diese Einschränkungen sinnvoll anzuwenden sind. Angesichts des gewagten Themas – eine junge, offensichtlich reiche Witwe kehrt nach der Beerdigung ihres Mannes (?) in das leere Haus zurück und wird durch eine Katze am Selbstmord gehindert – sind einige sentimentale und dramatisierende Effekte verständlich, die auch jene eigentlich tabuisierten Worte in den Erzähltext einfließen lassen. Möglicherweise wären diese pathetischen Momente noch stärker ausgestaltet, wenn die Aufgabenstellung nicht diesbezüglich so starke Einschränkungen vorgesehen hätte. Insofern sind vielleicht gerade für gute Schreiberinnen solche Übungen wie dieses Schreiben nach erzähltechnischen Regeln ein gutes Experimentierfeld, an dem sie sich reiben und schulen können. Vielleicht ist es der Widerstand, den die Regeln boten, der die Schreiberin herausgefordert hat, sich weit über ihren bisherigen Erfahrungshorizont hinaus zu wagen und diesen überraschend glaubwürdig schreibend zu gestalten:

„Unterhaltung mit einer Katze
Es wurde langsam dunkel. Die Lichter in den Schaufenstern und an den vorüberjagenden Fahrzeugen verschwammen rechts und links zu leuchtenden Bändern. Feine Eiskristalle, die sich hier und da auf die Glasscheiben setzten, brachen das Licht, verwischten Konturen und Farben, und verwandelten die Welt dort draußen vollends in eine diffuse, formlose Masse. Ingrid streifte die von den Dornen der Rosen zerrissenen schwarzen Glacéhandschuhe ab und begann in ihrer Tasche nach dem Brief zu suchen, den der Richter ihr zugesteckt hatte. Vorsichtig zog sie das Stück Papier, welches sie für den Brief hielt, aus der Tasche und betrachtete es. Auf dem Umschlag standen ein paar Zahlen. Sie ließ den Brief zurück in die Tasche fallen. Was auch immer er enthielt, nichts und niemand konnte sie abbringen von ihrem letzten Vorhaben.
'Schauerallee war das, eh?' Der Fahrer riß das Lenkrad herum. Ingrid wurde unsanft in den Rücksitz gedrückt. 'Ja', antwortete sie, während sie ihr Portemonnaie aus der Tasche fingerte. '7 bis 12, bitteschön, 45,30 macht das'. Die Frau bezahlte den Mann, der sie durch das abendliche Innsbruck chauffiert hatte, ging den Weg zum Haus hinab, schloß die Tür auf, machte jedoch kein Licht. Sie legte den Mantel ab und befreite ihre schmerzenden Füße von den schwarzen Pumps, an denen noch immer feuchter Lehm klebte. Andächtig ging sie den langen, weiß getünchten Flur entlang. Das alte Haus mit seinen hohen stuckbesetzten Decken, seinen zahlreichen Erkern und Türmchen, den weitläufigen Sälen mit Parkettboden und Persern gehörte nun ihr allein. Die Flurwände entlang hingen Gemälde ostasiatischer Künstler. Der Japaner Kensai Yamamoto war Daniels Favorit gewesen. Auch Ingrid mochte seine Bilder. Sie ließen einem Raum zum Atmen, zwischen seinen Pinselstrichen blieb Platz für eigene Phantasien. Hatte sie auch sonst oft Stunden vor ihnen zugebracht und angestrengt nach dem gesucht, was Daniel in ihnen zu finden schien, so ging sie jetzt an ihnen vorbei bis zu letzten Tür, vor der einige gerahmte Fotos hingen. Eines von ihnen nahm sie von der Wand, ging dann in die Küche und kehrte

mit einer Packung Cornflakes und einem Glas Wasser zurück zur Garderobe, wo sie ein kleines weißes Päckchen aus ihrer Handtasche holte. Wieder lief sie den Gang hinab bis zur letzten Tür, öffnete diese, das Wasserglas auf dem Glasrahmen balancierend und warf sie hinter sich ins Schloß.

Ingrid liebte dieses Zimmer. Es war der schönste Raum des ganzen Hauses. Tapeten, Vorhänge, Veloursteppich und die lederne Sitzgarnitur in hellen Pastelltönen gehalten, Tisch und Kamin, Schmuckstücke aus Marmor und Messing. Im Zentrum des Raumes vor der neugotischen Flügeltür, die auf die Terrasse führte, ein rotbrauner Flügel mit hellen und dunklen Intarsien verziert. Die Frau lief quer durch den Raum, um die Glastüren zur Terrasse ein Stück weit zu öffnen, gerade so, daß die kühle Nachtluft eindringen und sie aus ihrer Erstarrung wecken würde. Mit jedem Schritt, den sie machte, schien sich ein Stück Erinnerung an das gerade Geschehene von ihr zu lösen. Vielleicht war alles nur ein böser Traum gewesen, ein schlechter Scherz, ein Trugbild. Unter ihren Blicken hatten sich bizarre Schatten in Kobolde und Dämonen verwandelt. Alles war unverändert, bestimmt hatte sie das Zimmer vor wenigen Minuten gemeinsam mit ihm verlassen und war nur zurückgekehrt, weil sie ihre Handtasche an der Garderobe vergessen hatte. Jeden Moment würde er in der Tür stehen und sie fragend anblicken. Sie hörte ihn seufzen und lachen. Der Zauber in seinem Gesicht ... Daniels Vergangenheit war reich an Demütigungen gewesen, und doch hatte er jedem nur Liebe geschenkt. Sein Gesicht hatte Klarheit, Ruhe und Wärme ausgestrahlt, seine Gegenwart hatte etwas Heilendes, etwas Heiliges gehabt. Ingrid ließ sich auf die helle Ledercouch fallen.

Es gab Menschen, die lebten und doch tot waren, nicht wahr? Gab es etwas, das einen wahren Wert besaß? Werte? Wer hatte das Recht, wer war so widerwärtig und grausam, sie und all die anderen gequälten Seelen in diesen Kasten zu sperren und auf ein Schlachtfeld zu schicken, auf dem es nicht einmal zwei Kontrahenten mit klaren Positionen gab. Straß und Pailletten, falsche Wimpern und Fußkettchen. Eine gelebte Lüge. Was hatte sie schon angefangen mit ihrem Leben? Oft hatte sie sich in die sorglosen Tage ihrer Jugend zurückgewünscht. Das Vergangene noch einmal durch eigene Kinder zu erleben, wäre schön gewesen. In ihnen wiederzuentdecken, was man selbst längst vergessen hatte, in ihnen das Wesentliche, vielleicht einen Funken Wahrheit oder einen neuen Sinn zu finden. Hatte sich ihre Biographie auch wie ein Hollywood-Märchen gelesen, hatte man ihr Lächeln auch teuer bezahlt, war sie es doch gewesen, deren Schuld ein Mensch nicht hätte begleichen können. Ingrid zog eines der silbernen Stanniolröllchen aus der weißen Packung und kippte dessen Inhalt in das Glas, wo dieser sich im Wasser restlos löste.

Von den Jahren war nichts zurückgeblieben. Ein Kreis schloß sich und man befand sich, wo man einst losgegangen war. Keine Souvenirs, keine Photos. Das Geschäft mit der Zeit war ein Betrug. Sie heilte weder Wunden, noch lehrte sie einen irgendetwas, aus dem man einen Nutzen hätte ziehen können. Ingrids Blicke streiften durch den Raum und blieben an den Jadeskulpturen vor dem Fenster haften. Kleine grüngrau schimmernde Elefanten. Eine Truppe kleiner grüngrau schimmernder Elefanten patrouillierte auf dem Fenstersims. 'Welch' elegantes Grab', dachte Ingrid.

Die Jahre mit Daniel waren alles gewesen, das von Bedeutung war. Was hätte sie ihm alles sagen wollen. Nun war er fort. Sein verdammter Gott hatte ihn ihr genommen. Der Schmerz würde sich verändern, aber er würde nie vergehen. Das Photo in den Händen haltend, lehnte sie sich über das Seitenpolster der Couch und betrachtete die schwere Standuhr, die nun wie ein Stalaktit aus der Decke zu wachsen schien. Erbarmungslos zogen die Zeiger auf dem Zifferblatt ihre Runden. Ingrids Augen folgten dem Pendel, das unentschlossen her und hin schwang, voll Hohn, betäubend, verwischend. Alles schien fremd, entfernte sich langsam. Alles wich langsam von ihr ab, immer weiter, ferner, unwirklicher.

Sie ging durch einen Garten, an hohen Gittern prächtige Rosengewächse hochgezogen, steinerne Rundbögen, überwuchert von wildem Wein, ein kalter, blauer Himmel.

Die dürre Hand in der ihren, die verzweifelt nach Halt suchte, die sich an sie klammerte, bettelnd, bittend, wie ein Ertrinkender angesichts der erbarmungslosen Fluten. So schwach und doch voll Kraft, einer teuflischen letzten Kraft des Willens. Ein Blick, ein Lächeln, sie hätte niemals in Worte fassen können, was sie in solchen Momenten empfunden hatte, und es wäre vermessen gewesen, dies auch nur zu versuchen. Freude und Verzückung lagen dem Schmerz so nahe. Die Standuhr tickte. Es war Zeit zu gehen.

Plötzlich wurden Ingrids Gedanken jäh unterbrochen. Ein Splittern und Bersten zerriß die Stille. Sie schreckte hoch und griff nach dem Brieföffner, der auf dem Zeitungsstapel neben der Couch lag. Irgendetwas dort draußen mußte, trotz völliger Windstille, um- oder heruntergefallen sein. Gebannt fixierte sie die Terrassentür. Knarrend bewegte sich der rechte Türflügel um einige Zentimeter nach vorn. Erleichtert sank sie in sich zusammen, als sich mit flinken Schritten ein geduckter, schwarzer Schatten von der Tür her nähert. 'Paisely, du kleine Hexe!', zischte sie lächelnd dem unerwarteten Gast entgegen. 'Konntest du nicht anklopfen, du hast mich fast zu Tode erschreckt.' Mit einem Satz saß die Katze neben ihr und schmiegte sich schnurrend an sie. Paisley war ihr erstes Geburtstagsgeschenk an Daniel gewesen. Was konnte man einem Mann schenken, der schon alles besaß. Verzweifelt hatte sie nach etwas gesucht, das alles Schöne und Wunderbare dieser Welt in sich vereinen würde. Es mußte etwas Natürliches sein, etwas Lebendiges, etwas, das einen liebte und doch Widerstand leistete und sich nur mit List formen ließ. Als sie auf einer beruflich bedingten Reise auf einem Markt in Sansibar dieses kleine maunzende schwarze Fellknäuel entdeckte, ahnte sie noch nicht, daß es sich tatsächlich zu einem Abbild komplexester Schönheit entwickeln würde. Ingrid war immer davon ausgegangen, daß die Seele eine Fiktion des Gehirns, daß sie der Name des Stück Wahnsinns sei, den die menschliche Intelligenz mit sich brachte. Von ihr gingen jene Leidenschaften und Eitelkeiten aus, die jegliche Prinzipien zunichte machten. Wann immer jedoch Paisley in ihren Armen lag und sie anblickte, schienen ihr alle ähnlichen Überlegungen lächerlich. Sie wußte, daß sie sich nicht entsprechend ihrem Glauben verhielt. Da waren unüberwindliche Gegensätze, und manchmal fragte sie sich, ob sie nicht im Unrecht war, wenn sie einen Gott verleugnete.

Fast hatte die junge Frau ihr letztes Vorhaben vergessen. Fast war ihr der Grund entfallen, aus dem sie nach der Beisetzung von Daniel, das außerhalb der Stadt gelegene Haus aufgesucht hatte. Es erinnerte an drei wundervolle Jahre, in denen sie wirklich gelebt und geliebt hatte. War sie nicht undankbar? Diese drei Jahre konnten sich mit keiner Zeit messen. Sie waren ein Geschenk gewesen, eine Kostbarkeit, ein Licht, das sie nun in sich trug.

'Warum mußte er sterben, Paisley? Es ist nicht der Schmerz des Verlustes, der mich quält. Er war ein guter Mensch, sein Herz war voller Liebe. Wenn es auf dieser Welt Gerechtigkeit gibt, weshalb lebe *ich* dann? Ist es die größere Strafe zu leben?' Ingrid sah hinab auf dieses Wesen, dessen Blicke aus kristallklaren leuchtend blauen Augen Löcher in ihr Herz brannten. Du Narr! Hilflos strich sie über das samtige schwarze Fell der Katze. Dies war der Moment, in dem sie begriff. Das Leben und die Liebe lagen allein in dieser Berührung, die Ewigkeit war dieser Moment. Es machte keinen Unterschied, wie lange, sondern *daß* man lebte. Ich bin ein Narr. Mit zitternder Hand stieß sie das Glas um, hob Paisley auf ihren Schoß, drückte die Katze fest an sich und weinte."

Dieser erste Schreib-Lese-Versuch zu Kafkas *Urteil* erwies sich in mehrfacher Hinsicht als revisionsbedürftig:

–   Es galt nach Schreibformen zu suchen, die nicht nur rezeptionsorientiert waren, die aber den Lesevorgang zu begleiten vermögen: Wie kann das Lesen eines literarischen Textes mit einem Schreiben verbunden werden, das zu einer genaueren Lektüre verpflichtet?

–   Das Schreiben sollte in einigen Unterrichtspassagen das Reden über den Text ersetzen. Während dieses ersten Versuchs war ich der alten Gewohnheit des fragend-entwickelnden Unterrichtsgesprächs folgend, zu oft in diese Bahn geraten: Die Verbindlichkeit des Schreibens für jeden einzelnen sollte phasenweise das Sprechen ersetzen.

–   Auch wenn die aus dem *Urteil* abgeleiteten Regeln für das Schreiben der eigenen Erzählung nach dem ersten Versuch durchaus skeptisch beurteilt wurden, so sollten sie auf jeden Fall noch ein weiteres Mal erprobt werden, allerdings in einer überarbeiteten Fassung: Es galt, die zu schreibende Erzählung deutlicher mit dem gelesenen *Urteil* zu verbinden.

–   Nicht in Frage gestellt wurde der zugrunde liegende literarische Text: *Das Urteil* überstand das in die Länge gezogene Lese-Unternehmen schadlos. Allerdings erwies es sich als ungünstig, wenn nur die Unterrichtende über das gesamte Textwissen verfügt und die Lerngruppe längere Zeit in einer unaufgeklärten Situation verbleibt. Zukünftig mußte die Erzählung auf jeden Fall wie üblich in Hausarbeit gelesen werden, damit sie für den öffentlichen Unterricht bekannt ist. Auch wenn dieser Versuch gezeigt hat, daß der gemeinsame Lesevorgang auf Dauer keine Alternative zu dem gewohnten Verfahren bildet, hat es sich gleichwohl gelohnt, ihn erprobt zu haben, weil er Leseprobleme deutlich gemacht hat, auf die zukünftig aufgebaut werden kann.

3. Zweiter Versuch in einem universitären Proseminar (Sommersemester 1992)

> „Im formalen Sinn ist Büro sicherlich ein treffender Ausdruck, aber eigentlich war es nur die an ein richtiges Büro üblicherweise angrenzende Kammer, die der dort arbeitende Angestellte nicht zu nutzen verstand und die deshalb vor ziemlich genau fünf Wochen vom Büroleiter mit einer durchaus großzügigen Geste dem Gregor überlassen worden war, welcher bis dato in einer allerdings geräumigen Nische im Nebenflur des Hauptgangs hatte arbeiten müssen."

Zu einem fachdidaktischen Proseminar, das am Fachbereich 22 der Technischen Universität Berlin im Vorlesungsverzeichnis für das Sommersemester 1992 unter dem Titel *Literarisches Schreiben im Deutschunterricht der Sekundarstufe II* angekündigt war, fanden sich zwölf Studenten zusammen, denen in der ersten Seminarsitzung das längere Schreib-und Leseprojekt zu Kafkas *Urteil* als Teil des Seminarplans angekündigt wurde; „Zeitlupenlektüre" stand im Plan. Ein Student blieb nach dieser ersten Sitzung dem Seminar fern, die anderen elf Teilnehmer ließen sich auch nicht von der angekündigten literarischen Schreibaufgabe abschrecken, deren Erfül-lung als Voraussetzung für den Seminarschein abgesprochen wurde. Im Unterschied zu der schulischen Durchführung sollten die Studenten *Das Urteil* vor der erneuten gemeinsamen Lektüre einmal vollständig gelesen haben, so daß im Seminar selbst von einer Kenntnis des Textes ausgegangen werden konnte. Um den theoretischen Ursprung des Projekts transparent werden zu lassen, wurde der erläuternde Vor-spann aus BARTHES' *S/Z* (1987, S.7–26) vor Beginn der *Urteil*-Lektüre im Seminar gelesen und diskutiert. Der universitären Durchführung lag also ein gänzlich anders gearteter Informationsstand als Basis zugrunde. Dieser zweite Versuch konzen-trierte sich, trotz des veränderten institutionellen Rahmens und trotz der anderen Altersgruppe, auf dieselben Fragen wie der erste, wobei die Erprobung Mängel und Schwächen der ersten Durchführung auszugleichen versuchte. Geplant war, *Das Urteil* in drei Seminarsitzungen noch einmal gemeinsam zu lesen und zu ihm zu schreiben. Auch dieser Versuch wurde noch aufgezeichnet, so daß der Auswertung nicht nur geschriebene, sondern auch Ton-Dokumente zur Verfügung standen.

Bevor insbesondere auf die in diesem Versuch geschriebenen Texte eingegangen wird, soll vorab erläutert werden, was an der universitären Erprobung charakteri-stisch war. Zunächst einmal brauchten wir länger als geplant, um *Das Urteil* zu „durchqueren", vier Sitzungen statt drei. 'Fertig' wurden wir innerhalb dieser Zeit nur, weil wir die letzten drei Seiten nicht mehr so statarisch lasen wie die ersten zwei Drittel des Textes. Die Studenten 'hakten' sich an einigen sprachlichen Details so fest, daß wir durchgängig länger für einzelne Passagen brauchten als antizipiert: So verharrten wir in der ersten Sitzung lange beim ersten Absatz, lange bei dem „endgültigen Junggesellentum" und dem „gesellschaftlichen Verkehr" des zweiten Absatzes. Robert wies auf den Zeitwechsel zum Plusquamperfekt hin in der Pas-sage, unmittelbar bevor Georg den Zimmerwechsel vollzieht. Die Erzählperspektive beschäftigte uns ansatzweise schon in der ersten, aber ab der zweiten Sitzung, die mit Georgs Brief begann, unablässig. Da Felicitas, eine engagierte und gesprächs-dominante Studentin, von Beginn an die These vertrat, die Erzählung werfe mit wachsendem Voranschreiten mehr Fragen auf als daß sie Antworten erteile, ließen sich auch die anderen Seminarteilnehmer zunehmend darauf ein, 'Ungereimtheiten' zu akzeptieren und zunächst einmal zu benennen. Außerdem zeigte die studentische Gruppe, anders als die 11. Klasse, intertextuelles Interesse: Hinweise auf die zufällig erfolgte Lektüre von um die Jahrhundertwende erschienenen Ratschlagewerken darüber, 'wie man richtig heiratet', blieben ebenso wenig aus wie Zitate aus Kafkas Tagebüchern und seiner Biographie. Auch andere Schriftsteller – Stefan Zweig, Thomas Mann, Robert Musil – wurden zurate gezogen. Erstaunlich war, daß einige Studenten sich immer wieder an der Erzählperspektive störten, gar einen auktorialen Erzähler in dem Text vermuteten und bis zum Schluß – wie wir an einem späteren Kommentartext einer Studentin sehen werden – nicht akzeptieren wollten, daß der Leser die Ereignisse nahezu ausschließlich aus Georgs Sicht erfährt. Robert war der einzige, der – als die Frage aufkam – eine nahezu 'klassische' personale Erzählsi-tuation konstatierte. Er wurde durch Felicitas unterstützt, die immer wieder Kom-militonen korrigierte, wenn diese die Rede des Vaters als 'wirklich und wahr' darstellten: Das könnten wir nicht beurteilen, da uns notwendige Informationen vorenthalten würden. Trotzdem 'glaubten' einige Leser dem Vater und bezogen Position gegen Georg. Diesbezüglich unterschieden sich die Studenten nicht von den Schülern und Schülerinnen einer 11. Klasse. Kafkas Erzähltechnik erwies sich als durchaus gelungen: Sie drängt den Leser in dieselbe hilflose, gelähmte und behinderte Rolle wie Georg, so daß er ganz und gar den Überblick verliert und die alte Sicherheit verheißende Erzählweise zu entdecken sucht, die den Leser noch 'bei der Hand nahm' und gefahrlos durch den Text geleitete.

Wesentlich für diesen zweiten Versuch ist, daß eine Zusammenführung von Lesen und Schreiben zum Ende des Projekts hin immer besser gelang, wenngleich sich auch die studentische Lerngruppe solchen schreibenden Verbindlichkeiten durchaus zu entziehen versuchte. „Warum machen wir das eigentlich nicht mündlich?", fragte Barbara noch in der dritten Seminarsitzung in einer Schreibphase. Während in der ersten Sitzung nur der erste Absatz nach Diktat geschrieben wurde – was im übrigen eine intensive Sprachanalyse dieses Erzähleingangs evozierte und dieses diktierende Vorgehen auch noch für studentische Lerngruppen rechtfertigte –, wuchs die zu schreibende 'Menge' wie auch die Bedeutung, die dem Schreiben der Teilnehmer zugemessen wurde, bis zur vierten Sitzung systematisch an. Um das Lesen tatsächlich mit dem Schreiben zu verknüpfen, wurden Auszüge aus dem *Urteil* großzügig kopiert, so daß auf dem jeweiligen Blatt viel freier Raum zur schreibenden Lektüre vorhanden war. In der zweiten Sitzung handelte es sich bei dem kopierten Ausschnitt um den Absatz, an dem wir unsere Lektüre fortsetzen wollten und der Georgs Brief an den Petersburger Freund enthielt.

> »Die beste Neuigkeit habe ich mir bis zum Schluß aufgespart. Ich habe mich mit einem Fräulein Frieda Brandenfeld verlobt, einem Mädchen aus einer wohlhabenden Familie, die sich hier erst lange nach Deiner Abreise angesiedelt hat, die Du also kaum kennen dürftest. Es wird sich noch Gelegenheit finden, Dir Näheres über meine Braut mitzuteilen, heute genüge Dir, daß ich recht glücklich bin und daß sich in unserem gegenseitigen Verhältnis nur insofern etwas geändert hat, als Du jetzt in mir statt eines ganz gewöhnlichen Freundes einen glücklichen Freund haben wirst. Außerdem bekommst Du in meiner Braut, die Dich herzlich grüßen läßt, und die Dir nächstens selbst schreiben wird, eine aufrichtige Freundin, was für einen Junggesellen nicht ganz ohne Bedeutung ist. Ich weiß, es hält Dich vielerlei von einem Besuche bei uns zurück. Wäre aber nicht gerade meine Hochzeit die richtige Gelegenheit, einmal alle Hindernisse über den Haufen zu werfen? Aber wie dies auch sein mag, handle ohne alle Rücksicht und nur nach Deiner Wohlmeinung.«

Die schreibend zu lesende Textmenge wurde bewußt gering gehalten. Die Aufgabe verlangte auch noch keinen zusammenhängenden Text, sondern nur Stichpunkte, mit deren Hilfe 'das Lesen schreibend begleitet' werden sollte. Die auf diese Weise entstandenen Notizen gehen genau auf das Sprachmaterial des Textes ein: Mehrfach wird der ungewöhnliche Superlativ in „die beste Neuigkeit" angemerkt. Auch die Floskeln, derer sich Georg zur Mitteilung bedient wie auch die Nicht-Vorstellung der Braut tauchen mehrmals auf. Besonders störten sich einige Studenten an dem unbestimmten Artikel, der 'das bestimmte' „Fräulein Frieda Brandenfeld" zu „einem" (unbestimmten) degradiere. Das eigentümliche Freundschaftsverständnis, das in den Formulierungen „gewöhnlicher Freund", „glücklicher Freund" und „aufrichtige Freundin" zum Ausdruck komme, wird konstatiert. Überhaupt stolperte man über das „recht" als Einschränkung des Glücklichseins. Festgestellt wurde auch, daß die Einladung an den Freund eine zweifelhafte ist, die auch als Nicht-Einladung verstanden werden kann sowie der nüchterne, sachliche Duktus des Briefes insgesamt. Diese Notizen wurden nicht vorgelesen, sondern bildeten die Basis für das anschließende Gespräch über diesen Textauszug, das – vielleicht aufgrund der schriftlichen Aktivitäten – den Redeanteil der Dozentin sinken und den der Studenten deutlich steigen ließ. Ein wichtiges Ergebnis dieser Phase war, daß die schriftliche Fixierung des Lesens, obgleich sie durch keinen Arbeitsauftrag gelenkt wurde, sehr viele wichtige Textdetails zusammentrug, die Kafkas erzählerische Eigenheiten lupenartig vergrößerten.

Das Schreiben der dritten Sitzung brachte uns einen Schritt weiter, weil Malte, der seinen Kommentartext als erster vorlas, die akademische Steifheit hinter sich ließ und im polemischen Ton Stellung zu dem Gelesenen bezog. Die wiederum isolierte und gesondert kopierte Textvorlage, zu der dieses Mal ein zusammenhängender Kommentar geschrieben werden sollte, bestand aus der ersten längeren Rede des Vaters und der (noch) ausführlichen Entgegnung Georgs:

> »Georg«, sagte der Vater und zog den zahnlosen Mund in die Breite, »hör' einmal! Du bist wegen dieser Sache zu mir gekommen, um dich mit mir zu beraten. Das ehrt dich ohne Zweifel. Aber es ist nichts, es ist ärger als nichts, wenn du mir jetzt nicht die volle Wahrheit sagst. Ich will nicht Dinge aufrühren, die nicht hierher gehören. Seit dem Tode unserer teueren Mutter sind gewisse unschöne Dinge vorgegangen. Vielleicht kommt auch für sie die Zeit und vielleicht kommt sie früher, als wir denken. Im Geschäft entgeht mir manches, es wird mir vielleicht nicht verborgen – ich will jetzt gar nicht die Annahme machen, daß es mir verborgen wird –, ich bin nicht mehr kräftig genug, mein Gedächtnis läßt nach. Ich habe nicht mehr den Blick für alle die vielen Sachen. Das ist erstens der Ablauf der Natur, und zweitens hat mich der Tod unseres Mütterchens viel mehr niedergeschlagen als dich. – Aber weil wir gerade bei dieser Sache sind, bei diesem Brief, so bitte ich dich, Georg, täusche mich nicht. Es ist eine Kleinigkeit, es ist nicht des Atems wert, also täusche mich nicht. Hast du wirklich diesen Freund in Petersburg?«
>
> Georg stand verlegen auf. »Lassen wir meine Freunde sein. Tausend Freunde ersetzen mir nicht meinen Vater. Weißt du, was ich glaube? Du schonst dich nicht genug. Aber das Alter verlangt seine Rechte. Du bist mir im Geschäft unentbehrlich, das weißt du ja sehr genau; aber wenn das Geschäft deine Gesundheit bedrohen sollte, sperre ich es noch morgen für immer. Das geht nicht. Wir müssen da eine andere Lebensweise für dich einführen. Aber von Grund aus. Du sitzt hier im Dunkel, und im Wohnzimmer hättest du schönes Licht.

Du nippst vom Frühstück, statt dich ordentlich zu stärken. Du sitzt bei geschlossenem Fenster, und die Luft würde dir so gut tun. Nein, Vater! Ich werde den Arzt holen und seine Vorschriften werden wir befolgen. Die Zimmer werden wir wechseln, du wirst ins Vorderzimmer ziehen, ich hierher. Es wird keine Veränderung für dich sein, alles wird mit hinübergetragen. Aber das alles hat Zeit, jetzt lege dich noch ein wenig ins Bett, du brauchst unbedingt Ruhe. Komm, ich werde dir beim Ausziehn helfen, du wirst sehen, ich kann es. Oder willst du gleich ins Vorderzimmer gehn, dann legst du dich vorläufig in mein Bett. Das wäre übrigens sehr vernünftig.«

Maltes Kommentar lautete:

„Schon beim ersten Lesen stellte sich mir schnell die Frage: Wer spinnt, der Vater oder Georg?, eine Frage, die entsteht, wenn plötzlich unvermittelt die Existenz des Freundes in Frage gestellt wird. In diesem Abschnitt (natürlich erst nach nochmaligem Lesen) geht der Sieg nach Punkten an den Vater: Trotz seiner Zahnlosigkeit, seiner beginnenden Senilität ist seine Rede klar (?): Es gäbe mancherlei Schwieriges zu bereden, aber jetzt will er nur etwas angesichts der größeren Probleme unwichtiges: Gibt es den Freund oder nicht? Und dabei ist er durchaus selbstkritisch, anerkennt seine Altersschwäche.

Georgs Rede dagegen stimmt mißtrauisch, er weicht aus, er beschwichtigt, sein „Du bist mir ... unentbehrlich" ist nicht glaubhaft, ist zu pathetisch. Und dann entmündigt er seinen Vater mit diesem typisch erzieherischen *Wir*. „Wir müssen eine andere Lebensweise für dich einführen ..., wir befolgen die Anweisungen des Arztes." Modern gesprochen: Georg leidet an einem Helfersyndrom, auch bezüglich des Freundes; in seiner guten Absicht zu helfen, richtet er eher Krampf an."

Wichtig an diesem Kommentarbeispiel ist, daß sein Verfasser versucht, sich gegen den Kafkaschen Erzähltext zu behaupten, indem er die Widersprüche ironisch benennt bzw. erklärt: Darauf verweist die leger und umgangssprachlich gestellte Frage nach dem Geisteszustand, die aus dem Boxsport übernommene Formulierung, welche einen Sieg ohne K.O.-Schlag bezeichnet, die Senilität und Altersschwäche des Vaters sowie die bekannte psychologische These vom Helfersyndrom. Daß die Argumentation dieses Kommentars aber eigentlich die Widersprüche des Textes fortsetzt, demonstriert, daß auch der schreibende Leser den Verwirrungen des Textes nicht leicht entkommen kann: Der senile, altersschwache Vater redet klar – wobei das Fragezeichen diesen Klartext gleichzeitig wieder bezweifelt – und 'siegt nach Punkten'. Das ist eigentlich wider die Logik, wird aber von dem Schreibenden nicht als widersinnig erkannt oder reflektiert. Ein vergleichbar 'ungehöriges', aufmüpfiges Schreiben zu einem kanonisierten literarischen Text war auch der studentischen Lerngruppe nur sehr schwer abzuringen. Gleichwohl zeigt dieses Beispiel, daß ein solcher Verstoß gegen die geforderte Distanz dem literarischen Text gegenüber klärende Wirkung erzielen kann.

Felicitas reflektiert im Unterschied zu Malte die Verwirrungen dieser Passage und macht sie fragend zum Thema:

„Die bereits aufgetauchten Fragen hinsichtlich des Verhältnisses zwischen Georg und seinem Vater werden in diesen Absätzen eher verstärkt als beantwortet: Eine wirkliche Kommunikation zwischen ihnen scheint es nicht zu geben (der Vater meint, über sogenannte „unschöne Dinge" nicht recht informiert zu sein); ihr Zusammenleben scheint bislang auf Äußerlichkeiten beschränkt: so hat der Sohn dem Vater offenbar keinen Trost für den Tod der Mutter bieten können/oder wollen. Die Frage des Vaters, ob es denn den Adressaten des Briefes in Petersburg tatsächlich gebe, mutet den Leser nach den vorangegangenen Reflexionen Georgs, ob er ihm nun schreiben solle oder nicht, geradezu absurd an und ist anfangs nicht einzuordnen. Auch die aus der Frage resultierende Verlegenheit Georgs verwirrt den Leser, was bedeutet die so tiefsinnig wirkende Antwort, daß Freunde nicht den Vater ersetzen können, in einem sonst so kühl gearteten Verhältnis wie dem zwischen Georg und seinem Vater? Und auch der sich anschließende Monolog Georgs zeugt von dessen Unsicherheit, die sich bereits in seinen früheren Reflexionen andeutete: er macht in einem Moment einen Vorschlag, um ihn im nächsten zu verwerfen: Der Vater soll sich hinlegen, der Arzt soll konsultiert werden, der Vater soll sich in Georgs Zimmer niederlegen: kein Gedanke wird wirklich zu Ende geführt, alle Richtungen, die Georg mit seinen Überlegungen einschlägt, scheinen darauf hinzuzielen, ihn und den Vater von etwas weitaus Wichtigerem abzuhalten – der Sohn (Junge) steht verlegen vor dem Vater (Alten), die Autoritäten sind klar verteilt."

Die Schreiberin wägt ab, stellt sich den Fragen des Textes, greift sie auf und beantwortet sie nicht. Sie enthält sich jeder Polemik, und formuliert sachlich die Bedenken des 'gesunden Menschenverstandes'. Auch Jonathan äußert sich in seinem Kommentar eher vorsichtig, bleibt nah am gelesenen Text und deutet sehr metaphorisch:

„Der Freund in Petersburg wird in Frage gestellt. Unerwartete Konstellationen. Schwäche des Vaters und angebliche Täuschung werden in Verbindung gebracht. Doch das eine rechtfertigt nicht das andere.
Die Infragestellung der Aufrichtigkeit verwirrt Georg maßgeblich. Ostentativ betont er plötzlich das WIR, wie als wenn sich ein Abgrund aufgetan hat und geleugnet wird. Die unschuldige Zeit hat sich aufgelöst, sie soll mit Macht reaktiviert werden. Georg gibt vor, sich seiner Verantwortung zu stellen, verdrängt den Konfliktgrund aber nur, indem er seine Besorgnis verdeutlicht."

Jonathan beginnt seinen Kommentar mit dem auffälligen 'Skandal' dieser Passage und stellt jene überraschende Frage des Vaters an den Anfang. Er geht ebenso wie Malte auf jenes 'Wir' ein, umschreibt seine Erklärung aber 'philosophisch', statt psychologisch. Jonathans Text ist ein gutes Beispiel dafür, wie mit der Freiheit des Kommentarschreibens hypothesenbildend umgegangen werden kann, ohne daß die so gefundenen Einsichten ausführlich begründet und erläutert werden müßten.

Das Schreiben der Kommentare fiel den Studenten nicht leicht, der Problemlösungsprozeß wurde allen Schreibenden deutlich. Sie brauchten erheblich mehr Zeit als vorgesehen, um zu ihren Ergebnissen zu gelangen. Gleichzeitig gewann diese Schreibphase eine neue Qualität, weil sich durch diese Erfahrung eine Alternative zum Text-Gespräch anzubieten schien. Eine Alternative, die jedem Anwesenden seinen Anteil Arbeit abforderte und die einen Entzug unmöglich machte. Gleichwohl war die Aufgabe nicht in erster Linie rezeptionsorientiert, so daß in den Kommentaren auch distanziert zu dem Gelesenen geschrieben wurde. Die ungewohnte, offene Aufgabenstellung forderte aber dazu heraus, nach neuen Schreibweisen zu suchen, wie Maltes und Jonathans Text auf je eigene Weise demonstrieren. Ursprünglich geplant, um den Einstieg in die weitere Lektüre zu Beginn der Sitzung schreibend zu beginnen, erwies sich dieses Verfahren auch deswegen als produktiv, weil es sich um eine übersichtliche Textmenge handelte, die, aus dem Zusammenhang gelöst, eine wie unter dem Mikroskop vergrößerte und verfremdete Lektüre provozierte, welche durch das Schreiben zusätzlich vertieft wurde.

Auf der Basis dieser Erfahrung wurde die letzte Sitzung, in der der Schluß der Erzählung zu lesen war – ab: „'Nein'", rief der Vater, daß die Antwort an die Frage stieß ..." –, so organisiert, daß das kommentierende Schreiben das Reden über den Text mehr oder weniger ersetzen sollte: Die letzten Seiten der Erzählung wurden in sechs, ungefähr gleich lange Abschnitte zerlegt, die, wiederum auf eine DIN A 4-Seite kopiert, viel Platz zum Schreiben ließen (jede Seite enthielt nur einen Abschnitt). Jeder Textabschnitt wurde *zweimal* kopiert, so daß jede Passage *zwei* Kommentare erhielt. Jeder Teilnehmer – auch die Dozentin – erhielt nach dem Zufallsprinzip, weil die Seiten gemischt worden waren, einen der zwölf Bögen, auf dem ein Abschnitt aus der eskalierenden Vernichtungsrede des Vaters abgedruckt war bzw. Georgs Ausführung des Todesurteils. Die Aufgabe lautete, den Abschnitt noch einmal einer intensiven Lektüre zu unterziehen und ihn schreibend zu kommentieren. Es wurde von Anfang an mitgeteilt, daß im Anschluß an die Schreibphase *alle Kommentare* vorgelesen werden sollten wie auch die sechs Textabschnitte des *Urteils*. Auf diese Weise wurde der literarische Text de-komponiert, gelesen und be-schrieben und anschließend wieder zusammengefügt zu einem neuen Ganzen, das der Lese-Situation in dieser Gruppe entsprach: Der erste Leser las zunächst Kafka, dann den Kommentar, der zweite Kommentar folgte usw., bis zum Schluß Georgs Fall von der Brücke mit zwei Be-Schreibungen versehen vorgelesen war. Wir ließen das so entstandene Ergebnis mit all seinen Brüchen, Fehlaussagen, Miß- und Unverständnissen stehen, ohne es einer bereinigenden Diskussion zu unterziehen und debattierten abschließend über dieses Verfahren und sein Ergebnis: Maltes erster Kommentar lautete, daß er es dieses Mal „am berührendsten, am intensivsten" gefunden hätte und sprach damit – wohl wieder einmal – aus, was einige dachten. Er ergänzte später: „Unser Vorgehen gibt die Chance, zumindest sich die Verwirrtheit zu verdeutlichen, auszusprechen, warum man verwirrt ist; mehr kann man vielleicht zunächst mal nicht machen mit so einem Text." Felicitas fügte hinzu, daß sie jetzt, beim dritten Schreibversuch dieser Art, die ganze Erzählung in dem isolierten Ausschnitt („dem einzelnen") hätte sehen, entdecken können, während sie vorher umgekehrt vorgegangen wäre, „vom einzelnen zum ganzen". Es hätte offensichtlich einiger Übung bedurft, um diese Stufe zu erreichen. Diese abschließende Lese-Runde gestaltete sich nicht zuletzt deswegen so intensiv, weil

– Kafkas Text von den Studenten, die sich gerade mit dem Abschnitt befaßt hatten, zwar unterschiedlich, aber sehr um Präzision bemüht vorgelesen wurde;

– nicht alle Teilnehmer den selben Textauszug bearbeitet hatten, so daß es Grund genug gab, den anderen zuzuhören.

Wenn der durch diese Vorlese-Phase entstandene Eindruck mit „berührend" wiedergegeben wurde, so war er gleichwohl nicht 'andächtig' oder 'weihevoll'. Die ganz unterschiedlichen Kommentare, die immer wieder Distanz zu der Dichte des Kafka-Textes herstellten, verhinderten eine solche Atmosphäre und stellten eine

konzentrierte Aufmerksamkeit her. Die sechs Kommentare zu den letzten drei Textauszügen mögen die Diskrepanz zwischen der emotionalen Gewalt des *Urteils* und
dem sich davon entfernenden Schreiben des Lesers demonstrieren. Robert und Felicitas beziehen sich auf den Abschnitt:

> »Bleib, wo du bist, ich brauche dich nicht! Du denkst, du
> hast noch die Kraft, hierher zu kommen und hältst dich bloß
> zurück, weil du so willst. Daß du dich nicht irrst! Ich bin noch
> immer der viel Stärkere. Allein hätte ich vielleicht zurückwei-
> chen müssen, aber so hat mir die Mutter ihre Kraft abgegeben,
> mit deinem Freund habe ich mich herrlich verbunden, deine
> Kundschaft habe ich hier in der Tasche!«
> »Sogar im Hemd hat er Taschen!« sagte sich Georg und
> glaubte, er könne ihn mit dieser Bemerkung in der ganzen
> Welt unmöglich machen. Nur einen Augenblick dachte er das,
> denn immerfort vergaß er alles.
> »Häng dich nur in deine Braut ein und komm mir entgegen!
> Ich fege sie dir von der Seite weg, du weißt nicht wie!«
> Georg machte Grimassen, als glaube er das nicht. Der Vater
> nickte bloß, die Wahrheit dessen beteuernd, was er sagte, in
> Georgs Ecke hin.
> »Wie hast du mich doch heute unterhalten, als du kamst
> und fragtest, ob du deinem Freund von der Verlobung schrei-
> ben sollst. Er weiß doch alles, dummer Junge, er weiß doch
> alles! Ich schrieb ihm doch, weil du vergessen hast, mir das
> Schreibzeug wegzunehmen. Darum kommt er schon seit Jah-
> ren nicht, er weiß ja alles hundertmal besser als du selbst.
> Deine Briefe zerknüllt er ungelesen in der linken Hand, wäh-
> rend er in der Rechten meine Briefe zum Lesen sich vorhält!«
> Seinen Arm schwang er vor Begeisterung über dem Kopf.
> »Er weiß alles tausendmal besser!« rief er.

Robert:
„Während die Rede des Vaters vorherrscht, denkt Georg lediglich und „macht Grimassen". Der Vater entbindet den Sohn scheinbar von der Notwendigkeit, Position
zu beziehen, indem er dessen Gedanken („du denkst..") und Taten („Häng dich
nur..."; „als du kamst und fragtest,...") in seine Rede aufnimmt. Auf Georgs einzigen
Dialogversuch („...machte Grimassen, als glaube er das nicht.") reagiert der Vater
„bloß mit einem Nicken (...) in Georgs Ecke [d.h. nicht ihm als Person entgegen,
sondern bloß in seine Richtung] hin."

Felicitas:
„Der Vater meint, über so starke mentale Kräfte zu verfügen, daß er den Sohn nur
durch seine Gedanken an der Bewegung hindern könnte – diese Kraft erklärt er
nicht allein aus sich selbst heraus, sondern aus der postmortalen Verbindung mit der
Mutter. Doch nicht nur diese gab ihm ihre Kraft ab (ob er sie wohl dadurch zerstört
hat?!), auch der Freund und die Kundschaft sind auf seiten des Vaters und stärken
diesen. Georgs einzige Möglichkeit, diesen Angriff auszuhalten, liegt in der Ironisierung dessen, was der Vater sagt, aber er wagt nicht, die Ironisierung offen und laut
auszusprechen; sie dient ihm nur einen kurzen Moment als Eigenstütze, Eigenrettung.
Die Kraft des Vaters, dessen starker, unbeugsamer Wille, scheint ihm alles zu
nehmen, den Freund, der angeblich von Georg schon längst nichts mehr wissen will
(– worin allerdings die Freundschaft zum Vater besteht, erfährt der Leser nicht, da
auch Georg dies nicht erkennen kann), und auch Georgs Braut, die nach Aussage

des Vaters nicht mehr lange bei Georg bleiben wird. Ob der Vater fürchtete, daß seine Kraft gegen beide zusammen nicht ausreichen würde? Jedenfalls scheint es dem Vater ein geradezu unheimliches, an sich schon wieder kraftspendendes Vergnügen zu bereiten, Georg Schmerz zuzufügen, indem er gegen dessen vorsichtiges Vertrauen seine eigene, völlige Verachtung setzt."

Nicht nur die Länge unterscheidet die beiden Texte voneinander: Robert 'traut' sich kaum von dem gelesenen Text weg, er 'rettet' sich in Zitaten, die er nur tastend und zögernd (in eckigen Klammern!) mit einem eigenen Kommentar versieht. Trotz dieser kleinen Schritte, die Robert in seinem Schreiben unternimmt, gelangt er dahin, einen entscheidenden Gegensatz jener Passage, der für die gesamte Schlußszene der Erzählung charakteristisch ist, zu benennen: Der Vater redet und Georg ist dazu nicht in der Lage, der Vater denkt und redet für Georg mit. Wie in Ergänzung zu diesem zuerst vorgelesenen Kommentar holt Felicitas weit aus und geht auf die Argumentationskette des Vaters ein, die Robert übersehen bzw. über-lesen hatte, die aber die überlegene Stellung des Vaters begründet. Die Schreiberin listet alle Details auf, die jene Stärke innerhalb des Erzählzusammenhangs nachvollziehbar werden lassen, so daß Georgs Unfähigkeit, sich zur Wehr zu setzen, durch ihren Kommentar eher erklärt wird als durch Roberts Beschreibung des Gelesenen. Felicitas geht auf Georgs kläglich scheiternden Protestversuch ebenso ein wie auf die einseitige Erzählperspektive, und sie wagt sich in ihrem Schlußsatz zu einer verallgemeinernden Deutung vor, wenn sie die „völlige Verachtung" des Vaters mit dem – allerdings kaum aus dem Text ableitbaren – „vorsichtigen Vertrauen" des Sohnes kontrastiert.

Die beiden folgenden Kommentare beziehen sich auf die Passage:

> »Zehntausendmal!« sagte Georg, um den Vater zu verlachen, aber noch in seinem Munde bekam das Wort einen todernsten Klang.
> »Seit Jahren passe ich schon auf, daß du mit dieser Frage kämest! Glaubst du, mich kümmert etwas anderes? Glaubst du, ich lese Zeitungen? Da!« und er warf Georg ein Zeitungsblatt, das irgendwie mit ins Bett getragen worden war, zu. Eine alte Zeitung, mit einem Georg schon ganz unbekannten Namen.
> »Wie lange hast du gezögert, ehe du reif geworden bist! Die Mutter mußte sterben, sie konnte den Freudentag nicht erleben, der Freund geht zugrunde in seinem Rußland, schon vor drei Jahren war er gelb zum Wegwerfen, und ich, du siehst ja, wie es mit mir steht. Dafür hast du doch Augen!«
> »Du hast mir also aufgelauert!« rief Georg.
> Mitleidig sagte der Vater nebenbei: »Das wolltest du wahrscheinlich früher sagen. Jetzt paßt es ja gar nicht mehr.«
> Und lauter: »Jetzt weißt du also, was es noch außer dir gab, bisher wußtest du nur von dir! Ein unschuldiges Kind warst du ja eigentlich, aber noch eigentlicher warst du ein teuflischer Mensch! – Und darum wisse: Ich verurteile dich jetzt zum Tode des Ertrinkens!«

Ruth:
„Die Rede des Vaters mit dem Kommentar des Erzählers ergeben eine Konzentrie-

rung des Lesers auf das Verhalten Georgs, wobei jedoch nicht deutlich wird, aus wessen Sicht die Konzentration stattfindet.
Die Rede des Vaters enthüllt allmählich Charakterzüge von Georg, die dem Leser vorher nicht bekannt waren. Sein Charakter wird vom Leser durch die Fragen und Bemerkungen des Vaters in Frage gestellt.
Das vom Vater entworfene Bild von Georg bringt sowohl Georg als auch den Leser ins Schwanken. Zunächst scheinen wir alles aus der Sicht Georgs wahrzunehmen, aber allmählich fragen wir uns, ob er nicht mehr weiß, als wir es tun.‟

Gerhard:
Auffällig ist die Polarität der hier beschriebenen Gefühlsoffenbarungen:
verlachen – todernst
sterben – Freudentag
Freund – zugrunde gehen, Wegwerfen
aufgelauert – mitleidig
unschuldiges Kind – teuflischer Mensch.
Die alte Zeitung erinnert schmerzlich an das 'lange' von Georgs Zögern.‟

Ruth war eine der Seminarteilnehmerinnen, die sich wiederholt an der Erzählperspektive 'rieb' und die in ihrem abschließenden Kommentar von diesem Gegenstand nicht lassen will: Sie kann die Unwissenheit, in der sie als Leserin belassen wird, nicht akzeptieren, 'schlägt' sich auf seiten des Vaters – denn dann gäbe dessen Rede wenigstens Sinn – und verlebendigt Georg so weit, daß sie ihn im Besitz des ihr fehlenden Wissens vermutet. Abgesehen davon, daß es keinen Erzählerkommentar gibt, ignoriert Ruth das Todesurteil und geht auf dieses mit keinem Wort ein: Es ist auch von Interesse, was in diesem Schreiben *nicht* erwähnt wird! Lesbar ist ihr Kommentar natürlich als Erläuterung dieses Urteilsspruches, der seine Berechtigung aus Fakten zieht, über die wir Leser unaufgeklärt bleiben. Trotzdem ist bemerkenswert, daß die Schreiberin sich mit dem Spruch selbst nicht direkt und unmittelbar auseinandersetzt. Auch Gerhard, der diesem Schreib-Lese-Unternehmen wohl die größte Distanz entgegenbrachte, geht auf die Verurteilung nicht ein. Er bemüht sich in seinem Schreiben um deutliche Zurückhaltung, indem er Gegensätze auflistet. Allerdings evoziert die veränderte, polarisierende Auflistung dieser Textzitate neue Erkenntnisse: Die Vaterrede offenbart ihre rhetorische Wirkung. Darüber hinaus weist der letzte Satz darauf hin, daß sich der Schreiber dieser Zeilen eines eigentlich Kommentars dann doch nicht enthalten konnte: Die ungewöhnliche Verbindung, die er zwischen dem 'alt' der Zeitung und dem 'lange' von Georgs Zögern herstellt, wird durch jene in „schmerzlich‟ enthaltene emotionale Umschreibung zu einer Stellungnahme, die sich – trotz oder wegen ihrer prägnanten Kürze – auf die gesamte Erzählung zu beziehen scheint. Auch dieser Schlußsatz ist wie ein indirekter Kommentar zum väterlichen Todesurteil zu lesen. Unmittelbar taucht dieses Urteil aber auch in diesem Text nicht auf.

Maltes und Theas Kommentare beziehen sich auf den Schluß der Erzählung:

> Georg fühlte sich aus dem Zimmer gejagt, den Schlag, mit dem der Vater hinter ihm aufs Bett stürzte, trug er noch in den Ohren davon. Auf der Treppe, über deren Stufen er wie über eine schiefe Fläche eilte, überrumpelte er seine Bedienerin, die im Begriffe war heraufzugehen, um die Wohnung nach der Nacht aufzuräumen. »Jesus!« rief sie und verdeckte mit der

Schürze das Gesicht, aber er war schon davon. Aus dem Tor sprang er, über die Fahrbahn zum Wasser trieb es ihn. Schon hielt er das Geländer fest, wie ein Hungriger die Nahrung. Er schwang sich über, als der ausgezeichnete Turner, der er in seinen Jugendjahren zum Stolz seiner Eltern gewesen war. Noch hielt er sich mit schwächer werdenden Händen fest, erspähte zwischen den Geländerstangen einen Autoomnibus, der mit Leichtigkeit seinen Fall übertönen würde, rief leise: »Liebe Eltern, ich habe euch doch immer geliebt«, und ließ sich hinabfallen.

In diesem Augenblick ging über die Brücke ein geradezu unendlicher Verkehr.

Malte:

Georg hält seinen Vater nicht mehr aus, hält sich nicht mehr aus – und bringt sich um. Zunächst scheint er es im rasenden Wahn zu tun, aber als er sich über's Brückengeländer schwingt, entsinnt er sich des Stolzes seiner Eltern. Stolz auf ihn, als er jung war. Nun ist er nicht mehr jung, und etwas ist schief gelaufen beim Erwachsenwerden; er hat ihre Erwartungen nicht erfüllt.

Als er am Geländer hängt, ist er nicht mehr der Rasende, er wartet den günstigsten Moment für seinen *Fall* ab. Sein leiser Ruf, seine letzten Worte sagen es noch klarer, was ihn zerrissen hat: Er wollte sein, wie seine Eltern ihn wünschten, hat wohl mit aller Kraft daran gerungen, gegen seine Natur – und ist gescheitert, verurteilt.

Thea

In dieser letzten Passage erscheint Georg sehr nervös und gehetzt. Es treibt ihn regelrecht hinaus. Bewegung und Schnelligkeit bestimmen die Situation. Georg rennt fast gedankenlos und kraftlos. Sein Festhalten am Geländer erzeugt bei mir Spannung. Das Unausweichliche aber naht und Georg stürzt sich, folgend dem Urteil des Vaters, von der Brücke. Sein leises Rufen erscheint mir wie ein Flehen, wie ein Wunsch, den Eltern zum Abschied zu sagen: Ich habe euch geliebt. Ich kann es nicht nachvollziehen, ob Georg ihnen die Liebe gab, die die Eltern von ihm erwarteten. Und außerdem stellt sich mir die Frage nach dem Sinn dieses Selbstmords."

Malte beginnt seinen Text unvermittelt, ohne hinführende Einleitung kommt er sofort zum eigentlichen Thema: Jenes Nicht-mehr-Aushalten reicht zwar kaum als Erklärung für den Fall von der Brücke, aber auf der Ebene des Erzähltextes spricht er zunächst einmal aus, was dem Leser angesichts der vorhergehenden Anklagerede des Vaters unmittelbar nachvollziehbar ist. Er konzentriert sich in seiner folgenden Argumentation auf die Brückenszene selbst und entnimmt ihr die Informationen, die die Eltern-Kind-Konstellation betreffen: Jenes Hinschwinden des elterlichen Stolzes (von dem übrigens in der gesamten Erzählung bisher nicht die Rede war) beim Älter- oder Erwachsenwerden des Sohnes greift wiederum (wie schon Maltes erster Kommentartext) auf psychologische Kenntnisse zurück, über die man zwar streiten könnte, die aber auch nicht von der Hand zu weisen sind. Während Malte so eine Erklärung für den „Fall" von der Brücke versucht, ist dieser für Thea „unausweichlich" bzw. ohne einen ihr klaren „Sinn". Der erste Kommentar liest sich wie eine Ergänzung zu dem zweiten, weil die von Thea referierten Fakten von Malte aufgegriffen und in einen möglichen Begründungszusammenhang eingeordnet werden: Die Nervosität, das Gehetztsein und die schnelle, getriebene Bewegung erläutert der erste Schreiber mit einem „rasenden Wahn". Das Verharren des am Geländer sich festhaltenden Georg zeigt das Ende dieses Wahns und das Wiedereinsetzen der 'Klarheit' an. Die letzten Worte Georgs, deren 'Wahrheit' Thea leise bezweifelt, liest Malte als Ausdruck der eigentlichen Widersprüchlichkeit zwischen dem Wunsch der Eltern und Georgs „Natur", ein Widerspruch, der ihn schließlich zugrunde richtet („verurteilt"). Insofern widersprechen sich die beiden Kommentare nicht, sondern ergänzen sich insbesondere deswegen, weil der erste Schreiber sich auf den letzten Abschnitt konzentriert, während die Schreiberin ihre vorrangige Aufmerksamkeit den ersten Sätzen widmet. Der allerletzte Satz der Erzählung wird von beiden in ihrem Schreiben nicht aufgegriffen!

Deutlich geworden sein dürfte, daß die einzelnen Kommentare in ihrer Qualität sehr unterschiedlich sind und daß auf diese Weise *Das Urteil* nicht erschöpfend, widerspruchsfrei und philologisch rein zum Gegenstand eines gemeinsamen Lesevorgangs wird: Den Studenten fiel es sichtlich nicht leicht, die Kommentare zu verfassen, wie einigen Texten (Thea, Ruth, Robert) anzusehen ist. Trotzdem ergaben sich schreibend Aussagen zum und über *Das Urteil*, die redend in dieser Schärfe, Widersprüchlichkeit und mutigen Emotionalität (Gerhards „schmerzlich") nicht zustandegekommen wären. Aus eben diesem Grunde kann eine solche Vorgehensweise natürlich das mündliche Unterrichtsgespräch nicht ersetzen und überflüssig machen, aber es bietet eine Alternative bzw. eine Ergänzung zu diesem, die sinnvoll dosiert (abhängig vom literarischen Text) ihren Sinn im Literaturunterricht haben kann: Text und LeserSchreiber werden kurzfristig in eine Enge 'gesperrt', der sie sich redend immer wieder entziehen können. Sie können diesen Entzug natürlich auch schreibend anstreben (wie wir sahen, tun sie dieses auch), aber indem es auf dem Papier steht, kann es zu einer verbindlichen Basis für die weitere Arbeit gemacht werden. Mit dem so geschriebenen Lesen könnte weitergearbeitet werden: Die beiden Kommentatoren setzen sich zusammen und versuchen sich auf einen Kommentar zu einigen. Ein Kommentar, der die Gruppe besonders interessiert, provoziert, wird kopiert und dient als Diskussionsgrundlage. Nach einem Gespräch über diese Kommentare könnte die Schreib-Phase wiederholt werden, indem jeder einen anderen Abschnitt als beim ersten Mal erhält.

Das Schreiben einer eigenen Erzählung wurde durch die systematische und kontinuierliche Eingliederung des kommentierenden Schreibens in den Lektürevorgang selbst überzeugender vorbereitet, so daß eine Legitimation der Aufgabe nicht zur Disposition stand. Selbst die Regeln wurden widerspruchslos akzeptiert, weil sie eben die Fragen aufgriffen, die die Leser dieser Gruppe beschäftigt hatten. Sogar die indirekte Charakterisierung war bereits in der zweiten Sitzung von einer Studentin benannt worden, die sich an der nur äußerlichen Beschreibung der Beziehungen störte und jede gefühlsmäßige Kommentierung, die klärend gewirkt hätte, vermißte. Irritiert waren die Seminarteilnehmer zunächst durch den (fett gedruckten, also besonders hervorgehobenen) Satz: „*Verstehen Sie diese Erzählung als literarischen Kommentar zu Franz Kafkas Urteil!*" Diese Konkretisierung der Aufgabe sollte die literarisch Schreibenden in (bewußt zweifelhaft gestaltete) Freiheit entlassen, in der sie nach eigenem Ermessen das Gelesene aufgreifen, es poetisiert verarbeiten und statt wie zuvor direkt, es literarisiert kommentieren. Diese Ergänzung verband das eigene Schreiben prägnanter, griffiger mit dem gerade stattgefundenen Lesen.

Die Erzählungen der Studenten beziehen sich – wenn auch oft in einem sehr weiten Sinn – auf Kafkas *Urteil* und jonglieren mit Formen, Motiven, Fragen und Fragmenten dieser Erzählung so, daß ein eingeweihter Leser den literarischen Bezugstext – mal mehr, mal weniger gut – erkennen kann: Zwei Erzählungen tragen den Titel *Der Brief*, eine dritte lautet *Briefwechsel oder Das Mißverständnis*; Titel wie *Freundschaft, Daf Unheil* und im weiteren Sinne auch *Am Fluß* und *Der Auftrag* lassen sich mit dem *Urteil* in Verbindung bringen. Die meisten Erzählungen sind auf eine überraschende Wendung hin konstruiert, die manchmal gar einer Pointe gleichkommt. Nicht alle Erzählungen behandeln den fiktiven Gegenstand 'ernsthaft': Einige Schreiber entfliehen der existentiellen Dichte des *Urteils* und versuchen sich im Verfassen einer leicht komischen oder ironischen Erzählung. Die meisten Teilnehmer wählten allerdings einen eher 'tragischen' Stoff, der seinen Konflikt aus unglücklichen (Familien)Beziehungskonstellationen zieht. Diese Texte spiegeln unterschiedliche Leseintensitäten und -qualitäten wider und reichen von einer naiv-unbefangenen Schilderung bis hin zu sublimen und versteckten Verarbeitungen des gelesenen *Urteils* bzw. Kafkas Schreiben überhaupt, wie Robert es versucht hat:

Der Auftrag
Der Sommer war schon fast vorbei, es war ein herrlicher Tag. Gregor Weinstock, ein nun beinahe dynamisch wirkender Angestellter der großen Firma P., wagte es, die Tür seines Büros mit einem hörbaren Knallen zuzuschlagen. Nun stand er unsicher in der schlechten Luft des kleinen Zimmers. Im formalen Sinn ist Büro sicherlich ein treffender Ausdruck, aber eigentlich war es nur die an ein richtiges Büro üblicherweise angrenzende Kammer, die der dort arbeitende Angestellte nicht zu nutzen verstand und die deshalb vor ziemlich genau fünf Wochen vom Büroleiter mit einer durchaus großherzigen Geste dem Gregor überlassen wurde, welcher bis dato in einer allerdings geräumigen Nische im Nebenflur des Hauptgangs hatte arbeiten müssen. Die Ausgestaltung des Raumes machte Gregor damals große Schwierigkeiten, da er beispielsweise niemanden zu fragen getraute, ihm beim Transportieren seines Schreibtisches aus der elterlichen Wohnung behilflich zu sein. Mehrere Tage bemühte er sich, das schwere Möbel die Treppen hinaufzustemmen, wobei er von des Weges kommenden Angestellten, die höchstens mit ein paar leichten Akten beschwert waren, aus den Augenwinkeln eher Unverständnis und Abneigung als bewundernde Aufmunterung zu erhaschen glaubte. Im zweiten Stock angelangt, entschloß er sich, den nun schon arg verschrammten und vom dauernden Hinaufklopfen der vorbeilaufenden Angestellten fettig abgegriffenen Tisch in die offenstehende Tür eines Büros zu schieben, dessen Schreiber Gregor dazu einlud und stetig ermunterte, so daß Gregor seine letzte Kraft aufwendete, um das massive Holz in die kleine Öffnung des dunklen Zimmers zu schieben, nicht ohne den Tisch vorher einer ausgiebigen Reinigung zu unterziehen, was ihn fast wie neu aussehen ließ, denn Gregor sah sich aufgrund vollständiger körperlicher Erschöpfung außerstande, den Schreibtisch bis zu seinem eigenen Raum im sechsten Stock des großen Gebäudes zu befördern. Statt dessen blieb ihm keine andere Wahl, als den kleinen Arbeitstisch, den er sich in der Nische des Flures installiert hatte, mit einem Arm – der andere war seit dem Hinaufstemmen des großen Schreibtisches ab dem Ellenbogen wegen der übergroßen Belastung gelähmt – in seinen Raum zu tragen. (...).

So beginnt Robert seine Erzählung, deren Pastiche-Charakter unverkennbar ist: Der Name der männlichen Hauptfigur ist aus denselben Buchstaben wie Georg zusammengesetzt und ergibt umgestellt und mit einem zusätzlichen 'r' versehen den Vornamen des Protagonisten der später geschriebenen *Verwandlung*. Die konstruierte räumliche Welt aus 'Bürokammern' und „geräumigen Nischen", natürlich nur in 'Nebenfluren von Hauptgängen', gleicht der des *Proceß*- und des *Schloß*-Romans. Auch die Konfliktlage des mit einem gelähmten Arm „beinahe dynamisch" wirkenden Angestellten, der umgeben von einer großen Zahl von Kollegen sich über mehrere Tage hinweg allein mit dem Transport seines Schreibtisches abmühen muß und von denen, die ihn dabei beobachten, eher spöttisch und mißtrauisch betrachtet wird, ist einem Kafka-Leser nicht unbekannt. Der Schreiber versucht, sich an Kafkas Stil anzulehnen: Die überlangen Sätze, die Rückblenden, die Häufung der Partizipialkonstruktionen, die Mitteilung wesentlicher Informationen in Nebensätzen. Die sachliche Erzählhaltung, die Widersprüche nicht beseitigt, die Aufzählung scheinbar unwesentlicher Details – Gregor reinigt den fettig gewordenen Schreibtisch, so daß er wie neu aussieht, die „großherzige Geste" des Büroleiters beim Überlassen der Kammer – und die im folgenden erwähnte Tatsache, daß der Angestellte Gregor Weinstock trotz seiner mehrjährigen Mitarbeit in der Firma P. noch „keinen einzigen Auftrag zu bearbeiten hatte", wirken wie ein einziges großes Zitat aus Kafkas Erzählwerk. Überflüssig zu erwähnen, daß Gregors bisherige Schreibarbeit abends in einen Briefkasten geworfen wurde, dessen Inhalt in einen großen Papierabfallbehälter landete, der nie geleert wurde und daß der Auftrag, den er an jenem Morgen erstmals auf seinem Arbeitstisch vorfand, aus unverständlichen Zeichen besteht, die Gregor bis in die Abendstunden nicht zu entziffern vermag. Er wagt sich zum Schreiber Z., in dessen Zimmer sein der elterlichen Wohnung entführter Schreibtisch steht und in dem sich das Ende der Erzählung wie folgt abspielt:

Das Unmögliche schien wahrgeworden, er stand siegesbewußt an der wiedererkannten Tür. Anzuklopfen wagte er nicht, also stieß er einfach die Tür auf und tat so, als ob er sich im Zimmer geirrt hätte. „Kommen sie herein, Weinstock!" Die roten Frackenden umwehten den Mann, der zu Gregor sprach. „Ich habe Sie erwartet." Gregor legte den Auftrag auf den rötlichen Schreibtisch und wollte sich entfernen, doch der Schreiber war schneller als er und drückte die Tür zu. Gregor merkte, daß er es eventuell schaffen könnte, vor dem Mann am großen Fenster zu sein, sich mit einem gewagten Sprung in die Tiefe zu stürzen und – sein zweiter Arm begann bei diesem Gedanken wieder zu erstarken – sicher auf allen Vieren zu landen. „Haben Sie den Auftrag ordnungsgemäß ausgeführt?" Gregor versuchte, unter des Mannes Arm hinwegzutauchen, der ihn aufhalten wollte. „Ich habe die obere Zahlenreihe nicht entziffern können", sagte Gregor. „Soso", sagte der Mann, „Sie haben den Auftrag nicht ordnungsgemäß ausgeführt." Gregor fuchtelte hilflos mit einigen Vordrucken herum, die er in seinen Taschen gefunden hatte. „Sie sind der erste, der einen Auftrag nicht versteht", sagte sich der Mann. „Ich habe den Kontakt zu den verschiedenen Schreibern vernachlässigt", dachte sich Gregor. Der Mann saß nun in der dunkelsten Ecke des Zimmers und sah Gregor an. „Lieber Weinstock", sagte er, „ich weiß um Ihre Fähigkeiten. Daß Sie mir jetzt Ihre Unfähigkeit, diesen läppischen Auftrag zu bearbeiten, vorgaukeln wollen, bestärkt mich in meiner Meinung. Viele in der Firma kennen nicht mal Ihren Namen, und dennoch weiß ich Ihre Qualität zu schätzen. Weinstock, wissen Sie trotzdem: ein einigermaßen fähiger Angestellter arbeitet nicht in Nischen auf dem Flur des Gebäudes. Es schadet dem Ruf unserer Firma, da Publikum vorbeikommen könnte." Erst jetzt erkannte Gregor den rötlichen Schreibtisch, der allerdings im elterlichen Wohnhaus gar nicht rötlich, sondern eher bräunlich aussah. Seine Eltern hatten ihn aufgrund der Entführung des Tisches

von zu Hause fortgejagt, die Nächte pflegte er in einem Nebengang des Firmenge-
bäudes zu verbringen. Gregor hatte dem Mann nicht mehr folgen können. „... was
sicherlich auch für Sie klar erkenntlich ist, Weinstock. Ich hatte viel zu lange damit
gewartet." Der Mann war nun damit beschäftigt, den Auftrag zu bearbeiten. Gregor
sah ihn fragend an. „Es ist doch offensichtlich, die Firma kann Sie nicht mehr brauchen", sagte der Mann, „und nehmen Sie Ihren Schreibtisch zurück, ich kann ihn
nicht mehr brauchen." Gregor war erlöst. Er erblickte das fahle Licht des Ganges,
sah schon das Treppengeländer. Eifrig bemühte er sich, den Schreibtisch hinauszu-
schaffen. Draußen angekommen, lud er ihn sich halbseitig auf den Rücken. „Ich bin
nicht der Schreiber!" rief ihm der Mann hinterher, bevor Gregor auf der Treppe von
dem Schreibtisch zerquetscht wurde.

Die Erzählung wird in kafkascher Konsequenz zu Ende erzählt. Jene rigorose Endgültigkeit des 'Zerquetschens' erreichen die Texte aller anderen Seminarteilnehmer
nicht. Wenn auch in dieser Schlußpassage *Das Urteil* deutlich zu erkennen ist – der
vorgenommene Zimmerwechsel, die wehenden Frackschöße, Gregors Gedanken in
wörtlicher Rede, die trotz der Anerkennung der Qualitäten erfolgte Entlassung –, so
bleibt für diesen 'literarischen Kommentar' kennzeichnend, daß er in Form eines
Pastiches Anleihen am Gesamtwerk Kafkas vornimmt: Unzählige Textdetails weisen
darauf hin: die Bezeichnung 'Schreiber', der die Farbe wechselnde Schreibtisch,
ungerechtfertigte Vorwürfe, das Mißverhältnis zwischen 'Vergehen' und 'Strafe'
und nicht zuletzt der wegen einer Nichtigkeit aus dem elterlichen Hause vertriebene
Sohn, der darüberhinaus von dem Objekt, weswegen er seine Bleibe verloren hat,
wie ein Insekt „zerquetscht" wird: eine Kontamination aus Georg Bendemann und
Gregor Samsa.

Roberts Erzählung zeigt, daß die gestellte Aufgabe wie ein Tableau funktioniert, das
mit dem 'beladen' werden kann, was der Schreibende weiß. Die ästhetische Form,
in die der Text gegossen werden soll, verhindert jene Wissensdemonstration nicht,
sondern erlaubt vielmehr eine subtile Preisgabe. Wir hatten gesehen, daß Robert mit
dem unmittelbaren Kommentarschreiben seine Schwierigkeiten hatte. Seine im Anschluß an den Leseprozeß geschriebene Erzählung jedoch gibt ihm den richtigen
Rahmen, um sein eigentliches Schreiben-Können wie auch sein literarisches Wissen
zu veröffentlichen.

Malte hat eine gänzlich andere Form gewählt, um sich literarisiert am gelesenen *Urteil* abzuarbeiten. Auszüge aus seiner Erzählung sollen ein Beispiel für ironische
Kommentierung abgeben, die sich weit vom Ausgangstext entfernt und diesen eher
durch unterschiedlich dicht gewebte Schleier zu erkennen gibt:

Am Fluß

(...) Er raucht nicht mehr, denkt Johann. Alexander, der Sprachgewandte sagt
nichts, starrt nur immer auf den Fluß und in seine Kaffeetasse.
„Schön, daß du gekommen bist", sagt Alexander.
„Aber, Herr Staatssekretär."
Alexander zieht ein unwirsches Gesicht. „Du wirst dich gewundert haben über mei-
nen Brief, daß ich dich treffen wollte, hier, nach so langer Zeit."
„Vielleicht um in alten Jugenderinnerungen zu schwelgen?"
„Wenn es da was gäbe. Wo wir doch nie so recht miteinander konnten."
Alexander starrt.

Johann dreht sich unruhig hin und her, verlangt noch ein Bier, Alexander noch einen Kaffee. Dann beugt sich Johann vor über sein Glas und fragt: „Hast du Kummer?"
Alexanders Gesicht grimmassiert, wohl unwillkürlich, er blickt tief in seine leere Tasse, die er mit beiden Händen dreht. „Es gibt Augenblicke, wenn ich den Kopf aus meinen Papieren ziehe, da spüre ich, daß ich was brauche. Doch wenn ich dem nachgehen will, findet sich nichts, mir wird nur hundselend dabei. Manchmal fliegt es wie Fetzen von Bildern an mir vorüber. Eines davon bist du. Wir gingen hier am Fluß, du hast über mich gespottet, nanntest mich Alexander den Großen. Du lachtest über meine übergroße Ernsthaftigkeit, meintest, mir fehle es an Leichtigkeit, an dem nötigen Schuß Lebenszynismus. Das kommt mir wieder und wieder in den Sinn, ich weiß nicht wieso. Darauf kam mir der Gedanke, dich zu treffen. Weiter weiß ich schon gar nicht."
„Nun, von meinen gehässigen Kritteleien hast du dich sichtlich kaum beirren lassen. Mit Erfolg, wie ich sehe."
Alexander beugt sich jetzt vor, spricht hastig, und leise. „Ich frage mich ... Nein, dein Urteil will ich hören. Ob es sich lohnt, so hoch hinauf zu klettern, wenn mir nicht wohl dabei ist."
Johann bläst geräuschvoll Rauch aus: „Gut, nun werde ich dir sagen, wie man richtig lebt."
Er stößt mit dem Stuhl zurück, sieht sich suchend nach der Kellnerin um, Alexander starrt auf das gegenüberliegende Ufer.
Nachdem Johann noch ein Bier getrunken hat, dreht Alexander wieder eine leere Kaffeetasse.
„Wie geht es deiner Frau?"
Müde antwortet Alexander. „Sie ist wieder unterwegs."
„Hast du es mal mit Psychoanalyse versucht?"
Alexander verdreht die Augen.
„Oder mit Beten?"
Alexander steht heftig auf, geht die zwei Schritte auf den Terrassenrand zu und stützt die Arme auf das Geländer. (...)."

Malte spielt sichtlich mit der Aufgabe und mit dem Sujet, das er sich zu bearbeiten vorgenommen hat: Zwei erwachsene Männer, die sich lange nicht gesehen haben und die *keine* Freunde waren, treffen sich, weil der eine – erfolgreich – von dem anderen – Zyniker seines Zeichens – ein „Urteil" über seinen weiteren Lebensgang hören will. Motive aus Kafkas *Urteil* werden aufgegriffen und so stark verfremdet, daß dem unkundigen Leser von *Am Fluß* die Erzählung Kafkas nicht in den Sinn käme. Daß er seine Geschichte im Präsens erzählt, wirkt, als aktualisiere er tatsächlich die vergangene *Urteils*-Erzählung. Jener ironisch distanzierte Ton, den Malte auch in seinen Kommentaren einschlug und der psychologisierend mit dem Stoff umging, setzt sich im literarischen Kommentar fort: Da hat wieder jemand Erfolg gehabt, wie Georg auch, wird damit nicht fertig und sucht Rat, dieses Mal nicht beim Vater, sondern bei dem Jugendgefährten, der immer schon 'ganz anders' gewesen ist: Sind Johanns Fragen indirekt auch an Georg gerichtete? Die inhaltlichen Anleihen beim *Urteil* werden durch einen ironischen Erzählstil gebrochen, so daß dieser Kommen-tar sich verselbständigt und an einer längeren Leine mit dem *Urteil* verbunden ist als Roberts Text. Neben den figuralen und kommunikativen Parallelen ist natürlich der gewählte Ort auffällig: Der Fluß, der in Kafkas *Urteil* eine harmlose Rolle zu Beginn und eine verhängnisvolle am Schluß spielte, zieht sich wie ein roter

Faden durch diese kleine Erzählung und drängt sich zum Schluß ebenfalls in den Vordergrund:

Sie gehen stromabwärts, dahin, wo der Fluß sich verengt und eine schwere Eisenbrücke ihn überquert. Johann spricht.
„Würdest du dich genauer an unseren Spaziergang damals hier am Fluß erinnern, so wüßtest du noch, daß du von deinem Traum erzählt hast. Einmal an den Bögen der Brücke den Fluß durchschwimmen, weil das sich keiner traute. Das hast du nie gemacht, was?"
Alexander schnauft ein kleines Lachen und schüttelt den Kopf.
„Heute wirst du baden gehen!"
„Du spinnst!", sagt Alexander.
„Du willst meinen Rat, aber du kannst nicht reden. Also tu, was ich sage. Du wirst es schaffen hinüber, du siehst ganz gut trainiert aus. Ich werde dich auf der anderen Seite mit deinen Sachen erwarten. Und dann sehen wir weiter."
Alexander sieht skeptisch auf das scharf strömende Wasser. Er setzt sich, seine Hände bewegen sich unruhig durch den Sand, er hebt an zu sprechen, aber seinem Mund entringt sich nur ein kläglicher Laut.
„Ja?", fragt Johann. Alexander schaut ihn mit offenem Mund kurz an, dann starrt er auf das Wasser.
„Zieh dich aus!", fordert Johann.
Und während der nackte Alexander ins Wasser steigt, klettert Johann mit dessen Sachen zur Brücke hinauf, über die der übliche Verkehr brodelt.

Alexander-Georg geht auch in den Fluß, dazu 'verurteilt' von dem, dessen Lebens-Rat er sich erhofft hat, ebenfalls freiwillig-unfreiwillig, während der „unendliche" zu einem „üblichen Verkehr" geworden ist und nur noch „brodelt". Am Schluß der Erzählung scheinen die Reminiszenzen an *Das Urteil* deutlicher durch, wenngleich sich die Szenerie gründlich gewandelt hat: Handelt es sich um eine Mutprobe, wenn Alexander in späten Jahren einen Jugendtraum wahrmacht und den Fluß an einer gefährlichen Stelle schwimmend durchquert? Oder soll die Tat den Sinn haben, ihn zu kräftigen bzw. zu reinigen oder ihm neuen Mut einzuflößen? Wird er überhaupt an das andere Ufer gelangen? Malte entfernt sich von der ausweglosen Dichte des *Urteils*, und mokiert sich leise lächelnd über diejenigen, die über den beruflichen Erfolg die eigene Entwicklung zum erwachsenen Menschen aus den Augen verloren haben. Insofern verfolgt der Schreiber die Richtung weiter, die er in seinen – während des Lesens geschriebenen – Kommentartexten eingeschlagen hatte (während Robert erst beim Schreiben dieses literarischen Anschlußtextes die stattgefundene Kafka-Lektüre verarbeiten konnte) und schreibt – gekonnt, intelligent, witzig – gegen die Tragik des Urteils an.

In anderer Weise arbeitet Felicitas mit dem Urteil: Sie wählt eine weibliche Protagonistin, die zwei Tage vor der Trauung an Thomas, ihren zukünftigen Ehemann, einen 'ehrlichen' Brief schreibt, in dem sie ihn darüber aufklärt, daß ihre Familie nicht – wie Rebecca bisher immer erzählt hat – verstorben sei, sondern daß sie mehr oder weniger mit dieser, ganz und gar aber mit ihrem Vater sowie mit seinen (jüdischen?) Traditionen, gebrochen habe. Mit großer Hingabe gestaltet die Schreiberin im ersten Teil ihrer Erzählung – die wie *Das Urteil* die Zweiteilung beibehält und diesem im Aufbau überhaupt gleicht – die prätentiöse, ein wenig maniert wirkende Hauptfigur aus:

Der Brief

(...) Sie schaute auf die Wand hinter dem Schreibtisch, wo sie vor Wochen die kleine, schlichte, wie Thomas betont hatte, Anzeige angeheftet hatte. Nur ihrer beider Namen und das Datum, dazu eine herzlich formulierte Einladung, an der Zeremonie im Standesamt teilzunehmen, mehr nicht. Keine Bilder, keine kitschige Goldschrift, keinerlei Symbole, darauf hatte Thomas bestanden. Solltest du dich doch noch zu einer kirchlichen Zeremonie durchringen können, so werden wir das alles nachholen, hatte er ihr versprochen. Nun, sie konnte auf solche Statussymbole verzichten, hatte sie etwas heftiger als sonst geantwortet, war aber sogleich erschrocken und hatte eingelenkt, sie könne es sich ja noch einmal überlegen. Doch innerlich war ihr klar, daß sie nie in der Kirche heiraten werde, sie hatte nicht mit den Traditionen der Familie gebrochen, nur, um nun andere, ihr noch fremdere Bräuche anzunehmen. Ihr Blick ging von der Anzeige an der Wand zurück zum Brief auf dem Tisch vor ihr, in diesem hatte sie nun versucht, Thomas all die Dinge zu erklären, die er bis jetzt vermutlich noch nicht verstanden hatte, alles das, was ihm zu sagen sie nicht in der Lage war, hatte sie ihm in dem Brief geschrieben. Wie immer in ihren Briefen hatte sie den Adressaten nicht angeredet, wie oft schon mußte sie sich dieser Angewohnheit wegen rechtfertigen, und dennoch gab sie sie bis heute nicht auf. Thomas erreichten bislang nur wenige ihrer Briefe, aber auch er mokierte sich dann darüber, daß er ja nicht einmal sicher sein könne, der Brief gelte allein ihm. Vielleicht habe sie auch nur einen früheren Brief an einen ehemaligen Freund kopiert? Rebecca wußte ihr Verhalten nicht zu erklären, bemühte sich auch nicht weiter darum, schließlich waren schon zu viele Erklärungen für manche ihrer merkwürdigen Angewohnheiten sehr schmerzhaft gewesen. Auch unterschrieb sie ihre Briefe nie mit ihrem vollen Namen, schon das Kürzel gab für ihre Empfindungen fast zu viel von ihr preis. Doch dieser Brief schien eine Art Lebensbeichte geworden zu sein, zwecklos also, die Urheberschaft zu verleugnen: R.L., ineinander verschlungen, Halt suchend.

Langsam stand Rebecca auf, etwas unsicher schon, ob sie den Brief fortschicken solle. Sie ging in die Küche, entkorkte eine weitere Flasche Wein – sie trank Rotwein, nie rührte sie auch nur einen Tropfen Weißwein an, den ihre Eltern bevorzugten, sie war keine Weinkennerin im herkömmlichen Sinne, unterschied die Weine nicht nach Geschmack, Lage oder Traube, sondern nur nach ihrer Farbe. Je dunkler der Wein in ihrem Glas, desto größer seine Qualität, nicht einmal einen Rosé hätte sie ertragen können, nur um nicht an den verhaßten Chablis ihrer Eltern erinnert zu werden. Eine Freundschaft war auseinander gegangen, als sich herausstellte, daß der Freund einen Weinkeller besaß, in dem auch Weißweine lagerten.

Mit der neuen, noch vollen Flasche setzte sie sich zurück an ihren Schreibtisch, goß sich ein Glas ein, hielt es prüfend gegen das Licht, war mit der Farbe einverstanden und trank. Plötzlich schien ihr etwas einzufallen, sie riß hastig den Umschlag wieder auf und begann, den Brief, den sie erst vor wenigen Minuten fertiggestellt hatte, voll Spannung zu lesen. Als hätte eine ganz Fremde diese Blätter gefüllt, so vertiefte sie sich in seinen Inhalt, wie unter einem Zwang las sie die Zeilen, während sie hastig den Wein trank.(...).

Die so gezeichnete Heldin unterscheidet sich nicht unerheblich von dem männlichen Protagonisten des *Urteils*: Da weiß jemand seine Eigenarten zu hegen und zu pflegen, ist sich der Ungewöhnlichkeit derselben bewußt und kann sie nach außen vertreten. Außerdem ist der Bruch mit der Familie, insbesondere mit dem Vater (!), bereits vollzogen. Aufgeklärt werden muß nur noch der zukünftige Ehemann, ein Offizierssohn. Auch in dieser Erzählung geht es um Heiraten, irgendeine 'Wahrheit' sagen (beichten?), um Familienbeziehungen und um einen Bruch, wie er sich dann im zweiten Teil vollziehen wird: Vergleichbar der Vatergestalt des *Urteils* vollzieht auch Thomas eine donnernd-dröhnende endgültige Trennung zwischen den beiden noch nicht Verheirateten ob der Familien-Lüge. Felicitas hat den Aufbau der gelesenen Erzählung beibehalten, hat die Figurenkonstellation variiert und dem Brief – *Der Brief* lautet der Titel der Erzählung – einen Inhalt gegeben, der für den Leser nachvollziehbar, die Peripetie auslöst. Die Schreiberin füllt sozusagen die einzelnen Gußformen des *Urteils* mit neuem Inhalt und verbindet sie zusätzlich durch die Andeutungen eines jüdisch-christlichen Konflikts mit dem Autor Franz Kafka. Stilistisch bleibt sie 'bei sich' und hält auch die Regeln nicht dogmatisch ein: Bei „plötzlich schien ihr etwas einzufallen ..." schaltet sich ein Erzähler ein, später wird ein Ortswechsel vollzogen, ohne daß der Weg dorthin deutlich geworden wäre. Der Bruch zwischen dem ersten Teil, in dem Rebecca wie Georg allein in ihrem Zimmer sitzt, und dem zweiten, in dem Thomas auf sie einredet, ist in diesem Text erkennbar gezogen und trennt die beiden Hälften voneinander. Auch die Reaktionen Rebeccas auf die vorwurfsvoll-vernichtende Anklagerede Thomas' werden ausführlich beschrieben und entgegen der Anweisungen aus der zweiten Regeln relativ genau benannt: zugeschnürter Magen, schutzlos, Panik, Versteinerung. Insofern führte besonders Felicitas' Erzählung zu der Erkenntnis, daß zukünftig ein Verzicht auf die Regeln erprobt werden sollte, weil die offensichtliche Eigendynamik des je eigenen Erzählverlaufs dazu führte, daß die Regeln nicht zwanghaft beachtet werden können. Die Einschränkung, die die Regeln für das literarische Schreiben bedeuten, *muß* nicht hinderlich sein (wie wir an den beiden ersten Erzählungen sehen konnten), gleichwohl ist eine solche einschränkende Wirkung möglich und nicht auszuschließen. Die Schreiberin von *Der Brief* war selbstbewußt genug, um sich nicht sklavisch an die Aufgabenstellung zu halten, aber da diese Voraussetzung nicht immer gegeben ist, sollte bei den folgenden Versuchen erprobt werden, wie die Leser des *Urteils* einen literarischen Kommentar verfassen, ohne durch die Regeln an diesen Erzähltext gebunden zu sein. Dienten die erzähltechnischen Regeln in diesen beiden ersten Konzeptionen vor allem dem Ziel, den literarischen Formulierungsvorgang bewußter zu gestalten, so entstand nach der Durchführung in der studentischen Lerngruppe, die zu einem souveränen Umgang mit der Schreibaufgabe in der Lage war, die Erkenntnis, daß dieses Ziel bereits mit dem Hinweis auf die Erstellung eines literarischen Kommentars erreicht werden konnte: Dieser Satz aus dem Aufgabenblatt hatte bei den Studenten die größte Resonanz ausgelöst und ihnen – nach eigenen Aussagen – hinreichende Schreibprobleme bereitet.

Während dieser zweite Versuch gezeigt hat, daß eine literar-ästhetische Erzählaufgabe auch in universitären Zusammenhängen ihre Berechtigung hat und für die Studenten eine Herausforderung darstellt, erwiesen sich insbesondere die in den Lektüreprozeß integrierten kommentierenden Schreibphasen als ausgesprochen produktiv:

- Es könnte wichtig gewesen sein, daß die zu be-schreibenden Textpassagen isoliert vorlagen und wie 'auf einem Tablett' präsentiert wurden. Abgesehen davon, daß der Kommentar unmittelbar auf die Kopie geschrieben werden konnte, erzwang die vom Kontext gelöste Kenntnisnahme eine andere Lese-Aufmerksamkeit.

- Lesen und Schreiben wurden auf diese Weise – zumindest ausschnitthaft – enger miteinander verbunden. Allerdings zeigten diese Phasen auch, wie schwierig ein schreibendes Lesen selbst noch für Studenten ist.
- Dieses Schreiben erforderte genaues Lesen bzw. zeigte auf, wie viel jeweils 'über-lesen' wurde, wenn ein- und dieselbe Passage von allen oder doch von mehreren kommentiert worden war.
- Diese Schreibphasen erforderten von allen Anwesenden – auch der Dozentin – einen geschriebenen Beitrag, so daß eine mögliche Alternative/Ergänzung zum Unterrichtsgespräch in solch einer Textkommentierung gesehen werden kann.
- Diese den schnellen Lektüreprozeß verlangsamenden Momente sorgten auch dafür, daß das Lesen der Erzählung offen gehalten wurde und sich nicht runden, nicht schließen konnte: So wurde ein Kafka-Text gelesen, ohne daß es eine interpretatorische Festlegung gegeben hätte.
- Im Grunde genommen wurde eine *Einführung in das Lesen* vorgenommen bzw. in *ein mögliches Lesen*, das übertragen werden kann auf andere literarische Texte und das nicht ständig, aber dann und wann – abhängig vom literarischen Text und vom Erkenntnisinteresse – eine Anwendung rechtfertigt.

4. Dritter und vierter Versuch in einem Grund- und einem Leistungskurs Deutsch, 4. Semester (Februar 1993)

> „Diese Fragen bleiben bis zum Schluß das ungeschriebene Geheimnis, welches der Leser nach Belieben deuten oder gar in fester Überzeugung auslegen kann, da Georg Bendemann und damit unser Einblick in die Geschichte mit seinem Selbstmord endet, die Fragen jedoch in unseren Köpfen bestehen bleiben."

Diese beiden Versuche müssen vergleichend vorgestellt und ausgewertet werden, weil sie unmittelbar parallel, zur selben Zeit und an denselben Wochentagen stattfanden: Im zweiten Halbjahr des Schuljahres 1992/93 lagen die Stunden des Leistungskurses (Lk) am Reinickendorfer Bertha-von-Suttner-Gymnasiums dienstags und freitags jeweils in der 3. und 4. Stunde, die des Grundkurses (Gk) dienstags in der 6. und freitags in der 1. und 2. Stunde, so daß die Unterrichtsstunden jeweils aufeinander folgten. Eine vergleichende Darstellung bietet sich auch deswegen an, weil die beiden Durchführungen sehr stark voneinander abwichen und das 'Scheitern' im Lk natürlich aus dem Blickwinkel des Gelingens im Gk wahrgenommen und reflektiert wurde. Im Unterschied zu den beiden ersten Lerngruppen waren mir diese beiden Kurse nicht bekannt. Bis auf eine einmalige Hospitation, während derer ich den Schülern und Schülerinnen mein Vorhaben ankündigte und sie um ihre Mitarbeit bat, kannte ich die Kurse vor Beginn der Einheit nicht: Die Lehrerin des Lk, der aus elf Schülerinnen und einem Schüler bestand, betonte zuvor, daß der Kurs „durchschnittlich" sei und daß nur wenige Schülerinnen sowie der einzige Schüler auffällig gute Leistungen böten. Der den Gk unterrichtende Lehrer hingegen äußerte sich positiv über den aus zehn Schülern und neun Schülerinnen bestehenden Kurs und zog für die bereits stattgefundenen drei Oberstufensemester insgesamt eine erfreuliche Bilanz, obwohl nur vier Schülerinnen Deutsch als schriftliches Prüfungsfach fürs Abitur gewählt hatten. Für diese beiden Versuche wurden mir enge zeitliche Grenzen gesetzt: Im Lk konnte ich sechs, im Gk vier Stunden unterrichten. Insofern sind die Bedingungen für diese beiden Durchführungen gänzlich andere als für die ersten Versuche, in denen ich frei über alle organisatorischen Modalitäten entscheiden konnte und in denen mir die Lerngruppen vertrauter waren. Trotz dieser Einschränkungen sollte die Schreib-Lese-Einheit zu Kafkas *Urteil* unbedingt innerhalb des Kurssystems der gymnasialen Oberstufe 'auf die Probe' gestellt werden. Dabei konzentrierten sich die Erwartungen vor allem auf den Lk, der mit seiner wissenschaftspropädeutischen Ausrichtung zwischen Schule und Hochschule vermitteln soll, so daß bei den Schülern und Schülerinnen ein vertieftes fachspezifisches Engagement vorausgesetzt werden kann. Das Untersuchungsinteresse galt dabei der Frage, wie und ob diese Schüler im Unterschied zu der offenen Lernsituation in einer 11. Klasse und der bereits entschiedenen in einem universitären Seminar dieses Schreib-Lese-Projekt akzeptieren und zu welchem (literarischen) Schreiben sie sich dadurch führen ließen.

Hingegen ist die Lernsituation im Gk eine gänzlich andere, entspannter und gelassener: Deutsch kann in der Berliner Oberstufe nicht abgewählt werden, so daß zur Erlangung des Abiturs der Besuch eines dreistündigen Gk nicht zu umgehen ist. Es versammeln sich also Schüler in diesen Kursen, die gemeinhin eher naturwissenschaftliche oder mathematische Interessen verfolgen. Der Versuch in einem Gk stand demnach unter einer anderen Fragestellung: Wie reagieren Schüler, die sich eventuell zum letzten Mal in ihrem Leben mit Literatur auseinandersetzen, auf genaue Lesesequenzen sowie auf die 'Zumutung', einen eigenen literarischen Text zu verfassen? Läßt sich eine solche Schreib- und Lesearbeit in einem solchen Kurs überhaupt legitimieren?

Die Erzählung Kafkas lag erneut in kopierter Form vor. Die Versuchsanordnung wurde dahingehend geändert, daß in den ersten Stunden gemeinsam die erste bzw. die beiden ersten Seite(n) des *Urteils* im Unterricht gelesen wurden, ohne daß Autor und Titel genannt wurden. Der verbleibende Rest der Erzählung sollte zu Hause gelesen werden. Allerdings wurde der Text nur bis zum Urteilsspruch des Vaters ausgeteilt: Den Schluß sollten die Schüler selbst verfassen. Dieses Verfahren wurde aus verschiedenen Gründen gewählt:

- Die Lektüre der Erzählung sollte unbedingt mit einem Schreiben verbunden sein, um die Verbindlichkeit des Lesevorgangs zu erhöhen; gleichzeitig sollte sich dieses Schreiben eng an den Text anlehnen.

- Das Schreiben eines möglichen Schlusses sollte eine erste Hinführung zu der literarischen Erzählaufgabe sein: Um die Schüler an dieses literarisierte Schreiben heranzuführen, wurde die bekannte Aufgabe des Schlußschreibens als vorbereitender Einstieg gewählt.

- Die Schlußversionen, die bei dieser Erzählung aufgrund der Konfliktlage durchaus eine anspruchsvolle Aufgabe vorstellten, sollten im Unterricht eine Basis für die weitere Arbeit am Text vorstellen.

Die Planung sah vor, in der Mitte der Einheit – in den beiden Doppelstunden am Freitag – die Arbeit am Kafka-Text abzuschließen: Dabei sollte das im Seminar erfolgreich erprobte Verfahren, isolierte Textauszüge schreibend zu kommentieren, in diesen schulischen Lerngruppen erprobt werden. Die letzten Stunden dienten nur noch der Überleitung zu dem eigenen literarisierten Schreiben, das dieses Mal ohne Regeln, sondern in Form eines literarischen Kommentars stattfinden sollte. Diese beiden Versuche wie auch die nachfolgend letzte Durchführung wurden nicht mehr aufgezeichnet: Herr Veihelmann, der den Gk unterrichtet, riet mir ab, da er eine künstliche Situation befürchtete, die die Schüler, die mich zudem nicht kannten, hindern würde, sich zu äußern. Da diese Bedingungen für die anderen Lerngruppen – sowohl für den Lk wie auch für die 11. Klasse des letzten Versuchs – ebenfalls galten, nahm ich davon Abstand, Tondokumente anzulegen. Darüber hinaus erübrigten sich diese nicht zuletzt deswegen, weil die geschriebenen Lese-Kommentare, die sich in dem zweiten Versuch bewährt hatten, zukünftig im Zentrum der Auswertung stehen sollten – neben den Erzähltexten.

Die Auswahl der Kurse war unproblematisch: Es gab nur einen einzigen Lk im vierten Semester. Dieses Abitursemester ist der Literatur des 20. Jahrhunderts gewidmet, so daß nur Absprachen mit der den Lk unterrichtenden Lehrerin bezüglich der Terminierung getroffen werden mußten. Herr Veihelmann war gleichzeitig Fachbereichsleiter für Deutsch am Suttner-Gymnasium und hatte starkes Interesse daran geäußert, der Durchführung eines Versuches beizuwohnen. Aus diesem Grund wurde von den vier möglichen Grundkursen der seinige gewählt. Beide Lehrkräfte hospitierten während des Unterrichts; Herr Veihelmann protokollierte. Im Lk hospitierten zwei Studentinnen, die zu der Zeit ihr Praktikum an der Schule absolvierten. Auch sie fertigten Stundenprotokolle an.

Wie bereits angedeutet, scheiterte der Versuch im Lk, während die Schülerinnen des Gk sich zunächst zwar zögernd und skeptisch, dann aber bereitwillig und experimentierfreudig auf das Verfahren einließen. Es gilt im folgenden, das (überraschende) Scheitern wie auch den (unverhofften) Erfolg in seinen (möglichen) Ursachen zu reflektieren:

Der Einstieg in die Unterrichtseinheit gelang auch im Lk noch so, daß der Kurs zwar distanziert mitarbeitete, aber den langsamen Leseprozeß der ersten Seiten doch mit einiger Aufmerksamkeit verfolgte. Mitgeteilt worden war den Schülerinnen, daß wir den Beginn der Erzählung genau und akribisch lesen wollten, um nachzuvollziehen, wie so ein Erzählbeginn den Leser zu 'umwerben' und in das Geschehen 'zu verwickeln' versucht (vgl. PAEFGEN 1993c). Der erste Absatz wurde von mir vorgelesen. Nach jedem Satz hielt ich einige Zeit inne und forderte die Schülerinnen auf, sich Notizen zu machen über das, was sie erfuhren, welche Fragen dadurch entstanden und was sie eventuell verwunderte. Von der diktierenden Methode wurde dieses Mal Abstand genommen, weil die Schülerinnen des 4. Semesters sie vielleicht zu befremdlich gefunden hätten. Außerdem sollte eine Alternative erprobt werden. Trotzdem traten die Schülerinnen auf diese Weise *schreibend* in die Einheit ein, was wiederum den gewünschten Erfolg zeitigte und dazu führte, daß ein großes Textwissen zusammengetragen wurde. Die weitere Lektüre der ersten Seite ergab die üblichen Diskussionspunkte, die Georgs Freundschaftsverständnis betrafen: dieses wurde durchaus mit Engagement debattiert. Erste Probleme traten auf, als die Schülerinnen zu einem schreibenden Lesen hingeführt werden sollten, das zunächst in einem Resümieren des Gelesenen bestand, dann darin, schreibend festzuhalten, was man lesend der zweiten Seite der Erzählung entnehmen kann und dieses am Rand in einem ausformulierten Text festzuhalten. Die Schülerinnen reagierten sichtlich verunsichert auf diesen Auftrag. Hartnäckiges Insistieren und mehrmaliges Ermuntern meinerseits war vonnöten, damit sie mit dem Schreiben begannen. Allerdings war die anschließende Vorleserunde gut: Sie ergab, daß das Gelesene sowohl unterschiedlich akzentuiert als auch sehr ähnlich wahrgenommen wurde. Der Text lenkt den Leser, trotz seiner Mehrdeutigkeiten und Unsicherheiten. So gingen sehr viele auf den Tod der Mutter und den geschäftlichen Erfolg Georgs ein; darauf, daß der Leser jetzt etwas über Georg erfährt, während vorher nur vom Freund die Rede war. Zwei Schreiberinnen reagierten besonders auf die 'politischen Verhältnisse' in Rußland. Fast alle stellten erneut die Unsicherheit Georgs fest, der nicht weiß, wie mit dem Freund umzugehen ist. Allerdings gingen die Schülerinnen nicht auf Feinheiten ein, wie Konjunktive und die drei 'Vielleichts', die zu ständigen Relativierungen des Leser-Wissens führen. Die zweite Druckseite teilte folgendes mit (die letzten Worte der ersten Seite lauteten: „Vielleicht ge-):

lang es nicht einmal, ihn überhaupt nach Hause zu bringen – er sagte ja selbst, daß er die Verhältnisse in der Heimat nicht mehr verstünde –, und so bliebe er dann trotz allem in seiner Fremde, verbittert durch die Ratschläge und den Freunden noch ein Stück mehr entfremdet. Folgte er aber wirklich dem Rat und würde hier – natürlich nicht mit Absicht, aber durch die Tatsachen – niedergedrückt, fände sich nicht in seinen Freunden und nicht ohne sie zurecht, litte an Beschämung, hätte jetzt wirklich keine Heimat und keine Freunde mehr; war es da nicht viel besser für ihn, er blieb in der Fremde, so wie er war? Konnte man denn bei solchen Umständen daran denken, daß er hier tatsächlich vorwärts bringen würde?
Aus diesen Gründen konnte man ihm, wenn man überhaupt noch die briefliche Verbindung aufrecht erhalten wollte, keine eigentlichen Mitteilungen machen, wie man sie ohne Scheu auch den entferntesten Bekannten geben würde. Der Freund war nun schon über drei Jahre nicht in der Hei-mat gewesen und erklärte dies sehr notdürftig mit der Unsicherheit der politischen Verhältnisse in Rußland, die demnach also auch die kürzeste Abwesenheit eines kleinen Geschäftsmannes nicht zuließen, während hunderttausende Russen ruhig in der Welt herumfuhren. Im Laufe dieser drei Jahre hatte sich aber gerade für Georg vieles verändert. Von dem Todesfall von Georgs Mutter, der vor erwa zwei Jahren erfolgt war und seit welchem Georg mit seinem alten Vater in gemeinsamer Wirtschaft lebte, hatte der Freund wohl noch erfahren und sein Beileid in einem Brief mit einer Trockenheit ausgedrückt, die ihren Grund nur darin haben konnte, daß die Trauer über ein solches Ereignis in der Fremde ganz unvorstellbar wird. Nun hatte aber Georg seit jener Zeit, so wie alles andere, auch sein Geschäft mit größerer Entschlossenheit an-

gepackt. Vielleicht hatte ihn der Vater bei Lebzeiten der Mutter dadurch, daß er im Geschäft nur seine Ansicht gelten lassen wollte, an einer wirklichen eigenen Tätigkeit gehindert. Vielleicht war der Vater seit dem Tode der Mutter, trotzdem er noch immer im Geschäft arbeitete, zurückhaltender geworden, vielleicht spielten – was sogar sehr wahrscheinlich war – glückliche Zufälle eine weit wichtigere Rolle, jedenfalls aber hatte sich das Geschäft in diesen zwei Jahren ganz unerwartet entwickelt. Das Personal hatte man verdoppeln müssen, der Umsatz sich verfünffacht, ein weiterer Fortschritt stand zweifellos bevor.

Die beiden folgenden, sich einander widersprechenden Kommentarbeispiele wurden für die anschließende Abschlußdiskussion dieser beiden ersten Stunden herausgegriffen und gegeneinander gestellt. Tomma hat ihren Text tatsächlich an den Rand des Kafka-Textes geschrieben und gab dem Text mit ihrem Schreiben 'Geleit':
„Georg zweifelt daran, ob es gut ist, seinen Freund zurückzuholen. Er macht sich darüber Gedanken, ob es unter diesen Umständen überhaupt noch sinnvoll ist, den Kontakt aufrechtzuerhalten. [Er scheint Angst davor zu haben, ihm darüber eine Mitteilung zu überlassen.] Dem Freund scheint es nur um seine Probleme zu gehen, er hat keine richtige Beziehung mehr zu seiner Heimat und zu Georg. Er findet Ausreden, um nicht in seine Heimat fahren zu müssen. Zum Tod von Georgs Mutter findet er nur wenige Worte.
Die Sicht ändert sich. Man hat den Eindruck, Georg ist noch derjenige, der sich um diese Freundschaft und den Erhalt bemüht. Der Freund scheint den Kontakt langsam abbrechen zu wollen.
Der Tod von Georgs Mutter ist sehr bedeutsam für Georgs Leben. Seitdem floriert sein Geschäft.
Vielleicht hat er auch drüber dem Freund geschrieben, und dieser bricht den Kontakt aus Eifersucht. Er hat's geschafft, ich nicht!"

Raffaela hingegen hat ihren Text auf eine gesonderte Seite geschrieben:
„Georg zweifelt an dem Freund. Er sieht keine Möglichkeit für den in der Fremde weilenden Freund, die Umstände auf positive Art umzuwälzen. Dies teilt er auf anmaßende Weise mit und überlegt – was der Gipfel der Gefühlsroheit ist –, ob er nicht die brieflichen Mitteilungen gänzlich einstellen sollte. Georg sucht sich damit den für ihn bequemeren Ausweg. Er lenkt seine Gedanken auf seinen eigenen Erfolg der letzten Jahre, besonders was sein Geschäft anbelangt. Dies in Beziehung zu dem vorher beschriebenen Schicksal des Freundes klingt fast makaber und verstärkt den Eindruck, daß Georg es sich leisten kann, von oben herab die gescheiterte Existenz in Rußland zu betrachten. Leider geht's dem Freund schlecht, aber was kann er dazu tun? Man muß froh sein, wenn's einem selbst gut geht."

Es ist nicht auszuschließen, daß die Schreiberin des zweiten Textes, die als einzige *Das Urteil* kannte, sich vom Ende dieser Erzählung beeinflussen ließ und weniger gründlich las als Tomma, die sorgfältig versucht, die Stationen des Erzählens nachzuzeichnen. Tomma liest unvoreingenommen und formuliert vorsichtig abwägend das, was sie erfährt. Besonders verdeutlichend sind die knappen Sätze, in denen der Tod der Mutter und das florierende Geschäft in temporale Beziehung zueinander gebracht werden: „Seitdem floriert das Geschäft." Solchen eindeutigen, verdeutlichenden Aussagen sind wertvolle Resultate eines genauen *Lesens* und machen den

Unterschied zum Rezipieren wie auch zum Interpretieren aus: Weder wird ein subjektives Verstehen wiedergegeben, noch wird der Tod der Mutter und die Geschäfts-Hausse gedeutet. Vielmehr erfolgt eine nüchtern-sachliche Feststellung, die besagt, daß es eine zeitliche Beziehung zwischen beiden gibt. Bezeichnenderweise reagierten die Schülerinnen empört lachend, als Tomma diesen Satz vorlas ob der darin enthaltenen Tabu-Verletzung, aber Tomma hat jene umständlich vorgebrachten und umschriebenen Gründe für den geschäftlichen Erfolg Georgs auf einen 'möglichen Nenner' gebracht. Raffaelas Text hingegen ist ein gutes Rezeptionsbeispiel: Sie läßt sich von ihrer Antipathie, die sie dem männlichen Protagonisten gegenüber hat, leiten und faßt zusammen, wie sie sein Verhalten dem Freund gegenüber 'findet': Daß sie dabei häufig 'über das Gelesene hinausschießt' und aufzählt, was so nicht geschrieben steht, hängt wohl mit jener emotional begründeten Animosität gegenüber Georg zusammen, die ihre Lesehaltung prägt.

Es muß an dieser Stelle noch einmal in aller Deutlichkeit gesagt werden, daß solche kleinen Erfolge wie Tommas 'Klartext' den eigentlichen Wert dieses verzögerten Lesens wie auch des dazugeschalteten Schreibens ausmachen. Dabei wird nicht angestrebt, ein solches schreibendes Verdeutlichen des Gelesenen für den gesamten Text durchzuführen. Wichtig scheint aber, dieses 'Zurück' zum Lesen dessen, was im Text geschrieben steht, überhaupt wieder in den Unterricht zu integrieren und es phasenweise in den Vordergrund zu holen. Schreiben ist dafür sicherlich eine geeignete Tätigkeitsform, wenngleich ein solches Lesen, zumal bei größerer Übung, natürlich auch redend möglich ist, weil es die Konzentration jeder einzelnen Leser-Schreiber/in auf den gelesenen und geschriebenen Text verdichtet und ein fixiertes, nicht rückgängig zu machendes Wissen über den Text zusammenträgt: Raffaela, nach Aussagen der Lehrerin die „beste Schülerin des Kurses", wußte in Gesprächssituationen diese Rolle und Stellung sicher auszufüllen. Es bleibt eine offene Frage, ob Tomma ihr Lesen dieser Passagen mündlich gegen sie verteidigt hätte. Aber da sie es geschrieben hatte und zudem vor Raffaela ihren Text vorlas, stand ihre Lektüre unwiderrufbar im Raum. Darüber hinaus erfordern diese Schreibaufgaben ein heuristisches Schreiben, eines, das nicht auf Erstellung eines abgeschlossenen, 'fertigen' Ergebnisses fixiert ist: Fragmentarisches, Anfänge und Abbrüche sind nicht nur zulässig, sondern können sogar als Basis für ungewöhnliche Erkenntnisprozesse dienen. Schreibend werden 'Zwischenergebnisse' zusammengetragen, Thesen und Vermutungen schriftlich festgehalten, so daß der unfertige, suchende, vorbereitende, denkende und materialsammelnde Charakter des Schreibens deutlich wird, eine Eigenschaft des Schreibens, die im Deutschunterricht zu selten Berücksichtigung findet. In diesen beiden ersten Stunden, in denen der Kurs noch nicht wußte, daß er Kafka las – bis auf Raffaela, aber sie versprach auf meine Bitte hin zu schweigen –, konnte die eigentlich geplante Arbeit am Text praktiziert werden. Die Schülerinnen blieben zwar reserviert, arbeiteten aber mit und versuchten auch die ihnen ungewohnten Schreibaufträge zu erfüllen.

Daß die Erfahrung im Gk von Beginn an eine andere war, kann den im unmittelbaren Anschluß an die erste Stunde geschriebenen Reflexionen entnommen werden:

Eine ganz andere Stimmung: widerspenstiger, aber gleichzeitig offener, munterer und ehrlicher. Die geringe 'akademische' Haltung der Schüler gegenüber dem Text und gegenüber Literatur als produktive Basis für eine Reibung am Text und für das Verfahren des langsamen Lesens. Waren die Schüler zunächst sehr skeptisch und mißtrauisch gegenüber dem Unterfangen, so ließen sie sich relativ schnell auf den Text ein: Kafkas Beginn schafft es somit, auch unwillige und Wenig-Leser zu interessieren; selbst Äußerungen wie 'Ich würde die Erzählung freiwillig nicht zu Ende lesen' sind ja durchaus als ein Zeichen von Anteilnahme zu werten. Es gab nur zwei bis drei Schüler, die sich während der Stunde überhaupt nicht geäußert haben. Wenngleich das Texterkenntnis-Niveau niedriger war als im Lk, so war das Gespräch ungleich erfrischender. Die Schüler blieben übrigens Georg gegenüber sehr sachlich und neutral. Sie empörten sich nicht über sein angeblich un-freundschaftliches Verhalten dem Petersburger Freund gegenüber. Sie blieben eigentlich in einer wohltuend nüchternen Haltung, die dem Erzählstil angemessen ist. Auch die Schüler, die sich zu gänzlich entgegengesetzten Lese-Interessen bekannten, gestanden ein, daß der gelesene Anfang 'als Anfang nicht schlecht gemacht' sei, weil er dem Autor Möglichkeit böte, in alle möglichen Richtungen weiterzuschreiben. Auffällig war eine breite Beteiligung, die natürlich in einer 6. Stunde schon als Erfolg verbucht werden muß. Und: Für die Zusammensetzung solcher Kurse, in denen Schüler sitzen, die mit Literatur möglicherweise nicht wieder in Berührung kommen werden, ist die verzögerte Methode bestens geeignet: Sie müssen nicht so viel auf einmal lesen, sie merken auf, sie können sich langsam eindenken, sie haben immer noch die Möglichkeit, einzusteigen etc.

In diesen Reflexionen wird die geglückte Einführung u.a. dem erzählerischen Können Kafkas zugeschrieben. Letzteres stieß aber auch im Lk durchaus auf stille Anerkennung bzw. auf keinerlei Ablehnung. Entscheidender war wohl – wie im nachhinein immer deutlicher wurde – die offene Einstellung dem methodischen Verfahren gegenüber. Es wurde in dieser Gk-Stunde ein wenig anders vorgegangen als in der Lk-Stunde, weil es sich um eine Einzelstunde und die letzte des Schultages handelte: Vorlesen der ersten drei Sätze, Notizen dazu anfertigen, klärendes zusammentragendes Gespräch, Vorlesen des gesamten nächsten Absatzes, schriftlich festhalten, was man an neuen Informationen erfährt, erneutes Gespräch, Austeilen der ersten Seite und stilles Lesen des letzten Absatzes verbunden mit der Entscheidungsfrage, ob man diese Erzählung aufgrund dieses Anfangs zu Ende lesen würde. Obwohl die zu schreibende Menge im Gk geringer war und damit eine der 'Problemzonen' (noch) nicht akut werden konnte, blieb nach dieser ersten Stunde der Eindruck, daß diese Schüler auch weiteren unorthodoxen Schreibaufträgen gegenüber aufgeschlossen gewesen wären und es auf einen Versuch hätten ankommen lassen. Auch die Hausaufgabe, den Schluß der Erzählung zu verfassen, nahmen die Schüler gelassen, ohne große Protestäußerung zur Kenntnis.

Die 2. und 3. Stunde der Einheit im Gk, eine Doppelstunde, waren für die gesamte Versuchsreihe deswegen so bedeutsam, weil das Verfahren des arbeitsteilig kommentierenden Schreibens, wie es im studentischen Seminar erfolgreich entwickelt worden war, in dieser schulischen Lerngruppe tatsächlich funktionierte und darüber hinaus die in den Schlußvarianten festgehaltene häuslich stattgefundene Lektüre zu korrigieren vermochten. In diesen Schlußentwürfen hatten die Schüler zumeist nach lebensrettenden Möglichkeiten gesucht. Intrikate Lösungsversuche kamen durchaus vor, blieben aber in der Minderheit: Erstaunlich oft wanderte Georg aus, meist nach Rußland zum Freund. Mal führt er das Leben des inzwischen verstorbenen Freundes weiter (eine interessante Aufnahme der Unsicherheit über die Freundesfigur), mal übertrumpft der Freund Georg, indem er dessen Braut heiratet (auch diese Variante ist bemerkenswert, da sie die Perspektive des Vaters aufnimmt und verstärkt), mal stirbt der Vater, mal wird der Vater auf Betreiben Georgs in eine Irrenanstalt eingeliefert, mal bringt der Vater Georg tatsächlich um (allerdings nicht blutrünstig, kein einziges Mal) ein einziges Mal wird der Versuch einer Versöhnung gemacht (die aber immerhin nicht zustandekommt). Auffällig war noch die Lösung, die Burkhard gewählt hatte: der Spruch des Vaters als Orakelspruch! Das zeugt insofern von einem aufmerksamen Lesen, als die endgültige geschlossene Konstruktion der Erzählung erkannt wurde: Der Spruch des Vaters, so widersinnig er dem Leser scheint (wie Orakelsprüche ja auch!), muß nach diesem Verlauf zwangsläufig in Erfüllung gehen. Roger ließ Georg in einem 'Meer von Einsamkeit und Schuldgefühlen' ertrinken; ein gutes Beispiel für die Übernahme der Vaterperspektive.

Der Versuch, die Schlußversionen zu systematisieren, ergab bereits einige Nachfragen von seiten der Schüler, die eine Verworrenheit und Unklarheit der Erzählung beklagten. Jakob insistierte darauf, daß der eigentliche Skandal jener (für ihn gänzlich überraschende) Urteilsspruch des Vater sei: Wenn dieser Teil auch noch gefehlt hätte, hätte er einen ganz anderen Schluß geschrieben, in dem sich der Sohn gegen den Vater zur Wehr setzt. Susanna beklagte bereits in diesem Gespräch, daß sie als Leserin keine klaren Informationen über den Freund erhalte. Ein nochmaliges Lesen der letzten Seiten ließ sich also sowohl aus den unterschiedlichen Schlußvarianten als auch aus den Fragen ableiten, die die Schüler an den Text hatten Die letzten zweieinhalb Seiten, beginnend mit: „Georg sah zum Schreckbild seines Vaters ..." bis zu dem vernichtenden Urteilsspruch, wurden in vier Abschnitte zerlegt und kopiert, so daß einige Auszüge des öfteren kommentiert wurden. Die Schüler wurden aufgefordert, den ihnen vorliegenden Textauszug sehr genau zu lesen, sich während des Lesens Notizen am Rand zu machen und anschließend einen Kommentar zu dem Gelesenen zu schreiben. Zwar zeigten sich die Schüler ein wenig verwundert über das ungewohnte Verfahren, aber der Hinweis, in einem Kommentar könnte man auch Fragen stellen und müsse nicht für alles Antworten bereit haben, ermunterte sie schließlich, mit dem schreibenden Lesen zu beginnen. Einige der so entstandenen Kommentartexte sollen zitiert werden, um Vor- und Nachteile dieses Verfahrens deutlich zu machen:

> Georg sah zum Schreckbild seines Vaters auf. Der Petersburger Freund, den der Vater plötzlich so gut kannte, ergriff ihn, wie noch nie. Verloren im weiten Rußland sah er ihn. An der Türe des leeren, ausgeraubten Geschäftes sah er ihn. Zwischen den Trümmern der Regale, den zerfetzten Waren, den fallenden Gasarmen stand er gerade noch. Warum hatte er so weit wegfahren müssen!
> »Aber schau mich an!« rief der Vater, und Georg lief, fast zerstreut, zum Bett, um alles zu fassen, stockte aber in der Mitte des Weges.
> »Weil sie die Röcke gehoben hat«, fing der Vater zu flöten an, »weil sie die Röcke so gehoben hat, die widerliche Gans«, und er hob, um das darzustellen, sein Hemd so hoch, daß man auf seinem Oberschenkel die Narbe aus seinen Kriegsjahren

sah, »weil sie die Röcke so und so und so gehoben hat, hast du
dich an sie herangemacht, und damit du an ihr ohne Störung
dich befriedigen kannst, hast du unserer Mutter Andenken
geschändet, den Freund verraten und deinen Vater ins Bett
gesteckt, damit er sich nicht rühren kann. Aber kann er sich
rühren oder nicht?«.
Und er stand vollkommen frei und warf die Beine. Er
strahlte vor Einsicht.

Hermann:

In dieser Passage wird die seltsame Verhaltensweise des Vaters deutlich. Mir ist
völlig schleierhaft, wie der Vater den Freund aus Petersburg plötzlich kennen sollte,
ob er wirklich mit dem Freund in Briefkontakt gestanden hat. Der Vater maßt sich
an, über Georgs Verlobte zu urteilen. Er bezeichnet sie als „widerliche Gans" und
stellt sie als Frau dar, die nur aufgrund ihrer sexuellen Attraktion von Georg ausgewählt wurde. Außerdem verstehe ich nicht, was die Schändung des Andenkens der
Mutter bedeuten soll Was soll das „Werfen der Beine"?

Hermann – er hatte diesen Abschnitt zufällig als einziger erhalten, so daß es nur
seinen Kommentar gab – hat in erster Linie einen Rezeptionstext geschrieben, in
dem er den Vater kritisch 'unter die Lupe nimmt' und auf Georg, der im ersten Absatz immerhin Subjekt ist, gar nicht eingeht. Einige Formulierungen zeugen allerwei-
dings von entzifferndem Lesen: so der Hinweis auf die Abwertung der Braut, die
durch die sexuellen Anspielungen zur Prostituierten degradiert erscheint, die Frage
nach der Verletzung des Andenkens der Mutter (jenen Satz hat der Leser als einzigen unterstrichen und mit einem Fragezeichen am Rand versehen) sowie die letzte
Frage, die eine der in der Erzählung hin und wieder auftauchenden grotesken Szenen thematisiert. Im Grunde zeigt Hermanns Text, daß die zu lesende Menge für ihn
noch zu groß gewesen ist: Er geht eigentlich nur auf die eine Hälfte der Passage ein,
den ersten Teil läßt er fast ganz außer acht. Dieses Phänomen wird auch bei den
weiteren Texten immer wieder auffallen. So gehen die beiden – im folgenden zitierten – Schreibenden nicht auf die in ihrem Textauszug enthaltene Drohung des Vaters ein, daß der Sohn nur noch für den Augenblick der Antwort leben solle, sondern lesen in der Passage ganz anderes:

Georg stand in einem Winkel, möglichst weit vom Vater.
Vor einer langen Weile hatte er sich fest entschlossen, alles
vollkommen genau zu beobachten, damit er nicht irgendwie
auf Umwegen, von hinten her, von oben herab überrascht
werden könne. Jetzt erinnerte er sich wieder an den längst
vergessenen Entschluß und vergaß ihn, wie man einen kurzen
Faden durch ein Nadelöhr zieht.
»Aber der Freund ist nun doch nicht verraten!« rief der
Vater, und sein hin- und herbewegter Zeigefinger bekräftigte
es. »Ich war sein Vertreter hier am Ort.«
»Komödiant!« konnte sich Georg zu rufen nicht enthalten,
erkannte sofort den Schaden und biß, nur zu spät, – die Augen
erstarrt – in seine Zunge, daß er vor Schmerz einknickte.
»Ja, freilich habe ich Komödie gespielt! Komödie! Gutes
Wort! Welcher andere Trost blieb dem alten verwitweten Va-
ter? Sag – und für den Augenblick der Antwort sei du noch
mein lebender Sohn –, was blieb mir übrig, in meinem Hinter-

zimmer, verfolgt vom ungetreuen Personal, alt bis in die Kno-
chen? Und mein Sohn ging im Jubel durch die Welt, schloß
Geschäfte ab, die ich vorbereitet hatte, überpurzelte sich vor
Vergnügen und ging vor seinem Vater mit dem verschlossenen
Gesicht eines Ehrenmannes davon! Glaubst du, ich hätte dich
nicht geliebt, ich, von dem du ausgingst?«
　　»Jetzt wird er sich vorbeugen«, dachte Georg, »wenn er
fiele und zerschmetterte!« Dieses Wort durchzischte seinen
Kopf.

Susanna:
In dieser Passage tritt die Verwirrung, die ja eigentlich die ganze Geschichte über
anhält, meiner Meinung nach ganz stark hervor. Der Autor spricht davon, daß Georg Bendemann „alles" genau beobachten will und auch nicht überrascht werden
will Es fehlt einem gewissermaßen ein Hintergrundwissen. Was ist der besagte Entschluß, wie kann der Freund verraten werden, warum soll der Vater ein Komödiant
sein, worüber soll er Komödie gespielt haben? Es tauchen also viele Fragen auf, die
ohne die gesamte Geschichte gar nicht beantwortet werden können. Unter anderem
auch: Existiert der Freund in Petersburg wirklich? Auch fehlt ein Bezug zu ihm.

Bernhard:
In diesem Textstück kommt meiner Meinung nach der Verfolgungswahn des Vaters
klar heraus. Er beschuldigt den Sohn, im Jubel durch die Welt zu gehen, sich vor
Vergnügen zu überpurzeln und ihn um seine Geschäfte zu betrügen. Außerdem
spricht er auch von dem ungetreuen Personal, so daß sich sein Wahn auch auf andere Leute bezieht. Der Sohn wird hier als fürsorgend und hilfsbereit beschrieben.
Er macht sich Sorgen, ob der Vater sich verletzen könnte, wenn er sich vorbeuge.
Außerdem erkennt man, daß es ihm leid tut, ein scharfes Wort gegen den Vater
erhoben zu haben, er nennt seinen Vater einen Komödianten und beißt sich danach
auf die Zunge, da es ihm leid tut, den Vater zu verletzen.

Das erste Beispiel ist interessant, weil die Schreiberin unbeholfen zum Ausdruck zu
bringen scheint, daß sie als Leserin in derselben uninformierten Lage gelassen wird
wie Georg, der sich auch (erfolglos) vornimmt, alles genau zu beobachten. Susanna
registriert indirekt die Erzählperspektive und -technik, ohne sie als solche deutlich
zu benennen. Sie listet im folgenden nur noch Fragen auf, die einige Signalmomente
des Textabschnitts aufgreifen, andere wiederum außer acht lassen: Daß Georg sich
in die Zunge beißt, würdigt diese Schreiberin mit keinem Wort, während Bernhard
diese Selbstverstümmelung als Reue deutet(!). Er wiederholt in seinem Kommentartext die Polaritäten Vater und Sohn: Jede der Figuren wird mit einer einleitenden
Hypothese ausgestattet belegt durch Textzitate bzw. Interpretationen. Der Vater
leidet unter Verfolgungswahn, der Sohn ist hilfsbereit. Während der Schreiber die
Informationen über den Vater zusammenfassend wiederholt, deutet er die über Georg in eine textferne Richtung: Weder ist die Rede von 'Leid-Tun' (sondern von
„Schaden"), noch ist jener konjunktivische Wunsch ein Ausdruck von Sorge. Bernhard stolpert über den Konjunktiv und liest ihn als Möglichkeit, während syntaktisch
der Wunschcharakter betont wird, unterstrichen durch das Verb 'zerschmettern':
Die von Georg herbeigesehnte Endgültigkeit der Vernichtung hat Bernhard in seiner
von Sympathie für Georg getragenen Interpretation völlig über-lesen, wenn er statt
'zerschmettern' 'verletzen' schreibt! Die jeweilige Einstellung zu den Figuren ver-

hinderte eine konsequente Lektüre. – Sehr unterschiedlich sind die beiden Kommentare zu dem nächsten Abschnitt:

> Der Vater beugte sich vor, fiel aber nicht. Da Georg sich nicht näherte, wie er erwartet hatte, erhob er sich wieder.
>
> »Bleib, wo du bist, ich brauche dich nicht! Du denkst, du hast noch die Kraft, hierher zu kommen und hältst dich bloß zurück, weil du so willst. Daß du dich nicht irrst! Ich bin noch immer der viel Stärkere. Allein hätte ich vielleicht zurückweichen müssen, aber so hat mir die Mutter ihre Kraft abgegeben, mit deinem Freund habe ich mich herrlich verbunden, deine Kundschaft habe ich hier in der Tasche!«
>
> »Sogar im Hemd hat er Taschen!« sagte sich Georg und glaubte, er könne ihn mit dieser Bemerkung in der ganzen Welt unmöglich machen. Nur einen Augenblick dachte er das, denn immerfort vergaß er alles.
>
> »Häng dich nur in deine Braut ein und komm mir entgegen! Ich fege sie dir von der Seite weg, du weißt nicht wie!«
>
> Georg machte Grimassen, als glaube er das nicht. Der Vater nickte bloß, die Wahrheit dessen beteuernd, was er sagte, in Georgs Ecke hin.
>
> »Wie hast du mich doch heute unterhalten, als du kamst und fragtest, ob du deinem Freund von der Verlobung schreiben sollst. Er weiß doch alles, dummer Junge, er weiß doch alles! Ich schrieb ihm doch, weil du vergessen hast, mir das Schreibzeug wegzunehmen. Darum kommt er schon seit Jahren nicht, er weiß ja alles hundertmal besser als du selbst. Deine Briefe zerknüllt er ungelesen in der linken Hand, während er in der Rechten meine Briefe zum Lesen sich vorhält!«

Claudia:
In diesem Abschnitt wird die Erklärung des Vaters wiedergegeben, daß er Georg hintergangen hat, indem er dem Freund in Petersburg geschrieben hat. Ich würde in diesem Abschnitt dem Vater glauben und in dieser Erzählung, würde ihn nicht für verrückt halten. Die Kommentare Georgs zu den Aussagen des Vaters finde ich etwas unpassend, er verlustigt den Vater. Doch irgendwie verstehe ich nicht genau, warum der Vater sich in Georgs Angelegenheiten mischt und seinen Sohn verdammt.

Jonas:
In diesem Abschnitt gibt es drei wesentliche Punkte. Zum einen sprudelt der Haß des Vaters auf seinen Sohn nur so aus ihm heraus. Zum zweiten erfährt der Sohn von seinem Vater, daß sein scheinbarer Freund Georgs Briefe nicht einen Augenblick ansieht, sondern nur die des Vaters interessiert durchliest. Schließlich will der Vater Georg und seine Braut auseinanderbringen. Das alles zusammen gibt also folgenden Schluß: Georg lernt seinen Vater plötzlich von der schlechten (brutalen) Seite kennen. Er hat sich hinter seinem Rücken mit Georgs Freund verbunden. Die Folge ist, daß Georg alle seine bisherigen Haltepunkte des Lebens (Vater, Freund, Braut) verlieren kann.

Jonas gliedert seinen Kommentar und zieht aus den aufgelisteten Punkten – fast mathematisch vorgehend – eine Summe. Er hat zwar auch nicht 'alles' gelesen, aber gründlicher als die erste Schreiberin hat er den Textauszug allemal studiert. Seine Lesehaltung ist offensichtlich sachlicher. Nur der anfangs erwähnte Haß des Vaters, der einen deutlichen Kontrast zu Claudias Einschätzung bietet, zeigt eine emotionale

Beteiligung. Ansonsten versucht Jonas, jeden der drei Vater-Redeabschnitte zusammenzufassen, sowohl bezüglich der darin zum Ausdruck kommenden Haltung also auch in Hinblick auf ihre jeweilige inhaltliche Aussage. Danach zieht er die Georg betreffende Konsequenz und listet diese ebenfalls auf. Sein Kommentartext bleibt nah am literarischen Text und geht nur sehr vorsichtig darüber hinaus. Er versucht, die logischen Konsequenzen aus dem zu ziehen, was im Text geschrieben steht. Claudia hingegen läßt sich sehr schnell von ihrer Parteinahme für den Vater leiten, liest offensichtlich nur noch flüchtig und getragen von Antipathie bzw. Sympathie. Mit ihrem letzten Satz – und das ist eigentlich das Interessante an diesem kleinen Text – kann sie nicht umhin, Zweifel an dieser eindeutigen Position anzumelden: Davon ausgehend hätte sie eigentlich noch einmal genau lesen müssen und wäre in einem weiteren Schreiben vielleicht zu anderen Ergebnissen gekommen.

Der letzte zu kommentierende Abschnitt hatte folgenden Wortlaut:

> Seinen Arm schwang er vor Begeisterung über dem Kopf.
> »Er weiß alles tausendmal besser!« rief er.
> »Zehntausendmal!« sagte Georg, um den Vater zu verlachen, aber noch in seinem Munde bekam das Wort einen todernsten Klang.
> »Seit Jahren passe ich schon auf, daß du mit dieser Frage kämest! Glaubst du, mich kümmert etwas anderes? Glaubst du, ich lese Zeitungen? Da!« und er warf Georg ein Zeitungsblatt, das irgendwie mit ins Bett getragen worden war, zu. Eine alte Zeitung, mit einem Georg schon ganz unbekannten Namen.
> »Wie lange hast du gezögert, ehe du reif geworden bist! Die Mutter mußte sterben, sie konnte den Freudentag nicht erleben, der Freund geht zugrunde in seinem Rußland, schon vor drei Jahren war er gelb zum Wegwerfen, und ich, du siehst ja, wie es mit mir steht. Dafür hast du doch Augen!«
> »Du hast mir also aufgelauert!« rief Georg.
> Mitleidig sagte der Vater nebenbei: »Das wolltest du wahrscheinlich früher sagen. Jetzt paßt es ja gar nicht mehr.«
> Und lauter: «Jetzt weißt du also, was es noch außer dir gab, bisher wußtest du nur von dir! Ein unschuldiges Kind warst du ja eigentlich, aber noch eigentlicher warst du ein teuflischer Mensch! – Und darum wisse: Ich verurteile dich jetzt zum Tode des Ertrinkens!«

Peter:
Meines Erachtens sind die vom Vater erhobenen Anschuldigungen völlig haltlos und unbegründet, da er dem Sohn nicht vorwerfen kann, zu spät geheiratet zu haben. Es kann doch jedem selbst überlassen werden zu entscheiden, wann man sich reif fühlt, um zu heiraten. Außerdem ist er nicht am Tod seiner Mutter verantwortlich – dieser ist nur Schicksalsfügung. Georg ist außerdem nicht schuldig am Auswandern seines Freundes. Was hat unschuldig mir teuflisch zu tun?

Urban:
In diesem Textabschnitt erreicht der Streit zwischen Georg und seinem Vater den Höhepunkt. Ganz am Anfang erhält man einen Hinweis darauf, daß Georgs Vater doch nicht irrsinnig ist, denn Georg sieht selbst langsam ein, daß sein Vater recht hat.

Gleich danach gerät der Leser aber wieder in einen Zwiespalt, denn es wird gesagt, daß der Vater eine alte Zeitung liest.

Danach beschuldigt der Vater Georg ihn, seinen Freund und seine Mutter nicht an seiner Freude teilgehabt haben zu lassen. Gleich darauf kontert der Vater eine Beschuldigung Georgs so überlegen, daß man sieht, daß der Vater völlig klaren Kopfes ist und die Situation total überblickt. Der Abschnitt endet in einer starken Beschuldigung des Vaters an Georg, welche mit einer Verurteilung endet.

Beatrice:
In diesem Abschnitt verstehe ich nicht die Hintergründe der Anklage des Vaters sowie den Zusammenhang mit der Mutter und dem Freund (wo liegt die Schuld?). Ich denke, daß die Übertreibung des Vaters mit seiner Verbitterung zusammenhängt. Da jahrelang keine Beachtung des Sohnes kam, haben sich so die Gefühle des verletzten Vaters gestaut und sind jetzt zum Ausbruch gekommen. Durch die Heirat bemerkt der Vater die Reife des Sohnes und hat so Angst, ihm im Wege zu stehen und ihn endgültig zu verlieren.

Wenngleich es sich bei dem ersten und dritten Beispiel erneut vorrangig um Rezeptionsdokumente handelt, so sind gleichwohl die beiden Fragen in den Texten bemerkenswert: Peter findet die Zusammenstellung von 'unschuldig' und 'teuflisch' irritierend, Beatrice koppelt den Begriff Urteil mit einer vorgefallenen Schuld und vermißt dieselbe. Während Peter sich nur auf den Vorwurf der zu späten Reife stützt (und diesen selbstverständlich mit Heiraten ineins setzt), versucht Beatrice, Gründe für die Anklagerede des Vaters zu finden. Beiden 'heben' zu früh von dem gelesenen Textauszug 'ab', nehmen ihn gleichsam nur als Anregung für ihr eigenes Schreiben. Urban hingegen, das dokumentiert auch seine Kopie, hat wirklich versucht zu lesen: Der Aufgabe folgend hat er am Rand jeweils notiert, was in den Absätzen geschrieben steht und diese Bemerkungen anschließend in einem Text zusammengefaßt. Er folgt dem Text und versucht, alle darin enthaltenen Informationsabschnitte zu systematisieren und ein wenig zu deuten. Daß er auf diese Weise die hilflose Ironie in Georgs erster Bemerkung nicht erkennt, sondern diesen Ausruf als Bestätigung der Vaterrede deutet, hängt wohl nicht mit einem flüchtigen Lesen zusammen, sondern mit seiner an den Anfang gestellten These, für die er Beweise sucht. Daß er aber gleichwohl bemüht ist, unvoreingenommen zu lesen, zeigt die Tatsache, daß er die Widersprüche im Text benennt und sie nicht übergeht oder ignoriert. Genau dieses Faktum ist bemerkenswert an Urbans Text: Er ist in der Lage, schreibend die Ambivalenzen des Textes auszusprechen. Daß er in seinem letzten Absatz wieder zu der Anfangsthese zurückkehrt und Belege für diese auflistet, entspricht dem Argumentationsverlauf in Kafkas Text: Diesen als Beweis für die Überlegenheit des Vaters zu lesen, ist immerhin radikaler als sich der einfachen und banalen Erklärung anzuschließen, des Vaters Rede sei durch Wahnsinn begründet. Urban bleibt in seinem Schreiben nah am Text, emotional steht er ihm distanziert gegenüber, so daß er in der Lage ist zu berichten, was er gelesen hat. Seine eigene Einstellung zu dem Geschriebenen macht er gleichwohl deutlich, aber nicht abgehoben vom Text, sondern mit diesem argumentierend.

Anhand der zitierten und analysierten Textbeispiele lassen sich Vor- und Nachteile dieses arbeitsteiligen schreibenden Lesens deutlicher erkennen. Ein entscheidender Nachteil ist sicherlich der, daß die Schüler auch dann nicht lesende Entzifferungsarbeit leisten, wenn ihnen nur eine geringe Textmenge vorliegt. Lieber interpretieren sie oder geben ihren Rezeptionseindruck wieder. Letzteres ist durch die offene Aufgabenstellung – 'Kommentar schreiben' – nicht ausgeschlossen, aber der Hinweis, zunächst den Textabschnitt einer genauen Lektüre zu unterziehen, wurde vielfach 'überhört' und 'vergessen'. Deutlich wird aber auf diese Weise auch, daß Rezipieren und sogar Interpretieren einfacher oder vertrauter sind als Lesen: Das Lesen eines solchen Textes bedeutet, Ungeheuerliches auszusprechen. Rezipieren und Interpretieren hingegen schafft die Möglichkeit, der Absolutheit des Geschriebenen zu entkommen. Daß ein solches eigentliches Lesen bei dieser Vorgehensweise hin und wieder doch stattfindet, ist – neben der diskursiv-heuristischen Schreibübung, die sich erneut als wertvoll erwies – sicherlich einer der Vorteile des Verfahrens: Besonders in den Fragen, die die Schüler formulierten, werden Momente des Textes aufgegriffen, die befremden und die unverständlich sind. Häufig zitieren die Schreibenden, aber durch den veränderten Satzbau und den modifizierten Kontext wird die zitierte Textstelle isoliert und erfährt eine besondere Aufmerksamkeit und Betonung. Denken ließe sich eine Weiterarbeit mit den Kommentartexten dergestalt, daß nach der ersten Vorleserunde alle Fragen wiederholt und als Basis für ein nachfolgendes Unterrichtsgespräch gewählt werden. Überhaupt ermöglicht das Einschalten einer solchen Lese-Schreib-Phase in den Unterricht, unmittelbar an dem anzuknüpfen, was die Schüler an dem literarischen Text bemerkenswert finden. Diese Phase ist allerdings nur begrenzt planbar, aufzugreifen ist das, was sich durch die Kommentartexte hindurch häufig wiederholt oder was in besonderem Maße aus dem Rahmen fällt. In diesem Fall war es die veränderte Einschätzung der Vaterfigur, an der sich viele Schreiber abgearbeitet hatten: Nachdem wir die jeweiligen Kafka-Zitate und alle Texte aller Schreibenden vorgelesen hatten, wurde deutlich, daß sich das Bild des Vaters durch eine nochmalige gründliche Lektüre gewandelt hatte. Die Schüler reagierten verblüfft, als ihnen dieses deutlich wurde, beschwerten sich aber gleichzeitig nochmals über die vielen Unklarheiten in der Erzählung und erhofften sich befreiende Aufklärung durch den Schluß, dessen Bekanntgabe nun eindringlich gefordert wurde. Das den Abschluß dieser Doppelstunde bildende Gespräch soll wiederum aus den Reflexionen zitiert werden:

Der Schluß des Autors wurde natürlich aufmerksam registriert, aber nun als unbefriedigend empfunden: Er kläre nicht alles, was man gerne wissen wolle; ob der Vater denn nun auch tot sei? was mit Georg tatsächlich passiert, erfährt man auch nicht; der Schluß wurde aber auch als überraschend empfunden, von Jakob, der ja auch die Leser-Meinung vertrat, daß eigentlich der Sohn hier den Vater umbringen müsse, nach dem, was der Vater diesem alles 'vor den Kopf werfe'. Der Schluß, so Susanna, kläre vor allem nicht die Frage, ob es den Freund denn nun gibt oder nicht. Es entstand eine Diskussion über diese Frage, in der mehrere Unklarheiten aufgezählt wurden. Am Anfang existiert er, dann wieder wird er vom Vater in Frage gestellt, dann wieder kennt der Vater ihn gut. Georg leugnet die Existenz des Freundes nie, nur der Vater stellt sie in Frage. Auf jeden Fall bot diese Diskussion, die wiederum auf eine Klärung drängte, mir die Möglichkeit, den Schülern und Schülerinnen die Einsinnigkeit der Erzählperspektive zu verdeutlichen: Der Leser muß durch diese zwangsläufig Georgs Perspektive übernehmen, er weiß an keiner Stelle der Erzählung (bis auf den letzten Satz) mehr als Georg und als die Vaterrede den Sohn außer Kraft setzt, ist der Leser denselben Verwirrungen ausgesetzt. Deswegen nimmt er auch die Vorwürfe des Vaters an und geht davon aus, daß diese richtig, daß sie korrekt sind. Es war ein Moment großer Spannung, als kurz vor Stundenschluß diese Mitteilung an die Schüler gemacht wurde: Sie saßen wirklich stumm und schienen etwas von der Qualität der Erzählung zu begreifen. Die Begründung der Unterrichtenden, gut sei diese Erzählung deswegen zu nennen, weil sie auf eine geschickte Weise den Leser in Georgs Position drängt, ohne daß dieser es (schnell) merkt, verstanden die Schüler. Rogers Nachfrage, daß man den Schluß ja dann auch auf den Leser beziehen müsse, zielt ins Zentrum der Erzählung: Wenn der Schlußsatz nicht wäre, stürbe der Leser Georgs Tod mit; nur der Schlußsatz rettet dem Leser das Leben.

Die arbeitsteilig vorgehende Methode verlangt eine anschließende Zusammenführung, durch welche sich die Tendenz der vereinzelt geschriebenen Kommentare erst erkennen läßt. Jeder Text als einzelner erreicht nur eine bedingte Aussagekraft, erst im 'Orchester' mit den anderen kann so etwas wie eine 'Sinfonie' erklingen. Jeder Schreiber weiß, daß die anderen auch schreiben, daß sogar der von ihm bearbeitete Textauszug noch andere Leser findet, so daß die phasenweise Vereinzelung nicht die Übernahme der alleinigen Verantwortung bedeutet. Daß am Ende dieser beiden Stunden ein wesentliches erzähltechnisches Merkmal des *Urteils* von den Kursmitgliedern erkannt und benannt wurde, hat die Methode des arbeitsteiligen schreibenden Lesens zumindest nicht verhindert. Voraussetzung dafür war allerdings, daß sich viele Schüler auf das Experiment einließen, es ernstnahmen und es durch ihr schreibendes Tun mittrugen. Wie wir an der Auswertung der Erfahrungen im Lk sehen werden, funktioniert dieses Vorgehen nicht, wenn die Schülerinnen skeptisch und mißtrauisch bleiben; das Scheitern ist dann wohl gründlicher als wenn ein 'normaler' interpretations- und lernzielorientierter Unterricht stattgefunden hätte. Insofern ist diese Methode keine Garantie für gelungene Unterrichtseinheiten. Sie stellt vielmehr einen Versuch dar, Lesen und Schreiben aufeinander zu beziehen und als Tätigkeitsformen in den Unterricht zu integrieren. Den Gk-Schülern und -Schülerinnen wurde zur nächsten Stunde die Hausaufgabe erteilt, eine (Literatur)Kritik dieser 1913 erstmals publizierten Erzählung zu schreiben. Judiths Kritik ist ein Spiegel der in dieser Doppelstunde erfolgten Arbeit:

Das Urteil
Die ganze Geschichte, die zunächst völlig harmlos beginnt, ist meiner Meinung nach eine Art 'Schein, der trügt'. Die anfangs friedliche Einleitung und die scheinbar heile Welt in der Georg Bendemann lebt, wirft jedoch nach und nach immer mehr Fragen auf. Die eigentlich erwartete langweilige Geschichte verstrickt sich mehr und mehr in auftauchende Probleme und verläuft in eine ganz andere Richtung als erwartet. Der anfangs erweckte Schein einer harmonischen Geschichte endet unerwarteterweise in einem Drama, die Geschichte, die wie gesagt im Laufe immer mehr Fragen aufwühlt, bietet am Ende keine Person, die die entstandenen aufklärt. Da die Geschichte aus Georg Bendemanns Perspektive geschildert wird, es aber dem Leser trotzdem nicht möglich ist, in seine Lügen- und Wahrheitswelt Einblick zu erlangen, kennt man auch Georg nur oberflächlich. Nun stellen sich dem Leser die Grundfragen: Spricht Georg Bendemann die Wahrheit? ist der Vater irre? gibt es den Freund in Rußland überhaupt?
Diese Fragen bleiben bis zum Schluß das ungeschriebene Geheimnis, welches der Leser nach Belieben deuten oder gar in fester Überzeugung auslegen kann, da Ge-

org Bendemann und damit unser Einblick in die Geschichte mit seinem Selbstmord endet, die Fragen jedoch in unseren Köpfen bestehen bleiben.

Die Geschichte ist höchstwahrscheinlich ärgerlich für denjenigen, der vor lauter Fragen verwirrt die Lösungen als erlösenden Nachtrag erwartet und interessant für denjenigen, der die Entwicklung der Geschichte als Hauptkriterium sieht.

Insgesamt fällt meine Kritik positiv aus. Ich finde die Geschichte bemerkenswert. Trotz offenbleibender Fragen, ist es dem Autor gelungen, den Leser, ob ihm die Geschichte am Ende gefällt oder nicht – völlig egal! – zu fesseln. Es ist ihm nicht nur während der Geschichte gelungen, sondern auch nachdem die Geschichte zu Ende gelesen ist. Schließlich hat er es nicht nur geschafft, einen scheinbar normalen Mann innerhalb kurzer Zeit zum Selbstmord zu führen, sondern auch durch seine Fragen den Leser über das Buch hinaus zu beschäftigen. Mit 'gefallen' oder 'nicht gefallen' kann ich in diesem Fall nicht argumentieren.

Ungleich viel mühsamer und zäher verlief der Unterricht in den beiden unmittelbar im Anschluß stattfindenden Lk-Stunden. Zwar hatten die Schülerinnen Schlüsse geschrieben, zwar schrieben sie – wenn auch unwillig – Kommentare zu den isolierten Textauszügen, zwar entstand daraufhin ein – allerdings von mir initiiertes und weitgehend getragenes – Gespräch über Widersprüche in der Erzählung, aber die Teilnehmer blieben in einer so steif reservierten Haltung, daß diese Formen der Mitarbeit letztlich wohl der steten Anwesenheit der verantwortlichen Lehrerin geschuldet sind (und dem Notendruck, den das bevorstehende Abitur verstärkte). Besonders problematisch gestaltete sich jene als Zentrum der Stunde geplante Lese-Schreib-Phase. Sowohl die ungewohnte Art der Textpräsentation als auch der Auftrag, genau zu lesen – den man nicht ernstnahm – und kommentierend zu schreiben, stieß bei den Lk-Teilnehmern auf einigen Widerstand. Möglicherweise steht diese zum Ausdruck gebrachte Abneigung solchen ungewohnten, offenen Verfahrensweisen gegenüber damit im Zusammenhang, daß die Lk-Schülerinnen durch die enge Termin- und Stoffplanung des Kurssystems und die besondere Gewichtung ihrer dort erbrachten Leistungen ängstlich auf stete 'Richtigkeit', Sicherheit und Eindeutigkeit bedacht sind/sein müssen. Der auf die Abiturklausur hin orientierte Deutschunterricht des Lk muß zwangsläufig Schreibformen eintrainieren, die auf eine geschlossene Form hinauslaufen und die ein interpretatorisch klares Endergebnis zeitigen. Erschwerend kam hinzu, daß die Schülerinnen zwar ihre Schlüsse in Unkenntnis des Autors und des eigentlichen Endes geschrieben hatten, sich aber gleichwohl vor Beginn der zweiten Doppelstunde bei Raffaela die fehlenden Informationen eingeholt hatten, so daß der Name Franz Kafka wie ein nach Deutung rufendes Damoklesschwert über diesen beiden Unterrichtsstunden schwebte. Die Schülerinnen waren zu wohlerzogen, um zum offenen Boykott zu schreiten, aber es kann vermutet werden, daß sie es gerne getan hätten, weil ihnen die vorgeschlagenen Arbeitsformen an einem Kafka-Text wie ein Sakrileg vorkamen. Die diametral entgegengesetzten Erfahrungen in den beiden Kursen machen deutlich, daß das Verfahren allein keine Garantie für einen gelungenen Unterricht darstellt. Gleichzeitig weisen sie aber auch darauf hin, daß größeres Fachwissen nicht zwangsläufig eine geeignete Basis sein muß für eine veränderte, experimentierfreudige, lesend und schreibend praktizierte Arbeit an literarischen Texten: Es kann sogar sein – und in diesem Fall war es so! –, daß fachliches Unbelastetsein größere (Erkenntnis)Freiheit evoziert!

Um den anstrengenden Verlauf der zweiten Doppelstunde im Lk zu veranschaulichen, sei ebenfalls aus meinen Reflexionen zitiert:

> Die Schlüsse der Schülerinnen waren eigentlich noch sehr interessant, weil Georg des öfteren aus dem Zimmer getrieben wurde durch die Worte des Vaters und auch wirklich irgendwie verschwand, wenn auch nicht starb. Karins Schluß war insofern bemerkenswert, als sie den Anfang erneut aufgriff und nun den Vater in Georgs Position versetzte. Georg stirbt bei ihr tatsächlich, der Vater überlebt den Sohn. Es gab auch Varianten, in denen Georg mit dem Freund zusammentraf, ähnlich wie im Gk.
> Schlecht war dann die Phase, in der die letzten zwei Seiten, in ihre Abschnitte zerlegt, nochmals schreibend gelesen werden sollten. Vielleicht hing es damit zusammen, daß viele den Schluß bereits von Raffaela erfahren hatten, aber selbst bei Kenntnis des Schlusses bringt ein genaues Text-Studium doch eigentlich genügend neue Erkenntnisse. Die Vorlesephase war ungleich viel blasser und farbloser als im Gk: Die Schülerinnen trauten sich einfach nicht, den Text zu kommentieren, den Skandal der Vater-Rede zu benennen; die fruchtbare und erfrischende Unbekümmertheit der Gkler fehlte vollständig. Diese ist aber eine notwendige Voraussetzung, um zu einem offeneren Schreiben gegenüber literarischen Texten zu gelangen. (...) Überhaupt war das Schreiben diesem Kurs sehr viel mühseliger zu vermitteln. Interpretationsfixiert nahmen die Schülerinnen die Aufträge nicht eigentlich ernst und begriffen sie nicht in ihrer produktiven Textorientierung. Das konnten die Gkler viel besser. Diese Phase war besonders unergiebig. Die Schülerinnen erzählten mehr oder weniger den Text nach, aber sie bezogen keine deutliche Position. Sie blieben zu vorsichtig!

Im Unterschied zum Gk ließen sich die beiden Phasen – die der verschiedenen Schlußvarianten und die des arbeitsteiligen Lesens und Schreibens – nicht aufeinander beziehen, so daß die Unverbundenheit mehr oder weniger durch mein Reden überbrückt werden mußte. Für die grundsätzliche Haltung gegenüber gedruckten Texten in dieser Lerngruppe war bezeichnend, daß sie die Frage nach der Existenz des Freundes nicht stellte. Während in allen anderen Lerngruppen diese Frage irgendwann auftauchte, mußte ich im Lk auf dieses Thema zu sprechen kommen: Die Schülerinnen lehnten die Frage als unsinnig ab. Ihre Reaktion ließ auf eine große 'Textgläubigkeit' schließen. Die Schülerinnen waren so überzeugt von der Autorität des Gedruckten, daß sie Widersprüche nicht zur Kenntnis nehmen wollten. Es ist dies ein gutes Beispiel dafür, daß bloßes literarisches Fakten- und Epochenwissen nicht zwangsläufig gute Literatur-Leserinnen produziert.

Die beiden letzten Stunden im Lk bzw. die letzte Stunde im Gk waren dem Schreiben einer eigenen Erzählung vorbehalten: Die Verbindlichkeit des literarischen Schreibens sollte erhöht werden, indem dieses innerhalb des Unterrichts stattfand. Bereits durch diese organisatorische Maßnahme wurde signalisiert, daß es sich um eine gewichtige Schreibaufgabe handelte, deren problemlösender Charakter ebenso vermittelt werden sollte wie auch die mit ihr einhergehende Formulierungsübung. Außerdem sollten die Schreibenden sich fragend über die zu erfüllende Aufgabe vergewissern können und zumindest den Anfang ihrer Erzählung nicht ganz allein bewältigen müssen.

Der Schreibauftrag lautete in diesem Versuch: *Schreiben Sie eine eigene literarische Erzählung und betrachten Sie diese als literarischen Kommentar zu Franz Kafkas Urteil; d.h. denken Sie während des Schreibens an das, was Ihnen an dem Kafka-Text bemerkenswert erschien und was wir während des Unterrichts dazu erarbeitet haben und setzen Sie dies in eine eigene Erzählung um.* – In beiden Kursen, im Lk wie im Gk, gab es anfangs deutlichen Widerstand gegen diese Aufgaben. Besonders die Gk-Schüler wehrten sich gegen die offene Aufgabenformulierung, wollten Themenvorgaben und deutlichere Einschränkungen. Im Lk setzte man eigentlich nur den müden Protest fort, der in den beiden vorhergehenden Doppelstunden bereits aufgetreten war und sah diese 'absurde' Aufgabe als logische Konsequenz aus den vorausgegangenen Absurditäten an: Dem entsprechend sind die meisten Erzählungen aus dem Lk nicht ernstzunehmen. Die Schreibenden machten sich aber wohl mehr über die Aufgabenstellung (und die Unterrichtseinheit) lustig als über Kafkas *Urteil*, obwohl es auf den ersten Blick den Anschein hat, als ironisierten sie den gelesenen Text. Nach den Erfahrungen der letzten Doppelstunde konnte dieses Ergebnis nicht überraschen. Gleichwohl sollte auf die Schreibaufgabe nicht verzichtet werden, um die Bestätigung dafür zu erlangen, daß ein Mißlingen dieser Einheit auch ein Mißlingen des literarischen Schreibversuchs nach sich zieht. Durch diese Negativ-Erfahrung erfuhren die bisherigen Versuche nachträglich eine deutliche Aufwertung. Nicht zuletzt die parallel stattfindende Erprobung im Gk erwies sich auch deswegen als gelungen, weil trotz des anfänglichen Protestes zur nächsten Stunde alle anwesenden Schüler einen in Heimarbeit beendeten literarischen Erzählversuch abgaben, dem eine ernsthafte Auseinandersetzung mit der Aufgabenstellung abzulesen ist.

Bevor einige Textbeispiele aus dem Gk zitiert und analysiert werden, muß insgesamt für das Schreiben dieser Lerngruppe vorausgeschickt werden, daß ihm die Unbeholfenheit und die geringe Übung im literarischen Formulieren abzulesen ist. Ebenso offensichtlich hat den Schülern und Schülerinnen das Schreiben der Erzählung einige Mühe gemacht. So schrieb Jakob unter seinen Text: „P.S. Die Geschichte ist nicht schlecht, der Rhythmus allerdings nicht immer gut. *Für eine Hausarbeit war es eine Heidenarbeit!*" Es bestätigte sich gerade an den Texten der Gk-Schüler, die der literarischen Sprache tendenziell eher distanziert gegenüberstehen, daß Aufgaben dieser Art eine schriftsprachliche Herausforderung darstellen, weil diese Schüler bisher Literatur kaum in Hinblick auf Schreiben gelesen haben: Ihnen steht nur ein geringeres Repertoire an literarischen Techniken zur Verfügung, so daß ihnen metaphorisches, indirektes, andeutendes, bewußt perspektivisches oder verfremdendes Erzählen wenig vertraut zu sein scheint. Nicht zufällig schreiben sie 'realistische' Erzählungen (vgl. Hermann), lehnen sich an bekannte Formen wie Märchen an (Urban) oder verarbeiten die von ihnen bevorzugte (Film)Literatur (Science fiction, Fantasy, Kriminalliteratur). Ausgehend von einem offenen Intertextualitätsbegriff ist dagegen nichts einzuwenden, und die Schreibenden haben auch durchaus Geschick darin bewiesen, ihr 'eigentliches' (Freizeit)Lesen in einem weiten Sinne auf *Das Urteil* zu beziehen. Bevor die Frage diskutiert wird, ob sich solche literarischen Schreibaufgaben mit diesen Schülern und Schülerinnen 'lohnen' oder ob eine allzu große Banalität der so entstehenden Texte dagegen spricht (vgl. FINGER-

HUT 1991, S.364), sollen einige Beispiele vorgestellt werden. Vorab ist zu sagen, daß sich das 'regellose' Schreiben allemal bewährt hat und daß die Schüler sich gleichwohl durch die Aufgabenformulierung dem zuvor gelesenen Text verpflichtet fühlten. Durch den nur indirekten Bezug zu dem literarischen 'Vorbild' wurde ein Rahmen um diese literar-ästhetischen Schreibversuche gezogen, der die grenzenlose Schreibfreiheit zwar einschränkte, aber nicht mehr so einengte, wie es die Regeln taten.

Urbans Märchen soll vollständig zitiert werden. Es wurde während der Besprechung der Erzähltexte – die im Gk gewünscht wurde, im Lk hingegen nicht – vorgelesen. Die positive Reaktion, die *Vater und Sohn* von seiten der Mitschüler und auch von Herrn Veihelmann erfuhr, veranlaßte Urban zuzugestehen, daß er so ein ähnliches Märchen irgendwann einmal gelesen und sich durch die ungewöhnliche Aufgabe daran erinnert habe. Es sei also nicht eigentlich von ihm, meinte er. Ein wenig wunderte ihn – und den Kurs – mein Kommentar, daß dieser Bezug auf Gelesenes den weitaus meisten Schreibfällen zugrundeliege und daß sein Verdienst darin bestehe, sich zum rechten Zeitpunkt an das richtige erinnert und es in eine eigene Form gegossen zu haben:

Vater und Sohn
Es waren einmal zwei Eheleut', die bekamen einen Sohn. Der Vater war ein starker und kräftiger Mann, doch sein Sohn war ein kleines schwaches und verkrüppeltes Kind. Selbst als der Sohn älter wurde, blieb er klein und schwach. Der Vater verachtete seinen allzu mißratenen Sohn, darum beschloß dieser, in die Welt hinauszuziehen. Er war noch nicht weit gekommen, als er einen Fuhrmann traf, der gerade auf dem Weg zum Berg der Zwerge war, um ihnen ihre Schätze zu bringen. Der Lohn für seine Arbeit seien wohl einige Diamanten. Der Kleine fragte den Fuhrmann, ob er mitkommen könne. Darauf entgegnete ihm der Fuhrmann, daß er nicht wisse, ob die Zwerge ihn aufnehmen würden, doch mitkommen könne er.
Bei den Zwergen angekommen, wurde der Kleine herzlichst aufgenommen, und er führte ein zufriedenes und glückliches Leben.
Der Vater des Kleinen mußte einige Jahre später jedoch in den Krieg ziehen. In diesem Krieg zog er sich eine schwere Verletzung an beiden Armen zu, so daß er fortan arm und bettelnd durch die Lande zog. So kam er eines Tages auch zum Berg der Zwerge, wo er einen kleinen und verkrüppelten Mann antraf, von dem jedoch nicht wußte, daß es sein Sohn war. Der Sohn erkannte ihn aber gleich und führte ihn in eine Höhle mit vielen Diamanten an den Wänden. Er sagte zu seinem Vater: „Ich sehe deine Armut, daher darfst du jeden Diamanten, den du mit deinen Händen von der Wand bekommst, dein eigen nennen." Der Vater versuchte vergeblich an die Diamanten heranzukommen. Da sagte der Kleine: „Nun gut, du hast sicherlich einen Sohn, hol' ihn, daß er dir helfe." Da begann der Vater zu weinen und sagte: „Ja, einst hatte ich einen Sohn, doch ich habe ihn herzlos von mir gestoßen." Da entgegnete der Sohn: „Hör auf zu weinen. Ich bin doch dein Sohn, und fortan wirst du keinen Hunger mehr leiden müssen.

Natürlich kann dem kleinen Erzähltext Naivität nachgewiesen werden: Da wird dem *Urteil*-Vater eine Lehre erteilt, die besagt, daß man mit seinen Söhnen, auch wenn sie 'mißraten' sind, vorsichtiger umgehen soll, weil man sie eventuell doch noch einmal 'brauchen' könnte. Immerhin hat der Schreiber diese Lehre in ein Märchen-Bild 'versteckt'. Darüber hinaus hat er einen prägnanten Text geschrieben, der kaum Überflüssiges enthält, der mit jedem Satz eine neue wichtige Information mitteilt und der sich auf den einmal aufgebauten Gegensatz 'stark – schwach' konzentriert. Dabei steht die Wandelbarkeit dieser Polaritäten im Vordergrund sowie die Tatsache, daß sie von der jeweiligen Perspektive abhängig ist: Im Volk der Zwerge ist der verkrüppelte Sohn wahrscheinlich ganz 'normal'. Natürlich wird dieser Text – wenn auch keinesfalls plump – von einer humanitären Idee getragen, der die Schwachen zu ihrem Recht kommen läßt und die Starken zur Nachsicht anhält. Immerhin hat der Schüler an der Stelle geendet, an der die Peripetie eingeleitet wird, hat diese, was schwierig gewesen wäre, aber nicht ausgestaltet: Einer dramatischen Pathetik ist er auf diese Weise geschickt ausgewichen. Urbans Märchen kommt der Aufgabe, einen literarischen Kommentar zum *Urteil* zu schreiben, nach: Er schreibt einen Gegentext, in dem die beiden Figuren durch Lebenserfahrung 'etwas lernen' und dazu gelangen, ihre ehemalige Position zu revidieren. Er bringt damit schreibend zu Papier, was die Kafka-Erzählung bei einem jugendlichen Leser – trotz aller analytischen Arbeit – auslösen kann und was so textfern nicht ist: Kafkas geschlossener Konstruktion, der die Figuren nicht entrinnen können, ist die Sehnsucht nach einem anderen 'Leben' sehr wohl ablesbar.

Die Fliege
(...) Georg wünschte sich wirklich, daß sein Brief weniger als die üblichen zwei Monate unterwegs sein würde. Es hing so viel von dem Inhalt ab: All die Arbeit der langen harten Jahre wäre umsonst, er wußte, das würde er nicht überleben. Sein Vater war es, der ihm nicht erlaubt hatte, Deutsch zu studieren, der einzige Sohne der Familie mußte natürlich in Vaters Fußstapfen treten, mußte Kaufmann werden und einmal das Geschäft übernehmen. Wie schön war es doch, als Mutter noch lebte. Den störrischen Vater mit ihrer Hilfe zu hintergehen und mit dem Freund all die schönen Sachen zu studieren. Einmal hat Georg ihn der Familie als Geschäftsfreund vorgestellt. – Das war kurz vor seiner Promotion und seiner Abreise nach Petersburg. Alles ist danach so schnell gegangen. Mutter war gestorben und Vater verwandelte sich in einen verwirrten, mißtrauischen alten Mann. Georg mußte mehr und mehr Zeit dem Geschäft widmen, und durch viel Glück war er sogar ziemlich erfolgreich geworden. Aber Erfolg bedeutete ihm nichts. Er wollte studieren, all die wunderbaren Sachen von Goethe, Schiller, Shakespeare und und und lesen. Dazu hatte Georg kaum noch Zeit. Das einzige, was ihm geblieben war, waren die Briefe mit ihm, der so fern, fern in Rußland weilte. Hätte er Hilde nicht kennengelernt, hätte er seinem hoffnungslosen Leben ein Ende bereitet. Sie half ihm, wieder auf die Beine zu kommen. Wenn jetzt seine Promotion in Petersburg als Deutschprofessor angenommen würde, würden Georg und Hilde heiraten und zusammen mit dem Freund ein sehr glückliches Leben führen. Was aus dem Vater wird, das interessierte ihn nicht, das Leben mit ihm wurde immer unerträglicher. (...).

Jakob, der sich über die „Heidenarbeit" beklagt hatte, die ihm das Schreiben der Erzählung bereitet und der während des Unterrichts zu den engagierten Verteidigern der Kafka-Erzählung gehört hatte, versucht in seinem literarischen Kommentar, 'Lücken' aufzufüllen: Die Beziehung zu dem Petersburger Freund wird erklärt, der Vater-Sohn-Konflikt erfährt eine Begründung – und zwar aus Georgs Sicht –, so daß sich diese Ausführungen wie eine Korrektur der Vater-Rede lesen lassen. Auch die Beziehungen zu Mutter und Braut werden 'umgeschrieben': Nicht der Vater findet in diesen Figuren Unterstützung, sondern Georg. Jakob verleiht seinem Protest gegen den *Urteil*-Vater Ausdruck, indem er in seiner eigenen literarischen Erzählung die Figur des Sohnes als die stärkere, die eigentlich handelnde entwickelt.

Allerdings – und nicht nur das ist ein Zugeständnis an Kafka – agiert sein Georg ebenfalls heimlich und scheut die offene Auseinandersetzung mit dem Vater; auch daß Georg, als er diese Aussprache schließlich sucht, enterbt wird, knüpft lose an die Erzählführung im *Urteil* an; ebenso die Zweiteilung des Erzähltextes, der zunächst in Georgs Zimmer, dann in dem des Vaters spielt. Während Jakob mit der Gestaltung des dramatischen Endes große (Schreib)Schwierigkeiten hat, zeigt die oben zitierte Passage aus dem ersten Teil seines Textes, daß dieser schriftsprachlich ungelenke Schüler für den klassischen Vater-Sohn-Konflikt den klassischen Kontrapunkt von Kunst und Kaufmann als auslösenden Grund wählt: Diese (literatur)bildungsbürgerliche Aufzählung 'großer Namen' mitsamt dem heimlichen Literaturstudium bis zum Doktorat wirkt nicht nur wegen ihrer Antiquiertheit anrührend, sondern läßt auch aufmerken, weil der Schreiber einen Schriftsteller-Konflikt jener Zeit benennt. – Jakob bezieht sich unmittelbar auf *Das Urteil*, indem er z.B. den Namen Georg beibehält und den gleichfalls namenlos bleibenden Freund ebenfalls in Petersburg ansiedelt. Daß der Name der Braut geändert wurde, kann mit einer falschen Erinnerung zusammenhängen, kann natürlich auch bewußt geschehen sein: Jakobs Erzählung könnte als Parallelgeschichte zum *Urteil* definiert werden, weil sie dessen Figurenensemble und den Konflikt beibehält, im Aufbau von dieser nicht abweicht und die im *Urteil* fehlenden Erklärungen zu ergänzen versucht: Der Freund existiert, die Beziehung zu dem in der Ferne weilenden Jugendfreund hat ihren Grund, der Briefwechsel wird ebenfalls verständlich gemacht. Der literarische Kommentar dieses Schülers ist direkt und unmittelbar, einem Kenner des Kafka-Textes fielen die Parallelen unmittelbar auf.

Zum Schluß sei aus einer realistischen, aktualisierten Gestaltung zitiert. Hermann hat ebenfalls das Thema des Vater-Sohn-Konfliktes aufgegriffen:

Verschiedene Sprachen

(...) „Papa, du weißt doch, unten im Nachbarort hat eine neue Disko eröffnet. Mann, die macht ja schon von außen einen tollen Eindruck."
„Das muß nicht unbedingt dann auch die Qualität des Inneren widerspiegeln", merkte der Vater an. „Ja, aber mein Kumpel hat mir heute Fotos davon gezeigt, als wir im Schulbus saßen. Und da ist uns dann die Idee gekommen, daß wir dort heute abend ganz gerne hingehen würden. Du weißt doch, wenn so etwas eröffnet wird, gibt es immer noch kleine Überraschungen, und oft kann man sogar ganz tolle Sachen gewinnen!"
„Mag sein", murmelte der Vater vor sich hin und schaute auf die Uhr, „und wann wollt ihr dann losgehen, wenn man mal fragen darf?" „Na ja", sagte Dietmar mit leiser Stimme, „so gegen neun."
„Gegen neun? Und wann kommt ihr von diesem dröhnenden Ungetüm zurück?" „Mmmh, darüber wollt ich mit dir gerade reden, Papi. Ich meine, ich bin doch jetzt siebzehneinhalb, fast achtzehn..." „Ja, aber eben nur fast", sagte der Vater mit erhobener Stimme, „wenn etwas passiert, macht man mich dafür verantwortlich, das weißt du doch ganz genau." (...)
„Dietmar, du bist heute um Mitternacht zu Hause, das ist schon eine halbe Stunde länger als sonst. Dann kannst du wenigstens noch den letzten Bus nehmen und bist nicht auf gefährliche Autofahrten angewiesen, alles klar?"
„Klar? Nichts ist klar", schnaubte Dietmar verärgert. „Ach wie gütig, eine halbe Stunde länger hat der Meister erlaubt!" „Hör mal, mein Junge, noch bestimme ich, wann du zu Hause zu sein hast, ist das klar?"

„Hauptsache, du hast deine Sportschau und dein Bier, nicht wahr? Dann bist du zufrieden. Aber dich mal in meine Lage versetzen, das scheint schier unmöglich! (...).

Hermann aktualisiert den Vater-Sohn-Konflikt, wählt ein aus dem Familienalltag bekanntes Streitthema und läßt die beiden 'Kontrahenten' ebenfalls redend aufeinander treffen. In seiner Erzählung wehrt sich der Sohn gegen den Vater, befolgt dessen Anweisung nicht und kommt erst spät in der Nacht nach Hause. Allerdings empfindet Dietmar Reue, überlegt sich, daß sein (alleinerziehender!) Vater es nicht leicht gehabt hat, und will sich am nächsten Morgen versöhnend mit ihm aussprechen , was aufgrund des plötzlichen Todes des Vaters unmöglich wird. Während Urban den Konflikt zwischen Vater und Sohn in einen mythischen Rahmen eingespannt hatte, sucht Jakob ausführlich nach Gründen für die Mißhelligkeiten zwischen den beiden Generationen. Hermann hingegen greift auf unmittelbare Lebenserfahrung zurück, zumindest was die Gestaltung des Streites angeht und ergreift Partei für den Vater, dessen plötzlicher Tod diesen indirekt ins Recht und den Sohn ins Unrecht setzt. Natürlich ist auch bei diesem Erzähltext der Vorwurf der Trivialisierung nicht von der Hand zu weisen, aber gleichwohl enthält Hermanns literarischer Versuch einen Kommentar zu der gelesenen Erzählung. Insbesondere der gewählte Titel – *Verschiedene Sprachen* – wirkt wie eine nachgeschobene Erklärung für den Disput zwischen Vater und Sohn im *Urteil:* Die Kommunikation zwischen diesen beiden ist gestört, anders als die zwischen Dietmar und seinem Vater, aber eine redende Verständigung gelingt in der Kafka-Erzählung auch nicht. Hermann hat in seinem literarischen Kommentar den Akzent auf das 'Aneinander-Vorbeireden' gesetzt, und er hat die Radikalität des *Urteils* immerhin soweit akzeptiert, als er die seinem Naturell eigentlich entsprechende Versöhnung scheitern läßt.

Die eingangs gestellte Frage soll abschließend noch einmal aufgegriffen werden: Haben solche literar-ästhetischen Schreibaufgaben einen Sinn, wenn dilettierende Schüler einen hochartifiziellen Text trivialisieren, banalisieren und vielleicht sogar zu Kitsch umgestalten? Die Frage ist nicht grundsätzlich zu bejahen oder zu verneinen: Innerhalb des Gks gewann sie ihren Sinn aufgrund der Bereitschaft der Schüler zur Mitarbeit und zur Besprechung der Texte. Die literarischen Schreibbemühungen hatten ihre – eng begrenzte – Funktion *innerhalb dieses Kurses und innerhalb* der vorausgegangenen Einheit. In ihren Texten legen diese der Schule fast entwachsenen jungen Männer (diese mehr als die weiblichen Mitglieder des Kurses) eine erstaunliche – weder intendiert noch erwartete – 'Empfindsamkeit' an den Tag sowie Bereitschaft, diese mit ihrem Schreiben offenzulegen. Jakobs Text konnte aus diesem Grund nicht laut vorgelesen werden, Urbans nur deswegen, weil er sich hinter der Märchen-Form versteckt hatte, wobei das Bekenntnis zu dieser als kindlich abgestempelten Form auch ein Risiko birgt: Es hat den Anschein, daß der literarische Deckmantel einigen Schülern zum Ausdruck zu bringen erlaubt – d.h. zu *schreiben* –, was das Lesen einer solchen Kafka-Erzählung für (Denk)Folgen hat. Die Schüler, die sich schon an dem Kafka-Text abgearbeitet hatten, arbeiteten sich in ihren literarischen Kommentaren tatsächlich noch einmal auf eine jeweils ganz spezifische Art an dem ab, was sie an dem literarischen Text irritiert, verwundert, provoziert hatte, oder was sie sich als besonders auffällige Besonderheit merken konnten. In einem solchen Kontext haben diese Schreibversuche ihren Sinn. Schließlich sind auch klassische Interpretationsaufgaben nicht dagegen gefeit, daß die Schüler bei deren schreibender Anfertigung ein banales Textverstehen zum Ausdruck bringen. Insofern sprechen solche Tendenzen in den Erzählungen nicht grundsätzlich gegen literarisches Schreiben in der Sekundarstufe II. Allerdings darf man keine literarischen Wunderwerke erwarten, aber man vergleicht eine Schülerinterpretation gemeinhin auch nicht mit dem Aufsatz eines Literaturwissenschaftlers.

– Literarisches Schreiben erlaubt den Schreibenden, fiktiv auszugestalten, was ihnen an der gelesenen Erzählung wichtig gewesen ist. Im Schutze der Fiktionalität wird dieses offener geäußert als im Gespräch oder während des sachlichen Schreibens.

– Ein literarischer Kommentar ermöglicht 'Gegenentwürfe', (indirekten) Protest, Ergänzungen und Aktualisierungen. Es werden Reaktionen auf Gelesenes, wie sie unvermeidlich sind, in einer einerseits verbindlichen, andererseits ästhetisch verfremdeten Form festgehalten.

– Die Schüler erfahren die Mühen des literarischen Schreibens und arbeiten sich an Formulierungsversuchen ab (vgl. Jakobs Kommentar). Von Spaß kann keine Rede sein, die Schreibaufgabe mußte von der Unterrichtenden sehr bestimmt vertreten werden!

– Genauso wie in einer Interpretation findet auch in der literarischen Erzählung eine Art Thesenbildung über den gelesenen Text statt. Insofern ergänzen sich beide Schreibformen vielleicht eher, als daß sie in endgültiger Konkurrenz zueinander stehen.

– Literar-ästhetisches Schreiben darf nicht mit allzu großen Erwartungen – was die Qualität der Texte angeht – überfrachtet werden, kann aber – abhängig von der Lerngruppe und vom Unterrichtsverlauf – eine auf den literarischen Text bezogene wichtige Funktion gewinnen.

– Keinen Sinn hingegen hatte die literarische Schreibaufgabe im Lk, in dem die Unterrichtseinheit selbst auf Ablehnung gestoßen war. Bei einer nochmaligen Erfahrung dieser Art wäre es ratsam, den Versuch abzubrechen und zu gängigen Unterrichtsformen zurückzukehren bzw. das Verfahren zur Diskussion zu stellen.

Auf jeden Fall hat es sich als richtig erwiesen, daß die Schüler ohne Regelvorgaben schrieben. Viele Texte jonglieren geschickt mit unterschiedlichen Orten und Perspektiven: So schreibt Hermann z.B. den Anfang aus der Sicht des Vaters, in der Mitte steht das Gespräch, aus dem zitiert wurde, und der Schluß wird aus der Sicht des Sohnes erzählt. Die Verpflichtung auf *Das Urteil*, die ursprüngliches Movens für die drei Regeln war, blieb durch die Aufgabenstellung – einen literarischen Kommentar zu verfassen – erhalten und behielt ihren verbindlichen Charakter, so daß sich der ängstlich gegebene Regelapparat als überflüssig herausstellte. Auf ihn sollte im fünften und letzten Versuch ebenfalls verzichtet werden!

5. Fünfter Versuch in einer 11. Klasse
(Mai 1993)

> „Müßten sie sich seine Klagen dann wieder anhören, wohl wissend, daß
> sie ihn nie allein lassen könnten mit seiner gelben Haut und seinem ihn
> wie ein Fluch verfolgendem Pech?"

Beendet werden sollte die Versuchsreihe in der Klassenstufe, in der sie begonnen
worden war und für die die Versuchskonzeption ursprünglich geplant wurde. Nach
den Erprobungen im universitären Seminar und im Kurssystem der Oberstufe sollte
abschließend noch einmal der Versuch unternommen werden, die Einheit in einer
leistungsgemischten Klasse – die gleichzeitig eine jüngere Lerngruppe vorstellt –
durchzuführen. Neben dem Ziel, eine 'normale' Klasse noch einmal mit dem Projekt
zu konfrontieren, kam es auch darauf an, ohne große Rezpetionsverzögerung zu
arbeiten: Die Klasse sollte zwar in die Lektüre eingeführt werden, durch das bekannte langsame und genaue Lesen des Anfangs, aber zur häuslichen Lektüre erhielten die Schüler dann den gesamten Text mit Titel und Name des Autors. Insofern
unterscheiden sich der erste Versuch, der die Schüler wirklich nach und nach mit
dem fortlaufenden Text bekannt machte, und der letzte deutlich voneinander: Die
Entscheidung, auf das Schreiben von Schlußvarianten zu verzichten, trägt keinen
programmatischen Charakter, dahingehend, daß solche Aufgabenstellung grundsätzlich für sinnlos gehalten werden. Vielmehr sollte erprobt werden, wie der Unterricht über *Das Urteil* vonstatten geht, wenn die Schüler ab der zweiten Stunde
über vollständige Textkenntnis verfügen. Wie lesen sie ausgewählte Passagen, wenn
sie um das Ende der Erzählung wissen und nicht ihre selbst geschriebenen Lösungen
im Kopf haben? Bleibt das Interesse an der Erzählung auch dann virulent, wenn die
Schülerinnen 'alles' wissen?

Erneut fand der Versuch am Bertha-von-Suttner-Gymnasium statt. Wenn oben von
einer 'normalen' Klasse die Rede war, so muß diese Charakterisierung ein wenig
eingeschränkt werden: Im Unterschied zu den anderen vier Lerngruppen, die nach
dem Zufallsprinzip ausgewählt wurden, wurde diese 11. Klasse, bestehend aus 27
Schülern und Schülerinnen, bewußt gewählt. Sie war mir aus einer 'Vorführstunde'
für ein studentisches Seminar als eine Klasse bekannt, in der erstaunlich viele litera-
turinteressierte Schüler versammelt waren. Auch unter den zwölf Schülerinnen waren einige, die dem Unterricht interessiert folgten, aber die Gesprächssituation
wurde eher durch die Jungen bestimmt. Die studentischen Beobachter dieser
'Vorführ'-Stunde äußerten sich in der anschließenden Reflexion erstaunt über das
Niveau, das in dieser Lerngruppe zu erreichen gewesen wäre: Sie selbst hätten länger gebraucht, Robert Walsers *Basta* zu analysieren, als einige dieser Schüler. Insofern wurde der letzte Versuch in einer bewußt ausgewählten Klasse erprobt, nicht
zuletzt deswegen, weil die Reaktionen dieser – z.T. durch altsprachlichen Unterricht
in Latein und Griechisch – textanalytisch geschulten Schüler auf diese offene Form
der Arbeit an einem literarischen Text von Interesse war. Darüber hinaus schien es
nach den vier zufälligen Versuchen legitim, zum Abschluß eine Lerngruppe zu
wählen, in der keine Überzeugungsarbeit geleistet werden mußte, sondern in der
man unmittelbar mit der Arbeit beginnen konnte.

Die unterrichtende Lehrerin erklärte sich bereit, mir sechs Unterrichtsstunden zur Verfügung zu stellen, von denen vier in Form von Doppelstunden an den beiden Samstagen in der 3./4. Unterrichtsstunde stattfanden. Die beiden anderen Stunden lagen dienstags in der 6. und freitags in der 5. Stunde. Es handelte sich in allen Fällen um Randstunden! Wie bereits gesagt, wurde auch bei diesem Versuch auf Tonaufzeichnungen verzichtet. Die Lehrerin hospitierte und protokollierte den Unterricht.

Der Einstieg in die Lektüre des *Urteils* wurde erneut leicht verändert: Den Schülern wurden die drei Sätze des ersten Absatzes diktiert. Allerdings wurden sie aufgefordert, nach jedem Satz schriftlich festzuhalten, welche Informationen diesem entnommen werden können, wie das Wissen des Lesers wächst und welche Fragen sich für ihn aufdrängen. Insofern leisteten diese Schüler am Anfang größere Schreibarbeit, weil bisher entweder das eine (Diktat) oder das andere (Notizen anfertigen) als Aufgabe gestellt worden war. Diese Mischung, die reproduzierendes *und* eigenes Schreiben erforderte, intensivierte den schreibenden Einstieg in das Projekt und gelang in dieser Klasse insofern, als viele Details dieses Anfangs – auffällige und weniger auffällige – auf diese Weise zusammengetragen werden konnten: So wurde auf die Märchenformel im ersten Satz hingewiesen und darauf, daß der Beginn ziemlich konventionell sei. Das angekündigte langsame und gründliche Lesen des Anfangs einer Erzählung, deren Titel und Autor vorerst noch ungenannt sein sollten, stieß zunächst auf kritische und skeptische Nachfragen. Aber nach den Ergebnissen dieser ersten Phase hatte sich die anfängliche Skepsis weitgehend gelegt: Die Schüler kommentierten das Verfahren als erstaunlich ergiebig, weil ihnen andere 'Sachen' aufgefallen seien als sonst.

Notiert haben sich die Schüler z.B.. zum ersten Satz:

Es war an einem Sonntagvormittag im schönsten Frühjahr.

Fabian: Zeit, Jahreszeit, Beurteilung der Jahreszeit,
　　　　Vergangenheit, übliche Einleitung, abgedroschen
Lea: schönes Wetter, freier Tag, Liebesgeschichte? wo?
Frederik: Sonntag, Sonne, Frühling, schwacher Anfang, alles offen,
　　　　Vergangenheit, Vormittag
Anton: Wird das ironisch oder kitschig? Kriegserzählung?
Laura: Zeit wird angegeben, was war da? wo? welche Personen? wie ein
　　　　Märchen? („Es war...")
Almut: konventionell, traurig? tragisch? was? wo? wer? Zeitpunkt
　　　　bzw. -raum

Antons Frage bezüglich der Kriegserzählung läßt diejenigen aufhorchen, die die Stelle aus Kafkas Brief an Felice Bauer kennen, in der er bekennt, daß er eigentlich eine Erzählung über den Krieg habe schreiben wollen, „'aber dann drehte sich mir alles unter den Händen'", und es entstand *Das Urteil* (zitiert nach: NEUMANN 1981, S.54). Erstaunlich ist, daß dieser Schüler dem ersten Satz der Erzählung dieses Thema noch als ein mögliches abliest, wenngleich er den potentiellen Kitsch auch erkennt. Lea (und noch andere nicht zitierte Schüler) greifen genau jene Möglichkeit auf, wenn sie eine Liebesgeschichte vermuten. Die Konventionalität des Anfangs, die Almut, Fabian und Frederik benennen, wurde bisher nur von den Studenten erkannt. Auch die beiden Kurse gelangten nicht zu dieser – durchaus richtigen – Feststellung. Fabians Notizen zu diesem ersten Satz sind bereits sehr umfangreich. Er versucht außerdem, metasprachlich zusammenzufassen, was er geschrieben/gelesen hat und nicht assoziativ zu spekulieren, wie es Lea tut. Fabian bleibt noch enger am Text als Frederik, der vom „schönsten Frühjahr" auf „Sonne" schlußfolgert. Einige der aufgelisteten Fragen werden mit dem zweiten Satz beantwortet, so daß sich die Notizen zu diesem ändern:

> Georg Bendemann, ein junger Kaufmann, saß in seinem Privatzimmer im ersten Stock eines der niedrigen, leichtgebauten Häuser, die entlang des Flusses in einer langen Reihe, fast nur in der Höhe und Färbung unterschieden, sich hinzogen.

Leona: Wo und Wer beantwortet; welches Land? arbeitet er? welche
        Leute wohnen noch dort? lebt er allein? Umgebung wieso?
        reich bzw. obere Mittelschicht; in die Länge gezogen.
Paula: – Beschreibung der Umgebung des Kaufmanns
        – Beschreibung der Häuser; Gleichheit der Häuser
        – was tut er?
Laura: Personenangabe – kein Charakter; die Frage 'wo' wird
        geklärt; 'was' nicht geklärt; lange gute Beschreibung des
        Ortes; was tut er? Familie? reich? erfolgreich?
Magdalene: uninteressant, wie die Häuser gebaut sind; Information:
        alle Häuser in einer Reihe, gleiche Färbung; es geht um
        Georg Bendemann; keine Idylle; Arbeit wegen Kaufmann.
Karl: trostlos, Einsamkeit, Langeweile, Mittelstand? so gut wie
        keine Handlung.

Die Frage nach den Mitbewohnern Georg Bendemanns tauchte erstaunlich häufig auf, während die Nennung des Vor- und Nachnamens der eingeführten Figur überhaupt nicht erwähnt wird. Auch der Versuch, die soziale Lage Georg Bendemanns zu eruieren, wurde vielfach gemacht. Einige Schreiber kommentieren den Stil, wobei Laura und Magdalene unterschiedliche Auffassungen vertreten. Immerhin gelangt Magdalene zu der Erkenntnis, daß sich der Leserin keine Idylle darbietet, wohl schon deswegen nicht, weil 'Kaufmann' auf Arbeit hindeutet (das 'altmodische' Wort Kaufmann wurde übrigens von einer anderen Schülerin gleichfalls registriert). Ihre Abneigung gegen die genaue Beschreibung des Ortes zeigt sich auch daran, daß sie diese Informationen nur flüchtig zur Kenntnis genommen hat: Die Häuser unterscheiden sich gerade in der Höhe *und* in der Färbung! Karl stellt jene trostlose Einsamkeit sogar an den Anfang seiner Notizen und geht auf die geschilderte Architektur überhaupt nicht ein. Er bemängelt die Handlungsarmut, die Leona indirekt auch vermißt, indem sie den langwierigen Stil bemerkt. Diese Merkmale sind auch anderen Schreibern aufgefallen, so daß sie sich während des Vorlesens wiederholten. Schon bei den Notizen zum zweiten Satz wurde einigen Schülern deutlich, daß mit jedem Folgesatz sowohl Fragen beantwortet als auch neue provoziert werden (Leona, Laura), ein wichtiges Moment klassisch linearen Erzählens. Diese Fragekette reißt natürlich mit dem dritten und letzten diktierten Satz nicht ab:

Er

hatte gerade einen Brief an einen sich im Ausland befindenden
Jugendfreund beendet, verschloß ihn in spielerischer Langsamkeit und sah dann, den Ellbogen auf den Schreibtisch gestützt, aus dem Fenster auf den Fluß, die Brücke und die
Anhöhen am anderen Ufer mit ihrem schwachen Grün.

Fabian: Was beinhaltet der Brief? Ist es ein guter Freund? Spielt
    er im weiteren Verlauf noch eine Rolle? Hat „spielerische
    Langsamkeit" etwas zu sagen? – Ruhe
Florian: Handlung: Brief, Schreiber, Landschaft betrachten
    Hintergrund: Freund im Ausland
Franz: Einsamkeit; letzter Halt; nachdenklich, Landschaft fast
    'tot'; Blick auf den Fluß – Sehnsucht
Almut: Tätigkeit; Stimmung? Wer ist B.? (Jugendfreund?) Beziehung?
    Wehmut, Sehnsucht, Traurigkeit, Fernweh
Jennifer: Warum steht er nicht sofort auf? Ist er nachdenklich?
Maria: Hat der Jugendfreund etwas mit der Erzählung zu tun? An was
    denkt er, wenn er auf den Fluß schaut?

Je weiter die Erzählung voranschreitet – und das ist schon vom ersten zum dritten
Satz fortlaufend zu beobachten – umso assoziativer werden die Notizen. Während
die Anmerkungen zum ersten Satz noch relativ schmal bleiben und sich auf die gegebenen Informationen beschränken, eröffnen die Angaben des dritten Satzes ein
weites Möglichkeitsfeld – nicht zuletzt durch die Signalworte 'Jugendfreund' und
'Brief': So reagieren die Schreibenden darauf mit Erkundigungen bis hin zu der
Frage, ob das eine oder der andere noch eine Rolle spielen werden. Während Florian
sich auf eine sachliche Aufzählung beschränkt, schweift Almut ein wenig ab und
versucht, ein Stimmungsbild zu entwerfen, so als wolle sie es in den gelesenen Text
einfügen. Der Blick aus dem Fester wird gedeutet als Sehnsucht oder zumindest
doch fragend angemerkt. Fabian zitiert eine Textstelle, die ihm aufgefallen ist und
die sich mit jenem 'spielerisch' tatsächlich nicht ohne weiteres in den ersten Absatz
einfügt: Auch hier gilt, was schon früher gesagt wurde, daß dieses Textzitat nicht
bloßes Abschreiben bedeutet, sondern daß seine fragende Isolierung zu einem Aufmerken führt. Das 'letzter Halt' in Franzens Notizen ist mehrdeutig und nicht klar
zuzuordnen, während die Beschreibung des Fensterausblicks treffend adjektiviert
wird.

Die Notizen der Schüler schwanken zwischen genauem Lesen, Über-Lesen und
assoziierendem Rezipieren hin und her. Trotzdem vollziehen sie den Aufbau dieses
Erzählanfangs nach: Tages- und Jahreszeit am Anfang; Beantwortung der Fragen
'wer?', 'wo'? und 'was?'. Die entscheidenden Informationssignale dieses Absatzes
'Jugendfreund' und 'Brief' üben unfehlbare Wirkung auf die Leser aus, aber auch
der Blick auf den Fluß findet Beachtung: Dieser Anfang, vielleicht gerade wegen
seiner Konventionalität, lenkt seine Leser und hält sie fest an der Hand. Registriert
wird natürlich auch, daß man ausführlicher über den näheren und weiteren Ort informiert wird als über die männliche Figur und dessen Tun. Letzteres erweckte aber
größeres Interesse, wie den zahlreichen Anmerkungen dazu abzulesen ist. Gerade
die ausführliche Beschreibung des Ortes – einer 'Landschaft', die keine ist und eines

unkonkret bleibenden Privatzimmers, das sofort in die ganze Häuserreihe eingegliedert wird – wurde eher als überflüssig, langatmig und langweilig registriert. Auf das „schwache Grün" ist niemand eingegangen, ebenso wenig wurde die Namensnennung erwähnt.

Der zweite Absatz wurde zusammenhängend vorgelesen, verbunden mit zwei Fragen:

1. Was erfahren Sie als Leser, der am Anfang steht, Neues?

2. Werden die aufgebauten Erwartungen des ersten Absatzes erfüllt?

> Er dachte darüber nach, wie dieser Freund, mit seinem Fortkommen zu Hause unzufrieden, vor Jahren schon nach Rußland sich förmlich geflüchtet hatte. Nun betrieb er ein Geschäft in Petersburg, das anfangs sich sehr gut angelassen hatte, seit langem aber schon zu stocken schien, wie der Freund bei seinen immer seltener werdenden Besuchen klagte. So arbeitete er sich in der Fremde nutzlos ab, der fremdartige Vollbart verdeckte nur schlecht das seit den Kinderjahren wohlbekannte Gesicht, dessen gelbe Hautfarbe auf eine sich entwickelnde Krankheit hinzudeuten schien. Wie er erzählte, hatte er keine rechte Verbindung mit der dortigen Kolonie seiner Landsleute, aber auch fast keinen gesellschaftlichen Verkehr mit einheimischen Familien und richtete sich so für ein endgültiges Junggesellentum ein.

Die Schüler äußerten eher ein Überraschtsein, weil es nicht um Georg, sondern um den Jugendfreund geht. Rußland mit seinen zahllosen politischen Assoziationen wurde ebenfalls erwähnt. Anton nannte das „endgültige Junggesellentum" und meinte, daß Georg vielleicht ähnliches für sich befürchtet, weswegen er es für den Freund reflektiert (!). Die Tatsache, daß der Freund keinen Namen erhält, mußte ich einbringen. Ganz offensichtlich sind den Schülern und Schülerinnen diese einfachen Informationsentnahmen gänzlich ungewohnt. Das Geschäft des Petersburger Freundes bleibe sehr unkonkret, meinte Leona. Hingegen werden andere Momente sehr genau und ausführlich beschrieben. Dieser Stilzug war den Schülern schon beim Schreiben/Lesen des ersten Absatzes aufgefallen. Von einigen wurde er gelobt, von anderen kritisiert. Letztere wollten zumeist auch etwas über den 'anwesenden' Georg erfahren und nicht etwas über den 'abwesenden' Freund. Almut beharrte auch nach dem zweiten Absatz darauf, daß dieser Anfang konventionell sei: ausgewanderter Jugendfreund und Brief an diesen, das sei alles so typisch.

Entscheidend für den Verlauf der Stunde wurde die nächste Phase: Die erste Seite des Textes wurde ausgeteilt. Die Schüler erhielten den Auftrag, den letzten Absatz zu lesen, der mitten im Wort endet und den Text um einige Sätze – stilistisch und inhaltlich adäquat zu dem bisher Gelesenen – fortzuführen. Dieses Schreiben fügte sich für die Lerngruppe überzeugend in den bisherigen Stundenverlauf ein, der Schreiben und Lesen gemischt hatte und in dem man eng am Text entlang vorgegangen war. Sie meinten zwar, sie könnten nicht so lange Sätze schreiben, versuchten sich aber dann doch darin. Der letzte Absatz der ersten Seite lautete:

Was wollte man einem solchen Manne schreiben, der sich
offenbar verrannt hattte, den man bedauern, dem man aber
nicht helfen konnte. Sollte man ihm vielleicht raten, wieder
nach Hause zu kommen, seine Existenz hierher zu verlegen,
alle die alten freundschaftlichen Beziehungen wieder aufzunehmen – wofür ja kein Hindernis bestand – und im übrigen
auf die Hilfe der Freunde zu vertrauen? Das bedeutete aber
nichts anderes, als daß man ihm gleichzeitig, je schonender,
desto kränkender, sagte, daß seine bisherigen Versuche mißlungen seien, daß er endlich von ihnen ablassen solle, daß er
zurückkehren und sich als ein für immer Zurückgekehrter von
allen mit großen Augen anstaunen lassen müsse, daß nur seine
Freunde etwas verstünden und daß er ein altes Kind sei und
den erfolgreichen, zu Hause gebliebenen Freunden einfach zu
folgen habe. Und war es dann noch sicher, daß alle die Plage,
die man ihm antun müßte, einen Zweck hätte? Vielleicht ge-

und wurde von Frederik so fortgesetzt:

fiele es ihm hier noch genauso schlecht wie damals, als er es einfach nicht mehr auszuhalten vermochte und alles hinter sich ließ, was ihn mit Beistand zu erdrücken
drohte. Und was wäre dann? Müßten sie sich seine Klagen dann wieder anhören,
wohl wissend, daß sie ihn nie alleine lassen könnten mit seiner gelben Haut und seinem ihn wie ein Fluch verfolgendem Pech? Würde er nicht zugrunde gehen, erstik-
ken an der ungegönnten Hilfe, den unehrlichen Willkommensgrüßen?

Der Schreiber versucht, einen anspruchsvollen, nicht alltäglichen Stil zu schreiben,
operiert mit Konjunktiven (nur mit einer 'würde'-Hilfsform), sucht nach ungewöhnlichen Worten wie „ungegönnt" und „Willkommensgrüße", verwendet Partizipialkonstruktionen wie auch rhetorische Fragen und bemüht sich um eine komplizierte
Syntax mit nachgestellten Präpositionalobjekten. Natürlich erinnern auch Verben
wie 'erdrücken', 'zugrunde gehen' und 'ersticken' an den gerade gelesenen Text.
Frederiks Sätze erreichen nicht die Länge einiger Kafka-Sätze, und überhaupt
schreibt hier nicht der Verfasser des *Urteils*, aber Frederiks Text fügt sich trotzdem
in die Erzählung ein. Nicht zuletzt deswegen, weil er die Perspektive wie auch die
inhaltlichen Vorgaben beibehält und Georgs ambivalente Denkbewegungen über den
Freund fortsetzt: Die einem Oxymoron ähnlichen Formulierungen wie 'erdrücken-
der Beistand' und „ungegönnte Hilfe" bringen besonders prägnant zum Ausdruck,
wie an das gerade Gelesene angeknüpft wird. – Florian hat nur einen Satz geschrieben:

[Vielleicht ge-]fiele es ihm nicht, als ein ewig Erfolgloser oder Versager in seine
Heimat, seinen – wenn auch nicht gerade großen – Freundeskreis zurückzukehren,
als solchen man ihn sicherlich bewußt oder unbewußt behandeln würde, selbst wenn
man dies unter allen Umständen zu vermeiden suchte.

Der „ewig Erfolglose" korrespondiert mit dem im gelesenen Text erwähnten „für
immer Zurückgekehrten" und bildet gleichzeitig einen Gegensatz zu den daheim
gebliebenen 'erfolgreichen' Freunden. Auch die in Parenthese gesetzte Einschränkung nimmt ein Stilmittel Kafkas auf, das sowohl in dem gerade gelesenen Abschnitt als auch auf der folgenden Seite auftaucht. Mit 'Heimat' greift Florian vor:
Bisher war nur von 'zu Hause' die Rede, die konnotationsreiche und pathetisch be-

ladene „Heimat" wird erst auf der nächsten Seite erwähnt. Der Schreiber versucht sich gleichfalls in einer komplizierten Syntax: Der relativische Gliedsatz – mit der antiquierten Einleitung „als solchen" – kommt etwas 'verspätet', so daß der Leser nochmal von vorn beginnen muß, weil er den Bezug zu dem „ewig Erfolglosen", der somit auch syntaktisch eine Betonung erfährt, nicht mehr unbedingt erinnert. Wenn Florian auf einige Deutlichkeiten aus dem modernen Sprachgebrauch verzichtet hätte – wie „Versager", „bewußt oder unbewußt", „unter allen Umständen" („ *bei* solchen Umständen" heißt es im *Urteil* zu Ende des ersten Absatzes auf der zweiten Seite;) –, hätte sich sein kleiner Fortsetzungstext noch glatter an das Gelesene anfügen lassen.

Leona, die große Schreibschwierigkeiten unter Zeitdruck eingestand, hat den angefangenen Satz nur sehr kurz zu Ende geführt, aber einen Gegensatz aufgegriffen, der in der nachfolgenden Passage themenbildend wird. Ihr Textbeispiel ist insofern ein guter Beleg für den Sinn von Anfängen, dafür, daß es bei solchen Schreibübungen nicht auf ein 'fertig' ankommt, sondern auf einen geschriebenen Beginn. Sie schreibt:

[Vielleicht ge-]hörte er zu den Menschen, die weder unter Fremden noch unter Freunden leben können.

Ein gutes Beispiel dafür, daß es nicht auf die Menge des Geschriebenen ankommt. Wenngleich in diesem Fall die inhaltliche Aussage – und nicht die stilistische Arbeit – von Interesse ist, so wird in diesem kurzen Satz doch eine verhängnisvolle Ausweglosigkeit akzeptiert, die jeden Lösungsversuch des durchdachten Problems als notwendigerweise mißlungen kennzeichnet. Die Antithese - Fremde und Freunde – bestimmt, wie bereits gesagt, die im folgenden entwickelte Argumentationskette im *Urteil*, so daß Leonas lakonische Fortführung des Vielleicht-Satzes sowohl das Vorausgegangene als auch das Kommende zusammenzufassen scheint!

Anton hält sich an die vorgegebene Perspektive, bricht aber auch – auf selbständigem Schreiben bestehend – aus ihr aus:

[Vielleicht ge-]fiel es ihm ja, sein Leben in Isolation und enttäuschter Hoffnung, vielleicht hatte er seinen Mißerfolg dankbar angezogen, in der sinnlichen und geistigen Freiheit Dinge in sich aufzuspüren, die er nicht mit Worten und in Briefen, vielleicht nicht einmal vor sich selbst ausdrücken konnte? Dann, zweifellos, hatten er, Georg, und seine Freunde in seinem Leben wenig zu suchen, und selbst wenn sie ihn durch Worte überzeugen könnten, und er käme zurück, verstiege er sich wieder und immer wieder in sein selbst erwähltes Schicksal, und vielleicht war es gut so.
Die Möwe, die schreiend über den Fluß flog, stürzte sich nieder und kam mit einem Krumen Brot, einem treibenden Stück Rinde, einem kleinen toten Fisch wieder hoch.

Während sich der Schüler in seinem ersten Satz noch vorwiegend an zeitgenössischem Vokabular orientiert, das in 'solchen Fällen' wie dem des einsamen Freundes heute stereotype Anwendung findet („Isolation", „enttäuschte Hoffnung", „sinnliche und geistige Freiheit"), nähert er sich mit seinem zweiten Satz in seiner Wortwahl eher dem gelesenen Text an: Überhaupt ist diese dann-wenn-(dann)-Konstruktion, die mit einem erneuten 'Vielleicht'-Hauptsatz endgültig indikativisch abgeschlossen wird, die ansonsten auffällig mit Konjunktiven operiert und die von mehreren Einschüben zu Anfang in ihrem Fluß gestört wird, der Versuch, einige der gerade gelesenen Sätze nicht nachzumachen, aber sich von eben diesen zu eigenen komplizierten Satzbauversuchen anregen zu lassen, zumal in dem mit dem geschickt gewählten „verstiege" beginnenden Gliedsatz eine Konjunktion (dann) und ein bestätigendes Adverb (doch) zu einer zweifelsfreien Aussage fehlen. Inhaltlich insistiert dieser Schreiber auf der Freiheit des Freundes, plädiert – allerdings nicht plump – dafür, diesen sein Leben als „selbst erwähltes Schicksal" leben zu lassen, auch wenn es nicht den gängigen Vorstellungen entspricht. Anton hat seinen Text thetisch aufgebaut: These (vielleicht gefällt ihm sein Leben...) – (mögliche) Konsequenzen aus dieser – konjunktivische, dann endgültige Bestätigung der ersten These. Mit seinem letzten Satz verläßt Anton die vom gelesenen Text vorgegebene Perspektive, mit diesem kehrt er zu dem Anfang der Erzählung zurück und richtet den Blick auf den Fluß. Der Absatz trennt beide Teile deutlich voneinander. Anton signalisiert das Ende der Denkphase, in die Georg eingetaucht ist und meint, daß nun die Außenwelt wieder zur Kenntnis genommen werden soll. Daß er sich irrt und daß eben diese Außenwelt bis auf den flüchtigen Gruß an einen Bekannten erst wieder in der Schlußszene den Ort der Handlung bieten wird, kann ihm nicht zum Vorwurf gemacht werden, schon gar nicht aufgrund der von ihm gewählten Fortführung des Gelesenen, die keine klärende, bereinigende Erkenntnis anstrebt. Daß seine Möwe so viele Dinge (auf einmal?) aus dem Fluß hinaufholt, wundert ebenso wie der veraltete, an Märchen erinnernde Begriff der 'Brotkrume'. Hier, wie auch schon in den anderen Beispielen, wird deutlich, daß die erste Seite der Erzählung die Schüler dazu veranlaßt, vom zeitgenössischen Sprachgebrauch abzuweichen und sich an bisher gelesene Literatur zurückliegender Zeiten zu erinnern. Almut hat ihren Fortsetzungstext ähnlich komponiert wie Anton:

[Vielleicht ge-]fiele es ihm gar nicht, sich in die Abhängigkeit der Erfolreichen zu begeben, um sich dem Erfolg auszuliefern. Sein eigenes Versagen einzugestehen und unter dem Nichtversagen der anderen verknechtet zu werden?
Er war in der Fremde daheim, obwohl er dort ein Fremder war. Doch war er nicht ebenso in der Heimat fremd, obwohl er dort ein Einheimischer war?
Das Grün der Bäume am anderen Ufer schien zu verschwimmen, ein Hund bellte.

Almut sucht ebenfalls nach fremden Wortkombinationen („Nichtversagen", „verknechtet"). Sie verdeutlicht darüber hinaus das gerade Gelesene, indem sie Begriffe wie 'Erfolg' und 'Versagen' wählt, um die Gegenüberstellung der Daheimgebliebenen und des eventuellen Rückkehrers fortzusetzen. Die in Kafkas Text angedeutete Ambivalenz, die eine solche Situation zwangsläufig mit sich brächte, greift die Schreiberin auf und gestaltete sie nicht nur weiter aus, sondern führt sie durch ihre Wortwahl zu einer indirekten Entscheidung: So reicht ihr die „Abhängigkeit der Erfolgreichen" als Aussage nicht. Sie wird final verstärkt und eindeutig negativiert. Die folgende elliptisch-rhetorische Frage führt ein neues Argument ein, das einen möglichen Gegensatz zu 'Erfolg' vorstellt. Besonders geschickt ist jene Wortschöpfung des 'Nichtversagens', die aus dem positiv konnotierten Erfolg ein Negativum zu machen scheint. Mit ihrem zweiten Absatz greift die Schreiberin der im Text nachfolgenden Argumentation vor, wenngleich kürzer und pointierter: Fremde und Heimat tauchen auch im *Urteil* auf, und das Sich-so-oder-so-Fremd-

Fühlen des einmal Ausgewanderten ist Thema der nächsten (Kafka-)Sätze. Almut hat gut gelesen und dieses Lesen schreibend umgesetzt, vor allem, was ihre Wortwahl angeht, die Häufung der rhetorischen Fragen, die kreisende Variation um ein- und dasselbe Thema, die Gegenüberstellung oppositioneller Werte (bzw. Nicht-Werte). Die parallele Satzstellung im zweiten Absatz mit ihrer zweimaligen konzessiven 'Obwohl'-Einschränkung tut ebenfalls ihre Wirkung. Mit ihrem letzten Absatz verläßt die Schreiberin dieses Thema und richtet den Blick auf das im bisherigen Unterricht noch nicht erwähnte „schwache Grün" am anderen Ufer, das auch in ihrem Text nicht deutlicher oder stärker wird. Das Bellen des Hundes bricht aus dem bisher Gelesenen insofern aus, weil es sich um ein Geräusch handelt, das Unruhe in die absolute Tonlosigkeit des Kafka-Textes bringt. Während Antons Möwe *gesehen* werden konnte, kann man Almuts Hund nur *hörend* wahrnehmen. Erstere knüpft an den ersten Absatz an, das Geräusch hingegen bringt etwas ganz Neues.

Beide Schreibende lassen Georg in seiner sitzenden Stellung verharren, und in allen bisher zitierten Texten wird anerkannt, daß es keine einfache Lösung für den Konflikt gibt. Die beiden folgenden Fortsetzungen seien abschließend zitiert, eher als Belege dafür, daß in den ersten Beispielen die gestellte Aufgabe sehr anspruchsvoll gelöst wurde:

Felix:
[Vielleicht ge-]fiele es ihm hier schlechter? Vielleicht wollte er zurück?
Nein, es hatte wenig Sinn. Seine Situation war schlecht, aber alles andere war schlechter. Es war nicht zu ändern.
Er stand auf, ging durch das Zimmer zu dem alten Holzschrank, der dem ganzen Raum eine warme Atmosphäre verschaffte, steckte sich eine Zigarre von seiner Lieblingssorte an und genoß das ruhige, dicke Aroma.

Norbert:
[Vielleicht ge-]schieht es aber auch, daß er dieses Angebot annehmen würde? Daß er die Hilfe der Freunde dankend annähme. Vielleicht würde er sich gut einleben und alles wäre wie früher, sie würden zusammen viel unternehmen. Das würde das Leben von ihm und mir (G.B.) doch interessanter gestalten.

Daß die Aufgabe nicht so einfach war, wie auf den ersten Blick vielleicht zu vermuten, zeigen diese Beispiele, zeigt besonders der zweite Text, dessen Schreiber mit der Erzählperspektive kollidiert und wie in einem amtlichen Schreiben die Initialen in Klammern zur Erklärung einfügen muß. Auch die auf Harmonisierung drängende Klärung will sich nicht einfügen in die soeben gelesene Passage, in der keine Anzeichen auf ein solch friedliches Ende hindeuten. Diese Tendenz hat Felix zwar lesend realisiert und schreibend umgesetzt, wenngleich seine kurzen, abgehackten Sätze ein 'Stilbruch' sind. Der Verfasser dieses Textes entfaltet sich erst in seinem 'eigenen' Satz, als er sich von der Aufgabe und dem zu lesenden Text löst und ein Tun schildert, das ihn offensichtlich mehr interessiert als die Gedanken des Freundes, wie das syntaktische Gefüge zeigt, welches er dafür entwirft. Die vorschnelle Beendigung der kontemplativen Ruhe bringt eine ganz andere Bewegung in den Text als beispielsweise die Möwe und selbst noch der bellende Hund, weil Georg sie selbst vollzieht. Abgesehen davon, paßt die Beschreibung des Raumes ('warme Atmosphäre') und das eben geschilderte genußvolle Tun nicht zu dem, was wir bisher an Informationen über diese Figur erfahren haben.

Unter den Schülern, die ihre Fortsetzungen vorlasen, waren aber erstaunlich viele, die sich an die enge Aufgabe gehalten hatten und die – wenn auch nicht so ausgefeilt wie in einigen der zuerst zitierten Beispiele – versucht hatten, den gelesenen Text stilistisch und inhaltlich adäquat weiterzuschreiben. Die Kafkasche Fassung wurde natürlich aufmerksam registriert. Der anschließende Kommentar eines Schülers: „Unsere Texte zusammengenommen, mit einigen Abstrichen, das ergibt fast das Gedruckte." Es konnte deutlich gemacht werden, wie sehr ein literarischer Text seine Leser lenkt, leitet und steuert –, dies allerdings nur, wenn man ihn genau liest. Das hatten viele Schüler getan, was sich schon darin zeigte, daß der größte Teil der zweiten Stunde für diese Aufgaben 'verbraucht' wurde. Insgesamt zeigen diese Fortschreibungen, daß diese Lerngruppe sehr sachlich las und sich nicht von Sympathien und Antipathien leiten ließ. Sehr viele Schüler bemühten sich um eine informative Lektüre bzw. darum, sich stilistisch in das Gelesene 'einzuschreiben'. Vergleichbar dem Gk hielten sie sich mit Beurteilungen zurück und lasen zunächst eher vorsichtig, was der Text mitteilte. Diesbezüglich zeigte sich diese 11. Klasse sogar noch einigen Studenten überlegen, die sich über Georgs 'falsche Freundschaftsauffassung' erregt hatten. Solche Feststellungen unterblieben in dieser Lerngruppe ganz. – Zur nächsten Stunde sollten die Schüler *Das Urteil* vollständig lesen und sich einen Satz oder einen Absatz markieren, der ihre Aufmerksamkeit besonders auf sich gezogen hätte. Schriftlich sollten sie begründen, warum gerade dieser Satz/Absatz von Interesse für die gesamte Erzählung ist.

Die dritte Stunde dieser Einheit soll in erster Linie durch Zitate aus den Stundenreflexionen, die auch die Mitschriften der Lehrerin berücksichtigen, vorgestellt werden. Die Schüler hatten nur einen Teil der Hausarbeit erledigt, hatten aber 'vergessen', daß sie eine *schriftliche* Begründung anfertigen sollten. Es ist bezeichnend, daß solche Schreibaufträge verdrängt werden, weil sie ein genaueres Nachdenken und ein verbindliches Fixieren verlangen, eine Begründung, die mündlich leichter und schneller improvisiert werden kann. Daß die Hausaufgabe gleichwohl innerhalb der Stunde ihren Zweck erfüllte – wie den Reflexionen zu entnehmen sein wird – spricht nicht gegen die schreibende Fixierung, weil der Stundenverlauf anders hätte stattfinden können, wenn alle Schüler geschrieben und eine ihnen vorliegende Argumentationsbasis gehabt hätten: So schlossen sie sich häufig nur ihren Vorrednern an! Die Planung der Stunde sah vor, daß die Unterrichtende der Klasse ebenfalls einen Absatz präsentierte, den sie – als Leserin dieser Erzählung – bemerkenswert findet. Die Offenheit der Aufgabenstellung ließ dieses Arrangement nicht nur zu, sondern provozierte es fast. Es handelte sich erneut um jene schon des öfteren besprochene Passage, in der der Vater Leben nur noch für die Zeit der Antwort garantiert, nachdem Georg sich zuvor in die Zunge gebissen hat:

> »Aber der Freund ist nun doch nicht verraten!« rief der Vater, und sein hin- und herbewegter Zeigefinger bekräftigte es. »Ich war sein Vertreter hier am Ort.«
> »Komödiant!« konnte sich Georg zu rufen nicht enthalten, erkannte sofort den Schaden und biß, nur zu spät, – die Augen erstarrt – in seine Zunge, daß er vor Schmerz einknickte.
> »Ja, freilich habe ich Komödie gespielt! Komödie! Gutes Wort! Welcher andere Trost blieb dem alten verwitweten Va-

ter? Sag – und für den Augenblick der Antwort sei du noch mein lebender Sohn –, was blieb mir übrig, in meinem Hinterzimmer, verfolgt vom ungetreuen Personal, alt bis in die Knochen? Und mein Sohn ging im Jubel durch die Welt, schloß Geschäfte ab, die ich vorbereitet hatte, überpurzelte sich vor Vergnügen und ging vor seinem Vater mit dem verschlossenen Gesicht eines Ehrenmannes davon! Glaubst du, ich hätte dich nicht geliebt, ich, von dem du ausgingst?«

»Jetzt wird er sich vorbeugen«, dachte Georg, »wenn er fiele und zerschmetterte!« Dieses Wort durchzischte seinen Kopf.

Der Vater beugte sich vor, fiel aber nicht. Da Georg sich nicht näherte, wie er erwartet hatte, erhob er sich wieder.

Ich war davon ausgegangen, daß die Schüler sich diesen Teil nicht vermerkt hätten, hatte aber insofern unrecht, als Anton den Schlußteil dieser Passage, der Georgs 'Todeswunsch' zum Ausdruck bringt, als auffällig nannte. Auf diese Weise ließ sich allerdings eine erneute Lektüre dieser gesamten Passage ohne weiteres legitimieren, obwohl die Schüler zum Ende der sechsten Stunde nicht mehr dazu zu bewegen waren, diesen Absatz schriftlich zu kommentieren. Schreibaufträge dieser Art sind nicht immer leicht durchzusetzen! Die Schüler, nicht gewohnt an diese mühsame schreibende Verbindlichkeit, versuchen sich ihr gerade dann zu entziehen, wenn das Schreiben eher eine heuristische Funktion hat. Solche Gewohnheiten sind bei kurzen Gastauftritten nicht immer leicht zu durchbrechen. Auszüge aus den Reflexionen sollen das Ergebnis dieser Stunde verdeutlichen:

Der Auftrag, sich einen Absatz oder auch nur ein paar Sätze bzw. einen einzigen Satz herauszusuchen, der die besondere Aufmerksamkeit erregt hatte, hat sich bewährt. Sehr, sehr viele Schüler wählten den letzten, den allerletzten Satz; viele andere den Urteilsspruch des Vaters, einige die 'Wende', als der Vater aus dem Bett aufspringt und beginnt, Georg zu 'beschimpfen'. Anton hatte sich für den Satz entschieden: „Wenn er sich vorbeugte und zerschmetterte ...“; Magdalene für die Stelle, als der Vater zum ersten Mal die Existenz des Freundes in Frage stellt. Kurz: Über die Entscheidungen der Schüler waren wir ganz schnell bei der Frage nach der Erzählperspektive und zwar viel, viel schneller als erwartet. Felix meinte, daß der letzte Satz in einem anderen Stil geschrieben sei, daß bis dahin alles aus *einer* Perspektive erzählt werde und nur am Schluß jemand wie aus der Kristallkugel heraus aus dem Geschilderten heraustrete (eine sehr luzide Analyse). Lea hielt dagegen, daß es einen allwissenden Erzähler gäbe, der über alle Gefühle und Gedanken informiert sei. Das wurde aber schnell in Frage gestellt (Frederik, Jennifer, Almut). (...) Auch über die Entscheidungen für andere Stellen gelangte man immer wieder ins Zentrum der Erzählung: Gibt es den Freund? Hat der Vater recht, hat Georg so schwerwiegende Fehler begangen, daß das Todesurteil angemessen ist? Ist das Ertrinken wörtlich oder metaphorisch? Angemerkt wurde von Lea, daß sie es ungeheuerlich fand, daß der Vater seinen Sohn umbringt! Almut fügte hinzu, daß sie sich über Georgs Unvermögen sich zu widersetzen wunderte. Handelt es sich um eine Komödie oder eine Tragödie? (...). Interessant war, daß die von mir ausgewählte Stelle (Leben für die Antwort, Zungenbiß, Komödiant), obwohl einmal still, dann nochmal laut gelesen, überhaupt nicht in ihrer Tragweite gesehen wurde. Die Schüler wichen aus. Erst hartnäckiges Nachfragen ergab, daß der Vater dem Sohn hier schon mit dem Tode droht (Magdalene). Daß der Sohn sich aufgrund der Rede des

Vaters sogar eine so schwere und schmerzhafte Wunden wie einen Zungenbiß zu-
fügte, überlasen die Schüler so konsequent, daß ich das nochmalige Benennen fast
erzwingen mußte. Jennifers Frage, warum sich Georg diese Verletzung zufügt,
nachdem er das Wort *Komödiant* gerufen hat, lieferte ein gutes Stichwort.

Es tauchten also dieselben Leseprobleme auf wie in den anderen Lerngruppen. Daß
diese Schüler zu diesem Zeitpunkt bereits das Ende der Erzählung kannten, führte
nicht dazu, daß sie genauer lasen: Wissend, daß Georg „sich hinabfallen" lassen
wird, über-lasen sie gleichwohl die frühe Todes-Drohung des Vaters. Wenngleich
die vollständige Kenntnis der Erzählung nicht (zwangsläufig) zu einem genaueren
Lesen führte, so wirkte sie gleichwohl konzentrationsfördernd, weil zentrale Fragen
sofort gestellt und in ihrer Unbeantwortbarkeit erkannt wurden. Während die verzögerte Präsentation ebenfalls diese Fragen provoziert hatte, so blieb doch längere
Zeit die Hoffnung virulent, mit dem Schluß erhalte man befriedigende Antwort und
Aufklärung. Diese Hoffnung konnte es in dieser Lerngruppe nicht geben, so daß jene in der Reflexion häufig angemerkte Tatsache, daß wesentliche Fragen sehr
schnell und weitreichend diskutiert wurden, mit der vollständigen (desillusionie-
renden) Textkenntnis in Zusammenhang gesehen werden könn(t)en. Eine endgültige
Entscheidung darüber, ob man die Lerngruppe mit dem gesamten Text oder mit
einer um den Schluß gekürzten Fassung während der häuslichen Lektüre allein läßt,
ist nach diesem Versuch nicht zu fällen: Beide Verfahrensweisen haben sich in der
Arbeit an diesem Text bewährt, beide haben zu textadäquaten Erkenntnisprozessen
im Unterricht geführt.

Während in dieser dritten Stunde die Schüler in eine textklärende Richtung tendierten und versuchten, so etwas wie einen 'groben Überblick' über das Gelesene zu
erhalten, war die folgende Stunde durch so viele ungünstige Faktoren so negativ
beeinflußt, daß der Unterricht kaum möglich war. Geplant war, das bereits des öfteren praktizierte arbeitsteilige kommentierende Lesen der letzten zwei Seiten der
Erzählung durchzuführen, um die entstandenen Fragen der vorhergehenden Stunde
noch einmal am Text zu 'überprüfen'. Im Mittelpunkt sollte dabei die Frage nach
der 'Existenz' des Freundes stehen, danach, warum der Vater Georg zum Tode
verurteilt und warum Georg dieses Urteil (widerspruchslos) annimmt und ausführt;
sowie die Frage Jennifers, warum trotz aller Tragik beide – Georg und sein Vater –
von „Komödie spielen" reden. Das arbeitsteilige Lesen sollte also dieses Mal der
Überprüfung von Fragen dienen, die für diese Lerngruppe durch die Lektüre und die
bisherige Arbeit an diesem Text entstanden waren. Aufgrund der oben genannten
Faktoren war bereits der einführende mündliche Gesprächsteil sehr mühselig. Die
Schüler zum Schreiben zu bewegen, verlangte noch größeren Krafteinsatz. Die so
entstandenen geschriebenen Ergebnisse sind blaß, farblos, müde und 'brav'. Hin und
wieder blitzt Erkenntnisinteresse auf: So wenn Nadine schreibt („Der Vater beugte
sich vor, ..."; s. Text S.282): „Den Absatz verstehe ich nicht, weil der Vater von der
Zukunft spricht, es aber als Wahrheit bezeichnet." Sie desavouiert jenen durch
Nicken zum Ausdruck gebrachten Wahrheitsanspruch als fragwürdig, weil es sich
um eine Tat handelt – nämlich die Braut von 'Georgs Seite wegfegen'– , die noch
gar nicht stattgefunden hat. Oder wenn Frederik anmerkt („Georg sah zum
Schreckbild ..."; s. Text S.279): „Es stellt sich die Frage, was den Vater bewegt, das

Andenken an Georgs Mutter durch sein Zusammensein mit der Verlobten geschändet zu sehen. Wer ist diese Frau?" Auch hier erfolgt eine kritische Nachfrage an die nur scheinbar logisch-geschlossene Argumentationskette des Vaters, die in den gelesenen Text schreibend 'einbricht'. Aber solche Versuche blieben in dieser Schreib-Runde eine seltene Ausnahme, weil die meisten Schüler in ihrem Schreiben nur die bereits bekannten Fragen wiederholten und somit eher eine bloße Reproduktion der bereits geleisteten Arbeit anfertigten.

Die beiden letzten Stunden der Einheit sollten – wie schon im Lk – dem (regellosen) Schreiben einer eigenen Erzählung dienen: In dieser (jüngeren) Lerngruppe wurde diese zeitliche Limitierung bewußt erprobt, weil der lange Zeitraum, der der ersten elften Klasse für das Schreiben zugestanden wurde, sich nicht unbedingt in der Qualität der Texte widerspiegelte. Aus diesem Grunde sollte versucht werden, wie Schüler dieser Jahrgangsstufe mit einer solchen Aufgabe schreibend umgehen, wenn ihnen eine übersichtliche (Unterrichts)Zeit zu deren Erfüllung zur Verfügung gestellt wird. Hinzu kommt, daß unter diesen Bedingungen die Verbindlichkeit des Schreibens erhöht wird, weil die umsitzenden Mitschüler dasselbe tun und Ausflüchte nicht so leicht möglich sind wie am häuslichen Schreibtisch. Das literarische Schreiben im Klassenraum ist zwar ein anderes als das alleinige Schreiben solcher Erzählungen in Hausarbeit, aber es ist eine denkbare, mögliche Form, die für solche Aufgabenstellungen ebenfalls ihre Berechtigung hat. Vielleicht vereinfacht es den Schülern die Arbeit ein wenig, vielleicht entlastet es sie, weil die Ansprüche nicht ins Unermeßliche wachsen können –, auch diese Momente sprechen eher dafür, Unterrichtszeit für das Schreiben zur Verfügung zu stellen. Die damit verbundene indirekte Aufwertung der Aufgabe – die Unterrichtende 'opfert' den Unterricht – kommt dem Schreiben ebenfalls zugute.

Die letzte Doppelstunde dieses letzten Versuchs fand wiederum unter weitgehend normalen Bedingungen statt, wenngleich die näher rückenden Sommerferien sich an diesem Samstag besonders bemerkbar machten: eine ganze Reihe von Schülern fehlte. Die anwesenden Schüler nahmen den Schreibauftrag zwar ein wenig verwundert, aber nicht übermäßig überrascht entgegen. Leider hatten einige Schüler in den beiden ersten Stunden eine Griechisch-Klausur geschrieben, so daß dieser Teil der Klasse erklärtermaßen 'schreibmüde' war. Trotzdem schrieben nach einer gewissen Anlaufzeit alle anwesenden Schüler eine kleine Erzählung nach derselben Aufgabenstellung, wie sie auch schon in Lk und Gk gegeben worden war. Die Begründung der Aufgabe ließ sich für die Lerngruppe aus dem intensiven Lektüreprozeß problemlos legitimieren. Schon während der ersten Stunde hatten die Schüler darauf verwiesen, daß ein solches Lesen zwangsläufig in ein Schreiben einmünden müsse! – Die in dieser Klasse entstandenen Erzählungen zeigen, daß die offene Aufgabenstellung auch in einer jüngeren Lerngruppe möglich ist und daß ein deutlicherer Bezug zum gelesenen *Urteil* zu erkennen ist als in den Texten der ersten 11. Klasse. Dies könnte auch damit im Zusammenhang stehen, daß während des Unterrichts und in unmittelbarem Anschluß an die Lektüre geschrieben wurde. Andererseits zeigen die Texte, daß einige Schüler vielleicht doch mehr Zeit gebraucht hätten, weil einigen Erzählungen ein flüchtiges Schreiben abzulesen ist. Gleichwohl sind in dieser Lerngruppe auch sehr eigenwillige Ergebnisse entstanden, die *Das Ur-*

teil mal mehr, mal weniger deutlich kommentieren. Letztlich bestätigen diese Erzählungen die wesentlichen Ergebnisse der vorhergehenden Versuche, besonders die Auswertung der Erzähltexte, wie sie für den Gk durchgeführt wurde. Die Arbeiten dieser 11. Klasse sind mit denen dieses Kurses vergleichbar, weil hier wie dort die regellose literarische Schreibaufgabe an- und ernst genommen wurde. Diese letzten Erzählungen decken auch ein ähnlich – inhaltlich wie stilistisch – breites Spektrum ab wie im Gk, so daß sich zum Ende der Versuchsreihe ein bestimmter Trend bestätigte: Die Schüler arbeiten sich schreibend an dem gelesenen *Urteil* ab und versuchen im Rahmen ihrer Denk- und Schreibfähigkeiten eine indirekte (literarisierte) Kommentierung dieser gelesenen Erzählung. Auch wenn sich einige Motive wiederholen (Vater-Sohn-Konflikt, Freundschaft) gibt es doch immer wieder ungewöhnliche Erzählbeispiele, wie Frederiks Text, der vollständig zitiert wird, zeigt:

Frühjahrsputz
Eve stand in der Ecke, wo sie immer stand, wenn ihr Stoffteddy sie zu fressen drohte. Ohne es zu wagen, die Augen zu öffnen, stand sie zitternd da, in schrecklicher Angst vor dem, was sein würde, und in noch größerer Angst, daß wieder einmal nichts geschehen würde.
Ihre sorgfältig lackierten Fingernägel krallten sich in der Wand, als sei es Steves Rücken.
Steve hatte den Teddy süß gefunden. Steve hatte Eve süß gefunden.
Süß – wie konnte man dieses Monster, das sie jedesmal gnadenlos ungefressen ließ, nur süß finden?!
Es donnerte.
„In Filmen donnert es auch immer, wenn etwas Schlimmes passiert", dachte Eve und mußte ein wenig schmunzeln bei dem Gedanken, in einem kitschigen Horrorfilm mitzuwirken.
Es donnerte erneut. „Wo war der Blitz?", fragte sich Eve. Immer hörte sie den Donner, nie jedoch sah sie den Blitz.
„Das Fenster", durchschoß es sie, „das Fenster!"
Mit nach wie vor verschlossenen Augen tastete sie sich an der Wand entlang. Zum ersten Mal traute sie sich aus ihrer Ecke heraus, wenn auch nur für die wenigen Augenblicke, die sie benötigte, um, zwar auf Langsamkeit bedacht, aber dennoch mit hastigen Bewegungen das Fenster zu öffnen, durch welches sie sogleich eine Sintflut kalter Luft erfaßte und in ihre Ecke zurückdrängte.
„Nun ist er frei!", dachte sie. „Vielleicht war es ja das, was du immer wolltest! Flieg, mein Teddy, flieg!"
Noch während sie diese Worte aussprach, umhüllte sie ein Hauch sommerlich warmer Luft, und sie spürte, daß das Gewitter vorüber war.
Vorsichtig öffnete sie die Augen, um sie sogleich desto fester zu verschließen. Die Sonne schien auf ihr goldblondes Haar, das Steve so liebte.
Eine Hand an der Stirn als Sonnenschutz mißbrauchend, öffnete sie nun ein zweites Mal die Augen, bevor sie – wie all die Male zuvor – weinend zusammensank.
Der Teddy saß an derselben Stelle wie immer und schien ihr noch stumpfsinniger an die Wand zu starren, mit seinem Billig-Grinsen dem Zimmer seinen kindlich-gemütlichen Charakter aufzudrängen.
Eve lebte in ihrer Wohnung sei vier Jahren – seit zwei Monaten allein.
Sie hatte sich von Steve und seinem Teddy-Grinsen getrennt.
Sie nahm den Teddy, ging ruhig zum Fenster, warf ihn die ihr immer unendlich hoch erscheinenden und sie von der ganzen Welt isolierenden zehn Stockwerke hinab.
„Wenn es hier brennt", dachte sie, „reicht keine Feuerwehrleiter!"

Den dumpfen Aufprall von Steve auf dem Beton hörte Eve nicht mehr, denn zu früh hatte sie das Fenster wieder geschlossen.
Sie setzte sich aufs Bett und nahm Brummi in die Arme.

Frederik hat sich an das Genre der Horrorerzählungen angelehnt, operiert aber geschickt mit diesen Versatzstücken und erzählt vor allem nicht 'aus': Wesentliches bleibt ungesagt und im (produktiv) unklaren. Letzteres ist insofern bemerkenswert, als der Schreiber dadurch indirekt an *Das Urteil* anknüpft, in dem die Schüler logische Zusammenführungen ebenfalls vermißten. Ob Eve ihren Steve tatsächlich vor zwei Monaten aus dem Fenster gestürzt hat, bleibt ebenso unklar wie auch die Gründe für ihre Phantasie – der Teddy könne sie 'fressen'– nicht mitgeteilt werden: als Strafe? weil er aussieht wie Steve und sie sich von diesem ebenfalls bedroht fühlte? Diese Fragen werden auch zum Schluß nicht beantwortet, als der Monster-Teddy – jetzt ein „Brummi" – in die Arme geschlossen wird. Überhaupt konzipiert Frederik seine Erzählung auf einen (überraschenden) Schluß hin, der ähnlich wie im *Urteil* mit seiner aufgebauten Spannung eine ungeahnte Wendung nimmt. Noch andere Elemente erinnern, trotz der scheinbaren Entfernung vom *Urteil*, an diese Erzählung: Auch in *Frühjahrsputz* – übrigens ein makaberer Titel – wird ein (Beziehungs)Problem dadurch gelöst, daß einer der am Konflikt Beteiligten „sich hinabfallen" läßt bzw. 'hinabgefallen wird'. Auch in diesem Text wird der Leser nicht restlos aufgeklärt über die eigentlichen Gründe für diese 'Trennung'. Frederik hält übrigens die nicht mehr gegebenen Regeln streng ein und orientiert sich in seiner gesamten Erzählhaltung am *Urteil*: Er erzählt nur aus Eves Perspektive, verläßt den einmal entworfenen Raum nicht und charakterisiert seine Figuren nur durch das Mittel des *pars pro toto*, enthält sich aber jeder ausführlichen (psychologischen) Beschreibung. Insofern ist Frederiks Text, der an einigen Stellen einer sprachlichen Überarbeitung bedürfte, ein Beispiel dafür, wie die Schüler ihre (Freizeit)Lektüre auf eine nicht ungeschickte Weise in die Erfüllung dieser literarischen Schreibaufgabe einfließen lassen können. Frederik akzentuiert die – von Schülern immer wieder genannten – 'Horror'-Elemente in Kafkas Erzählung, die nicht zuletzt dadurch entstehen, daß die nicht alltäglichen, nicht normalen Handlungsweisen der Figuren weder auf eindeutige und klare Ursachen zurückgeführt werden noch einem logisch überschaubaren Verstehenszusammenhang zu entspringen scheinen. Auf diesem Hintergrund ist *Frühjahrsputz* so etwas wie eine Wiederholung der im *Urteil* geschilderten Ereignisse mit 'modernen (auch dem Film abgeschauten) Mitteln'.

Während Frederiks Titel einen zynischen Kommentar zu seiner Erzählung zu enthalten scheint, bezieht sich Fabian bereits mit diesem – sofort erkennbar – auf die gelesene Erzählung:

Der verlorene Sohn
(...) Als Christoph eintrat, wurde es still und alle sahen ihn an. In einer Ecke standen sein Bruder und sein Vater mit Sektgläsern in den Händen und sahen ihn an. Er musterte die beiden, sein Vater war ruhig und sah ihn so uninteressiert und hochnäsig an wie immer. Sein Bruder wirkte sichtlich nervös und spielte mit dem Glas in seiner Hand. „Du warst nicht eingeladen!", bemerkte sein Vater mit derselben emotionslosen Stimme, in der er immer mit ihm sprach, wenn es sich vermeiden ließ. Jakob, sein Bruder, sagte: „Bitte Vater, nicht hier, reg' dich nicht auf!" Das war also sein Bruder, der immer zu ihm gehalten hatte. „Tu dir keinen Zwang an,

wirf mich raus Bruderherz, damit die feinen Leute wieder unter sich sind." Er hörte, wie seine Mutter, die auf einem Stuhl saß und, als er hereingekommen war, sich mit Onkel Konrad unterhielt, zu schluchzen begann. „Christoph!", rief sie mit verzweifelter Stimme. „Schon gut", sagte Christoph, „ich wollte nur sagen, daß ich für immer weggehe, nach London ans Theater, dann bin ich euch endlich aus den Augen und zerstöre die Familienidylle nicht mehr mit meiner Anwesenheit. Es tut mir leid, Mutter, aber es muß sein."

„Ich habe keinen Vater mehr!", schrie er heraus, daß es von den Wänden wiederhallte.

„Ich hasse dich", sagte er ruhig und sah dabei das Wesen an, das einmal sein Vater gewesen war. „Ich habe dich verloren, ebenso wie ich meine Geschwister verloren habe, *ich* verstoße *euch*, hört ihr, *ich* verstoße *euch*!"

Und während er dies herausschrie, sah er, wie ihre Gesichter blaß wurden, die seiner Onkeln, seiner Vettern, die der ganzen Familie und sogar das seines Vaters.

„Zum Teufel mit der ganzen Familie!", schrie er in seiner verzweifelten Wut.

Als er zum Auto ging und wie betäubt die Gartentür hinter sich schloß, hörte er nur noch das hemmungslose Weinen seiner Mutter, und er fühlte sich so unendlich frei.

Fabian protestiert gegen den *Urteil*-Vater und läßt den Sohn die 'Verurteilungsrede' halten, mit der sich dieser lossagt von väterlicher und familiärer Autorität. In seiner Gegengeschichte schreibt er sich die Ungeduld des Lesers ob der gelähmten Haltung Georgs 'von der Seele': Christoph hält eben die Rede, die Georg nicht halten konnte! Fabian wählt eine klassische Konfliktsituation, in der der Sohn aufgrund seiner Schauspielausbildung vom Vater – seines Zeichens 'Fabrikbesitzer' – verstoßen wird: Der arme Künstler und der reiche Vater stehen einander unversöhnlich und -bar gegenüber. Die vermittelnden Familienmitglieder – Mutter und Bruder (der die Rolle des Petersburger Freundes zu spielen scheint) – fehlen im Figurenensemble nicht. Fabians Erzählung ist von einem inhaltlichen Impuls getragen, aber dieses vorrangige Interesse an einer 'Richtigstellung' dessen, was er im *Urteil* gelesen hat, war durch die Aufgabenstellung nicht untersagt: Fabian will, daß der Sohn nicht nur überlebt, sondern daß er mutig, selbstbewußt und frei von konventionellen Bindungen seinen Weg geht: Sein Christoph tut genau das, was Georg nicht getan hat: Er wandert aus! – In diesem Textbeispiel wiederholen sich einige Momente, auf die wir bereits in den Erzählungen des Gks gestoßen waren; so z.B. der Konflikt zwischen Kunst/Geist und Ökonomie, aber auch die 'Lehre', die dem *Urteil*-Vater indirekt erteilt wird. Trotzdem schreibt Fabian eine 'neue'(alte) Geschichte, in der sich die beiden Kontrahenten nicht versöhnen. Der Bruch ist unvermeidlich, wird aber in seiner (vorläufigen) Endgültigkeit *vom Sohn*, nicht vom Vater vollzogen.

Jennifer 'startet' ihre eigene Erzählung mit Anfang und Ende des *Urteils*, um sich dann auf das Motiv 'Jugendfreundschaft' festzulegen und dieses zum inhaltlichen Zentrum ihres literarisierten Textes zu machen:

Das Wiedersehen
An einem Samstagvormittag im schönsten Frühjahr ging ein geradezu unendlicher Verkehr über die alte Brücke am Fluß. Überall herrschte Leben: unten am Flußufer spielten Kinder und bewarfen sich mit Schlamm, sehr zum Ärger der Angler, die mitten auf dem breiten Fluß in ihren Booten saßen. Oben, auf der Brücke selbst, tobte der Verkehr: Autos, Fußgänger, Radfahrer, kurzum alles, was sich an diesem Morgen fortbewegte, schien diese Brücke zu passieren. Katharina schlenderte langsam über den Gehweg, schaute von der Brücke herab und stellte durch einen wie-

derholten Blick auf die Uhr fest, wieviel Zeit sie noch hatte. Um elf Uhr wollte sie sich mit Jo treffen – in einem Café. Natürlich würde Jo zu spät kommen, sie kam immer zu spät. Und es war zu bezweifeln, daß sie sich in den acht Jahren, in denen sie sich nicht gesehen hatten, würde verändert haben. Eigentlich heißt Jo Johanna, doch schon in der Schule hatte sie darauf bestanden, nicht Johanna genannt zu werden und so hatte sich der Name 'Jo' nach und nach eingebürgert, sogar bei den Lehrern. Wenn heute jemand von Johanna sprach, brachte niemand diesen Namen in Verbindung mit Jo. Es war wirklich eine schöne Zeit gewesen, als sie noch zusammen in der Schule waren, und umso schmerzlicher war der Abschied nach Beendigung der Schulzeit, als jede ihre eigenen Wege ging. Jo war nach Amerika gegangen, um dort zu studieren und hatte sich inzwischen selbständig gemacht. Sie besaß ein hervorragend laufendes Büro für Verkehrsplanung in aller Welt und kam auf diese Weise natürlich viel herum. Der Briefkontakt hatte sich noch drei Jahre lang gehalten, war dann immer weniger geworden, nur noch sporadisch, zum Schluß nur noch zum Geburtstag oder zu Weihnachten, fanden Briefwechsel statt. Bis dann vor kurzem der Brief von Jo gekommen war, mit der guten Nachricht, daß sie eine Woche lang in Koblenz sein werde. Natürlich hatte Katharina sofort geantwortet, und sie hatten ein Treffen vereinbart.(...).

Sehr schön werden der erste und der letzte Satz der Kafkaschen Erzählung zu einem neuen, leicht modifizierten Eingangssatz gleichsam 'kontaminiert', so daß die literarische Bezugsquelle für Eingeweihte unmittelbar erkennbar ist. Allerdings setzt Jennifer ihr Erzählen munter und lebensbejahend fort: Die Brücke, im *Urteil* ein Ort des (drohenden) Unheils, ist in ihrem Text ein pulsierendes Zentrum städtischen Lebens. Hier scheint sich eine Leserin frei zu schreiben von der Schwere und Bedrückung, wie sie während der schreibenden Lektüre des ersten Absatzes des *Urteils* festgestellt worden war. Sie wählt eine Frauenfreundschaft als Mittelpunkt und Grund des Erzählens, eine Freundschaft, die ebenfalls durch Auswandern der einen 'unterbrochen' wurde und sich zu einer trägen Brieffreundschaft entwickelte. Jennifer greift die Namensreflexionen auf, die während der gemeinsamen Lektüre der ersten Seite durch die Unterrichtende eingebracht wurden und schafft auf diese Weise bereits eine indirekte Charakterisierung der zur Auswanderung fähigen Freundin. – Auch Jennifers Erzählung spiegelt anschaulich die literarischen Schreibmöglichkeiten einer 11. Klasse wider: stilistisch unbeholfen und inhaltlich ein sie unmittelbar tangierendes Thema aufgreifend. Aber die Nacharbeit des gelesenen *Urteils* ist gleichwohl deutlich, zumal auch hier in der den Schülern nicht unmittelbar vertrauten personalen Erzählhaltung geschrieben wird. Auch die Zweiteilung des Textes in einen reflektierend einleitenden und einen weiteren, durch den Dialog – bzw. die Rede Jos – bestimmten, erinnert deutlich an das *Urteil*. Das Wiedersehenstreffen endet auch nicht in eitler Harmonie. Die letzten Sätze lauten:

Ihre [Katharinas] Gedanken bewegten sich um ihre Beziehung zu ihrer ehemals besten Freundin, sie hörte nicht mehr zu, nickte noch immer aufmunternd, wußte aber eigentlich nicht mehr, worum es ging. Ihr Blick ging auf die Brücke zurück, wo all die Autos fuhren, das Leben tobte in der Stadt, die Autos sausten zwischen Fahrrädern und Fußgängern über die Brücke.

Der Kreis schließt sich, und das anfänglich lebendige Stadtbild wandelt sich unter der Hand zu einem bedrohlichen, in dem das sogenannte 'tobende Leben' zu einer fragwürdigen Erscheinung wird.

Das letzte Beispiel schlägt wiederum einen anderen Erzählweg ein und versucht so etwas wie ein 'inhaltliches Pastiche'. Laura bezieht sich nicht nur auf *Das Urteil*, sondern auch auf *Die Verwandlung* und wahrscheinlich noch auf andere Texte Kafkas (z.B. auf den *Proceß*-Roman). Sie hat die gestellte Schreibaufgabe nicht realistisch aktualisiert – wie es Fabian und Jennifer taten –, sie hat sie aber auch nicht wie Frederik 'horrorisiert', sondern bemüht sich im Rahmen ihrer Möglichkeiten um ein kafkaeskes Erzählen, das auch für einen Uniformierten die literarische Quelle erkennbar werden ließe (was bei Frederik nicht der Fall ist):

Das neue Leben

Es war an einem Montagmorgen im tiefsten Winter. Die Straßen waren mit einem weißen Teppich überzogen, die Häuser sahen aus wie Iglus und die im Schnee tollenden Kinder wie umherhüpfende Schneemänner. Die Sonne machte dieses Bild durch ihre goldenen Strahlen vollkommen. Alles schien vollkommen zu sein.

Gregor Hoffmann saß zufrieden in seinem Sessel und beobachtete durch das Fenster das bunte Treiben auf der Straße und genoß dabei den von seiner Frau liebevoll gebackenen Kuchen. Er war mit sich und seinem Leben zufrieden, und er konnte es auch sein. Er war ein gut verdienender Richter, hatte eine liebe Frau und liebe Kinder. (...) Gregors Frau öffnete die Tür und zwei dunkel gekleidete Gestalten traten ein. Für einen Moment herrschte Todesstille. Dann nannten sie ihre Namen. Gregor konnte nichts mit ihnen anfangen. Er konnte sich nicht erinnern, sie jemals gesehen zu haben. Doch er hätte sich erinnern sollen, denn er war es, der diese Figuren verurteilt hatte, verurteilt dazu, nie zu lachen, nur schwarze Kleider zu tragen und mit keiner anderen Person zu reden. Nun waren sie gekommen, um ihn zu verurteilen. Sie zogen ihn aus seinem Sessel, zerrten und rissen an ihm, bis er nicht mehr zu erkennen war. Er verwandelte sich plötzlich. Aus ihm wurde ein schwarzer Vogel, ein Rabe. Er flog aus dem offenstehenden Fenster, flog über die einst so schöne Stadt, ließ seine Frau und seine Kinder zurück und flog so weit er konnte, bis seine Flügel ihn nicht mehr tragen konnten.(...).

In die scheinbar abgesicherte Familienidylle mit 'liebevoll' gebackenem Kuchen brechen Gestalten der Vergangenheit ein, die, zu einer absurden Strafe verurteilt, gekommen sind, um sich an dem Verursacher zu rächen. Wenngleich Laura in naiver Weise versucht, 'wie Kafka' zu erzählen, so gelingt es ihr gleichwohl, mit Versatzstücken aus ihr bekannten Texten dieses Autors schriftsprachlich so zu operieren, daß ein Gemisch aus Gelesenem und eigenen sprachlichen Möglichkeiten entsteht. Sie gibt sich mit ihrem Text als Kafka-Leserin zu erkennen. Das ist – wie wir an zahlreichen anderen Erzählbeispielen sahen – durchaus keine Selbstverständlichkeit. Die märchenhafte Wendung, die in ihrer Erzählung durch die 'Verwandlung' in einen Raben entsteht, sprengt natürlich das bei Kafka übliche Erzählen, aber es ist für einen Laien nicht ganz abwegig, aus den Elementen der Kafka-Literatur in ein solches märchenähnliches Erzählen abzugleiten. Die Verharmlosung, die dadurch entsteht und die von Kafka stets vermieden wird, erscheint auf diese Weise umso deutlicher. Lauras Text ist ein gutes Beispiel für den dilettantischen Umgang mit artifizieller Literatur: Sie nimmt den Autor ernst und entfernt sich gleichwohl durch ihr eigenes Schreiben von ihm, indem sie der Eigendynamik des eigenen Erzählens nachgibt. Auch hier wäre der Vorwurf der Trivialisierung gerechtfertigt, aber auch die Frage, ob die Schreiberin nicht aller Voraussicht nach nur *das* schriftlich fixiert, was ihre bisherige Kafka-Lektüre – trotz aller Unterrichtsbemühungen – sozusagen subversiv grundiert und charakterisiert hat? Dann gäbe Lauras literarischer Kommentar den bisher erreichten Stand einer Kafka-Lektüre wieder, der so unvollkommen und unfertig dasteht, wie es einer siebzehnjährigen Schülerin gemäß ist.

Dieser letzte Versuch war in vielerlei Hinsicht der 'normalste' von den fünf Versuchen: Zum einen war die methodische Vorgehensweise für mich inzwischen so vertraut, daß ich sie unaufwendiger und selbstverständlicher unterrichten konnte; zum anderen reagierten die Schüler sehr 'alltäglich' auf die Tatsache, daß für eine Woche eine Gastlehrerin mit ihnen auf eine nicht gewohnte Weise eine Erzählung las und schrieb: Sie zeigten sich weder sonderlich begeistert noch demonstrativ desinteressiert, sondern behandelten diesen Unterricht – nach Aussagen der eigentlich unterrichtenden Lehrerin – wie gewohnt. Daß auch unter diesen Bedingungen der Versuch insofern gelang, als die Schüler einige Passagen des *Urteils* – mit guten (Text)-Ergebnissen – schreibend lasen und im Anschluß sich der Mühe des literarischen Kommentierens unterzogen, heißt zwar nicht, daß diese Methode grundsätzlich 'funktioniert', besonders dann nicht, wenn sie in derselben Lerngruppe des öfteren angewandt würde(!). Trotzdem ist die vorsichtige Schlußfolgerung nicht ganz von der Hand zu weisen, daß *dieses Verfahren bei Kafkas Erzählung Das Urteil* eine gewisse Überzeugungskraft hat, die auch während 'alltäglicher' Unterrichtsbedingungen ihre Wirkung tut.

C. Schluß:
Reflexion und Auswertung der Versuchsreihe

Die Erfahrungen mit den Schreib-Lese-Versuchen in den unterschiedlichen schulischen und studentischen Lerngruppen haben insgesamt zu einem nüchternen Ergebnistableau geführt, das weder übertrieben euphorische noch gänzlich entmutigende Schlußfolgerungen rechtfertigt: Literarisches Schreiben garantiert nicht die Rettung des Faches Literatur. Allerdings zeichnet sich zu Beginn der 1990er Jahre auch nicht die Tendenz ab, daß ästhetischem Schreiben mit einem darauf hinzielenden Lesen überhaupt keine Chance zur Legitimation eingeräumt würde. Die zusammenfassende Reflexion und Diskussion der praktischen Ergebnisse erfolgt in Hinblick auf dieses ambivalente Resultat und unter Einbeziehung der im ersten Teil entwickelten theoretischen Diskurse, die auf der Basis der in der Praxis akkumulierten Erfahrungen einer erneuten Rekapitulation und einer möglicherweise revidierten Kommentierung bedürfen.

(1) Literarische Schreibarbeit ist für die Schüler genauso anstrengend, mühsam und komplex wie anderes Schreiben im Literaturunterricht auch. Weder werden solche Aufgabenstellung mit bedingungsloser Begeisterung noch mit unbefangener Freude entgegengenommen. Wohl wissend, daß auch dieses Schreiben Formulierungs-Arbeit bedeutet, reagieren die Schüler zumeist verhalten: Literarisches Schreiben verlangt ihnen eine vergleichbare Schreib-Arbeitsleistung ab wie das Verfassen eines Referats, eines Interpretationsaufsatzes oder einer sachlichen Darstellung.

Spielerischen Charakter hat literarisches Schreiben zumindest dann nicht, wenn es in einen textanalytischen Kontext integriert wird und wenn verbindliche Aufgaben gestellt werden, die in Beziehung zu dem Gelesenen stehen. Die insbesondere mit der kreativen, phasenweise aber auch mit der produktionsorientierten Schreibdidaktik konnotierte Erwartung, daß literarisches Schreiben – im Gegensatz zum Pflichtprogramm des Aufsatzschreibens – eine Befreiung und Erleichterung für den Schreibenden bedeutet, bestätigt sich nicht in jedem Fall. Vielmehr fühlen sich die Schüler – zu Recht – genauso in die Pflicht genommen wie beim Schulaufsatz. Es gibt keine Alternative dazu, literarisches Schreiben als dialektisches „Problemlösen" aufzufassen, wenn man es als integrierten Bestandteil des Literaturunterrichts legitimieren will. Diese Definition des Schreibens liegt aber den weitaus meisten der kreativen und produktionsorientierten Schreibdidaktiken nicht zugrunde, weil sie – das 'Feindbild' Aufsatz vor Augen – bestrebt sind/waren, die 'lustbetonten' Seiten des Schreibens zu akzentuieren.

(2) Die sprachliche Herausforderung, die in literarischen Aufgaben versteckt ist, ermuntert einige Schreiber zu ungeahnten Leistungen, weil ihnen diese Form der schriftsprachlichen Darstellung liegt und sie nur unter diesen ästhetischen Bedingungen ihr eigentliches Können zu zeigen vermögen. Andererseits gibt es auch Schrei-

ber, die bei literarischen Aufgabenstellungen sprachlich versagen, während sie in Klausuren oder in den klassischen universitären Hausarbeiten sehr gute schriftliche Arbeiten anfertigen. D.h.: Literarische Schreibaufgaben garantieren ebensowenig gute Ergebnisse wie übliche Klausuraufgaben. *Aber*: Es gibt Schreiber, die in der ästhetisierten Schriftsprache besser und 'eigentlich' schreiben können, so daß insbesondere diesen Schreibern eine Erweiterung der Schreibdidaktik um den literar-ästhetischen Aspekt neue Chancen böte.

In der didaktischen Diskussion hat dieser Aspekt bisher keine große Aufmerksamkeit gefunden. Eine Andeutung findet sich bei Müller-Michaels, der den Schülern seines Grundkurses im 12. Schuljahr die Aufgabe gestellt hatte, einen „Bericht über ein neues Wissenschaftsergebnis aus Ihrem Leistungsfach oder Hobbybereich" (MÜLLER-MICHAELS 1987, S.149) anzufertigen und der sich erstaunt über das Ergebnis äußert, „weil die Sachkenntnis auch die Sprachform auf eine Weise beeinflußt, die in den meisten Fällen zu einer erheblich größeren Präzision und Anschaulichkeit als bei den Klausuren führte" (ibid., S.150). Das offensichtlich veränderte Schreiben der Schüler steht im Zusammenhang damit, daß sie über etwas schreiben, das sie aus eigenem Interesse kennengelernt haben und das deswegen in einer angemessenen Sprache dargestellt werden soll. Dieses Schreibverhalten läßt sich insoweit auf ästhetische Aufgabenstellungen übertragen, als es in Lerngruppen auch Interessenten für den literarisierten Sprachbereich geben *kann*, die erst bei Gebrauch derselben zu besonderen schriftsprachlichen Leistungen in der Lage sind. Daß es sich möglicherweise nur um eine kleine Gruppe von Schreibern handeln wird, spricht nicht dagegen, auf eine Erweiterung der Schreibdidaktik um den ästhetischen Sprachbereich zu verzichten. Im übrigen sind die von Müller-Michaels ausgeführten Erfahrungen ein Argument dafür, noch andere, z.B. wissenschaftsjournalistische Schreibformen in den Deutschunterricht der Oberstufe zu integrieren. Da im Zusammenhang der hier dargestellten Forschung ausschließlich auf das literar-ästhetische Schreiben eingegangen wurde, kann dieser Hinweis nur am Rande angebracht werden. Diesbezüglich scheinen weitere Forschungen angebracht, um die Schreibdidaktik der Sekundarstufe II aus der interpretations-, erörterungs - und referatsfixierten Enge zu befreien.

(3) Schreiben*und*Lesen enger und verpflichtender aufeinander zu beziehen, ist ein langwieriges und kompliziertes Verfahren, das selbst im Oberstufenunterricht nur in Ansätzen zu realisieren ist: Schüler entziehen sich der schreibenden Verbindlichkeit nicht nur sehr schnell. Sie verbinden auch 'Lesen im Unterricht' gewohnheitsgemäß eher mit Mündlich- denn mit Schriftlichkeit. Andererseits wurde durch die Versuche deutlich, daß die Fähigkeit, Lesen unmittelbar in Schreiben umzuformen zwischen der 11. und der 13. Klasse zunimmt und im universitären Grundkurs noch leichter und besser beherrscht wurde. Schreibendes Lesen scheint nach diesen ersten Erfahrungen eine Arbeit zu sein, für die Schreib- und Lesekompetenzen gut ausgebildet sein müssen, so daß ein 'Zusammenspielen' beider selbstverständlich möglich wird.

Der Versuch, Roland Barthes' Schreib- und Lesepraxis, wie er sie in *S/Z* exemplifiziert hat, in einer modifizierten und minimalisierten Fassung zu didaktisieren, hat zu einer Veränderung des ursprünglichen Modells geführt: Abgesehen davon, daß die

Decodierung von Beginn an nicht eingeplant war, erwies sich das detailbesessene Schreiben, das auf einem nahezu in den Text 'hineinkriechenden' Lesen beruht, als komplexe Anforderung, der nur wenige Schüler und auch längst nicht alle Studenten nachkommen konnten. Nur phasenweise, nur innerhalb der Unterrichts- bzw. Seminarstunden (in diese Richtung gehende Hausaufgaben scheiterten regelmäßig) und nur mit 'verteilten Rollen' ließen sich erste Ansätze eines schreibenden Lesens realisieren. Der verpflichtende Gruppendruck mußte sehr groß sein, damit sich die Schreibenden dieser Arbeit unterzogen.

Einer Kritik, die fehlende Bezüge zu der ausführlich vorgestellten Barthes'schen Literaturtheorie anmeldete, wäre insofern zuzustimmen, als eine unmittelbare, 'buchstabengetreue' Anwendung nicht stattgefunden hat. Trotzdem ist das Mißverhältnis zwischen dem theoretischen Entwurf und den praktischen Schreib-Lese-Versuchen nur ein scheinbares, weil die Barthes'schen Literaturstudien eines der tragenden Fundamente der Vor-Versuche und der Versuchsreihe gewesen sind: Sowohl das extrem verzögerte Lesen des Anfangs als auch die Dekomposition des Textes verbunden mit den kommentierenden Schreibübungen sind durch Barthes' literaturanalytische Arbeiten beeinflußt. Wichtig geworden sind auch Barthes' enzyklopädische Definition von Literatur, seine bohrende Aufmerksamkeit gegenüber dem literarischen Text sowie seine ein erzähltechnisches Gerüst freilegenden Analysen, die in einem ersten Schritt zu jenem Schreiben nach Regeln führten. Demonstriert werden konnte anhand der praktischen Versuche, daß die Anwendung dieser Methoden zu intensiven Unterrichtsphasen führte.

(4) Literarisches Schreiben sollte noch stärker in seinen intertextuellen Verflechtungen transparent gemacht und vermittelt werden. Wenngleich die in der Versuchsreihe erprobten Schreibaufgaben durchaus zu auswertbaren Ergebnissen geführt haben, so bleibt im nachhinein festzustellen, daß das Schreiben nach Regeln sehr strukturalistisch-formalistisch ist, das Verfassen eines literarischen Kommentars hingegen schwerfälligen und ungeübten Wenig-Schreibern einige Mühe bereitet. Eine denkbare Alternative besteht darin, die Schüler zum rücksichtslosen Plagiat zu ermutigen, indem sie Passagen, die ihnen für ihr eigenes Schreiben bemerkenswert erscheinen, aus dem gelesenen Text *abschreiben*, um auf dieser Basis in ein eigenes Schreiben überzuleiten, verbunden mit dem ausdrücklichen und ermunternden Hinweis, anderes 'Gelesenes' in den neuen Text miteinzubeziehen.

Karlheinz Fingerhut zitiert unter dem Titel *In unserem Deutschunterricht treffen sich Woyzeck und der Mann vom Lande* ein gelungenes Beispiel (FINGERHUT 1993a, S.16): Die Büchnersche Version des Sterntaler-Märchens gleitet ohne stilistischen Bruch über in eine Kurzfassung von Kafkas Türhüter-Novelle, erfährt durch diese eine mögliche Fortsetzung und wird im Stile des Büchnerschen Märchens gleichzeitig neu wie auch vertraut zum wiederholten Male erzählt. Schreiben-*und*Lesen gewinnt unter solchen Voraussetzungen eine handwerkliche Funktion, weil genaue 'Materialkenntnis' vorliegen muß, bevor mit eben diesem Material die Arbeit fortgesetzt werden kann. In diesem Zusammenhang muß an das Pastiche erinnert werden, das als eine anspruchsvolle Schreibaufgabe größere Beachtung verdiente. Während der kurzen Unterrichtsversuche war es nicht möglich, diese

Schreibform, die eine umfassendere Werkkenntnis voraussetzt, zu erproben[1]. Grundsätzlich aber scheint gerade das Pastiche geeignet, ausführliches Lesen in ein Schreiben übergehen zu lassen, das sich bewußt beeinflussen läßt vom Stil des gerade Gelesenen und diesen so perfekt als eben möglich zu kopieren sucht. Die in den verschiedenen Lerngruppen gesammelten Erfahrungen mit dem Schreibprozeß selbst wie auch mit dem Verhältnis der Schreibenden zu den in Anbindung an einen literarischen Ausgangstext geschriebenen Texten bestätigen im übrigen die These, daß es *keinen* Widerspruch gibt zwischen einem intertextuellen Wissen und dem hartnäckig sich behauptenden Eindruck, ein Original geschaffen zu haben: Schreiben – insbesondere vielleicht literarisches Schreiben – läßt sich von dieser Einschätzung nicht trennen, weil die investierte Formulierungsarbeit als zu mühevoll empfunden wird. Wenn auch der deutliche Hinweis auf ein literarisches Vorbild vor einer hypertrophen Beurteilung des eigenen Schreibresultats warnen soll, so verhindert er nicht, daß sich jeder Schreiber und jede Schreiberin glaubt, 'freizuschreiben' – zumindest in einigen Passagen – und so gleichwohl ein kleines Original herzustellen. Die Verwendung des 'Bereits' – wie Roland Barthes es formulierte – und die Idee des Einzigartigen schließen sich dann nicht aus, wenn man akzeptiert, daß der in den Schreibprozeß einfließende 'Eigenanteil' an sprachlicher Arbeit – und sei es, daß dieser in einem Erinnern besteht, das mit eigenen Worten wiedergegeben werden muß – in der subjektiven Wertung als so bedeutend empfunden wird, daß die neu gestaltete Verwertung des Schon-Gelesenen, -Gesehenen, -Gehörten doch in der Entstehung eines neuen, einzigartigen Ergebnisses endet. Insofern sind beide Überlegungen für eine literarische Schreibdidaktik fruchtbar zu machen: Intertextualität wie auch der Versuch, ein Original zu schaffen – ohne Anspruch auf Originalität, sondern in offenem Bekenntnis zu seiner Epigonalität. Sachlich bleibt ein solcher schreibdidaktischer Ansatz gleichwohl, weil er den Schreibenden nicht ihre Geniali-

---

1 Im Sommersemester 1994, nach Abschluß der Arbeit, konnte ich in einem Seminar über kurze Prosatexte FRANZ KAFKAS an der Universität Hannover erstmalig Schreib-Versuche mit dem *Pastiche* durchführen. Obwohl ich die Aufgabe, ein kurzes *Pastiche* zu Kafka erst zum Ende des Semesters stellte und einen Teil der Seminarsitzung für das Schreiben zur Verfügung stellt, weigerten sich einige Studenten, die Aufgabe nachzukommen. Ich ermutigte diejenigen, die keinen Anfang fanden, sich einen Satz aus einem Kafka-Text abzuschreiben und diesen dann in eigenes Weiterschreiben zu überführen. Einige begannen daraufhin zu schreiben. Trotzdem gelangten anschließend nur wenige *Pastiches* in meine Hände. Eines sei zitiert:
Nachts auf der Straße
Wenn man nachts in der Stadt auf dem Weg nach Hause ist, die belebte, stickige Straßenbahn verläßt, aus der dichtgedrängten Masse heraus ins Freie strebt, plötzlich auf der einsamen Straße steht, sich vorsichtig umschaut und niemand ist da;
wenn man dann tief aufatmet und die eisige Nachtluft in die erstickten Lungen quillt, und man langsam die Gasse entlang schreitet, die Haustür schon in Sicht, sich mit einem Mal fragt, wo die Schatten herkommen, schneller wird und das Ziel sich immer weiter zu entfernen scheint, wenn man dann anfängt zu laufen, in der Eile stolpert, fällt, sich wieder aufrafft und weiterstürzt,
wenn der Atem schneller und flacher wird, der Brustkorb sich zusammenpreßt, und man endlich hinfällt,
einen Meter vor der Tür und doch unendlich weit weg.
Das Pastiche, so zeigte diese erste Erfahrung, ist eine ergiebige Schreibübung, die tatsächlich eng an das Lesen gekoppelt ist. Sie scheint mir nach meinen bisherigen Erfahrungen eine sehr schwierige, aber eine besonders lohnenswerte Übung zu sein.

tät versichern, sondern sie zur gekonnten und bewußten Bearbeitung von plagiiertem Sprachmaterial ermuntern will.

(5) Die unterschiedlichen Schreibleistungen der Schüler und der Studenten lassen überhaupt die Schlußfolgerung zu, daß das Schreib-Aufgabenrepertoire so groß und weit wie möglich angelegt sein sollte. In dieser Beziehung sind die hier vorgestellten Versuche nur als ein erster Schritt in eine andere Richtung zu verstehen: Das kommentierende Schreiben beispielsweise zu ausgewählten Textpassagen ist eine Schreibform, die sowohl Erkenntnisse über den zu lesenden Text evoziert, die aber auch ein Schreibtraining vorstellt, an dem ausprobiert werden kann. So wie man seinen gesprochenen Unterrichtsbeitrag auch ungesichert hält und Irrtümer nicht scheut, so sollte Schreiben in seiner heuristischen Funktion systematischer vermittelt werden: Sowohl Studenten als auch Schüler stehen vielfach unter dem Druck, daß Geschriebenes 'richtig' sein muß. Diesen Irrtum gilt es auszuräumen.

Dieses kommentierende Schreiben, das gleichzeitig ein heuristisches ist, weil es ein weiteres Erkennen über den gelesenen Text fördert, sollte der Vorbereitung auf das literarische Schreiben dienen: Auch die literarisierte Sprache der zu lesenden Erzählung sollte durch ein zunächst unmittelbar auf diesen Text bezogenes Schreiben intensiver zur Kenntnis genommen werden. Grundsätzlich war diese Schreibform diejenige, die die größten Probleme in der Vermittlung aufwarf, weil sie Schülern und Studenten gleichermaßen fremd war. Letztere gelangten aufgrund einiger Übung dazu, sie zum Schluß ein wenig selbstverständlicher und flüssiger zu praktizieren. Während singuläre, texterkennende Folgen festgestellt werden konnten, wurde der Sprache des Textes wenig Aufmerksamkeit zuteil, weil die Kommentare vielfach 'abschweiften'. Eine Denkbewegung, die vielleicht beim Lesen eines Kafka-Textes grundsätzlich nicht zu vermeiden ist (vgl. FINGERHUT 1993a). Eine weitere didaktische Modellierung des Kommentar-Schreibens wird trotz dieser gemischten Erfahrungen als sinnvoll erachtet: Der Kommentar strebt kein in sich gerundetes, in sich schlüssiges Ergebnis an. Er verpflichtet zu einer schriftlich *begründeten* Stellungnahme. Er vermittelt Text-Erkenntnisse. Nicht zuletzt ermöglicht und trainiert er – im Unterschied zur gängigen Interpretation – ein heuristisches, aber auch ein essayistisches Schreiben.

(6) Die kleinen Erfolge, die im Verlauf der praktischen Arbeit erreicht werden konnten, haben gezeigt, daß die schreibende Tätigkeit auch das Lesen als eine ästhetische Arbeitsform aufzuwerten vermag und als solche überhaupt deutlicher ins Bewußtsein holt: Die ansonsten nur in der eigenen Erinnerung verbleibende Lesetätigkeit erfährt eine materiale Veröffentlichung. Die Mühe, die die schreibende Herstellung des gelesenen Textes bedeutet haben könnte, wird auf diese Weise transparenter. Sprachgenaues Lesen, das auf sachliche Informationsentnahme hin orientiert ist, läßt sich allerdings nur dann als Arbeit an literarischen Texten verankern, wenn Übungen im schreibenden Lesen phasenweise und textabhängig ein selbstverständlicher Unterrichtsbestandteil wären.

Obwohl der Unterschied zwischen genauem-informativem Lesen einerseits und subjektiv-spekulativer Lektüre andererseits Studenten wie Schülern bekannt war, gerieten sie in ihrer Lese-Praxis gleichwohl in eine spekulative Leseweise, ohne den vorgeschalteten Schritt einer um Informationsentnahme bemühten Entzifferung des Textes durchzuhalten. Die interpretationstrainierten und -fixierten Schülerinnen lasen nur oberflächlich, weil es im mündlichen Unterrichtsgespräch eher auf den großen Bedeutungsraum als auf die kleinen, im Text notierten sprachlichen Details ankommt. Isers „Leerstellentheorie" hat in der unterrichtlichen Praxis dazu geführt, daß die 'Textfülle' nicht mehr recht zur Kenntnis genommen wird. Wichtig scheint aber nach den Versuchen, jenes genaue Lesen als einen selbstverständlichen Übungsteil in den Literaturunterricht zu integrieren, weil viele Informationen des Textes ansonsten gar nicht wahrgenommen werden. Sicherlich ist das schreibende Lesen ein richtiger Schritt in diese Richtung.

Negative Folgen einer rezeptions- und wirkungsästhetischen Beeinflussung des Literaturunterrichts sind an dieser Stelle spürbar: Die Aufwertung der Leserrolle hat in der didaktischen Umsetzung gleichzeitig den Raum geöffnet für nun zugelassene, nun möglich gewordene oberflächliche Lektüreformen, die zu einer lesenden 'Wegbewegung' vom Text geführt haben. Wenngleich in den theoretischen Entwürfen Jauß' und Isers diese Entfernung vom zu lesenden Text nicht vorgesehen war, so haben sie gleichwohl Argumentationshilfen geliefert für einen Literaturunterricht, der den Leser wichtiger befindet als den Text. Übersehen wurde bei dieser Entwicklung, daß die Interessen des Textes ab und an gegen die der Schüler stehen können und nach einer Verteidigung (bzw. Erklärung) verlangen. Wenn 'Interessen des Textes' als unscharfe, ungenaue Begrifflichkeit beanstandet wird, so muß das gleiche für angeblich authentische, angeblich subjektive Bedürfnisse der Schüler an den Literaturunterricht gelten, deren Richtigkeit genauso wenig bewiesen ist wie die 'korrekte' Lesart eines literarischen Textes. Angebracht scheint ein reflektierter Umgang mit dem rezeptionsdidaktischen Ansatz, der Text und Schüler gleichermaßen ernstnimmt und der nicht aus den Augen verliert, daß die Arbeit an der literarischen Sprache mehr ist als zu 'rezipieren'.

(7) Die mißlungene Erprobung im Leistungskurs gibt den Hinweis auf eine mögliche Fortführung der Versuchsreihe: Bisher ist ungeklärt, ob die ablehnende Haltung gegenüber den Schreibaufgaben sich in anderen Leistungskursen wiederholte, ob es sich sozusagen um ein 'leistungskurstypisches' Phänomen gehandelt hat. Immerhin waren die Schülerinnen des Leistungskurses diejenigen, die eine klassische, hermeneutisch sinnstiftende Interpretationsarbeit forderten, die darauf hinwiesen, daß biographische Daten zur Person Kafkas die offenen Fragen sicherlich beantworten könnten. In keiner anderen Lerngruppe waren diese Forderungen so massiv aufgetaucht. Die offene Textarbeit als auch das offene Schreiben sowie das informative Lesen stießen in diesem Kurs auf den größten Vorbehalt. Insofern gälte es in einem vierten praktischen Schritt in anderen Leistungskursgruppen zu überprüfen, ob diese Reaktionen für diese Lerngruppen durchgängig zu erwarten sind oder ob es sich bei diesem einen Leistungskurs im 4. Semester des Schuljahres 1992/93 am Bertha-von-Suttner-Gymnasium um eine Ausnahme gehandelt hat. Die Frage kann augenblicklich nicht oder nur spekulativ beantwortet werden: Sicherlich trafen in diesem ersten Leistungskurs-Versuch einige ungünstige Faktoren zusammen. Zum anderen unterschied sich diese offene Form der Textarbeit von dem ansonsten auf literaturhistorische Wissensakkumulierung ausgerichteten Unterricht so erheblich, daß die

Schülerinnen verunsichert reagierten. Aus diesen Gründen böte es sich an, die Versuchsreihe ausschließlich in Leistungskursen fortzusetzen, weil nur dann das notwendige Material gesammelt werden könnte, das Aussagen über solche offene Schreib-Lese-Arbeit in dieser Lerngruppe erlaubte.

(8) Dieser Schreib-Lese-Versuch stand und fiel mit der Textauswahl. Es kann nicht genügend betont werden, wie sehr jede Durchführung davon abhängig war, daß sich in den fünf sehr unterschiedlichen Lerngruppen *Das Urteil* jedesmal als die 'richtige' Erzählung bewährte. Wichtig war, daß der literarische Basistext genügend Widerstand bot, an dem sich die schreibend Lesenden 'abarbeiten' konnten, daß er ihnen aber nicht so fremd gegenüberstand, daß die Aussicht auf Verstehen gänzlich verstellt schien. Jene Balance zwischen scheinbarer Deutlichkeit und rätselhafter Unlogik bleibt im *Urteil* in einer so ausgeglichenen Schwebe, daß selbst solche Schüler, die sich im nachhinein als 'Kafka-Gegner' erklärten, sich den Fragen dieses Textes stellten. Hinzu kommt ein sicherlich nicht unwichtiges Moment – obwohl der Text nicht aus diesem Grunde ausgewählt worden war! –: Die Erzählung bot den heranwachsenden Jugendlichen wie auch den jungen Erwachsenen hinreichendes Identifikationspotential, so daß ein Interesse am Inhalt durchgängig vorhanden war. Zwar war eben jene Motivation u.a. dafür verantwortlich, daß immer wieder spekulative Rezeptionsausflüge unternommen wurden, aber ohne diese inhaltliche Neugier hätten sich die anstrengenden Aufgaben des schreibenden Lesens und des literarischen Kommentierens nicht legitimieren lassen. Die sprachlichen und erzähltechnischen Eigentümlichkeiten dieser Erzählung waren es vor allem, die in den gelungenen Versuchen die ungewöhnliche methodische Vorgehensweise zu begründen schienen (und nicht die Unterrichtende!). Eine Übertragbarkeit der dargestellten Methode auf andere Prosaerzählungen ist denkbar, insbesondere, wenn der Erzähltext einen fragenden Leser evoziert. So z.B. in Alfred Döblins *Die Ermordung einer Butterblume*, Gottfried Benns *Gehirne* oder Robert Musils *Die Amsel*. Es ist wahrscheinlich nicht zufällig, daß die genannten Texte in demselben Zeitraum wie *Das Urteil* entstanden sind und allesamt den Anbruch der Moderne in der (deutschen) Literatur signalisieren: Diese ver-rückte, gebrochene und naturwissenschaftlich-technisch inspirierte Literatur verlangt vielleicht nach anderen, offenen, fragmentarischen Formen der Auseinandersetzung.

(9) Die literarischen Texte der Schüler und auch die der Studenten sind Laientexte, die keine Konkurrenz zu den gedruckten vorstellen. So wenig wie die Interpretationen dieser Schreiber das Niveau von fachwissenschaftlichen Aufsätzen erreichen, so wenig sind ihre Texte vergleichbar mit gedruckter Literatur. Die literar-ästhetischen Schreibversuche sind im unmittelbaren Zusammenhang mit dem Unterricht (d.h. auch mit dem Text), der Lerngruppe und der Unterrichtenden zu sehen. Diese drei Faktoren sind schreibinitiierend: Während für die Unterrichtende und die Lerngruppe geschrieben wird, haben der stattgefundene Unterricht und die Erzählung die Funktion, Ideen, Stilvorschläge, Inhalte zu liefern. Es handelt sich bei diesen literarischen und kommentieren Texten also genauso gut um Auftragsarbeiten wie in anderen Fällen im Literaturunterricht auch. Das Niveau, das diese Arbeiten erreichen, sprengt nicht den Rahmen des sonst Üblichen. Die Schüler üben sich schreibend an der literarischen Sprache, die sie ansonsten nur lesen. Es gibt keinen Grund, warum

die so entstehenden Texte grundsätzlich 'besser' sein sollen als andere geschriebene Arbeiten (abgesehen natürlich von den unter (2) ausgeführten Einschränkungen!). Veröffentlicht werden sollten diese Texte dann auch nur in dem Kontext, dem sie entstammen: innerhalb der Lerngruppe!

In dieser Arbeit wurde versucht, nach eingehender Diskussion der jüngsten schreib- und lesedidaktischen Forschungen, Ansätze einer theoretisch begründeten ästhetischen Schreib*und*Lesedidaktik zu konzipieren und diese in praktischen Erprobungen zu modellieren. Allerdings handelt es sich bei diesem Entwurf nur um einen ersten Schritt in eine andere Richtung, in der z.B. literarische Texte dasselbe prüfungs- und notenrelevante Gewicht erhalten müßten/könnten wie Aufsätze und Referate. Die Konzeption eines neuen Schreib-Curriculums würde den Rahmen der Arbeit sprengen, sie kann an dieser Stelle nicht geleistet werden. Angestrebt wurde vielmehr, Gründe anzuführen, die für die Notwendigkeit einer Revision des schreibdidaktischen Curriculums in der gymnasialen Oberstufe (und an der Universität) sprechen. Vorstellbar ist eine größere Bandbreite an möglichen Schreibaufgaben, zu denen die ästhetischen selbstverständlich dazugehören. Wenngleich am Ende dieser Arbeit keine emphatische Würdigung der von Laien verfaßten literarischen Texte steht, so bleibt gleichwohl festzuhalten, daß literarisches Schreiben als *eine* mögliche Schreib-Reaktion auf das Lesen von Literatur seine Berechtigung hat. Da augenblicklich noch nicht entschieden ist, ob sachlich-distanziertes oder literar-ästhetisches Schreiben die 'richtigere' Form darstellt, sollte man Laien die eine wie aber auch die andere als Angebot nicht vorenthalten. Poetischer formuliert: Warum sollen schreibende Dilettanten nicht die Chance erhalten, sich darin zu versuchen, 'Sprache außerhalb von Macht zu gebrauchen'?

Literaturverzeichnis

(Wenn nicht die erste Auflage zitiert wird, ist in Klammern das Jahr der ersten Auflage der verwendeten Ausgabe angegeben. Fremdsprachige Titel werden zitiert, wenn keine deutsche Übersetzung vorliegt. – Die in Kurzform zitierten Titel ROLAND BARTHES' sind kursiv gedruckt.)

ABRAHAM, Ulf: Der verhörte Held. Recht und Schuld im Werk Franz Kafkas. München: Fink 1985.

ADORNO, Theodor W.: Aufzeichnungen zu Kafka. In: Ders., Gesammelte Werke. Bd.10.1. Kulturkritik und Gesellschaft I. Prismen. Ohne Leitbilder. Hrsg. von Rolf Tiedemann. Frankfurt/M: Suhrkamp 1977, S.254–288.

ALTENHOFER, Norbert: Chiffre, Hieroglyphe, Palimpsest: Vorformen tiefenhermeneutischer und intertextueller Interpretation im Werk Heines. In: NASSEN (Hrsg.), Texthermeneutik (1979), S.149–194.

ANDRINGA, Els: Diskrepanztheorie und Lesemotivation. In: Harro MÜLLER-MICHAELS (Hrsg.), Jahrbuch der Deutschdidaktik 83/84. Tübingen: Narr 1984, S.65–83.

ANTOS, Gerd: Grundlagen einer Theorie des Formulierens. Textherstellung in geschriebener und gesprochener Sprache. Tübingen: Niemeyer 1982.

ANTOS, Gerd: 'Ist es auch Ihr sehnlichster Wunsch, wie ein Schriftsteller schreiben zu können?' Vorläufige Bemerkungen zu einer Ideologiekritik des Schreibens. Am Beispiel literarischer Produktion. In: Zeitschrift für Literaturwissenschaft und Linguistik (1987) H.68, S.21–32.

ANTOS, Gerd: Eigene Texte herstellen! Schriftliches Formulieren in der Schule. Argumente aus der Sicht der Schreibforschung. In: Der Deutschunterricht (1988) H.III, S.37–50.

ANTOS, Gerd: Textproduktion: Ein einleitender Überblick. In: ANTOS, Gerd; KRINGS, Hans P. (Hgg.), Textproduktion. Ein interdisziplinärer Forschungsüberblick. Tübingen: Niemeyer 1989. S.5–57.

ARNTZEN, Helmut: Literatur, Literaturwissenschaft und Universität. In: HEIN/KOCH/LIEBS (Hgg.), Das ICH als Schrift (1984), S.232–241.

AUGST, Gerhard; JOLLES, Evelyn: Überlegungen zu einem Schreibcurriculum in der Sekundarstufe II. In: Der Deutschunterricht (1986) H.VI, S.3–11.

AUGST, Gerhard; FAIGEL, Peter: Von der Reihung zur Gestaltung. Untersuchungen zur Ontogenese der schriftsprachlichen Fähigkeiten von 13–23 Jahren. Frankfurt/M u.a.: Lang 1986.

AUGST, Gerhard: Schreiben als Überarbeiten – 'Writing is Rewriting' oder 'Hilfe! Wie kann ich den Nippel durch die Lasche ziehen?' In: Der Deutschunterricht (1988) H.III, S.51–64.

AUST, Hugo: Lesen. Überlegungen zum sprachlichen Verstehen. Tübingen: Niemeyer 1983.

BACHELARD, Gaston: Poetik des Raumes. Frankfurt/M: Fischer 1987.

BACHTIN, Michail M.: Die Ästhetik des Wortes. Hrsg. u. eingeleitet von Rainer Grübel. Frankfurt/M: Suhrkamp 1979.

BARTHES, Roland: *Kritik und Wahrheit.* Frankfurt/M: Suhrkamp 1967 (1. frz. Aufl. 1966).

BARTHES, Roland: Literatur oder Geschichte. Frankfurt/M: Suhrkamp 1969.

BARTHES, Roland: Die Imagination der Zeichen. In: Ders., Literatur oder Geschichte (1969), S.36–43.

BARTHES, Roland: *Schriftsteller und Schreiber.* In: Ders., Literatur oder Geschichte (1969), S.44–53.

BARTHES, Roland: *Was ist Kritik?* In: Ders., Literatur oder Geschichte (1969), S.62–69.

BARTHES, Roland: Die *Lust am Text.* 6. Aufl. Frankfurt a.M.: Suhrkamp 1990; (1. Aufl. 1974; 1. frz. Aufl. 1973).

BARTHES, Roland: *Die strukturalistische Tätigkeit.* In: HOPPE (Hrsg.), Kritik und Didaktik des literarischen Verstehens (1976), S.104–109.

BARTHES, Roland: *Leçon/Lektion.* Französisch und Deutsch. Antrittsvorlesung im Collège de France. Frankfurt a.M.: Suhrkamp 1980; (1. frz. Aufl. 1978).

BARTHES, Roland: *Am Nullpunkt der Literatur.* Frankfurt/M.: Suhrkamp 1985; (1.Aufl. 1982; 1. frz. Aufl. 1953).

BARTHES, Roland: Elemente der Semiologie. Frankfurt/M: Suhrkamp 1983; (1. frz. Aufl. 1964/65).

BARTHES, Roland: Le bruissement de la langue. Essais critiques IV. Paris: Seuil 1984.

BARTHES, Roland: *De la science à la littérature.* In: Ders., Le bruissement de la langue (1984), S.11–20.

BARTHES, Roland: *Ecrire, verbe intransitif?* In: Ders., Le bruissement de la langue (1984), S.21–32.

BARTHES, Roland: *Sur la lecture.* In: Ders., Le bruissement de la langue (1984), S.37–48.

BARTHES, Roland: *Réflexions sur un manuel.* In: Ders., Le bruissement de la langue (1984), S.49–56.

BARTHES, Roland: *La mort de l'auteur.* In: Ders., Le bruissement de la langue (1984), S.63–70.

BARTHES, Roland: *De l'oeuvre au texte.* In: Ders., Le bruissement de la langue (1984), S.71–80.

BARTHES, Roland: *Le style et son image.* In: Ders., Le bruissement de la langue (1984), S.149–162.

BARTHES, Roland: *Une idée de recherche.* In: Ders., Le bruissement de la langue (1984), S.327–332.

BARTHES, Roland: *'Longtemps, je me suis couché de bonne heure'.* In: Ders., Le bruissement de la langue (1984), S.333–346.

BARTHES, Roland: *On échoue toujours à parler de ce qu'on aime.* In: Ders., Le bruissement de la langue (1984), S.353–363.

BARTHES, Roland: *S/Z.* Frankfurt a.M.: Suhrkamp 1987; (1. frz. Aufl. 1976).

BARTHES, Roland: Das semiologische Abenteuer. Frankfurt a.M.: Suhrkamp 1988; (1. frz. Aufl. 1985).

BARTHES, Roland: *Einführung in die strukturale Analyse von Erzählungen.* In: Ders, Das semiologische Abenteuer (1988), S.102–143.

BARTHES, Roland: *Die Handlungsfolgen.* In: Ders., Das semiologische Abenteuer (1988), S.144–155.

BARTHES, Roland: Die strukturale Erzählanalyse. Zur *Apostelgeschichte* 10–11. In: Ders., Das semiologische Abenteuer (1988), S.223–250.

BARTHES, Roland: Der *Kampf mit dem Engel.* Textanalyse der *Genesis.* In: Ders., Das semiologische Abenteuer (1988), S.251–265.

BARTHES, Roland: Textanalyse einer Erzählung von *Edgar Allan Poe*. In: Ders., Das semiologische Abenteuer (1988), S.266–298.

BARTLETT, Elsa Jaffe: Learning to Revise: Some Component Process. In: NYSTRAND (ed.), What Writers know (1982), S.345–363.

BATTAILLE, George: Die Literatur und das Böse. Emily Bronte – Blake – Sade – Proust – Kafka – Genet. Mit einem Nachwort von Gerd Bergfleth und einem Essay von Daniel Lewers. München: Matthes&Seitz 1987.

BAUMGART, Reinhard: Vertrauen ins Fremde. 'Von realer Gegenwart': George Steiners Versuch einer Metaphysik der Kunst. In: Die Zeit vom 2.11.1990.

BAURMANN, Jürgen: Textrezeption und Schule. Grundlagen – Befunde– Unterrichtsmodelle. Stuttgart: Kohlhammer 1980.

BAURMANN, Jürgen: Aufsatzunterricht als schreibunterricht. Für eine neue grundlegung des schreibens in der schule. In: Praxis Deutsch (1990) H.104, S.7–12.

BEACH, Richard; BRIDWELL, Linda S. (eds.), New Directions in Composition Research. Foreword by Linda S. Flower and John R. Hayes. New York u.a.: Guilford Press 1984.

BEACH, Richard; EATON, Sara: Factors influencing Self-assessing and Revising by College Freshmen. In: BEACH/BRIDWELL (eds.), New Directions in Composition Research (1984), S.149–170.

BEETZ, Manfred; ANTOS, Gerd: Die nachgespielte Partie. Vorschläge zu einer Theorie der literarischen Produktion. In: Peter FINKE; Siegfried J. SCHMIDT (Hgg.), Analytische Literaturwissenschaft. Braunschweig/Wiesbaden: Vieweg&Sohn 1984, S.90–141.

BEISBART, Ortwin: Schreiben als Lernprozeß. Anmerkungen zu einem wenig beachteten sprachdidaktischen Problem. In: Der Deutschunterricht (1989) H.III, S.5–16.

BENJAMIN, Walter: Berliner Kindheit um 1900. Fassung letzter Hand. Mit einem Nachwort von Theodor W. Adorno. Frankfurt/M.: Suhrkamp 1988; (1. Aufl. 1987).

BENJAMIN, Walter: Franz Kafka. Zur zehnten Wiederkehr seines Todestages. In: Ders., Gesammelte Schriften. II.2. Hrsg. von Rolf Tiedemann und Hermann Schweppenhäuser. 2. Aufl. Frankfurt/M: Suhrkamp 1989, S.409–438; (1. Aufl. 1977).

BENJAMIN, Walter: Das Kunstwerk im Zeitalter seiner technischen Reproduzierbarkeit. Zweite Fassung. In: Ders., Gesammelte Schriften. I.2. Hrsg. von Rolf Tiedemann und Hermann Schweppenhäuser. 3. Aufl. Frankfurt/M: Suhrkamp 1990, S.471–508; (1. Aufl. 1974).

BEREITER, Carl: Development in Writing. In: GREGG/STEINBERG (eds.), Cognitive Processes in Writing (1980), S.73–96.

BEREITER, Carl; SCARDAMALIA, Marlene: Wissen-Wiedergeben als ein Modell für das Schreiben von Instruktionen durch ungeübte Schüler. In: Unterrichtswissenschaft (1985) H.4, S.319–333.

BERGK, Marion: Über schreibendes Lesen zum Textverständnis. In: MÜLLER-MICHAELS, Harro (Hrsg.), Jahrbuch der Deutschdidaktik 83/84. Tübingen: Narr 1984, S.36–51.

BICHSEL, Peter: Eigenartige Leute – Leser zum Beispiel. In: Der Deutschunterricht (1988) H.IV, S.5–8.

BINDER, Hartmut: Kafkas Schaffensprozeß mit besonderer Berücksichtigung des *Urteils*. Eine Analyse seiner Aussagen über das Schreiben mit Hilfe der Handschriften und auf Grund psychologischer Theoreme. In: Euphorion 70 (1976) S.129–174.

BINDER, Hartmut (Hrsg.), Kafka-Handbuch in zwei Bänden. Unter Mitarbeit zahlreicher Fachwissenschaftler. Bd.1: Der Mensch und seine Zeit; Bd.2: Das Werk und seine Wirkung. Stuttgart: Kröner 1979.

BINDER, Hartmut: Kafka. Der Schaffensprozeß. Frankfurt/M: Suhrkamp 1983.

BLANCHOT, Maurice: Das Unzerstörbare. Ein unendliches Gespräch über Sprache, Literatur und Existenz. München: Hanser 1991.

BLANCHOT, Maurice: Von Kafka zu Kafka. Aus dem Französischen übersetzt und mit einem Nachwort von Elsbeth Dangel. Frankfurt/M: Fischer 1993.

BLUMENSATH, Heinz: Der Berliner Workshop 'Schreiben'. In: BOUEKE/HOPSTER (Hgg.), Schreiben – Schreiben lernen (1985), S.80–91.

BOEHM, Gottfried: Plädoyer für den Umweg. Debatte über George Steiners Essay. In: Frankfurter Rundschau vom 16.7.1991.

BOEHNCKE, Heiner; HUMBURG, Jürgen: Schreiben kann jeder. Handbuch zur Schreibpraxis für Vorschule, Schule, Universität, Beruf und Freizeit. Reinbek: Rowohlt 1980.

BOGDAL, Klaus-Michael: Einleitung: Von der Methode zur Theorie. Zum Stand der Dinge in den Literaturwissenschaften. In: Ders. (Hrsg.), Neue Literaturtheorien. Eine Einführung. Opladen: Westdeutscher Verlag 1990. S.9–30.

BOGDAL, Klaus-Michael: Postmoderne, die neue Gründerzeit. In: Praxis Deutsch (1993) H.121, S.7–10.

BOHRER, Karl Heinz (Hrsg.), Ästhetik und Rhetorik. Lektüren zu Paul de Man. Frankfurt/M: Suhrkamp 1993.

BOLZ, Norbert: Das Ende der Gutenberg-Galaxis. Die neuen Kommunikationsverhältnisse. München: Fink 1993.

BONFADELLI, Heinz; FRITZ, Angela; KÖCHER, Renate: Lesesozialisation. Bd.2: Leseerfahrungen und Lesekarrieren. Mit einer Synopse von Ulrich Saxer. Gütersloh: Bertelsmann 1993.

BORGER-KEWELOH, Nicola: Das totale Museum. In: PREISS/STAMM/ZEHNDER (Hgg.), Das Museum (1990), S.129–140.

BORGMANN, Jutta: Kreatives Schreiben – Neue Zugänge zu einer alten Kulturtechnik. Beispiele aus der universitären Praxis. In: Sprache und Literatur in Wissenschaft und Unterricht (1994) H.73, S.56–68.

BORN, Jürgen: Kafkas Bibliothek: ein beschreibendes Verzeichnis; mit einem Index aller in Kafkas Schriften erwähnten Bücher, Zeitschriften und Zeitschriftenbeiträge. Frankfurt/M: Fischer 1990.

BOSSE, Heinrich: Dichter kann man nicht bilden. Zur Veränderung der Schulrhetorik nach 1770. In: Jahrbuch für internationale Germanistik. Jahrgang X/Heft 1. Frankfurt/M u.a.: Lang 1978, S.80– 125.

BOSSE, Heinrich: Autorschaft ist Werkherrschaft. Über die Entstehung des Urheberrechts aus dem Geist der Goethezeit. Paderborn u.a.: Schöningh 1981.

BOUEKE, Dietrich (Hrsg.), Der Literaturunterricht. Weinheim: Beltz 1971.

BOUEKE, Dietrich; HOPSTER, Norbert (Hgg.), Schreiben – Schreiben lernen. Rolf Sanner zum 65. Geburtstag. Tübingen: Narr 1985.

BOUEKE, Dietrich; SCHÜLEIN, Frieder: 'Personales Schreiben'. Bemerkungen zur neueren Entwicklung der Aufsatzdidaktik. In: BOUEKE/HOPSTER (Hgg.), Schreiben – Schreiben lernen (1985), S.277–301.

BOUEKE, Dietrich; SCHÜLEIN, Frieder: Von der Lehr- und Lernbarkeit des Erzählens. In: Diskussion Deutsch (1988) H.102, S.386–403.

BREMERICH-VOS, Albert (Hrsg.), Handlungsfeld Deutschunterricht im Kontext. Festschrift für Hubert Ivo. Frankfurt/M: Diesterweg 1993.

BRENNER, Gerd: Kreatives Schreiben. Ein Leitfaden für die Praxis. Mit Texten Jugendlicher. Frankfurt/M: Scriptor 1990.

BROKERHOFF, Karl Heinz: Kreativität im Deutschunterricht. Etwas erfinden dürfen... Kastellaun: Henn 1976.

BROWN, Chistopher; KELCH, Jan; THIEL, Peter van (Hgg.): Rembrandt. Der Meister und seine Werkstatt. Gemälde. München u.a.: Schirmer 1991.

BRÜTTING, Richard: Zur Situation des französischen Strukturalismus. Ein Literaturbericht. In: Zeitschrift für Literaturwissenschaft und Linguistik (1974) H.14, S.111–136.

BRÜTTING, Richard: 'ecriture' und 'texte'. Die französische Literaturtheorie 'nach dem Strukturalismus'. Kritik traditioneller Positionen und Neuansätze. Bonn: Bouvier 1976.

BRÜTTING, Richard: Empirie in der literaturdidaktischen Forschung und Praxisbezug. In: Siegener Periodikum zur internationalen empirischen Literaturwissenschaft (1983) H.1, S.25–71.

BRUYN, Josua: Rembrandts Werkstatt: Funktion und Produktion. In: BROWN u.a. (Hgg.), Rembrandt (1991), S.68–89.

BÜNTING, Karl-Dieter; KOCHAN, Detlef C.: Linguistik und Deutschunterricht. Kronberg Ts.: Scriptor 1976; (1. Aufl. 1973).

BÜRGER, Christa: Deutschunterricht – Ideologie oder Aufklärung. Mit drei Unterrichtsmodellen. 2. erw. Aufl. Frankfurt/M.: Diesterweg 1973; (1. Aufl 1970).

BÜRGER, Christa: 'Offene Textsequenz' oder Ideologiekritik. In: Diskussion Deutsch (1976) H.30, S.333–351.

BÜRGER, Peter: Probleme der Rezeptionsforschung. In: Poetica (1977), H.3–4, S.446–471.

CARROLL, Joyce Armstrong: Process into Product: Teacher Awareness of the Writing Process Affects Students' Written Product. In: BEACH/BRIDWELL (eds.), New Directions in Composition Research (1984), S.315–333.

CHARTIER, Roger: Lesewelten. Buch und Lektüre in der frühen Neuzeit. Frankfurt/M u.a.: Campus 1990.

CHRIST, Hannelore; FISCHER, Eva; FUCHS, Claudia; MERKELBACH, Valentin; REUSCHLING, Gisela: 'Ja aber es kann doch sein ...'. In der Schule literarische Gespräche führen. Frankfurt/M u.a.: Lang 1995.

COOPER, Marilyn M.: The Pragmatics of Form: How Do Writers Discover What To Do When? In: BEACH/BRIDWELL (eds.), New Directions in Composition Research (1984), S.109–126.

CULLER, Jonathan: Dekonstruktion. Derrida und die poststrukturalistische Literaturtheorie. Reinbek: Rowohlt 1988.

DANGELMAYR, Siegfried: Der Riß im Sein oder die Unmöglichkeit des Menschen. Interpretationen zu Kafka und Sartre. Frankfurt/M u.a.: Lang 1988.

DAVID, Claude (Hrsg.), Franz Kafka. Themen und Probleme. Göttingen: Vandenhoeck 1980.

DEMMER, Jürgen: Franz Kafka. Der Dichter der Selbstreflexion. Ein Neuansatz zum Verstehen der Dichtung Franz Kafkas. Dargestellt an der Erzählung *Das Urteil*. München: Fink 1973.

DEUTSCHUNTERRICHT, DER (1977) H.2. [Thema: Rezeptionsästhetik].

DEUTSCHUNTERRICHT, DER (1993) H.IV. [Thema: Literaturunterricht heute. Zwischen Tradition und Innovation].

DISKUSSION DEUTSCH (1983) H.72. [Schwerpunkt: Franz Kafka].

DISKUSSION DEUTSCH (1985) H.84. [Schwerpunkt: Kreativität].

DISKUSSION DEUTSCH (1991) H.116. [Schwerpunkt: Leid(t)motiv Postmoderne].

DREWS, Jörg: Die metaphysische Dampfwalze. George Steiners Kampf um die Kunst als letztes Mysterium – eine Polemik. In: Süddeutsche Zeitung vom 23./24.3.1991.

EAGLETON, Terry: Einführung in die Literaturtheorie. 2. Aufl. Stuttgart: Metzler 1992; (1. Aufl. 1988).

EGGERT, Hartmut; BERG, Hans Christoph; RUTSCHKY, Michael: Schüler im Literaturunterricht. Ein Erfahrungsbericht. Köln: Kiepenheuer 1975 [a].

EGGERT, Hartmut; Berg, Hans Christoph; RUTSCHKY, Michael: Die im Text versteckten Schüler. Probleme einer Rezeptionsforschung in praktischer Absicht. In: GRIMM (Hrsg.), Literatur und Leser (1975 [b]), S.272–294.

EGGERT, Hartmut; RUTSCHKY, Michael: Rezeptionsforschung und Literaturdidaktik. Zu ihrem wechselseitigen Verhältnis. In: Der Deutschunterricht 29 (1977) H.2, S.13–25.

EGGERT, Hartmut; RUTSCHKY, Michael (Hgg.), Literarisches Rollenspiel in der Schule. Quelle&Meyer 1978.

EGGERT, Hartmut: Zur Einführung in dieses Heft [Wie wird man ein Leser? Schwierigkeiten in der literarischen Sozialisation]. In: Der Deutschunterricht 32 (1980) H.V, S.3–15.

EGGERT, Hartmut; GRAF, Werner: Lektürebiographie als Gegenstand und Methode in der Lehrerausbildung. In: Mitteilungen des Deutschen Germanistenverbandes (1993) H.2, S.40–50.

EGGERT, Hartmut; GARBE, Christine: Literarische Sozialisation. Stuttgart u.a.: Metzler 1995.

EHLERT, Klaus; HOFFACKER, Helmut; IDE, Heinz (Bremer Kollektiv): Thesen über Erziehung zum kritischen Lesen. In: HOPPE (Hrsg), Kritik und Didaktik des literarischen Verstehens (1976), S.154–177.

EIGLER, Gunther: Textverarbeiten und Textproduzieren. Entwicklungstendenzen angewandter kognitiver Wissenschaft. In: Unterrichtswissenschaft (1985) H.4, S.301–318.

EJCHENBAUM, Boris: Wie Gogol's 'Mantel' gemacht ist. In: Jurij STRIEDTER (Hrsg.), Russischer Formalismus. Texte zur allgemeinen Literaturtheorie und zur Theorie der Prosa. 4. unveränd. Aufl. München: Fink 1988, S.123–160; (1. Aufl. 1969).

ELLRICH, Lutz; WEGMANN, Nikolaus: Theorie als Verteidigung der Literatur? Eine Fallgeschichte: Paul de Man. In: Deutsche Vierteljahresschrift für Literaturwissenschaft und Geistesgeschichte (1990) H.3, S.467–513.

ENZENSBERGER, Hans Magnus: Bescheidener Vorschlag zum Schutze der Jugend vor den Erzeugnissen der Poesie. In: Ders., Mittelmaß und Wahn. Gesammelte Zerstreuungen. 2. Aufl. Frankfurt/M: Suhrkamp 1988, S.23–41; (1. Veröffentl. 1976).

ERMERT, Karl; BÜTOW, Thomas (Hgg.), Was bewegt die Schreibbewegung? Kreatives Schreiben – Selbstversuche mit Literatur. Loccum: Evangel. Akademie 1990.

ESCHWEILER, Christian: Kafkas Erzählungen und ihr verborgener Hintergrund. Bonn u.a.: Bouvier 1991.

ESSEN, Erika: Methodik des Deutschunterrichts. 10. unveränd. Aufl. Heidelberg: Quelle und Meyer 1980; (1. Aufl. 1956).

EYKMAN, Christoph: Schreiben als Erfahrung. Poetologische und kunsttheoretische Positionen von Schriftstellern und Künstlern im Zeitraum von 1945 bis 1983. Bonn: Bouvier 1985.

FAIGLEY, Lester; WITTE, Stephen P.: Measuring Effects of Revisions on Text Structure. In: BEACH/BRIDWELL (eds.), New Directions in Composition Research (1984), S.95–108.

FINGERHUT, Karlheinz: Affirmative und kritische Lehrsysteme im Literaturunterricht. Beiträge zu einer Theorie lernziel- und lernbereichsorientierter Textsequenzen. Frankfurt/M: Diesterweg 1974.

FINGERHUT, Karlheinz: Über das In-Gebrauch-Nehmen historischer Literatur in der Schule. Anmerkungen zu historischem und kritischem Verstehen als Lernzielen der ideolgiekritischen Literaturdidaktik. In: HOPPE (Hrsg.), Kritik und Didaktik des literarischen Verstehens (1976 [a]), S.207–266.

FINGERHUT, Karlheinz: Aufklärung von oben? Legitimationsprobleme eines gegenstandstheoretisch fundierten Literaturunterrichts. Zu Ch. Bürger: „'Offene Textsequenz' oder 'Ideologiekritik'". In: Diskussion Deutsch (1976 [b]) H.31, S.501–504.

FINGERHUT, Karlheinz: Historisches Verstehen – Kritisches Verstehen. Die Bedeutung der marxistischen Rezeptionstheorie für die Weiterentwicklung einer kritischen Literaturdidaktik. In: Ders. u.a.: Deutschdidaktik und Gesellschaftstheorie. Kritische Anmerkungen zu Anleihen in Sprach- und Literaturwissenschaft. Paderborn: Schöningh 1977, S.83–150.

FINGERHUT, Karlheinz: Strukturale Interpretation und die Tätigkeit des Rezipienten. Untersuchungen an Heinrich Heines 'Das Sklavenschiff'. In: Diskussion Deutsch (1977 [a]) H.35, S.281–304.

FINGERHUT, Karlheinz: Franz Kafka. Klassiker der Moderne. Literarische Texte und historische Materialien [Nebst Lehrerband]. Stuttgart: Metzler 1981.

FINGERHUT, Karlheinz: Umerzählen. Ein Lesebuch mit Anregungen für eigene Schreibversuche in der Sekundarstufe II. Frankfurt/M: Diesterweg 1982.

FINGERHUT, Karlheinz: Der subjektive Faktor im neuen Literaturunterricht. Einige Überlegungen zum Wertewandel in der Literaturdidaktik. In: Diskussion Deutsch (1985) H.84, S.349–359.

FINGERHUT, Karlheinz: Kann 'Handlungsorientierung' ein Paradigma der Literaturdidaktik sein? In: Diskussion Deutsch (1987) H.98, S.581–600.

FINGERHUT, Karlheinz: Die folgenlose Literatur und der pädagogische Wahn. Deutschdidaktik, Literaturunterricht und die Gegenwartsliteratur. In: Norbert Oellers (Hrsg.), Germanistik und Deutschunterricht im Zeitalter der Technologie. Selbstbestimmung und Anpassung. Bd.3. Literatur und Literaturunterricht in der Moderne. Tübingen: Niemeyer 1988, S.3–19.

FINGERHUT, Karlheinz: Umarbeiten – Überarbeiten – Ergänzen. Von der Phantasiearbeit im produktiven Literaturunterricht. In: KRUSE/SALMEN/ROTH (Hgg.), Literatur. Verständnis und Vermittlung (1991), S.350–371.

FINGERHUT, Karlheinz: Autor – Koautor – Autorfunktion. Einige unterrichtspraktische Anmerkungen zu Gerhard Katthages Destruktion der Frage nach der 'Absicht des Autors'. In: Diskussion Deutsch (1991 [a]) H.116, S.630–638.

FINGERHUT, Karlheinz: Die unendliche Suche nach der Bedeutung: Kafka in der Schule. In: Praxis Deutsch (1993 [a]) H.120, S.13–21.

FINGERHUT, Karlheinz: Annäherung an Kafkas Roman 'Der Proceß'. Schreibexperimente an gestrichenen Varianten. In: Praxis Deutsch (1993 [b]) H.120, S.46–50.

FINGERHUT, Karlheinz: Textstruktur, Interpretationen und produktive Aneigungen. Untersuchungen an Kafka-Texten und deren Lektüren. In: Der Deutschunterricht (1993 [c]) H.IV, S.26–47.

FLOWER, Linda S.; HAYES, John R.: The Dynamic of Composing: Making Plans und Juggling Constraints. In: GREGG/STEINBERG (edd.), Cognitive Processes in Writing (1980), S.31–50.

FLUSSER, Vilém: Die Schrift. Hat Schreiben Zukunft? Frankfurt/M: Fischer 1992. (1. Aufl. 1987).

FÖRSTER, Jürgen: Ästhetische Erkenntnis im kritischen Deutschunterricht. Paderborn: Schöningh 1977.

FÖRSTER, Jürgen: Literaturunterricht zwischen Aufklärung und Gegen-Aufklärung. Zur Kritik restaurativer Tendenzen in der gegenwärtigen Literaturdidaktik und Möglichkeiten ihrer Überwindung. Düsseldorf: Schwann 1980.

FÖRSTER, Jürgen: Die Postmoderne-Diskussion und (literatur)didaktisches Bedeutungsfeld. Streiflichter auf einige literaturdidaktische Erwägungen. In: RUPP, Gerhard; MÜLLER-MICHAELS, Harro (Hgg.), Jahrbuch der Deutschdidaktik 1989/90. Tübingen: Narr 1991 [a], S.11–30.

FÖRSTER, Jürgen: Subjekt – Sinn – Geschichte. Postmoderne, Literatur und Lektüre. In: Der Deutschunterricht (1991 [b]) H.IV, S.58–79.

FÖRSTER, Jürgen: Zu diesem Heft. In: Der Deutschunterricht (1993) H.IV, S.3–10.

FOHRMANN, Jürgen; MÜLLER, Harro (Hgg.), Diskurstheorien und Literaturwissenschaft. Frankfurt/M: Suhrkamp 1988.

FOHRMANN, Jürgen; MÜLLER, Harro: Einleitung: Diskurstheorieen und Literaturwissenschaft. In: Dies. (Hgg.), Diskurstheorien und Literaturwissenschaft 1988 [a], S.9–22.

FOHRMANN, Jürgen: Der Kommentar als diskursive Einheit der Wissenschaft. In: FOHRMANN/MÜLLER (Hgg.), Diskurstheorien und Literaturwissenschaft (1988), S.244–257.

FOUCAULT, Michel: Schriften zur Literatur. Frankfurt a.M.: Fischer 1991; (1. Aufl. 1988).

FOUCAULT, Michel: Was ist ein Autor? In: Ders., Schriften zur Literatur (1988/1991 [a]), S.7–31.

FOUCAULT, Michel: Un 'fantastique' de bibliotheque. In: Ders., Schriften zur Literatur (1988/1991 [b]), S.157–177.

FRANK, Manfred: Das individuelle Allgemeine: Textstrukturierung und -interpretation nach Schleiermacher. Frankfurt/M: Suhrkamp 1977.

FRANK, Manfred: Was heißt einen Text verstehen? In: Nassen (Hrsg.), Texthermeneutik (1979), S.58–78.

FRANK, Manfred: Was ist Neostrukturalismus? Frankfurt/M: Suhrkamp 1983.

FRANK, Manfred: Zum Diskursbegriff bei Foucault. In: FOHRMANN/MÜLLER (Hgg.), Diskurstheorien und Literaturwissenschaft (1988), S.25–44.

FREEDMAN, Sarah Warshauer: The Registers of Student and Professional Expository Writing: Influences on Teachers' Responses. In: BEACH/BRIDWELL (eds.), New Directions in Composition Research (1984), S.334–347.

FREY, Hans Jost: Der unendliche Text. Frankfurt/M: Suhrkamp 1990.

FRITZSCHE, Joachim: Aufsatzdidaktik. Kritische und systematische Untersuchungen zu den Funktionen schriftlicher Texte von Schülern. Stuttgart u.a.: Kohlhammer 1980.

FRITZSCHE, Joachim: Was ist literarische Begabung, und wie kann man sie fördern? In: Diskussion Deutsch (1988) H.102, S.347–366.

FRITZSCHE, Joachim: Andres schreibt anders. Versuch über den Individualstil von Schülern. In: Der Deutschunterricht (1991) H.III, S.61–71.

FRÖCHLING, Jürgen: Expressives Schreiben. Untersuchungen des Schreibprozesses und seiner Funktion als Grundlage für eine Laienschreibdidaktik. Frankfurt a.M. u.a.: Lang 1987.

FRÖCHLING, Jürgen: Kreatives Schreiben und Individuum. In: ERMERT/BÜTOW (Hgg.), Was bewegt die Schreibbewegung? (1990), S.15–29.

FROMMER, Harald: Statt einer Einführung: Zehn Thesen zum Literaturunterricht. In: Der Deutschunterricht 33 (1981 [a]) H.II, S.5–9.

FROMMER, Harald: Verzögertes Lesen. Über Möglichkeiten, in die Erstrezeption von Schullektüren einzugreifen. In: Der Deutschunterricht 33 (1981 [b]) H.II, S.10–27.

FROMMER, Harald: Lernziel: Leserrolle. Ein Annäherungsversuch an Schillers Königin Elisabeth in Klasse 10. In: Der Deutschunterricht 33 (1981 [c]) H.II, S.60–80.

FROMMER, Harald: Lesen im Unterricht. Von der Konkretisation zur Interpretation. Sek. I und II. Hannover: Schroedel 1988 [a].

FROMMER, Harald: Langsam lesen lernen! Ein Plädoyer für die gelegentliche Langzeit-Lektüre. In: Der Deutschunterricht 40 (1988 [b]) H.IV, S.21–44.

GADAMER, Hans-Georg: Gesammelte Werke. Bd.2. Hermeneutik I. Wahrheit und Methode. Grundzüge einer philosophischen Hermeneutik. 5.Aufl. (durchges. u. erw.) Tübingen: Mohr 1986; (1.Aufl. 1960).

GALLAS, Helga: Vom Sinn des Schreibens für das Subjekt. In: HEIN/KOCH/LIEBS (Hgg.), Das Ich als Schrift (1984), S.10–16.

GEBHARD, Walter: Franz Kafka: Das Urteil. In: LEHMANN, Jakob (Hrsg.), Deutsche Novellen von Goethe bis Walser. Bd.2. Königsstein: Scriptor 1980, S.125–160.

GEISSLER, Rolf: Prolegomena zu einer Theorie der Literaturdidaktik. Bestandsaufnahme – Kritik – Neuansatz. Hannover u.a.: Schroedel 1970.

GINZBURG, Carlo: Spurensicherung. Der Jäger entziffert die Fährte, Sherlock Holmes nimmt die Lupe, Freud liest Morelli – die Wissenschaften auf der Suche nach sich selbst. In: Freibeuter (1980); 1. Teil [a], Heft 3, S.7–17; 2. Teil [b], Heft 4, S.11–36.

GLINZ, Hans: Textanalyse und Verstehenstheorie II. Mit Texten erstrebte Erträge – Aufbau der Gesamtkompetenz – Sprache, Zeit – Strukturierung und Ich. Wiesbaden: Athenaion 1978.

GÖSSMANN, Wilhelm: Wygotskis Begriff der inneren Sprache und seine Bedeutung für den Schreibprozeß. In: Wirkendes Wort (1979) H.1, S.13–27.

GOGH, Vincent van: Briefe an seinen Bruder. Hrsg. und mit einer Einleitung versehen von Johanna Gesina VAN GOGH-BONGER. 1–3. Bd. Frankfurt/M: Insel 1988.

GRASSKAMP, Walter: Unerhörte Monologe. Vom Verfall der Konversationskunst. Vom Elend der Kulturkritik. Vom Aufstieg der Kunstreligion. In: Die Zeit vom 7.8.1992.

GREGG, Lee W.; STEINBERG, Erwin R. (eds.), Cognitive Processes in Writing. Hillsdale: Lawrence Erlbaum 1980.

GRESILLON, Almuth; SCHLIEBEN-LANGE, Brigitte: Einleitung. In: Zeitschrift für Literaturwissenschaft und Linguistik (1987) H.68, S.7–8.

GRIMM, Alfred: Joseph und Echnaton. Thomas Mann in Ägypten. Mainz: Zabern 1992.

GRIMM, Claus: Rembrandt selbst. Eine Neubewertung seiner Portraitkunst. Stuttgart u.a.: Belser 1991.

GRIMM, Gunter (Hrsg.), Literatur und Leser. Theorien und Modelle zur Rezeption literarischer Werke. Stuttgart: Reclam 1975 [a].

GRIMM, Gunter: Einführung in die Rezeptionsforschung. In: Ders. (Hrsg.), Literatur und Leser (1975 [b]), S.11–84.

GROEBEN, Norbert: Leserpsychologie: Textverständnis – Textverständlichkeit. Münster: Aschendorff 1982.

GRÖZINGER, Karl Erich: Kafka und die Kabbala. Das Jüdische im Werk und Denken von Franz Kafka. Frankfurt/M: Eichborn 1992.

GROSSE, Siegfried (Hrsg.), Schriftsprachlichkeit. Düsseldorf: Schwann 1983.

HAAS, Gerhard: Handlungs- und produktionsorientierter Literaturunterricht in der Sekundarstufe I. Hannover: Schroedel 1984.

HAAS, Gerhard: 'Geschundene' Gedichte? Geschundene Schüler?. In Praxis Deutsch (1989) H.98, S.6–8.

HAASE, Amine: Wieviele Füße gehen ins Museum? Zu seiner Popularität und den Folgen. In: PREISS/ZEHNDER/STAMM (Hgg.), Das Museum (1990), S.151–159.

HALASZ, Laslo: Dem Leser auf der Spur. Literarisches Lesen als Forschen und Entdecken. Zur Sozialpsychologie des literarischen Verstehens. Braunschweig u.a.: Vieweg 1993.

HARTWICH, Wolf-Daniel: Böser Trieb, Märtyrer und Sündenbock. Religiöse Metaphorik in Franz Kafkas 'Urteil'. In: Deutsche Vierteljahresschrift für Literaturwissenschaft und Geistesgeschichte (1993) H.3, S.521–540.

HASSELSTEIN, Ulla: Entziffernde Hermeneutik. Zum Begriff der Lektüre in der psychoanalytischen Theorie des Unbewußten. München: Fink 1991.

HAVERKAMPP, Anselm: Theorie-Travestie. In: Frankfurter Rundschau vom 16.7.1991.

HAY, Lois: Über die Entstehung von Texten und Theorien. Deutsch-französische Randglossen zu einem Forschungsgebiet. In: Zeitschrift für Literaturwissenschaft und Linguistik (1987) H.68, S.9–20.

HAYES, John R.; FLOWER, Linda S.: Identifying the Organization of Writing Processes. In: GREGG/STEINBERG (eds.), Cognitive Processes in Writing (1980), S.3–30.

HEIN, Jürgen: Literaturdidaktik als Rezeptionsforschung. In: HÖMIG, Herbert; TYMISTER, Josef (Hgg.), Wissenschaft in Schule und Hochschule. Studien und Beiträge zu Grundfragen und Gestaltungsproblemen. Köln: Wieland 1972.

HEIN, Jürgen; KOCH, Helmut H.; LIEBS, Elke (Hgg.), Das ICH als Schrift. Über privates und öffentliches Schreiben heute. Baltmannsweiler: Burgbücherei 1984.

HEINTZ, Günter: Franz Kafka. Sprachreflexion als dichterische Einbildungskraft. Würzburg: Königshausen 1983.

HELMERS, Hermann: Didaktik der deutschen Sprache. Einführung in die Theorie der muttersprachlichen und literarischen Bildung. 10. bearb. Aufl. Stuttgart: Klett 1979. (1. Aufl. 1966)

HELMERS, Hermann: Kinder schreiben über den Krieg. In: HEIN/KOCH/LIEBS (Hgg.), Das ICH als Schrift (1984), S.96–101.

HEMPEL, Wido: Parodie, Travestie und Pastiche. Zur Geschichte von Wort und Sache. In: Germanisch-Romanische Monatsschrift. N.F. 1965, S.155–176.

HEMPFER, Klaus W.: Poststrukturale Texttheorie und narrative Praxis. München: Fink 1976.

HENSCHEN, Hans-Horst (Hrsg.), Roland Barthes. Mit Beiträgen zu seinem Werk von J. Derrida, J.-P. Richard, F. Flahault u.a. München: Boer 1988.

HERMANNS, Fritz: Schreiben als Denken. Überlegungen zur heuristischen Funktion des Schreibens. In: Der Deutschunterricht (1988) H.IV, S.69–82.

HEUERMANN, Hartmut; HÜHN, Peter; RÖTTGER, Brigitte (Hgg.), Literarische Rezeption. Beiträge zur Theorie des Text-Leser-Verhältnisses und seiner empirischen Erforschung. Paderborn u.a.: Schöningh 1975.

HEUERMANN, Hartmut; HÜHN, Peter; RÖTTGER, Brigitte: Werkstruktur und Rezeptionsverhalten. Empirische Untersuchung über den Zusammenhang von Text-, Leser- und Kontextmerkmalen. Göttingen: Vandenhoeck 1982.

HEUSER, Magdalene: 'Daß ich hier täglich meine Rechenschaft ablege, ... und daß mir auch weiterhin das Tagebuch hilft, das Leben zu verarbeiten'. In: HEIN/KOCH/LIEBS (Hgg.), Das Ich als Schrift (1984), S.17–31.

HEUSER, Magdalene: 'Tagebuchschreiben ist privat, Aufsätze werden veröffentlicht: Ich schreibe lieber Tagebuch'. In: BOUEKE/HOPSTER (Hgg.), Schreiben – Schreiben lernen (1985), S.142–162.

HIEBEL, Hans Helmut: Das Zeichen des Gesetzes. Recht und Macht bei Franz Kafka. München: Fink 1983.

HIEBEL, Hans Helmut: Franz Kafka 'Ein Landarzt'. München: Fink 1984.

HIECKE, Robert Heinrich: Der deutsche Unterricht auf deutschen Gymnasien. Ein pädagogischer Versuch. Leipzig: Eisenach 1842.

HILLMANN, Heinz: Rezeption – empirisch. In: HEUERMANN u.a. (Hgg.), Literarische Rezeption (1975), S.113–130.

HOPPE, Otfried (Hrsg.), Kritik und Didaktik des literarischen Verstehens. Kronberg/Ts.: Scriptor 1976.

HOPSTER, Norbert: Vorüberlegungen zum Umgang mit literarischen Texten im Deutschunterricht. In: Ders. (Hrsg.), Handbuch 'Deutsch'. Für Schule und Hochschule. Sekundarstufe I. Paderborn u.a.: Schöningh 1984, S.77–97.

HURRELMANN, Bettina; HAMMER, Michael; NIESS, Ferdinand: Lesesozialisation. Bd.1: Leseklima in der Familie. Unter Mitarbeit von Susanne Epping und Irene Ofteringer. Gütersloh: Bertelsmann 1993.

HUSSONG, Martin: Theorie und Praxis des kritischen Lesens. Über die Möglichkeit einer Veränderung der Lesehaltung. Düsseldorf: Schwann 1973.

INGENDAHL, Werner: Umgangsformen. Produktive Methoden zum Erschließen poetischer Literatur. Frankfurt/M.: Diesterweg 1991.

ISER, Wolfgang: Der implizite Leser. Kommunikationsformen des Romans von Bunyan bis Beckett. 2. Aufl. München: Fink 1979; (1. Aufl. 1972).

ISER, Wolfgang: Die Appellstruktur der Texte. In: WARNING (Hrsg.), Rezeptionsästhetik (1975/1988 [a]), S.228–252.

ISER, Wolfgang: Die Wirklichkeit der Fiktion – Elemente eines funktionsgeschichtlichen Textmodells. In: WARNING (Hrsg), Rezeptionsästhetik ((1975/1988 [b]), S.277–324.

ISER, Wolfgang: Der Akt des Lesens. Theorie ästhetischer Wirkung. München: Fink 1976.

ISER, Wolfgang: Das Fiktive und das Imaginäre. Perspektiven literarischer Anthropologie. Frankfurt/M: Suhrkamp 1991.

IVO, Hubert: Kritischer Deutschunterricht. 4. Aufl. Frankfurt/M. u.a.: Diesterweg 1974; (1. Aufl. 1969).

IVO, Hubert: Wie Kinder ihre schriftlichen Texte strukturieren. Zum sprachdidaktischen Dreiweg. In: Deutschunterricht (1991) H.7, S.494–504.

IVO, Hubert: Muttersprache · Identität · Nation· Sprachliche Bildung im Spannungsfeld zwischen einheimisch und fremd. Opladen: Westdeutscher Verlag 1994.

JAUSS, Hans Robert: Literaturgeschichte als Provokation der Literaturwissenschaft. In: Ders., Literaturgeschichte als Provokation. 2. Aufl. Frankfurt/M: Suhrkamp 1970, S.144–207.

JAUSS, Hans Robert: Negativität und Identifikation. Versuch zur Theorie der ästhetischen Erfahrung. In: WEINRICH (Hrsg.), Positionen der Negativität (1975), S.263–340.

JAUSS, Hans Robert: Ästhetische Erfahrung und literarische Hermeneutik. 2. Aufl. Frankfurt a.M.: Suhrkamp 1984; (1. Aufl. 1982).

JAUSS, Hans Robert: Über religiöse und ästhetische Erfahrung. Zur Debatte um Hans Beltings 'Bild und Kult' und George Steiners 'Von realer Gegenwart'. In: Merkur 45 (1991) H.9/10, S.934–946.

JOHNSON, Uwe: Jahrestage. Aus dem Leben von Gesine Cresspahl. Bd.1–4. Frankfurt/M: Suhrkamp 1988; (1. Aufl. 1970–1983).

KAFKA, Franz: Sämtliche Erzählungen. Hrsg. von Paul Raabe. Frankfurt/M: Fischer 1982; (1. Aufl.1970).

KAFKA, Franz: Hochzeitsvorbereitungen auf dem Lande. Und andere Prosa aus dem Nachlaß. Hrsg. von Max Brod. Frankfurt/M: Fischer 1987; (1. Aufl. 1980).

KAFKA, Franz: Das Schloß. Hrsg. von Malcom Pasley. Frankfurt/M: Fischer 1982.

KAFKA, Franz: Das Schloß. Apparatband. Hrsg. von Malcom Pasley. Frankfurt/M: Fischer 1982.

KAFKA, Franz: Der Verschollene. Hrsg. von Jost Schillemeit. Frankfurt/M: Fischer 1983.

KAFKA, Franz: Der Verschollene. Apparatband. Hrsg. von Jost Schillemeit. Frankfut/M: Fischer 1983.

KAFKA, Franz: Der Proceß. Hrsg. von Malcom Pasley. Frankfurt/M: Fischer 1990.

KAFKA, Franz: Der Proceß. Apparatband. Hrsg. von Malcom Pasley. Frankfurt/M: Fischer 1990.

KAFKA, Franz: Schriften. Tagebücher. Briefe. Kritische Ausgabe. – Tagebücher. Hrsg. von Hans-Gerd Koch, Michael Müller, Malcom Paisley. Frankfurt/M: Fischer 1990.

KAFKA, Franz: Schriften. Tagebücher. Briefe. Kritische Ausgabe. – Tagebücher. Apparatband. Hrsg. von Hans-Gerd Koch, Michael Müller, Malcom Paisley. Frankfurt/M: Fischer 1990.

KAFKA, Franz: Schriften. Tagebücher. Briefe. Kritische Ausgaben – Tagebücher. Kommentarband. Hrsg. von Hans-Gerd Koch, Michael Müller Malcom Paisley. Frankfurt/M: Fischer 1990.

KAFKA, Franz: Briefe an Felice und andere Korrespondenz aus der Verlobungszeit. Frankfurt/M.: Fischer 1990; (1. Aufl. 1976).

KAISER, Gerhard: Theologisierung der Kunst. In: Frankfurter Rundschau vom 7.5.1991.

KANTOR, Kenneth J.: Classroom Contexts and the Development of Writing Intuitions: An Ethnographic Case Study. In: BEACH/BRIDWELL (eds.), New Directions in Composition Research (1984), S.72–94.

KARRER, Wolfgang: Parodie, Travestie, Pastiche. München: Fink 1977.

KAPP, Volker: Die Problematik heutiger Verwendung von Literatur im Erziehungsprozeß und die Krise der modernen Ästhetik. In: LANDWEHR/NITZSCHKE (Hgg.), Ästhetik und Didaktik (1980), S.58–78.

KATTHAGE, Gerhard: Vom Intertext zum Interdiskurs – eine Unterrichtssequenz zur modernen Lyrik. In: Diskussion Deutsch (1991) H.116, S.613–629.

KEMPER, Hans-Georg: Angewandte Germanistik. Materialien zu einer kasuistischen Didaktik. München: Fink 1974.

KIMPEL, Dieter; PINKERNEIL, Beate (Hgg.), Methodische Praxis in der Literaturwissenschaft. Modelle der Interpretation. Kronberg/Ts.: Scriptor 1975.

KINDER, Hermann; WEBER, Heinz-Dieter: Handlungsorientierte Rezeptionsforschung in der Literaturwissenschaft. In: KIMPEL/PINKERNEIL (Hgg.), Methodische Praxis in der Literaturwissenschaft (1975), S.223–258.

KITTLER, Friedrich A.: Vergessen. In: NASSEN (Hrsg.), Texthermeneutik (1979), S.195–221.

KITTLER, Friedrich A.: Aufschreibesysteme. 1800/1900. 2. erw. u. korrig. Aufl. München: Fink 1987; (1. Aufl. 1985).

KITTLER, Friedrich A.: Grammophon Film Typewriter. Berlin: Brinkmann&Bose 1986.

KITTLER, Friedrich A.: Draculas Vermächtnis. Technische Schriften. Leipzig: Reclam 1993.

KITTLER, Wolf: Der Turmbau zu Babel und das Schweigen der Sirenen: über das Reden, das Schweigen, die Stimme und das Schreiben in vier Texten von Franz Kafka. Erlangen: Palm&Enke 1985.

KITTLER, Wolf; NEUMANN, Gerhard (Hgg.), Franz Kafka: Schriftverkehr. Freiburg: Rombach 1990.

KITTLER, Wolf: Schreibmaschinen, Sprechmaschinen. Effekte technischer Medien im Werk Franz Kafkas. In: Ders./NEUMANN (Hgg), Franz Kafka: Schriftverkehr (1990), S.75–163.

KLEIN, Wolfgang; NASSEN, Ulrich: Textlinguistik und Texthermeneutik. In: Nassen (Hrsg.), Texthermeneutik (1979), S.23–36.

KLEINSCHMIDT, Sebastian: (...) oder Ästhetisierung Gottes? (...) polemischer Essay 'Von realer Gegenwart'. In: Frankfurter Rundschau vom 7.5.1991.

KOBS, Jürgen: Kafka. Untersuchungen zu Bewußtsein und Sprache seiner Gestalten. Hrsg. von Ursula Brech. Bad Homburg: Athenäum 1970.

KOCH, Helmut H.; PIELOW, Winfried: Schreiben und Alltagskultur. Voraussetzungen und Haltungen des Schreibens in Schule, Hochschule und in außerschulischen Bereichen. Baltmannsweiler: Burgbücherei 1984.

KOCH, Helmut H.: Schreiben als Gegenkultur. In: HEIN/KOCH/LIEBS (Hgg.), Das ICH als Schrift (1984 a), S.242–250.

KOCHAN, Detlef C.: Methodik des Deutschunterrichts. In: Karl STOCKER (Hrsg.), Taschenlexikon der Literatur- und Sprachdidaktik. M-Z. Kronberg/Ts: Sriptor 1976, S.323–333.

KOCHAN, Detlef C.; WALLRABENSTEIN, Wulf (Hgg.), Ansichten eines kommunikationsbezogenen Deutschunterrichts. 2. revid. Aufl. Kronberg/Ts.: Scriptor 1978. (1. Aufl. 1974).

KOCHAN, Detlef C.: Schreiben für sich und über sich. Ein Aufgabenfeld der modernen Schreibdidaktik. In: Praxis Deutsch (1977) H.26, S.3–9.

KÖLLER, Wilhelm: Der sprachtheoretische Wert des semiotischen Zeichenmodells. In: SPINNER, Kaspar H.(Hrsg.), Zeichen, Text, Sinn. Zur Semiotik des literarischen Verstehens. Göttingen: Vandenhoek 1977, S.7–77.

KÖNIG, Guido: Individuelles Sprachprofil durch eigenschöpferische Schreibprozesse. Versuch über den neuen Schulaufsatz. In: BRAUN; Peter; KRALLMANN, Dieter (Hgg.), Handbuch Deutschunterricht. Bd.1. Sprachdidaktik. Düsseldorf: Schwann 1983 [a], S.59–102.

KÖNIG, Guido: Betrifft: Lesen – Zur Konzeption, Konstruktion, Konsumtion eines Lesebuches – Ein Werkstattbericht. In: BRAUN, Peter; KRALLMANN, Dieter (Hgg.), Handbuch Deutschunterricht. Bd.2. Literaturdidaktik. Düsseldorf: Schwann 1983 [b], S.75–126.

KÖPF, Gerhard: Ästhetische Erfahrung und literarisches Verstehen. Vorüberlegungen zu einer Rezeptionspragmatik. In: Ders. (Hrsg.), Rezeptionspragmatik. Beiträge zur Praxis des Lesens. München: Fink 1981 S.79–104.

KÖPPEL, Peter: Die Agonie des Subjekts. Das Ende der Aufklärung bei Kafka und Blanchot. Wien: Passagen 1991.

KOPP, Detlev; Wegmann, Nikolaus: Das Lesetempo als Bildungsfaktor? Ein Kapitel aus der Geschichte des Topos 'Lesen bildet'. In: Der Deutschunterricht 40 (1988 [a]) H.IV, S.45–58.

KOPP, Detlev; WEGMANN, Nikolaus: 'Wenige wissen noch, wie Leser lieset'. Anmerkungen zum Thema: Lesen und Geschwindigkeit. In: Germanistik und Deutschunterricht im Zeitalter der Technologie. Hrsg. von Norbert Oellers. Bd.1. Das Selbstverständnis der Germanistik. Tübingen: Niemeyer 1988 [b], S.92–104.

KREFT, Jürgen: Grundprobleme der Literaturdidaktik. Eine Fachdidaktik im Konzept sozialer und individueller Entwicklung und Geschichte. 2. verb. Aufl. Heidelberg: Quelle&Meyer 1982; (Erste Aufl. 1977).

KREFT, Jürgen; WELLNER, Klaus; VOLLERTSEN, Peter: Der Schüler als Leser. Identität und Abwehr. Paderborn u.a.: Schöningh 1981.

KREFT, Jürgen: Der Textwissenschaftler als der wahre Mensch und als das wahre Lernziel. In: HEIN/KOCH/LIEBS (Hgg.), Das ICH als Schrift (1984), S.251–260.

KRISTEVA, Julia: Die Semiologie – kritische Wissenschaft und/oder Wissenschaftskritik. In: TEL QUEL (Hrsg.), Die Demaskierung der bürgerlichen Kulturideologie (1971 [a]), S.21–35.

KRISTEVA, Julia: Probleme der Text-Strukturierung. In: TEL QUEL (Hrsg.), Die Demaskierung der bürgerlichen Kulturideologie (1971 [b]), S.135–154.

KRUSE, Joseph; SALMEN, Monika; ROTH, Klaus-Hinrich (Hgg.), Literatur. Verständnis und Vermittlung. Eine Anthologie zum 65. Geburtstag von Wilhelm Gössmann. Düsseldorf: Cornelsen 1991.

KÜBLER, Hans-Dieter: Hypertexte. Konturen literarischer Erfahrung in der Postmoderne. In: KRUSE/SALMEN/ROTH (Hgg.), Literatur. Verständnis und Vermittlung (1991), S.296–318.

KÜBLER, Hans-Dieter: Literatur und Lektüre in der Medienwelt von Kindern und Jugendlichen heute. In: Mitteilungen des deutschen Germanistenverbandes (1993) H.2, S.16–29.

KÜGLER, Hans: Literatur und Kommunikation. Poetische und pragmatische Lektüre im Unterricht. Didaktische Theorie und methodische Praxis. 2. neu bearbeitete u. erg. Aufl. Stuttgart: Klett 1975; (1. Aufl. 1971).

KÜGLER, Hans: 'Der hinzugefügte Intellekt'. Strukturale Methode und hermeneutisches Verstehen. Didaktische Anmerkungen zu einem Aufsatz von Roland Barthes. In: HOPPE (Hrsg.), Kritik und Didaktik des literarischen Verstehens (1976), S.110–132.

KÜGLER, Hans: Kritik als Abwehr? Zu Christa Bürgers Rezension „'Offene Textsequenz' oder Ideologiekritik". In: Diskussion Deutsch (1976 [a]) H.32, S.617–618.

KÜGLER, Hans: Erkundung der Praxis. Literaturdidaktische Trends der 80er Jahre zwischen Handlungsorientierung und Empirie. I. Teil in: Praxis Deutsch (1988 [a]) H.90, S.4–9; II. Teil in: Praxis Deutsch (1988 [b]) H.91, S.9–11.

KÜGLER, Hans: Brief an zwei Leser. Zum produktions- und handlungsorientierten Literaturunterricht. In: Praxis Deutsch (1989) H.94, S.2 –4.

KÜTER, Bettina: Mehr Raum als sonst. Zum gelebten Raum im Werk Franz Kafkas. Frankfurt/M: Lang 1989.

KUHL, Helwig: Ermutigung zum Schreiben. Theorie und Praxis in den Klassen 5–10. Frankfurt/M.: Scriptor 1988.

KURZ, Gerhard (Hrsg.), Der junge Kafka. Frankfurt/M: Suhrkamp 1984.

LACHMANN, Renate: Intertextualität als Sinnkonstitution. Andrey Belyjs *Petersburg* und die 'fremden' Texte. In: Poetica (1983), H.1–2, S.66–107.

LACHMANN, Renate: Ebenen des Intertextualitätsbegriffs. In: STIERLE/WARNING (Hgg.), Das Gespräch (1984), S.133–138.

LANDWEHR, Jürgen; NITZSCHKE, Matthias (Hgg.), Ästhetik und Didaktik. Beiträge zum Verhältnis von Literaturwissenschaft und Kulturpädagogik. Düsseldorf: Schwann 1980.

LANDWEHR, Jürgen: Katharsis oder Padeia. Ästhetische Erziehung zwischen Erfahrung und gelenkter Reflexion. – Ein Problemaufriß. In: LANDWEHR/NITZSCHKE (Hgg.), Ästhetik und Didaktik (1980), S.22–56.

LANGE, Wolfgang: Anläßlich erneut aufgebrochener Sehnsüchte nach einer Metaphysik der Kunst. In: BOHRER (Hrsg.), Ästhetik und Rhetorik (1993), S.329–360.

LARCHER, Dietmar; SPIESS, Christine (Hgg.), Lesebilder. Geschichten und Gedanken zur literarischen Sozialisation. Lektürebiographien und Leseerfahrungen. Reinbek b. Hamburg: Rowohlt 1980.

LESEN. EIN HANDBUCH. Lesestoff, Leser und Leseverhalten, Lesewirkungen, Leseerziehung, Lesekultur. Hrsg. von Alfred Clemens Baumgärtner. Hamburg: Buchmarktforschung 1974.

LIEBS, Elke: Schreiben wie Reden. Das Private und das Öffentliche. In: HEIN/KOCH/LIEBS (Hgg.), Das ICH als Schrift (1984), S.32–49.

LINK, Jürgen: Schreiben als Simulieren? Schreiben gegen Simulieren? Über Literaturkonzepte, ihre gesellschaftlichen Funktionen und das Kreative Schreiben. In ERMERT/BÜTOW (Hgg.), Was bewegt die Schreibbewegung? (1990), S.48–66.

LINK, Jürgen: Schreiben als Simulieren? Schreiben gegen Simulieren? Über Literaturkonzepte, ihre gesellschaftlichen Funktionen und das Kreative Schreiben. In: Diskussion Deutsch (1991) H.116, S.600–612.

LODEMANN, Jürgen: Im Durcheinandertal neben der Leine. In: ERMERT/BÜTOW (Hgg.), Was bewegt die Schreibbewegung? (1990), S.70–75.

LOTMANN, Jurij M.: Die Struktur literarischer Texte. 3. Aufl. München: Fink: 1989. (1. Aufl. 1972)

LUDWIG, Otto: Einige Gedanken zu einer Theorie des Schreibens. In: GROSSE (Hrsg.), Schriftsprachlichkeit (1983), S.37–73.

LUDWIG, Otto: Der Schulaufsatz. Seine Geschichte in Deutschland. Berlin u.a.: de Gruyter 1988.

MAN, Paul de: Lesen. In: Ders., Allegorien des Lesens. Mit einer Einleitung von Werner Hamacher. Frankfurt a. M.: Suhrkamp 1988, S.91–117.

MANN, Thomas: Gesammelte Werke in zwölf Bänden. Bd.IV. Joseph und seine Brüder. 1.Band. Frankfurt/M: Fischer 1960.

MATSUHASHI, Ann: Explorations in the Real-Time Production of Written Discourse. In: NYSTRAND (ed.), What Writers know (1982), S.269–290.

MATTENKLOTT, Gundel: Literarische Geselligkeit – Schreiben in der Schule. Mit Texten von Jugendlichen und Vorschlägen für den Unterricht. Stuttgart: Metzler 1979.

MATTENKLOTT, Gundel: Literarische Improvisation. Eine Sammlung von Schreibspielen und literarischen Übungen. Berlin: Pädagogisches Zentrum 1984.

MATTENKLOTT, Gundel: Der höflichste aller Menschen. Frauen schreiben ihre Autobiographie. In: HEIN/KOCH/LIEBS (Hgg.), Das ICH als Schrift (1984 [a]), S.50–62.

MATTENKLOTT, Gundel: Spielregeln in der Literatur. In: Diskussion Deutsch (1985) H.84, S.419–435.

MATTENKLOTT, Gundel: Wem gehört die Literatur? Zum Verhältnis von Professionalität und allgemeiner Schreibkultur. In: ERMERT/BÜTOW (Hgg.), Was bewegt die Schreibbewegung? (1990), S.76–85.

MAURER, Karl: Formen des Lesens. In: Poetica 9 (1977) H.3–4, S.472–498.

MECKE, Günter: Franz Kafkas offenbares Geheimnis. München: Fink 1982.

MECKLING, Ingeborg: Kreativitätsübungen im Literaturunterricht der Oberstufe. 2. Aufl. München: Oldenbourg 1974; (1. Aufl. 1972).

MECKLING, Ingeborg: Sehenlernen – Einführung in das bildhafte Denken. Methodische Vorschläge für einen Kurs 'Metapher'. In: Diskussion Deutsch (1985), H.84, S.388–409.

MENKE, Christoph: ... der Erkenntnis. Polemischer Essay 'Von realer Gegenwart'. In: Frankfurter Rundschau vom 4.6.1991.

MERKELBACH, Valentin: Gefährdet die erforschung von schülerbedürfnissen eine wissenschaftliche konzeption des literaturunterrichts? Zu Ch. Bürgers alternative: „'Offene Textsequenz' oder ideologiekritik" In: Diskussion Deutsch (1976), H.31, S.504–506.

MERKELBACH, Valentin: Plädoyer für den schreibenden Schreiblehrer. In: Mitteilungen des Deutschen Germanistenverbandes 36 (1989), H.4, S.23–29.

MERKELBACH, Valentin: Sind wir nun doch alle Dichter? Zur Geschichte des Kreativen im Aufsatzunterricht nach 1945. In: Deutschunterricht (1990) H.7/8, S.356–365.

MOLITOR, Sylvie: Kognitive Prozesse beim Schreiben. Tübingen: Deutsches Institut der Universität Tübingen 1984.

MÜLLER-MICHAELS, Harro: Literatur im Alltag und Unterricht. Ansätze zu einer Rezeptionspragmatik. Mit einem Beitrag von Barbara Rupp: Rezeptionshandlungen im Fremdsprachenunterricht. Kronberg/Ts.: Scriptor 1978.

MÜLLER-MICHAELS, Harro: Positionen der Deutschdidaktik seit 1949. Königs-stein/Ts: Scriptor 1980.

MÜLLER-MICHAELS, Harro: Deutschkurse. Modell und Erprobung angewandter Germanistik in der gymnasialen Oberstufe. Frankfurt/M: Scriptor 1987.

MÜLLER-MICHAELS, Harro: Produktive Lektüre. In: Deutschunterricht (1991) H.8, S.584–594.

NASSEN, Ulrich (Hrsg.), Texthermeneutik. München: Fink 1979.

NASSEN, Ulrich: Statt einer Einleitung: Notizen zur philologischen Hermeneutik. In: Ders. (Hrsg.), Texthermeneutik (1979 [a]), S.9–22.

NAUMANN, Manfred u.a.: Gesellschaft – Literatur – Lesen. Literaturrezeption in theoretischer Sicht. 2. Aufl. Berlin/Weimar: Aufbau 1975; (1. Aufl. 1973).

NEUMANN, Gerhard: Franz Kafka 'Das Urteil'. Text, Materialien, Kommentar. München: Hanser 1981.

NEUMANN, Gerhard: Essen vom Baum (...). Zwei weitere Stellungnahmen zu George Steiner (...). In: Frankfurter Rundschau vom 4.6.1991.

NEWKIRK, Thomas: Anatomy of a Break Through: Case Study of a College Freshmen Writer. In: BEACH/BRIDWELL (eds.), New Directions in Composition Research (1984), S.131–148.

NIES, Fritz: Bahn und Bett und Blütenduft. Eine Reise durch die Welt der Lesebil-der. Darmstadt: Wissenschaftliche Buchgesellschaft 1991.

NORDHOFEN, Eckhard: Das Leben der Bilder. Hans Beltings Buch 'Bild und Kult' widerspricht neuesten Thesen von der Göttlichkeit der Kunst. In: Die Zeit vom 22.2.1991.

NÜNDEL, Ernst; SCHLOTTHAUS, Werner: Angenommen: Agamemnon. Wie lehrer mit texten umgehen. München u.a.: Urban 1978.

NYSTRAND, Martin (ed.), What Writers know. The language process and structure of written discourse. New York: Academic 1982.

OSSNER, Jakob: Praktische Wissenschaft. In: BREMERICH-VOSS (Hrsg.), Hand-lungsfeld Deutschunterricht im Kontext (1993), S.186–199.

PAEFGEN, Elisabeth K.: 'König Ödipus' – heute noch ein Held? – Einführung in die antike Tragödie in einer zehnten Klasse. In: Germanistik und Deutschunterricht im Zeitalter der Technologie. Selbstbestimmung und Anpassung. Vorträge des Germanistentages Berlin 1987. Bd.3. Literatur und Literaturunterricht in der Moderne. Tübingen: Niemeyer 1988, S.204–216.

PAEFGEN, Elisabeth K.: Pest über Theben oder – Die kranke Polis: König Ödipus als Politiker. In: Praxis Deutsch 16 (1989) H.95, S.50–56.

PAEFGEN, Elisabeth K.: Literatur als Anleitung und Herausforderung: inhaltliche und stilistische Schreibübungen nach literarischen Mustern. In: Diskussion Deutsch (1991 [a]) H.119, S.286–298.

PAEFGEN, Elisabeth K.: Literatur lesen – 'Literatur' schreiben: Der Laienschreiber als Epigone. In: Symposion Deutsch-Didaktik. 3.–7. Juni 1991 [b] in Erfurt. Protokollband. Teil II, S.375–387.

PAEFGEN, Elisabeth K.: Bildende Kunst und Literatur: Die Darstellung des Perga-mon-Altars in Peter Weiss' *Ästhetik des Widerstands* als Schreibaufgabe: In: DIES./WOLFF, Gerhart (Hgg.), Pragmatik in Sprache und Literatur. Festschrift zur Emeritierung von D.C. Kochan. Tübingen: Narr 1993 [a], S.265–274.

PAEFGEN, Elisabeth K.: Ästhetische Arbeit im Literaturunterricht. Plädoyer für eine sachliche Didaktik des Lesens und Schreiben. In: Der Deutschunterricht (1993 [b]) H.IV, S.48–61.

PAEFGEN, Elisabeth K.: Wie fangen Romane an? Leseorientierung durch Namen. In: Praxis Deutsch (1993 [c]) H.122, S.53–60.

PAEFGEN, Elisabeth K.: Verstehen Leser den Text oder (nur) sich selbst? Diskussion der „Lebensroman"-These im rezeptionstheoretischen Kontext. [erscheint demnächst in: *literatur für leser*].

PALM, Christine: 'Wir graben den Schacht von Babel' oder Kafkas 'Urteil': Versuch einer semasiologisch-textlinguistischen Analyse. Uppsala 1989.

PENNAC, Daniel: Wie ein Roman. Köln: Kiepenheuer 1994.

PIELOW, Winfried; SANNER, Rolf (Hgg.), Kreativität und Deutschunterricht. Stuttgart: Klett 1973.

PIELOW, Winfried: Schreibabenteuer mit Deutschstudenten. In: BOUEKE/HOPSTER (Hgg.), Schreiben – Schreiben lernen (1985), S.92–114.

PIELOW, Winfried: Vom 'glatten' zum 'brüchigen' Subjekt – oder über die Lehr- und Lernbarkeit literarischen Schreibens. In: Diskussion Deutsch (1988) H.102, S.415–426.

PIELOW, Winfried: Über die literarische Kultur des Schreibkreises. In: ERMERT/BÜTOW(Hgg.), Was bewegt die Schreibbewegung? (1990), S.30–47.

PINKERNEIL, Beate: Literaturwissenschaft seit 1967. Versuch einer Orientierung. In: KIMPEL/PINKERNEIL (Hgg.), Methodische Praxis der Literaturwissenschaft (1975), S.1–84.

PREISS, Achim; STAMM, Frank; ZEHNDER, Günter (Hgg.), Das Museum. Die Entwicklung in den 80er Jahren. Festschrift für Hugo Borger zum 65. Geburtstag. München: Klinkhardt 1990.

PROJEKT DEUTSCHUNTERRICHT. Hrsg. von Heinz Ide und Bodo Lecke. Band 1–12. Stuttgart: Metzler 1971–1978.

PROPP, Vladimir: Morphologie des Märchens. Hrsg. von Karl Eimermacher. Frankfurt/M: Suhrkamp 1975.

PROUST, Marcel: Tage des Lesens. In: Ders., Tage des Lesens. Drei Essays. Frankfurt/M: Suhrkamp 1985 [a]. S.7–66; (1. Aufl. 1963).

PROUST, Marcel: Über den 'Stil' Flauberts. In: Ders., Tage des Lesens. Frankfurt a.M.: Suhrkamp 1985 [b]. S.67–94; (1. Aufl. 1963).

PROUST, Marcel: Les pastiches. Ed. critique et commentée par Jean Milly. Paris: Colin 1970.

PROUST, Marcel: Auf der Suche nach der verlorenen Zeit. Deutsch von Eva Rechel-Mertens. Bd.13: Die wiedergefundene Zeit 2. Frankfurt/M: Suhrkamp 1978; (1. Aufl. 1957).

QUENEAU, Raymond: Stilübungen. Aus dem Französischen von Ludwig Harig und Eugen Helmlé. Frankfurt/M: Suhrkamp 1990.

RAUMER, Rudolf von: Der Unterricht im Deutschen. In: Der Literaturunterricht. Bearbeitet von Dietrich Boueke. Weinheim u.a.: Beltz 1971, S.87–98.

REUSS, Roland; STANGLE, Peter (Hrsg.), Franz Kafka. Historisch-Kritische Ausgabe sämtlicher Handschriften, Drucke und Typoskripte. Einleitung. Hrsg. von Roland Reuß unter Mitarbeit von Peter Staengle, Michel Leiner und KD Wolff. Basel u.a.: Stroemfeld 1995.

RICO, Gabriele L.: Garantiert schreiben lernen. Sprachliche Kreativität methodisch entwickeln – ein Intensivkurs auf der Grundlage der modernen Gehirnforschung. Reinbek: Rowohlt 1984.

RÖTTGER, Brigitte: 'Werkstruktur und Rezeptionsverhalten'. Bericht über eine empirische Erhebung. In: MÜLLER-MICHAELS, Harro (Hrsg.), Jahrbuch der Deutschdidaktik 83/84. Tübingen: Narr 1984, S.52–64.

RÖTTGER-DENKER, Gabriele: Roland Barthes zur Einführung. Hamburg: Junius 1989.

ROLOFF, Volker: Von der Leserpsychologie des Fin de siecle zum Lektüreroman. Zur Thematisierung der Lektüre bei Autoren der Jahrhundertwende (u.a. Huysmans, Eca de Queiros, Unamuno, Proust). In: Zeitschrift für Literaturwissenschaft und Linguistik (1985) H.57/58, S.186–203.

ROTH, Klaus-Hinrich: 'Ein Satz spielt mit dem anderen'. Literarisch schreiben im germanistischen Seminar. In: KRUSE/SALMEN/ROTH (Hgg.), Literatur. Verständnis und Vermittlung (1991), S.382–394.

RUF, Urs: Das Dilemma der Söhne. Das Ringen um die Versöhnung eines unlösbaren Widerspruchs in den drei Werken 'Das Urteil', 'Die Verwandlung' und 'Amerika'. Berlin: Schmidt 1974.

RUDLOFF, Holger: Produktionsästhetik und Produktionsdidaktik. Kunsttheoretische Voraussetzungen literarischer Produktion. Opladen: Westdeutscher Verlag 1991.

RUHRBERG, Karl: Reliquienschrein oder Warenlager? Zur Situation der Museen in den neunziger Jahren. In: PREISS/STAMM/ZEHNDER (Hgg.), Das Museum (1990), S.161–170.

RUPP, Gerhard: 'Damit muß man leben'. Schüler vergleichen Textversionen mit den Originalfassungen der Autoren. Ein rezeptionspragmatisches Unterrichtsmodell zur modernen Lyrik von Wilhem Lehmann bis Ulla Hahn. In: Rudolf HOBERG (Hrsg.), Texterfahrungen. Franz Hebel zum 60. Geburtstag. Frankfurt/M: Scriptor 1986, S.101–114.

RUPP, Gerhard: Kulturelles Handeln mit Texten. Fallstudien aus dem Schulalltag. Paderborn u.a.: Schöningh 1987.

RUPP, Gerhard: Die Unterrichtswirklichkeit erforschen. Eine Antwort auf H.Küglers 'Erkundung der Praxis' – Literaturdidaktische Trends der 80er Jahre zwischen Handlungsorientierung und Empirie. In: Praxis Deutsch (1988) H.92, S.5–7.

RUPP, Gerhard: Handeln als Kategorie individueller und sozialer Selbsterfahrung und Praxis im Literaturunterricht. In: Praxis Deutsch (1989) H.98, S.8–10.

RUPP, Gerhard: Literarische Erfahrung und historisches Verstehen durch Schreiben zu und Interpretieren von Texten. Am Beispiel der Erprobung mit Hofmannsthals 'Terzinen'. In: Der Deutschunterricht (1993) H.IV, S.62–77.

RUSTERHOLZ, Peter: Semiotik und Hermeneutik. In: Nassen (Hrsg.), Texthermeneutik (1979), S.37–57.

SARTRE, Jean-Paul: Was ist Literatur? Ein Essay. Reinbek: Rowohlt 1958.

SAUTERMEISTER, Gert: Sozialpsychologische Textanalyse: Franz Kafkas Erzählung 'Das Urteil'. In: KIMPEL/PINKERNEIL (Hgg.), Methodische Praxis der Literaturwissenschaft (1975), S.179–222.

SAUTERMEISTER, Gert: Maria Stuart. Ästhetik, Seelenkunde, historisch-gesellschaftlicher Ort. In: Walter Hinderer (Hrsg.), Schillers Dramen. Neue Interpretationen. Stuttgart: Reclam 1992. S.280–335.

SCARDAMALIA, Marlene; BEREITER, Carl; GOELMAN, Hillel: The Role of Production Factors in Writing Ability. In: NYSTRAND (ed.), What Writers know (1982), S.173–210.

SCARDAMALIA, Marlene; BEREITER, Carl; STEINBACH, Rosanne: Teachability of Reflective Processes in Written Composition. In: Cognitive Science (1984) Nr. 8, S.173–190.

SCHEFFER, Bernd: Schreiben hinter Gittern. In: BOUEKE/HOPSTER (Hgg.), Schreiben – Schreiben lernen (1985), S.115–141.

SCHEFFER, Bernd: Interpretation und Lebensroman. Zu einer konstruktivistischen Literaturtheorie. Frankfurt/M: Suhrkamp 1992.

SCHEFFER, Bernd: Klischees und Routinen der Interpretation. Vorschläge für eine veränderte Literaturdidaktik. In: Der Deutschunterricht (1995) H.III, S.74–83.

SCHÖN, Erich: Der Verlust der Sinnlichkeit oder Die Verwandlungen des Lesers. Mentalitätswandel um 1800. Stuttgart: Klett 1993; (1. Aufl. 1987).

SCHÖN, Erich: Die gegenwärtige Lesekultur in historischer Perspektive. In: Mitteilungen des Deutschen Germanistenverbandes (1993 [a]) H.2, S.4–16.

SCHOLZ, Rüdiger; HERRMANN, Hans Peter: Literatur und Phantasie. Schöpferischer Umgang mit Kafka-Texten in Schule und Universität. Stuttgart: Metzler 1990.

SCHULZE, Sabine (Hrsg.), Leselust. Niederländische Malerei von Rembrandt bis Vermeer. Frankfurt/M: Schirn Kunsthalle 1993.

SKLOVSKIJ, Viktor: Die Kunst als Verfahren. In: STRIEDTER (Hrsg.), Russischer Formalismus (1969/1988), S.3–35.

SONTAG, Susan: Gegen Interpretation (Against Interpretation). In: Dies., Kunst und Antikunst. 24 literarische Analysen. Frankfurt/M: Fischer 1982. S.11–22.

SPINNER, Kaspar H.: Identitätsgewinnung als Aspekt des Aufsatzunterrichts. In: SPINNER, Kaspar H.(Hrsg.), Identität und Deutschunterricht. Göttingen: Vandenhoeck&Ruprecht 1980, S.67–80.

SPINNER, Kaspar H.: Poetisches Schreiben im Entwicklungsprozeß. In: Deutschunterricht (1982) H.IV, S.5–19.

SPINNER, Kaspar H.: Das mißverstandene Humpf und die verstehenden Schüler. Beobachtungen zur kognitiven Verstehenskompetenz vom 5. bis zum 12. Schuljahr. In: Harro MÜLLER-MICHAELS (Hrsg.), Jahrbuch der Deutschdidaktik 1983/84. Tübingen: Narr 1984, S.23.35.

SPINNER, Kaspar H.: Wie Schüler kurze Geschichten verstehen und was daraus zu folgern ist. In: Praxis Deutsch (1986 [a]) H.75, S.9–13.

SPINNER, Kaspar H.: Produktionsaufgaben zu Kurz- und Kürzestgeschichten. In: Praxis Deutsch (1986 [b]) H.75, S.55–59.

SPINNER, Kaspar H.: Wider den produktionsorientierten Literaturunterricht – für produktive Verfahren. In: Diskussion Deutsch (1987) H.98, S.601–610.

SPINNER, Kaspar H.: Vorschläge für einen kreativen Literaturunterricht. Lehrerband zu Geschichten 5./6., 7./8. und 9./10. Schuljahr. Frankfurt/M.: Diesterweg 1990.

SPINNER, Kaspar H.: Literaturdidaktik der 90er Jahre. In: BREMERICH-VOS (Hrsg.), Handlungsfeld Deutschunterricht im Kontext (1993 [a]), S.23–36.

SPINNER; Kaspar H.: Vom kommunikativen über den personalen zum geselligen Schreiben. In: PAEFGEN/WOLFF (Hgg.), Pragmatik in Sprache und Literatur. Festschrift zur Emeritierung von Detlef C. Kochan. Tübingen: Narr 1993 [b], S.77–82.

SPRACHE UND SPRECHEN. Arbeitsmittel zur Sprachförderung in der Sekundarstufe I. Hrsg. v. Detlef C. Kochan und Dorothea Ader, Johann Bauer, Walter Henze. 5.–10.Sj. Hannover: Schroedel 1972–1977; [Lehrerband: 5. Sj. 1972].

STEFFEN, Hans: Kafkas 'Urteil': Drei Lebensmodelle und ihre Verurteilung. In: Luc LAMBERECHTS; Jaak de VOS (Hgg.), Jenseits der Gleichnisse. Kafka und sein Werk. Akten des Internationalen Kafka-Colloquiums Gent 1983. Frankfurt/M. u.a.: Lang 1986, S.97–127.

STEIN, Peter (Hrsg.), Wieviel Literatur brauchen Schüler? Kritische Bilanz und neue Perspektiven des Literaturunterrichts. Stuttgart: Metzler 1980.

STEINER, George: Von realer Gegenwart. Hat unser Sprechen Inhalt? Mit einem Nachwort von Botho Strauß. München: Hanser 1990.

STEINMETZ, Horst: Suspensive Interpretation. Am Beispiel Franz Kafkas. Göttingen: Vandenhoeck 1977.

STIERLE, Karlheinz: Was heißt Rezeption bei fiktionalen Texten? In: Poetica 7 (1975) S.344–387.

STIERLE, Karlheinz; WARNING, Rainer (Hgg.), Das Gespräch. München: Fink 1984.

STIERLE, Karlheinz: Werk und Intertextualität. In: STIERLE/WARNING (Hgg.), Das Gespräch (1984), S.139–150.

STOCKER, Karl: Vom Lesen zum Interpretieren. Texte, Anleitungen, Beispiele für den Deutschunterricht. Frankfurt/M: Scriptor 1988.

STOCKHAMMER, Robert: Leseerzählungen. Alternativen zum hermeneutischen Verfahren. Stuttgart: M&P 1991.

STRAUSS, Botho: Der Aufstand gegen die sekundäre Welt. In: STEINER: Von realer Gegenwart (1990), S.303–320.

STRIEDTER, Jurij (Hrsg.), Russischer Formalismus. Texte zur allgemeinen Literaturtheorie und zur Theorie der Prosa. 4. unveränd. Aufl. München: Fink 1988; (1. Aufl. 1969).

SWARTS, Heidi; FLOWER, Linda S.; HAYES, John R.: Design Protocol Studies of the Writing Process: An Introduction. In: BEACH/BRIDWELL (eds.), New Directions in Composition Research (1984), S.53–71.

TEL QUEL (Hrsg.), Die Demaskierung der bürgerlichen Kulturideologie. Marxismus. Psychoanalyse. Strukturalismus. München: Kindler 1971.

THEWELEIT, Klaus: Buch der Könige. Bd.1. Orpheus und Eurydike. Basel u.a.: Stroemfeld 1988.

THEWELEIT, Klaus: Buch der Könige. 2 x. Orpheus am Machtpol. 2 y. recording angels' mysteries. Basel u.a.: Stroemfeld 1994.

THIHER, Allen: Franz Kafka: a study of the short fiction. Boston: Twayne 1990.

TRÖNDLE, Isolde: Differenz des Begehrens. Franz Kafka. Marguerite Duras. Würzburg: Königshausen 1989.

TYNJANOV, Jurij: Das literarische Faktum In: STRIEDTER (Hrsg.), Russischer Formalismus (1969/1988), S.394–431.

ULSHÖFER, Robert: Methodik des Deutschunterrichts. – Unterstufe (3. durchges. Aufl. 1967) – Mittelstufe I (6. neubearb. Aufl. 1966 [a]; 8. neubearb. Aufl. 1970) – Mittelstufe II (4. erhebl. veränd. Aufl. 1966 [b]; 5. durchges. Aufl. 1968); Stuttgart: Klett.

ULSHÖFER, Robert: Methodik des Deutschunterrichts 3. Mittelstufe II. Neufassung. Stuttgart: Klett 1974.

VIETTA, Silvio; KEMPER, Hans Georg: Expressionismus. 3. Aufl. München: Fink 1985; (1. Aufl. 1975).

VOGL, Joseph: Ökonomien: Bendemann, Ödipus und Leviathan. In: W. KITTLER/NEUMANN (Hgg.), Franz Kafka: Schriftverkehr (1990), S.295–315.

WALDMANN, Günter: Grundzüge von Theorie und Praxis eines produktionsorientierten Literaturunterrichts. In: HOPSTER (Hrsg.), Handbuch 'Deutsch': für Schule und Hochschule. Sekundarstufe I. Paderborn u.a.: Schöningh 1984, S.98–141.

WALDMANN, Günter: Produktiver Umgang mit Lyrik. Eine systematische Einführung in die Lyrik, ihre produktive Erfahrung und ihr Schreiben. Für Schule (Sekundarstufe I und II) und Hochschule sowie zum Selbststudium. Baltmannsweiler: Pädagog. Verlag. Schneider 1988.

WALDMANN, Günter: Warum schreiben Sie nicht einmal ein Sonett? Eine Anstiftung zu produktiver literarischer Erfahrung. In: Diskussion Deutsch (1988 [a]) H.102, S.404–414.

WALDMANN, Günter: Produktives Lesen. Zu Hans Küglers: Erkundung der Praxis. Literaturdidaktische Trends der 80er Jahre zwischen Handlungsorientierung und Empirie. In: Praxis Deutsch (1989 [a]) H.93, S.4.

WALDMANN, Günter: Produktiver Umgang mit Literatur und literarische Kriminalität. In: Praxis Deutsch (1989 [b]) H.98, S.11–13.

WALDMANN, Günter: Wem gehört die Literatur? Die Schreibbewegung und die Literatur – ein Problem. In: ERMERT/BÜTOW (Hgg.), Was bewegt die Schreibbewegung? (1990), S.86–89.

WALDMANN, Günter/BOTHE, Katrin: Erzählen. Eine Einführung in kreatives Schreiben und produktives Verstehen von traditionellen und modernen Erzählformen. Stuttgart: Klett 1992.

WARNING, Rainer (Hrsg.), Rezeptionsästhetik. Theorie und Praxis. 3. unveränd. Aufl. München: Fink 1988; (1. Aufl. 1975).

WEGMANN, Nikolaus: Literarische Bildung in den Zeiten der Theorie. In: Der Deutschunterricht (1993) H.IV, S.12–25.

WEINRICH, Harald (Hrsg.), Positionen der Negativität. München: Fink 1975.

WERDER, Lutz von: Anmerkungen zur poetischen Selbstanalyse. In: ERMERT/BÜTOW (Hgg.), Was bewegt die Schreibbewegung? (1990 [a]), S.180–191.

WERDER, Lutz von: Lehrbuch des kreativen Schreibens. Mit 22 Schreibbildern von Frank Steinicke. Berlin: ifk 1990 [b].

WERMKE, Jutta: 'Hab a Talent, sei a Genie!'. Kreativität als paradoxe Aufgabe. Bd.1: Entwicklung eines Konzepts der Kreativität und ihrer Förderung durch Literatur. Bd.2: Empirische Überprüfung literaturdidaktischer Möglichkeiten der Kreativitätsforschung. Weinheim: DSV 1989.

WETERING, Ernst van de: Rembrandts Malweise: Technik im Dienst der Illusion. In: BROWN u.a. (Hgg.), Rembrandt (1991 [a]), S.12–39.

WETERING, Ernst van de: Der unsichtbare Rembrandt: Resultate der technischen und naturwissenschaftlichen Untersuchungen. In: BROWN u.a. (Hgg.), Rembrandt (1991 [b]), S.90–105.

WIELER, Petra: Sprachdidaktisches Handeln im Literaturunterricht als didaktisches Problem. Bern u.a.: Lang 1989.

WILLENBERG, Heiner (Hrsg.), Zur Psychologie des Literaturunterrichts. Schülerfähigkeiten – Unterrichtsmethoden – Beispiele. Frankfurt/M: Diesterweg 1987.

WINTERLING, Fritz: Kreative Übungen oder Gestaltungsversuche. Abriß einer Didaktik produktiver Befreiung im Deutschunterricht. In: Diskussion Deutsch (1971), S.243–265.

WINTERLING, Fritz: Freies Schreiben in der Sekundarstufe II. Überlegungen, Erfahrungen, Vorschläge. In: Diskussion Deutsch (1985) H.84, S.360–372.

ZEITSCHRIFT FÜR LITERATURWISSENSCHAFT UND LINGUISTIK (1974) H.15 [Thema: Rezeptionsforschung].

ZEITSCHRIFT FÜR LITERATURWISSENSCHAFT UND LINGUISTIK (1985) H.57/58 [Thema: Lesen – historisch].

ZEITSCHRIFT FÜR LITERATURWISSENSCHAFT UND LINGUISTIK (1987) H.68 [Thema: Literarische Schreibprozesse].

ZIMA, Peter V.: Literarische Ästhetik. Methoden und Modelle der Literaturwissenschaft. Tübingen: Francke 1991.

ZIMMERMANN, Bernhard: Der Leser als Produzent. Zur Problematik der rezeptionsästhetischen Methode. In: Zeitschrift für Literaturwissenschaft und Linguistik
(1974) H.15, S.12–26.

ZIV, Nina D.: The Effect of Teachers' Comments on the Writing of Four College
Freshmen. In: BEACH/BRIDWELL (eds.), New Directions in composition Research (1984), S.362–380.

Aus unserem sprachwissenschaftlichen Programm

Jürgen Baurmann /Rüdiger Weingarten (Hrsg.)

Schreiben

Prozesse, Prozeduren und Produkte
1995. 367 S. Kart.
ISBN 3-531-12627-X

Schreiben vollzieht sich als ein komplexer Prozeß. Dieser insgesamt vielschichtige Vorgang kann untersucht und modelliert werden, wodurch es möglich wird, mehr über das Schreiben und diejenigen, die Texte erfassen, zu erfahren, als über eine Analyse der Schreibprodukte allein. Unter diesen Prämissen etablierte sich in den achtziger Jahren auch im deutschsprachigen Raum die Schreibprozeß- bzw. Textproduktionsforschung. Dieser Band verfolgt das Ziel, eine Zwischenbilanz zu ziehen, einzelne Forschungsrichtungen und -gruppen, die sich in Deutschland, Frankreich, in Österreich und in der Schweiz gebildet und profiliert haben, vorzustellen und aufeinander zu beziehen. In diesem Zusammenhang werden sowohl neuere Untersuchungen präsentiert als auch Fragen der Modellbildung, der Empirie und Möglichkeiten schreibpraktischer Umsetzungen erörtert.

Holger Rudloff

Produktionsästhetik und Produktionsdidaktik

Kunsttheoretische Voraussetzungen literarischer Produktion
1990. 298 S. Kart.
ISBN 3-531-12178-2

Ist das Schreiben literarischer Texte erlernbar? Dieses Problem der aktuellen Schreibbewegung greift die Arbeit auf und fragt danach, ob Schreiben eine allgemein verfügbare oder eine be-sondere menschliche Fähigkeit ist. Die Untersuchung rekonstruiert diesen Gegensatz anhand von horizontbildenden Darstellungen. Sie schlägt von dem antiken produktionsästhetischen Konflikt (Platon/Aristoteles) eine Brücke zum Erfahrungshorizont der bürgerlichen Gesellschaft. Das Verhältnis von Kunst und Arbeit wird u.a. in den Schriften von Kant, Schiller, Hegel, Nietzsche und der Avantgarde des 20. Jahrhunderts untersucht. Vor diesem Hintergrund werden die literaturdidaktischen Strömungen von der Jahrhundertwende bis zur Gegenwart beleuchtet.

Hubert Ivo

Muttersprache – Identität – Nation

Sprachliche Bildung im Spannungsfeld zwischen einheimisch und fremd
1994. 401 S. Kart.
ISBN 3-531-12492-7

Sprachliche Bildung ist im Kontext europäischen Denkens der Kernbereich von Bildung überhaupt: der Bildung des Einzelnen, der der Nationen und der des Menschengeschlechts. Die Rekonstruktion dieses Denkrahmens führt auf den okzidentalen Beitrag zur Bildungsgeschichte der Menschheit, zur Idee der „sprachverständigen Nation" (Humboldt). Sie wird unter dem Schutt der neueren Nationalismusgeschichte freigelegt und zum Ausgangspunkt für die Perspektivierung der Aufgaben sprachlicher Bildung gemacht. In einem zweiten Schritt werden wesentliche Voraussetzungen zur wissenschaftlichen Erkundung der Praxis sprachlicher Bildung geprüft und so in Umrissen eine allgemeine Sprachdidaktik vorgestellt.

WESTDEUTSCHER VERLAG

Abraham-Lincoln-Str. 46 · 65189 Wiesbaden
Fax 0611/ 78 78 420

Aus unserem literaturwissenschaftlichen Programm

Stephan Braese
Das teure Experiment
Satire und NS-Faschismus
1996. 300 S. (Kulturwissenschaftliche Studien zur Deutschen Literatur; hrsg. von Dirk Grathoff, Günter Oesterle und Gert Sautermeister) Kart.
ISBN 3-531-12854-X
In diesem Band wird nachgewiesen, wie sich die satirische Gattung in der Auseinandersetzung mit dem NS-Faschismus und gegen erheblichen Widerstand im Exil radikalisiert: Sie wird zu einem Blick des Lesers auf sich selbst und zu einer illusionslosen Neuformulierung der Schuldfrage. Verschiedene Fallstudien – etwa zu Werken Klaus Manns, Irmgard Keuns, Bertolt Brechts – zeichnen diese Entwicklung genau nach und belegen, wie diese Radikalisierung des Satirischen schließlich auch – über Edgar Hilsenraths Groteske „Der Nazi & der Friseur" – Eingang in die deutsche Gegenwartsliteratur gefunden hat.

Gunther Nickel
**Die Schaubühne –
Die Weltbühne**
Siegfried Jacobsohns Wochenschrift und ihr ästhetisches Programm
1996. IV, 272 S. (Kulturwissenschaftliche Studien zur Deutschen Literatur; hrsg. von Dirk Grathoff, Günter Oesterle und Gert Sautermeister) Kart.
ISBN 3-531-12810-8
Siegfried Jacobsohns 1905 gegründete Wochenschrift „Die Schaubühne", die 1918 in „Die Weltbühne" umbenannt wurde, ist eine der wichtigsten Quellen zur Politik-, Kultur- und Literaturgeschichte der Weimarer Republik. Bislang fehlte eine umfassende Untersuchung ihres ästhetischen Programms. Diese Forschungslücke schließt die Arbeit und kommt zu einem überraschenden Resultat: Entgegen einem weitverbreiteten Bild stand Jacobsohns radikaldemokratische Zeitschrift dem Kulturkonservatismus näher als der ästhetischen Avantgarde der Weimarer Republik.

Dirk Grathoff
Kleists Geheimnisse
Unbekannte Seiten einer Biographie
1993. 176 S. Kart.
ISBN 3-531-12517-6
Das Buch von Dirk Grathoff schlägt eine neue Lösung für das Rätsel der Würzburger Reise Heinrich von Kleists aus dem Jahre 1800 vor, dem die Forschung bislang vergebens nachspürte. Weder eine Geschlechtsoperation noch Industriespionage waren der Anlaß für die Reise, wie ältere Spekulationen mutmaßten, sondern Bemühungen, mit Freimaurern außerhalb Preußens in Kontakt zu kommen, um von ihnen eine mäzenatenartige Unterstützung für seine geplante philosophische Ausbildung zu erhalten. Mit diesem Anliegen ist Kleist in Würzburg offensichtlich gescheitert. Die Begegnung mit dem schlesischen Grafen von Schlabrendorf, der seit 1789 im Pariser Exil lebte, eröffnet neuartige Perspektiven für Kleists antinapoleonische Einstellung, die schon frühzeitig während seiner Besuche in Paris durch girondistische Schriften von Schlabrendorfs beeinflußt worden ist. Insgesamt wird mit dem Buch Kleists Entwicklung zum Schriftsteller in einer bisher noch nicht bekannten Sicht vorgestellt.

WESTDEUTSCHER VERLAG
Abraham-Lincoln-Str. 46 · 65189 Wiesbaden
Fax 0611/ 78 78 420